LES USUELS
DU ROBERT

POCHE

■ collection Les Usuels (volumes reliés) ■

dirigée par
Henri Mitterand et Alain Rey

DICTIONNAIRE DE SYNONYMES ET CONTRAIRES*
par Henri Bertaud du Chazaud.
ouvrage couronné par l'Académie française.

DICTIONNAIRE DES IDÉES PAR LES MOTS
par Daniel Delas et Danièle Delas-Demon.

DICTIONNAIRE DES DIFFICULTÉS DU FRANÇAIS
par Jean-Paul Colin.
prix Vaugelas.

DICTIONNAIRE D'ORTHOGRAPHE ET D'EXPRESSION ÉCRITE
par André Jouette.

DICTIONNAIRE ÉTYMOLOGIQUE DU FRANÇAIS
par Jacqueline Picoche.

DICTIONNAIRE DES EXPRESSIONS ET LOCUTIONS*
par Alain Rey et Sophie Chantreau.

DICTIONNAIRE DE PROVERBES ET DICTIONS*
par Florence Montreynaud, Agnès Pierron et François Suzzoni.

DICTIONNAIRE DE CITATIONS FRANÇAISES*
par Pierre Oster.

DICTIONNAIRE DE CITATIONS DU MONDE ENTIER*
par Florence Montreynaud et Jeanne Matignon.

DICTIONNAIRE DE CITATIONS ET JUGEMENTS
par Agnès Pierron.

DICTIONNAIRE DES MOTS CONTEMPORAINS
par Pierre Gilbert.

DICTIONNAIRE DES ANGLICISMES
(les mots anglais et américains en français)
par Josette Rey-Debove et Gilberte Gagnon.

DICTIONNAIRE DES STRUCTURES DU VOCABULAIRE SAVANT
(éléments et modèle de formation)
par Henri Cottez.

DICTIONNAIRE DE NOMS DE LIEUX
par Louis Deroy et Marianne Mulon.

DICTIONNAIRE DES GRANDES ŒUVRES DE LA LITTÉRATURE FRANÇAISE
sous la direction de Henri Mitterand.

* Existe aussi en format poche.

DICTIONNAIRE DE CITATIONS FRANÇAISES

SOUS LA DIRECTION DE

PIERRE OSTER

AVEC LE CONCOURS DE

ÉLISABETH HOLLIER
CHRISTIAN GALANTARIS
JEAN-LUC BENOZIGIO
DENIS ROCHE
JEAN-ROBERT MASSON
JACQUES BENS
JEANNE MATIGNON

TOME 1
DE LA CHANSON DE ROLAND À BEAUMARCHAIS

LES USUELS DU ROBERT

POCHE

DICTIONNAIRES LE ROBERT
27, RUE DE LA GLACIÈRE - 75013 PARIS

correction
ANNE-MARIE LENTAIGNE, BRUNO VAN DEN BROUCQUE
BRUNO DURAND, CATHERINE FAVEAU
BENOÎT FLIS, DOMINIQUE GROSMANGIN
FRANÇOISE MARTIN

maquette
GONZAGUE RAYNAUD

Nouvelle édition 1994

Achevé d'imprimer sur Bookomatic
par Maury-Eurolivres S.A.
45300 Manchecourt
en janvier 1994
Dépôt légal : janvier 1994
Imprimé en France

ISBN 2-85036-229-8

PRÉFACE

par
Alain Rey

Car je sais faire dire aux autres ce que je ne puis si bien dire, tantôt par faiblesse de mon langage, tantôt par faiblesse de mon sens.
MONTAIGNE, Essais, 1, II, chap. 10.

Il existe dans chaque culture de nombreux recueils de citations, c'est-à-dire de fragments tirés de textes célèbres et importants, et qui méritent d'être connus.

L'exemple de la collecte et de l'utilisation de tels passages est donné par les écrivains eux-mêmes. On ne peut éviter l'allusion à Montaigne, dont les *Essais* collectionnent, juxtaposent et font parler de nombreux auteurs antiques, pour construire la sagesse moderne.

« Citer », c'est reproduire un morceau de discours que l'on juge beau ou riche en pensée et l'utiliser pour enrichir sa propre expression. Et l'on sait que les mots d'une langue se colorent peu à peu par les usages qu'en ont fait les créateurs, penseurs et poètes. Ainsi, l'*azur* est devenu plus intense, plus profond, depuis Mallarmé. La citation, en tant que réemploi, est ainsi souvent virtuelle, cachée, mais active, ne fût-ce qu'inconsciemment.

Cependant, il est beaucoup d'usages possibles de la citation, du plus futile — briller en société, se signaler par sa culture — au plus sérieux — juxtaposer les passages les plus profonds, les plus beaux et les plus célèbres, par grande économie, et les confronter plus et mieux qu'on ne le pourrait par une lecture intégrale.

L'idée même d'anthologie repose sur l'idée du choix, qui peut s'exercer dans deux directions : soit recueillir les fragments déjà connus et cités, par un effet de célébrité qui vient de la société elle-même, soit en proposer de nouveaux, de qualité égale et parfois supérieure. De nombreux vers du *Cid* sont ainsi passés à la postérité, alors que d'autres pièces — aussi admirables — du grand Corneille ne sont guère citées ; les *Fables de La Fontaine* ont même fourni la forme de bien des proverbes. On aura reconnu là l'effet d'une sélection, d'ailleurs judicieuse, et d'une véritable promotion, par l'école. D'autres textes qui auraient pourtant mérité autant d'attention sont demeurés des objets de lecture personnelle, leur effet social étant plus discret. Le dictionnaire de citations peut dépasser le recueil de passages déjà célèbres, en explorant dans la littérature ce qui mériterait d'être cité. Cela est d'autant plus nécessaire que la culture est riche et ancienne et que son expression est variée.

Les auteurs du *Dictionnaire de citations françaises* ont eu le premier mérite de revisiter la littérature en langue française dans toutes ses dimensions, textes de poésie et de prose, de théâtre et de lecture intime, écrivains célèbres mais aussi auteurs oubliés, chefs-d'œuvre reconnus et textes négligés. Comme l'affirment les auteurs, c'est un regard neuf sur nos références culturelles et la confrontation panoramique de plusieurs siècles de beauté et d'intelligence accumulées.

Ces dix siècles se laissent diviser en deux ensembles d'inégale importance : un passé qui nous parle encore et ne devrait jamais être négligé, car il ressuscite la naissance de notre civilisation et son épanouissement autour de la grande époque classique ; un présent, une modernité qui se forge dans le sang, avec la Révolution française.

Alors se termine ce premier *Dictionnaire de citations françaises* qui méritent l'épithète de *classiques*. Il faut comprendre cet adjectif au sens le plus large. *Les classes*, certes, car c'est l'enseignement qui a fait vivre, parmi nous et pour nous, Marot et Villon, Corneille et Racine, Molière et Marivaux, Montaigne, Pascal et combien d'autres. Mais aussi *la classe*, comme on dit familièrement aujourd'hui, c'est-à-dire une qualité d'expression unie à une fraîcheur de pensée trop souvent évanouies. Il ne faut pas comprendre ces citations classiques comme des fragments morts, à apprendre et à réciter, mais comme des concentrés de poésie active et de mémoire francophone. Elles conduisent le lecteur, depuis quelques extraits, adaptés en langue moderne, des plus anciens textes qu'on peut dire français, au XIe siècle, jusqu'au symbole même de l'Ancien Régime anéanti en 1789, Louis XVI.

Car l'histoire sert de cadre à toute activité sociale, et la littérature n'y échappe pas. Les citations du Moyen Age reflètent l'état d'esprit d'une période religieuse et féodale — jusqu'au XIIIe siècle —, puis courtoise et lyrique : les premières citations vraiment célèbres, en langue française, sont signées Charles d'Orléans (« le temps a laissé son manteau... ») et François Villon, en plein XVe siècle.

Puis vient la Renaissance humaniste, avec la prose la plus inventive, la plus riche, la plus étonnante de toute notre littérature, celle de Rabelais et la haute poésie de la Pléiade, et puis Montaigne, et d'Aubigné. À ne citer même que les plus essentiels, le XVIIe siècle baroque et classique, siècle contradictoire et foisonnant, est l'un des grands réservoirs de phrases éternellement à redire : Corneille, Molière, Pascal, La Rochefoucauld, La Fontaine, Bossuet, Racine, jusqu'à La Bruyère et Fénelon, mais aussi des dizaines d'auteurs à redécouvrir ou à découvrir, et avant tout les grands baroques, Théophile, Sorel, Scarron... Le XVIIIe siècle n'est pas en reste, qui ménage la transition avec l'ère moderne, grâce aux textes attendus : contes de Voltaire, réflexions de Diderot, rêveries de Rousseau, etc. et aux autres, y compris ceux des francophones d'adoption : l'Italien Goldoni, l'Allemand Frederic-Melchior Grimm.

Malgré la continuité des évolutions, les grands moments de l'histoire française rythment ce panorama, car derrière les événements de l'histoire politique ou guerrière, de profonds changements se décèlent dans les mentalités et dans les mœurs : La Bruyère ou Restif en sont les témoins privilégiés. Le plus fort, le plus terrible de ces moments sert de frontière à nos deux volumes de citations françaises. Si l'ordre des dates de naissance, adopté pour ranger nos auteurs, est en partie arbitraire — car un écrivain peut produire sur le tard ou bien mourir jeune, et sa période créatrice ne correspond pas exactement à sa naissance biologique — les dates de mort sont entièrement pertinentes. Or, à la fin du XVIIIe siècle, on constatera la fréquence de ces millésimes dramatiques, 1793 et 1794. S'y retrouvent sous le couperet Louis XVI et les principaux orateurs révolutionnaires, les derniers porte-parole de l'âge classique et les premiers de l'époque moderne, qui ne sont pas tous des révolutionnaires (Lavoisier).

Avec le recueil de citations modernes, qui complète le panorama en français et le *Dictionnaire de citations du monde entier* en traduction, nous présentons ici un ensemble de près de 25 000 citations extraites des œuvres de 3 230 auteurs.

Dans cet ensemble, le présent volume, avec plus de 7 500 citations anciennes (du XIe au XVIe siècle) et classiques (XVIIe et XVIIIe siècles), représente les bases d'une familiarité culturelle avec la littérature et la pensée françaises.

Plus que jamais, le souci de faire revivre le passé le plus précieux, de ne pas le laisser perdre, doit nous conduire. En ce sens, rien n'est plus moderne que les messages de l'ancien français, de la Renaissance, de l'âge classique, du siècle des Lumières : nos brillants historiens des XIXe et XXe siècles l'ont assez montré et le montrent mieux que jamais aujourd'hui. Cette anthologie du passé est une anthologie pour l'an 2000.

Présentation

Premiers ouvrages du genre à offrir un panorama aussi vaste de tout ce qui s'est écrit en français et qui, à un titre ou à un autre, mérite d'être redit, ou seulement remis en valeur, nos deux *Dictionnaires de citations françaises* comblent un manque.

Il fallait relire — ou lire — avec un regard neuf, plusieurs centaines d'écrivains. C'est ce que nous avons fait.

Nous avons réuni une équipe d'une quinzaine de spécialistes, qui, pendant trois ans, s'est avant tout préoccupée de faire apparaître une idée moderne de la lecture, comme si notre littérature avait été écrite en une semaine, et que l'encre sur aucun manuscrit jamais n'eût séché.

C'est dire que nous avons tendu :

- à élargir sans cesse la notion même de citation, trop souvent confondue avec le proverbe, l'apophtegme, la sentence ou l'aphorisme ;
- à souligner, chez les grands écrivains, outre les extraits classiques habituellement retenus, les phrases clefs qui peuvent aussi bien se trouver dans des écrits moins connus ;
- à favoriser des auteurs considérés comme mineurs, mais dont certains textes, replacés dans une optique contemporaine, retrouvent un autre impact ;
- à réhabiliter ceux que nous serions tentés d'appeler les « provinciaux de l'intelligence » : des réformateurs, des fous littéraires, des utopistes et des auteurs en marge ;
- à tirer, sans attendre, de certaines œuvres en cours d'élaboration, des fragments propres à nous éclairer sur les nouvelles directions de la recherche intellectuelle.

Un triple emploi

L'étendue des investigations que nous avons conduites suggère et permet un triple emploi de ces deux ouvrages.

Le lecteur, ainsi, peut retrouver à partir de l'*Index* la citation que sa mémoire ne lui restitue que de façon imprécise, mais dont il connaît le sens et, donc, le *terme* principal. Pour les auteurs de tout premier plan, il sera guidé par la mention de certains *noms* qui, de toujours, restent liés à des thèmes précis ou à des formulations célèbres.

Exemple :

ÉTERNITÉ / Corneille 1830 / 2256 / Pascal 3122, 3123, 3124 / 3264, 3327 / Bossuet 3334, 3348, 3376, 3386, 3421 / 3532, 3543, 4478, etc.

Mais l'on peut tirer bien davantage de notre travail. L'étudiant, par exemple, y recourra avec profit pour faire le tour d'un écrivain qu'il aura déjà lu en partie, dont il souhaite cependant recenser dans un temps très court les choix essentiels. Et cela surtout dans le champ très large de la littérature d'idées, de la philosophie, de la politique, de la morale ou de la religion.

Enfin, nous fournissons, période par période, tout un matériel souvent peu accessible, dispersé dans des milliers de volumes, que l'on ne parviendrait à se procurer qu'en de rares bibliothèques.

Notre vœu serait que le lecteur attentif considère ces deux *Dictionnaires de citations françaises* comme de précieux instruments de travail et l'occasion d'innombrables découvertes. Qu'il y recoure également, si d'aventure il est pressé, comme à des guides pratiques et familiers.

LES AUTEURS

moyen âge

La Chanson de Guillaume fin XIe siècle ou milieu XIIe

1 Pour être grand, il faut avoir été petit.

SUGER v. 1081-1151

Histoire de Louis le Gros

2 Si veut le roi, si veut la loi.

La Chanson de Roland entre 1100 et 1125

vers 1-2

3 Charles le roi, notre grand Empereur,
Sept ans tout pleins est resté en Espagne.

vers 229

4 Laissons les fous, tenons-nous-en aux sages.

vers 557

5 « Jamais, dit Ganelon, tant que vivra Roland. »

vers 573-577

6 « Qu'en douce France s'en retourne le roi.
Son arrière-garde laissera derrière soi.
En sera son neveu, le comte Roland, je crois,
Et Olivier, le preux et le courtois.
Morts sont les comtes, s'il en est qui m'en croient. »

vers 825

7 Les douze pairs sont restés en Espagne.

vers 1010-1012

8 Pour son seigneur, on doit souffrir détresse,
Et endurer le grand chaud, le grand froid,
Perdre pour lui et le cuir et le poil.

vers 1051-1052

9 Ami Roland, sonnez de votre cor.
L'entendra Charles et l'armée reviendra.

vers 1054

10 « En douce France j'en perdrais mon renom. »

vers 1093

11 Roland est preux et Olivier est sage.

vers 1128

12 « Pour notre roi nous devons bien mourir. »

vers 1938

13 Olivier dit : « Honni soit le plus lent. »

vers 2316 sqq

14 Eh ! Durandal, tu es belle, claire et blanche [...]
Avec toi j'ai conquis et Anjou et Bretagne
[...]
Et Lombardie et toute la Romagne [...]
Pour cette épée j'ai douleur et tourment.

vers 2362-2363

15 Que Charles dise, avec toute sa gent :
« Le noble comte est mort en conquérant. »

vers 2396-2397

16 L'âme du comte emportent en Paradis.
Roland est mort, Dieu a son âme aux cieux.

vers 2524

17 L'homme a beaucoup appris qui a beaucoup souffert.

vers 2930-2932

18 Il commence à tirer sa barbe blanche,
S'arrache des deux mains les cheveux de la tête.
Cent mille Français se pâment contre terre.

vers 3657

19 Il réussit, celui que Dieu protège.

vers 3962

20 Tel qui trahit se perd, et les autres avec lui.

vers 4000-4002

21 « Dieu! dit le roi, que de peines en ma vie! »
Des yeux il pleure, tire sa barbe blanche.
Ici finit la geste que Turold raconta.

Chanson de Toile av. 1130

22 Souffle le vent et tremblent les ramées:
Qui s'entr'aiment dorment en paix!

CHRÉTIEN DE TROYES v. 1135-v. 1189

Cligès ou la Fausse Morte

23 Ennemis sont repos et gloire.

24 Qui a le cœur, il ait le corps!

Lancelot ou le Chevalier à la charrette

25 Mout est qui aime obéissant[1].

Yvain ou le Chevalier au lion

26 Toujours draps de soie tisserons[2],
Jamais n'en seront mieux vêtues.
Toujours serons pauvres et nues,
Et toujours faim et soif aurons;
Jamais tant gagner ne saurons
Que mieux en ayons à manger,
Du pain avons, à grand danger[3]...

27 Honni soit de Sainte Marie
Qui empire quand se marie!

Perceval ou le Conte du Graal, vers 1-5

28 C'était au temps qu'arbres fleurissent,
Bocages feuillus, prés verdissent,
Et les oiseaux en leur latin
Doucement chantent au matin,
La joie enflamme l'univers.

1. qui aime est très obéissant.
2. Ce sont des ouvrières qui parlent.
3. peine.

Prise d'Orange v. 1150

vers 39-40

29 C'était en mai, au nouveau temps d'été ;
Fleurissent et verdissent les prés.

vers 360

30 Homme qui aime est plein de desverie[1].

vers 628-629

31 Par trop est fol vieil homme qu'[2]aime meschine[3] ;
Tôt est cocu et tourné à folie.

CONON DE BÉTHUNE 1150 ?-1219

Le Pèlerin d'outre-mer

32 Ahi ! Amour, que dure départie[4]
Me conviendra faire de la meilleure
Qui onques[5] fut et aimée et servie.
Dieu me ramène à elle par sa douceur !

33 Qui ne veut pas ici avoir vie ennuyeuse,
Qu'il s'en aille pour Dieu mourir content, joyeux,
Car cette mort est douce et savoureuse
Dont on conquiert le règne[6] précieux.

Chansons

34 Vilain oiseau celui qui salit son nid.

RICHARD CŒUR DE LION 1157-1199

Rotrouenge du captif

35 Mout ai d'amis[7], mais pauvres sont leurs dons ;
Honte en auront si, faute de rançon,
Deux hivers je reste en prison.

36 Le mort ni le prisonnier n'a plus ni ami ni parent.

1. déraison.
2. qui.
3. jeune femme.
4. séparation.
5. jamais.
6. royaume.
7. J'ai beaucoup d'amis.

THOMAS, Roman de Tristan v. 1170

Fragment Douce, vers 1763-1770

37 « Je ne peux plus tenir ma vie ;
Pour vous meurs, Iseut, belle amie.
N'avez pitié de ma langueur,
Mais, de ma mort aurez douleur.
Ce m'est, amie, grand réconfort
Que[1] pitié aurez de ma mort. »
« Amie Iseut ! », trois fois a dit.
A la quarte, il rend l'esprit.

vers 1811-1814

38 « Ami Tristan, quand mort vous vois,
En raison, vivre ne puis ni dois.
Mort êtes pour la mienne amour,
Et je meurs, ami, de tendrour[2]. »

Fragment Sneyd 2, vers 812-813

39 Elle l'embrasse, elle s'étend,
Lui baise la bouche et la face,
Étroitement, elle l'embrasse,
Corps à corps, bouche à bouche s'étend ;
Son esprit alors elle rend.

vers 820-821

40 Thomas fine[3] ici son écrit ;
A tous amants salut y dit.

Roman de Renart v. 1174 et 1179

Branche I (v. 1179) vers 303-306

41 Secourez donc mon impuissance ;
Je hais l'heure de ma naissance.
Mort, prends-moi donc ; hâte-toi, Mort,
Puisque Renart me jette un sort !

Branche II (v. 1174) vers 319

42 Il n'est si sage qui ne fasse des sottises.

vers 890

43 Mauvaise garde permet au loup de se repaître.

1. de savoir que.
2. compassion.
3. finit.

vers 940-945

44 Le corbeau crie à perdre haleine,
Sans se douter, pendant qu'il peine,
Que son pied dextre se desserre,
Que le fromage tombe à terre,
Droit devant les pieds de Renart.

GAUTIER DE COINCY 1177 ou 1178-1236

Les Miracles de Notre-Dame

45 Tant va la cruche à l'eau qu'à la fin elle se brise.

Le Dit des perdrix Fabliau XIIe siècle

46 Avec la femme, le mensonge devient bientôt vérité et la vérité mensonge.

HÉLINAND DE FROIDMONT fin XIIe siècle

Vers de la Mort

47 Mort fait à chacun sa droiture,
Mort fait à tous droite mesure,
Mort pèse tout à juste poids,
Mort venge chacun de l'injure,
Mort met orgueil à pourriture,
Mort fait faillir la guerre aux rois,
Mort fait garder décrets et lois.

GUIOT DE PROVINS fin XIIe siècle

Bible

48 Toujours crie la pire roue du char.

CHATELAIN DE COUCY †1203

Chansons, Adieu à sa dame

49 Ne me veut pas Dieu pour néant donner
Tous les déduits[1] que j'ai eus en ma vie,
Mais il me les fait chèrement payer.

1. toutes les joies.

La Folie Tristan (manuscrit d'Oxford) fin du XIIe siècle

vers 220-221

50 Ils lui crient, comme on crie au loup:
« Voyez le fol! hou! hou! hou! hou! »

vers 664

51 Qui bien aime, tard il oublie!

MARIE DE FRANCE fin du XIIe siècle

Fables, épilogue, vers 4

52 Marie ai nom, si[1] suis de France.

Lais, prologue, vers 1-4

53 A qui Dieu a donné science
Et de parler bonne éloquence
Ne s'en doit taire ni cacher,
Mais se doit volontiers montrer.

Lais, Guigemar, vers 7-10

54 Quand il y a en un pays
Ou homme ou femme de grand prix,
Ceux qui de son bien ont envie
Souvent en disent vilenie.

vers 481-482

55 Qui cache son infirmité
A peine à recouvrer santé.

vers 515-525

56 Femme de naturel léger
Se doit longtemps faire prier,
Pour éviter que croie l'ami
Qu'elle a coutume du déduit[2],
Mais la dame aux bonnes pensées,
Profondément sage et sensée,
Trouve-t-elle homme à sa manière,
Elle ne sera pas trop fière,
Mais l'aimera, en aura joie;
Avant que nul le sache ou l'oie[3],
Ils auront joui de leur bonheur...

1. de plus.
2. plaisir d'amour.
3. entende.

Lais, Equitan, vers 19-20

57 Telle est la mesure d'aimer
Que nul n'y doit raison garder.

vers 137

58 Amour n'est preux s'il n'est égal[1].

Lais, Le frêne, vers 87-88

59 Qui sur autrui médit et ment
Ne sait pas ce qu'à l'œil lui pend.

Lais, Le chèvrefeuille, vers 73-78

60 [...] Ensemble ils[2] peuvent bien durer.
Mais, si l'on veut les séparer,
Coudrier meurt rapidement,
Et chèvrefeuille également.
« Belle amie, ainsi est de nous :
Ni vous sans moi, ni moi sans vous ».

Le Jeu d'Adam fin du XIIe siècle

vers 225-228

61 Tu es faiblette et tendre chose,
Tu es plus fraîche que la rose,
Tu es plus blanche que cristal,
Que neige sur glace en un val.

vers 242-248

62 Le[3] fruit que Dieu vous a donné
N'a en soi guère de bonté ;
Celui qu'il vous a défendu
A en soi très grande vertu :
En lui est la grâce de vie,
De puissance, de seigneurie,
De tout savoir, du bien, du mal.

Jean BODEL † v. 1210

Le Vilain de Farbu

63 Ainsi va le monde aujourd'hui
Que le fils engeigne[4] le père.

1. Il s'agit d'égalité entre les amants.
2. Le chèvrefeuille et le coudrier qui le supporte.
3. Le diable à Ève.
4. trompe.

Du vilain de Bailleul

64 Grand était, bizarre d'allure,
Et mal fait et de laide hure.
Sa femme n'avait de lui cure :
Sot était, laid pelage avait.
C'est le chapelain qu'elle aimait.

De Brunain, la vache au prêtre

65 Tel cuide[1] avancer qui recule.

La Fille de la sirène et du rossignol anonyme, début XIIIe siècle

66 Le rossignol est mon père
Qui chante sur la ramée,
Au plus haut bocage,
Et la sirène est ma mère
Qui chante en la mer salée
Au plus haut rivage.

Aucassin et Nicolette première moitié du XIIIe siècle

XII

67 Elle avait la taille si mince qu'en vos deux mains vous l'auriez pu enclore. [...]

XIV

68 Femme ne peut tant aimer l'homme que l'homme aime la femme ; car l'amour de la femme est dans son œil, au bout de sa mamelle, au bout de son orteil ; mais l'amour de l'homme est planté au plus profond de son cœur, d'où il ne peut sortir.

THIBAUT DE CHAMPAGNE 1201-1253

Chansons

69 Seigneurs, sachez : qui or[2] ne s'en ira
En cette terre où Dieu fut mort et vif,
Et qui la croix d'Outre-mer ne prendra
Grand-peine aura à gagner Paradis.

70 Or s'en iront les vaillants bacheliers[3]
Qui aiment Dieu et l'honneur de ce monde,
Qui sagement veulent à Dieu aller,
Et les morveux, les cendreux resteront.

1. croit.
2. maintenant.
3. jeunes nobles.

COLIN MUSET XIIIe siècle

Chanson

71 Sire comte, j'ai viellé
Devant vous en votre hosté[1] ;
Mais ne m'avez rien donné
Ni mes gages acquitté :
C'est vilenie.

La Châtelaine de Vergi anonyme XIIIe siècle

72 D'autant que l'amour est plus grand,
Sont plus marris les fins[2] amants,
Lorsque l'un d'eux de l'autre croit
Qu'il a dit ce que celer doit.

Guillaume de LORRIS v. 1205-† apr. 1240

Roman de la Rose, vers 37-39

73 Voici le Roman de la Rose
Où l'art d'Amour est tout enclose.
La matière en est bonne et neuve.

vers 81-83

74 Mout a dur cœur qui en mai n'aime,
Quand il ot[3] chanter sous la raime[4]
Aux oiseaux les doux chants piteux[5].

vers 361-362, 371-372, 375-376

75 Le temps qui s'en va nuit et jour
Sans repos prendre et sans séjour,
[...]
Le temps, qui ne peut séjourner,
Mais va toujours sans retourner,
[...]
Le temps, devant qui rien ne dure,
Ni fer ni chose tant soit dure...

vers 343-345

76 Sa gorge était tout aussi blanche
Que la neige dessus la branche
Quand il a fraîchement neigé.

1. demeure.
2. parfaits.
3. entend.
4. ramure.
5. attendrissants.

vers 2081

77 C'est Vilenie qui fait vilains.

vers 2108-2112

78 Et si tu ois un médisant
Qui aille femme décriant,
Blâme-le et dis qu'il se taise.
Fais, si tu peux, chose qui plaise
Aux dames et aux demoiselles.

vers 2166

79 Amour n'a cure d'homme morne.

vers 2217-2218

80 Qui d'Amour veut faire son maître,
Courtois et sans orgueil doit être.

vers 2425-2430

81 Parfois[1] il te sera avis
Que tu tiendras celle au clair vis[2],
Entre tes bras, et toute nue,
Comme si elle fût devenue
En tout, t'amie et ta compagne.
Lors feras châteaux en Espagne.

RUTEBEUF v. 1285

Le Mariage Rutebeuf

82 L'espérance du lendemain,
Ce sont mes fêtes.

83 Telle femme ai prise
Que nul fors moi n'aime ni prise. [...]
Je n'ai pas peur qu'elle me triche.

La Complainte Rutebeuf

84 Les maux ne savent seuls venir.

vers 109-111

85 Que sont mes amis devenus
Que j'avais de si près tenus
Et tant aimés!

1. en songe.
2. visage.

vers 120-123

86 L'amour est morte:
Ce sont amis que vent emporte,
Et il ventait devant ma porte:
Les emporta.

La Complainte d'Outre-mer

87 Dites-moi par quelle accointance
Irez au royaume de Dieu?

Jean, sire de JOINVILLE v. 1224-1317

Livre des saintes paroles et des bons faits
de notre saint roi Louis (éd. N. de Wailly) § 20

88 Ce saint homme [Saint Louis] aima Dieu de tout son cœur et suivit son exemple; [...] tout comme Dieu mourut pour l'amour qu'il portait à son peuple, ainsi mit-il son corps en aventure plusieurs fois [...]

§ 22

89 En paroles, il était modéré: jamais, un seul jour de ma vie, je ne l'entendis médire de personne, ni jurer par le diable, dont le nom est courant dans le royaume, ce qui, à mon avis, ne plaît pas à Dieu.

§ 26-28

90 « Sénéchal, fit-il, qu'est-ce que Dieu ? » — « Sire, répondis-je, c'est si bonne chose que meilleure ne peut être. » — « Vraiment, fit-il, c'est bien répondu, car cette réponse que vous avez faite est écrite en ce livre que je tiens dans la main. » « Maintenant, fit-il, je vous demande ce que vous aimeriez le mieux, être lépreux ou avoir fait un péché mortel. » Et moi, qui jamais ne lui mentis, je lui répondis que j'aimerais mieux en avoir fait trente [...]

91 [Saint Louis]: « [...] Nous ne sommes pas certains, quand nous sommes en état de péché mortel, d'avoir telle repentance que Dieu nous pardonne. »

§ 59

92 [Saint Louis, à Vincennes]: « Y a-t-il quelqu'un ici qui ait procès ? » Ceux qui avaient procès se levaient. « Taisez-vous tous, ordonnait le roi; on réglera le cas de chacun à son tour. »

ADAM DE LA HALLE ou ADAM LE BOSSU v. 1240-v. 1285

Le Jeu de la Feuillée

93 On voit bien encore aux tessons ce que fut le pot.

Chansons

94 Celui qui travaille pour acquérir souffre plus de peine que celui qui dépense n'en a de plaisir.

Le Jeu de Robin et de Marion

95 Robin m'aime, Robin m'a,
Robin m'a demandé, si[1] m'aura.
Robin m'acheta cotele[2]
D'écarlate bonne et belle...

Robin m'aime, Robin m'a ;
Robin m'a demandée, si m'aura.

Isopet de Lyon XIIIe siècle

Du corbeau et du goupil

96 Il perd l'honneur honteusement
Qui le veut avoir faussement.

Isopet I XIIIe siècle

De Renart et du corbeau

97 Les fols qui cherchent vaine gloire
Sont coutumiers de honte boire.

HUON LE ROI XIIIe siècle

Le Vair palefroi

98 Pour rappeler et retracer
Les biens qu'on peut de femme traire[3],
Et sa douceur et sa franchise,
En écrit cette œuvre j'ai mise.

JEAN DE MEUNG v. 1240-v. 1305

Roman de la Rose, vers 4067

99 Promesse sans don ne vaut guère.

1. aussi.
2. robe.
3. retirer.

(Roman de la Rose)
vers 4263-4268 ; 4277-4280

100 Amour, c'est une paix haineuse[1],
Amour, c'est la haine amoureuse,
C'est loyauté la déloyale,
C'est la déloyauté loyale,
C'est une peur tout assurée,
Espérance désespérée,
[...]
C'est faim saoule en abondance,
C'est convoiteuse suffisance,
C'est la soif qui toujours est ivre,
Ivresse qui de soif s'enivre...

vers 4347-4348

101 Amour, si juste est mon idée[2],
C'est maladie de la pensée.

vers 4567

102 Bonne amour doit de fin cœur naître[3].

vers 5016-5020

103 Nul n'est chétif[4], si ne croit l'être,
Qu'il soit roi, chevalier, ribaud[5] ;
— Maints ribauds ont le cœur si beau,
Portant sacs de charbon en Grève[6],
Que la peine en rien ne les grève.

vers 5137

104 L'avoir n'est bon qu'à dépenser.

vers 18571-18580

105 Les[7] princes ne méritent pas
Qu'un astre annonce leur trépas
Plutôt que la mort d'un autre homme :
Leur corps ne vaut pas une pomme
De plus qu'un corps de charretier,
Qu'un corps de clerc ou d'écuyer.
Je les fais pareillement nus,
Forts ou faibles, gros ou menus,
Tous égaux sans exception
Par l'humaine condition.

1. C'est Raison qui parle.
2. C'est Raison qui parle.
3. C'est Raison qui parle.
4. pauvre.
5. portefaix.
6. en place de Grève.
7. C'est Nature qui parle.

vers 18599-18602

106 Noblesse, c'est cœur bien placé,
Car gentillesse[1] de lignée
N'est que gentillesse de rien
Si un bon cœur ne s'y adjoint.

Jean FROISSART 1333 ou 1337-apr. 1400

Poésies

107 Tel pleure au main[2] qui rit le soir.

108 Mon cœur s'ébat en odorant la rose
Et s'éjouit en regardant ma dame.
Trop mieux me vaut l'une que l'autre chose.
Mon cœur s'ébat en odorant la rose.

Chroniques, livre I, chap. 66

109 Un moment après, le plus riche homme de la ville, qu'on nommait sire Eustache de Saint-Pierre, se dressa et, devant tous, il parla ainsi: « Seigneurs, ce serait grand pitié et grand malheur de laisser périr un si nombreux peuple [...] Et je me remettrai volontiers vêtu seulement de ma chemise, nu-tête, nu-pieds, la hart au col, à la merci du noble roi d'Angleterre. »

110 [...] Puis ils prirent les clés de la ville de Calais et du château ; chacun des six en tenait une poignée.

Eustache DESCHAMPS v. 1346-v. 1406

Ballade sur la mort de Du Guesclin

111 [...] Souverain homme de guerre,
Vainqueur de gens et conquéreur de terre,
Le plus vaillant qui onques[3] fut en vie,
Chacun pour vous doit noir vêtir et querre[4].
Pleurez, pleurez, fleur de chevalerie!

Ballade de Paris

112 Rien ne se peut comparer à Paris.

Ballade du chat et des souris

113 Prince, on conseille bien souvent,
Mais on peut dire, comme le rat,
Du conseil qui sa fin ne prend:
« Qui pendra la sonnette au chat? »

1. noblesse.
2. matin.
3. jamais.
4. chercher.

Virelai

114 Suis-je, suis-je, suis-je belle?
Il me semble, à mon avis,
Que j'ai beau front et doux vis[1],
Et la bouche vermeillette.
Dites-moi si je suis belle [...]

CHRISTINE DE PISAN v. 1364-peu apr. 1430

Œuvres poétiques, Rondeau VII

115 Je ne sais comment je dure,
Car mon dolent cœur front d'ire,
Et plaindre n'ose, ni dire
Ma douloureuse aventure,

Ma dolente vie obscure.
Rien, fors la mort, ne désire;
Je ne sais comment je dure.

Et me faut, par couverture[2],
Chanter que[3] mon cœur soupire
Et faire semblant de rire;
Mais Dieu sait ce que j'endure.
Je ne sais comment je dure.

Œuvres poétiques, Ballade XI

116 Seulette suis et seulette veux être,
Seulette m'a mon doux ami laissée,
Seulette suis, sans compagnon ni maître,
Seulette suis, dolente et courroucée,
Seulette suis, en langueur mésaisée,
Seulette suis, plus que nulle égarée,
Seulette suis, sans ami demeurée.

Alain CHARTIER v. 1385-v. 1433

La Belle Dame sans merci

117 Désormais est temps de me taire,
Car de dire je suis lassé:
Je veux laisser aux autres faire
Leur temps, car le mien est passé.

1. visage.
2. par comédie.
3. ce que.

Ballade

118 Ne convoitez chose dessous la lune,
Ni de Paris jusques à Pampelune,
[...]
Car vous n'aviez rien quand vous êtes nés.

Quadrilogue invectif, Lamentation de Peuple

119 « Le labeur de mes mains nourrit les lâches et les oiseux[1] qui me persécutent de faim et de glaive. Je soutiens leur vie à la sueur et travail de mon corps, et ils guerroient la mienne par leur outrage ; ils vivent de moi, et je meurs par eux. [...] Je meurs et transis par défaut et nécessité des biens que j'ai gagnés. Labeur a perdu son espérance. »

Le Curial

120 Nous achetons autrui et autrui nous, par flatterie et corruption.

CHARLES D'ORLÉANS 1391-1465

Ballades, II

121 Quand je suis couché en mon lit,
Je ne puis en paix reposer ;
Car toute la nuit mon cœur lit
Au roman de Plaisant Penser.

[...] Amour, je ne puis gouverner
Mon cœur ; car tant vous veut servir
Qu'il ne sait jour ni nuit cesser :
Ainsi, je laisse le dormir.

VIII

122 Je suis celui au cœur vêtu de noir.

XIV

123 Mon cœur est devenu ermite
En l'ermitage de Pensée.

XXI

124 En la forêt d'Ennuyeuse Tristesse,
Un jour m'advint, qu'à part moi cheminais,
De rencontrer l'amoureuse Déesse
Qui m'appela, demandant où j'allais.

125 C'est grand pitié qu'il faille que je sois
L'homme égaré qui ne sait où il va.

1. paresseux.

XXVI

126 En regardant vers le pays de France,
Un jour m'advint, à Douvres, sur la mer,
Qu'il me souvint de la douce plaisance
Que je soulais[1] au dit pays trouver.

XXVII

127 Priez pour paix, le vrai trésor de joie!

XXXIV

128 Je meurs de soif auprès de la fontaine,
Tremblant de froid au feu des amoureux [...]

Chansons, I

129 Par Dieu, mon plaisant bien joyeux,
Mon cœur est si plein de liesse,
Quand je vois la douce jeunesse
De votre gent corps gracieux!

Rondeaux

130 Les fourriers d'Été sont venus
Pour appareiller son logis,
Et ont fait tendre ses tapis
De fleurs et verdures tissus.

Rondeaux, VI

131 Le temps a laissé son manteau
De vent, de froidure et de pluie,
Et s'est vêtu de broderie,
De soleil riant, clair et beau.

XVIII

132 Ah! Dieu! qu'il m'ennuie[2]!
Hélas! qu'est ceci?
Resterai-je ainsi
En mélancolie?

XIX

133 Le monde est ennuyé de moi,
Et moi pareillement de lui.

XXXII

134 Hiver, vous n'êtes qu'un vilain.

1. avais coutume de.
2. Verbe impersonnel.

XLIII

135 Écolier de Mélancolie,
Des verges de Souci battu,
Je suis à l'étude tenu
Dans les derniers jours de ma vie.

Jacques CŒUR 1395-1456

devise de Jacques Cœur

136 A vaillant cœur rien d'impossible.

MICHAULT LE CARON dit Taillevent première moitié du XVe siècle

Le Passe-temps Michault

137 Le temps, les ans, les gens, la vie,
S'en vont, et ne sait-on comment.

Jean de BUEIL 1405-1478

Le Jouvencel

138 Qui ne cueille des vertes, il ne mangera des mûres.

Georges CHASTELLAIN v. 1405-1475

Chronique

139 Rois meurent et nations s'évanouissent; mais, seule, vertu suit l'homme en sa bière et lui baille gloire éternelle.

Arnoul GRÉBAN 1420-1471

Mystère de la Passion, quatrième journée

140 Puisque désespérer me faut
Et priver de toute espérance,
Et que le don d'espoir me faut,
Je n'ai plus besoin d'assurance:
Abrège-moi, Désespérance[1].

LOUIS XI 1423-1483

devise de Louis XI

141 Qui s'y frotte s'y pique.

1. C'est Judas qui parle.

JEAN MICHEL D'ANGERS v. 1430 ou 1435-1501

Mystère de la Passion, deuxième journée

142 *Notre-Dame:* Mourez donc comme les barons!
Jésus: Je mourrai entre deux larrons.
Notre-Dame: Que ce soit sous terre, et sans voix!
Jésus: Ce sera haut pendu en croix.

143 *Notre-Dame:* A mes maternelles demandes
Ne donnez que réponses dures!
Jésus: Accomplir faut les Écritures.

MARTIAL D'AUVERGNE 1430-1508

Les Vigiles de Charles VII

144 Où Charité? est en pèlerinage;
Hé, que fait Dieu? il est bien aise aux cieux;
Hé quoi! dort-il? l'on n'en fait pis ni mieux.

145 Qui mange l'oie du roi, cent ans après il en doit rendre la plume.

La Grand Danse macabre des femmes

146 Las! en la mort tout est compris:
Reine, dame grande et petite,
Les plus grands sont les premiers pris.
Contre la mort, aucune fuite.

J. de la VÉPRIE dates inconnues

Proverbes communs

147 Péché de chair est trop commun.

148 Il est avis à vieille vache qu'elle ne fut jamais génisse.

149 Qui fol envoie, fol attend.

150 Les bons coqs sont toujours maigres.

François VILLON 1431-apr. 1463

Ballade des proverbes

151 Tant chauffe-t-on le fer qu'il rougit...
[...]
Tant crie-t-on Noël qu'il vient.

Ballade des menus propos

152 Je connais tout, fors que moi-même.

Le Lais, I-II

153 L'an quatre cent cinquante-six,
Je, François Villon, écolier[1],
[...]
Me vint un vouloir de briser
La très amoureuse prison
Qui soulait mon cœur debriser[2].

VIII

154 Je ne suis homme sans défaut.

IX

155 Premièrement, au nom du Père,
Du Fils et du Saint-Esprit,
Et de sa glorieuse Mère,
Par qui grâce[3] rien ne périt,
Je laisse, de par Dieu, mon bruit[4]
A Maître Guillaume Villon[5].

Ballade du concours de Blois, vers 1-9

156 Je meurs de soif auprès de la fontaine.
[...]
Rien ne m'est sûr que la chose incertaine.

vers 28

157 Bourde[6], verté[7], aujourd'hui m'est tout un.

Requête à Monseigneur de Bourbon, vers 36-39

158 Allez, lettres, faites un saut ;
Combien que[8] n'ayez pied ni langue,
Remontrez en votre harangue
Que faute d'argent si m'assault[9].

Testament, I

159 En l'an trentième de mon âge,
Que toutes mes hontes j'eus bues,
Ni du tout[10] fol ni du tout sage,
Nonobstant maintes peines eues...

1. étudiant.
2. habituellement me brisait le cœur.
3. par la grâce de qui.
4. renom.
5. Père adoptif du poète.
6. erreur.
7. vérité.
8. bien que.
9. m'assaille à ce point.
10. Ni tout à fait.

XIV

160 Je suis pécheur, je le sais bien;
Pourtant ne veut pas Dieu ma mort,
Mais convertisse[1] et vive en bien
Et[2] tout autre que péché mord.

XXI

161 Nécessité fait gens méprendre[3]
Et faim saillir le loup du bois.

XXII-XXIII

162 Je plains le temps de ma jeunesse,
(Auquel j'ai plus qu'autre galé[4]
Jusqu'à l'entrée de vieillesse)
Qui son partement[5] m'a celé [...]
Allé s'en est et je demeure,
Pauvre de sens et de savoir,
Triste, failli[6], plus noir que meure[7]...

XXVI

163 Hé! Dieu, si j'eusse étudié
Au temps de ma jeunesse folle,
Et à bonnes mœurs dédié[8],
J'eusse maison et couche molle.
Mais quoi? Je fuyais[9] l'école,
Comme fait le mauvais enfant.
En écrivant cette parole,
A peu que le cœur ne me fend.

XXIX

164 Où sont les gracieux galants
Que je suivais au temps jadis,
Si bien chantants, si bien parlants,
Si plaisants en faits et en dits?
Les aucuns sont morts et roidis,
D'eux n'est-il plus rien maintenant:
Repos aient en paradis,
Et Dieu sauve le remenant[10]!

1. que je me convertisse.
2. avec.
3. pécher.
4. fait la noce.
5. départ.
6. déchu.
7. mûre.
8. sacrifié.
9. exactement « FUYOIE » (3 syll.).
10. le reste.

XXXV

165 Pauvre je suis de ma jeunesse,
De pauvre et de petite extrace;
Mon père n'eut onc grand richesse
Ni son aïeul, nommé Horace.

XXXVIII

166 Mon père est mort, Dieu en ait l'âme!
Quant est[1] du corps, il gît sous lame.
J'entends que ma mère mourra,
Et le sait bien, la pauvre femme,
Et le fils pas ne demourra[2].

XL

167 Et meure Pâris ou Hélène,
Quiconque meurt, meurt à douleur.

XLI

168 La mort le fait frémir, pâlir,
Le nez courber, les veines tendre,
Le col enfler, la chair mollir;
Jointes[3] et nerfs croître et étendre.
Corps féminin, qui tant es tendre,
Poli, souef[4], si précieux,
Te faudra-t-il ces maux attendre?
Oui, ou tout vif aller au cieux.

Ballade des dames du temps jadis

169 Dites-moi où, n'[5]en quel pays
Est Flora, la belle Romaine,
Archipiade ne Thaïs,
Qui fut sa cousine germaine;
Écho, parlant quand bruit on mène
Dessus rivière ou sur étang,
Qui beauté eut trop plus qu'humaine.
Mais où sont les neiges d'antan?

170 Où est la très sage Héloïs
Pour qui châtré fut, et puis moine,
Pierre Abélard à Saint-Denis?
Pour son amour eut cette essoine[6].

1. Pour ce qui est...
2. demeurera.
3. les articulations.
4. doux.
5. et.
6. épreuve.

171 ...Et Jeanne, la bonne Lorraine,
Qu'Anglais brûlèrent à Rouen?
Où sont-ils[1], où, Vierge souvraine?
Mais où sont les neiges d'antan?

Ballade en vieux langage français

172 Autant en emporte le vent.

LXIV

173 Pour un plaisir, mille douleurs.

Double ballade

174 Folles amours font les gens bêtes:
Salmon[2] en idolâtria[3],
Samson en perdit ses lunettes.
Bien heureux est qui rien n'y a.

Le Testament, LXX

175 Ma vielle ai mis sous le banc;
Amants je ne suivrai jamais:
Si jadis je fus de leur rang,
Je déclare que n'en suis mais[4].

LXXI

176 Qui meurt a le droit de tout dire.

LXXXV

177 Premier, je donne ma pauvre âme
A la benoîte Trinité,
Et la commande[5] à Notre-Dame,
Chambre de la divinité...

LXXXVI

178 Item, mon corps j'ordonne et laisse
A notre grand mère la terre;
Les vers n'y trouveront grand graisse,
Trop lui a fait faim dure guerre...

1. elles.
2. Salomon.
3. devint idolâtre.
4. plus.
5. recommande.

Le Testament, Ballade pour prier Notre-Dame

179 Dame du ciel, régente terrienne,
Empérière[1] des infernaux palus[2],
Recevez-moi[3], votre humble chrétienne,
Que comprise sois entre vos élus.

180 A votre Fils dites que je suis sienne[4];
De lui soient mes péchés abolus[5]
Pardonnez-moi comme à l'Égyptienne,
Ou comme il fit au clerc Théophilus.

181 Femme je suis[6], pauvrette et ancienne,
Qui rien ne sais; onques lettre ne lus.
Au moutier vois, dont suis paroissienne,
Paradis peint où sont harpes et luths,
Et un enfer où damnés sont boullus.

Le Testament, Lai

182 Mort, j'appelle de ta rigueur,
Qui m'as ma maîtresse ravie,
Et n'es pas encore assouvie
Si tu ne me tiens en langueur.

183 Deux étions et n'avions qu'un cœur;
S'il est mort, force est que dévie[7],
Voire, ou que je vive sans vie,
Comme les images[8], par cœur,
Mort!

Le Testament, XCVIII

184 Vin perd mainte bonne maison.

Le Testament, Ballade des contredits de Franc Gontier

185 ...Lors je connus que, pour deuil apaiser,
Il n'est trésor que de vivre à son aise.

Le Testament, Ballade des femmes de Paris

186 Prince, aux dames parisiennes,
De beau parler donnez le prix;
Quoi qu'on die[9] d'Italiennes,
Il n'est bon bec que de Paris.

1. impératrice.
2. marais.
3. C'est la mère du poète qui parle.
4. C'est la mère du poète qui parle.
5. abolis.
6. C'est la mère du poète qui parle.
7. je quitte la vie.
8. statues.
9. dise.

Le Testament, Ballade de la grosse Margot

187 Si j'aime et sers la belle de bon hait[1],
M'en devez-vous tenir pour vil ni sot?

188 Sous elle geins, plus qu'un ais me fais plat,
De paillarder tout elle me détruit,
En ce bordeau[2] où tenons notre état.

Vente, grêle, gèle, j'ai mon pain cuit.
Ie suis paillard, la paillarde me suit.
Lequel vaut mieux? chacun bien s'entresuit.
L'un l'autre vaut; c'est à mau rat mau chat.
Ordure aimons, ordure nous poursuit;
Nous défuyons honneur, il nous défuit...

Le Testament, CLIII

189 A menue gent, menue monnaie.

Le Testament, Belle leçon aux enfants perdus

190 Beaux enfants, vous perdez la plus
Belle rose de vos chapeaux.

CLVIII

191 Jamais mal acquis ne profite.

Ballade de bonne doctrine

192 Tout aux tavernes et aux filles.

Le Testament, CLXII

193 Quand je considère ces têtes,
Entassées en ces charniers,
Tous furent maîtres des requêtes,
Au moins de la Chambre aux Deniers.

Épitaphe

194 Ci-gît et dort en ce solier[3],
Qu'Amour occit de son rayon,
Un pauvre petit écolier[4]
Qui fut nommé François Villon.

1. de bon cœur.
2. bordel.
3. grenier.
4. étudiant.

Ballade finale

195 Ici se clôt le testament
Et finit du pauvre Villon.
Venez à son enterrement,
Quand vous orrez le carillon,
Vêtus rouge com vermillon,
Car en amour mourut martyr;
Ce jura-t-il sur son couillon
Quand de ce monde vout partir.

Ballade des pendus

196 Frères humains qui après nous vivez,
N'ayez les cœurs contre nous endurcis,
Car, si pitié de nous pauvres avez,
Dieu en aura plus tôt de vous merci.
Vous nous voyez ci attachés cinq, six:
Quant à la chair, que trop avons nourrie,
Elle est pieça[1] dévorée et pourrie,
Et nous, les os, devenons cendre et poudre.
De notre mal personne ne s'en rie;
Mais priez Dieu que tous nous veuille absoudre.

197 La pluie nous a débués[2] et lavés,
Et le soleil desséchés et noircis;
Pies, corbeaux, nous ont les yeux cavés[3],
Et arraché la barbe et les sourcils.
Jamais nul temps nous ne sommes assis;
Puis çà, puis là, comme le vent varie,
A son plaisir sans cesser nous charrie,
Plus becquetés d'oiseaux que dés à coudre.
Ne soyez donc de notre confrérie...

Jean MOLINET 1435-1507

La Ressource du petit peuple

198 Oyez-vous point la voix des pauvres gens,
Des indigents péris sans allégeance,
Des laboureurs qui ont perdu leurs champs,
Des innocents, orphelins impuissants,
Qui mal contents crient à Dieu vengeance!

1. depuis longtemps.
2. lessivés.
3. creusés.

199 Prenez pitié du sang humain,
Vrai Dieu, souverain roi des rois.
[...]
Votre petit peuple est perdu ;
J'ai le cœur triste et éperdu.

200 Contre la mort nul ne se peut défendre.

201 Quand raison dort, justice est mal gardée.

Sentences

202 Qui bientôt meurt, on dit qu'il languit moins.

Maréchal Jean-Jacques TRIVULCE 1441-1518

À Louis XII, qui lui demandait ce qu'il fallait pour faire la guerre avec succès

203 Trois choses sont absolument nécessaires : premièrement de l'argent, secondement de l'argent, troisièmement de l'argent.

Philippe de COMMYNES 1447-1511

Mémoires, livre I

204 Entre tous ceux que j'ai jamais connus, le plus avisé pour se tirer d'un mauvais pas en temps d'adversité, c'était le roi Louis XI, notre maître, et aussi le plus humble en paroles et en habits, et l'être qui se donnait le plus de peine pour gagner un homme qui pouvait le servir ou qui pouvait lui nuire.

Les Quinze Joies de mariage Satire anonyme v. 1450

La Quinte Joye

205 Telle fait étrange réponse le jour qui ne la ferait pas la nuit.

La Sixte Joye

206 Il n'est si étrange mensonge que la femme ne croie, s'il est à sa louange.

Farce de Maître Pathelin v. 1464

vers 613-614

207 Otez ces gens novis !... Marmara,
Caramari, caramara.

vers 1291

208 Sus, revenons à ces moutons.

vers 1301-1302

209 — Viens ici...
— Bée...
— Ah ! quel tracas !
Quel « Bée » est-ce là ? Suis-je chèvre ?

Jean d'AUTON 1466-1527

Chroniques, première partie, I, prologue

210 Fortune perverse [...] toujours décheville l'axe de sa roue contre l'heur des plus vertueux.

deuxième partie, I, prologue

211 Le vice d'ambition ne doit posséder le loyer de vertus ; ni l'appétit insatiable, de gloire mondaine affamé, engorger tous les fruits de laborieux mérite : veuillent donc les plus grands, sans apetisser leur prix, souffrir les moindres vertueux avoir part congrue au relief d'honneur.

sixième partie, XL, Venise

212 Et au surplus, pour garder ma franchise,
Toujours me tiens avecque les plus forts.

Roger de COLLERYE v. 1470-v. 1540

Complainte de l'infortuné

213 Nul, quel qu'il soit, n'a le ciel hérité,
Si par vertu il ne l'a mérité.

LEMAIRE DE BELGES 1473-1525

Première épître de l'amant vert, fin

214 Sous ce tombeau, qui est un dur conclave[1],
Gît l'amant vert[2] et le très noble esclave,
Dont le haut cœur, de vraie amour pure ivre,
Ne put souffrir perdre sa dame et vivre.
De peu assez.

1. réduit, lieu clos.
2. Il s'agit du perroquet de Marguerite d'Autriche ; il était mort en l'absence de sa maîtresse, mangé par un chien ; le poète feint d'attribuer sa mort au désespoir.

Pierre GRINGORE v. 1475-v. 1538

Les Folles Entreprises, L'entreprise des fols orgueilleux

215 « Folle entreprise » enfin son maître affolle.

Les Folles Entreprises, Des gens nobles et des vilains

216 En noblesse a des gens gentils[1],
Vilains gentils[2] et des gentils[3] vilains[4].

Les Folles Entreprises, Chant royal

217 Tous malfaiteurs se mettent en servage ;
Force leur est de recevoir châtoi[5],
Quand s'efforcent dépriser[6] par outrage
Un Dieu, un Roi, une Foi, une Loi.

Les Folles Entreprises, L'acteur

218 Royaumes gouvernés par prêtres
A peine peuvent fructifier.

Les Folles Entreprises, Des bigots et des bigotes

219 Femmes ont la propriété
Que je veux ici révéler,
C'est parler, pleurer et filer.

La Coqueluche

220 Princes, seigneurs, conseillers, avocats,
Comme pauvres, saisis[7] ; c'est ma manière:
Hommes sont faits d'une même matière.

La Coqueluche, Moralité, Hypocrisie

221 Pense à mon cas, trompant maint homme et femme:
Tout suis à Dieu, fors que le corps et l'âme.

La Farce, Doublette et Mausecret

222 J'aime bien mieux Faire que Dire.
— Dire sans faire, il n'est rien pire.

Notables Enseignements, Adages et Proverbes

223 Mieux vaut être seul que mal accompagné.

1. nobles.
2. nobles de caractère.
3. nobles de race.
4. méchants.
5. châtiment.
6. mépriser.
7. je saisis: c'est la coqueluche qui parle.

224 Froides mains, chaudes amours.

225 Il n'est pas marchand qui toujours gagne.

226 De fou juge, brève sentence.

227 Qui ne sait rien, de rien ne doute.

228 Il n'y a point de laides amours, ni de belles prisons.

229 Entre promettre et donner, doit-on sa fille marier.

230 Le plus sage se tait.

231 Le plus riche n'emporte que son linceul.

232 Dame qui mout se mire, peu file.

233 Le mort n'a point d'ami, le malade n'en a qu'à demi.

234 Il n'est danger que de vilain.

Le chevalier BAYARD 1470-1524

235 Ce que le gantelet saisit, le forgeret l'engloutit.

LE LOYAL SERVITEUR (sans doute Jacques de Maicles pseudonyme d'un contemporain de Bayard)

La très joyeuse, plaisante et récréative Histoire du bon chevalier
sans peur et sans reproche, le gentil seigneur de Bayard
chap. 66

236 Des biens mondains, il n'y pensa en sa vie : et bien l'a montré, car à sa mort il n'était guère plus riche que quand il fut né.

237 Il ne fut jamais homme suivant les armes qui mieux en connût l'hypocrisie : et souvent disait que c'était la chose en ce monde où les gens sont les plus abusés ; car tel fait le hardi breneux en une chambre qui, aux champs, devant les ennemis, est doux comme une pucelle.

XVIe siècle

Pierre GROGNET ?-1540

Blason de la noble ville et cité de Paris

238 Dedans Paris avec toute science,
Toutes vertus avecque sapience,
Finalement, c'est paradis terrestre,
Ne reste plus que paradis céleste.

Chancelier François OLIVIER 1487-1560

Cité par Montaigne, Essais, II, 17

239 Plus haut monte le singe, plus il montre son cul.

Claude BOUTON v. 1488-1556

Miroir des Dames

240 Nous disons que nous sommes sages
Et que les femmes sont fragiles ;
Mais Dieu, qui connaît nos courages,
Nous voit de vertus fort débiles,
Et en tous vices bien habiles,
Et nous peuvent femmes reprendre
Mieux que ne saurions leur apprendre.

Charles de BOURDIGNÉ ?-1555

La Légende de Pierre Faifeu

241 Il n'est que d'avoir d'esprit bonne ouverture.

Mellin de SAINT-GELAIS 1491-1558

Douze baisers gagnés au jeu

242 Car quand j'aurais cent mille fois baisé,
Mon cœur encor ne serait apaisé.
Amour est dieu, et nous, fumée et ombre,
Ne lui saurions satisfaire par nombre.

Pour une belette

243 Mais quoi ? Il est fol qui espère
Voir chose entièrement prospère,
Et qui pense avant le trépas
Être heureux, ou ne l'être pas.

Pour une dame ayant son mari prisonnier des ennemis

244 ...Mon cœur en moi plus ne demeure,
Et sont prisonniers mes esprits...

Quatrains, VI

245 Toute femme est importune et nuisante,
Et seulement en deux temps est plaisante :
Le premier est de ses noces la nuit,
Et le second quand on l'ensevelit.

LXXVIII

246 Mieux vaut faire, et se repentir,
Que se repentir, et rien faire.

LXXXIV

247 Il n'est oiseau qui sût voler
Si haut comme un cœur peut aller.

Sizains, XXVIII

248 Ainsi vous doit-il souvenir
Que le temps finit la beauté...

Dizains, VII

249 Telle beauté fait l'amour être belle,
Et tel amour aimable la beauté.

Chanson

250 Malheureux est qui malheureux cuide[1] être,
Et seul heureux qui tel se veut connaître.

1. croit.

251 Le remède est à qui les cornes porte
De les planter ailleurs de même sorte.

Antoine HEROËT 1492-1568

La Parfaite Amie

252 Toute femme sage
De son amour prend conseil et présage.

253 Dames, je vous promets
Qu'il n'adviendra, et il n'advint jamais
Que vrai amour n'ait été réciproque.

Divers

254 M'amie[1] à soi, non aux autres ressemble.

MARGUERITE DE NAVARRE 1492-1549

Pensées de la Reine de Navarre, étant en sa litière
durant la maladie du Roi

255 O Dieu qui les vôtres aimez,
J'adresse à vous seul ma complainte;
Vous qui les amis estimez,
Voyez l'amour que j'ai sans feinte...

Cantiques spirituels

256 Je n'ai plus ni père, ni mère,
Ni sœur, ni frère
Sinon Dieu seul auquel j'espère.

Dizains

257 Plus j'ai d'amour plus j'ai de fâcherie.

Heptaméron, Ire nouvelle

258 Depuis qu'Ève fit pécher Adam, toutes les femmes ont pris possession de tourmenter, tuer et damner les hommes.

8e nouvelle

259 Si notre amour est fondée sur la beauté, bonne grâce, amour et faveur d'une femme, et que notre fin soit plaisir, honneur ou profit, l'amour ne peut longtemps durer; car, si la chose sur quoi nous la fondons vient à manquer, notre amour s'envole hors de nous.

1. mon amie.

(Heptaméron) 10e nouvelle

260 Quand tout le monde me dirait femme de bien, et je saurais seule le contraire, la louange augmenterait ma honte [...] ; et aussi, quand il me blâmerait et je sentisse mon innocence, son blâme tournerait à contentement ; car nul n'est content que de soi-même.

12e nouvelle

261 Les hommes recouvrent leur diable du plus bel ange qu'ils peuvent trouver.

13e nouvelle

262 Seulement les sots sont punis, et non les vicieux.

14e nouvelle

263 Ne pensez pas que ceux qui poursuivent les dames prennent tant de peine pour l'amour d'elles ; car c'est seulement pour l'amour d'eux et de leur plaisir.

15e nouvelle

264 Les choses où l'on a volonté, plus elles sont défendues et plus elles sont désirées.

18e nouvelle

265 Il n'y a si petite demoiselle qui ne veuille être priée.

19e nouvelle

266 Jamais homme n'aimera parfaitement Dieu qu'il n'ait parfaitement aimé quelque créature en ce monde.

267 J'appelle parfaits amants ceux qui cherchent, en ce qu'ils aiment quelque perfection, soit beauté, bonté ou bonne grâce ; toujours tendant à la vertu, et qui ont le cœur si haut et si honnête, qu'ils ne veulent, pour mourir, mettre leur fin aux choses basses que l'honneur et la conscience réprouvent.

21e nouvelle

268 Un malheureux cherche l'autre.

24e nouvelle

269 Il n'est point de diable plus insupportable qu'une dame bien aimée et qui ne veut point aimer.

25e nouvelle

270 Le scandale est souvent pire que le péché.

26e nouvelle

271 Votre plaisir gît à déshonorer les femmes, et votre honneur à tuer les hommes en guerre ; qui sont deux points formellement contraires à la loi de Dieu.

272 Le pire diable chasse le moindre.

30e nouvelle

273 Elle pensait que l'occasion faisait le péché, et ne savait pas que le péché forge l'occasion.

33e nouvelle

274 On donne son opinion selon sa condition.

38e nouvelle

275 N'avez-vous pas ouï dire que Dieu aide aux fols, aux amoureux et aux ivrognes ?

40e nouvelle

276 Mariage est un état de si longue durée qu'il ne doit être commencé légèrement, ni sans l'opinion de nos meilleurs amis et parents.

277 Quant à la mort, que vous dites cruelle, il me semble que, puisqu'elle est nécessaire, la plus brève est la meilleure, car on sait bien que ce passage ne fait pas de doute ; mais je tiens heureux ceux qui ne demeurent point longuement aux faubourgs.

278 Qui ne peut voir ce qu'il aime n'a nul plus grand bien que d'y penser incessamment.

279 Les sages philosophes tiennent que le moindre homme de tous vaut mieux que la plus grande et vertueuse femme qui soit.

47e nouvelle

280 L'amour n'est pas un feu que l'on tient dans la main.

48e nouvelle

281 L'habit est si loin de faire le moine, que bien souvent, par orgueil, il le défait.

60e nouvelle

282 Croyez que c'est grand plaisir aux pauvres femmes craintives et secrètes de pécher avec ceux qui les peuvent absoudre, car il y en a qui ont plus de honte de confesser une chose que de la faire.

61e nouvelle

283 A force de jurer, on engendre quelque doute à la vérité.

70e nouvelle

284 Il n'est rien qui plus abatte le cœur d'un homme que de hanter ou trop aimer les femmes.

FRANÇOIS Ier 1494-1547

Rondeau

285 Malgré moi vis, et en vivant je meurs;
De jour en jour s'augmentent mes douleurs.

286 Plus j'ai de bien, plus ma douleur augmente;
Plus j'ai d'honneur et moins je me contente.

Vers composés en Espagne pendant sa captivité

287 Cœur résolu d'autre chose n'a cure que de l'honneur.
Le corps vaincu, le cœur reste vainqueur...

288 Souvent femme varie[1].

Rondeau

289 En la grand mer, où tout vent tourne et vire,
Je suis, pour vrai, la doulente navire
De foi chargée et de regrets armée...

Lettre à sa mère après la bataille de Pavie, 25 février 1525

290 Madame, pour vous faire savoir comment se porte le reste de mon infortune, de toutes choses ne m'est demeuré que l'honneur et la vie sauve[2].

Lettre aux grands du Royaume et aux Compagnies souveraines
(1525)

291 Pour mon honneur et celui de ma nation, je choisirai plutôt honnête prison que honteuse fuite.

François RABELAIS v. 1494-1553

Vie inestimable du grand Gargantua, père de Pantagruel
Aux Lecteurs

292 Mieux est de ris que de larmes écrire,
Pour ce que rire est le propre de l'homme.

1. Rapporté par Brantôme, dans la *Vie des Dames galantes*.
2. Phrase réduite par les historiens à la formule connue: « Tout est perdu fors l'honneur. »

Prologue de l'auteur

293 L'habit ne fait point le moine, et tel est vêtu d'habit monacal, qui au dedans n'est rien moins que moine.

294 Vous convient être sages, pour fleurer, sentir et estimer ces beaux livres de haute graisse, légers[1] au pourchas[2] et hardis à la rencontre ; puis, par curieuse leçon[3] et méditation fréquente, rompre l'os et sucer la substantifique moelle.

295 L'odeur du vin, ô combien plus est friande, riante, priante, plus céleste et délicieuse que d'huile !

chap. 1

296 Vous, en telle ou meilleure pensée, réconfortez votre malheur, et buvez frais, si faire se peut.

chap. 5

297 Je bois éternellement. Ce m'est éternité de beuverie, et beuverie d'éternité.

298 Je bois comme un templier.

299 Petite pluie abat grand vent. Longues buvettes rompent le tonnerre.

300 Le grand Dieu fit les planètes et nous faisons les plats nets.

301 L'appétit vient en mangeant, disait Hangest du Mans[4] ; la soif s'en va en buvant.

302 — Remède contre la soif ?
— Il est contraire à celui qui est contre morsure de chien : courez toujours après le chien, jamais ne vous mordra ; buvez toujours avant la soif, et jamais ne vous adviendra.

chap. 6

303 Un homme de bon sens croit toujours ce qu'on lui dit et qu'il trouve par écrit.

304 A Dieu, rien n'est impossible, et, s'il voulait, les femmes auraient dorénavant [...] leurs enfants par l'oreille.

chap. 17

305 Le peuple de Paris est tant sot, tant badaud et tant inepte de nature qu'un bateleur, un porteur de rogatons[5], un mulet avec ses cymbales[6], un vielleux au milieu d'un carrefour, assemblera plus de gens que ne fera un prêcheur évangélique.

1. « légers », sur le même plan que « sages », se rapporte à « vous ».
2. à la poursuite.
3. par attentive lecture.
4. Évêque du Mans († 1538), auteur d'un livre précisément intitulé *De causis*.
5. reliques.
6. clochettes.

(Vie inestimable du grand Gargantua)
chap. 20

306 Ne clochez pas devant les boiteux.

307 Misère [est] compagne de Procès.

chap. 21

308 Lever matin n'est point bonheur ;
Boire matin est le meilleur.

chap. 23

309 Nature n'endure mutations soudaines sans grande violence.

chap. 27

310 Était pour lors un moine cloîtré, nommé Frère Jean des Entommeures, jeune, galant, frisque[1], de hait[2], bien à dextre[3], hardi, aventureux, délibéré, haut, maigre, bien fendu de gueule, bien avantagé en nez, beau dépêcheur d'heures, beau débrideur de messes, beau décrotteur de vigiles, pour tout dire sommairement, vrai moine si onques en fut depuis que le monde moinant moina de moinerie ; au reste clerc[4] jusques aux dents en matière de bréviaire.

311 Adieu, paniers, vendanges sont faites !

312 Je n'entreprendrai guerre que je n'aie essayé tous les arts et moyens de paix.

chap. 29

313 Comme débiles sont les armes au dehors si le conseil[5] n'est en la maison, aussi vaine est l'étude et le conseil inutile qui en temps opportun par vertus n'est exécuté et à son effet[6] réduit.

314 Ma délibération[7] n'est pas de provoquer, mais d'apaiser ; d'assaillir, mais de défendre ; de conquérir, mais de garder mes féaux sujets et terres héréditaires.

315 L'exploit sera fait à moindre effusion de sang que sera possible, et, si possible est [...], nous sauverons toutes les âmes et les enverrons joyeux à leur domicile.

1. joyeux.
2. de bonne humeur.
3. adroit.
4. savant.
5. la délibération.
6. sa réalisation.
7. mon dessein.

chap. 31

316 Ont toutes choses leur fin et période, et, quand elles sont venues à leur point superlatif, elles sont en bas ruinées, car elles ne peuvent longtemps en tel état demeurer.

317 Rien n'est ni saint ni sacré à ceux qui se sont émancipés de Dieu et Raison pour suivre leurs affections perverses.

chap. 32

318 Oignez vilain, il vous poindra; poignez vilain, il vous oindra.

319 De la panse vient la danse, et où faim règne, force exule[1].

chap. 33

320 Thésauriser est fait de vilain.

chap. 34

321 Les cas de hasard jamais ne faut poursuivre jusques à leur période[2] et [...] il convient à tous chevaliers révérentement traiter leur bonne fortune sans la molester ni gêner.

chap. 37

322 L'occasion a tous ses cheveux au front: quand elle est outre passée, vous ne la pouvez plus révoquer[3]; elle est chauve par le derrière de la tête, et jamais plus ne retourne.

chap. 39

323 — Pourquoi est-ce que les cuisses d'une demoiselle sont toujours fraîches?
— C'est, dit le moine, pour trois causes par lesquelles un lieu naturellement est rafraîchi: *primo,* parce que l'eau décourt tout du long; *secondo,* parce que c'est un lieu ombrageux, obscur et ténébreux, auquel jamais le soleil ne luit; et tiercement, parce qu'il est continuellement éventé des vents du trou de bise [...]

324 Je n'étudie point, pour ma part. En notre abbaye, nous n'étudions jamais, de peur des oreillons.

325 — Comment, dit Ponocratès, vous jurez, Frère Jean?
— Ce n'est, dit le moine, que pour orner mon langage. Ce sont couleurs de rhétorique cicéronienne.

1. s'en va.
2. à leur plus haut point.
3. rappeler.

(Vie inestimable du grand Gargantua)
chap. 40

326 Voire, dit le moine, une messe, des matines, des vêpres bien sonnées sont à demi dites.

chap. 41

327 Jamais je ne m'assujettis aux heures: les heures sont faites pour l'homme, et non l'homme pour les heures.

chap. 43

328 Selon vraie discipline militaire, jamais ne faut mettre son ennemi en lieu de désespoir, parce que telle nécessité lui multiplie sa force et accroît le courage qui déjà était abattu et failli, et qu'il n'y a meilleur remède de salut à gens étonnés et recrus que de n'espérer salut aucun.

chap. 44

329 Tant en tua et mit par terre que son braquemart[1] rompit en deux pièces. Adonc pensa en soi-même que c'était assez massacré et tué, et que le reste devait échapper pour en porter les nouvelles.

chap. 45

330 Travaillez, chacun en sa vocation.

331 C'est, dit Gargantua, ce que dit Platon, [...] que lors les républiques seraient heureuses quand les rois philosophiraient ou que les philosophes régneraient.

chap. 46

332 Guerre faite sans bonne provision d'argent n'a qu'un soupirail de vigueur. Les nerfs des batailles sont les pécunes.

chap. 47

333 Bien malheureux est le prince qui est de tels gens servi, qui tant facilement sont corrompus.

334 Bren, bren! dit Picrochole; vous semblez les anguilles de Melun: vous criez avant qu'on vous écorche.

chap. 48

335 Telle est la nature et complexion des Français qu'ils ne valent qu'à la première pointe. Alors ils sont pires que diables, mais, s'ils séjournent, ils sont moins que femmes.

1. épée.

chap. 50

336 Le temps, qui toutes choses ronge et diminue, augmente et accroît les bienfaits, parce qu'un bon tour libéralement fait à l'homme de raison croît continuellement par noble pensée et remembrance.

chap. 52

337 Comment pourrais-je gouverner autrui, qui moi-même gouverner ne saurais ?

338 La plus vraie perte du temps qu'il sut était de compter les heures — quel bien en vient-il ? — et la plus grande rêverie du monde était de se gouverner au son d'une cloche, et non au dicté de bon sens et entendement.

chap. 54

339 Ci[1] n'entrez pas, hypocrites, bigots,
Vieux matagots[2], marmiteux, boursouflés,
Torcous[3], badauds, plus que n'étaient les Goths,
Ni Ostrogoths, précurseurs des magots,
Haires, cagots, cafards empantouflés...
[...]
Ci entrez, vous, qui le saint Évangile
En sens agile annoncez, quoi qu'on gronde :
Céans aurez un refuge et bastille
Contre l'hostile erreur, qui tant postille[4]
Par son faux style empoisonner le monde ;
Entrez, qu'on fonde ici la foi profonde,
Puis qu'on confonde, et par voix et par rolle[5],
Les ennemis de la sainte parole.

chap. 57

340 Toute leur vie était employée non par lois, statuts ou règles, mais selon leur vouloir et franc arbitre [...] Ainsi l'avait établi Gargantua. En leur règle n'était que cette clause :

FAIS CE QUE VOUDRAS,

parce que gens libres, bien nés, bien instruits, conversant en compagnies honnêtes, ont par nature un instinct et aiguillon, qui toujours les pousse à faits vertueux et retire de vice, lequel ils nommaient honneur.

1. Ceci est une inscription gravée à l'entrée de l'abbaye de Thélème, que Gargantua a fait bâtir.
2. singes.
3. hypocrites.
4. s'évertue à (cf. *postuler*).
5. écrit.

Pantagruel, chap. 1

341 Gargantua, en son âge de quatre cent quatre-vingt-quarante et quatre ans, engendra son fils Pantagruel, de sa femme, nommée Badebec, fille du roi des Amaurotes en Utopie, laquelle mourut du mal d'enfant : car il était si merveilleusement grand et si lourd qu'il ne put venir à la lumière sans ainsi suffoquer sa mère.

chap. 5

342 [Pantagruel] se cuida mettre à étudier en médecine, mais il considéra que l'état était fâcheux par trop et mélancolique, et que les médecins sentaient les clystères comme vieux diables.

chap. 8

343 Quand [mon âme[1]] laissera cette habitation humaine, je ne me réputerai totalement mourir, mais passer d'un lieu en autre, attendu que, en toi et par toi, je demeure en mon image visible en ce monde.

344 Je t'admoneste que tu emploies ta jeunesse à bien profiter et en études et en vertus [...] Somme, que je voie un abîme de science [...]

345 Parce que, selon le sage Salomon, sapience n'entre point en âme malivole[2], et science sans conscience n'est que ruine de l'âme, il te convient servir, aimer et craindre Dieu et en lui mettre toutes tes pensées et tout ton espoir, et par foi formée de charité, être à lui adjoint, en sorte que jamais n'en sois désemparé[3] par péché.

chap. 9

346 Je suis né et été nourri jeune au jardin de France, c'est Touraine.

chap. 15

347 Sais-tu bien ce que dit Agésilas, quand on lui demanda pourquoi la grande cité de Lacédémone n'était ceinte de murailles ? Car, montrant les habitants et citoyens de la ville, tant bien experts en discipline militaire et tant forts et bien armés : « Voici, dit-il, les murailles de la cité », signifiant qu'il n'est muraille que d'os, et que les villes et cités ne sauraient avoir muraille plus sûre et plus forte que la vertu des citoyens et habitants.

chap. 17

348 Panurge était de stature moyenne, ni trop grand, ni trop petit [...] et sujet de nature à une maladie qu'on appelait en ce temps-là : « Faute d'argent, c'est douleur non pareille » (toutefois il avait soixante et trois manières d'en trouver toujours à son besoin, dont la plus honorable et la plus commune était par façon de larcin furtivement fait...

1. Lettre de Gargantua à son fils, Pantagruel.
2. qui veut le mal.
3. séparé.

349 Il disait qu'il n'y avait qu'une antistrophe entre femme folle à la messe et femme molle à la fesse.

chap. 28

350 O qui pourra maintenant raconter comment se porta Pantagruel contre les trois cents géants! O ma muse, ma Calliope, ma Thalie, inspire-moi à cette heure, restaure-moi mes esprits, car voici le pont aux ânes de logique, voici le trébuchet, voici la difficulté de pouvoir exprimer l'horrible bataille qui fut faite.
A la mienne volonté[1] que j'eusse maintenant un bocal du meilleur vin que burent oncques ceux qui liront cette histoire tant véridique.

chap. 30

351 [...] Je vis[2] Épictète vêtu galamment à la française, sous une belle ramée, avec force damoiselles, se rigolant, buvant, dansant, faisant en tous cas grande chère, et auprès de lui force écus au soleil. Au-dessus de la treille étaient pour sa devise ces vers écrits:

Sauter, danser, faire les tours,
Et boire vin blanc et vermeil,
Et ne rien faire tous les jours
Que compter écus au soleil.

chap. 34

352 Si vous me dites: « Maître, il semblerait que ne fussiez grandement sage de nous écrire ces balivernes et plaisantes moquettes[3] », je vous réponds que vous ne l'êtes guère plus de vous amuser à les lire.

353 Si désirez être bons Pantagruélistes (c'est-à-dire vivre en paix, joie, santé, faisant toujours grande chère), ne vous fiez jamais en gens qui regardent par un pertuis[4].

Tiers Livre, prologue

354 Jamais vieux singe ne fit belle moue.

chap. 2

355 Riche? répondit Panurge. Aviez-vous là fermé[5] votre pensée? Aviez-vous en soin pris de me faire riche en ce monde? Pensez à vivre joyeux, de par le bon Dieu et les bons hommes! Autre soin, autre souci ne soit reçu au sacrosaint domicile de votre céleste cerveau.

chap. 6

356 Je ne bâtis que pierres vives, ce sont hommes.

1. plût à Dieu...
2. C'est Epistémon, compagnon de Pantagruel, qui parle; il revient de l'enfer.
3. moqueries.
4. par le trou d'un capuchon de moine.
5. arrêté.

(Tiers livre) chap. 7

357 Chacun abonde en son sens.

chap. 8

358 La tête perdue, ne périt que la personne ; les couilles perdues, périrait toute humaine nature.

chap. 9

359 J'aime bien les cocus [dit Panurge], et me semblent gens de bien, et les hante volontiers, mais pour mourir, je ne le voudrais être. C'est un point qui trop me point.

chap. 15

360 Nature a fait le jour pour soi exercer, pour travailler, et vaquer chacun en sa négociation ; et [...] elle nous fournit de chandelle, c'est la claire et joyeuse lumière du soleil.

361 Chose bien commune et vulgaire entre les humains est le malheur d'autrui entendre, prévoir, connaître et prédire. Mais ô que chose rare est son malheur propre prédire, connaître, prévoir et entendre !

chap. 19

362 Signes [...], en amour, sont incomparablement plus attractifs, efficaces et valables que paroles.

363 Les langages sont par institutions arbitraires et convenances des peuples ; les voix[1], comme disent les dialecticiens, ne signifient naturellement, mais à plaisir.

chap. 28

364 Il n'est [...] cocu qui veut. Si tu es cocu, *ergo* ta femme sera belle, *ergo* tu seras bien traité d'elle ; *ergo* tu auras des amis beaucoup ; *ergo* tu seras sauvé.

chap. 29

365 En l'entreprise de mariage chacun doit être arbitre de ses propres pensées, et de soi-même conseil prendre.

chap. 31

366 Qui ôterait oisiveté du monde, bientôt périraient les arts de Cupidon.

chap. 32

367 Tout homme marié est en danger d'être cocu. Cocuage est naturellement des apanages du mariage.

1. mots.

chap. 40

368 Je[1] considère que le temps mûrit toutes choses; par temps toutes choses viennent en évidence; le temps est père de vérité [...]. C'est pourquoi [...] je sursois, délaie et diffère le jugement, afin que le procès, bien ventilé, grabelé[2] et débattu, vienne par succession de temps à sa maturité, et le sort par après advenant soit plus doucettement porté des parties condamnées...

chap. 41

369 On dit, en proverbe commun, heureux être le médecin qui est appelé sur la déclination de la maladie.

chap. 47

370 Je [...] jure Styx et Achéron [...] ne porter braguette à mes chausses que sur mon entreprise je n'aie eu le mot de la Dive Bouteille[3].

Quart Livre, prologue de l'auteur

371 Pantagruélisme [...] est certaine gaieté d'esprit confite en mépris des choses fortuites.

chap. 3

372 A la bonne et sincère amour est crainte perpétuellement annexée.

chap. 8

373 Panurge sans autre chose dire, jette en pleine mer son mouton criant et bêlant. Tous les autres moutons, criant et bêlant en pareille intonation, commencèrent soi jeter et sauter en mer après à la file. La foule était à qui premier y sauterait après leur compagnon. Possible n'était les en garder, comme vous savez être du mouton le naturel, toujours suivre le premier, quelque part qu'il aille.

chap. 18

374 Ha! pour manoir déifique et seigneurial, il n'est que le plancher des vaches.

chap. 28

375 Fut [...] ouïe une voix de quelqu'un qui hautement appelait « Thamoun ». [...] Dont advint que Thamous répondit: « Je suis ici, que me demandes-tu? Que veux-tu que je fasse? » Lors fut icelle voix plus hautement ouïe, lui disant et commandant [...] publier que Pan, le grand Dieu, était mort [...]

1. C'est le juge Bridoye qui parle.
2. soumis à un examen attentif.
3. oracle.

(Quart Livre) chap. 44

376 En cette vie mortelle, rien n'est béat de toutes parts.

chap. 48

377 Tout vient à point, qui peut attendre.

chap. 53

378 France la Très chrétienne est unique nourrice de la cour Romaine.

chap. 56

379 Donner paroles [est] acte des amoureux.

chap. 57

380 La sentence [...] est vraie, qui dit messer Gaster être de tous arts le maître.

chap. 62

381 Savoir est d'une région en laquelle n'est ouï des coqs le chant
Car, voulant dénoter quelque lieu à l'écart et peu fréquenté, ainsi disons-nous qu'en icelui n'a oncques été ouï coq chantant.

chap. 65

382 Le mal temps passe et retourne le bon,
Pendant qu'on trinque autour de gras jambon.

chap. 66

383 « Je sens, dit Pantagruel, en mon âme rétraction urgente, comme si fût une âme de loin ouïe, laquelle me dit que ne [...] devons descendre. Toutes les fois qu'en mon esprit j'ai tel mouvement senti, je me suis trouvé en heur, refusant et laissant le parti dont il me retirait ; au contraire, en heur pareil me suis trouvé, suivant le parti auquel il me poussait ; et jamais ne m'en repentis.
— C'est, dit Epistémon, comme le Démon de Socrate [...]. »

Cinquième Livre, prologue

384 En quoi connaissez-vous la folie antique ? En quoi connaissez-vous la sagesse présente ? Qui le fit fat[1] ? Qui t'a fait sage ?

385 Je prouverai à la barbe de je ne sais quels centonifiques[2] botteleurs de matières cent et cent fois gabelées[3], rapetasseurs de vieilles ferrailles latines, revendeurs de vieux mots latins tous moisis et incertains ; que notre langue vulgaire n'est pas si vile, si inepte, si indigente et à mépriser qu'ils l'estiment.

1. fou.
2. faiseurs de centons.
3. passées au crible.

chap. 7

386 Ignorance est mère de tous les maux.

chap. 8

387 Amis, vous noterez que par le monde y a beaucoup plus de couillons que d'hommes, et de ce vous souvienne.

chap. 17

388 De valet, je me passerai bien. Je ne suis jamais si bien traité que quand je suis sans valet.

chap. 18

389 « — Venons de France, convoiteux de faire révérence à la dame Quinte Essence et visiter ce très célèbre royaume d'Entéléchie[1].
— [...] Aristote, prime homme et parangon de toute philosophie, fut parrain de notre dame Reine ; très bien et proprement, il la nomme Entéléchie. Entéléchie est son vrai nom : s'aille chier, qui autrement la nomme ! [...] »

390 En carême sont toutes maladies semées : c'est la vraie pépinière [...] de tous maux. Encore vous ne considérez pas que, si carême fait les corps pourrir, aussi fait-il les âmes enrager.

chap. 33

391 Arrivâmes en l'île désirée, en laquelle était l'oracle de la Bouteille. Descendant Panurge en terre, fit sur un pied la gambade en l'air gaillardement, et dit à Pantagruel : « Aujourd'hui avons-nous ce que cherchons avec fatigues et labeurs tant divers. »

chap. 35

392 Boutons[2], boutons, passons outre. J'ai du courage tant et plus. Vrai est que le cœur me tremble ; mais c'est pour la froideur [...] de ce caveau[3]. Ce n'est de peur, non, ni de fièvre. Boutons, boutons, passons, poussons, pissons : je m'appelle Guillaume sans Peur.

chap. 36

393 Toutes choses se meuvent à leur fin.

1. grec ̀εντελέχεια.
2. allons !
3. là est la Dive Bouteille.

chap. 44

394 Là fit Bacbue, la noble pontife, Panurge [...] chanter une Épilémie[1] comme s'ensuit :

O Bouteille,
Pleine toute
De mystères,
D'une oreille
Je t'écoute :
Ne diffère,
Et le mot profère
Auquel pend[2] mon cœur.
En la tant divine liqueur,
Bacchus, qui fut d'Inde vainqueur,
Tient toute vérité enclose...

395 Lors fut ouï ce mot : « Trinch »[3].

chap. 45

396 En vin est vérité cachée. La Dive Bouteille vous y envoie, soyez vous-mêmes interprètes de votre entreprise.

Clément MAROT 1495-1544

Dialogue de deux amoureux, le premier

397 Quand les petites vilotières[4]
Trouvent quelque hardi amant
Qui veuille mettre un diamant
Devant leurs yeux riants et verts,
Coac ! elles tombent à l'envers.
[...]
C'est la grand'vertu de la pierre
Qui éblouit ainsi les yeux.

Dialogue de deux amoureux, le second

398 Or si poursuivrai-je pourtant
La chasse que j'ai entreprise :
Car tant plus on tarde à la prise,
Tant plus doux en est le repos.

L'Enfer

399 Tort bien mené rend bon droit inutile.

1. Chant de vendanges.
2. est suspendu.
3. Bois (en allemand).
4. coureuses.

400 [...] Qui aime plus cent sous que cent amis,
Et dont pour vrai le moindre et le plus neuf
Trouverait bien à tondre sur un œuf.

Le Balladin

401 Cœur sans amour toujours loyer demande.

Douleur et volupté

402 Ne point du tout ou trop aimer est vice [...]
Fuir ne faut que les extrémités.

Épîtres, II, Le Dépourvu, à Mme la duchesse d'Alençon et de Berry sœur unique du Roi

403 Petit feu ne peut jeter grand lustre.

V, à la Demoiselle négligente de venir voir ses amis

404 Car le long temps ni l'absence lointaine
Vaincre ne peut l'amour vraie et certaine.

VII, au Roi

405 En m'ébattant je fais rondeaux en rimes,
Et en rimant bien souvent je m'enrime;
Bref, c'est pitié d'entre nous rimailleurs,
Car vous trouvez assez de rime ailleurs,
Et quand vous plaît mieux que moi rimassez,
Des biens avez et de la rime assez.

IX, pour le capitaine Raisin au dit seigneur de la Rocque

406 Bref, nul ne peut (soit par feu, sang ou mine)
Gagner profit en guerre féminine.

XIII, aux Dames de Paris

407 [...] Telles bourgeoisettes
Qui vont cherchant des noises pour noisettes.

XXIV, du coq à l'âne, à Lyon Jamet

408 Un homme ne peut bien écrire,
S'il n'est quelque peu bon lisart[1].

Épîtres (cité par Cl. Marot)

409 Il y a plus de voleurs que de gibets.

1. lézard, jeu de mots avec liseur, lisant.

Épîtres,

XXVII, au Roi, pour le délivrer de prison

410 Roi des Français, plein de toutes bontés,
Quinze jours a, je les ai bien comptés,
Et dès demain seront justement seize,
Que je fus fait confrère au diocèse
De Saint Marri, en l'église Saint Pris.

XXIX, au Roi, pour avoir été dérobé

411 J'avais un jour un valet de Gascogne,
Gourmand, ivrogne, et assuré menteur,
Pipeur, larron, jureur, blasphémateur,
Sentant la hart[1] de cent pas à la ronde,
Au demeurant, le meilleur fils du monde,
Prisé, loué, fort estimé des filles
Par les bordeaulx[2], et beau joueur de quilles.

XXV, au Roi, pour succéder en l'État de son père

412 Par prêchements le peuple on peut séduire;
Par marchander, tromper on le peut bien;
Par plaiderie on peut manger son bien...

XLI

413 Après la course il faut tirer la barre;
Après bémol faut chanter en bécarre.

XLII, au Roi, du temps de son exil à Ferrare

414 Savoir le mal est souvent profitable,
Mais en user est toujours évitable.

Élégie V

415 Car temps perdu et jeunesse passée
Être ne peut par deux fois amassée.

VI

416 Le plus grand bien qui soit en amitié,
Après le don d'amoureux pitié,
Est s'entr'écrire, ou se dire de bouche,
Soit bien, soit deuil, tout ce qui au cœur touche.

VIII

417 Crainte est obscure, Amour est nette et blanche;
Crainte est servile, Amour est toute franche;
Amour fait vivre, et Crainte fait mourir.

1. potence.
2. maisons de prostitution.

XX

418 Car les amants abandonner on peut,
Et les maris, c'est force qu'ils demeurent
(Bons ou mauvais) jusques à ce qu'ils meurent.

Ballade, I, des enfants sans souci

419 Ne blâmez point doncques notre jeunesse,
Car noble cœur ne cherche que soulas[1].

V, à Mme d'Alençon, pour être couché en son État

420 Mais quelque chose que l'on die,
Il n'est que d'être bien couché.

Chants divers, VII, Chant royal chrétien

421 Par ainsi semble impossible d'avoir
Santé au corps et paradis à l'âme.

VIII, Chant royal

422 Ainsi je suis du feu la flamme éprise,
Qui plus fort croît quand éteindre on l'essaie,
Et connais bien qu'en amoureuse emprise
Débander l'arc ne guérit point la plaie.

XII, Chant de Mai et de Vertu

423 Volontiers en ce mois ici
La terre mue et renouvelle.
Maints amoureux en font ainsi,
Sujets à faire amour nouvelle...
[...]
Ma façon d'aimer n'est pas telle,
Mes amours durent en tout temps.

Rondeaux

XXI, Chant royal, La Mort du juste et du pécheur

424 La mort est fin et principe de vie.

LII, à la jeune Dame mélancolique et solitaire

425 « Adieu le temps qui si bon a été
Par seule amour. »

LXX

426 D'être content sans vouloir davantage,
C'est un trésor qu'on ne peut estimer;
Avoir beaucoup et toujours plus aimer,
On ne saurait trouver pire héritage.

1. divertissement.

Chansons, IV

427 Si pour moi avez du souci,
Pour vous n'en ai pas moins aussi,
Amour le vous doit faire entendre,
Mais s'il vous grève d'être ainsi,
Apaisez votre cœur transi:
Tout vient à point qui peut attendre.

XIX

428 Vertu n'a pas en amour grand'prouesse.

XXI

429 Amour au cœur me point
Quand bien aimé je suis;
Mais aimer je ne puis
Quand on ne m'aime point.

Cimetière, XXXI, épitaphe d'Erasme

430 Le grand Erasme ici repose;
Quiconque n'en sait autre chose,
Aussi peu qu'une taupe il voit,
Aussi peu qu'une pierre il oit[1].

Épigrammes
C, à la bouche de Diane

431 Voulez-vous bien celui occire
Qui craint vous être déplaisant?
Ha! bouche que tant je désire,
Dites Nenny en me baisant.

CXXXIX, de Anne qu'il aime fort

432 Si je suis fol, Amour m'affole,
Et voudrais, tant j'ai d'amitié,
Qu'autant que moi elle fût folle,
Pour être plus fol la moitié.

CCXIII, de soi-même

433 Plus ne suis ce que j'ai été,
Et ne le saurais jamais être;
Mon beau printemps et mon été
Ont fait le saut par la fenêtre.
Amour, tu as été mon maître:
Je t'ai servi sur tous les dieux.
O si je pouvais deux fois naître,
Comme je te servirais mieux!

1. entend.

CCXXXIII, de Jan Jan

434 Tu as tout seul le fruit de ta fortune;
Tu as tout seul ton boire et ton repas;
Tu as tout seul toutes choses fors une,
C'est que tout seul ta femme tu n'as pas.

CCLXIX, sur François Villon,
l'un de nos meilleurs poètes français sous Louis XI

435 Peu de Villons en bon savoir:
Trop de Villons pour décevoir.

CCLXXXIII, d'une qui contentait ses servants de paroles

436 Pour avoir le déduit d'amour,
Vaut mieux peu dire et beaucoup faire.

Maurice SCÈVE 1501-v. 1560

Délie, VI

437 En sa beauté gît ma mort et ma vie.

XVIII

438 Mais moi, je n'ai d'écrire autre souci,
Fors que de toi, et si[1] ne sais que dire,
Sinon crier merci[2], merci, merci!

XL

439 Car loi d'Amour est de l'un captiver,
L'autre donner[3] d'heureuse liberté.

XLV

440 La mort, seul bien des tristes affligés.

XLIX

441 Tant fut la flamme en nous deux réciproque,
Que mon feu luit, quand le sien clair m'appert[4].
Mourant le sien, le mien tôt se suffoque.
Et ainsi, elle, en se perdant, me perd.

LX

442 Qu'est-il besoin de plus outre m'occire,
Vu qu'assez meurt, qui trop vainement aime?

1. non plus.
2. grâce.
3. gratifier.
4. m'est évident.

(Délie) LXX

443 Mon espérance est à non espérer.

LXXXII

444 L'ardent désir du haut bien désiré
Qui aspirait à cette fin heureuse,
A de l'ardeur si grand feu attiré,
Que le corps vif est jà[1] poussière ombreuse.

CXIV

445 O ans, ô mois, semaines, jours et heures,
O intervalle, ô minute, ô moment,
Qui consumez les durtés[2] voire seures[3],
Sans que l'on puisse apercevoir comment,
Ne sentez-vous que ce mien tourment
Vous use en moi, et vos forces déçoit?

CXLIV

446 En toi je vis, où que tu sois absente;
En moi je meurs, où que je sois présent.
Tant loin sois-tu, toujours tu es présente;
Pour près que sois[4], encore suis-je absent.

CCXXXII

447 Tout le repos ô nuit, que tu me dois,
Avec le temps mon penser le dévore...

CCLXII

448 Je vais cherchant les lieux plus[5] solitaires,
De désespoir et d'horreur habités,
Pour de mes maux les rendre secrétaires...

CCLXXIII

449 Toute douceur d'Amour est détrempée.
De fiel amer et de mortel venin.

CCCLXXVI

450 Tu es le Corps, Dame, et je suis ton ombre.

Saussaie, Églogue de la vie solitaire

451 Vie plus morte et pire que la Mort,
Dont le désir très doucement me mord.

1. déjà.
2. duretés.
3. même sûres.
4. que je sois.
5. les plus.

452 [...] N'[1] est point à l'homme chose honnête
Quand des liens d'amour si fort se lie
Qu'à chef de temps [2] le malheureux s'oublie.

453 Qui vit seul, il lui est difficile
Qu'avec le temps en désespoir ne meure.

454 Il te convient chasser oisiveté,
Qui nous engendre amour, et pauvreté.

455 Souffrir non souffrir.

Microcosme, livre I

456 Dieu, qui trine en un fus, triple es, et trois seras,
Et, comme tes Elus, nous éterniseras,
De ton divin Esprit enflamme mon courage,
Pour décrire ton homme, et louer ton ouvrage,
Ouvrage vrayement chef-d'œuvre de ta main,
A ton image fait, et divin, et humain.

457 Ensemble s'entr'aimant, ignorants, ne savaient[3]
Par qui, à qui, pourquoi, et comment ils vivaient.

458 Contre l'adversité se prouve l'homme fort.

459 Crois, héritier d'Adam[4], possède l'univers,
Sous le ciel envieux, qui t'a vu de travers.
Malgré ta cruauté, ta puissante mesnie[5]
Peuplée se verra croître en gent infinie.

460 [...] Le bien se dit bien quand l'intention bonne
Naissant par bon vouloir en bonne œuvre foisonne.

livre 2

461 La nuit obscure ôtait aux choses leur couleur.

462 Grèce la vertueuse, et fertile à merveille,
Dont le monde n'avait ni n'aura sa pareille.

463 Musique, accent des cieux, plaisante symphonie
Par contraires aspects formant son harmonie...

1. ce n'est...
2. à la fin.
3. Adam et Ève.
4. Caïn.
5. descendance.

livre 3

464 Mais qui ne se plairait au fruit de sa semence?

Blaise de MONLUC 1502-1577

Commentaires, livre 3

465 Il faut être cruel bien souvent pour venir à bout de son ennemi. Dieu doit bien être miséricordieux en notre endroit, qui faisons tant de maux.

livre 7

466 La nécessité de la guerre nous force en dépit de nous-mêmes à faire mille maux et faire non plus d'état de la vie des hommes que d'un poulet.

467 Charbonnier est maître chez lui.

468 Qui n'a pas d'argent en bourse, qu'il ait du miel en bouche.

Hugues SALEL 1504-1533

Épigramme

469 Communément l'homme changer désire
Et longue joie est souvent ennuyeuse...

470 L'on juge aussi jeunesse vigoureuse
Quand on est vieux: toute chose a son temps.

Michel de L'HOSPITAL v. 1505-1573

Harangue prononcée à l'ouverture des États généraux de 1560

471 Les rois ont été élus[1] premièrement pour faire la justice, et n'est acte tant royal faire la guerre que faire justice ; car les tyrans et les mauvais font la guerre autant que les bons, et bien souvent le mauvais la fait mieux que le bon.

Traité de la Réformation de la justice, première partie

472 Entre tous les plus grands princes qui jamais ont été au monde [...], nous avons en singulière recommandation ceux qui, après avoir, par la grâce de Dieu, pacifié les peuples à eux soumis, ont eu le soin de réformer les mœurs de leurs sujets...

1. choisis.

473 ... Ceux-là sont bien de plus grand mérite, doctrine et expérience, qui savent prévenir les maladies, que ceux qui les guérissent par leur art...

474 Gouvernez votre peuple comme un berger fait son troupeau, ou comme un père de famille fait ses enfants ; pourvoyez-lui de magistrats craignant Dieu, non violents, non timides, ennemis d'avarice [...] ; vous aurez un empire ferme et assuré, et encore un repos de conscience qui ne vaut pas moins que la conquête d'un autre royaume...

475 Que si le berger, au lieu de pourvoir aux nécessités de son troupeau, le tondre doucement et en saison convenable [...], il l'écorche et lui ôte la peau, ce n'est plus un berger, c'est un tigre, c'est un loup ravissant.

476 Tous les grands de ce monde doivent savoir et retenir que la justice et le bon prince sont relatifs et inséparables [...]

Au parlement de Rouen, août 1563

477 Les lois des hommes ne peuvent changer ni muer les lois de nature, telle loi ne peut faire sage avant le temps celui qui ne le peut être, pour n'avoir l'expérience des choses.

LA BORDERIE 1507-?

L'Amie de Cour

478 Il y en a tant qui font les sucrées,
Qui contrefont les vestales sacrées,
Tant qu'à parler à peine ouvrent la bouche ;
Et si quelqu'un du petit doigt les touche,
Vous jugerez, à voir leur mine étrange,
Qu'on a touché quelque précieux ange.
Mais au dehors femmes si difficiles,
Par le dedans je les crois plus faciles.

Jean DORAT 1508-1588

Huitain à la Reine, mère du Roi, Catherine de Médicis

479 Si j'ai servi cinq Rois fidèlement,
Si quarante ans, lisant publiquement,
D'hommes lettrés j'ai rempli toute France,
Si l'étranger nous quitte[1] l'excellence
Des grecs, latins, et vulgaires écrits,
Vous, l'espoir seul de tous les bons esprits,
Ne permettrez être dit : par famine
Dorat est mort, régente Catherine.

1. concède.

Sonnet

480 Qu'est-il besoin de tant la Paix crier
Par les cantons des villes et villettes ?
Qu'est-il besoin d'huissiers ni de trompettes
Pour la paix faite en France publier ?

Jean LEBON XVIe siècle

Adages français

481 Le beau parler n'écorche pas la langue.

482 A laver la tête d'un âne, l'on y perd sa lessive.

483 En vin saveur, en drap couleur, en fille pudeur.

484 La meilleure finesse, c'est simplesse.

485 Où l'hôtesse est belle, le vin est bon.

Jean CALVIN 1509-1564

Institution de la religion chrétienne
préface au Roi de France

486 Quelle chose convient mieux à la foi, que de nous reconnaître nus de toute vertu pour être vêtus de Dieu ? vides de tout bien, pour être remplis de lui ?

487 Contemplez d'autre part nos adversaires. [...] Leur ventre leur est pour dieu, la cuisine pour religion.

488 Celui d'eux qui se soucie le plus de son ventre est le meilleur zélateur de leur foi.

489 Nous doit aussi souvenir que Satan a ses miracles.

490 Qu'est-ce que le monde honore aujourd'hui en ces Évêques cornus, sinon qu'il répute pour plus excellents ceux qui président aux plus grandes villes ?

I, 1, 1

491 La connaissance de nous-mêmes non seulement aiguillonne chacun à connaître Dieu, mais aussi doit être mené par icelle comme par la main à le trouver.

I, 2, 1

492 J'appelle Piété, une révérence et amour de Dieu conjointes ensemble, à laquelle nous sommes attirés, connaissant les biens qu'il nous fait.

I, 3, 1

493 Comme dit Cicéron, homme païen, il ne se trouve nation si barbare, ni peuple tant brutal et sauvage, qui n'ait cette persuasion enracinée qu'il y a quelque Dieu.

I, 9, 1

494 Ceux-là qui en délaissant l'Écriture, imaginent je ne sais quelle voie pour parvenir à Dieu, ne sont point tant abusés d'erreur, qu'ils sont agités de pure rage.

I, 11, 12

495 Je n'estime pas qu'il soit licite de représenter Dieu sous forme visible, parce qu'il a défendu de le faire: et aussi parce que sa gloire est d'autant défigurée et sa vérité falsifiée.

I, 16, 7

496 Les événements particuliers sont témoignages en général de la providence singulière de Dieu.

II, 2, 10

497 Celui a très bien profité en la connaissance de soi-même, lequel par l'intelligence de sa calamité, pauvreté, nudité et ignominie, est abattu et étonné.

II, 3, 14

498 Nous savons que la grâce de Dieu n'est point donnée à tous hommes: et que quand elle est donnée à aucun, ce n'est point selon les mérites, ni des œuvres, ni de la volonté, mais selon la bonté gratuite de Dieu: quand elle est déniée, que cela se fait par le juste jugement de Dieu.

II, 5, 4

499 Dieu n'a point mesuré ses commandements selon les forces humaines: mais après avoir commandé ce qui était juste, il donne gratuitement à ses élus la faculté de le pouvoir accomplir.

II, 8, 3

500 La conscience étant convaincue par expérience de sa faiblesse, ne peut qu'elle ne tombe en désespoir de ses forces.

III, 2, 19

501 En somme, dès que la moindre goutte de foi qui se puisse imaginer, est mise en notre âme, incontinent nous commençons à contempler la face de Dieu bénigne et propice envers nous.

III, 6, 1

502 Le but de notre régénération est, qu'on aperçoive en notre vie une mélodie et accord entre la justice de Dieu et notre obéissance.

III, 15, 2

503 Ce que méritent nos œuvres, l'Écriture le démontre, disant qu'elles ne peuvent soutenir le regard de Dieu, en tant qu'elles sont pleines d'ordure et immondicité.

Nicolas de CHOLIÈRES 1509-1592

Les Neuf Matinées, II

504 En fait de procès, qui compte ses pas perd son compte.

V

505 Vertu a bien plus de grâce, reluisante en belle face.

Les Après-dînées, VII

506 Quand la neige est sur le mont, on ne peut attendre que le froid aux vallées.

IX

507 Trop piquer le cheval le fait rétif.

Étienne DOLET 1509-1546

À Lyon Jamet, le 1er jour de l'an de grâce 1542

508 [...] ne faut par après que lâcher la bride à la plume, ou autrement ne se mêler d'écrire. Car si tu composes à l'opinion d'autrui, tu te trouveras froid comme glace, et mieux vaudrait te reposer.

Le Second Enfer, Au très chrétien et très puissant Roi François

509 Mon naturel est d'apprendre toujours;
Mais si ce vient que je passe aucuns jours
Sans rien apprendre en quelque lieu ou place,
Incontinent il faut que je déplace.

510 Il n'est nul mal qui le remède excède
Sinon la mort.

Cantique d'E. Dolet prisonnier à la Conciergerie de Paris
sur sa désolation et sur sa consolation

511 Soit tôt ou tard ce corps deviendra cendre,
Car à nature il faut son tribut rendre,
Et de cela nul ne se peut défendre:
Il faut mourir.

Épitaphe

512 Mort est Dolet, et par feu consumé;
Oh! quel malheur! oh! que la perte est grande!
Mais quoi! en France on a accoutumé
Toujours donner à tel saint telle offrande.

Gilles CORROZET 1510-1568

Fables, Du renard et du bouc

513 Ce n'est pas tout que commencer,
Il faut voir si la fin est bonne:
Car lors n'est pas temps d'y penser,
L'œuvre par la fin se couronne.

Fables, Des fourmis et de la cigale ou grillon

514 Qui ne pourvoit en temps et heure
En grand'nécessité demeure.

Bernard PALISSY v. 1510-1589 ou 1590

Recette véritable par laquelle tous les hommes de la France peuvent apprendre à augmenter et multiplier leurs trésors

515 Les armuriers changent souvent les façons des hallebardes, épées et autres harnois: mais l'ignorance de l'agriculture est si grande qu'elle demeure toujours à une mode accoutumée.

516 Je m'émerveille d'un tas de fols laboureurs: soudain qu'ils ont un peu de bien [...], ils auront après honte de faire leurs enfants de leur état de labourage...

517 Toutes ces choses m'ont rendu si amateur de l'agriculture qu'il me semble qu'il n'y a trésor au monde si précieux...

Bonaventure DES PÉRIERS v. 1510-v. 1544

Des roses

518 Tant de joyaux, tant de nouveautés belles,
Tant de présents, tant de beautés nouvelles,
Bref, tant de biens que nous voyons fleurir;
Un même jour les fait naître et mourir!

519 [...] Vous donc, jeunes fillettes,
Cueillez bientôt les roses vermeillettes
A la rosée, ains[1] que le temps les vienne
A dessécher; et, tandis, vous souvienne
Que cette vie, à la mort exposée,
Se passe ainsi que roses ou rosée.

1. avant.

Rondeau à Mathieu de Quatre

520 Les aveugles et violeurs[1]
Pour ôter aux gens leurs douleurs
Chantent toujours belles chansons;
Et toutefois par chants et sons
Ils ne peuvent chasser les leurs.

Nouvelles récréations et Joyeux devis

5

521 Rien ne sert de se tourmenter d'une chose quand elle est faite, sinon de l'empirer.

6

522 Il vaut mieux l'avoir été en herbe, et ne l'être point en gerbe.

9

523 Les belles plumes font les beaux oiseaux.

10

524 De grand menaceur, peu de fait.

51

525 Il n'est si bel acquêt que le don.

59

526 Il vaut mieux tomber dans les mains d'un médecin heureux que d'un médecin savant.

84

527 Il souvient toujours à Robin de ses flûtes.

86

528 Les hommes en meurent et les femmes en vivent.

Thomas SÉBILLET v. 1512-v. 1589

Art poétique français, livre I, chap. 2

529 Je veux [...] aviser le futur poète qu'il soit rare et avisé en la novation des mots [...]; qu'aussi il le fasse tant modestement et avec tel jugement que l'âpreté du mot nouveau n'égratigne et ne ride les oreilles rondes.

1. joueurs de viole.

livre 2, chap. 12

530 L'antiquité, [...] de ses rudesses et âpretés nous ayant fait entrée aux polisseurs, doit être vénérée de nous comme notre mère et maîtresse.

Guillaume BOUCHET 1513-1594

Sur les guerres civiles

531 Quant à moi, je ressemble à ceux qui en dormant
Songent un cas étrange, et pleins d'étonnement,
Ils débattent en eux, même durant leur songe;
S'il est vrai ce qui s'offre, ou bien si c'est mensonge,
Avoir vu les Français, jadis si bien unis,
Eux-mêmes désunis, d'eux-mêmes ennemis...

Les Sérées
I, 3

532 L'épouse est en puissance de l'époux, et le mari en possession de la femme.

I, 12

533 Il y a mille inventions pour faire parler les femmes, mais pas une seule pour les faire taire.

III

534 En vieille maison, il y a toujours quelque gouttière.

535 Où la chèvre est attachée, il faut qu'elle broute.

536 La vraie noblesse s'acquiert en vivant, et non pas en naissant.

537 En matière d'aumône, il faut fermer la bouche et ouvrir le cœur.

Charles FONTAINE 1514-v. 1570

La Contr'amye de court

538 Petit bien croît par amour et concorde.
Grand bien périt par haine et par discorde.

Jacques PELLETIER DU MANS 1517-1582

Œuvres poétiques, À ceux qui blâment les mathématiques

539 Science, de cil[1] qui l'ignore,
Est toujours condamnée.

1. celui.

Étienne **FORCADEL** 1518-?

Épigrammes

540 [Je] soutiens que d'avoir hanté
Les gens, sondant leur volonté,
Ne sert pas moins que se connaître.
Veux-tu bien vivre en sûreté?
Connais l'autrui, te voilà maître.

Théodore de **BÈZE** (sous le nom de Thrasibule Phénice) 1519-1605

Comédie du Pape malade

541 Je crois bien qu'êtes un grand maître,
Mais si me donniez à repaître,
Je vous dirais plus grand d'un tiers.

542 Pour mourir je ne ferais pas
Pour la Sorbonne encore un pas.

543 Tel menace qui a grand peur.

544 A bon escient je vous accorde
Qu'on ne peut bander l'arc sans corde.

Anne des **MARQUETS** 1520?-1588

Sonnets spirituels

545 Las! nous n'emportons rien que les biens ou méfaits
Dont la vie ou la mort pour jamais nous demeure.
Tous ces biens donc qu'alors nous voudrions avoir faits,
Pour n'être point surpris, faisons-les dès cette heure,
Et ne nous promettons jamais de lendemain,
Car tel vit aujourd'hui qui sera mort demain.

Pernette du **GUILLET** 1520?-1545

Rimes

546 Pour contenter celui qui me tourmente,
Chercher ne veux remède à mon tourment:
Car, en mon mal voyant qu'il se contente,
Contente suis de son contentement.

547 Quand pour quelque autre amour nouvelle
Jamais ne vous serai cruelle,
Sans aucune plainte former,
Ne me devez-vous bien aimer?

548 Qui dira qu'à plusieurs je tends
Pour en avoir mon passe-temps,
Prenant mon plaisir çà et là :
Je ne sais rien moins que cela...

549 Mais qui dira que d'amour sainte,
Chastement au cœur suis atteinte,
Qui mon honneur onc ne foula ;
Je ne sais rien mieux que cela.

Noël du FAIL 1520-1591

Propos rustiques
VI

550 Dans les belles paroles, le cœur ne parle point.

IX

551 Laissez faire aux bœufs de devant.

XI

552 On n'est pas gentilhomme pour avoir un père qui a vendu un pré.

XII

553 Baillez à un vilain une serviette, il en fera des étrivières.

XIII

554 A quelque chose sert malheur.

Les Baliverneries d'Eutrapel, I

555 Les battus paient l'amende.

556 Jamais bon cheval ne devient rosse.

Contes et Discours d'Eutrapel
27

557 Ne soit point à autrui qui peut être à lui-même.

31

558 Quand la bourse se rétrécit, la conscience s'élargit.

559 Marchandise offerte est à demi vendue.

560 Dieu donne du bien aux hommes, et non des hommes aux biens.

561 A trompeur, trompeur et demi.

32

562 La maison est à l'envers lorsque la poule chante aussi haut que le coq.

563 Si la vache n'est pas ‹t›irée ordinairement, elle se tarit.

PONTUS DE TYARD 1521-1605

Livre de vers lyrique, Ode 4, De ses affections

564 Amour, qui fait un Hiver
Sur mon Printemps arriver,
De fleurs blanches me couronne,
Quand j'espérais pour honneur
D'un autre Dieu couronneur
Une plus riche couronne.

Epicède, ou regret à la mort de Monsieur
l'écuyer de Saint-Sarrin, son cousin

565 En vain l'Homme journalier
D'un souhait sa vie allonge:
Le premier jour est dernier,
L'Homme n'est qu'ombre d'un songe.

Ode, Au rossignol et à l'arondelle, D'un ennui secret

566 Que me sert cette fumée
Que nous appelons honneur,
S'une[1] douleur animée
Me vient étrangler le cœur?

Sonnets d'amour, 6

567 Ton absence, Sommeil, languissamment allonge
Et me fait plus sentir la peine que j'endure.
Viens, Sommeil, l'assoupir et la rendre moins dure,
Viens abuser mon mal de quelque doux mensonge.

Joachim du BELLAY 1522-1560

La Défense et illustration de la langue française
livre I, chap. 3

568 [Nos ancêtres] nous ont laissé notre langue si pauvre et nue qu'elle a besoin des ornements, et (s'il faut ainsi parler) des plumes d'autrui.

1. si une.

chap. 6

569 Mais que dirai-je d'aucuns, vraiment plus dignes d'être appelés traditeurs[1] que traducteurs? vu qu'ils trahissent ceux qu'ils entreprennent d'exposer, les frustrant de leur gloire, et par même moyen séduisent les lecteurs ignorants, leur montrant le blanc pour le noir.

chap. 8

570 Ce n'est point chose vicieuse, mais grandement louable, emprunter d'une langue étrangère les sentences et les mots, et les approprier à la sienne.

chap. 11

571 Je ne vois pourtant qu'on doive estimer une langue plus excellente que l'autre, seulement pour être plus difficile, si on ne voulait dire que Lycophron fut plus excellent qu'Homère, pour être plus obscur.

livre II, chap. 3

572 [...] C'est chose accordée entre les plus savants, le naturel faire plus sans la doctrine, que la doctrine sans le naturel.

573 Qui veut voler par les mains et bouches des hommes, doit longuement demeurer en sa chambre: et qui désire vivre en la mémoire de la postérité, doit, comme mort en soi-même, suer et trembler maintefois, et, autant que nos poètes courtisans boivent, mangent et dorment à leur aise, endurer de faim, de soif et de longues vigiles. Ce sont les ailes dont les écrits des hommes volent au ciel.

L'Olive

574 Déjà la nuit en son parc amassait
Un grand troupeau d'étoiles vagabondes,
Et pour entrer aux cavernes profondes,
Fuyant le jour, ses noirs chevaux chassait [...]

575 Si notre vie est moins qu'une journée
En l'éternel, si l'an qui fait le tour
Chasse nos jours sans espoir de retour,
Si périssable est toute chose née [...]

Recueil de poésie, Contre les avaricieux

576 Le doux sommeil plutôt habite
La maisonnette humble et petite
Du berger ou du laboureur,
Que le palais d'un empereur.

1. traîtres.

Recueil de poésie, La Complainte du désespéré

577 Et me souvient en mourant
Des douces rives de Loire
Qui les chansons de ma gloire
Allait jadis murmurant.

578 Pourquoi ont la terre, et l'onde,
Mais pourquoi a tout le monde
Conspiré pour me fâcher?

579 Chacune chose décline
Au lieu de son origine;
Et l'an qui est coutumier
De faire mourir et naître,
Ce qui fut rien avant qu'être
Réduit à son rien premier [...]

Discours sur la louange de la vertu
et sur les diverses erreurs des hommes

580 S'il n'est duc ou s'il n'est prince
D'une ou d'une autre province,
Si est-il Roi de son cœur;
Et de son cœur être maître,
C'est plus grand'chose que d'être
De tout le monde vainqueur.

Ode au Prince de Melphe

581 Il me plaît de chanter ta gloire
D'un vers, lequel se fasse croire
Par sa seule simplicité...

Sonnet de l'honnête amour

582 Une froideur secrètement brûlante
Brûle mon corps, mon esprit, ma raison...

Les Regrets, à M. d'Avanson, conseiller du Roi

583 La Muse seule, au milieu des alarmes,
Est assurée et ne pâlit de peur:
La Muse seule au milieu du labeur
Flatte la peine et dessèche les larmes.

584 Las! où est maintenant ce mépris de fortune?
Où est ce cœur vainqueur de toute adversité,
Cet honnête désir de l'immortalité,
Et cette honnête flamme au peuple non commune?

Où sont ces doux plaisirs qu'au soir, sous la nuit brune,
Les Muses me donnaient, alors qu'en liberté
Dessus le vert tapis d'un rivage écarté
Je les menais danser aux rayons de la lune?

585 France, mère des arts, des armes et des lois,
Tu m'as nourri longtemps du lait de ta mamelle.
[...]
France, France, réponds à ma triste querelle.
Mais nul, sinon Echo, ne répond à ma voix.

586 Je ne chante, Magny, je pleure mes ennuis,
Ou, pour le dire mieux, en pleurant je les chante,
Si bien qu'en les chantant, souvent je les enchante...

587 Heureux, qui comme Ulysse, a fait un beau voyage,
Ou comme celui-là qui conquit la toison,
Et puis est retourné, plein d'usage et raison,
Vivre entre ses parents le reste de son âge!

588 Quand reverrai-je, hélas, de mon petit village
Fumer la cheminée;
[...]
Plus que le marbre dur me plaît l'ardoise fine,
[...]
Et plus que l'air marin la douceur angevine.

589 Et ne vaut-il pas mieux quelque orage endurer,
Que d'avoir toujours peur de la mer importune?
Par la bonne fortune on se trouve abusé,
Par la fortune adverse on devient plus rusé:
L'une éteint la vertu, l'autre la fait paraître.

590 Celui vit seulement lequel vit aujourd'hui.

591 Je n'écris point d'amour, n'étant point amoureux,
Je n'écris de beauté, n'ayant belle maîtresse,
Je n'écris de douceur, n'éprouvant que rudesse,
Je n'écris de plaisir, me trouvant douloureux.

592 Ici la liberté fait l'humble audacieux,
Ici l'oisiveté rend le bon vicieux,
Ici le vil faquin discourt des faits du monde.

593 Heureux qui peut sans mal vivre l'âge d'un homme!

594 Les princes et les rois viennent grands de nature,
Aussi de leur grandeur n'ont-ils tant de souci...

Antiquités de Rome

595 Rome seule pouvait à Rome ressembler,
Rome seule pouvait Rome faire trembler.

596 Comme on passe en été le torrent sans danger,
Qui soulait[1] en hiver être roi de la plaine,
Et ravir par les champs d'une fuite hautaine
L'espoir du laboureur et l'espoir du berger [...]

Jeux rustiques, D'un vanneur de blé, aux vents

597 A vous, troupe légère,
Qui d'aile passagère
Par le monde volez,
Et d'un sifflant murmure
L'ombrageuse verdure
Doucement ébranlez [...]

À Olivier de Magny, sur les perfections de sa dame

598 Mal volontiers chante la bouche
De l'amour qui au cœur ne touche.

Louise LABÉ 1524-1566

Élégies, I

599 Quelque rigueur qui loge en votre cœur,
Amour s'en peut un jour rendre vainqueur.

600 Ainsi amour de toi t'a étrangée
Qu'on te dirait en une autre changée.

601 Telle j'ai vue, qui avait en jeunesse
Blâmé amour, après en sa vieillesse,
Brûler d'ardeur et plaindre tendrement
L'âpre rigueur de son tardif tourment [...]

Sonnets, IV

602 Crier me faut mon mal toute la nuit.

VI

603 On voit mourir toute chose animée,
Lorsque du corps l'âme subtile part;
Je suis le corps, toi, la meilleure part:
Où donc es-tu, ô âme bien-aimée?

1. avait l'habitude.

XI

604 Luth, compagnon de ma calamité,
De mes soupirs témoin irréprochable,
De mes ennuis contrôleur véritable,
Tu as souvent avec moi lamenté.

XII

605 Oh! si j'étais en ce beau sein ravie
De celui-là pour lequel vais mourant;
Si avec lui vivre le demeurant
De mes courts jours ne m'empêchait envie...
[...]
Lorsque souëf[1] plus il me baiserait,
Et mon esprit sur ses lèvres fuirait,
Bien je mourrais, plus que vivante, heureuse.

XIV

606 Quand mes yeux je sentirai tarir
Ma voix cassée, et ma main impuissante,

Et mon esprit en ce mortel séjour
Ne pouvant plus montrer signe d'amante,
Prierai la mort noircir mon plus clair jour.

XVII

607 Baise m'[2] encor, rebaise-moi et baise;
Donne-m'en un de tes plus savoureux;
Donne-m'en un de tes plus amoureux,
Je t'en rendrai quatre plus chauds que braise [...]

XXIII

608 Ne reprenez, dames, si j'ai aimé,
Si j'ai senti mille torches ardentes,
Mille travaux, mille douleurs mordantes,
Si, en pleurant, j'ai mon temps consumé.

Pierre de RONSARD 1524-1585

Premières poésies, Ode à Jacques Pelletier
Des beautés qu'il voudrait en s'amie

609 Noir, je veux l'œil et brun le teint,
Bien que l'œil vert le Français tant adore.

1. doucement.
2. moi.

Quatre premiers livres des Odes, au lecteur

610 L'imitation des nôtres m'est tant odieuse (d'autant que la langue est encore en son enfance) que pour cette raison je me suis éloigné d'eux, prenant style à part, sens à part, œuvre à part, ne désirant avoir rien de commun avec une si monstrueuse erreur.

611 Je suis de cette opinion que nulle Poésie se doit louer pour accomplie, si elle ne ressemble la nature, laquelle ne fut estimée belle des anciens, que pour être inconstante, et variable en ses perfections.

Odes, livre I, ode 17, à Cassandre

612 Mignonne, allons voir si la rose
Qui ce matin avait déclose
Sa robe de pourpre au soleil,
A point perdu cette vêprée
Les plis de sa robe pourprée,
Et son teint au vôtre pareil.

613 Cueillez, cueillez votre jeunesse:
Comme à cette fleur, la vieillesse
Fera ternir votre beauté.

livre II, ode 5, à Cassandre

614 La lune est coutumière
De naître tous les mois,
Mais, quand notre lumière
Est éteinte une fois,
Longtemps sans s'éveiller
Nous faudra sommeiller.

livre II, ode 9, à la fontaine Bellerie

615 O Fontaine Bellerie,
Belle fontaine chérie
De nos Nymphes [...]
Tu es la Nymphe éternelle
De ma terre paternelle:
[...]
Vois ton poète qui t'orne
D'un petit chevreau de lait,
A qui l'une et l'autre corne
Sortent du front nouvelet.

livre III, ode 1, à Charles de Pisseleu

616 L'honneur sans plus du vert laurier m'agrée,
Par lui je hais le vulgaire odieux;

Voilà pourquoi Euterpe, la sacrée,
M'a, de mortel, fait compagnon des dieux.

livre IV, ode 10

617 Quand je suis vingt ou trente mois
Sans retourner en Vendômois,
Plein de pensées vagabondes,
Plein d'un remords et d'un souci,
Aux rochers je me plains ainsi,
Aux bois, aux antres, et aux ondes:

« Rochers, bien que soyez âgés
De trois mille ans, vous ne changez
Jamais ni d'état ni de forme;
Mais toujours ma jeunesse fuit,
Et la vieillesse qui me suit[1]
De jeune en vieillard me transforme.

livre IV, ode 12

618 A grand tort Virgile nomme
Frère de la mort, le Somme,
Qui charme tous nos ennuis
Et la paresse des nuits.

livre IV, ode 15

619 Donc, cependant que l'âge nous convie
De nous ébattre, égayons notre vie:
Ne vois-tu le temps qui s'enfuit,
Et la vieillesse qui nous suit?

livre IV, ode 17

620 Si la plume d'un poète
Ne favorisait leur nom,
Leur vertu serait muette,
Et sans langue leur renom.

livre IV, ode 18

621 Plus dur que fer j'ai fini mon ouvrage.

livre IV, ode 22

622 Bel aubépin verdissant,
Fleurissant
Le long de ce beau rivage,

1. poursuit.

(Odes, livre IV, ode 22)

Tu es vêtu jusqu'au bas
Des longs bras
D'une lambrunche[1] sauvage.

Bocage, 2

623 La poésie est un feu consumant
Par grand ardeur l'esprit de son amant...

624 Ce sont les seuls interprètes
Des vrais dieux que les poètes.

5

625 A l'homme qui est né
Peu de temps est donné
Pour se rire et s'ébattre [...]
Un bon jour en vaut quatre.

11, Contre la jeunesse française corrompue

626 Le fils toujours rapporte
Le naturel des parents avec lui:
Quel peuple donc pourrait naître aujourd'hui
De race si peu forte?

Ode de la paix, au roi

627 O paix heureuse,
Tu es la garde vigoureuse
Des peuples et de leurs cités:
Des royaumes les clés tu portes,
Tu ouvres des villes les portes,
Sérénant leurs adversités.

628 Par trait de temps[2] les flatteurs meurent,
Mais les beaux vers toujours demeurent.

Les Bacchanales, ou le Folâtrissime Voyage d'Arcueil près Paris

629 Jamais l'homme, tant qu'il meure,
Ne demeure
Fortuné parfaitement,
Toujours avec la liesse,
La tristesse
Se mêle secrètement.

1. vigne sauvage.
2. à la longue.

Amours de Cassandre

II

630 Du ciel à peine elle était descendue,
Quand je la vis, quand mon âme éperdue
En devint folle: et l'un si poignant trait,
Le fier destin l'engrava dans mon âme,
Que[1] vif ni mort, jamais d'une autre dame
Empreint au cœur je n'aurai le portrait.

XII

631 J'espère et crains, je me tais et supplie,
Or je suis glace et ores un feu chaud,
J'admire tout et de rien ne me chaut,
Je me délace et puis je me relie.

632 Un Prométhée en passions je suis.

XIX

633 Avant le temps tes tempes fleuriront,
De peu de jours ta fin sera bornée,
Avant ton soir se clora ta journée,
Trahis d'espoir, tes pensers périront.

XXVI

634 Plus tôt sans forme ira confus le monde
Que je sois serf d'une maîtresse blonde,
Ou que j'adore une femme aux yeux verts...

XXXVIII

635 Doux fut le trait qu'Amour hors de sa trousse,
Pour me tuer me tira doucement,
Quand je fus pris au doux commencement
D'une douceur si doucettement douce.

LII

636 Puisse advenir qu'un poète amoureux,
Ayant horreur de mon sort malheureux,
Dans un cyprès note cette épigramme:
« Ci-dessous gît un amant vendômois,
Que la douleur tua dedans ce bois,
Pour aimer trop les beaux yeux de sa dame. »

XCIV

637 Votre œil me fait un été dans mon âme.

1. si bien que.

(Amours de Cassandre) CI

638 Combien de fois doucement irrité,
Suis-je ore[1] mort, ore[1] ressuscité,
Parmi l'odeur de mille et mille roses?

CIII

639 Je parangonne[2] à ta jeune beauté,
Qui toujours dure en son printemps nouvelle,
Ce mois d'Avril, qui ses fleurs renouvelle,
En sa plus gaie et verte nouveauté.

CXXVI

640 [...] Et d'un tel miel mon absinthe est si pleine
Qu'autant me plaît le plaisir que la peine,
La peine autant comme fait le plaisir.

CXXXIX

641 Je veux brûler pour m'envoler aux cieux
Tout l'imparfait de cette écorce humaine.

CXLIII

642 Belle fin fait qui meurt en bien aimant.

CLXIV

643 Rends-moi mon cœur, rends-moi mon cœur, pillarde.

CLXVII

644 Je veux tracer la peine que j'endure:
En cent papiers plus durs que diamant,
A cette fin que la race future
Juge du mal que je souffre en aimant.

Épitaphe de Fr. Rabelais

645 Une vigne prendra naissance
De l'estomac et de la panse
Du bon Rabelais, qui buvait
Toujours, cependant qu'il vivait.

Prosopopée de Louis de Ronsard, son père

646 Vous qui sans foi errez à l'aventure,
Vous qui tenez la secte d'Épicure,
Amendez-vous, pour Dieu, ne croyez pas
Que l'âme meure avecque le trépas.

1. tantôt.
2. compare.

Odelette à lui-même

647 Meurs, galant, c'est assez bu.

Mélanges, Odelette

648 Celui qui n'aime est malheureux,
Et malheureux est l'amoureux.

Mélanges, Ode à Christofle de Choiseul

649 Nous ne devons espérer
De toujours vifs demeurer,
Nous, le songe d'une vie:
Qui (bons dieux) aurait envie
De vouloir toujours durer?

Mélanges, Ode

650 Quand je veux en amours prendre mes passe-temps,
M'amie en se moquant laid et vieillard me nomme.
Quoi, dit-elle, rêveur, tu as plus de cent ans,
Et tu veux contrefaire encore le jeune homme!

Continuation des « Amours »

651 Je veux lire en trois jours l'*Iliade* d'Homère,
Et pour ce, Corydon, ferme bien l'huis sur moi;
Si rien me vient troubler, je t'assure ma foi,
Tu sentiras combien pesante est ma colère.
[...]
Mais si quelqu'un venait de la part de Cassandre,
Ouvre-lui tôt la porte, et ne le fais attendre.

Amours de Marie, I, 2, Chanson

652 Marie, levez-vous, vous êtes paresseuse,
Ja la gaie alouette au ciel a fredonné
Et ja le rossignol doucement jargonné
Dessus l'épine assis, sa complainte amoureuse.

I, 9

653 Marie, qui voudrait votre nom retourner,
Il trouverait *aimer*: aimez-moi donc, Marie.

Amours de Marie, pièce retranchée en 1578

654 Le temps s'en va, le temps s'en va, ma dame;
Las! le temps, non, mais nous nous en allons,
Et tôt serons étendus sous la lame;
Et des amours desquelles nous parlons,
Quand serons morts, n'en sera plus nouvelle.
Pour c'aimez-moi cependant qu'êtes belle.

(Amours de Marie, pièce retranchée)

655 L'an se rajeunissait en sa verte jouvence
Quand je m'épris de vous, ma Sinope cruelle:
Seize ans était la fleur de votre âge nouvelle,
Et votre teint sentait encore son enfance.

656 Pour avoir trop aimé votre bande inégale
Muses qui défiez (ce dites-vous) les temps,
J'ai les yeux tout battus, la face toute pâle,
Le chef grison et chauve, et si[1] n'ai que trente ans.

Amours de Marie, II, 4

657 Comme on voit sur la branche, au mois de mai, la rose,
En sa belle jeunesse, en sa première fleur,
Rendre le ciel jaloux de sa vive couleur,
Quand l'aube, de ses pleurs, au point du jour l'arrose;
[...]
Ainsi, en ta première et jeune nouveauté,
Quand la terre et le ciel honoraient ta beauté,
La Parque t'a tuée, et cendre tu reposes.

Pour obsèques[2] reçois mes larmes et mes pleurs,
Ce vase plein de lait, ce panier plein de fleurs,
Afin que, vif et mort, ton corps ne soit que roses.

IIe Livre des Amours

658 [...] La vertu précieuse
De l'homme, quand il vit, est toujours odieuse;
Mais après le trépas chacun le pense un dieu.

Hymnes, I, Hymne de la Mort

659 Si les hommes pensaient à part eux quelquefois
Qu'il nous faut tous mourir, et que même les rois
Ne peuvent éviter de la Mort la puissance,
Ils prendraient en leurs cœurs un peu de patience.

660 Que ta puissance, ô Mort, est grande et admirable:
Rien au monde par toi ne se dit perdurable...

Poèmes, I, Discours à P. L'Escot

661 Je n'avais pas douze ans qu'au profond des vallées,
Dans les hautes forêts des hommes reculées,
Dans les antres secrets, de frayeur tout couverts,
Sans avoir soin de rien je composais des vers.

1. pourtant.
2. offrandes funéraires.

Discours, Institution pour l'adolescence du roi très chrétien
Charles neuvième du nom

662 Sire, ce n'est pas tout que d'être Roi de France,
Il faut que la vertu honore votre enfance:
Un Roi sans la vertu porte le sceptre en vain,
Qui ne lui sert sinon d'un fardeau dans la main.

663 Punissez-vous vous-même, afin que la justice
De Dieu, qui est plus grand, vos fautes ne punisse.

664 Celui qui se connaît est seul maître de soi.

Discours, Discours des misères de ce temps

665 Morte est l'autorité, chacun vit à sa guise.

Discours, Remontrance au peuple de France

666 De tant de nouveautés je ne suis curieux,
Il me plaît d'imiter le train de mes aïeux.

Discours, Réponse aux injures et calomnies de je ne sais quels
prédicantereaux et ministreaux de Genève

667 Je vis que des Français le langage trop bas
A terre se traînait sans ordre ni compas;
Adoncques pour hausser ma langue maternelle,
Indompté du labeur, je travaillai pour elle.
Je fis des mots nouveaux, je rappelai les vieux,
Si bien que son renom je poussai jusqu'aux cieux.

Les Quatre saisons de l'an, Hymne de l'automne

668 Je n'avais pas quinze ans que les monts et les bois
Et les eaux me plaisaient plus que la Cour des Rois...

669 Mais courage, Ronsard! les plus doctes poètes,
Les sibylles, devins, augures et prophètes,
Hués, sifflés, moqués des peuples ont été,
Et toutefois, Ronsard, ils disaient vérité.

Sonnets pour Hélène, II, 43

670 Quand vous serez bien vieille, au soir à la chandelle,
Assise auprès du feu, dévidant et filant,
Direz, chantant mes vers, en vous émerveillant,
Ronsard me célébrait du temps que j'étais belle.

671 Vivez, si m'en croyez, n'attendez à demain.
Cueillez dès aujourd'hui les roses de la vie.

(Sonnets pour Hélène) II, 67

672 « Il ne faut s'ébahir, disaient ces bons vieillards
Dessus le mur troyen, voyant passer Hélène,
Si pour telle beauté nous souffrons tant de peine:
Notre mal ne vaut pas un seul de ses regards. [...] »

II, dernier sonnet

673 Car l'Amour et la Mort n'est qu'une même chose.

Amours diverses

674 Amour, je prends congé de ta menteuse école.

Poésies pour Hélène, Élégie

675 Celui est presque dieu qui connaît toutes choses.

Élégies, XXIV, Contre les bûcherons de la forêt de Gastine

676 Écoute, bûcheron, arrête un peu le bras!
Ce ne sont pas des bois que tu jettes à bas;
Ne vois-tu pas le sang, lequel dégoutte à force
Des nymphes qui vivaient dessous la dure écorce?

677 Forêt, haute maison des oiseaux bocagers [...]

678 La matière demeure et la forme se perd.

Derniers vers, stances

679 Le vrai trésor de l'homme est la verte jeunesse,
Le reste de nos ans ne sont que des hivers.

680 La jeunesse s'enfuit sans jamais revenir.

Derniers vers, sonnet

681 Je n'ai plus que les os, un squelette je semble,
Décharné, dénervé, démusclé, dépulpé,
Que le trait de la mort sans pardon a frappé;
Je n'ose voir mes bras, de peur que je ne tremble.

682 Adieu, chers compagnons! adieu, mes chers amis!
Je m'en vais le premier vous préparer la place.

Derniers vers, autre sonnet

683 J'appelle en vain le jour, et la mort je supplie.

Derniers vers, à son âme

684 Amelette[1] Ronsardelette,
Mignonnelette, doucelette,
Très chère hôtesse de mon corps,
Tu descends là-bas faiblelette,
Pâle, maigrelette, seulette,
Dans le froid royaume des morts [...]

685 C'est fait, j'ai dévidé le cours de mes destins,
J'ai vécu, j'ai rendu mon nom assez insigne...

Jacques TAHUREAU v. 1527-1555

Stances

686 Tout ce que l'homme fait, tout ce que l'homme pense
En ce bas monde ici,
N'est rien qu'un vent léger, qu'une vaine espérance
Pleine d'un vain souci.

Rémi BELLEAU 1528-1577

Petites inventions et autres poésies, Le papillon

687 Est-il peintre que la Nature?

Petites inventions et autres poésies, Le mulet

688 On ne tire rien
Des grands, qu'on ne l'achète au double.

Sonnets, à sa maîtresse

689 A cela je le sais, vous me direz, Maîtresse,
Que la flamme d'amour n'est pas souvent l'hôtesse
De l'hiver bruineux qui rend le poil grison.
Je sais bien toutefois que les flammes plus fortes
Croupissent bien souvent dessous les cendres mortes,
Et que le feu s'allume en tout bois de saison.

La Reconnue (comédie), I, 2

690 Vous me connaissez bien, Madame,
Et puis je ne suis qu'une femme,
Vaisseau percé de tous côtés.

IV, 2

691 Qui veut gagner, il faut dépendre[2].

1. Épitaphe imitée de celle que l'empereur Hadrien avait composée pour lui-même (*Animula vagula*).
2. dépenser.

La Bergerie, Sur les baisers de R. Belleau

692 [...] Selon mon avis,
Qui vous a pris baisers, s'il n'a pris davantage,
Était digne de perdre encor ce qu'il a pris.

Amours et Nouveaux échanges des pierres précieuses
Amours d'Hyacinthe et de Chrysolithe

693 Il faut goûter le bien avant que s'en gorger.
Il faut rougir le fer avant de le forger.

Amours et Nouveaux échanges des pierres précieuses
Le Corail

694 [...] Qui ne reconnaît que l'ouvrage
Qu'ici-bas Nature ménage
N'est beau que pour être divers,
Celui n'a pas la connaissance
Que tout cela qui prend croissance
Est esclave du changement...

Vers religieux

695 La pourriture est mon père,
Les vers ma sœur et ma mère,
Et le tombeau ma maison.

Laurent JOUBERT 1529-1582

Erreurs populaires et Propos vulgaires

696 On ne vieillit pas à table.

Olivier de MAGNY v. 1529-v. 1561

Les Gaîtés, à s'amie

697 S'il est ainsi qu'on aime encor là-bas,
Et qu'un amour saintement commencé
Ne puisse en rien, en rien être offensé,
Du noir tombeau, du temps ni du trépas...

Les Soupirs

698 Que dit-on à la cour, que fait-on à Paris ?
Quels seigneurs y voit-on, et quelles damoiselles ?

Étienne PASQUIER 1529-1615

Le Monophile

699 Quant est de moi, pour aimer en tous lieux,
J'ai dans l'amour retrouvé ma franchise[1].

Jeux poétiques

700 Mieux vaut la chasse en l'amour que la prise.

701 Je fais l'amour au bon vin et au boire.

702 Tout autre mal trouve sa médecine,
Mais l'âge vieux qui peu à peu nous mine,
Du médecin ignore le support.
Que le vieillard feuillette Paracelse,
Et Hippocrate, et Galien, et Celse,
Malgré leur art il est près de sa mort.

Recherche de la France, I, 1

703 Il n'y a pas moins de reproche à taire une vérité qu'à falsifier un mensonge.

I, 3

704 Il faut que tous braves menteurs soient gens de bonne mémoire, pour se garder de méprendre.

III, 14

705 La plupart des mauvais exemples prennent leur source et origine de commencements honnêtes et spécieux[2].

VI, 5

706 Nul ne sait combien douce est la vengeance que celui qui a reçu l'injure.

707 Le malheur de notre siècle aujourd'hui est tel que, pour acquérir réputation, il faut machiavéliser.

VI, 26

708 Je ne puis me persuader qu'il faille avancer notre religion par les armes.

VII, 6

709 C'est le propre d'un poète de se louer.

1. liberté.
2. séduisants.

(Recherche de la France) VII, 8

710 Les langues n'anoblissent pas nos plumes, mais au contraire les belles plumes donnent la vie aux langues vulgaires, et les beaux esprits à leurs plumes.

VIII, 3

711 Chacun se fait accroire que la langue vulgaire de son temps est la plus parfaite, et chacun est en ceci trompé.

Lettres, III, 8

712 Le premier scandale provient de celui qui fait le mal, et non de celui qui le raconte.

XXII, 2

713 Tout homme qui a de riches conceptions est pareillement riche en paroles [...]. Bref, si ces paroles nous manquent, cela ne provient de la disette de notre langue, mais de nos esprits.

XXII, 9

714 Je ne m'asservis aux livres, mais les livres à moi.

Guy du FAUR DE PIBRAC 1529-1584

Quatrains

715 Tout l'Univers n'est qu'une Cité ronde,
Chacun a droit de s'en dire Bourgeois,
Le Scythe et More autant que le Grégeois,
Le plus petit que le plus grand du monde.

716 Ce que tu vois de l'homme n'est pas l'homme,
C'est la prison où il est enterré...

717 Plus on est docte, et plus on se défie
D'être savant : et l'homme vertueux,
Jamais n'est vu être présomptueux.
Voilà des fruits de ma Philosophie.

718 Il est permis souhaiter un bon prince ;
Mais tel qu'il est, il le convient porter :
Car il vaut mieux un tyran supporter,
Que de troubler la paix de sa province.

Jean BODIN 1530-1596

La Réponse de Maître Jean Bodin au paradoxe de Monsieur de Malestroit, touchant l'enchérissement de toutes choses, et le moyen d'y remédier

719 Venons aux prix des terres qui ne peuvent ni croître ni diminuer, ni être altérées de leur bonté naturelle, pourvu qu'on ne les moque point, comme l'on dit, mais qu'on les cultive comme on a fait depuis que Ceres dame de Sicile en montra l'usage. Car il n'est pas vraisemblable que la terre pour vieillir perde sa vigueur, comme plusieurs pensent.

720 La principale cause qui enchérit toutes choses en quelque lieu que ce soit est l'abondance de ce qui donne estimation et prix aux choses.

721 Ainsi advient-il à toutes républiques de naître et croître peu à peu, et puis florir en richesses et puissance, en après s'envieillir et aller en décadence, jusques à ce qu'elles soient du tout ruinées.

722 Quand ainsi serait que nous en aurions à revendre, encore devrions-nous toujours trafiquer, vendre, acheter, échanger, prêter, voire plutôt donner une partie de nos biens aux étrangers, et même à nos voisins, quand ce ne serait que pour communiquer et entretenir une bonne amitié entre eux et nous.

723 La monnaie est une loi à bien parler: aussi les Grégeois appellent la monnaie et la loi d'un même nom, comme nous disons loi et aloi. Et tout ainsi que la loi est une chose sainte, et qui ne doit être violée: aussi la monnaie est une chose sainte qui ne doit être altérée, depuis qu'on lui a donné son vrai titre et juste valeur.

De la République, II, 5

724 Si donc le sujet veut envahir et voler l'État à son roi [...] ou en l'État populaire ou aristocratique, de compagnon se faire seigneur, il mérite la mort.

Étienne de LA BOÉTIE 1530-1563

De la servitude volontaire

725 C'est un extrême malheur d'être assujetti à un maître, dont on ne peut être jamais assuré qu'il soit bon, puisqu'il est toujours en sa puissance d'être mauvais quand il voudra: et d'avoir plusieurs maîtres, c'est autant que d'avoir autant de fois à être extrêmement malheureux.

726 La faiblesse d'entre nous hommes est telle: il faut souvent que nous obéissions à la force; il est besoin de temporiser: on ne peut pas toujours être le plus fort.

727 [La liberté] est toutefois un bien si grand et si plaisant, que, elle perdue, tous les maux viennent à la file...

728 Pauvres gens et misérables, peuples insensés [...], vous vous laissez emporter devant vous le plus beau et le plus clair de votre revenu [...]. Celui qui nous maîtrise tant, n'a que deux yeux, n'a que deux mains, n'a qu'un corps [...] ; si non qu'il a plus que vous tous, c'est l'avantage que vous lui faites pour vous détruire.

729 Que vous pourrait-il faire, si vous n'étiez receleurs du larron qui vous pille, complices du meurtrier, qui vous tue et traîtres de vous-mêmes ?

730 Soyez résolus de ne servir plus, et vous serez libres.

731 ...La première raison de la servitude, c'est la coutume.

732 L'amitié, c'est un nom sacré, c'est une chose sainte ; elle ne se met jamais qu'entre gens de bien, ne se prend que par une mutuelle estime ; elle s'entretient, non tant par un bienfait que par la bonne vie. [...] Entre les méchants quand ils s'assemblent, c'est un complot, non pas compagnie.

Vers français, sur la traduction des plaintes de Bradamant
au chant XXXIIe de Loys Arioste

733 De voir le fond on ne peut présumer
De notre esprit, ni le fond de la mer...

Sonnets, VIII

734 Mais puisqu'il faut souffrir je me tiens fier d'avoir
Une si grand' raison d'une si grande peine.

X

735 C'est pour vrai, je vivrai, je mourrai en t'aimant.
[...]
J'en jure par la force et pouvoir de tes yeux.

XV

736 ...Car le feu qui me brûle est celui qui m'éclaire.

XVI

737 Encor moindre je suis au compte de mes ans,
Et déjà je suis vieux au compte de mes peines.

Vingt-neuf sonnets,
recueillis au 28e chap. des « Essais » de Montaigne, XI

738 Chacun sent son tourment, et sait ce qu'il endure ;

Chacun parla d'amour ainsi qu'il l'entendit.
Je dis ce que mon cœur, ce que mon mal me dit.
Que celui aime peu, qui aime à la mesure !

XV

739 Tu prends plaisir à ma douleur extrême;

Tu me défends de sentir mon tourment;
Et si veux bien que je meure en t'aimant,
Si je ne sens, comment veux-tu que j'aime?

XXI

740 N'ayez plus, mes amis, n'ayez plus cette envie
Que je cesse d'aimer; laissez-moi, obstiné,
Vivre et mourir ainsi, puisqu'il est ordonné:
Mon amour, c'est le fil auquel se tient ma vie.

XXIII

741 Ce sont tes yeux tranchants qui me font le courage:
Je vois sauter dedans la gaie liberté...

XXIV

742 Mon mal est clair: maintenant je vois bien,
J'ai épousé la douleur que je porte.

Robert ESTIENNE v. 1530-1570

Hymne des innocents

743 Quel crime avait commis votre jeunesse tendre,
Pour vous voir en naissant au meurtre condamnés?
Ce qui vous fait mourir, vous dut plutôt défendre
Et votre seul forfait, hélas! c'est d'être nés.

Gabriel MEURIER v. 1530-?

Trésor des Sentences

744 Jamais tripière n'aima harengère.

745 Qui se marie par amour a de bonnes nuits et de mauvais jours.

746 Les paroles sont femelles, et les faits mâles.

747 Bien danse à qui la fortune chante.

748 Courroux de frères, courroux de diables d'enfer.

749 Quand l'orgueil chemine devant, honte et dommage suivent de près.

750 Jeunesse oiseuse, vieillesse disetteuse.

751 Courroux est vain sans forte main.

752 Bons nageurs sont à la fin noyés.

753 Qui paye sa dette fait grande acqueste.

754 Nouvelle cheminée est bientôt enfumée.

755 Pire est le rompu que le décousu.

Sentences notables, Adages et Proverbes

756 A la trogne connaît-on l'ivrogne.

757 Ce n'est pas tout évangile, ce que l'on dit par la ville.

758 Dépends un pendard, il te pendra.

Claude de PONTOUX 1530-1579

Sonnets

759 Veiller la nuit et tout le jour courir,
Bref, pour tout bien rien que mal n'encourir,
Sont les plaisirs que l'amour nous octroie.

Stance

760 Avec le temps les grands fleuves tarissent,
Avec le temps s'amollit le dur fer,
Avec le temps les batailles finissent,
Avec le temps se cave[1] le rocher,
Mais ta rigueur et ta fière inconstance,
Incessamment fait au temps résistance.

Henri ESTIENNE 1531-1598

Traité de la conformité du langage français avec le grec
chap. 1

761 Quelle pitié sera-ce si nous voulons bannir autant de mots que nous trouvons être en usage entre le populaire ; et principalement quand il n'y en a point d'autres, ou pour le moins de si propres ?

1. creuse.

Apologie pour Hérodote, I, 17

762 Seriez-vous bien si présomptueux que de vouloir apprendre à parler aux courtisans ? Ne savez-vous pas que la cour est le lieu où on parle le meilleur langage ?

XXXVIII, 10

763 Il n'est miracles que de vieux saints.

XL, 4

764 De grand maître, hardi valet.

De la précellence du langage français
173

765 Les gourmands font leur fosse avec leurs dents.

183

766 Courtoisie qui ne vient que d'un côté ne peut longuement durer.

195

767 Qui tout me donne, tout me nie.

Les Prémices, I

768 Au chaudron des douleurs, chacun porte son écuelle.

769 A brebis tondue Dieu mesure le vent.

IV

770 Si jeunesse savait, si vieillesse pouvait.

771 Nul chevalier sans prouesse.

François de LA NOUE 1531-1591

Discours politiques et militaires, IVe discours (1587)

772 Entre les fureurs des Français, nulle ne s'est trouvée si épouvantable que les massacres. C'étaient, disaient les uns, les derniers remèdes pour remettre la France en union. Et cependant rien qui soit advenu ne l'a tant désunie : ce qui nous doit apprendre de n'y retourner plus, parce que les voies violentes détruisent, au lieu de restaurer.

Jean-Antoine de BAÏF 1532-1589

Diverses amours, II, Dizain

773 Vraiment c'est chose belle
Aider au doux désir d'un amoureux fidèle.

Passe-temps, à soi-même

774 Hé! ta fortune est trop dure?
Mais ce qu'on ne peut changer
Est léger
Si constamment on l'endure.

Passe-temps, Psaume « Magnus Dominus et laudabilis »

775 Ce Dieu, c'est notre Dieu, qui nous préservera,
Qui, tant que nous vivons, partout nous guidera.
Dessous sa garde sûre.

Chansonnettes mesurées

776 Amour, aimables fillettes,
Ne se trouve point au marché
Pour qui le voudrait acheter:
— Aimer il faut pour être aimé.

Mimes, Enseignements et Proverbes

777 Il n'y a point de plus sage abbé que celui qui a été moine.

778 L'oiseau l'on connaît au chanter.

779 Qui ne pétrit, bon pain ne mange.

780 Il n'est vilain qui ne fasse vilenie.

781 La bonne volonté trouve le moyen et l'opportunité.

782 Bonheur gît en médiocrité,
Ne veut ni maître ni valet.

783 Morte la fille, mort le gendre.

784 Du bâton que l'on tient on est souvent battu.

785 Où la valeur, la courtoisie.

786 Bonne la maille qui sauve le denier.

787 Les grands bœufs ne font pas les grands labours.

788 Avec le renard, on renarde.

789 Entre deux vertes une mûre.

790 Le battu paye l'amende.

791 Le sourd avec le sourd plaide.

792 Au sortir des procès, l'on est sage.

793 Il ne faut pas jeter le manche après la cognée.

794 Absent le chat, les souris dansent.

795 Le singe tire les marrons du feu avec la patte du chat.

796 Qui ne peut galoper, qu'il trotte.

797 Le surplus rompt le couvercle.

798 Il n'est fagot qui ne trouve son lien.

799 Contre femme point ne débattre.

800 Bonne honte sort de danger.

801 Tel m'écoute qui ne m'entend.

802 L'âne qui à noces est convié, le bois ou l'eau doit y porter.

803 Aux chevaux maigres vont les mouches.

804 Le vin est tiré, il faut le boire.

805 Chacun en sa beauté se mire.

Étienne JODELLE 1532-1573

Eugène (comédie) I, 1

806 Les rois sont sujets à l'émoi
Pour le gouvernement des terres,
Les nobles sont sujets aux guerres.
[...]
Mais la gorge des gens d'Église
N'est point à autre joug soumise
Sinon qu'à mignarder eux-mêmes...

Œuvres poétiques, à sa Muse

807 Tu sais que l'on ne sait où gît la volupté...

808 Jamais l'opinion ne sera mon collier.

VII

809 Quelque lieu, quelque amour, quelque loi qui t'absente [...]
Tu m'as, tu me seras sans fin pourtant présente.

XIV

810 J'aime le vert laurier, dont l'hiver ni la glace
N'effacent la verdeur, en tout victorieuse,
Montrant l'éternité à jamais bien heureuse,
Que le temps, ni la mort ne change ni efface.

XVI

811 Si je n'eusse à clair vu ta grâce et ton mérite,
Mon mal serait léger, et ma peine petite.

XX

812 La propre vie est moins qu'une autre vie aimée.

XXIII

813 Au silence est mon bien.

XXVI

814 De mes ennuis, chagrins, regrets, fureurs, douleurs,
[...]
Je ne me plains, pourvu qu'un Oui, qu'un Nenni,
Me fasse heureuse vie ou mort heureuse prendre [...]

XXIV

815 ...Si Amour aucun nous vient des cieux,
C'est lorsque deux moitiés, par mariage unies,
Quittent pour l'amour vrai, dont se paissent leurs vies,
Tout amour fantastique et tout amour sans yeux.

Sonnet à Charles IX

816 Qui se sert de la lampe, au moins de l'huile y met.

Michel de MONTAIGNE 1533-1592

Essais, Au lecteur

817 C'est ici un livre de bonne foi, lecteur. Il t'avertit dès l'entrée que je ne me suis proposé aucune fin, que domestique et privée. Je n'y ai eu aucune considération de ton service ni de ma gloire.

Essais, I, 1

818 Certes, c'est un sujet merveilleusement vain, divers et ondoyant, que l'homme. Il est malaisé d'y fonder jugement constant et uniforme.

I, 3

819 Nous devons la sujétion et l'obéissance également à tous Rois, car elle regarde leur office ; mais l'estimation, non plus que l'affection, nous ne la devons qu'à leur vertu.

820 Fais ton fait et te connais.

I, 7

821 Nous ne pouvons être tenus au-delà de nos forces et de nos moyens.

I, 9

822 En vérité, le mentir est un maudit vice. Nous ne sommes hommes et ne nous tenons les uns aux autres que par la parole. Si nous en connaissions l'horreur et le poids, nous le poursuivrions à feu plus justement que d'autres crimes.

I, 14

823 Les hommes, dit une sentence grecque ancienne, sont tourmentés par les opinions qu'ils ont des choses, non par les choses mêmes.

824 Ce qui nous fait souffrir avec tant d'impatience la douleur, c'est de n'être pas accoutumés de prendre notre principal contentement en l'âme.

825 La douleur se rendra de bien meilleure composition à qui lui tiendra tête. Il se faut opposer et bander contre.

826 La confiance en la bonté d'autrui est un non léger témoignage de la bonté propre : partant la favorise Dieu volontiers.

827 Chacun est bien ou mal selon qu'il s'en trouve [...]. Et en cela seul la croyance se donne essence et vérité.

828 Les choses ne sont pas si douloureuses ni difficiles d'elles-mêmes ; mais notre faiblesse et lâcheté les fait telles.

829 Nul n'est mal longtemps qu'à sa faute.

I, 19

830 Les hommes, quelque beau visage que fortune leur fasse, ne se peuvent appeler heureux, jusqu'à ce qu'on leur ait vu passer le dernier jour de leur vie, pour l'incertitude et variété des choses humaines.

(Essais) I, 20

831 Le but de notre carrière, c'est la mort, c'est l'objet nécessaire de notre visée: si elle nous effraie, comment est-il possible d'aller un pas en avant sans fièvre? Le remède du vulgaire, c'est de n'y penser pas.

832 Il est incertain où la mort nous attende, attendons-la partout. La préméditation de la mort est préméditation de la liberté. Qui a appris à mourir, il a désappris à servir.

833 Si j'étais faiseur de livres, je ferais un registre commenté des morts diverses. Qui apprendrait les hommes à mourir, leur apprendrait à vivre.

834 Notre religion n'a point eu de plus assuré fondement humain que le mépris de la vie.

835 Comme notre naissance nous apporta la naissance de toutes choses, aussi fera la mort de toutes choses, notre mort.

836 C'est la condition de notre création, c'est une partie de vous que la mort: vous vous fuyez vous-mêmes. Cet être qui est le vôtre, que vous jouissez, a également part à la mort et à la vie. Le premier jour de votre naissance vous achemine à mourir comme à vivre.

837 La vie n'est de soi ni bien ni mal: c'est la place du bien et du mal selon que vous la leur faites.

838 La mort est moins à craindre que rien, s'il y avait quelque chose de moins. Elle ne vous concerne ni mort ni vif: vif, parce que vous êtes; mort, parce que vous n'êtes plus.

839 Où que votre vie finisse, elle y est toute. L'utilité du vivre n'est pas en l'espace, elle est en l'usage: tel a vécu longtemps qui a peu vécu...

I, 22

840 Nul médecin ne prend plaisir à la santé de ses amis mêmes, dit l'ancien comique grec, ni soldat à la paix de sa ville; ainsi du reste.

I, 23

841 Ceux qui donnent le branle à un État sont volontiers les premiers absorbés en sa ruine.

I, 25

842 De vrai, le soin et la dépense de nos pères ne visent qu'à nous meubler la tête de science; du jugement et de la vertu, peu de nouvelles.

843 Nous ne sommes savants que de la science présente.

844 Nos pédants vont pillotant la science dans les lèvres, et ne la logent qu'au bout de leurs lèvres, pour la dégorger seulement et mettre au vent.

845 Quand bien nous pourrions être savants du savoir d'autrui, au moins sages ne pouvons-nous être que de notre propre sagesse.

I, 26

846 Je vois, mieux que tout autre, que ce ne sont ici que rêveries d'homme qui n'a goûté des sciences que la croûte première, en son enfance, et n'en a retenu qu'un général et informe visage : un peu de chaque chose et rien du tout, à la française.

847 Je n'ai point l'autorité d'être cru, ni ne le désire, me sentant trop mal instruit pour instruire autrui.

848 Je voudrais qu'on fût soigneux de lui choisir un conducteur[1] qui eût plutôt la tête bien faite que bien pleine et qu'on y requît tous les deux, mais plutôt les mœurs et l'entendement que la science.

849 Qu'il lui fasse tout passer par l'étamine et ne loge rien en sa tête par simple autorité et à crédit.

850 Savoir par cœur n'est pas savoir : c'est tenir ce qu'on a donné en garde à sa mémoire.

851 Il se tire une merveilleuse clarté pour le jugement humain de la fréquentation du monde. Nous sommes tous contraints et amoncelés en nous, et nous avons la vue raccourcie à la longueur de notre nez. On demandait à Socrate d'où il était. Il ne répondit pas « d'Athènes », mais « du monde ».

852 La plus constante marque de la sagesse, c'est une constante réjouissance.

853 On nous apprend à vivre quand la vie est passée.

854 Il n'est rien de si gentil que les petits enfants en France ; mais ordinairement ils trompent l'espérance qu'on en a conçue, et, hommes faits, on n'y voit aucune excellence. J'ai ouï dire à gens d'entendement que ces collèges où on les envoie, de quoi ils ont foison, les abrutissent ainsi.

1. précepteur.

(Essais, I, 26)

855 Le parler que j'aime, c'est un parler simple et naïf, tel sur le papier qu'à la bouche, un parler succulent et nerveux, court et serré, non tant délicat et peigné comme véhément et brusque.

856 L'éloquence fait injure aux choses, qui nous détourne à soi. Comme aux accoutrements c'est pusillanimité de se vouloir marquer par quelque façon singulière et inusitée ; de même, au langage, la recherche des phrases nouvelles et de mots peu connus vient d'une ambition puérile et pédantesque. Puissé-je ne me servir que de ceux qui servent aux Halles à Paris !

I, 27

857 C'est une hardiesse dangereuse et de conséquence, outre l'absurde témérité qu'elle traîne de soi-même, de mépriser ce que nous ne concevons pas.

I, 28

858 Quant aux mariages, outre ce que c'est un marché qui n'a que l'entrée libre [...]

859 Si on me presse de dire pourquoi je l'aimais, je sens que cela ne se peut exprimer qu'en répondant : « Parce que c'était lui, parce que c'était moi. »

I, 30

860 C'est une religieuse liaison et dévote que le mariage ; voilà pourquoi le plaisir qu'on en tire, ce doit être un plaisir retenu, sérieux et mêlé à quelque sévérité...

I, 39

861 On disait à Socrate que quelqu'un ne s'était aucunement amendé en son voyage. « Je crois bien, dit-il, il s'était emporté avec soi. »

862 Certes, l'homme d'entendement n'a rien perdu, s'il a soi-même.

I, 42

863 Il est bien plus aisé et plus plaisant de suivre que de guider, et [...] c'est un grand repos d'esprit de n'avoir à tenir qu'une voie tracée et à répondre que de soi.

864 L'honneur que nous recevons de ceux qui nous craignent, ce n'est pas honneur.

I, 43

865 En toutes choses, sauf simplement aux mauvaises, la mutation est à craindre.

I, 47

866 Il fait dangereux assaillir un homme à qui vous avez ôté tout autre moyen d'échapper que par les armes: car c'est une violente maîtresse d'école que la nécessité.

867 Ce n'est pas victoire, si elle ne met fin à la guerre.

II, 1

868 L'irrésolution me semble le plus commun et apparent vice de notre nature.

869 Nous ne pensons ce que nous voulons qu'à l'instant que nous le voulons, et changeons comme cet animal qui prend la couleur du lieu où on le couche.

870 Je n'ai rien à dire de moi entièrement, simplement et solidement, sans confusion et sans mélange, ni en un mot. *Distinguo* est le plus universel membre de ma logique.

871 L'étrangeté de notre condition porte[1] que nous soyons souvent par le vice même poussés à bien faire, si le bien faire ne se jugeait par la seule intention. Par quoi un fait courageux ne doit pas conclure un homme vaillant.

872 Se trouve autant de différence de nous à nous-mêmes que de nous à autrui.

873 Le monde n'est que variété et dissemblance.

874 La superstition porte quelque image de la pusillanimité.

II, 3

875 La plus volontaire mort, c'est la plus belle.

II, 6

876 Pour s'apprivoiser à la mort, je trouve qu'il n'y a que de s'en avoisiner.

877 Mon métier et mon art, c'est vivre.

878 Je peins principalement mes cogitations, sujet informe.

879 Ce sont mes gestes que j'écris, c'est moi, c'est mon essence.

880 Nulle particulière qualité n'enorgueillira celui qui mettra en même temps en compte tant d'imparfaites et faibles qualités autres qui sont en lui, et, au bout, la nihilité de l'humaine condition.

1. comporte.

(Essais) II, 8

881 C'est injustice de voir qu'un père vieil, cassé et demi-mort, jouisse seul, à un coin du foyer, des biens qui suffiraient à l'avancement et entretien de plusieurs enfants.

882 J'accuse toute violence en l'éducation d'une âme tendre, qu'on dresse pour l'honneur et la liberté. Il y a je ne sais quoi de servile en la rigueur et en la contrainte et tiens que ce qui ne se peut faire par la raison, et par prudence et adresse, ne se fait jamais par la force.

883 Voulons-nous être aimés de nos enfants? leur voulons-nous ôter l'occasion de souhaiter notre mort [...]? Accommodons leur vie raisonnablement de ce qui est en notre puissance.

884 Cette faute de ne se savoir reconnaître de bonne heure, et ne sentir l'impuissance et extrême altération que l'âge apporte naturellement et au corps et à l'âme, qui, à mon opinion, est égale (si l'âme n'en a plus de la moitié), a perdu la réputation de la plupart des grands hommes du monde.

885 Quand je pourrais me faire craindre, j'aimerais encore mieux me faire aimer.

886 Il n'est aucune si douce consolation en la perte de nos amis que celle que nous apporte la science de n'avoir rien oublié à leur dire, et d'avoir eu avec eux une parfaite et entière communication.

887 Il est peu d'hommes adonnés à la poésie qui ne se gratifiassent plus d'être pères de l'*Enéide* que du plus beau garçon de Rome.

II, 10

888 C'est ici purement l'essai de mes facultés naturelles, et nullement des acquises.

889 Qui sera en cherche de science, qu'il la pêche où elle se loge: il n'est rien de quoi je fasse moins profession.

890 Ce que je dérobe d'autrui, ce n'est pas pour le faire mien; je ne prétends ici nulle part que celle de raisonner et de juger: le demeurant n'est point de mon rôle.

891 Il échappe souvent des fautes à nos yeux, mais la maladie du jugement consiste à ne les pouvoir apercevoir lorsqu'un autre nous les découvre.

892 Je n'ai point d'autre sergent de bande à ranger mes pièces que la fortune.

893 Je ne cherche aux livres qu'à m'y donner du plaisir par un honnête amusement ; ou si j'étudie, je n'y cherche que la science qui traite de la connaissance de moi-même, et qui m'instruise à bien mourir et à bien vivre.

894 J'ai un esprit primesautier. Ce que je ne vois de la première charge, je le vois moins en m'y obstinant.

895 Je dis librement mon avis de toutes choses [...]. Ce que j'en opine, c'est aussi pour déclarer la mesure de ma vue, non la mesure des choses.

II, 11

896 Nous ne devenons pas autres pour mourir. J'interprète toujours la mort par la vie.

897 Quand on juge d'une action particulière ; il faut considérer plusieurs circonstances et l'homme tout entier qui l'a produite, avant de la baptiser.

898 Les morts, je ne les plains guère, et les envierais plutôt ; mais je plains bien fort les mourants.

II, 12

899 Il [...] faut [...] accompagner notre foi de toute la raison qui est en nous, mais toujours avec cette réservation de n'estimer pas que ce soit de nous qu'elle dépende, ni que nos efforts et arguments puissent atteindre à une si surnaturelle et divine science.

900 C'est merveille combien peu il faut à nature pour se contenter, combien peu elle nous a laissé à désirer.

901 J'ai vu en mon temps cent artisans, cent laboureurs, plus sages et plus heureux que des recteurs de l'université.

902 Tant qu'il pensera avoir quelque moyen et quelque force de soi, jamais l'homme ne reconnaîtra ce qu'il doit à son maître.

903 Il nous faut abêtir pour nous assagir, et nous éblouir pour nous guider.

904 C'est aux Chrétiens une occasion de croire, que de rencontrer une chose incroyable.

905 Rien ne semble vrai, qui ne puisse sembler faux.

(Essais, II, 12)

906 Le beaucoup savoir apporte l'occasion de plus douter.

907 Les terres fertiles font les esprits infertiles.

908 Notre parler a ses faiblesses et ses défauts, comme tout le reste. La plupart des occasions des troubles du monde sont grammairiennes.

909 Je vois les philosophes Pyrrhoniens qui ne peuvent exprimer leur générale conception en aucune manière de parler; car il leur faudrait un nouveau langage. Le nôtre est tout formé de propositions affirmatives, qui leur sont du tout ennemies [...]
Cette fantaisie est plus sûrement conçue par interrogation: « Que sais-je? » comme je la porte à la devise d'une balance.

910 Or n'y peut-il y avoir des principes aux hommes, si la divinité ne les leur a révélés.

911 Toutes choses produites par notre propre discours et suffisance, autant vraies que fausses, sont sujettes à incertitude et débat.

912 Notre esprit est un outil vagabond, dangereux et téméraire.

913 La plus subtile folie se fait de la plus subtile sagesse.

914 Quoi qu'on nous prêche, quoi que nous apprenions, il faudrait toujours se souvenir que c'est l'homme qui donne et l'homme qui reçoit; c'est une mortelle main qui nous le présente; c'est une mortelle main qui l'accepte.

915 A peine se peut-il rencontrer une seule heure en la vie où notre jugement se trouve en sa due assiette.

916 J'appelle toujours raison cette apparence de discours que chacun forge en soi; cette raison, [...] c'est un instrument de plomb et de cire, allongeable, ployable et accommodable à tous biais et à toutes mesures.

917 Maintes fois [...], ayant pris pour exercice et pour ébat à maintenir une contraire opinion à la mienne, mon esprit [...] m'y attache si bien que je ne trouve plus la raison de mon premier avis, et m'en départis. Où je penche, comment que ce soit, et m'emporte de mon poids.

918 Les deux voies naturelles pour entrer au cabinet des Dieux et y prévoir le cours des destinées sont la fureur et le sommeil.

919 Quelque apparence qu'il y ait en la nouveauté, je ne change pas aisément, de peur que j'ai de perdre au change.

920 Puisque je ne suis pas capable de choisir, je prends le choix d'autrui.

921 Il n'est rien sujet à plus continuelle agitation que les lois.

922 Quelle vérité que ces montagnes bornent, qui est mensonge au monde qui se tient au-delà ?

923 Voilà comment la raison fournit d'apparence à divers effets. C'est un pot à deux anses, qu'on peut saisir à gauche et à dextre.

924 Les lois prennent leur autorité de la possession et de l'usage ; il est dangereux de les ramener à leur naissance ; elles grossissent et s'ennoblissent en roulant comme nos rivières...

925 Il n'est pronostiqueur [...] à qui on ne fasse dire tout ce qu'on voudra, comme aux Sibylles.

926 Il est impossible de faire concevoir à un homme naturellement aveugle qu'il ne voit pas.

927 Qu'on loge un philosophe dans une cage de menus fils de fer clairsemés, qui soit suspendue au haut des tours de Notre-Dame de Paris, il verra par raison évidente qu'il est impossible qu'il en tombe, et cependant ne se saurait garder (s'il n'a accoutumé le métier des recouvreurs) que la vue de cette hauteur extrême ne l'épouvante et ne le transisse.

928 Nous veillons dormant, et veillant dormons.

929 La neige nous apparaît blanche, mais [...] d'établir si de son essence elle est telle et à la vérité, nous ne nous en saurions répondre ; et, ce commencement ébranlé, toute la science du monde s'en va nécessairement à vau-l'eau.

930 Rien ne vient à nous que falsifié et altéré par nos sens.

931 Pour juger des apparences que nous recevons des sujets, il nous faudrait un instrument judicatoire ; pour vérifier cet instrument, il nous y faut de la démonstration ; pour vérifier la démonstration, un instrument ; nous voilà au rouet.

932 Nous n'avons aucune communication à l'être, parce que toute humaine nature est toujours au milieu entre le naître et le mourir.

933 Il n'y a rien qui demeure ni qui soit toujours un.

(Essais, II, 12)

934 « O la vile chose [...], et abjecte que l'homme, s'il ne s'élève au-dessus de l'humanité ! » [...] Voilà un bon mot [...], mais [...] absurde. Car de faire la poignée plus grande que le poing, la brassée plus grande que le bras, et d'espérer enjamber plus que de l'étendue de nos jambes, cela est impossible et monstrueux.

II, 13

935 Peu de gens meurent résolus que ce soit leur heure dernière, et n'est endroit où la piperie de l'espérance nous amuse plus

936 Nul ne se peut dire être résolu à la mort qui craint à la marchander, qui ne peut la soutenir les yeux ouverts.

II, 15

937 Le désir et la jouissance nous mettent pareillement en peine. La rigueur des maîtresses est ennuyeuse[1], mais l'aisance et la facilité l'est, à dire vérité, encore plus.

938 La satiété engendre le dégoût.

II, 16

939 La vertu est chose bien vaine et frivole, si elle tire sa recommandation de la gloire.

940 Les moins éclatantes occasions sont les plus dangereuses.

II, 17

941 Je suis prodigue de bonnetades[2], notamment en été, et n'en reçois jamais sans revanche, de quelque qualité d'homme que ce soit, s'il n'est à mes gages.

942 On peut faire le sot partout ailleurs mais non en la Poésie.

943 Les petits hommes, dit Aristote, sont bien jolis, mais non pas beaux ; et se connaît en la grandeur la grande âme, comme la beauté en un corps grand et haut.

944 J'aime à ne savoir pas le compte de ce que j'ai, pour sentir moins exactement ma perte.

945 Ne pouvant régler les événements, je me règle moi-même.

946 Le délibérer, voire aux choses légères, m'importune. [...] Peu de passions m'ont troublé le sommeil ; mais, des délibérations, la moindre me trouble.

1. sens fort.
2. coups de chapeau.

947 Aux événements, je me porte virilement ; en la conduite, puérilement.

948 Le jeu ne vaut pas la chandelle... Et il y a moins de mal souvent à perdre sa vigne qu'à la plaider.

949 Il ne faut pas toujours dire tout, car ce serait sottise ; mais, ce qu'on dit, il faut qu'il soit tel qu'on le pense, autrement c'est méchanceté.

950 C'est le réceptacle et l'étui de la science que la mémoire : l'ayant si défaillante, je n'ai pas fort à me plaindre, si je ne sais guère.

951 Qui a jamais cuidé[1] avoir faute de sens ?

952 Je ne connais rien digne de grande admiration.

953 Je me fais plus d'injure en mentant que je n'en fais à celui à qui je mens.

II, 18

954 Le premier trait de la corruption des mœurs, c'est le bannissement de la vérité. [...] Notre vérité de maintenant, ce n'est pas ce qui est, mais ce qui se persuade à autrui.

II, 19

955 Il n'y a point de bête au monde tant à craindre à l'homme que l'homme.

II, 20

956 Il y a quelque ombre de friandise et délicatesse qui nous rit et qui nous flatte au giron même de la mélancolie.

II, 23

957 Une guerre étrangère est un mal bien plus doux que la civile.

II, 25

958 J'ai ouï réciter[2] plusieurs exemples de gens devenus malades, ayant entrepris de s'en feindre.

959 Ne cherchons pas hors de nous notre mal, il est chez nous, il est planté en nos entrailles.

960 Nous avons une très douce médecine que la philosophie ; car des autres, on n'en sent le plaisir qu'après la guérison, celle-ci plaît et guérit ensemble.

1. cru.
2. rapporter.

(Essais) II, 27

961 La couardise est mère de cruauté.

II, 28

962 On peut continuer à tout temps l'étude, non pas l'écolage: la sotte chose qu'un vieillard abécédaire!

II, 29

963 Ce que nous voyons advenir advient; mais il pouvait autrement advenir.

964 Notre fantaisie[1] fait de soi et de nous ce qu'il lui plaît.

II, 30

965 Ce que nous appelons monstres ne le sont pas à Dieu, qui voit en l'immensité de son ouvrage l'infinité des formes qu'il y a comprises.

II, 31

966 Il n'est passion qui ébranle tant la sincérité des jugements comme la colère.

967 J'aimerais mieux produire mes passions que de les couver à mes dépens: elles s'alanguissent en s'éventant et en s'exprimant; il vaut mieux que leur pointe agisse au dehors que de la plier contre nous.

968 La criaillerie téméraire et ordinaire passe en usage et fait que chacun la méprise.

II, 32

969 Il ne faut pas juger ce qui est possible et ce qui ne l'est pas selon ce qui est croyable et incroyable à notre sens.

II, 33

970 Où l'amour et l'ambition seraient en égale balance et viendraient à se choquer de forces pareilles, je ne fais aucun doute que celle-ci ne gagnât le prix de la maîtrise.

II, 35

971 [Le mariage] est un marché plein de tant d'épineuses circonstances qu'il est malaisé que la volonté d'une femme s'y maintienne entière longtemps. Les hommes, quoiqu'ils y soient avec un peu meilleure condition, y ont prou[2] affaire.

1. imagination.
2. beaucoup.

II, 37

972 Les médecins ne se contentent point d'avoir la maladie en gouvernement, ils rendent la santé malade, pour garder qu'on ne puisse en aucune saison échapper à leur autorité.

973 Faites ordonner une purgation à votre cervelle, elle sera mieux ordonnée qu'à votre estomac.

974 Je ne hais point les fantaisies[1] contraires aux miennes.

III, 1

975 Personne n'est exempt de dire des fadaises. Le malheur est de les dire curieusement[2].

976 Je parle au papier comme je parle au premier que je rencontre.

977 Il n'y a rien d'inutile en nature ; non pas l'inutilité même.

978 Notre être est cimenté de qualités maladives ; l'ambition, la jalousie, l'envie, la vengeance, la superstition, le désespoir, logent en nous [...] Desquelles qualités, qui ôterait la semence en l'homme, détruirait les fondamentales conditions de notre vie.

979 Le bien public requiert qu'on trahisse et qu'on mente et qu'on massacre.

980 A la vérité, et ne crains pas de l'avouer, je porterais facilement au besoin une chandelle à saint Michel, l'autre à son serpent, suivant le dessein de la vieille[3]. Je suivrai le bon parti jusqu'au feu, mais exclusivement si je puis.

981 Ils attisent la guerre non parce qu'elle est juste, mais parce que c'est guerre.

982 Ce qui a été fié à mon silence, je le cèle religieusement, mais je prend à celer le moins que je puis.

983 Qui est infidèle à soi-même, l'est excusablement à son maître.

984 C'est assez de tremper mes plumes en encre, sans les tremper en sang.

985 On argumente mal l'honnêteté et la beauté d'une chose par son utilité.

1. idées.
2. avec componction.
3. Allusion à une légende populaire.

(Essais) III, 2

986 Les autres forment l'homme; je le récite[1].

987 Le monde n'est qu'une branloire[2] perenne[3].

988 Je ne peins pas l'être. Je peins le passage: non un passage d'âge en autre, ou, comme dit le peuple, de sept en sept ans, mais de jour en jour, de minute en minute.

989 Je propose une vie basse et sans lustre, c'est tout un. On attache aussi bien toute la philosophie morale à une vie populaire et privée qu'à une vie de plus riche étoffe; chaque homme porte la forme entière de l'humaine condition.

990 Nous allons conformément et tout d'un train, mon livre et moi.

991 Ma conscience se contente de soi, non comme de la conscience d'un ange ou d'un cheval, mais comme de la conscience d'un homme.

992 Le vice laisse, comme un ulcère en la chair, une repentance en l'âme, qui toujours s'égratigne et s'ensanglante d'elle-même.

993 J'ai mes lois et ma cour pour juger de moi, et m'y adresse plus qu'ailleurs.

994 Peu d'hommes ont été admirés par leurs domestiques; nul n'a été prophète non seulement en sa maison, mais en son pays, dit l'expérience des histoires.

995 Les vies retirées soutiennent [...], quoi qu'on dise, des devoirs autant ou plus âpres et tendus que ne font les autres vies.

996 Je conçois aisément Socrate en la place d'Alexandre; Alexandre en celle de Socrate, je ne puis.

997 Si je ne suis chez moi, j'en suis toujours bien près. Mes débauches ne m'emportent pas loin.

998 La force de tout conseil[4] gît au temps.

999 Je me sers rarement des airs d'autrui.

1000 Je prise peu mes opinions, mais je prise aussi peu celles des autres.

1. raconte.
2. machine en mouvement.
3. perpétuelle.
4. décision.

1001 Je hais cet accidentel repentir que l'âge apporte.

1002 Misérable sorte de remède, devoir à la maladie sa santé ! [...] La santé m'avertit [...] plus utilement que la maladie.

1003 Si j'avais à revivre, je revivrais comme j'ai vécu ; ni je ne plains le passé, ni je ne crains l'avenir.

1004 La vieillesse nous attache plus de rides en l'esprit qu'au visage.

1005 [Il] ne se voit point d'âmes, ou fort rares, qui en vieillissant ne sentent à l'aigre et au moisi.

III, 3

1006 Les plus belles âmes sont celles qui ont plus de variété et de souplesse.

1007 La plupart des esprits ont besoin de matière étrangère pour se dégourdir et exercer ; le mien en a besoin pour se rasseoir[1] plutôt et séjourner[2], [...] car son plus laborieux et principal étude, c'est s'étudier à soi.

1008 Le méditer est un puissant étude et plein, à qui sait se tâter et employer vigoureusement : j'aime mieux forger mon âme que la meubler.

1009 Les moins tendues et plus naturelles allures de notre âme sont les plus belles.

1010 Les autres s'étudient à élancer et guinder leur esprit ; moi, à le coucher.

1011 Il faut se démettre[3] au train de ceux avec qui vous êtes, et parfois affecter l'ignorance.

1012 Ma forme essentielle est propre à la communication et à la production[4] ; je suis tout au-dehors et en évidence, né à la société et à l'amitié.

1013 Une âme bien née et exercée à la pratique des hommes se rend pleinement agréable d'elle-même. L'art n'est autre chose que le contrôle et le registre des productions de telles âmes.

1014 C'est le vrai avantage des dames que le corps.

1. s'arrêter.
2. se détendre.
3. s'abaisser.
4. à se communiquer et à se produire.

(Essais III, 3)

1015 Je ne voyage sans livres ni en paix ni en guerre [...] C'est la meilleure munition que j'aie trouvé à cet humain voyage.

III, 4

1016 Nous pensons toujours ailleurs ; l'espérance d'une meilleure vie nous arrête et appuie, ou l'espérance de la valeur de nos enfants, ou la gloire future de notre nom, ou la fuite des maux de cette vie, ou la vengeance qui menace ceux qui nous causent la mort.

1017 L'amour me soulagea et retira du mal qui m'était causé par l'amitié.

1018 Toujours, la variation soulage, dissout et dissipe.

1019 Peu de chose nous divertit et détourne, car peu de chose nous tient.

1020 C'est priser sa vie justement ce qu'elle est, de l'abandonner pour un songe.

III, 5

1021 Que l'enfance regarde devant elle, la vieillesse derrière : était-ce pas ce que signifiait le double visage de Janus ? Les ans m'entraînent s'ils veulent, mais à reculons !

1022 Ma philosophie est en action, en usage naturel et présent, peu en fantaisie.

1023 J'aime une sagesse gaie et civile, et fuis l'âpreté des mœurs et l'austérité, ayant pour suspecte toute mine rébarbative.

1024 Je me suis ordonné d'oser dire tout ce que j'ose faire.

1025 Ils envoient leur conscience au bordel et tiennent leur contenance en règle.

1026 Qu'a fait l'action génitale aux hommes, si naturelle, si nécessaire et si juste, pour n'en oser parler sans vergogne ?

1027 Je ne vois pas de mariages qui faillent plus tôt et se troublent que ceux qui s'acheminent par la beauté et désirs amoureux.

1028 Un bon mariage, s'il en est, refuse la compagnie et conditions de l'amour. Il tâche à représenter celles de l'amitié.

1029 Il [...] advient [du mariage] ce qui se voit aux cages : les oiseaux qui en sont hors désespèrent d'y entrer ; et d'un pareil soin en sortir, ceux qui sont au-dedans.

1030 De mon dessein, j'eusse fui d'épouser la sagesse même, si elle m'eût voulu.

1031 Le mariage a pour sa part l'utilité, la justice, l'honneur et la constance : un plaisir plat, mais plus universel.

1032 Les femmes n'ont pas tort du tout quand elles refusent les règles de vie qui sont introduites au monde, d'autant que ce sont les hommes qui les ont faites sans elles.

1033 Je trouve plus aisé de porter une cuirasse toute sa vie qu'un pucelage.

1034 Il n'est temps de regimber quand on s'est laissé entraver.

1035 Je sais cent honnêtes hommes cocus, honnêtement et peu indécemment... La fréquence de cet accident en doit désormais avoir modéré l'aigreur ; le voilà tantôt passé en coutume.

1036 Ceux qui veulent combattre l'usage par la grammaire se moquent.

1037 L'amour est une agitation éveillée, vive et gaie... Elle n'est nuisible qu'aux fols.

1038 La philosophie ne lutte point contre les voluptés naturelles, pourvu que la mesure y soit jointe, et en prêche la modération, non la fuite.

1039 Il est bien plus aisé d'accuser un sexe que d'excuser l'autre. C'est ce qu'on dit : le fourgon[1] se moque de la pelle.

III, 7

1040 Le plus âpre et difficile métier du monde, à mon gré, c'est faire dignement le Roi.

III, 8

1041 C'est un usage de notre justice d'en condamner aucuns[2] pour l'avertissement des autres. [...] On ne corrige pas celui qu'on pend, on corrige les autres par lui.

1042 Je festoie et caresse la vérité en quelque main que je la trouve, et m'y rends allègrement, et lui tends mes armes vaincues, de loin que je la vois approcher.

1. tisonnier.
2. quelques-uns.

(Essais, III, 8)

1043 C'est un plaisir fade et nuisible d'avoir affaire à gens qui nous admirent et fassent place.

1044 Il est impossible de traiter de bonne foi avec un sot.

1045 Nous sommes nés à quêter la vérité ; il appartient de la posséder à une plus grande puissance.

1046 Tout homme peut dire véritablement ; mais dire ordonnément, prudemment et suffisamment, peu d'hommes le peuvent.

1047 Je hais toute sorte de tyrannie, et la parlière et l'effective.

III, 9

1048 Il devrait y avoir quelque coercition des lois contre les écrivains ineptes et inutiles, comme il y en a contre les vagabonds et fainéants.

1049 Le bonheur m'est un singulier aiguillon à la modération et modestie.

1050 J'ajoute, mais ne corrige pas. Premièrement, parce que celui qui a hypothéqué au monde son ouvrage, je trouve apparence qu'il n'y ait plus de droit… Secondement que, pour mon regard, je crains de perdre au change.

1051 Je réponds ordinairement, à ceux qui me demandent raison de mes voyages que je sais bien ce que je fuis, mais non pas ce que je cherche.

1052 J' […] aime tendrement [Paris] jusqu'à ses verrues et à ses taches ; je ne suis Français que par cette grande cité, grande en peuples, grande en félicité de son assiette[1] ; […] la gloire de la France et l'un des plus nobles ornements du monde.

1053 […] J'estime tous les hommes mes compatriotes et embrasse un Polonais comme un Français, postposant[2] cette liaison nationale à l'universelle et commune.

1054 La plus utile et honorable science et occupation à une femme, c'est la science du ménage.

1055 La diversité des façons d'une nation à l'autre ne me touche que par le plaisir de la variété. Chaque usage a sa raison.

1056 Tout ce qui branle ne tombe pas.

1. sa situation.
2. subordonnant.

1057 Une saison sert aux vignes et nuit aux prés.

1058 Je pérégrine très saoul de nos façons, non pour chercher des Gascons en Sicile (j'en ai assez laissé au logis) ; je cherche des Grecs plutôt, et des Persans.

1059 J'aime l'allure poétique, à sauts et à gambades.

III, 10

1060 Mon opinion est qu'il se faut prêter à autrui et ne se donner qu'à soi-même.

1061 Il vaut quasi mieux jamais que si tard devenir honnête homme... Moutarde après dîner.

1062 La plupart de nos vacations[1] sont farcesques. [...] Il faut jouer dûment notre rôle, mais comme rôle d'un personnage emprunté.

1063 Je ne sais pas m'engager si profondément et si entier. Quand ma volonté me donne à un parti, ce n'est pas d'une si violente obligation que mon entendement s'en infecte.

1064 L'accoutumance est une seconde nature.

III, 11

1065 La vérité et le mensonge ont leurs visages conformes, le port, le goût et les allures pareilles ; nous les regardons de même œil.

1066 Il s'engendre beaucoup d'abus au monde [...] de ce qu'on nous apprend à craindre de faire profession de notre ignorance.

1067 Je ne serais pas si hardi à parler s'il m'appartenait d'en être cru.

III, 12

1068 Nous sommes chacun plus riche que nous ne pensons ; mais on nous dresse à l'emprunt et à la quête ; on nous forme à nous servir plus de l'autrui que du nôtre.

1069 Au gibelin, j'étais guelphe ; au guelphe, gibelin.

1070 La vraie liberté, c'est pouvoir toute chose sur soi.

1071 Nous troublons la vie par le soin de la mort, et la mort par le soin de la vie.

1072 C'est[2] bien le bout, non pourtant le but de la vie.

1. occupations.
2. la mort.

(Essais) III, 13

1073 O que c'est un doux et mol chevet, et sain, que l'ignorance et l'incuriosité, à reposer une tête bien faite!

1074 Quand je danse, je danse ; quand je dors, je dors ; voire et quand je me promène solitairement en un beau verger, si mes pensées se sont entretenues des occurrences étrangères quelque partie du temps, quelque autre partie je les ramène à la promenade, au verger, à la douceur de cette solitude et à moi.

1075 La plus forte, généreuse et superbe de toutes les vertus est la vaillance.

1076 Il n'est rien si beau et légitime que de faire bien l'homme et dûment, ni science si ardue que de bien et naturellement savoir vivre cette vie ; et de nos maladies la plus sauvage, c'est mépriser notre être.

1077 J'ai un dictionnaire tout à part moi: je passe le temps, quand il est mauvais et incommode ; quand il est bon, je ne le veux pas passer, je le retâte, je m'y tiens. Il faut courir le mauvais et se rasseoir au bon.

1078 Pour moi donc, j'aime la vie et la cultive telle qu'il a plu à Dieu nous l'octroyer.

1079 Nature est un doux guide, mais non pas plus doux que prudent et juste.

1080 C'est une absolue perfection, et comme divine, de savoir loyalement jouir de son être.

1081 Les plus belles vies sont à mon gré celles qui se rangent au modèle commun, sans merveille.

Jean PASSERAT 1534-1602

Ode du premier jour de mai

1082 En ce monde n'a du plaisir
Qui ne s'en donne.

Prière

1083 A Dieu, amis, et ma douce patrie,
Assez content je sors de cette vie,
Puisqu'en partant ce confort je reçois,
Que j'ai vécu, et suis mort bon François.

Épitaphe de lui-même

1084 Amis, de mauvais vers ne chargez point ma tombe.

La Journée de Senlis

1085 Qui a de l'honneur envie
Ne doit pourtant en mourir :
Où il y va de la vie
Il n'est que de bien courir.

Contre les Allemands

1086 Bref, tous souhaits vous puissent advenir,
Fors seulement d'en France revenir,
Qui n'a besoin, ô étourneaux étranges,
De votre main à faire ses vendanges !

Nicolas RAPIN v. 1535-1608

Les Plaisirs du gentilhomme champêtre

1087 Vivez donc aux champs, gentilshommes,
Vivez sains et joyeux cent ans,
Francs du malheur des autres hommes,
Et des factions où nous sommes
En un si misérable temps.

Antoine LOISEL 1536-1617

Institutes coutumières

104

1088 Les mariages se font au ciel et se consomment sur la terre.

110

1089 Qui épouse la femme épouse les dettes.

131

1090 Le mari fait perdre le deuil à sa femme, mais non la femme au mari.

323

1091 Tant que la tige a souche, elle ne se fourche.

357

1092 On prend les bœufs par les cornes et les hommes par les paroles.

403

1093 Il y a plus de fous acheteurs que de fous vendeurs.

653

1094 Un seigneur de paille vainc et mange un vassal d'acier.

659

1095 Donner et retenir ne vaut.

672

1096 Ami au prêter, ennemi au rendre.

674

1097 Qui doit, il a le tort.

676

1098 Le bon payeur est de bourse d'autrui seigneur.

679

1099 Ce qui est différé n'est pas perdu.

680

1100 Or vaut ce qu'or vaut.

780

1101 Une fois n'est pas coutume.

791

1102 La volonté est réputée pour le fait.

803

1103 Tous mauvais cas sont niables.

875

1104 Une voix n'empêche partage.

Scévole de SAINTE-MARTHE 1536-1623

Épigrammes

1105 Que sert de prolonger une ingrate vieillesse,
Pour regarder sans fruit la lumière du jour ?
Heureux qui sans languir en si longue vieillesse,
Retourne de bonne heure au céleste séjour !

Jean VAUQUELIN DE LA FRESNAYE 1536-1606

Sonnets

1106 Seigneur, je n'ai cessé, dès la fleur de mon âge,
D'amasser sur mon chef péchés dessus péchés ;
Des dons que tu m'avais dedans l'âme cachés,
Plaisant, je m'en servais à mon désavantage.

L'Art poétique français

1107 [...] Mais tout par art se fait, tout par art se construit,
Par art guide les naux[1] le nautonier instruit,
Et sur tous le Poète en son doux exercice
Mêle avec la nature un plaisant artifice.

Jacques GRÉVIN 1538-1570

L'Olympe, Sonnet

1108 Un an est jà passé, et l'autre recommence,
Que je suis poursuivant la plus belle de France

L'Olympe, Villanesque

1109 J'ai trop servi de fable au populaire
En vous aimant, trop ingrate maîtresse ;
Suffise vous d'avoir eu ma jeunesse.

La Gélodacrye
livre 1

1110 Qu'est-ce que cette vie ? un public échafaud[2]
Où celui qui sait mieux jouer son personnage,
Selon ses passions échangeant le visage
Est toujours bien venu et rien ne lui défaut[3]

1111 Nous ne voulons jamais notre fait accuser,
Nous savons assez bien de l'autrui deviser.

livre 2

1112 Je me ris de ce monde et n'y trouve que rire...

1. nefs.
2. estrade publique.
3. manque.

Pierre de BRANTÔME 1540-1614

Dames galantes
premier discours

1113 Un grand prince que je sais disait qu'il voudrait ressembler au lion, qui, pour vieillir, ne blanchit jamais ; au singe, qui, tant plus il le fait, tant plus il veut le faire ; au chien, tant plus il vieillit, son cas se grossit ; et au cerf qui, tant plus il est vieux, tant mieux il le fait, et les biches vont plutôt à lui qu'aux jeunes.

1114 Aussi dit-on que la libéralité en toutes choses est plus à estimer que l'avarice et la chicheté, fors aux femmes, lesquelles, tant plus sont libérales de leur cas, tant moins sont estimées, et les avares et chiches tant plus.

1115 Si tous les cocus et leurs femmes qui les font se tenaient par la main et qu'il s'en pût faire une ronde, je crois qu'elle serait assez battante pour entourer et circuir la moitié de la terre.

quatrième discours

1116 Or est-il que toute belle femme s'étant jamais une fois essayée au jeu d'amour ne le désapprend jamais.

1117 Souvent femme varie, bien fol est qui s'y fie[1].

1118 Aux grandes portes battent les grands vents.

septième discours

1119 Cybèle, Junon, Vénus, Thétis, Cérès et autres déesses du ciel ont toutes méprisé ce nom de vierge, sauf Pallas, qui prit du cerveau de Jupiter sa naissance, faisant voir par là que la virginité n'est qu'une opinion conçue en la cervelle.

Amadis JAMYN 1540-1593

Sonnets à diverses personnes, pour un jeu de balle forcée

1120 Pour du vent les mortels font la guerre souvent,
Ne rapportant du jeu que la Mort qui les dompte ;

Car tout ce monde bas n'est qu'un flux et reflux,
Et n'apprennent jamais à toute fin de conte,
Sinon que cette vie est un songe et rien plus.

1. Mots tracés par François Ier sur une vitre du château de Chambord.

Amours d'Oriane

1121 Amour sans compagnon incontinent se passe.

1122 Sotte rigueur! Tant plus elle s'efforce
Forcer Amour, plus Amour se renforce:
Plus nous sépare et tant plus nous conjoint.

1123 Le vrai ciment de durable alliance
Est sans mentir la douce jouissance.

Amours d'Artémis, De l'amitié

1124 Notre souverain bien, notre félicité,
C'est l'heur d'une amitié qui ne soit ordinaire.
Il n'est point d'élément plus qu'elle nécessaire,
Le soleil n'est si doux aux moissons de l'Été.

Sonnets

1125 Si c'est aimer avoir toujours en l'âme
Le souvenir d'une seule Déesse:
Si c'est aimer se pâlir de tristesse,
Mourir absent des beautés de sa Dame.
[...]
Loin d'un seul bien s'estimer malheureux,
Ayant sans plus l'âme en ce bien ravie:
Si c'est aimer, que je suis amoureux!

1126 Nul, quiconque soit-il, ne vit en liberté.
Nul au monde n'est libre, et quelque servitude
Presse tous les humains de chaîne douce ou rude,
Selon qu'est le sujet de leur captivité.

Stances de l'Impossible

1127 L'été sera l'hiver et le printemps l'automne,
L'air deviendra pesant, le plomb sera léger:
On verra les poissons dedans l'air voyager
Et de muets qu'ils sont avoir la voix fort bonne.
L'eau deviendra le feu, le feu deviendra l'eau
Plutôt que je sois pris d'un autre amour nouveau.

Mélanges, livre V, 1, Sur les Misères de la France

1128 Mais, hélas! c'est assez de pouvoir à cette heure
Mourir, car aujourd'hui la mort est la meilleure.

La Satire Ménippée
(Nicolas RAPIN 1540-1608 et Pierre PITHOU 1539-1596)

Harangue de Monsieur le Lieutenant
(le duc de Mayenne, chef de la Ligue) (RAPIN)

1129 Messieurs, vous serez tous témoins que, depuis que j'ai pris les armes pour la sainte Ligue, j'ai toujours eu ma conservation en telle recommandation que j'ai préféré de très bon cœur mon intérêt particulier à la cause de Dieu, qui saura bien se garder sans moi, et se venger de tous ses ennemis.

1130 Mourons, mourons, plutôt que d'en venir là ! C'est une belle sépulture que la ruine d'un si grand Royaume que celui-ci, sous lequel il nous faut ensevelir, si nous ne pouvons grimper dessus.

Harangue de Monsieur d'Aubray pour le Tiers État (PITHOU)

1131 Enfin, nous voulons un Roi pour avoir la paix ; mais nous ne voulons pas faire comme les grenouilles, qui, s'ennuyant de leur Roi paisible, élurent la cigogne qui les dévora toutes. Nous demandons un Roi et chef naturel, non artificiel ; un Roi déjà fait, et non à faire.

1132 L'eau trouble fait le gain du pêcheur.

Jean de la TAILLE v. 1540-1607

Élégie

1133 C'est trop pleuré, c'est trop suivi tristesse,
Je veux en joie ébattre ma jeunesse,
Laquelle encor comme un printemps verdoie :
Faut-il toujours qu'à l'étude on me voie ?
C'est trop pleuré.

Pierre CHARRON 1541-1603

De la sagesse

1134 Le peuple — nous entendons ici le vulgaire, la tourbe et lie populaire, sous quelque couvert que ce soit, de basse, servile et mécanique condition —, est une bête étrange à plusieurs têtes, et qui ne se peut bien décrire en peu de mots [...]

1135 Celui qui ne sait pas se taire sait rarement bien parler.

1136 C'est faible caution que celle d'un visage.

1137 Les plus courtes erreurs sont toujours les meilleures.

MARIE STUART 1542-1587

Adieux à la France

1138 Adieu, plaisant pays de France,
O ma patrie
La plus chérie,
Qui as nourri ma jeune enfance;
Adieu, France, adieu mes beaux jours.

Lettre à Élisabeth, 8 avril 1585

1139 De ma part, quand on en viendrait là que de vouloir attaquer ouvertement ma religion, je suis toute prête, avec la grâce de mon Dieu, de baisser le cou sous la hache pour y répandre mon sang devant toute la chrétienté...

Guillaume du BARTAS 1544-1590

L'Uranie ou Muse céleste

1140 Tout art s'apprend par art: la seule poésie
Est un pur don céleste, et nul ne peut goûter
Le miel que nous faisons du Pinde dégoutter,
S'il n'a du sacré feu la poitrine[1] saisie.

La Semaine, Le premier jour

1141 O grand Dieu, donne-moi que j'étale en mes vers
Les plus rares beautés de ce grand univers;
Donne-moi qu'en son front ta puissance je lise,
Et qu'enseignant autrui, moi-même je m'instruise.

1142 Tout le reste est peu sain quand la tête est malsaine.

Le deuxième jour

1143 O mille et mille fois terre et féconde!
O perle de l'Europe! O paradis du monde!
France, je te salue, ô mère des guerriers [...]

Le troisième jour

1144 Je te salue, ô terre, ô terre porte-grains,
Porte-or, porte-santé, porte-habits, porte-humains,
Porte-fruits, porte-tours [...]

1. le cœur.

Robert GARNIER 1544-1590

Porcie, acte II

1145 Qui meurt pour le pays vit éternellement.

Bradamante, vers 177-179

1146 Ce que je prise plus en si belle alliance,
C'est qu'il ne faudra point débourser de finance:
Il ne demande rien.

vers 185-188

1147 La grâce, la beauté, la vertu, le lignage,
Ne sont non plus prisés qu'une pomme sauvage.
On ne veut que l'argent: un mariage est saint,
Est sortable, est bien fait quand l'argent on étreint.

vers 260

1148 L'on ne peut gouverner les enfants d'aujourd'hui.

vers 499-500

1149 L'occasion est chauve, et qui ne la retient,
Tout soudain elle échappe et jamais ne revient.

vers 627-628

1150 Les combats de l'amour ne sont guère sanglants;
Ils se font en champ clos entre des linceuls blancs.

vers 708

1151 Hé! Dieu, qu'un enfant peut nos esprits martyrer!

vers 1551-1552

1152 La douceur et l'amour,
La richesse et l'honneur font à Paris séjour.

Les Juives, vers 1028

1153 Dieu préfère toujours la clémence à justice.

vers 1303

1154 Où le remède faut[1], rien ne sert de se plaindre.

vers 1391-1392

1155 Le Dieu que nous servons est le seul Dieu du monde,
Qui de rien a bâti le ciel, la terre et l'onde.

1. manque.

Philippe DESPORTES 1546-1606

Amours d'Hippolyte, I

1156 Icare est chu ici, le jeune audacieux,
Qui pour voler au ciel, eut assez de courage :
Ici tomba son corps dégarni de plumage,
Laissant tous braves cœurs de sa chute envieux.
[...]
Il mourut poursuivant une haute aventure ;
Le ciel fut son désir, la mer sa sépulture :
Est-il plus beau dessein, ou plus riche tombeau ?

II

1157 [...] J'ai ce réconfort en mon cruel martyre
Que j'écris toute nuit ce que je n'ose dire,
Et, quand l'encre me faut, je me sers de mes pleurs.

Amours d'Hippolyte, Stances

1158 Le péché fait par force est toujours pardonné.

Amours d'Hippolyte, Élégie

1159 L'honneur suit les hasards, et l'homme audacieux
Par son malheur s'honore et se rend glorieux.

Amours d'Hippolyte, Fantaisie

1160 Qui meurt pour le public meurt honorablement.

Amours d'Hippolyte, Chanson

1161 O malheureux, faut-il donc que j'espère
Que vous m'aimiez, quand vous ne m'aimez pas.

Amours d'Hippolyte, Élégie

1162 Aux extrêmes périls, peu sert la connaissance.

Amours d'Hippolyte, XLIII

1163 Si je n'espère rien, rien ne me fera craindre.

Amours d'Hippolyte, Stances

1164 Qui aime en plus d'un lieu ne saurait bien aimer.

1165 Le désir divisé ne se peut dire amour.

1166 Car il faut bien aimer pour être bien aimée,
Et de deux cœurs unis naît la perfection.

Amours d'Hippolyte, Chanson

1167 Le mal qui me rend misérable,
Et qui me conduit au trépas,
Est si grand qu'il est incroyable;
Aussi vous ne le croyez pas.

Œuvres diverses, Chanson

1168 O bienheureux qui peut passer sa vie
Entre les siens franc de haine et d'envie,
Parmi les champs, les forêts et les bois,
Loin du tumulte et du bruit populaire.

1169 Je fais l'amour mais c'est de telle sorte
Que seulement du plaisir j'en rapporte,
N'engageant point ma chère liberté.

Pierre de L'ESTOILE 1546-1611

Journal d'un bourgeois de Paris sous Henri IV, 14 mai 1610

1170 Mais quoi. Les rois sont rois, et Dieu est Dieu, par lequel ils règnent [...], pauvres pots de terre en la main du grand maître et sous sa verge, de laquelle il les rompt et brise, comme le potier ses vaisseaux, toutes et quantes fois que bon lui semble.

Pierre de BRACH 1547-?

Sonnet

1171 Misérables Français, hé! que voulez-vous faire?
Hé! pourquoi voulez-vous, enivrés de courroux,
Enfélonant vos cœurs, vous occire entre vous
Et, de vos propres mains, vous-mêmes vous défaire?

Étienne TABOUROT 1549-1590

Stances

1172 Il n'est rien si puissant que l'Amour et la Mort,
La Mort détruit les corps, l'Amour détruit les âmes,
Mais encore l'Amour me semble le plus fort:
Car la vie et la Mort reposent sous ses flammes.

CHARLES IX 1550-1574

À Ronsard

1173 L'art de faire des vers, dût-on s'en indigner,
Doit être à plus haut prix que celui de régner.
Tous deux également nous portons des couronnes ;
Mais roi, je la reçus ; poète, tu la donnes.

1174 Je puis donner la mort, toi l'immortalité.

Chanson à Marie Touchet

1175 Toucher, aimer, c'est ma devise.

Gilles DURANT 1550-1615

Odes, à Claude Biret

1176 C'est un beau métier de feindre,
C'est un plaisir de se plaindre
Et ne point sentir de mal.

Pierre LE LOYER 1550-1634

Premier Bocage de l'Art d'aimer, stances

1177 Sois bien vêtu, et surtout prends-toi garde
D'être bien net, bien propre et bien gentil :
Plus qu'un esprit admirable et subtil,
Ce qui se voit, une femme regarde.

Jean LE HOUX v. 1551-v. 1616

Vaux de Vire

1178 Qui aime bien le vin est de bonne nature.
Les morts ne boivent plus dedans la sépulture.

Claude de TRELLON ?-1625

Le Portrait de la Cour

1179 La cour est un théâtre où l'on voit à la fin
Le pauvre venir riche et le riche coquin.

Guy de TOURS 1551 ou 1562-1611

Épigramme

1180 Je ne suis point celui qui s'émerveille
De voir les sots mieux que les avisés
Être de vous, (Dames) favorisés,
Car chaque chose estime sa pareille.

Agrippa d'AUBIGNÉ 1152-1630

Les Tragiques, aux lecteurs

1181 Nous sommes ennuyés de livres qui enseignent, donnez-nous-en pour émouvoir, en un siècle où tout zèle chrétien est péri, où la différence du vrai et du mensonge est comme abolie [...]

Les Tragiques, préface: l'auteur à son livre, vers 73-78

1182 De celui qui aura porté
La rigoureuse vérité,
Le salaire est la mort certaine.
C'est un loyer bien à propos:
Le repos est fin de la peine,
Et la mort est le vrai repos.

vers 311-312

1183 Il y a de la peine oisive,
Et du loisir qui est labeur.

vers 379-384

1184 Car qui veut garder la justice,
Il faut haïr distinctement
Non la personne, mais le vice [...]

vers 402 et 411

1185 Sors, mon œuvre, d'entre mes bras; [...]
Je ne te donne qu'à l'Église [...]

Les Tragiques
Livre premier, Misères, vers 55-58

1186 Je n'écris plus les feux d'un amour inconnu,
Mais, par l'affliction plus sage devenu,
J'entreprends bien plus haut, car j'apprends à ma plume
Un autre feu, auquel la France se consume.

vers 97-98

1187 Je veux peindre la France une mère affligée,
Qui est entre ses bras de deux enfants chargée [...]

vers 1305-1308

1188 Les temples du païen, du Turc, de l'idolâtre,
Haussent au ciel l'orgueil du marbre et de l'albâtre;
Et Dieu seul, au désert pauvrement hébergé,
A bâti tout le monde et n'y est pas logé.

Livre second, Les princes, vers 77

1189 Ce siècle, autre en ses mœurs, demande un autre style.

vers 241-244, 247-248

1190 Nos anciens, amateurs de la franche justice,
Avaient de fâcheux noms nommé l'horrible vice:
Ils appelaient brigand ce qu'on dit entre nous
Homme qui s'accommode, et ce nom est plus doux
[...]
Ils nommaient trahison ce qui est un bon tour,
Ils appelaient putain une femme d'amour.

vers 625-626

1191 Nos pères étaient francs; nous, qui sommes si braves,
Nous lairrons[1] des enfants qui seront nés esclaves.

vers 827-828

1192 Disons, comme l'on dit à Néron, l'androgame;
« Que ton père jamais n'eût connu d'autre femme! »

vers 1087-1088

1193 Mais le vice n'a point pour mère la science,
Et la vertu n'est pas fille de l'ignorance.

vers 1313-1318

1194 Je reviens à ce siècle où nos mignons vieillis,
A leur dernier métier voués et accueillis,
Pipent les jeunes gens, les gagnent, les courtisent;
Eux, autrefois produits, à la fin les produisent,
Faisant, plus avisés, moins glorieux que toi,
Par le cul d'un coquin, chemin au cœur d'un Roi.

vers 1465-1468

1195 Cherche la faim, la soif, les glaces et le chaud,
La sueur et les coups; aime-les, car il faut
Ou que tes jeunes ans soient l'heur de ta vieillesse,
Ou que tes cheveux blancs maudissent ta jeunesse.

1. laisserons.

Livre quatrième, Des feux, vers 879

1196 Le sang de l'homme est peu, son mépris[1] est beaucoup.

vers 1127-1132

1197 Vous qui sans passion jugez les passions
Dont l'esprit tout de feu éprend[2] nos motions[3],
Liant le doigt de Dieu aux principes éthiques,
Les témoignages saints ne sont pas politiques
Assez à votre gré ; vous ne connaissez point
Combien peut l'Esprit Saint quand les esprits il point.

vers 1227

1198 Le printemps de l'Église et l'été sont passés.

vers 1233

1199 Une rose d'automne est plus qu'une autre exquise.

Livre cinquième, Les fers, vers 585-586

1200 Et toi, Sens insensé, tu appris à la Seine
Premier[4] à s'engraisser de la substance humaine.

Livre sixième, Vengeances, vers 49-52

1201 Les enfants de ce siècle ont Satan pour nourrice,
On berce en leurs berceaux les enfants et le vice,
Nos mères ont du vice avec nous accouché,
Et en nous concevant ont conçu le péché.

Livre septième, Jugement, vers 675-676

1202 Comme un nageur venant du profond de son plonge[5],
Tous sortent de la mort comme l'on sort d'un songe.

vers 1021-1022

1203 Criez après l'enfer : de l'enfer il ne sort
Que l'éternelle soif de l'impossible mort.

vers 1102-1106

1204 [...] Tous nos parfaits amours réduits en un amour
Comme nos plus beaux jours réduits en un beau jour.

1. le mépris du sang.
2. enflamme.
3. élans.
4. pour la première fois.
5. de sa plongée.

vers 1206-1208

1205 Dans le sein d'Abraham fleuriront nos désirs,
Désirs, parfaits amours, hauts désirs sans absence,
Car les fruits et les fleurs n'y font qu'une naissance.

vers 1217-1218

1206 Tout meurt, l'âme s'enfuit, et, reprenant son lieu,
Extatique, se pâme au giron de son Dieu.

Janus GRUTER 1560-1627

Florilegium (1610)

1207 Qui a bu boira.

1208 En l'absence du seigneur se connaît le serviteur.

Jean BERTAUT 1552-1611

Cantique

1209 Se plaindre de sentir des ennuis et des peines,
C'est se plaindre d'être homme et non arbre ou rocher.

Un cœur qui, magnanime, à soi-même commande,
Souvent fait que son mal en bien se convertit,
Une douleur n'étant ni petite ni grande,
Qu'autant que le courage est ou grand ou petit.

Cantique en forme de confession

1210 Ma faute, et non ma peine, est ce qui me tourmente:
J'en soupire la cause, et non pas les effets:
En battant ma poitrine, à part moi je lamente
Non les maux que j'endure, ains[1] les maux que j'ai faits.

1211 Cette ville[2] sans pair, cet abrégé de France.

Sur le trépas de Monsieur de Ronsard

1212 [...] Et, s'il ne vit du corps, il vit de cette part
Qui, parmi l'univers, l'a fait être un Ronsard.

1213 Je n'avais pas seize ans quand la première flamme
Dont ta Muse m'éprit s'alluma dans mon âme.

1. mais.
2. Paris.

Épitaphe de Madame Lugol

1214 Ainsi le veut la loi prescrite à la nature:
Toujours le plus beau temps est celui qui moins dure;
Mais les fleurs de vertu règnent plus d'un printemps,
Et ceux qui vivent bien vivent assez longtemps.

Timandre, poème contenant une tragique aventure

1215 [...] C'est presque un défaut diversement égal
Que de ne croire rien, et que de croire mal.

1216 Mieux vaut un mal douteux qu'un tourment assuré.

1217 J'ôte à bon droit la vie à qui m'ôte l'honneur.

Stances

1218 Devant que de te voir, j'aimai le changement,
Courant les mers d'Amour de rivage en rivage,
Désireux de me perdre, et cherchant seulement
Un roc qui me semblât digne de mon naufrage.

1219 J'aime qu'à mes desseins la fortune s'oppose:
Car la peine de vaincre en accroît le plaisir.
Pouvoir facilement obtenir quelque chose
M'est assez de sujet d'en perdre le désir.

Défense de l'Amour

1220 Il faut juger et puis aimer;
Et nous faisons tout au contraire:
Amour n'en est point à blâmer,
Ains[1] notre penser téméraire.

Chanson

1221 La femme est comme une ville:
Quand la prise en est si facile,
Elle est difficile à garder.

Élégie

1222 Le mal n'est guère grand qui se peut bien dépeindre,
Et je sais mieux souffrir que je ne sais me plaindre.

1223 Je ne me plaindrais point si vous daigniez me plaindre,
Car, malgré les malheurs qu'en l'absence on doit craindre,
Heureux est le destin du serviteur absent
De qui l'on sent l'absence autant qu'il la ressent.

1. mais.

1224 Ceux que je[1] fais brûler, je les fais luire aussi.

1225 En vain est bien un bien qu'on ne peut acquérir.
Lorsque l'espoir est mort, le désir doit mourir.

1226 Il faut, il faut oser : les chances amoureuses
Ne sont pas en tout temps ni partout malheureuses.

Odet de TURNÈBE 1552-1581

Les Contents, I, 7

1227 On ne saurait trop apprendre, principalement des vieilles gens, qui, pour avoir longtemps vécu, sont plus fines et ont plus d'expérience que les jeunes barbes ; même, j'ai ouï prêcher cet avent dernier que le diable est fin pour ce qu'il est vieil.

II, 2

1228 Sus, réjouissez-vous. Ne savez-vous pas bien que cent livres de mélancolie n'acquittent jamais pour un sol de dettes ?

III, 6

1229 L'on dit bien vrai que l'amour est aveugle, c'est-à-dire que ceux qui aiment ne savent ordinairement ce qu'ils font, et se mettent souvent en des dangers dont ils se passeraient bien.

HENRI IV 1553-1610

Chanson

1230 Charmante Gabrielle,
Percé de mille dards,
Quand la gloire m'appelle
Sous les drapeaux de Mars,

Cruelle départie,
Malheureux jour,
Que ne suis-je sans vie
Ou sans amour !

Lettres à Gabrielle d'Estrées, 9 février 1593

1231 Tenez pour « constant » (puisque ainsi parle le siècle) que mon amour ne peut recevoir d'altération par quoi que ce soit, fors d'un rival.

1. C'est Amour qui parle.

(Lettres à Gabrielle d'Estrées) 10 février 1593

1232 Je n'ai artère ni muscle qui, à chaque moment, ne me représente l'heur de vous voir et ne me fasse sentir du déplaisir de votre absence.

17 février 1593

1233 Mon amour me rend aussi jaloux de mon devoir que de votre bonne grâce, qui est mon unique trésor. Croyez, mon bel ange, que j'en estime autant la possession que l'honneur d'une douzaine de batailles. Soyez glorieuse de m'avoir vaincu, moi qui ne le fus jamais tout à fait que de vous.

22 octobre 1597

1234 Certes, pour femme, il n'en est point de pareille à vous.
Pour homme, nul ne m'égale à savoir bien aimer.

Paroles tenues à Messieurs de la cour de Parlement
le 7 février 1599

1235 Je couperai la racine à toutes factions et à toutes les prédications séditieuses, faisant accourir tous ceux qui les suscitent. J'ai sauté sur des murailles de ville, je sauterai bien sur des barricades.

1236 J'ai autrefois fait le soldat; on en a parlé, et n'en ai pas fait semblant. Je suis Roi maintenant et parle en Roi. Je veux être obéi. A la vérité les gens de justice sont mon bras droit, mais si la gangrène se met au bras droit, il faut que le gauche le coupe.

Lettre à Marie de Médicis, sa femme, 27 janvier 1601

1237 ...Vous faites tout ce que je veux; c'est le vrai moyen de me gouverner: aussi ne veux-je jamais être gouverné que de vous.

Lettre à la Reine, 19 octobre 1605

1238 J'ai vu [...] ce que mandez de cette dame jaune et maigre; ce n'est plus marchandise pour ma boutique, car je ne me fournis que de blanc et gras.

Jean de BOYSSIÈRES 1555-1584?

Épigramme

1239 Mon chose veut choser votre chose; mais chose
Gardez que je ne puis enchoser votre chose;
Or, si chose, à la fin, ne vous laisse enchoser,
Je le choserai tant qu'il s'en ira choser.

XVIIe siècle

François de MALHERBE 1555-1628

Paraphrase sur le Psaume VIII

1240 Mon Dieu, mon Créateur,
Que ta magnificence étonne tout le monde,
Et que le Ciel est bas au prix de ta hauteur!

1241 Il n'est faiblesse égale à nos infirmités:
Nos plus sages discours ne sont que vanités.

Psaume CXXVIII

1242 Dieu qui de ceux qu'il aime est la garde éternelle...

Imitation du Psaume Lauda anima mea Dominum

1243 N'espérons plus, mon âme, aux promesses du monde,
Sa lumière est un verre, et sa faveur une onde...

1244 En vain pour satisfaire à nos lâches envies,
Nous passons près des Rois tout le temps de nos vies,
A souffrir des mépris et ployer les genoux,
Ce qu'ils peuvent n'est rien; ils sont comme nous sommes
Véritablement hommes,
Et meurent comme vous.

1245 Et dans ces grands tombeaux où leurs âmes hautaines
Font encore les vaines,
Ils sont mangés de vers.

1246 Et tombent avec eux d'une chute commune
Tous ceux que leur fortune
Faisait leurs serviteurs.

Prière pour le Roi allant en Limousin

1247 Nous sommes sous un Roi si vaillant et si sage..

1248 Et le peuple qui tremble aux frayeurs de la guerre,
Si ce n'est pour danser, n'aura plus de tambours.

1249 La moisson de nos champs lassera les faucilles,
Et les fruits passeront la promesse des fleurs.

Ode au feu Roi, Sur l'heureux succès du voyage de Sedan

1250 Par les Muses seulement
L'homme est exempt de la Parque:
Et ce qui porte leur marque
Demeure éternellement.

Au Roi

1251 Tous vous savent louer, mais non également:
Les ouvrages communs vivent quelques années:
Ce que Malherbe écrit dure éternellement.

Ode à la Reine, Sur les heureux succès de sa régence

1252 Mais l'Art d'en faire les Couronnes
N'est pas su de toutes personnes.
Et trois ou quatre seulement,
Au nombre desquels on me range,
Peuvent donner une louange
Qui demeure éternellement.

Sur le mariage du Roi et de la Reine

1253 Certes c'est à l'Espagne à produire des Reines,
Comme c'est à la France à produire des Rois.

1254 Tout le plaisir des jours est en leurs matinées:
La nuit est déjà proche à qui passe midi.

Pour Monseigneur le comte de Soissons

1255 Je n'ai que trop gémi:
Si parmi tant d'ennuis j'aime encore ma vie,
Je suis mon ennemi.

Stances

1256 La douleur de vous dire Adieu.

Il plaint la captivité de sa Maîtresse, Pour Alcandre, stances

1257 Je ne trouve la paix qu'à me faire la guerre:
Et si l'Enfer est fable au centre de la terre,
Il est vrai dans mon sein.

Récit d'un berger au ballet de Madame, Princesse d'Espagne

1258 L'an n'aura plus d'hiver, le jour n'aura plus d'ombre,
Et les perles sans nombre
Germeront dans la Seine au milieu des graviers.

Consolation à Monsieur du Perier
Gentilhomme d'Aix-en-Provence
sur la mort de sa fille

1259 Mais elle était du monde où les plus belles choses
Ont le pire destin:
Et Rose elle a vécu ce que vivent les Roses,
L'espace d'un matin.

1260 La mort a des rigueurs à nulle autre pareilles:
On a beau la prier,
La cruelle qu'elle est, se bouche les oreilles,
Et nous laisse crier.

Le pauvre en sa cabane, où le chaume le couvre,
Est sujet à ses Lois:
Et la garde qui veille aux barrières du Louvre
N'en défend point nos Rois.

Pour le Roi allant châtier la rébellion des Rochelois

1261 Prends ta foudre, LOUIS, et va comme un Lion
Donner le dernier coup à la dernière tête
De la Rébellion.

1262 Je suis vaincu du temps: je cède à ses outrages.

Dessein de quitter une Dame
qui ne le contentait que de promesse

1263 Beauté, mon beau souci, de qui l'âme incertaine
A comme l'Océan son flux et son reflux:
Pensez de vous résoudre à soulager ma peine,
Ou je me vais résoudre à ne la souffrir plus.

Marc de PAPILLON DE LASPHRISE 1555-1599

Amours de Théophile, XI

1264 La vie sans plaisir est une mort hideuse...

LII

1265 Renoncer la Nature, ha! quelle indignité!

LXIII

1266 Hé mé mé bine-moi, bine-moi, ma pouponne,
Cependant que Papa s'en est allé aux champs,
Il ne le soza pas, il a mené ses gens,
Bine mé donc, Maman, puisqu'il n'y a passonne.
[...]
Car l'Amour se fait mieux en langage enfançon.

Jacques Davy DU PERRON 1556-1618

Le Temple de l'Inconstance

1267 Je veux bâtir un temple à l'Inconstance ;
Tous amoureux y viendront adorer,
Et de leurs vœux jour et nuit l'honorer,
Ayant le cœur touché de repentance.

TOUVANT (Charles de Pyard, sieur de) ?-1614?

Ode bachique

1268 D'un pied léger frappons la terre ;
Armons notre dextre d'un verre ;
De pampres couvrons-nous le front.
Et, puisque la figure ronde
Est la plus parfaite du monde,
Commençons tous de boire en rond.

François BÉROALDE DE VERVILLE 1556-apr. 1623

Le Moyen de parvenir, œuvre contenant la raison de tout ce qui a été, est et sera...

dessein

1269 Boire du vin, c'est être bon catholique... Ne boire que de l'eau, et avoir le vin en haine, est pure hérésie noyable, approchant de l'athéisme.

remontrance

1270 Quiconque ne croira pas qu'il y ait des diables, qu'il aille au Palais et à la cour.

généalogie

1271 — Mais de quoi sont composées les affaires du monde ?
— Du bien d'autrui...

parlement

1272 Dieu fit la fille, et l'homme l'a faite femme.

annotation

1273 *Fillettes* nous disons, celles qui sont capables de rendre compte par déduction ; ainsi sont-elles propres au déduit.

Jean de SPONDE 1557-1595

Les Amours, Sonnets, IV

1274 En vain mille beautés à mes yeux se présentent,
Mes yeux leur sont ouverts et mon courage clos,
Une seule beauté s'enflamme dans mes os
Et mes os de ce feu seulement se contentent.

V

1275 Je suis cet Actéon de ces chiens déchiré !

VIII

1276 Il faut tenir bon œil et bon pied sur ce point,
A gagner un beau bien on gagne une louange,
Mais on en gagne mille à ne le perdre point.

IX

1277 Au prix de moi, l'amour aime imparfaitement.

XXI

1278 Non, je ne cache point une flamme si belle,
Je veux, je veux avoir tout le monde à témoin,
Et ceux qui sont plus près, et ceux qui sont plus loin,
Dites, est-il au monde un amant plus fidèle ?

XXIII

1279 Si l'amour n'est point feint, il aura le courage
De ne changer non plus que fait la vérité.

Stances de la Mort

1280 L'Esprit qui n'est que feu de ses désirs m'enflamme,
Et la chair qui n'est qu'Eau pleut des Eaux sur ma flamme,
Mais ces eaux-là pourtant n'éteignent point ce feu.

Autres sonnets sur le même sujet, II

1281 Mais si faut-il mourir, et la vie orgueilleuse,
Qui brave de la mort, sentira ses fureurs,
Les Soleils hâleront ces journalières fleurs...

1282 Vivez, hommes, vivez, mais si faut-il mourir.

IV

1283 Le Mont est foudroyé plus souvent que la plaine.

XI

1284 Et quel bien de la Mort! où la vermine ronge,
Tous ces nerfs, tous ces os, où l'Ame se départ
De cette orde charogne, et se tient à l'écart,
Et laisse un souvenir de nous comme d'un songe?

XII

1285 Tout s'enfle contre moi, tout m'assaut, tout me tente,
Et le Monde, et la chair, et l'Ange révolté,
Dont l'onde, dont l'effort, dont le charme inventé,
Et m'abîme, Seigneur, et m'ébranle, et m'enchante.

Charles SIGOGNE 1560-1611

Dédain

1286 Je ne suis que le secrétaire
Des vers que je ne puis plus taire...

Stances satiriques contre l'olivâtre Perrette

1287 Effroyable mégère, hermaphrodite brune,
Qui as l'œil d'une truie et le teint d'une prune,
La main d'une grenouille et la peau d'un pendu,
Le ventre et les tétins comme une bourse vide,
L'éclat d'un âne mort, l'embonpoint d'une bride,
Va-t'en dans les enfers, Paris t'est défendu!

Maximilien de Béthune, duc de SULLY 1560-1641

Sages et royales économies d'État, 1re partie, chap. XV

1288 [...] disant souvent au Roi que le labourage et pâturage étaient les deux mamelles dont la France était alimentée, et les vraies mines et trésors du Pérou.

3e partie, chap. VI

1289 Adieu, soin de l'État, amour de ma patrie,
Laissez-moi en repos finir aux champs ma vie.

Pierre MATHIEU 1563-1621

Quatrains de la vie et de la mort

1290 Naître grand ou petit, pauvre ou riche, qu'importe,
Si la Parque nous rend tous égaux à la fin?
Les grandeurs et les biens sont emprunts du Destin;
Comme l'on entre au monde, il faut que l'on en sorte.

1291 Nous naissons pour mourir et mourons pour revivre,
Pour revivre immortels cette foi nous avons:
La mort plus que la vie aimer donc nous devons,
Puisque la même mort de la mort nous délivre.

1292 A qui craint cette mort, la vie est déjà morte,
Au milieu de la vie il lui semble être mort;
Sa mort il porte au sein, elle au tombeau le porte,
Car craindre de mourir est pire que la mort.

1293 La vie est une table, où, pour jouer ensemble,
On voit quatre joueurs: le Temps tient le haut bout,
Et dit: passe; l'Amour fait de son reste, et tremble;
L'Homme fait bonne mine; et la Mort tire tout.

1294 Le monde est une mer; la galère est la vie;
Le temps est le rocher; l'espérance, le port;
La fortune, le vent; les orages, l'envie;
Et l'homme le forçat qui n'a port que la mort.

Saint FRANÇOIS DE SALES 1567-1622

Introduction à la vie dévote
première partie, chap. II

1295 Si la charité est un lait, la dévotion en est la crème.

chap. V

1296 Les maladies du cœur, aussi bien que celles du corps, viennent à cheval et en poste, mais elles s'en revont à pied et au petit pas.

seconde partie, chap. I

1297 Tout ainsi que la glace d'un miroir ne saurait arrêter notre vue si elle n'était enduite d'étain ou de plomb par derrière, aussi la Divinité ne pourrait être contemplée par nous en ce bas monde, si elle ne se fût jointe à la sacrée humanité du Sauveur...

1298 Comme les oiseaux, où qu'ils volent, rencontrent toujours l'air, ainsi, où que nous allions, où que nous soyons, nous trouvons Dieu présent.

chap. XX

1299 C'est chose indécente, bien que non pas grand péché, de solliciter le paiement du devoir nuptial le jour que l'on s'est communié, mais ce n'est pas chose malséante, [c'est chose] plutôt méritoire de le payer.

troisième partie, chap. I

1300 Entre les exercices des vertus, nous devons préférer celui qui est plus conforme à notre devoir, et non pas celui qui est le plus conforme à notre goût.

chap. II

1301 Laissons volontiers les suréminences aux âmes surélevées: nous ne méritons pas un si haut rang au service de Dieu.

chap. III

1302 Le vrai patient et serviteur de Dieu supporte également les tribulations conjointes à l'ignominie et celles qui sont honorables.

chap. IV

1303 Il y en a qui se rendent fiers et morguants pour être sur un bon cheval, pour avoir un panache en leur chapeau, pour être habillés somptueusement; mais qui ne voit cette folie? car s'il y a de la gloire pour cela, elle est pour le cheval, pour l'oiseau et pour le tailleur...

chap. V

1304 Penser savoir ce qu'on ne sait pas, c'est une sottise expresse; vouloir faire le savant de ce qu'on connaît bien que l'on ne sait pas, c'est une vanité insupportable: pour moi, je ne voudrais pas même faire le savant de ce que je saurais, comme au contraire je n'en voudrais non plus faire l'ignorant.

1305 Je ne voudrais ni faire du fol ni faire du sage: car si l'humilité m'empêche de faire le sage, la simplicité et rondeur m'empêcheront aussi de faire le fol.

chap. XII

1306 Les vierges ont besoin d'une chasteté extrêmement simple et douillette, pour bannir de leur cœur toutes sortes de curieuses pensées et mépriser d'un mépris absolu toutes sortes de plaisirs immondes, qui, à la vérité, ne méritent pas d'être désirés par les hommes, puisque les ânes et les pourceaux en sont plus capables qu'eux.

Maximes, Sentences et Pensées

1307 Les scrupules sont fils de l'orgueil le plus fin.

1308 La vérité qui n'est pas charitable procède d'une charité qui n'est pas véritable.

Lettre à un ami, le 27 mai 1610 à la nouvelle
de l'assassinat de Henri IV

1309 Enfants des hommes, jusques à quand serez-vous si pesants de cœur? pourquoi chérissez-vous la vanité?

1310 Convertissant son cœur à Dieu, il convertit celui de tous les bons catholiques à soi.

Nicolas VAUQUELIN DES YVETEAUX 1567-1649

Sur la mort de deux jeunes garçons

1311 Un matin est l'âge des roses
Et les lis meurent en naissant.

Sonnet

1312 Être estimé du prince, et le voir rarement,
Beaucoup d'honneur sans peine et peu d'enfants sans femme,
Font attendre à Paris la mort fort doucement.

Marc de MAILLET 1568-1628

Épigramme à mes vers

1313 Mes vers, à mon secours devez-vous pas courir?
[...]
C'est bien votre devoir d'empêcher de mourir
Celui-là qui vous fait éternellement vivre.

Honoré d'URFÉ 1568-1625

La Sylvanire ou la Morte-vive, fable bocagère
acte I, scène 1

1314 Le prix d'Amour, c'est seulement Amour,
[...]
Il faut aimer si l'on veut être aimé.

acte II, scène 2

1315 O misérable état
Que celui de la femme,
De qui la volonté
N'est jamais de saison,
Et de qui la raison
Est sans autorité!

L'Astrée, tome I

1316 Nous devons cela au lieu de notre naissance et de notre demeure, de le rendre le plus honoré et renommé qu'il nous est possible.

1317 Si vous aimez partout, pour peu que la chose le mérite, elle ne croit pas, quand vous venez à elle, que ce soit pour ne savoir où aller ailleurs, et cela l'oblige à vous aimer.

1318 Ne savez-vous que l'amitié n'a point d'autre moisson que l'amitié, et que tout ce qu'elle sème, c'est seulement pour en recueillir ce fruit?

1319 Savez-vous bien que c'est qu'aimer ? C'est mourir en soi pour revivre en autrui, c'est ne se point aimer que d'autant que l'on est agréable à la chose aimée, et bref c'est une volonté de se transformer, s'il se peut, entièrement en elle.

Sonnet de Philis, contre la jalousie

1320 Car aimer et haïr, c'est maintenant le même,
Puisque pour bien aimer il faut être jaloux.
Que si l'on aime ainsi, je ne veux plus qu'on m'aime.

Stances d'Hylas, de son humeur inconstante

1321 Je change, il est certain ; mais c'est grande prudence
De savoir bien changer.

Pour être sage aussi, qu'elle en fasse de même :
Égale en soit la loi ;
Que s'il faut, par destin, que la pauvrette m'aime,
Qu'elle m'aime sans moi !

L'Astrée, tome II

1322 Il faut donc que vous sachiez que toute beauté procède de cette souveraine bonté, que nous appelons Dieu, et que c'est un rayon qui s'élance de lui sur toutes les choses créées.

1323 Comme la clarté du soleil paraît plus belle en l'air qu'en l'eau, et en l'eau qu'en la terre, de même celle de Dieu est bien plus belle en l'entendement angélique qu'en l'âme raisonnable, et en l'âme qu'en la matière.

Les douze tables des lois d'amour

1324 *Première table*
Qui veut être parfait amant,
Il faut qu'il aime infiniment ;
L'extrême amour seule en est digne ;
Aussi la médiocrité
De trahison est plutôt signe,
Que non pas de fidélité.

1325 *Aymer*, que nos vieux et très sages Pères disaient *Amer*, qu'est-ce autre chose qu'abréger le mot d'*Animer*, c'est-à-dire faire la propre action de l'Ame ?

1326 L'amour de nous-mêmes est tellement naturel en nous, que rien ne nous peut obliger davantage, en quelque âge que nous soyons, que la bonne estime que l'on fait de nous.

L'Astrée, tome IV

1327 Il faut, à la vérité, que le père soit obéi, mais il faut aussi qu'il commande comme il doit, et surtout, toujours avec la raison ; car l'enfant est plus obligé d'obéir à la raison qu'à quelque personne qui lui puisse commander.

1328 Et pourquoi, dit-elle, êtes-vous menteur ? — Parce, répliqua-t-il, que trop de personnes sauraient nos affaires, si nous disions toujours la vérité.

Jean-Baptiste CHASSIGNET 1570?-1635?

Le Mépris de la vie, VI

1329 Ce qui semble périr se change seulement.
L'Été est-il passé ? l'an suivant le ramène.
Voit-on noircir la nuit ? la lumière prochaine
Redore incontinent l'azur du firmament.

XLIV

1330 Le temps passé n'est plus, l'autre encore n'est pas,
Et le présent languit entre vie et trépas ;
Bref, la mort et la vie en tout temps est semblable.

CCCLXXXI

1331 J'ai voulu voyager, à la fin le voyage
M'a fait en ma maison mal content retirer.
En mon étude seul j'ai voulu demeurer,
Enfin la solitude a causé mon dommage.

Jean Ogier de GOMBAULD 1570-1666

Sonnets de Phillis

1332 Une effroyable horreur couvrait la terre et l'onde,
Et déjà les démons menaient par l'Univers
Les funestes oiseaux, les fantômes divers,
Et des songes légers la troupe vagabonde [...]

Épigrammes

1333 Il mange tout, ce gros glouton,
Il boit tout ce qu'il a de rente ;
Son pourpoint n'a plus qu'un bouton,
Mais son nez en a plus de trente.

Sonnets chrétiens

1334 L'Auteur de l'univers, le Monarque céleste,
S'était rendu visible en ma seule beauté ;
Ce vieux titre d'honneur qu'autrefois j'ai porté,
Et que je porte encore, est tout ce qui me reste.

Épigrammes, Retour de Caliste

1335 Caliste partit de ces lieux,
Et l'absence de ses beaux yeux,
Avait rendu mon âme triste.
O regrets ! ô vœux superflus !
Deux ans après, revint Caliste,
Mais sa beauté ne revint plus.

Épigrammes, Ingratitude

1336 Ce que je prête, je le donne ;
Et qui pis est, j'en fais des ennemis.

Épigrammes, Le moyen de se défaire de quelqu'un

1337 Tu veux te défaire d'un homme,
Et jusqu'ici tes vœux ont été superflus ;
Hasarde une petite somme ;
Prête-lui trois louis, tu ne le verras plus.

Beauté sotte

1338 Une extrême sottise est une qualité
Qui me fait trouver laide une extrême beauté.

Mathurin RÉGNIER 1573-1613

Satire I, Discours au Roi

1339 [...] Et, quand on se sent ferme et d'une aile asscz forte,
Laisser aller la plume où la verve l'emporte...

Satire II, à M. le comte de Caramain

1340 Aussi, lorsque l'on voit un homme par la rue
Dont le rabat est sale et la chausse rompue...
[...]
Sans demander son nom, on le peut reconnaître ;
Car si ce n'est un Poète, au moins il le veut être.

1341 Cependant sans souliers, ceinture, ni cordon,
L'œil farouche et troublé, l'esprit à l'abandon,
Vous viennent accoster comme personnes ivres,
Et disent pour bonjour : « Monsieur, je fais des livres,
On les vend au Palais, et les doctes du temps,
A les lire amusés, n'ont autre passe-temps. »

1342 ... Que Ronsard, du Bellay, vivants ont eu de bien,
Et que c'est honte au roi de ne leur donner rien.

1343 Un autre, ambitieux, pour les vers qu'il compose
Quelque bon bénéfice en l'esprit se propose,
Et, dessus un cheval comme un singe attaché,
Méditant un sonnet, médite un évêché.

1344 Il faut rire de tout : aussi bien ne peut-on
Changer chose en Virgile ou bien l'autre en Platon.

Satire III, à M. le marquis de Cœuvres

1345 Le monde est un brelan où tout est confondu :
Tel pense avoir gagné qui souvent a perdu.

1346 L'honneur estropié, languissant et perclus,
N'est plus rien qu'une idole en qui l'on ne croit plus.

1347 N'en déplaise aux docteurs, Cordeliers, Jacobins,
Pardieu, les plus grands clercs ne sont pas les plus fins.

Satire V, à M. Bertault, évêque de Sées

1348 Chaque âge a ses humeurs, son goût et ses plaisirs,
Et comme notre poil blanchissent nos désirs.

Satire IX

1349 ... Car s'ils font quelque chose,
C'est proser de la rime et rimer de la prose...

1350 Pour moi, les huguenots pourraient faire miracles,
Ressusciter les morts, rendre de vrais oracles,
Que je ne pourrais pas croire à leur vérité.
En toute opinion je fuis la nouveauté.

1351 Mais, Rapin, à leur goût, si les vieux sont profanes,
Si Virgile, le Tasse et Ronsard sont des ânes,
Sans perdre en ces discours le temps que nous perdons,
Allons comme eux aux champs, et mangeons des chardons.

Satire XI

1352 Surtout, vive l'Amour ! et bran pour les sergents !

1353 Vous êtes, je vois bien, grand abatteur de quilles...

1354 Qui gai fait une erreur, la boit à repentance.

Satire XII, à M. Fréminet

1355 ... Corsaires à corsaires,
L'un l'autre s'attaquant, ne font pas leurs affaires.

Satire XIII

1356 L'honneur est un vieux saint que l'on ne chôme plus.

1357 Chacun est artisan de sa bonne fortune.

1358 Le péché que l'on cache est demi pardonné.

1359 Estimez vos amants selon le revenu.

1360 Riche vilain vaut mieux que pauvre gentilhomme.

1361 En amour l'innocence est un savant mystère,
Pourvu que ce ne soit une innocence austère...

1362 Selon son rôle on doit jouer son personnage.

Satire XIV

1363 Les fous sont aux échecs les plus proches des rois.

Satire XV

1364 Oui, j'écris rarement, et me plais de le faire...

1365 Laissons ce qu'en rêvant ces vieux fous ont écrit;
Tant de philosophie embarrasse l'esprit.

1366 ... Un chacun a son vice.
Le mien est d'être libre et ne rien admirer.

Satire XVI, à M. de Forquevaus

1367 J'aime une amour facile et de peu de défense.
Si je vois qu'on me rit, c'est là que je m'avance.

1368 Car c'est honte de vivre et de n'être amoureux.

Satire XVII

1369 Mes vers brûlants d'amour ne résonnent que plaintes...

Épitaphe

1370 J'ai vécu sans nul pensement
Me laissant aller doucement
A la bonne loi naturelle,
Et si m'étonne fort pourquoi
La mort daigna songer à moi,
Qui n'ai daigné penser à elle.

Quatrain

1371 Le violet tant estimé
Entre vos couleurs singulières,
Vous ne l'avez jamais aimé
Que pour les deux lettres premières.

Nicolas-Pierre BERTHELOT 1580?-1615?

Épigramme

1372 Depuis que Madelon m'a vu
Porter lunettes et calotte,
Elle a secrètement pourvu
A trouver un autre Pilote.

Je ne l'en trouve pas trop sotte,
Car il faut, pour vrai, confesser
Que le navire branle et flotte
Quand le mât ne peut plus dresser.

Sonnet, La jalousie mal fondée

1373 Voilà l'indigne fruit de tes fâcheux ombrages ;
Tes injustes soupçons embrasent nos courages.
Et nous font estimer d'invisibles appas.

Veux-tu qu'on soit pour eux ou de glace ou de flamme ?
On les adorera si tu caches ta femme,
Mais si tu la fais voir on n'y pensera pas.

Jacques DU LORENS 1580-1655

Satire I

1374 Gardez-vous bien de lui les jours qu'il communie.

Satire II

1375 Cornard et marié, c'est une même chose.

Satire XI

1376 L'Église a divers chants en diverses saisons.

Satire XVI

1377 Chacun a sa façon d'interpréter les choses,
Les sots en leur chemin ne trouvent que des roses.

Saint VINCENT DE PAUL 1581-1660

Lettres
à Antoine Portail, 1632

1378 Pour l'amour de Dieu, Monsieur, travaillons à nous dépêtrer de cette chétive sensualité, qui nous rend captifs de ses volontés.

(Lettres)
à François du Coudray, 1634

1379 Serais-je réduit à ce malheur qu'il me fallût faire ou dire quelque chose [...] contre la sainte simplicité! Oh! Dieu m'en garde [...]! C'est la vertu que j'aime le plus et à laquelle je fais plus d'attention dans mes actions, si me semble.

à Antoine Portail, 1635

1380 L'on ne croit point un homme pour être bien savant, mais parce que nous l'estimons bon et l'aimons. Le diable est très savant et nous ne croyons pourtant rien de ce qu'il dit, parce que nous ne l'aimons pas.

à Bertrand Codoing, 1638

1381 O Monsieur, que c'est être bon chrétien et bon missionnaire que cela, que de passer ainsi sur le ventre de ses inclinations!

à un prêtre de la Mission, 1639

1382 [...] Dieu ôte à la fin l'appréhension de la mort à ceux qui l'ont eue pendant leur vie et qui ont exercé la charité envers les pauvres.

à Nicolas Durot, 1639

1383 Il faut tenir pour maxime indubitable que les difficultés que nous avons avec notre prochain viennent plutôt de nos humeurs mal mortifiées que d'autre chose.

à Bernard Codoing, 1641

1384 Je doute qu'il soit expédient de donner des écrits à étudier à vos séminaristes. [...] Il y a tant d'auteurs à présent et qui ont des tables des matières si bien faites que l'on n'a qu'à avoir un bon casuiste pour y recourir au besoin.

à Bernard Codoing, 1643

1385 Je ne crois non plus aux moyens humains pour les choses divines qu'au diable.

Abbé de SAINT-CYRAN 1581-1643

Lettres
à sa nièce

1386 Il n'y a pas de plus grande marque d'amour que l'obéissance qu'on rend à la personne qu'on aime: c'est ainsi que Jésus-Christ a aimé son Père.

1387 Les chats et les enfants se ressemblent, ils ne quittent presque jamais les mauvaises coutumes qu'ils ont prises en leur jeunesse.

1388 Dieu nous a aimés sans être attaché à nous. Il faut de même aimer ceux que nous aimons sans être attachés à eux.

à la Mère Angélique, sur la mort de sa petite nièce

1389 Tout ce qui se fait dans le cours du temps est fait dans l'esprit de Dieu avant qu'il se fasse ici devant nos yeux.

1390 Les places des anges ne sauraient se remplir que lentement, à cause de la rareté de ceux qui étant dans un âge avancé meurent avec la grâce de Dieu.

à la Mère de Chantal, 25 octobre 1641

1391 Je ne vois pas qu'on puisse passer pour pauvre devant Dieu, si on ne l'est avec uniformité, et si la maison ne tient autant de ce vœu que les habits, et les habits que la nourriture...

1392 Que peut faire un pauvre captif comme moi, sinon de verser des larmes devant Dieu pour lui témoigner qu'on prend part aux maux de sa chère Épouse, qui est l'Église, dont saint Bernard dit que les plaies intérieures et cachées sont plus dangereuses, et que c'est au milieu de la paix qu'elle sent les douleurs les plus amères ?

à un père de l'Oratoire, 5 octobre 1629

1393 Il [le cardinal de Bérulle] est mort debout, *stans*, comme les âmes qui commandent à la terre par l'esprit du Ciel. Il a paru en cela que son amour était plus fort que la mort.

à un ami, en 1643

1394 [...] le cœur, qui est la source de la mémoire [...]

1395 [...] Les choses visibles me sont comme invisibles, et les invisibles comme visibles ; et les unes et les autres me servent en cette manière comme de défense contre la tentation de tous les biens et de tous les maux de ce monde.

François MAYNARD 1582-1646

Épigrammes

1396 Il vaut mieux, au siècle où nous sommes,
Faire des bottes que des vers.

1397 Si ton esprit veut cacher
Les belles choses qu'il pense,
Dis-moi qui peut t'empêcher
De te servir du silence ?

Sonnets

1398 Mon âme, il faut partir. Ma vigueur est passée,
Mon dernier jour est dessus l'horizon.
Tu crains ta liberté. Quoi? n'es-tu pas lassée
D'avoir souffert soixante ans de prison?

1399 Que j'aime ces forêts! Que j'y vis doucement!
Qu'en un siècle troublé j'y dors en assurance!
Qu'au déclin de mes ans j'y rêve heureusement,
Et que j'y fais des vers qui plairont à la France!

Stances, La belle vieille

1400 Cloris, que dans mon cœur j'ai si longtemps servie
Et que ma passion montre à tout l'Univers,
Ne veux-tu pas changer le destin de ma vie
Et donner de beaux jours à mes derniers hivers?

1401 Ce n'est pas d'aujourd'hui que je suis ta conquête,
Huit lustres ont suivi le jour que tu me pris;
Et j'ai fidèlement aimé ta belle tête
Sous des cheveux châtains et sous des cheveux gris.

1402 L'âme pleine d'amour et de mélancolie,
Et couché sur des fleurs, et sous des orangers,
J'ai montré ma blessure aux deux mers d'Italie,
Et fait dire ton nom aux échos étrangers.

1403 Regarde sans frayeur la fin de toutes choses.
Consulte le miroir avec des yeux contents.
On ne voit point tomber ni tes lys ni tes roses,
Et l'hiver de ta vie est ton second printemps.

Armand du Plessis, cardinal, duc de RICHELIEU 1585-1642

Maximes d'État, 3

1404 Nul ne voit jamais si clair aux affaires d'autrui que celui à qui elles touchent le plus.

95

1405 Chacun conçoit les affaires selon la portée de son esprit.

105

1406 Il faut écouter beaucoup et parler peu pour bien agir au gouvernement d'un État.

Mirame, tragédie, acte I, scène 1

1407 Savoir dissimuler est le savoir des rois.

acte II, scène 1

1408 Plus un prince est hardi, plus on le voit heureux.

acte IV, scène 1

1409 La mort n'a qu'un instant, et la vie en a mille,
[...]
Vivre pour ce qu'on aime, est bien plus que mourir.

1410 Le dessein fait le crime, et non pas le hasard.

Testament politique
chap. 1

1411 S'il est vrai qu'en quelque crime que puisse tomber un Souverain, il pèche plus par le mauvais exemple que par la nature de sa faute, il n'est pas moins indubitable que quelques Lois qu'il puisse faire, s'il pratique ce qu'il prescrit, son exemple n'est pas moins utile à l'observation de ses volontés que toutes les peines de ses ordonnances, pour graves qu'elles puissent être.

chap. 2

1412 L'autorité contraint à l'obéissance, mais la raison y persuade.

1413 En un mot, ainsi que vouloir fortement et faire ce qu'on veut est une même chose en un Prince autorisé en son État, ainsi vouloir faiblement et ne vouloir pas en sont si différents qu'ils aboutissent à une même fin.

1414 Poursuivre lentement l'exécution d'un dessein, et le divulguer, est de même que parler d'une chose pour ne la pas faire.

chap. 3

1415 Si la diversité de nos intérêts et notre inconstance naturelle nous portent souvent dans des préjugés effroyables, notre légèreté même ne nous permet pas de demeurer fermes et stables en ce qui est de notre propre bien, et nous en tire si promptement que nos ennemis ne pouvant prendre de justes mesures sur des variétés si fréquentes, n'ont pas le loisir de profiter de nos fautes.

chap. 4

1416 Ainsi les Ministres d'État doivent-ils souvent se remettre devant les yeux et représenter à leur Maître qu'il est plus important de considérer l'avenir que le présent, et qu'il est des maux comme des ennemis d'un État, au-devant desquels il vaut mieux s'avancer, que de se réserver à les chasser après leur arrivée.

1417 Cependant c'est une chose ordinaire aux esprits communs de se contenter de pousser le temps avec l'épaule [...]

(Testament politique, chap. 4)

1418 Il faut dormir comme le Lion, sans fermer les yeux qu'on doit avoir continuellement ouverts pour prévoir les moindres inconvénients qui peuvent arriver ; se souvenir qu'ainsi que la phtisie ne rend pas le pouls ému bien qu'elle soit mortelle, ainsi arrive-t-il souvent dans les États que les maux qui sont imperceptibles de leur origine et dont on a moins de sentiment, sont les plus dangereux...

1419 Il ne faut pas se servir des gens de bas lieu : ils sont trop austères et trop difficiles.

chap. 5

1420 Je fais marcher la peine devant la récompense, parce que s'il se fallait priver de l'une des deux, il vaudrait mieux se dispenser de la dernière que de la première.

1421 Il est des États comme des corps humains, la bonne couleur qui paraît au visage de l'homme fait juger au médecin qu'il n'y a rien de gâté au dedans.

chap. 6

1422 Diverses nations ont divers mouvements, les unes concluent promptement ce qu'elles veulent faire, et les autres y marchent à pas de plomb. Les Républiques sont de ce dernier genre, elles vont lentement, et d'ordinaire on n'obtient pas d'elles au premier coup ce qu'on demande, mais il faut se contenter de peu, pour parvenir à davantage.

1423 On se méfie toujours de celui qu'on voit agir avec finesse et qui donne mauvaise impression de la franchise et fidélité avec laquelle il doit agir : cela n'avance pas ses affaires.

1424 En matière d'État, il faut tirer profit de toutes choses, et ce qui peut être utile ne doit jamais être méprisé.

1425 Je soutiens que puisque la perte de l'honneur est plus que celle de perdre la vie, un grand prince doit plutôt hasarder sa personne, et même l'intérêt de son État, que de manquer à sa parole, qu'il ne peut violer sans perdre sa réputation et par conséquent la plus grande force des Souverains.

chap. 7

1426 J'ose dire [...] que si tous ceux qui sont dans les emplois publics en étaient dignes, les États seraient non seulement exempts de beaucoup d'accidents qui troublent souvent leur repos, mais jouiraient d'une félicité indicible.

chap. 8

1427 Les grands embrasements naissent de petites étincelles.

chap. 9, section 4

1428 Qui a la force a souvent la raison, en matière d'État ; et celui qui est faible peut difficilement s'exempter d'avoir tort au jugement de la plus grande partie du monde.

1429 Comme il arrive beaucoup d'inconvénients au soldat qui ne porte pas toujours son épée, le Royaume qui n'est pas toujours sur ses gardes [...] a beaucoup à craindre.

1430 Les intérêts publics obligent ceux qui ont la conduite des États à les gouverner en sorte qu'ils puissent non seulement les garantir de tout le mal qui se peut éviter, mais encore de l'appréhension qu'ils en pourraient avoir.

1431 Il n'y a pas de nation au monde si peu propre à la guerre que la nôtre ; la légèreté et l'impatience qu'elle a dans les moindres travaux sont deux principes qui ne se vérifient que trop [...]. De là vient qu'ils ne sont pas propres aux conquêtes qui requièrent du temps, ni à conserver celles qu'ils pourraient avoir faites en un instant.

Pierre PATRIX 1583-1671

Stances, Son adieu à Philis

1432 Quelque joie ici-bas qu'on ait abandonnée,
Qu'un chrétien dignement en est récompensé,
Qui peut dire à son Dieu, j'ai fini la journée,
Sans t'avoir offensé !

Son épitaphe

1433 Passant, va ton chemin, et t'assure aujourd'hui
Que c'est prier pour toi que de prier pour lui.

Jean de SCHELANDRE 1584-1635

Sonnet, aux poètes de ce temps

1434 Chacun fait ce qu'il peut, en vers comme à la danse ;
Mais, le bal étant long, il faut tant travailler
Que les meilleurs danseurs y sortent de cadence.

Sonnet

1435 En soldat j'en parle et j'en use.
Le bon ressort, non le poli,
Fait le bon rouet d'arquebuse.

Étienne DURAND 1586-1618

Méditations, XX

1436 Faire semblant de fuir ce que plus je poursuis,
Me mentir à moi-même, et me paître de songe:
Mêler la jalousie avec la passion,
Si cela n'est aimer avec perfection,
Tout ce qu'on dit d'Amour n'est que fable et mensonge.

Chanson

1437 Même Amour me dit à toute heure
Avec un langage moqueur,
Qu'en vain je change de demeure
Ne pouvant pas changer de cœur.

Chanson, XLI, dialogue

1438 Quoi donc, faut-il aimer? — Faut espérer aussi
Car les refus de femme ont l'effet des oracles
Qui, jurés bien souvent, n'arrivent pas ainsi.

Stances de l'absence

1439 Tous les maux de l'enfer ne sont rien qu'une absence.

Discours

1440 L'honneur est au secret, l'honneur est au silence,
Et qui sait bien celer ne commet point d'offense.

Abbé Marin MERSENNE 1588-1648

Impiété des déistes et des libertins découverte et réfutée
chap. 4

1441 L'âme raisonnable ne peut être en repos ni parfaitement contente jusques à ce qu'elle contemple et qu'elle possède une vérité infinie: assurez-vous qu'il n'y a que la privation de cette vérité qui soit cause de l'inquiétude que nous ressentons dans nos esprits.

1442 [...] Notre esprit, [...] étant en quelque façon infini, trouve par toutes sortes de ressentiments et d'expériences que ce monde-ci n'est pas sa propre demeure, qu'il n'est pas assez grand pour le contenir, et qu'il n'y a point ici-bas de vérité assez excellente pour le contenter.

chap. 9

1443 Jamais je ne me suis plu à l'humeur de ceux qui veulent chercher, ou feindre, et s'imaginer des raisons, ou des démonstrations où il n'y en a point; il vaut bien mieux confesser notre ignorance que d'abuser le monde. [...]

Arnauld d'ANDILLY 1589-1674

Mémoires

1444 Ceux à qui Dieu fait la grâce de mépriser tout ce qui les regarde en particulier pour ne considérer que lui seul et ne penser qu'à s'acquitter de leurs devoirs, ne sont pas propres à des favoris.

1445 [...] Nulle autre fortune ne peut rendre un homme véritablement heureux selon le monde, que celle des souverains, par le moyen qu'elle leur donne de faire des biens infinis, au lieu que même les plus élevés de toutes les autres conditions sont renfermés dans une dépendance qui rend tous leurs bons désirs inutiles [...]

1446 Les Jésuites ne savent point quitter prise lorsqu'ils ont une fois conspiré la ruine de ceux qui ont commis un aussi grand crime qu'est dans leur esprit celui d'oser choquer leur Société.

1447 [...] Ce monde est si méprisable que ne méritant pas d'être considéré comme quelque chose de réel, il ne peut passer que pour une figure, c'est-à-dire pour une chimère et pour un néant.

Stances, De la médisance

1448 Souvent par un seul mot tu perds un innocent...

Stances, Contre les romans

1449 Enchanteurs des esprits, qui par de fausses peines
Allumez un vrai feu dans le fond de nos veines [...]

Honorat de RACAN 1589-1670

Les Bergeries
acte I, scène 3

1450 Honneur, cruel tyran des belles passions,
Qui traverses l'espoir de nos affections,
De combien de malheurs est la terre féconde
Depuis que ton erreur empoisonne le monde!

1451 Bien qu'Amour soit enfant, c'est un enfant discret,
Qui n'oserait parler s'il ne parle en secret.

acte IV, scène 1

1452 Mais, comme à tous les biens que le Ciel nous envoie
Toujours quelque douleur se mêle à notre joie...

scène 2

1453 Je cherche le remède, et ne veux pas guérir;
Je me déplais de vivre, et ne saurais mourir.

(Les Bergeries, acte IV, scène 2)

1454 Le salut des vaincus est de n'en plus attendre.

scène 3

1455 Quoi qu'on ait dit de moi par haine ou par envie,
Toujours mes actions répondront de ma vie.

1456 Amour m'oblige-t-il d'aimer tout ce qui m'aime?

scène 4

1457 Celui qui tait le mal semble en être complice.

acte V, scène 1

1458 Heureux qui vit en paix du lait de ses brebis [...]
Qui demeure chez lui comme en son élément,
Sans connaître Paris que de nom seulement...

Odes, pour Monseigneur le duc de Bellegarde

1459 Nos crimes trop fréquents ont lassé le tonnerre;
[...]
Le destin absolu règne à sa fantaisie;
[...]
Les dieux, dans leur Olympe enivrés d'ambroisie,
Se déchargent sur lui du soin de l'univers.

Odes, La venue du Printemps

1460 Après le chaud véhément
Revient l'extrême froidure,
Et rien au monde ne dure
Qu'un éternel changement.

Ode bachique, à M. Maynard, président d'Aurillac

1461 Je sais, Maynard, que les merveilles
Qui naissent de tes longues veilles
Vivront autant que l'univers;
Mais que te sert-il que ta gloire
Se lise au temple de Mémoire
Quand tu seras mangé des vers?

1462 L'on a beau faire des prières,
Les ans non plus que les rivières
Jamais ne rebroussent leur cours.

Ode

1463 Quand l'amour me rend tout de feu,
Le respect me rend tout de glace.

Stances, Contre un vieillard jaloux

1464 Notre goût suit nos ans. La vieillesse désire
Un bon vin savoureux,
Au lieu que la jeunesse incessamment soupire
Les plaisirs amoureux.

Stances

1465 Thirsis, il faut penser à faire la retraite:
La course de nos jours est plus qu'à demi faite.
L'âge insensiblement nous conduit à la mort.
Nous avons assez vu sur la mer de ce monde
Errer au gré des flots notre nef vagabonde;
Il est temps de jouir des délices du port.

1466 Le bien de la fortune est un bien périssable;
Quand on bâtit sur elle on bâtit sur le sable.
Plus on est élevé, plus on court de dangers;
Les grands pins sont en butte aux coups de la tempête,
Et la rage des vents brise plutôt le faîte
Des maisons de nos rois que des toits des bergers.

Sonnet, à Mgr le duc de Guise

1467 Les destins sont jaloux de nos prospérités,
Et laissent plus durer les chardons que les roses.

Épigrammes

1468 Pour moi, comme une humble brebis,
Je vais où mon pasteur me range,
Et n'ai jamais aimé le change
Que des femmes et des habits.

1469 Ma conscience est à la mode
Moitié figue, moitié raisin.
[...]
Si j'ai fait tort à mon voisin,
J'ai fait plaisir à ma voisine.

Théophile de VIAU 1590-1626

Ode, à M. le marquis de Boquiguant

1470 Les Zéphyrs se donnent aux flots,
Les flots se donnent à la lune,
Les navires aux matelots,
Les matelots à la fortune.

Ode, Un corbeau devant moi croasse

1471 Ce ruisseau remonte à sa source ;
Un bœuf gravit sur un clocher ;
Le sang coule de ce rocher ;
Un aspic s'accouple d'une ourse ;
[...]
Le soleil est devenu noir ;
Je vois la Lune qui va choir...

Au lecteur

1472 Incertain et dépravé, je ne me retiens pas assez du plaisir comme chrétien, je m'y laisse aller comme homme, mais je ne m'y laisse pas tromper comme bête.

Fragments d'une Histoire comique, chap. 1

1473 Nos vers d'aujourd'hui, qui ne se chantent point sur la lyre, ne se doivent point nommer lyriques, non plus que les autres héroïques, puisque nous ne sommes plus au temps des Héros, et toutes ces singeries ne sont ni du plaisir, ni du profit d'un bon entendement.

Élégie (Cloris lorsque je songe...)

1474 Ceux qui jurent d'avoir l'âme encore assez forte
Pour vivre dans les yeux d'une maîtresse morte
N'ont pas pris le loisir de voir tous les efforts
Que fait la mort hideuse à consumer les corps.

Ode (Perfide, je me sens heureux...)

1475 L'art, ennemi de la franchise,
Ne veut point être reconnu ;
Mais l'Amour, qui ne va que nu,
Ne souffre point qu'on se déguise.

Pyrame et Thisbé
acte III, scène 1

1476 Qu'on soit bien dans ce règne où Pluton tient sa cour,
C'est un conte ; il n'est rien de si beau que le jour.
Le moindre chien vivant vaut mieux que cent cohortes
De tigres, de lions, ou de panthères mortes.

acte IV, scène 1

1477 Mais je me sens jaloux de tout ce qui te touche,
De l'air qui si souvent entre et sort par ta bouche ;
[...]
Ton ombre suit ton corps de trop près, ce me semble,
Car nous deux seulement devons aller ensemble.

acte V, scène 2

1478 Que donc ton bras sur moi davantage demeure,
O mort! et, s'il se peut, que plus que lui je meure;
Que je sente à la fois poison, flammes et fers.
Sus! qui me vient ouvrir la porte des enfers?
Ha! voici le poignard qui du sang de son maître
S'est souillé lâchement: il en rougit le traître!

Pyrame et Thisbé, ode VII

1479 Quelle couleur peut plaire mieux
Que celle qui contraint les Cieux
De faire l'amour à la terre?

Lettre à Balzac

1480 Si je voulais verser quelque goutte d'encre sur vos actions, je noircirais toute votre vie.

Mère ANGÉLIQUE (Jacqueline Arnauld) 1591-1661

Relation de ce qui est arrivé de plus considérable
dans Port-Royal

1481 [François de Sales] ne pardonnait rien aux âmes qui voulaient être conduites dans la vérité, et qui considérera bien les règles qu'il a données à ses religieuses verra bien qu'il les veut autant mortes à elles-mêmes et crucifiées avec Jésus-Christ qu'aucun autre.

Abbé François de BOISROBERT 1592-1662

Ode à Mgr le duc de Richelieu

1482 Considérez, esprit parfait,
Que sur le sujet des demandes
Je suis épuisé tout à fait.
Je n'y ferai plus rien qui vaille,
Permettez donc que je travaille
Bientôt sur un remerciement.

Sur l'académie

1483 Depuis six ans dessus l'F on travaille,
Et le destin m'aurait bien obligé
S'il m'avait dit: « Tu vivras jusqu'au G. »

La Belle Plaideuse, acte IV, scène 2

1484 Toute raison est vaine où nécessité presse.

Mère AGNÈS (Jeanne Arnauld) 1593-1671

Lettres

à M. Arnauld, 20 avril 1644

1485 Notre Dieu est au ciel qui fait tout ce qu'il veut par le moyen de ceux-là mêmes qui ne font pas sa volonté.

à Mademoiselle Pascal, 22 janvier 1650

1486 Il se fait tous les jours en nous quelque déchet de la grâce qu'il faut réparer en regardant toujours Dieu, pour rapporter tout à lui, comme les rameaux à leur tronc sans lequel ils n'ont point de vie.

à M. Arnauld, mai 1666

1487 [...] Je ne doute point qu'il n'y ait de la joie dans le Ciel lorsque de saints prêtres souffrent pour la vérité de Jésus-Christ, et que l'étendard de la croix, qui fait toutes les victoires de l'Église quand on le déploie avec liberté, est confié en de si bonnes mains.

1488 Il est donc nécessaire que la nature cède à la foi ; ou nous nous exposerions nous-mêmes à perdre la foi qui, étant si faible en nous qu'elle ne peut pas vaincre nos mouvements et nos propres sentiments, ne pourrait probablement résister à la violence du dehors si nous étions obligés de souffrir quelque chose pour lui rendre le témoignage que nous lui devons.

Jean-Louis Guez de BALZAC 1594-1654

Lettres

à M. de la Motte-Aigron, 4 septembre 1622

1489 Nous sommes ici[1] en un petit rond tout couronné de montagnes, où il reste encore quelques grains de cet or dont les premiers siècles ont été faits.

1490 Notre peuple ne se conserve dans son innocence, ni par la crainte des lois, ni par l'étude de la sagesse ; pour bien faire, il suit simplement la bonté de sa nature et tire plus d'avantage de l'ignorance du vice que nous n'en avons de la connaissance de la vertu.

à M. Ceffeteau, 15 août 1618

1491 [...] Un honnête homme propose toujours ses opinions de la même sorte que ses doutes et n'élève jamais le ton de sa voix pour prendre avantage sur ceux qui ne parlent pas si haut...

à Clorinde, 3 mai 1620

1492 Clorinde, le soleil est encore beau quand il se couche ; l'arrière-saison est agréable, mais nous n'avons de bonnes années que les premières, et quelque soin que vous ayez de vous-même, vous ne sauriez conserver votre beauté et acquérir de l'expérience.

1. Le domaine de Balzac.

à M. de Boisrobert, fin novembre 1623

1493 Il me fâcherait fort d'entrer en un pays où les chapeaux n'ont point été faits pour couvrir la tête, et où tout le monde devient bossu à force de faire des révérences.

au Révérend Père Garasse, 1625

1494 Puisque nous durons si peu, il n'est pas raisonnable que nos passions soient immortelles [...]

1495 Autrefois la magnanimité et l'humilité pouvaient être deux choses contraires ; mais depuis que les principes de la morale ont été changés par les maximes de l'Évangile, et que les vices des païens sont devenus des vertus chrétiennes, il y a des lâchetés qu'un homme de courage doit faire, et ce n'est plus à ceux qui ont triomphé des innocents que la véritable gloire appartient, mais c'est aux martyrs qu'ils ont faits et aux personnes qu'ils ont opprimées.

à Racan, 20 novembre 1625

1496 Je sais que la perfection ne se trouve pas du premier coup. On peut achever en un jour quantité de statues de plâtre et de boue ; mais elles ne sont aussi que pour un jour ; et pour servir d'ornement à l'entrée d'un gouverneur en une ville, et non pas au règne de plusieurs rois. Ceux qui travaillent en bronze et en marbre, vieillissent sur leurs ouvrages, et il est certain qu'il faut méditer longtemps ce qui doit durer toujours [...]

à Madame des Loges, 20 septembre 1628

1497 C'est beaucoup, Madame, d'avoir acquis les plus honnêtes connaissances qui se peuvent acquérir : mais c'est encore davantage de s'en cacher comme d'un larcin. [...]
La pédanterie n'est pas supportable en un maître ès arts : comment le sera-t-elle en une femme ?

à M. de Scudéry, 27 août 1637

1498 Il y a des beautés parfaites qui sont effacées par d'autres beautés qui ont plus d'agrément et moins de perfection ; et parce que l'acquis n'est pas si noble que le naturel, ni le travail des hommes si estimable que les dons du ciel, on vous pourrait encore dire que savoir l'art de plaire ne vaut pas tant que savoir plaire sans art.

à M. Chapelain, le 30 janvier 1638

1499 Et n'est-il pas vrai que dans les États, il y a des pièces si caduques et si ébranlées, que si on les touche, on les renverse ? Il y a des corps qui ne peuvent plus souffrir les remèdes, et qui ne sont plus capables de guérison. Il faut les laisser en l'état où l'on les trouve de peur de les briser en les remuant [...]

(Lettres) 12 mai 1638

1500 Et en effet, si vous ne le savez pas, je vous apprends qu'il y a autant de différence de rossignol à rossignol, que de poète à poète. Il y en a de la première et de la dernière classe.

à M. Corneille, 17 janvier 1643

1501 Votre *Cinna* guérit les malades : il fait que les paralytiques battent des mains ; il rend la parole à un muet, ce serait trop peu de dire à un enrhumé.

à M. Conrart, 17 juin 1652

1502 L'homme est un plaisant animal, de se croire le souverain de tous les autres, lui qui est obligé d'avoir recours aux plus vils, et aux plus méprisés de tous, pour s'empêcher de mourir.

Le Prince, chap. V

1503 La flatterie donne de la majesté à des souverains qui auraient bien de la peine à trouver leur État dans la carte.

1504 Il y a toujours eu dans les cours des idoles et des idolâtres. Il y a eu de la lâcheté partout où il y a eu de la tyrannie. L'autorité, quoique injuste et odieuse, a été de tout temps adorée. Mais aussi il est à remarquer que ç'a été par des personnes qui en avaient peur ou besoin [...]

1505 N'y a-t-il pas autant de différence entre un esprit qui se charge des inventions étrangères et un qui invente de soi-même qu'entre un vase qu'on a rempli d'eau et une fontaine qui la donne ?

Socrate chrétien, Discours cinquième

1506 L'Église est trop bonne pour nous obliger à lire tout ce que les docteurs écriront.

1507 Ces montagnes d'écritures accablent les têtes et n'édifient point les esprits. Les monosyllabes des sages valent bien mieux que tant de chapitres et de paragraphes, que tant de distinctions, tant de divisions et de subdivisions.

1508 Bon Dieu, qu'Aristote et que sa dialectique ont gâté de têtes ! qu'il y a dans le monde de fous sérieux, de fous qui se fondent en raison ; de fous qui sont déguisés en sages !

Socrate chrétien, Discours huitième

1509 Il y a eu des hommes dont la vie a été pleine de miracles quoiqu'ils ne fussent pas saints et qu'ils n'eussent point dessein de l'être : le ciel bénissait toutes leurs fautes ; le ciel couronnait toutes leurs folies.

1510 Un peu d'esprit et beaucoup d'autorité, c'est ce qui a presque toujours gouverné le monde, quelquefois avec succès et quelquefois non, selon l'humeur du siècle, plus ou moins porté à endurer, selon la disposition des esprits plus farouches ou plus apprivoisés.

1511 Dieu est le poète et les hommes ne sont que les acteurs ; ces grandes pièces qui se jouent sur la terre ont été composées dans le ciel et c'est souvent un faquin qui en doit être l'Atrée ou l'Agamemnon.

Dissertations critiques, II, Discours cinquième, à M. Costar

1512 L'éclat ne présuppose pas toujours la solidité, et les paroles qui brillent le plus sont souvent celles qui pèsent le moins. Il y a une faiseuse de bouquets, je ne l'ose nommer Éloquence, qui est toute peinte et toute dorée, qui semble toujours sortir d'une boîte.

Nicolas **POUSSIN** 1594-1665

Lettre à M. de Noyers, 20 février 1636

1513 [...] Moi qui fais profession des choses muettes.

Lettre à Chantelou, 7 novembre 1641

1514 Il est bien vrai que la fortune, en ce qu'elle va faisant, ne sait jamais ce qu'elle fait, faisant les princes d'un cœur petit et ravalé et les gentilhommes d'une âme royale.

20 mars 1642

1515 Les belles filles que vous avez vues à Nîmes, ne vous auront, je m'assure, pas moins délecté l'esprit par la vue, que les belles colonnes de la Maison Carrée, vu que celles ici ne sont que de vieilles copies de celles-là.

24 novembre 1647

1516 Le bien juger est très difficile, si l'on n'a en cet art grande théorie et pratiques jointes ensemble. Nos appétits n'en doivent pas juger seulement, mais la raison.

Lettre à M. de Chambray, 1er mars 1665

1517 [La peinture]: C'est une imitation faite avec lignes et couleurs en quelque superficie de tout ce qui se voit dessous le soleil, sa fin est la délectation.

Devise de Nicolas Poussin

1518 Ce qui vaut la peine d'être fait vaut la peine d'être bien fait.

Marc-Antoine Girard de SAINT-AMANT 1594-1661

Élégie, à Mgr le duc de Rets

1519 Car je connais un peu nos petits rimailleurs:
Ils s'aheurtent toujours aux endroits les meilleurs;
La raison n'est jamais de leur intelligence;
La richesse d'autrui choque leur indigence [...]

La Solitude

1520 O que j'aime la solitude!
Que ces lieux sacrés à la nuit,
Éloignés du monde et du bruit,
Plaisent à mon inquiétude!
Mon Dieu! que mes yeux sont contents
De voir ces bois, qui se trouvèrent
A la nativité du temps,
Et que tous les siècles révèrent,
Être encore aussi beaux et verts,
Qu'aux premiers jours de l'univers!

Les Visions

1521 Mes doigts, suivant l'humeur de mon triste génie,
Font languir les accents et plaindre l'harmonie;
Mille tons délicats, lamentables et clairs,
S'en vont à longs soupirs se perdre dans les airs,
[...]
Il semble qu'à leur mort, d'une voix de douleur,
Ils chantent en pleurant ma vie et mon malheur.

Inconstance

1522 Mais, dans mon inconstance extrême,
Qui va comme un flux et reflux,
Je n'ai pas si tôt dit que j'aime,
Que je sens que je n'aime plus.

Sonnet

1523 Assis sur un fagot, une pipe à la main,
Tristement accoudé contre une cheminée,
Les yeux fixés vers terre, et l'âme mutinée,
Je songe aux cruautés de mon sort inhumain.

1524 Non, je ne trouve point beaucoup de différence
De prendre du tabac à vivre d'espérance,
Car l'un n'est que fumée, et l'autre n'est que vent.

Le Paresseux

1525 Accablé de paresse et de mélancolie,
Je rêve dans un lit où je suis fagoté,
Comme un lièvre sans os qui dort dans un pâté
Ou comme un Don Quichotte en sa morne folie.

Caprice

1526 Qu'extravagant est le destin,
Dans sa fatalité secrète,
De ne pouvoir plaire à Catin
Sans faire dépit à Perrette!
Nos ris sont des autres les pleurs,
Nos épines leur sont des fleurs.

Le Printemps des environs de Paris

1527 Le soir et le matin la Nuit baise le Jour;
Tout aime, tout s'embrase, et je crois que le monde
Ne renaît au printemps que pour mourir d'amour.

Épigramme à Philis

1528 Car, comme il faut aimer tant que l'on est aimable,
Quand on n'est plus aimable il ne faut plus aimer.

Épigrammes, XXIX, de Martin noyé

1529 Quand le malheur poursuit un homme
Il se noierait dans un crachat.

XXXIV, à un emprunteur

1530 J'ai fait de moi-même un tel don
A ma noble et rare dondon
Qu'un prêt me rendrait infidèle:
Bref, je vis si fort sous sa loi
Qu'il faut que je m'emprunte d'elle
Quand je me veux prêter à moi.

Galanterie champêtre

1531 Je t'aime trop pour t'épouser.

Jean CHAPELAIN 1595-1674

La Pucelle, poème héroïque

1532 Dans le centre caché d'une clarté profonde,
Dieu repose en lui-même [...]

Lettre à M. de Scudéry, gouverneur de N.-D. de la Garde
8 novembre 1660

1533 Que si j'avais à pencher de quelque côté, ce serait moins de celui du style ferme que de celui du doux, à cause que les lecteurs de romans ne sont ni philosophes ni gens d'État, mais sont gens de cœur ou femmes délicates.

Jean DESMARETS DE SAINT-SORLIN 1595-1676

Les Visionnaires, acte I, scène 1

1534 S'il faut que ma valeur manque un jour de matière,
Je vais faire du Monde un vaste cimetière...

acte II, scène 4

1535 Je cède le comique à ces esprits abjects,
Ces Muses sans vigueur qui s'efforcent de plaire
Au grossier appétit d'une âme populaire [...]

1536 Mais un esprit hardi, savant et vigoureux,
D'un tragique accident est toujours amoureux [...]

1537 Le diversité plaît, c'est ce qui nous surprend.

acte III, scène 1

1538 Je suis près du trépas
Pour un philtre amoureux que j'ai pris par l'oreille.

VAUGELAS 1585-1650

Remarques sur la langue française, préface

1539 Ce ne sont pas ici des lois que je fais pour notre langue de mon autorité privée ; je serais bien téméraire, pour ne pas dire insensé ; car à quel titre et de quel front prétendre un pouvoir qui n'appartient qu'à l'usage, que chacun reconnaît pour le maître et le souverain des langues vivantes ?

1540 Mon dessein n'est pas de réformer notre langue, ni d'abolir des mots, ni d'en faire, mais seulement de montrer le bon usage de ceux qui sont faits, et, s'il est douteux ou inconnu, de l'éclaircir et de le faire connaître.

1541 Il y a sans doute deux sortes d'usages, un bon et un mauvais. Le mauvais se forme du plus grand nombre de personnes, qui presque en toutes choses n'est pas le meilleur, et le bon au contraire est composé non pas de la pluralité, mais de l'élite des voix, et c'est véritablement celui que l'on nomme le maître des langues, celui qu'il faut suivre pour bien parler, et pour bien écrire en toutes sortes de styles.

René DESCARTES 1596-1650

Discours de la Méthode
1re partie

1542 Le bon sens est la chose du monde la mieux partagée: car chacun pense en être si bien pourvu, que ceux même qui sont les plus difficiles à contenter en toute autre chose n'ont point coutume d'en désirer plus qu'ils en ont.

1543 [...] Ce n'est pas assez d'avoir l'esprit bon, mais le principal est de l'appliquer bien.

1544 Les plus grandes âmes sont capables des plus grands vices aussi bien que des plus grandes vertus.

1545 [...] La lecture de tous les bons livres est comme une conversation avec les plus honnêtes gens des siècles passés, qui en ont été les auteurs, et même une conversation étudiée en laquelle ils ne nous découvrent que les meilleures de leurs pensées.

1546 ... C'est quasi le même de converser avec ceux des autres siècles, que de voyager.

1547 Considérant combien il peut y avoir de diverses opinions touchant une même matière, qui soient soutenues par des gens doctes, sans qu'il y en puisse avoir jamais plus d'une seule qui soit vraie, je réputais presque pour faux tout ce qui n'était que vraisemblable.

2e partie

1548 Je demeurais tout le jour enfermé seul dans un poêle, où j'avais tout loisir de m'entretenir de mes pensées.

1549 La pluralité des voix n'est pas une preuve qui vaille rien pour les vérités un peu malaisées à découvrir...

1550 Le premier [précepte] était de ne recevoir jamais aucune chose pour vraie que je ne la connusse évidemment être telle...

1551 Le second, de diviser chacune des difficultés que j'examinerais en autant de parcelles qu'il se pourrait et qu'il serait requis pour les mieux résoudre.

1552 Le troisième, de conduire par ordre mes pensées, en commençant par les objets les plus simples et les plus aisés à connaître, pour monter peu à peu, comme par degrés, jusques à la connaissance des plus composés.

(Discours de la Méthode)

1553 Et le dernier, de faire partout des dénombrements si entiers, et des revues si générales, que je fusse assuré de ne rien omettre.

3e partie

1554 ...Je me formai une morale par provision, qui ne consistait qu'en trois ou quatre maximes...

1555 Imitant en ceci les voyageurs qui, se trouvant égarés en quelque forêt, ne doivent pas errer en tournoyant [...], mais marcher le plus droit qu'ils peuvent vers un même côté...

1556 Ma troisième maxime était de tâcher toujours plutôt à me vaincre que la fortune, et à changer mes désirs que l'ordre du monde.

1557 Il suffit de bien juger pour bien faire, et de juger le mieux qu'on puisse pour faire aussi tout son mieux...

4e partie

1558 Je me résolus de feindre que toutes les choses qui m'étaient jamais entrées en l'esprit n'étaient non plus vraies que les illusions de mes songes.

1559 Et remarquant que cette vérité : *Je pense donc je suis*, était si ferme et si assurée que toutes les plus extravagantes suppositions des sceptiques n'étaient pas capables de l'ébranler, je jugeai que je pouvais la recevoir sans scrupule pour le premier principe de la philosophie que je cherchais.

1560 [...] Cela même que j'ai tantôt pris pour une règle, à savoir que les choses que nous concevons très clairement et très distinctement sont toutes les vraies, n'est assuré qu'à cause que Dieu est ou existe, et qu'il est un être parfait, et que tout ce qui est en nous vient de lui.

1561 [...] Il n'y a pas moins de répugnance que la fausseté ou l'imperfection procède de Dieu en tant que telle, qu'il y en a que la vérité ou la perfection procède du néant.

1562 La raison ne nous dicte point que ce que nous voyons ou imaginons ainsi soit véritable, mais elle nous dicte bien que toutes nos idées ou notions doivent avoir quelque fondement de vérité ; car il ne serait pas possible que Dieu, qui est tout parfait et tout véritable, les eût mises en nous sans cela.

6e partie

1563 Et souvent les choses qui m'ont semblé vraies lorsque j'ai commencé à les concevoir, m'ont paru fausses lorsque je les ai voulu mettre sur le papier.

1564 C'est proprement ne valoir rien que de n'être utile à personne.

1565 C'est véritablement donner des batailles, que de tâcher à vaincre toutes les difficultés et les erreurs qui nous empêchent de parvenir à la connaissance de la vérité.

Méditations

première méditation

1566 Soit que je veille ou que je dorme, deux et trois joints ensemble formeront toujours le nombre de cinq, et le carré n'aura jamais plus de quatre côtés.

1567 Toutefois il y a longtemps que j'ai dans mon esprit une certaine opinion, qu'il y a un Dieu qui peut tout.

1568 Je supposerai donc qu'il y a, non point un vrai Dieu, qui est la souveraine source de vérité, mais un certain mauvais génie, non moins rusé et trompeur que puissant, qui a employé toute son industrie à me tromper.

1569 Et tout de même qu'un esclave qui jouissait dans le sommeil d'une liberté imaginaire, lorsqu'il commence à soupçonner que sa liberté n'est qu'un songe, craint d'être réveillé...

Méditation seconde

1570 Enfin il faut conclure, et tenir pour constant que cette proposition: *Je suis, j'existe,* est nécessairement vraie, toutes les fois que je la prononce, ou que je la conçois en mon esprit.

1571 Mais qu'est-ce donc que je suis? Une chose qui pense. Qu'est-ce qu'une chose qui pense?

1572 Prenons pour exemple ce morceau de cire qui vient d'être tiré de la ruche: il n'a pas encore perdu la douceur du miel qu'il contenait [...]. Mais voici que, cependant que je parle, on l'approche du feu: ce qui y restait de saveur s'exhale, l'odeur s'évanouit, sa couleur se change, sa figure se perd [...]. La même cire demeure-t-elle après ce changement?

1573 ... D'où je voudrais presque conclure, que l'on connaît la cire par la vision des yeux, et non par la seule inspection de l'esprit, si par hasard je ne regardais d'une fenêtre des hommes qui passent dans la rue, à la vue desquels je ne manque pas de dire que je vois des hommes, tout de même que je dis que je vois de la cire ; et cependant que vois-je de cette fenêtre, sinon des chapeaux et des manteaux, qui peuvent couvrir des spectres ou des hommes feints qui ne se remuent que par ressorts? Mais je juge que ce sont de vrais hommes...

1574 Si je juge que la cire est, ou existe, de ce que je la vois, certes il suit bien plus évidemment que je suis, ou que j'existe moi-même, de ce que je la vois.

Méditation troisième

1575 Je fermerai maintenant les yeux, je boucherai mes oreilles, je détournerai tous mes sens, j'effacerai même de ma pensée toutes les images des choses corporelles, ou du moins, parce qu'à peine cela se peut-il faire, je les réputerai comme vaines et comme fausses...

1576 [...] Je dois examiner s'il y a un Dieu, sitôt que l'occasion s'en présentera ; et si je trouve qu'il y en ait un, je dois aussi examiner s'il peut être trompeur : car sans la connaissance de ces deux vérités, je ne vois pas que je puisse jamais être certain d'aucune chose.

1577 De plus, [l'idée] par laquelle je conçois un Dieu souverain, éternel, infini, immuable, tout connaissant, tout-puissant, et Créateur universel de toutes les choses qui sont hors de lui ; celle-là, dis-je, a certainement en soi plus de réalité objective, que celles par qui les substances finies me sont représentées.

1578 [...] Il faut nécessairement conclure [...] que Dieu existe ; car, encore que l'idée de la substance soit en moi, de cela même que je suis une substance, je n'aurais pas néanmoins l'idée d'une substance infinie, moi qui suis un être fini, si elle n'avait été mise en moi par quelque substance qui fût véritablement infinie.

1579 [..] J'ai en quelque façon premièrement en moi la notion de l'infini, que du fini, c'est-à-dire de Dieu, que de moi-même.

1580 [...] Puisque je suis une chose qui pense, et qui ai en moi quelque idée de Dieu [...] il faut nécessairement avouer qu'elle doit pareillement être une chose qui pense, et posséder en soi l'idée de toutes les perfections que j'attribue à la nature divine.

1581 [...] De cela seul que j'existe, et que l'idée d'un être souverainement parfait (c'est-à-dire de Dieu) est en moi, l'existence de Dieu est très évidemment démontrée.

Méditation quatrième

1582 Je suis comme un milieu entre Dieu et le néant.

1583 [...] Il est du propre de l'entendement fini, de ne pas comprendre une infinité de choses, et du propre d'un entendement créé d'être fini...

Méditation cinquième

1584 [...] L'existence de Dieu doit passer en mon esprit au moins pour aussi certaine, que j'ai estimé jusques ici toutes les vérités des mathématiques, qui ne regardent que les nombres et les figures...

1585 [...] L'existence ne peut non plus être séparée de l'essence de Dieu, que de l'essence d'un triangle rectiligne la grandeur de ses trois angles égaux à deux droits, ou bien de l'idée d'une montagne l'idée d'une vallée.

1586 Ainsi je reconnais très clairement que la certitude et la vérité de toute science dépend de la seule connaissance du vrai Dieu.

Les Passions de l'âme
art. 139

1587 L'amour est incomparablement meilleure que la haine ; elle ne saurait être trop grande [...] ; joignant à nous de vrais biens, elle nous perfectionne d'autant.

art. 140

1588 La haine [...] ne saurait être si petite qu'elle ne nuise.

art. 169

1589 On méprise un homme qui est jaloux de sa femme, parce que c'est un témoignage qu'il ne l'aime pas de la bonne sorte, et qu'il a mauvaise opinion de soi ou d'elle.

art. 212

1590 Au reste, l'âme peut avoir ses plaisirs à part ; mais pour ceux qui lui sont communs avec le corps, ils dépendent entièrement des passions : en sorte que les hommes qu'elles peuvent le plus émouvoir sont capables de goûter le plus de douceur en cette vie.

Lettre à Mersenne, 27 mai 1630

1591 [...] C'est faire tort aux vérités qui dépendent de la foi, et qui ne peuvent être prouvées par démonstration naturelle, que de les vouloir affermir par des raisons humaines, et probables seulement.

Lettre à Balzac, 15 avril 1631

1592 Je suis devenu si philosophe, que je méprise la plupart des choses qui sont ordinairement estimées, et en estime quelques autres dont on n'a point accoutumé de faire cas.

Lettre à Balzac, 15 mai 1631

1593 [...] En cette grande ville[1] où je suis, n'y ayant aucun homme, excepté moi, qui n'exerce la marchandise, chacun y est tellement attentif à son profit, que j'y pourrais demeurer toute ma vie sans être jamais vu de personne. Je vais me promener tous les jours parmi la confusion d'un grand peuple avec autant de liberté et de repos que vous ne sauriez faire dans vos vallées ; et je n'y considère pas autrement les hommes que j'y vois, que je ferais les arbres qui se rencontrent en vos forêts...

1. Amsterdam.

Pierre de MARBEUF v. 1596-v. 1645

Le Tableau de la beauté de la mort

1594 Que l'homme donc s'assure, ayant en sa pensée
Chaque fois qu'il s'endort,
Que pour revivre encor il fit la nuit passée
Un essai de la mort.

1595 N'attendons pas au lit que l'âge nous assomme
Par sanglots étouffants ;
Ce n'est pas en ce lieu que doit mourir un homme
Où naissent les enfants.

1596 Si vifs nous sommes terre et morts nous sommes poudre,
C'est peu que le trépas.

Le Misogyne

1597 Ainsi je veux faire trophée
D'aller aux Enfers comme Orphée ;
Mais si ce sot veut séjourner
Afin que sa femme revienne,
J'y descends afin que la mienne
N'en puisse jamais retourner.

Claude MALLEVILLE v. 1597-1647

Sonnet

1598 O qu'Amour est un Dieu digne d'être suivi !
[...]
Son cœur à nos plaisirs est si fort attaché
Qu'il excuse le mal lorsque l'on recommence
Et pour la pénitence ordonne le péché.

La Belle Matineuse

1599 Sacré flambeau du jour, n'en soyez point jaloux !
Vous parûtes alors aussi peu devant elle
Que les feux de la nuit avaient fait devant nous.

Stances, De la vanité du monde

1600 Nous sommes tous sujets à des lois inhumaines.
En sa condition chacun trouve des peines ;
Comme les plus petits les grands portent leur faix.

1601 Le vent sur cette mer excite mille orages :
Le nombre des vaisseaux est celui des naufrages.

Vincent VOITURE 1597-1648

Stances

1602 Et je suis en langueur, sans repos et sans elle,
Et sans moi-même aussi, lorsque je suis sans vous.

1603 Le baiser que je pris, je suis prêt de le rendre,
Et me rendez aussi ce que vous m'avez pris.

Ballade

1604 Dans l'ardent brasier qui m'outrage
Vous ne sauriez plus me garder,
Si vous ne me donnez pour gage
Ce que je n'ose demander.

Épître à Monseigneur le Prince, sur son retour d'Allemagne

1605 Que d'une force sans seconde
La mort sait ses traits élancer,
Et qu'un peu de plomb peut casser
La plus belle tête du monde,
Qui l'a bonne y doit regarder.

1606 C'est injustement que la vie
Fait le plus petit de vos soins:
Dès qu'elle vous sera ravie,
Vous en vaudrez de moitié moins.

Lettre à M. de Balzac, octobre 1625

1607 [...] Nous avons plus de deux généraux d'armée qui ne font pas tant de bruit avec trente mille hommes que vous en faites dans votre solitude.

1608 C'est de tout temps que le peuple a cette coutume, de haïr en autrui les mêmes qualités qu'il y admire. Tout ce qui est hors de sa règle l'offense, et il souffrirait plus volontiers un vice commun qu'une vertu extraordinaire.

Lettre à Godeau, « le nain de Julie », 1633

1609 Comme c'est dans les plus petits vases que l'on enferme les essences les plus exquises, il semble que la nature se plaise à mettre dans les plus petits corps les âmes les plus précieuses.

Lettre à Mlle Paulet, Lisbonne, octobre 1633

1610 Je m'en vais dans un vaisseau qui ne porte que moi et huit cents caisses de sucre. De sorte que si je viens à bon port, j'arriverai confit; et si, d'aventure, je fais naufrage avec cela, ce me sera au moins quelque consolation, de ce que je mourrai en eau douce.

Lettre à M***, 24 novembre 1636
(apologie du Cardinal de Richelieu)

1611 [...] Ceux qui, en haine de celui qui gouverne, haïssent leur propre pays, et qui, pour perdre un homme seul, voudraient que la France se perdît.

1612 Toutes les grandes choses coûtent beaucoup, les grands efforts abattent, et les puissant remèdes affaiblissent.

1613 [Richelieu] connaît que les plus nobles conquêtes sont celles des cœurs et des affections. Il voit qu'il n'y a pas tant de sujets de louange à étendre de cent lieues les bornes d'un royaume qu'à diminuer un sou de taille, et qu'il y a moins de grandeur et de véritable gloire à défaire cent mille hommes qu'à en mettre vingt millions à leur aise et en sûreté.

1614 [Richelieu] connaîtra combien il est plus doux d'entendre ses louanges dans la bouche du peuple que dans celle des poètes.

Lettre à Mlle de Rambouillet, 1636

1615 Je ne sais pour quel intérêt ils tâchent d'ôter à *car* ce qui lui appartient pour le donner à *pour ce que*, ni pourquoi ils veulent dire avec trois mots ce qu'ils peuvent dire avec trois lettres.

1616 [L'on] ne doit point chasser un mot qui a été dans la bouche de Charlemagne et de saint Louis.

Lettre à M. Costar

1617 A n'en point mentir, j'aime un peu plus la vérité quand c'est moi qui la trouve que quand c'est un autre qui me la montre.

Guillaume COLLETET 1598-1659

Trébuchement de l'ivrogne

1618 Il faut avec raison se servir de son bien,
Et suivant les plaisirs où l'âge nous convie
Goûter autant qu'on peut les douceurs de la vie.

Adieu aux muses

1619 Je préfère à vos eaux un trait de malvoisie,
Je mets pour me chauffer tous vos lauriers au feu,
Et me torche le cul de votre poésie.

Jacques VALLÉE 1599-1673

Sonnet

1620 Grand Dieu, tes jugements sont remplis d'équité,
Toujours tu prends plaisir à nous être propice :
Mais j'ai fait tant de mal que jamais ta bonté
Ne peut me pardonner qu'en choquant ta justice.

Marin Le Roy, sieur de GOMBERVILLE 1600-1674

Sur la solitude

1621 Si Dieu ne rend ton corps esclave de ton âme,
Ton âme est pour jamais esclave de ton corps.

À Louis XIV, sur la guerre de Flandre

1622 Si César doit sa gloire aux malheurs de la guerre,
Auguste doit la sienne au bonheur de la paix.

Imitation d'Horace

1623 Pâris qui fut un lâche et ne fit que l'amour
Est mort aussi jeune qu'Achille.

À un vieux financier

1624 Pense donc à la mort ; ton âge t'y convie ;
Et si tu veux bâtir, va bâtir un tombeau.

Épitaphe d'un homme de lettres

1625 Les grands chargent leurs sépultures
De cent éloges superflus :
Passant, en peu de mots voici mon aventure :
Ma naissance fut très obscure,
Et ma mort l'est encore plus.

Gabriel NAUDÉ 1600-1653

1626 « Il n'appartient qu'à ceux qui n'ont jamais été cités de ne citer personne. »

Denis SANGUIN DE SAINT-PAVIN v. 1600-1670

Sonnet

1627 En vérité je lui pardonne[1] ;
S'il n'eût mal parlé de personne,
On n'eût jamais parlé de lui.

1. Boileau.

Épigramme

1628 Je te rends ton livre, Mélite ;
Quoique fort long, je l'ai tout lu ;
Si tu veux que nous soyons quitte,
Rends-moi le temps que j'ai perdu.

Charles SOREL v. 1600-1674

Histoire comique de Francion
avertissement d'importance aux lecteurs

1629 Ils[1] occupent incessamment leur imagination à leur fournir de quoi contenter le désir qu'ils ont d'écrire, lequel précède la considération de leur capacité ; et moi je n'écris que pour mettre en ordre les conceptions que j'ai eues longtemps auparavant.

1630 Quand l'on trouverait de petits cailloux parmi du pur froment, l'on serait bien sot de croire qu'ils seraient sortis des épis, d'où provient le blé.

Histoire comique de Francion
premier livre

1631 Il faut un bon Atlas pour ne point succomber à un faix si pesant que celui de satisfaire aux amoureuses émotions d'une femme.

second livre

1632 Je reconnus par effet qu'il ne faut point faire état de la braverie et de la qualité, lorsqu'on veut jouir des plaisirs de l'amour avecque quelqu'un : car celui-ci avec ses habits de bure me rendait aussi satisfaite que son maître avec ses habits de satin.

Jean d'HESNAULT ?-1682

Sonnets

1633 Mais quand on est privé, par un sort déplorable,
Et du bien de la vie et du bien de la mort,
Qu'il est beau de se mettre au-dessus de ce sort,
Et de voir d'un œil sec le ciel inexorable !

LA GIRAUDIÈRE 1re moitié du XVIIe siècle

Du vice et de la vertu

1634 La vertu prend l'habit et le nom d'une dame,
Le vice de l'habit d'un homme est revêtu ;
Dieu le voulut ainsi, connaissant que la femme
Épouserait le vice et l'homme la vertu.

1. Les écrivains.

D'un tombeau

1635 À quoi ce riche monument
Et cette épitaphe qui ment?
Quelle passion vous convie
A nous louer cet homme à tort?
On n'a point su qu'il fut en vie;
Pourquoi saurait-on qu'il est mort?

ANNE D'AUTRICHE 1601-1666

Devise d'Anne d'Autriche

1636 Mon prix n'est pas dans ma couronne.

François, dit TRISTAN L'HERMITE 1601-1655

Les Amours, Misère de l'homme du monde

1637 [...] O misérable sort?
Tous ces attachements sont-ils considérables,
Pour aimer tant la vie, et craindre tant la mort?

Les Amours, L'amant secret

1638 O Dieux! qu'il m'est sensible en touchant sa louange
De n'avoir en mes maux que le seul réconfort
De servir un tyran qu'on prendrait pour un ange.

Les Amours, Consolation à Idalie sur la mort d'un parent

1639 Nous rencontrons l'amour qui met nos cœurs en feu,
Puis nous trouvons la mort qui met nos corps en cendres.

Les Amours, Le cruel

1640 La moindre contrainte m'afflige,
Et je ne m'aime seulement
Que pour ce que je me néglige.

Odes, Le promenoir des deux amants

1641 Auprès de cette grotte sombre
Où l'on respire un air si doux,
L'onde lutte avec les cailloux,
Et la lumière avecque l'ombre.

1642 L'ombre de cette fleur vermeille,
Et celle de ces joncs pendants,
Paraissent être là dedans
Les songes de l'eau qui sommeille.

1643 Climène, ce baiser m'enivre ;
Cet autre me rend tout transi :
Si je ne meurs de celui-ci,
Je ne suis pas digne de vivre.

La Lyre, Daphnis, fais-moi raison...

1644 Mais j'estime ce bruit autant qu'une fumée,
Car si durant la vie on a si peu de bien,
Que sert après la mort beaucoup de renommée ?

Poésies héroïques, à M. le comte de Saint-Aignan

1645 Nous voyons des mortels les tristes destinées
Et savons que le soir des plus belles journées,
Est près de leur matin.

Poésies héroïques, L'extase d'un baiser

1646 Ce baiser est un sceau par qui ma vie est close :
Et comme on peut trouver un serpent sous des fleurs,
J'ai rencontré ma mort sur un bouton de rose.

Poésies héroïques, Prosopopée d'un courtisan

1647 Faisant le chien couchant auprès d'un grand seigneur,
Je me vis toujours pauvre et tâchai de paraître,
Je vécus dans la peine attendant le bonheur,
Et mourus sur un coffre en attendant mon maître.

Georges de SCUDÉRY 1601-1667

Sonnet, L'incrédule

1648 Remarquez le beau feu qui brille dans vos yeux
Pour juger de l'ardeur de celui qui me brûle.

1649 Quand je dis que je meurs, vous ne me pouvez croire,
Et quand je serai mort, vous me croirez en vain.

Sonnet, La belle aveugle

1650 Beaux soleils éclipsés dont la lumière éteinte
Brille d'un feu si pur, tout faible comme il est ;
Yeux dont nous ressentons l'inévitable atteinte
Et dont le sombre éclat nous afflige et nous plaît [...]

Rondeau en vieux français

1651 Sois pour ton serf ou plus douce ou moins belle,
Et ne rends point ta rigueur perennelle,
Car le mien cœur n'en est jà que trop las
Long temps y a.

Contre la grandeur mondaine

1652 Toute votre puissance est une vanité ;
Les débiles roseaux ont plus de fermeté
Que le faste orgueilleux de toute votre pompe...

Ode contre la fortune

1653 Tu méprises les plus braves,
Tu n'aimes que des esclaves
De qui tu dores les fers.

Pierre LALANE ?-v. 1661

À Ménage

1654 Nous n'avons su que trop souvent
Tout ce que peut un beau visage ;
Mais par un tel apprentissage
Notre cœur devenu savant,
En est aussi devenu sage.

Abraham BOSSE 1602-1676

Le peintre converti aux précises et universelles règles de son art
les entretiens de table

1655 Celui qui peut rendre raison de son travail d'un bout à l'autre, doit être réputé bien plus entendu sans comparaison qu'un qui ne le peut.

Sentiment sur la distinction des diverses manières de peinture,
dessin et gravure, et des originaux d'avec leurs copies

1656 Diverses personnes ont dit et écrit qu'il fallait qu'un excellent peintre eût connaissance de tous les autres arts, puisque le sien doit représenter universellement tout ce qui se peut rencontrer de visible à l'œil humain.

Le Père Pierre LE MOYNE 1602-1672

À Madame la Marquise de Leuville

1657 Le secret pour vous bien porter,
[...]
C'est de bien purger votre cœur
De toute teinture d'aigreur.

Jacques de CAILLY 1604-1673

Épigrammes, Épitaphe d'un prodigue

1658 Ne mangera-t-il point la terre où le voici ?
Il en a mangé beaucoup d'autres.

Épigrammes, Lésine nouvelle

1659 Par testament, dame Denise
Quoiqu'elle possédât un ample revenu,
Ordonna que son corps fût inhumé tout nu
Pour épargner une chemise.

Épigrammes, Moyen de se contenter

1660 Rien ne te semble bon, rien ne saurait te plaire ;
Veux-tu de ce chagrin te guérir désormais ?
Fais des vers ; tu pourras ainsi te satisfaire ;
Jamais homme n'en fit qu'il ait trouvés mauvais.

Épigrammes, Sur ce qu'on a dit à l'auteur
que sa pensée était tirée d'un autre

1661 Dis-je quelque chose assez belle,
L'antiquité toute en cervelle
Me dit : « Je l'ai dite avant toi. »
C'est une plaisante donzelle.
Que ne venait-elle après moi ?
J'aurais dit la chose avant elle.

Abbé Charles COTIN 1604-1682

La Satire des Satires

1662 J'appelle Horace Horace, et Boileau traducteur.

1663 Tout poète ici-bas rit de son camarade,
Boileau rit de Scarron, Scarron de Benserade [...]

Pédants, épigramme

1664 Ces gens-là n'auraient rien à dire
Si les autres n'avaient rien dit.

Antoine GODEAU 1605-1672

Ode, à Louis XIII

1665 [...] Leur gloire tombe par terre ;
Et comme elle a l'éclat du verre,
Elle en a la fragilité.

Philippe HABERT 1605-1637

Le Temple de la Mort

1666 Il n'est rien ici bas qui ne soit périssable :
Les plus fermes rochers sont fondés sur le sable :
Les trônes et les Rois sont rongés par les vers...

Pierre DU RYER 1605-1658

Cléomédon

1667 Il me vit, il m'aima ; je le vis, je l'aimai.

Saül

1668 La crainte et les remords sont indignes des Rois.

1669 [...] Qui règne en tyran doit périr en coupable.

Alcionée

1670 Pour obtenir un bien si grand, si précieux,
J'ai fait la guerre aux rois, je l'eusse faite aux dieux.

Pierre CORNEILLE 1606-1684

Mélite, au lecteur

1671 Je sais bien que l'impression d'une pièce en affaiblit la réputation : la publier, c'est l'avilir ; et même il s'y rencontre un particulier désavantage pour moi, vu que ma façon d'écrire étant simple et familière, la lecture fera prendre mes naïvetés pour des bassesses.

Mélite, examen

1672 Cette pièce fut mon coup d'essai, et elle n'a garde d'être dans les règles, puisque je ne savais pas alors qu'il y en eût. Je n'avais pour guide qu'un peu de sens commun [...]

Mélite, acte I, scène 1

1673 Pauvre amant, je te plains qui ne sais pas encore
Que bien qu'une beauté mérite qu'on l'adore,
Pour en perdre le goût, on n'a qu'à l'épouser.

1674 Et l'hymen de soi-même est un si lourd fardeau,
Qu'il faut l'appréhender à l'égal du tombeau.

La Veuve
au lecteur

1675 La comédie n'est qu'un portrait de nos actions et de nos discours, et la perfection des portraits consiste en la ressemblance.

acte I, scène 1

1676 Aussitôt qu'une dame a charmé nos esprits,
[...]
Il faut s'en faire aimer avant qu'on se déclare [...]

1677 Mes soupirs et les siens font un secret langage
Par où son cœur au mien à tous moments s'engage...

acte II, scène 3

1678 La raison et l'amour sont ennemis jurés;
Et lorsque ce dernier dans un esprit commande,
Il ne peut endurer que l'autre le gourmande:
Plus la raison l'attaque, et plus il se roidit;
Plus elle l'intimide et plus il s'enhardit.

acte III, scène 8

1679 Qu'il fait bon avoir enduré!
Que le plaisir se goûte au sortir des supplices!

La Suivante, acte I, scène 3

1680 Un je ne sais quel charme auprès d'elle m'attache;
[...]
J'en ai l'esprit rempli, j'en ai l'âme obsédée.

acte II, scène 6

1681 J'avais peur d'en trop dire; et cruelle à moi-même,
Parce que j'aime trop, j'ai banni ce que j'aime.

acte IV, scène 1

1682 Qu'en l'attente de ce qu'on aime
Une heure est fâcheuse à passer.

La Place Royale, acte II, scène 6

1683 J'aime des serviteurs qui pour une maîtresse
Souffrent ce qui leur nuit, aiment ce qui les blesse.

Médée
acte I, scène 5

1684 Forcez l'aveuglement dont vous êtes séduite,
Pour voir en quel état le sort vous a réduite.
Votre pays vous hait, votre époux est sans foi:
Dans un si grand revers que vous reste-t-il?

MÉDÉE

Moi,
Moi, dis-je, et c'est assez.

acte II, scène 3

1685 Un vieillard amoureux mérite qu'on en rie:
Mais le trône soutient la majesté des rois
Au-dessus des mépris, comme au-dessus des lois.

scène 5

1686 Souvent je ne sais quoi qu'on ne peut exprimer
Nous surprend, nous emporte, et nous force d'aimer;
Et souvent, sans raison, les objets de nos flammes
Frappent nos yeux ensemble et saisissent nos âmes.

acte III, scène 1

1687 Et, si ce n'est assez de tous les éléments,
Les enfers vont sortir à ses commandements.

L'Illusion
acte II, scène 2

1688 Le seul bruit de mon nom renverse les murailles,
Défait les escadrons, et gagne les batailles.

1689 Je vais t'assassiner d'un seul de mes regards...

1690 Quand je veux, j'épouvante; et quand je veux, je charme;
Et selon qu'il me plaît, je remplis tour à tour
Les hommes de terreur, et les femmes d'amour.

acte II, scène 3

1691 Nous donnons bien souvent de divers noms aux choses:
Des épines pour moi, vous les nommez des roses [...]

acte III, scène 5

1692 L'amour et l'hyménée ont diverse méthode;
L'un court au plus aimable, et l'autre au plus commode.

1693 Que vous auriez d'esprit, si vous saviez vous taire,
Ou remettre du moins en quelque autre saison
A montrer tant d'amour avec tant de raison!

Le Cid
acte I, scène 1

1694 Ses rides sur son front ont gravé ses exploits.

scène 2

1695 Je travaille à le perdre, et le perds à regret.

1696 Ma plus douce espérance est de perdre l'espoir.

scène 3

1697 Pour grands que soient les rois, ils sont ce que nous sommes:
Ils peuvent se tromper comme les autres hommes.

(Le Cid, scène 3)

1698 Achève, et prends ma vie après un tel affront,
Le premier dont ma race ait vu rougir son front.

scène 4

1699 O rage! ô désespoir! ô vieillesse ennemie!
N'ai-je donc tant vécu que pour cette infamie?

scène 5

1700 Rodrigue, as-tu du cœur?

1701 Ce n'est que dans le sang qu'on lave un tel outrage;
Meurs, ou tue.

1702 Mais qui peut vivre infâme est indigne du jour;
[...]
Plus l'offenseur est cher, et plus grande est l'offense.
[...]
Venge-moi, venge-toi;
Montre-toi digne fils d'un père tel que moi.
[...]
Va, cours, vole, et nous venge.

scène 6

1703 Je dois tout à mon père avant qu'à ma maîtresse:
Que je meure au combat, ou meure de tristesse,
Je rendrai mon sang pur comme je l'ai reçu.

1704 Qui ne craint point la mort ne craint point les menaces.
J'ai le cœur au-dessus des plus fières disgrâces;
Et l'on peut me réduire à vivre sans bonheur,
Mais non pas me résoudre à vivre sans honneur.

acte II, scène 2

1705 A moi, comte, deux mots.

1706 Je suis jeune, il est vrai; mais aux âmes bien nées
La valeur n'attend point le nombre des années.
[...]
Mes pareils à deux fois ne se font point connaître,
Et pour leurs coups d'essai veulent des coups de maître.

1707 A qui venge son père il n'est rien d'impossible.
Ton bras est invaincu, mais non pas invincible.

1708 A vaincre sans péril, on triomphe sans gloire.

1709 Qui m'ose ôter l'honneur craint de m'ôter la vie?

1710 LE COMTE
Es-tu si las de vivre?

RODRIGUE
As-tu peur de mourir?

scène 6

1711 Vous parlez en soldat, je dois agir en roi [...]

scène 8

1712 Qu'on est digne d'envie
Lorsqu'en perdant la force on perd aussi la vie,
Et qu'un long âge apprête aux hommes généreux,
Au bout de leur carrière, un destin malheureux!

acte III, scène 4

1713 Car enfin n'attends pas de mon affection
Un lâche repentir d'une bonne action.
L'irréparable effet d'une chaleur trop prompte
Déshonorait mon père, et me couvrait de honte.
[...]
J'avais part à l'affront, j'en ai cherché l'auteur:
Je l'ai vu, j'ai vengé mon honneur et mon père;
Je le ferais encor, si j'avais à le faire.

1714 Tu t'es, en m'offensant, montré digne de moi;
Je me dois, par ta mort, montrer digne de toi.

1715 RODRIGUE
Ton malheureux amant aura bien moins de peine
A mourir par ta main qu'à vivre avec ta haine.

CHIMÈNE
Va, je ne te hais point.

RODRIGUE
Tu le dois.

CHIMÈNE
Je ne puis.

1716 CHIMÈNE
Rodrigue, qui l'eût cru?

RODRIGUE
Chimène, qui l'eût dit?

CHIMÈNE
Que notre heur fût si proche, et sitôt se perdît?

(Le Cid) scène 5

1717 Jamais nous ne goûtons de parfaite allégresse:
Nos plus heureux succès sont mêlés de tristesse;
Toujours quelques soucis en ces événements
Troublent la pureté de nos contentements.

scène 6

1718 L'amour n'est qu'un plaisir, l'honneur est un devoir.

1719 L'infamie est pareille, et suit également
Le guerrier sans courage, et le perfide amant.

acte IV, scène 3

1720 Cette obscure clarté qui tombe des étoiles
[...]
Les Mores et la mer montent jusques au port.
[...]
O combien d'actions, combien d'exploits célèbres
Sont demeurés sans gloire au milieu des ténèbres.

1721 Et le combat cessa faute de combattants.

scène 5

1722 On est toujours trop prêt quand on a du courage.

acte V, scène 1

1723 Mon esprit généreux ne hait pas tant la vie,
Qu'il en veuille sortir par une perfidie.
Maintenant qu'il s'agit de mon seul intérêt,
Vous demandez ma mort, j'en accepte l'arrêt.

1724 Pour venger son honneur il perdit son amour,
Pour venger sa maîtresse il a quitté le jour,
Préférant (quelque espoir qu'eût son âme asservie)
Son honneur à Chimène, et Chimène à sa vie.

Horace
acte I, scène 1

1725 Albe, où j'ai commencé de respirer le jour,
Albe, mon cher pays, et mon premier amour,
Lorsqu'entre nous et toi je vois la guerre ouverte,
Je crains notre victoire autant que notre perte.
Rome, si tu te plains que c'est là te trahir,
Fais-toi des ennemis que je puisse haïr.

1726 Je prendrai part aux maux sans en prendre à la gloire;
Et je garde, au milieu de tant d'âpres rigueurs,
Mes larmes aux vaincus, et ma haine aux vainqueurs.

scène 2

1727 Donnez-moi des conseils qui soient plus légitimes,
Et plaignez mes malheurs sans m'ordonner des crimes.
Quoiqu'à peine à mes maux je puisse résister,
J'aime mieux les souffrir que de les mériter.

acte II, scène 1

1728 La gloire de ce choix m'enfle d'un juste orgueil;
Mon esprit en conçoit une mâle assurance;
J'ose espérer beaucoup de mon peu de vaillance;
[...]
Qui veut mourir, ou vaincre, est vaincu rarement [...]

scène 3

1729 Mourir pour le pays est un si digne sort,
Qu'on briguerait en foule une si belle mort.
Mais vouloir au public immoler ce qu'on aime,
S'attacher au combat contre un autre soi-même,
[...]
Une telle vertu n'appartenait qu'à nous.

1730 A quelque prix qu'on mette une telle fumée,
L'obscurité vaut mieux que tant de renommée.

1731 J'ai le cœur aussi bon, mais enfin je suis homme:
[...]
Et si Rome demande une vertu plus haute,
Je rends grâces aux dieux de n'être pas Romain,
Pour conserver encor quelque chose d'humain.

1732 Rome a choisi mon bras, je n'examine rien.
[...]
Albe vous a nommé, je ne vous connais plus.

scène 5

1733 Avant que d'être à vous je suis à mon pays.

scène 8

1734 Faites votre devoir, et laissez faire aux dieux.

acte III, scène 1

1735 Sur leurs hauts sentiments réglons plutôt les nôtres;
Soyons femme de l'un ensemble et sœur des autres:
Regardons leur honneur comme un souverain bien;
Imitons leur constance, et ne craignons plus rien.

(Horace) scène 4

1736 Je le vois bien, ma sœur, vous n'aimâtes jamais:
Vous ne connaissez point ni l'amour ni ses traits:
On peut lui résister quand il commence à naître,
Mais non pas le bannir quand il s'est rendu maître.
[...]
Il entre avec douceur, mais il règne par force;
Et quand l'âme une fois a goûté son amorce,
Vouloir ne plus aimer, c'est ce qu'elle ne peut,
Puisqu'elle ne peut plus vouloir que ce qu'il veut:
Ses chaînes sont pour nous aussi fortes que belles.

scène 6

1737 JULIE
Que vouliez-vous qu'il fît contre trois?

LE VIEIL HORACE
Qu'il mourût,
Ou qu'un beau désespoir alors le secourût.

acte IV, scène 5

1738 Rome, l'unique objet de mon ressentiment!
Rome, à qui vient ton bras d'immoler mon amant!
Rome, qui t'a vu naître, et que ton cœur adore!
Rome enfin, que je hais parce qu'elle t'honore!
[...]
Voir le dernier Romain à son dernier soupir,
Moi seule en être cause, et mourir de plaisir!

scène 7

1739 Embrasse ma vertu pour vaincre ta faiblesse,
Participe à ma gloire au lieu de la souiller,
Tâche à t'en revêtir, non à m'en dépouiller.

1740 Quelle injustice aux dieux d'abandonner aux femmes
Un empire si grand sur les plus belles âmes,
Et de se plaire à voir de si faibles vainqueurs
Régner si puissamment sur les plus nobles cœurs!

acte V, scène 3

1741 C'est aux rois, c'est aux grands, c'est aux esprits bien faits
A voir la vertu pleine en ses moindres effets;
C'est d'eux seuls qu'on reçoit la véritable gloire;
Eux seuls des vrais héros assurent la mémoire.

1742 Ta vertu met ta gloire au-dessus de ton crime.

Cinna
acte I, scène 1

1743 Te perdre en me vengeant, ce n'est pas me venger.
Un cœur est trop cruel quand il trouve des charmes
Aux douceurs que corrompt l'amertume des larmes...

scène 2

1744 Les bienfaits ne font pas toujours ce que tu penses;
D'une main odieuse ils tiennent lieu d'offenses:
Plus nous en prodiguons à qui nous peut haïr,
Plus d'armes nous donnons à qui nous veut trahir.

1745 Mon esprit en désordre à soi-même s'oppose:
Je veux et ne veux pas, je m'emporte et je n'ose;
[...]
Plus le péril est grand, plus doux en est le fruit;
La vertu nous y jette, et la gloire le suit.

scène 4

1746 S'il est pour me trahir des esprits assez bas,
Ma vertu pour le moins ne me trahira pas [...]

acte II, scène 1

1747 L'ambition déplaît quand elle est assouvie,
D'une contraire ardeur son ardeur est suivie...

1748 Mais quand le peuple est maître, on n'agit qu'en tumulte:
La voix de la raison jamais ne se consulte;
Les honneurs sont vendus aux plus ambitieux,
L'autorité livrée aux plus séditieux.
[...]
Le pire des États, c'est l'État populaire.

acte III, scène 3

1749 Qu'une âme généreuse a de peine à faillir!

scène 4

1750 Mais l'empire inhumain qu'exercent vos beautés
Force jusqu'aux esprits et jusqu'aux volontés.

acte IV, scène 2

1751 Si tel est le destin des grandeurs souveraines
Que leurs plus grands bienfaits n'attirent que des haines,
[...]
Pour elles rien n'est sûr; qui peut tout doit tout craindre.
Rentre en toi-même, Octave, et cesse de te plaindre.
Quoi! tu veux qu'on t'épargne, et n'as rien épargné!

(Cinna, acte IV, scène 2)

1752 La vie est peu de chose, et le peu qui t'en reste
Ne vaut pas l'acheter par un prix si funeste.

acte V, scène 1

1753 Prends un siège, Cinna, prends, et sur toute chose
Observe exactement la loi que je t'impose...

1754 Le reste ne vaut pas l'honneur d'être nommé;
Un tas d'hommes perdus de dettes et de crimes,
Que pressent de mes lois les ordres légitimes,
Et qui, désespérant de les plus éviter [...]

1755 Le sort vous est propice autant qu'il m'est contraire;
Je sais ce que j'ai fait, et ce qu'il vous faut faire.

scène 3

1756 Je suis maître de moi comme de l'univers;
Je le suis, je veux l'être. O siècles, ô mémoire!
Conservez à jamais ma dernière victoire!

1757 Tu trahis mes bienfaits, je les veux redoubler;
Je t'en avais comblé, je t'en veux accabler [...]

Polyeucte
acte I, scène 1

1758 Mais vous ne savez pas ce que c'est qu'une femme;
Vous ignorez quels droits elle a sur toute l'âme
Quand, après un long temps qu'elle a su nous charmer,
Les flambeaux de l'hymen viennent de s'allumer.

1759 Dieu ne veut point d'un cœur où le monde domine.

scène 3

1760 Tu vois, ma Stratonice, en quel siècle nous sommes,
Voilà notre pouvoir sur les esprits des hommes...
[...]
Tant qu'ils ne sont qu'amants nous sommes souveraines,
Et jusqu'à la conquête ils nous traitent de reines;
Mais après l'hyménée ils sont rois à leur tour.

acte II, scène 1

1761 Je ne veux que la voir, soupirer, et mourir.

scène 2

1762 Ma raison, il est vrai, dompte mes sentiments;
[...]
Un je ne sais quel charme encor vers vous m'emporte.

1763 SÉVÈRE
O devoir qui me perd et qui me désespère!
Adieu, trop vertueux objet, et trop charmant.

PAULINE
Adieu, trop malheureux et trop parfait amant.

scène 4

1764 La vertu la plus ferme évite les hasards;
Qui s'expose au péril veut bien trouver sa perte [...]

acte III, scène 2

1765 Apprends que mon devoir ne dépend point du sien:
Qu'il y manque, s'il veut; je dois faire le mien.

scène 3

1766 Une telle insolence avoir osé paraître!
En public! à ma vue! Il en mourra, le traître.

1767 Qui chérit son erreur ne la veut pas connaître.

scène 5

1768 On ne distingue point quand l'offense est publique;
Et lorsqu'on dissimule un crime domestique,
Par quelle autorité peut-on, par quelle loi,
Châtier en autrui ce qu'on souffre chez soi?

acte IV, scène 2

1769 Source délicieuse, en misères féconde,
Que voulez-vous de moi, flatteuses voluptés?
Honteux attachements de la chair et du monde,
Que ne me quittez-vous quand je vous ai quittés?
Allez, honneurs, plaisirs, qui me livrez la guerre:
Toute votre félicité,
Sujette à l'instabilité,
En moins de rien tombe par terre;
Et comme elle a l'éclat du verre,
Elle en a la fragilité.

scène 3

1770 J'ai de l'ambition, mais plus noble et plus belle:
Cette grandeur périt, j'en veux une immortelle [...]

1771 Je vous aime,
Beaucoup moins que mon Dieu, mais bien plus que moi-même.

(Polyeucte) scène 6

1772 Périssant glorieux, je périrai content.

acte V, scène 3

1773 [...] Mais, de quoi que pour vous notre amour m'entretienne,
Je ne vous connais plus, si vous n'êtes chrétienne.

1774 Je le ferais encor, si j'avais à le faire!

La Mort de Pompée
acte I, scène 3

1775 Ces âmes que le ciel ne forma que de boue...

acte III, scène 4

1776 Ma mort était ma gloire, et le destin m'en prive [...]

acte IV, scène 2

1777 Un cœur né pour servir sait mal comme on commande...

acte V, scène 1

1778 Les faibles déplaisirs s'amusent à parler,
Et quiconque se plaint cherche à se consoler.

scène 4

1779 La source de ma haine est trop inépuisable;
A l'égal de mes jours je la ferai durer;
Je veux vivre avec elle, avec elle expirer.

Le Menteur
acte I, scène 1

1780 Aussi que vous cherchiez de ces sages coquettes
Où peuvent tous venants débiter leurs fleurettes,
Mais qui ne font l'amour que de babil et d'yeux,
Vous êtes d'encolure à vouloir un peu mieux.
Loin de passer son temps, chacun le perd chez elles;
Et le jeu, comme on dit, n'en vaut pas les chandelles.

1781 Tel donne à pleines mains qui n'oblige personne:
La façon de donner vaut mieux que ce qu'on donne.

scène 4

1782 Monsieur, quand une femme a le don de se taire,
Elle a des qualités au-dessus du vulgaire.

scène 6

1783 J'appelle rêveries
Ce qu'en d'autres qu'un maître on nomme menteries.

1784 O le beau compliment à charmer une dame,
De lui dire d'abord : « J'apporte à vos beautés
« Un cœur nouveau venu des universités ! [...]

1785 J'aime à braver ainsi les conteurs de nouvelles ;
Et sitôt que j'en vois quelqu'un s'imaginer
Que ce qu'il veut m'apprendre a de quoi m'étonner,
Je le sers aussitôt d'un conte imaginaire
Qui l'étonne lui-même, et le force à se taire.

acte II, scène 2

1786 Le dedans paraît mal en ces miroirs flatteurs ;
Les visages souvent sont de doux imposteurs.
Que de défauts d'esprit se couvrent de leurs grâces !
Et que de beaux semblants cachent des âmes basses !

acte III, scène 5

1787 Un menteur est toujours prodigue de serments.

acte IV, scène 2

1788 Les gens que vous tuez se portent assez bien.

scène 5

1789 Il faut bonne mémoire après qu'on a menti.

La Suite du Menteur, acte II, scène 3

1790 L'amour est un grand maître, il instruit tout d'un coup

Rodogune
acte I, scène 5

1791 Il est des nœuds secrets, il est des sympathies,
Dont par le doux rapport les âmes assorties
S'attachent l'une à l'autre, et se laissent piquer
Par ces je ne sais quoi qu'on ne peut expliquer.

acte III, scène 6

1792 Qui ne sent point son mal est d'autant plus malade ;

acte V, scène 1

1793 Il est doux de périr après ses ennemis ;
Et, de quelque rigueur que le destin me traite,
Je perds moins à mourir qu'à vivre leur sujette.

scène 4

1794 Je me défendrai mal : l'innocence étonnée
Ne peut s'imaginer qu'elle soit soupçonnée ;

Théodore

acte I, scène 2

1795 Un bienfait perd sa grâce à le trop publier;
Qui veut qu'on s'en souvienne, il le doit oublier.

acte II, scène 4

1796 La mort n'a que douceur pour une âme chrétienne.

acte IV, scène 1

1797 On retire souvent le bras pour mieux frapper.

1798 Les esprits généreux jugent tout par eux-mêmes.

Héraclius

au lecteur

1799 Je ne craindrai point d'avancer que le sujet d'une belle tragédie doit n'être pas vraisemblable.

acte I, scène 4

1800 Je sais ce que tu vaux, et ce que je te dois.

acte IV, scène 4

1801 Devine, si tu peux, et choisis, si tu l'oses.

acte V, scène 2

1802 La générosité suit la belle naissance:
La pitié l'accompagne et la reconnaissance.

Don Sanche d'Aragon

acte I, scène 3

1803 Se pare qui voudra des noms de ses aïeux,
Moi, je ne veux porter que moi-même en tous lieux;
Je ne veux rien devoir à ceux qui m'ont fait naître,
[...]
Seigneur, pour mes parents, je nomme mes exploits;
Ma valeur est ma race, et mon bras est mon père.

acte V, scène 5

1804 Jamais plus digne main ne fit plus digne ouvrage.

Nicomède

au lecteur

1805 [...] La fermeté des grands cœurs, qui n'excite que de l'admiration dans l'âme du spectateur, est quelquefois aussi agréable que la compassion que notre art nous commande de mendier pour leurs misères.

acte II, scène 1

1806 On n'aime point à voir ceux à qui l'on doit tant.

scène 3

1807 Ah! ne me brouillez point avec la République...

acte IV, scène 3

1808 Un véritable roi n'est ni mari ni père...

Pertharite, acte II, scène 5

1809 Qui ne craint point la mort craint peu quoi qu'il ordonne.

Sertorius
acte I, scène 3

1810 On a peine à haïr ce qu'on a bien aimé,
Et le feu mal éteint est bientôt rallumé.

1811 Que c'est un sort cruel d'aimer par politique!
Et que ses intérêts sont d'étranges malheurs,
S'ils font donner la main quand le cœur est ailleurs!

acte II, scène 4

1812 Le temps est un grand maître, il règle bien des choses.

acte III, scène 1

1813 Rome n'est plus dans Rome, elle est toute où je suis.

acte IV, scène 1

1814 Ah! pour être Romain, je n'en suis pas moins homme!

scène 2

1815 La liberté n'est rien quand tout le monde est libre...

acte III, scène 1

1816 Il est doux de revoir les murs de la patrie.

Tite et Bérénice
acte II, scène 2

1817 Qui se vainc une fois peut se vaincre toujours...

acte IV, scène 5

1818 Un monarque a souvent des lois à s'imposer;
Et qui veut pouvoir tout ne doit pas tout oser.

acte V, scène 1

1819 Nous mourons à toute heure; et dans le plus doux sort
Chaque instant de la vie est un pas vers la mort.

(Tite et Bérénice, acte V) scène 2

1820 Quoi! vous ne pouvez pas ce que peut une femme!

scène 4

1821 Quelque pouvoir sur moi que notre amour obtienne,
J'ai soin de votre gloire; ayez-en de la mienne...
[...] comme je suis reine,
Je sais des souverains la raison souveraine.

scène 5

1822 Jamais un tendre amour n'expose ce qu'il aime.

1823 BÉRÉNICE
Votre cœur est à moi, j'y règne; c'est assez.

TITE
Malgré les vœux publics refuser d'être heureuse,
C'est plus craindre qu'aimer.

BÉRÉNICE
La crainte est amoureuse.

1824 C'est à force d'amour que je m'arrache au vôtre;
Et je serais à vous, si j'aimais comme une autre.

Pulchérie
acte V, scène 4

1825 Les silences de cour ont de la politique.
Sitôt que nous parlons, qui consent applaudit,
Et c'est en se taisant que l'on nous contredit.

Suréna
acte I, scène 1

1826 L'amour, dès qu'il le veut, se fait un privilège;
Et quand de se forcer ses désirs sont lassés,
Lui-même à n'en rien taire il s'enhardit assez.

scène 2

1827 Finissons-le, madame: en ce malheur extrême,
Plus je hais, plus je souffre, et souffre autant que j'aime.

1828 Amour, sur ma vertu prends un peu moins d'empire!

scène 3

1829 Je veux qu'un noir chagrin à pas lents me consume,
Qu'il me fasse à longs traits goûter son amertume;
Je veux, sans que la mort ose me secourir,
Toujours aimer, toujours souffrir, toujours mourir.

1830 Que tout meure avec moi, madame ; que m'importe
Qui foule après ma mort la terre qui me porte ?
[...]
Quand nous avons perdu le jour qui nous éclaire,
Cette sorte de vie est bien imaginaire,
Et le moindre moment d'un bonheur souhaité
Vaut mieux qu'une si froide et vaine éternité.

acte II, scène 2

1831 Le véritable amour, dès que le cœur soupire,
Instruit en un moment de tout ce qu'on doit dire.

1832 Il est si naturel d'estimer ce qu'on aime
Qu'on voudrait que partout on l'estimât de même ;

acte III, scène 1

1833 Un service au-dessus de toute récompense
A force d'obliger tient presque lieu d'offense ;

acte IV, scène 2

1834 L'amante d'un héros aime à lui ressembler,
Et voit ainsi que lui ses périls sans trembler.

scène 4

1835 L'amour dans sa prudence est toujours indiscret ;
A force de se taire il trahit son secret :
Le soin de le cacher découvre ce qu'il cache,
Et son silence dit tout ce qu'il craint qu'on sache.

1836 La grâce est aux grands cœurs honteuse à recevoir ;

acte V, scène 3

1837 La tendresse n'est point de l'amour d'un héros,
Il est honteux pour lui d'écouter des sanglots ;
[...]
Un peu de dureté sied bien aux grandes âmes.

Poésies, Excuse à Ariste

1838 Je satisfais ensemble et peuple et courtisans,
Et mes vers en tous lieux sont mes seuls partisans ;
Par leur seule beauté ma plume est estimée :
Je ne dois qu'à moi seul toute ma renommée.

Mélanges poétiques

1839 Par là je m'appris à rimer ;
Par là je fis sans autre chose
Un sot en vers d'un sot en prose.

Remerciement au Roi

1840 Commande, et j'entreprends ; ordonne, et j'exécute !

Stances à la marquise du Parc, actrice

1841 Marquise, si mon visage
A quelques traits un peu vieux,
Souvenez-vous qu'à mon âge
Vous ne vaudrez guère mieux.

Le temps aux plus belles choses
Se plaît à faire un affront,
Et saura faner vos roses
Comme il a ridé mon front.

Traduction paraphrasée de l'Imitation de Jésus-Christ

1842 Et la parfaite joie arrive avec le soir
Chez qui sait avec fruit employer la journée.

1843 Et je voudrais souvent n'avoir pu rien entendre,
Ou n'avoir vu personne, ou n'avoir point parlé.

1844 La vie est un torrent d'éternelles disgrâces.

1845 L'âpre démangeaison d'entendre des nouvelles.

Instructions chrétiennes tirées de l'Imitation de Jésus-Christ
livre I, 2

1846 Le savoir t'est donné pour guide à moins faillir ;
Il te donne lui-même un plus grand compte à rendre,
Et plus lieu de trembler que de t'enorgueillir.

Antoine Gombaud, chevalier de MÉRÉ 1607-1684

Les Conversations, 1

1847 Car ce n'est pas assez d'avoir de si beaux dehors pour être agréable, le plus important consiste à donner l'ordre dans sa tête et dans son cœur. Aussi n'est-on jamais galant homme sans avoir un bon cœur, et bien de l'esprit.

6

1848 César avait toujours la gloire devant les yeux, qui lui faisait prendre le parti le plus héroïque.

Poésies, à une Dame trop curieuse de sa parure

1849 Ah ! quand une Beauté s'attache trop aux soins
Qu'en elle l'amour-propre inspire,
Elle en plaît plus, mais on l'en aime moins.

Poésies, Madrigal

1850 Un Amant qui ne peut dépenser qu'en soupirs
N'est plus payé qu'en espérance.

Œuvres posthumes, Discours I, de la vraie honnêteté

1851 Si quelqu'un me demandait en quoi consiste l'honnêteté, je dirais que ce n'est autre chose que d'exceller en tout ce qui regarde les agréments et les bienséances de la vie : aussi de-là, ce me semble, dépend le plus parfait et le plus aimable commerce du monde.

Discours IV, de la délicatesse dans les choses

1852 Je ne vois point de plus grand secret dans le langage, que de trouver des manières pour adoucir les choses fâcheuses.

Lettre à Mme la duchesse de Lesdiguières

1853 On ne loue que bien sèchement ce qu'on n'aime pas, quelque bonne opinion qu'on en puisse avoir ; et puis le mérite qui nous est cher nous paraît tout d'un autre prix que celui que nous haïssons.

Madeleine de SCUDÉRY 1607-1701

Choix de pensées
de l'amour

1854 Il n'y a point de conversation plus ennuyeuse que celle d'un amant qui n'a rien à désirer, ni rien à se plaindre.

1855 L'amour ne s'amuse pas à délibérer sur les choses qui le doivent satisfaire.

1856 L'amour est une passion qui ne se soumet à rien, et à qui, au contraire, toutes choses se soumettent.

1857 Ceux qui vieillissent sans rien aimer, et à qui l'expérience du monde ne manque point, ont toujours quelque chose de sauvage et de rude dans l'esprit, qui n'est pas du tout aimable.

1858 L'amour héroïque est une passion que le peuple ne comprend point du tout.

1859 L'amour fait les plus grandes douceurs et les plus sensibles infortunes de la vie.

1860 Il n'appartient qu'à un homme parfaitement amoureux d'avoir pitié d'un amant.

1861 On ne fait guère de paix en amour, sans que la tendresse en redouble.

(Choix de pensées, de l'amour)

1862 C'est un grand malheur de se faire aimer, avant qu'on ait assez de raison pour se faire craindre.

1863 L'amour est un capricieux qui s'apaise quelquefois de peu de chose, et qui, dans le même temps qu'il désire tout, se contente presque de rien.

1864 [...] Une belle bouche ou de beaux yeux font bien de plus grandes conquêtes que les plus belles idées qu'on puisse avoir : cela vient de ce que tout le monde a des yeux, et de ce que tout le monde n'a pas de l'esprit ; car, comme il faut connaître pour aimer, les stupides ne sauraient aimer ce qu'ils ne connaissent pas, et ils n'aiment que ce qu'ils connaissent.

1865 [...] Comme il n'est pas aisé de cacher le feu, il n'est pas facile de cacher l'amour.

1866 Il n'y a rien de plus ridicule que ces galanteries de famille, qui se font à la vue de tout le monde, par le conseil et le consentement de tous les parents.

1867 Pour que la galanterie produise de jolies choses, il faut que celui qui la fait, aime seulement pour aimer, sans songer d'abord s'il épousera ou s'il n'épousera pas.

de l'amitié

1868 L'amitié peut être muette, et le doit être presque toujours. L'amour au contraire doit être éloquent [...] et l'on ne peut jamais trop dire qu'on aime.

1869 [...] Si l'amitié a du feu aussi bien que l'amour, on peut dire qu'elle a de la lumière sans chaleur, au lieu que l'autre brûle et éclaire tout ensemble.

1870 Il faut bien souvent, pour servir ses amis, ne croire pas toujours ce qu'ils disent, et ne faire pas toujours ce qu'ils veulent.

1871 On peut passer en peu de temps de l'amour à la haine ; on peut même quelquefois aller de l'amour à l'indifférence, et on peut encore passer de l'amitié à l'amour ; mais de l'amour à l'amitié, c'est ce qu'il n'est pas aisé de comprendre.

de la jalousie

1872 Il est moins fâcheux de voir posséder la personne qu'on aime par un mari, que de la voir seulement aimée par un rival.

1873 Quand on est mari et jaloux, la jalousie ne cesse point avec la passion qui l'a fait naître.

1874 Un homme d'un naturel jaloux, ne peut jamais cesser de l'être.

1875 Un jaloux trouve toujours plus qu'il ne cherche.

1876 [. .] Pour ne parler que de l'amitié, je soutiens que toute sage qu'elle est, elle ne saurait être tendre si elle n'est un peu jalouse.

de l'inconstance

1877 L'inconstance naît dans le cœur des amants, et non pas dans les yeux de leurs maîtresses.

1878 L'inconstance en amour est une marque de faiblesse et de peu de jugement. Il ne faut pas donner son cœur sans y avoir pensé longtemps ; mais quand on l'a donné, l'on ne doit jamais le reprendre.

1879 Je veux qu'on aime par générosité, lorsqu'on ne peut plus aimer par inclination [...] et qu'il est même beau de le faire.

de la beauté

1880 Ce n'est point sur le rapport d'une belle qu'il faut juger d'une autre belle, parce qu'elles ont presque toutes la faiblesse de croire qu'elles se donnent la gloire qu'elles ôtent aux autres.

1881 Parmi les femmes, la beauté fait excuser beaucoup de défauts ; mais parmi les hommes, elle redouble les mauvaises qualités.

de la cour

1882 Les courtisans les plus fidèles ne suivent les favoris que jusqu'au bord du cercueil.

de l'ambition

1883 D'ordinaire ceux qui sont naturellement ambitieux aiment plus sur l'opinion d'autrui que sur la leur propre.

de la libéralité et bienfaisance

1884 Rien n'oblige tant un magnifique que de s'en laisser obliger.

Pensées diverses

1885 La défiance est la mère de la sûreté.

1886 Pour l'ordinaire, la fortune précipite ceux qui s'abandonnent tout à fait à sa conduite.

1887 On offense plus en refusant une prière, qu'en désobéissant à un commandement.

Lettres

à la marquise de Montausier, août 1645

1888 Il ne faut pas plus de force à supporter le malheur qu'à bien user de la bonne fortune.

à Mlle Paulet, 10 décembre 1645

1889 Les plus violentes douleurs, quand elles sont de peu de durée, se peuvent souffrir sans murmures, et les plus petites, quand elles sont continues, ne se peuvent endurer sans se plaindre.

à M. Godeau, évêque de Vence, 22 février 1650

1890 Ils se saluèrent comme des gens qui craindraient de s'enrhumer [...]

à M. Huet, septembre 1661

1891 Quand on fait ce qu'on peut, on fait ce qu'on doit.

Réponse de Mlle de Scudéry aux vers d'un de ses amis
qui la flattait d'immortalité

1892 Quand l'aveugle destin aurait fait une loi
Pour me faire vivre sans cesse,
J'y renoncerais par tendresse,
Si mes amis n'étaient immortels comme moi.

Jean de ROTROU 1609-1650

Les Sosies, acte I, scène 3

1893 Et je conçois du bruit que font mes dents
Un présage assuré de mauvais accidents.

Laure persécutée, acte I, scène 2

1894 L'Amour engendre en nous cette délicatesse
Que ce que nous aimons, s'il ne nous rit, nous blesse.

acte II, scène 7

1895 Et que l'or est un charme à la vertu fatal!

La Sœur, acte V, scène 3

1896 L'injustice est muette, et la justice crie.

1897 Qui pèche y répugnant en est plus criminel.

Saint Genest
acte I, scène 2

1898 Le plus grand des larcins est celui de la gloire.

acte V, scène 1

1899 [...] Et l'art, imitant la nature,
Bâtit d'une même figure
Notre bière et notre berceau.

scène 2

1900 A qui le désir manque aucun bien ne défaut.

scène 3

1901 Se plaindre de mourir, c'est se plaindre d'être homme.

Don Bernard de Cabrère
acte I, scène 5

1902 L'amour est un doux mal commun à tous les rois.

1903 C'est un malheur d'un trône où l'on est élevé,
Qu'être toujours en butte et toujours observé;
Qu'il ne soit mur si fort dans les palais des princes
Que ne puissent percer les yeux de leurs provinces.

acte III, scène 5

1904 L'offense négligée à la fin devient nôtre;
Qui souffre une licence en autorise une autre.

scène 7

1905 Tout dépend du hasard, et la vie est un jeu.

acte IV, scène 1

1906 Se posséder soi-même est le plus grand des biens.
Aux rois non plus qu'à nous tout n'est pas légitime.

Venceslas
acte II, scène 2

1907 Mais les difficultés sont le champ des vertus.

acte III, scène 2

1908 L'ami qui souffre seul fait une injure à l'autre.

acte V, scène 6

1909 La justice est souvent le masque du courroux.

Cosroès
acte I, scène 3

1910 Le Ciel est inutile à qui ne s'aide pas;
Quand vous pouvez agir épargnez le tonnerre,
Avant l'aide du ciel servez-vous de la terre.

1911 Quand on peut prévenir c'est faiblesse d'attendre.

acte III, scène 2

1912 La brigue d'une ville et de toute une cour,
N'est pas l'effort d'un homme et l'ouvrage d'un jour.

scène 3

1913 Les injures, Madame,
Sont dans le désespoir les armes d'une femme.

scène 4

1914 Je vivais pour régner, il faut régner pour vivre.

scène 5

1915 Tel peut-être nous rit qui nous trahit dans l'âme.

Charles BEYS 1610-1659

Un laboureur déplore sa ruine, élégie

1916 Pour perdre une moisson il ne faut qu'une nuit.

Gautier de Costes de LA CALPRENÈDE v. 1610-1663

Le Comte Dessex, Épître, à Mme la Princesse de Guimené

1917 J'ai peut-être passé pour incapable des choses ordinaires, parce que j'étais capable de quelque chose d'extraordinaire à ceux de ma profession.

Le Comte Dessex, acte I, scène 4

1918 Je sens le coup mortel qui me perce le cœur
Et je n'en puis haïr ni le coup ni l'auteur.

acte III, scène 3

1919 Amour en fut vainqueur, amour fut obéi,
Amour gagna ce cœur, et ce cœur fut trahi.

Charles de Sainte-Maure de MONTAUSIER 1610-1690

Sonnets, Désirs incertains

1920 La douleur me rend le teint blême
Quand on me traite rudement ;
Mon inquiétude est extrême
Quand on me traite doucement...

1921 Tantôt ami, tantôt amant,
Je ne me connais pas moi-même,
Et je ne sais pas seulement
Si je souhaite que l'on m'aime.

1922 Pour être bien aimé, soyez bien amoureux,
Méprisez le mépris, et surmontez la haine,
Enfin, soyez constant et vous serez heureux.

La Guirlande de Julie, Le narcisse

1923 Oyez donc ce discours que ma pâleur exprime [...]

La Guirlande de Julie, Le souci

1924 Je souffre une telle douleur
De vous offrir la moindre Fleur,
Qu'on verra dans votre COURONNE
Que je deviens ce que je donne.

La Guirlande de Julie, La flambe

1925 Pour vous montrer l'état de mon cœur consumé,
Je ne pouvais choisir qu'un objet enflammé.

François de BEAUVILLIER, duc de Saint-Aignan 1610-1687

Réponse à Mme Deshoulières

1926 D'amants loyaux si la mode est perdue,
Moi j'aime encor comme on aimait jadis.

1927 Cœurs de barbons peuvent être coquets,
Le diable eut tort quand il se fit ermite.

Paul SCARRON 1610-1660

Le Virgile travesti, livre deuxième

1928 On dit qu'une femme n'a pas
Au cul ce qu'elle a dans la tête;
Si le proverbe est malhonnête,
Au premier avertissement,
On peut le rayer aisément.

livre septième

1929 [...] Mentale fornication
Ou fornication mentale;
En tous sens la chose est égale.

Don Japhet d'Arménie, acte I, scène 2

1930 Noé, qui sur les flots fit flotter sa maison,
Quand tout le genre humain but plus que de raison.

Le Roman comique, première partie, chap. III

1931 Les absents sont assassinés à coups de langue.

chap. IV

1932 Elle n'était pas laide, quoique si maigre et si sèche, qu'elle n'avait jamais mouché de chandelle avec ses doigts que le feu n'y prît.

deuxième partie, chap. VI

1933 A force d'obéir à la guerre, il s'était rendu capable de bien commander dans sa maison.

Au grand Flotte, chanson à boire

1934 Que béni soit le jus d'octobre,
Ce jus qui rougit tant de nez:
Malheur sur les morigénés,
Malheur, malheur, sur la gent sobre...

Sonnet

1935 Il n'est point de ciment que le temps ne dissoude.

Si vos marbres si durs ont senti son pouvoir,
Dois-je trouver mauvais qu'un méchant pourpoint noir
Qui m'a duré deux ans soit troué par le coude?

Épitaphe, par lui-même

1936 Celui qui ci maintenant dort
Fit plus de pitié que d'envie,
Et souffrit mille fois la mort
Avant que de perdre la vie.

Passant, ne fais ici de bruit!
Garde que ton pas ne l'éveille,
Car voici la première nuit.
Que le pauvre Scarron sommeille!

Mathieu de MONTREUIL 1611-1691

Épigramme

1937 Cloris à vingt ans était belle,
Et veut encor passer pour telle,
Bien qu'elle en ait quarante-neuf;
Elle prétend toujours qu'ainsi chacun l'appelle.
Il faut la contenter, la pauvre demoiselle;
Le Pont-Neuf, dans mille ans, s'appellera Pont-Neuf.

Stances, durant la guerre civile

1938 Accuse qui voudra mon cœur de barbarie,
De pouvoir sans pitié voir tant de malheureux,
L'Amour ne reconnaît ni parents ni patrie :
Je ne suis point cruel, mais je suis amoureux.

Isaac de BENSERADE 1613-1691

Poème sur l'accomplissement du Mariage de Leurs Majestés

1939 [...] Et qui pis est les Amours s'en allaient ;
(Vous savez bien, quoique sur eux on glose,
Combien sans eux le monde est peu de chose).

1940 Noce, à vous dire ici ce que j'en crois,
Aux uns est joie, aux autres peine et croix.

1941 Amants agneaux deviennent maris loups.

Élégie, à Iris

1942 Croyez qu'on aime bien dès que l'on hait ainsi.

1943 Laissez-donc le cœur vide où je ne puis entrer :
N'ayez égard à rien, ou ne plaignez qu'un homme,
Qui pour votre beauté languit et se consomme ;
Qui vous rend en secret cent respects légitimes,
Et qui cache ses feux comme on cache les crimes.

Vingt sonnets sur la Beauté et sur la Laideur
IIIe sonnet, sur la Beauté

1944 De tout ce qu'on dit en aimant,
Beaux yeux, source vive et féconde ;
Beau refrain, doux commencement
Des plus belles chansons du monde.

VIe sonnet, sur la Laideur

1945 Nez bâti d'une étrange sorte ;
Je dis à celle qui vous porte,
Mon cœur n'est pas pour votre nez.

XIVe sonnet, sur la Laideur

1946 Bras menus, fragiles roseaux,
Vous ressemblez aux bras des Parques,
Ou pour mieux dire à leurs fuseaux.

Stances

1947 Plus on se tient couvert, plus on est recherché,
Il semble que le voile embellisse les filles :
Et c'est la contrainte des grilles
Qui fait le ragoût du péché.

Épigramme

1948 Je mourrai de trop de désir
Si je la trouve inexorable;
Je mourrai de trop de plaisir
Si je la trouve favorable.
[...]
Je suis assuré de périr
Par le mal ou par le remède.

Stances, à Iris

1949 Souffrez que je m'emporte, et que je vous confesse
Que je suis très marri
Qu'il faille que je souffre, et de votre sagesse,
Et de votre mari.

Sur le retour de M. le Cardinal Mazarin
après sa retraite à Cologne

1950 Le Médecin ordonne en dépit du malade,
Vous guérissez la France en dépit qu'elle en ait.

Épitaphe d'un bon mari

1951 Ci-gît un bon mari dont l'exemple est à suivre,
Patient au-delà du temps qu'il a vécu,
Qui pour avoir cessé de vivre,
Ne cessa pas d'être cocu.

Stances, sur l'amour d'Uranie avec Philis

1952 Vous êtes nos moitiés, avec nous assorties
Vous formez un beau tout;
Séparez-vous de nous, vous n'êtes que parties,
Vous n'êtes rien du tout.
[...]
Vous êtes les zéros, et nous sommes les nombres
Qui vous faisons valoir.

Ballet des proverbes

1953 Jamais honteux n'eut belle amie.

1954 Ce qui vient du tambour s'en retourne à la flûte.

Charles-Louis Faucon de Ry, seigneur de CHARLEVAL v. 1613-1693

Épître en stances à M. Sarasin pour l'inviter à dîner

1955 Nous ne sommes pas de ces sots
Que les jeûnes rendent étiques;
Nos estomacs sont huguenots,
Mais nos cœurs sont bons catholiques.

Épigrammes

1956 Il ne trouve plus à manger;
Mais il trouve toujours à mordre.

Épigrammes, contre les coquettes.

1957 Otez-leur le fard et le vice,
Vous leur ôtez l'âme et le corps.

Chanson

1958 Olympe, je n'ai point de paix,
Absent de vos beautés parfaites;
Et je ne sais ce que je fais
Quand je ne sais ce que vous faites

Urbain CHEVREAU 1613-1701

Épître

1959 Hé quoi donc? pour tenir quelque rang dans l'Histoire,
Irai-je porter mon museau
Où l'on casse et tête et mâchoire?
Seigneur, j'aime beaucoup la gloire;
Mais j'aime encore plus ma peau.

1960 La mort vient assez tôt sans qu'on l'aille chercher.

Le Sage du Monde

1961 Le Sage écoute tout, s'explique en peu de mots;
[...]
Du peu qu'il a son âme est satisfaite,
Et tout ce qu'il n'a pas, il le compte pour rien.

François de LA ROCHEFOUCAULD 1613-1680

Maximes, Réflexions morales

1962 Tout arrive en France.

Maximes, exergue

1963 Nos vertus ne sont, le plus souvent, que des vices déguisés.

Maximes, 1

1964 [...] Ce n'est pas toujours par valeur et par chasteté que les hommes sont vaillants, et que les femmes sont chastes.

2

1965 L'amour-propre est le plus grand de tous les flatteurs.

(Maximes)

5

1966 La durée de nos passions ne dépend pas plus de nous que la durée de notre vie.

8

1967 Les passions sont les seuls orateurs qui persuadent toujours.

19

1968 Nous avons tous assez de force pour supporter les maux d'autrui.

20

1969 La constance des sages n'est que l'art de renfermer leur agitation dans le cœur.

25

1970 Il faut de plus grandes vertus pour soutenir la bonne fortune que la mauvaise.

26

1971 Le soleil ni la mort ne se peuvent regarder fixement.

29

1972 Le mal que nous faisons ne nous attire pas tant de persécution et de haine que nos bonnes qualités.

31

1973 Si nous n'avions point de défauts, nous ne prendrions pas tant de plaisir à en remarquer dans les autres.

34

1974 Si nous n'avions point d'orgueil, nous ne nous plaindrions pas de celui des autres.

38

1975 Nous promettons selon nos espérances, et nous tenons selon nos craintes.

39

1976 L'intérêt parle toutes sortes de langues, et joue toutes sortes de personnages, même celui de désintéressé.

41

1977 Ceux qui s'appliquent trop aux petites choses deviennent ordinairement incapables des grandes.

49

1978 On n'est jamais si heureux ni si malheureux qu'on s'imagine.

55

1979 La haine pour les favoris n'est autre chose que l'amour de la faveur.

62

1980 La sincérité est une ouverture de cœur. On la trouve en fort peu de gens ; et celle que l'on voit d'ordinaire n'est qu'une fine dissimulation pour attirer la confiance des autres.

64

1981 La vérité ne fait pas tant de bien dans le monde que ses apparences y font de mal.

67

1982 La bonne grâce est au corps ce que le bon sens est à l'esprit.

70

1983 Il n'y a point de déguisement qui puisse longtemps cacher l'amour où il est, ni le feindre où il n'est pas.

71

1984 Il n'y a guère de gens qui ne soient honteux de s'être aimés quand ils ne s'aiment plus.

72

1985 Si on juge de l'amour par la plupart de ses effets, il ressemble plus à la haine qu'à l'amitié.

73

1986 On peut trouver des femmes qui n'ont jamais eu de galanterie ; mais il est rare d'en trouver qui n'en aient jamais eu qu'une.

76

1987 Il est du véritable amour comme de l'apparition des esprits : tout le monde en parle, mais peu de gens en ont vu.

78

1988 L'amour de la justice n'est en la plupart des hommes que la crainte de souffrir l'injustice.

79

1989 Le silence est le parti le plus sûr de celui qui se défie de soi-même.

(Maximes)

84

1990 Il est plus honteux de se défier de ses amis que d'en être trompé.

86

1991 Notre défiance justifie la tromperie d'autrui.

89

1992 Tout le monde se plaint de sa mémoire, et personne ne se plaint de son jugement.

94

1993 Les grands noms abaissent, au lieu d'élever, ceux qui ne les savent pas soutenir.

98

1994 Chacun dit du bien de son cœur, et personne n'en ose dire de son esprit.

102

1995 L'esprit est toujours la dupe du cœur.

107

1996 C'est une espèce de coquetterie de faire remarquer qu'on n'en fait jamais.

108

1997 L'esprit ne saurait jouer longtemps le personnage du cœur.

110

1998 On ne donne rien si libéralement que ses conseils.

113

1999 Il y a de bons mariages, mais il n'y en a point de délicieux.

120

2000 L'on fait plus souvent des trahisons par faiblesse que par un dessein formé de trahir.

122

2001 Si nous résistons à nos passions, c'est plus par leur faiblesse que par notre force.

129

2002 Il suffit quelquefois d'être grossier pour n'être pas trompé par un habile homme.

130

2003 La faiblesse est le seul défaut que l'on ne saurait corriger.

135

2004 On est quelquefois aussi différent de soi-même que des autres.

137

2005 On parle peu quand la vanité ne fait pas parler.

138

2006 On aime mieux dire du mal de soi-même que de n'en point parler.

140

2007 Un homme d'esprit serait bien embarrassé sans la compagnie des sots.

146

2008 On ne loue d'ordinaire que pour être loué.

147

2009 Peu de gens sont assez sages pour préférer le blâme qui leur est utile à la louange qui les trahit.

148

2010 Il y a des reproches qui louent, et des louanges qui médisent.

149

2011 Le refus des louanges est un désir d'être loué deux fois.

158

2012 La flatterie est une fausse monnaie qui n'a de cours que par notre vanité.

159

2013 Ce n'est pas assez d'avoir de grandes qualités ; il en faut avoir l'économie.

166

2014 Le monde récompense plus souvent les apparences du mérite que le mérite même.

171

2015 Les vertus se perdent dans l'intérêt, comme les fleuves se perdent dans la mer.

(Maximes)

182

2016 Les vices entrent dans la composition des vertus comme les poisons entrent dans la composition des remèdes. La prudence les assemble et les tempère, et elle s'en sert utilement contre les maux de la vie.

185

2017 Il y a des héros en mal comme en bien.

190

2018 Il n'appartient qu'aux grands hommes d'avoir de grands défauts.

195

2019 Ce qui nous empêche souvent de nous abandonner à un seul vice est que nous en avons plusieurs.

197

2020 Il y a des gens de qui l'on peut ne jamais croire du mal sans l'avoir vu ; mais il n'y en a point en qui il nous doive surprendre en le voyant.

200

2021 La vertu n'irait pas si loin si la vanité ne lui tenait compagnie.

203

2022 Le vrai honnête homme est celui qui ne se pique de rien.

209

2023 Qui vit sans folie n'est pas si sage qu'il croit.

211

2024 Il y a des gens qui ressemblent aux vaudevilles, qu'on ne chante qu'un certain temps.

213

2025 L'amour de la gloire, la crainte de la honte, le dessein de faire fortune, le désir de rendre notre vie commode et agréable, et l'envie d'abaisser les autres, sont souvent les causes de cette valeur si célèbre parmi les hommes.

216

2026 La parfaite valeur est de faire sans témoins ce qu'on serait capable de faire devant tout le monde.

218

2027 L'hypocrisie est un hommage que le vice rend à la vertu.

224

2028 Tous ceux qui s'acquittent des devoirs de la reconnaissance ne peuvent pas pour cela se flatter d'être reconnaissants.

226

2029 Le trop grand empressement qu'on a de s'acquitter d'une obligation est une espèce d'ingratitude.

228

2030 L'orgueil ne veut pas devoir, et l'amour-propre ne veut pas payer.

231

2031 C'est une grande folie de vouloir être sage tout seul.

235

2032 Nous nous consolons aisément des disgrâces de nos amis lorsqu'elles servent à signaler notre tendresse pour eux.

238

2033 Il n'est pas si dangereux de faire du mal à la plupart des hommes que de leur faire trop de bien.

245

2034 C'est une grande habileté que de savoir cacher son habileté.

248

2035 La magnanimité méprise tout pour avoir tout.

257

2036 La gravité est un mystère du corps inventé pour cacher les défauts de l'esprit.

258

2037 Le bon goût vient plus du jugement que de l'esprit.

263

2038 Ce qu'on nomme libéralité n'est le plus souvent que la vanité de donner, que nous aimons mieux que ce que nous donnons.

265

2039 La petitesse de l'esprit fait l'opiniâtreté ; et nous ne croyons pas aisément ce qui est au-delà de ce que nous voyons.

269

2040 Il n'y a guère d'homme assez habile pour connaître tout le mal qu'il fait.

(Maximes)

271

2041 La jeunesse est une ivresse continuelle: c'est la fièvre de la raison.

276

2042 L'absence diminue les médiocres passions, et augmente les grandes, comme le vent éteint les bougies et allume le feu.

284

2043 Il y a des méchants qui seraient moins dangereux s'ils n'avaient aucune bonté.

286

2044 Il est impossible d'aimer une seconde fois ce qu'on a véritablement cessé d'aimer.

289

2045 La simplicité affectée est une imposture délicate.

294

2046 Nous aimons toujours ceux qui nous admirent; et nous n'aimons pas toujours ceux que nous admirons.

298

2047 La reconnaissance de la plupart des hommes n'est qu'une secrète envie de recevoir de plus grands bienfaits.

303

2048 Quelque bien qu'on nous dise de nous, on ne nous apprend rien de nouveau.

306

2049 On ne trouve guère d'ingrats tant qu'on est en état de faire du bien.

310

2050 Il arrive quelquefois des accidents dans la vie, d'où il faut être un peu fou pour se bien tirer.

311

2051 S'il y a des hommes dont le ridicule n'ait jamais paru, c'est qu'on ne l'a pas bien cherché.

312

2052 Ce qui fait que les amants et les maîtresses ne s'ennuient point d'être ensemble, c'est qu'ils parlent toujours d'eux-mêmes.

316

2053 Les personnes faibles ne peuvent être sincères.

317

2054 Ce n'est pas un grand malheur d'obliger des ingrats, mais c'en est un insupportable d'être obligé à un malhonnête homme.

318

2055 On trouve des moyens pour guérir de la folie, mais on n'en trouve point pour redresser un esprit de travers.

320

2056 Louer les princes des vertus qu'ils n'ont pas, c'est leur dire impunément des injures.

323

2057 Notre sagesse n'est pas moins à la merci de la fortune que nos biens.

324

2058 Il y a dans la jalousie plus d'amour-propre que d'amour.

327

2059 Nous n'avouons de petits défauts que pour persuader que nous n'en avons pas de grands.

328

2060 L'envie est plus irréconciliable que la haine.

333

2061 Les femmes n'ont point de sévérité complète sans aversion.

338

2062 Lorsque notre haine est trop vive, elle nous met au-dessous de ceux que nous haïssons.

340

2063 L'esprit de la plupart des femmes sert plus à fortifier leur folie que leur raison.

345

2064 Les occasions nous font connaître aux autres, et encore plus à nous-mêmes.

347

2065 Nous ne trouvons guère de gens de bons sens, que ceux qui sont de notre avis.

(Maximes)

349

2066 Le plus grand miracle de l'amour, c'est de guérir de la coquetterie.

351

2067 On a bien de la peine à rompre, quand on ne s'aime plus.

353

2068 Un honnête homme peut être amoureux comme un fou, mais non pas comme un sot.

356

2069 Nous ne louons d'ordinaire de bon cœur que ceux qui nous admirent.

361

2070 La jalousie naît toujours avec l'amour, mais elle ne meurt pas toujours avec lui.

362

2071 La plupart des femmes ne pleurent pas tant la mort de leurs amants pour les avoir aimés, que pour paraître plus dignes d'être aimées.

364

2072 On sait assez qu'il ne faut guère parler de sa femme ; mais on ne sait pas assez qu'on devrait encore moins parler de soi.

367

2073 Il y a peu d'honnêtes femmes qui ne soient lasses de leur métier.

368

2074 La plupart des honnêtes femmes sont des trésors cachés, qui ne sont en sûreté que parce qu'on ne les cherche pas.

378

2075 On donne des conseils mais on n'inspire point de conduite.

387

2076 Un sot n'a pas assez d'étoffe pour être bon.

389

2077 Ce qui nous rend la vanité des autres insupportable, c'est qu'elle blesse la nôtre.

394

2078 On peut être plus fin qu'un autre, mais non pas plus fin que tous les autres.

396

2079 On garde longtemps son premier amant, quand on n'en prend point de second.

400

2080 Il y a du mérite sans élévation, mais il n'y a point d'élévation sans quelque mérite.

409

2081 Nous aurions souvent honte de nos plus belles actions si le monde voyait tous les motifs qui les produisent.

415

2082 L'esprit nous sert quelquefois à faire hardiment des sottises.

417

2083 En amour celui qui est guéri le premier est toujours le mieux guéri.

423

2084 Peu de gens savent être vieux.

429

2085 Les femmes qui aiment pardonnent plus aisément les grandes indiscrétions que les petites infidélités.

431

2086 Rien n'empêche tant d'être naturel que l'envie de le paraître.

433

2087 La plus véritable marque d'être né avec de grandes qualités, c'est d'être né sans envie.

439

2088 Nous ne désirerions guère de choses avec ardeur, si nous connaissions parfaitement ce que nous désirons.

440

2089 Ce qui fait que la plupart des femmes sont peu touchées de l'amitié, c'est qu'elle est fade quand on a senti de l'amour.

442

2090 Nous essayons de nous faire honneur des défauts que nous ne voulons pas corriger.

451

2091 Il n'y a point de sots si incommodes que ceux qui ont de l'esprit.

(Maximes)

456

2092 On est quelquefois un sot avec de l'esprit, mais on ne l'est jamais avec du jugement.

466

2093 De toutes les passions violentes, celle qui sied le moins mal aux femmes, c'est l'amour.

468

2094 Il y a de méchantes qualités qui font de grands talents.

471

2095 Dans les premières passions les femmes aiment l'amant, et dans les autres elles aiment l'amour.

473

2096 Quelque rare que soit le véritable amour, il l'est encore moins que la véritable amitié.

480

2097 La timidité est un défaut dont il est dangereux de reprendre les personnes qu'on en veut corriger.

484

2098 Quand on a le cœur encore agité par les restes d'une passion, on est plus près d'en prendre une nouvelle que quand on est entièrement guéri.

487

2099 Nous avons plus de paresse dans l'esprit que dans le corps.

496

2100 Les querelles ne dureraient pas longtemps, si le tort n'était que d'un côté.

499

2101 On ne compte d'ordinaire la première galanterie des femmes que lorsqu'elles en ont une seconde.

500

2102 Il y a des gens si remplis d'eux-mêmes que, lorsqu'ils sont amoureux, ils trouvent moyen d'être occupés de leur passion sans l'être de la personne qu'ils aiment.

Maximes posthumes

2103 Nous craignons toutes choses comme mortels, et nous désirons toutes choses comme si nous étions immortels.

2104 L'extrême ennui sert à nous désennuyer.

2105 Un véritable ami est le plus grand de tous les biens et celui de tous qu'on songe le moins à acquérir.

2106 Il est plus nécessaire d'étudier les hommes que les livres.

2107 L'enfer des femmes, c'est la vieillesse.

Réflexions supprimées par l'auteur

2108 Tout le monde trouve à redire en autrui ce qu'on trouve à redire en lui.

2109 Quand on ne trouve pas son repos en soi-même, il est inutile de le chercher ailleurs.

2110 Quand nous sommes las d'aimer, nous sommes bien aises que l'on devienne infidèle, pour nous dégager de notre fidélité.

2211 Dans l'adversité de nos meilleurs amis, nous trouvons toujours quelque chose qui ne nous déplaît pas.

2112 C'est une preuve de peu d'amitié de ne s'apercevoir pas du refroidissement de celle de nos amis.

2113 La férocité naturelle fait moins de cruels que l'amour-propre.

2114 Pour pouvoir être toujours bon, il faut que les autres croient qu'ils ne peuvent jamais nous être impunément méchants.

2115 La confiance de plaire est souvent un moyen de déplaire infailliblement.

2116 On aime à deviner les autres mais l'on n'aime pas être deviné.

2117 N'aimer guère en amour est un moyen assuré pour être aimé.

2118 On craint toujours de voir ce qu'on aime, quand on vient de faire des coquetteries ailleurs.

2119 On doit se consoler de ses fautes quand on a la force de les avouer.

Gilles MÉNAGE 1613-1692

Indifférence

2120 Mais il est des Amants qui toujours de leurs Dames
Aiment à mal parler
Et qui, comme tisons, noircissent de leurs flammes
Ce qu'ils n'ont su brûler.

2121 Celui que le dépit porte à la médisance
Est toujours tourmenté.
Dans le mal amoureux la seule indifférence
Témoigne la santé.

Madrigal, à Mlle de la Vergne

2122 Rien n'est si doux que la diversité ;
Le changement de fers tient lieu de liberté.

À M. Gauvain, épître badine

2123 Et puis la maxime est constante
Qu'en bien plaidant le bien s'augmente.

Cardinal de RETZ 1613-1679

Mémoires, première partie

2124 Il n'y a rien qui soit si sujet à l'illusion que la piété. Toutes sortes d'erreurs se glissent et se cachent sous son voile ; elle consacre toutes sortes d'imaginations ; et la meilleure intention ne suffit pas pour y faire éviter les travers.

2125 J'étais dans les premiers feux du plaisir, qui, dans la jeunesse, se prennent aisément pour les premiers feux de l'amour...

2126 Monsieur le Comte avait toute la hardiesse du cœur que l'on appelle communément vaillance [...] et il n'avait pas [...] la hardiesse de l'esprit, qui est ce que l'on nomme résolution. La première est ordinaire et même vulgaire ; la seconde est même plus rare que l'on ne se le peut imaginer : elle est toutefois encore plus nécessaire que l'autre pour les grandes actions ; et y a-t-il une action plus grande au monde que la conduite d'un parti ?

2127 [...] Je suis persuadé qu'il faut plus de grandes qualités pour former un bon chef de parti que pour faire un bon empereur de l'univers ; et que dans le rang des qualités qui le composent, la résolution marche de pair avec le jugement : je dis avec le jugement héroïque, dont le principal usage est de distinguer l'extraordinaire de l'impossible.

2128 Comme toutes les circonstances extraordinaires sont d'un merveilleux poids dans les révolutions populaires [...] et comme rien n'anime et n'appuie plus un mouvement que le ridicule de ceux contre lesquels on le fait [...]

2129 Les riches n'y[1] viennent que par force ; les mendiants y nuisent plus qu'ils n'y servent, parce que la crainte du pillage les fait appréhender. Ceux qui y peuvent le plus sont les gens qui sont assez pressés dans leurs affaires pour désirer du changement dans les publiques, et dont la pauvreté ne passe toutefois pas jusques à la mendicité publique.

1. Les « émotions populaires ».

2130 Tel est le sort de l'irrésolution : elle n'a jamais plus d'incertitude que dans la conclusion.

2131 Je ne faisais pas le dévot, parce que je ne me pouvais assurer que je pusse durer à le contrefaire ; mais j'estimais beaucoup les dévots, et à leur égard, c'est un des plus grands points de la piété.

2132 Qui peut donc écrire la vérité, que ceux qui l'ont sentie ? Et le président de Thou a eu raison de dire qu'il n'y a de véritables histoires que celles qui ont été écrites par les hommes qui ont été assez sincères pour parler véritablement d'eux-mêmes.

seconde partie

2133 Le grand secret de ceux qui entrent dans les emplois est de saisir d'abord l'imagination des hommes par une action que quelque circonstance leur rende particulière.

2134 Je pris, après six jours de réflexion, le parti de faire le mal par dessein, ce qui est sans comparaison le plus criminel devant Dieu, mais ce qui est sans doute le plus sage devant le monde [...]

2135 [...] Descendre jusques aux petits est le plus sûr moyen pour s'égaler aux grands.

2136 Il y a des temps où la disgrâce est une manière de feu qui purifie toutes les mauvaises qualités et qui illumine toutes les bonnes ; il y a des temps où il ne sied pas bien à un honnête homme d'être disgracié.

2137 La Reine était adorée beaucoup plus par ses disgrâces que par son mérite. L'on ne l'avait vue que persécutée, et la souffrance, aux personnes de ce rang, tient lieu d'une grande vertu.

2138 Ce qui attire assez souvent je ne sais quoi d'odieux sur les actions des ministres, même les plus nécessaires, est que pour les faire ils sont presque toujours obligés de surmonter des obstacles dont la victoire ne manque jamais de porter avec elle de l'envie et de la haine.

2139 Enfin il [Mazarin] fit si bien qu'il se trouva sur la tête de tout le monde, dans le temps que tout le monde croyait l'avoir encore à ses côtés.

2140 J'éprouvai que toutes les puissances ne peuvent rien contre la réputation d'un homme qui la conserve dans son corps.

2141 L'on est plus souvent dupe par la défiance que par la confiance.

2142 Les rois qui ont été sages et qui ont connu leurs véritables intérêts ont rendu les parlements dépositaires de leurs ordonnances, particulièrement pour se décharger d'une partie de l'envie et de la haine que l'exécution des plus saintes et même des plus nécessaires produit quelquefois.

(Mémoires, seconde partie)

2143 Les ministres, qui sont presque toujours assez aveuglés par leur fortune, pour ne se pas contenter de ce que ces ordonnances permettent, ne s'appliquent qu'à les renverser.

2144 Il n'y a que Dieu qui puisse subsister par lui seul. Les monarchies les plus établies et les monarques les plus autorisés ne se soutiennent que par l'assemblage des armes et des lois ; et cet assemblage est si nécessaire que les unes ne se peuvent maintenir sans les autres.

2145 Le cardinal de Richelieu distinguait plus judicieusement qu'homme du monde entre le mal et le pis, entre le bien et le mieux, ce qui est une grande qualité pour un ministre.

2146 Le cardinal Mazarin ne fut ni doux ni cruel, parce qu'il ne se ressouvenait ni des bienfaits ni des injures. Il s'aimait trop, ce qui est le naturel des âmes lâches ; il se craignait trop peu, ce qui est le caractère de ceux qui n'ont pas de soin de leur réputation.

2147 [...] Le mépris, qui est la maladie la plus dangereuse d'un État, et dont la contagion se répand le plus aisément et le plus promptement du chef dans les membres [...]

2148 Le dernier point de l'illusion, en matière d'État, est une espèce de léthargie, qui n'arrive jamais qu'après de grands symptômes. Le renversement des anciennes lois, l'anéantissement de ce milieu qu'elles ont posé entre les peuples et les rois, l'établissement de l'autorité purement et absolument despotique, sont ceux qui ont jeté originairement la France dans les convulsions dans lesquelles nos pères l'ont vue.

2149 Ce qui cause l'assoupissement dans les États qui souffrent est la durée du mal, qui saisit l'imagination des hommes, et qui leur fait croire qu'il ne finira jamais.

2150 [Mazarin] est inexcusable de n'avoir pas prévu et de n'avoir pas prévenu les conjonctures dans lesquelles l'on ne peut plus faire que des fautes.

2151 Il est vrai de dire qu'auprès des princes il est aussi dangereux et presque aussi criminel de pouvoir le bien que de vouloir le mal.

2152 [...] L'aveugle témérité et la peur outrée produisent les mêmes effets lorsque le péril n'est pas connu.

2153 Il n'y a rien de si dangereux que la flatterie dans les conjonctures où celui que l'on flatte peut avoir peur. L'envie qu'il a de ne la pas prendre fait qu'il croit à tout ce qui l'empêche d'y remédier.

2154 [...] Il est bien plus naturel à la peur de consulter que de décider.

2155 [...] L'heure du souper approchait. Cette circonstance vous paraîtra ridicule, mais elle est fondée ; et j'ai observé qu'à Paris, dans les émotions populaires, les plus échauffés ne veulent pas ce qu'ils appellent se désheurer.

2156 [...] Les vices d'un archevêque peuvent être, dans une infinité de rencontres, les vertus d'un chef de parti.

2157 Les plus grands dangers ont leurs charmes pour peu que l'on aperçoive de gloire dans la perspective des mauvais succès ; les médiocres n'ont que des horreurs quand la perte de la réputation est attachée à la mauvaise fortune.

2158 Les extrêmes sont toujours fâcheux ; mais ils sont sages quand ils sont nécessaires. Ce qu'ils ont de consolatif est qu'ils ne sont jamais médiocres et qu'ils sont décisifs quand ils sont bons.

2159 Les gens qui sont naturellement faibles à la cour ne peuvent jamais s'empêcher de croire tout ce qu'elle prend la peine de leur vouloir faire croire [...] ; quand ils ne sont pas dupes, ce n'est que la faute du ministre.

2160 Il n'y a rien dans le monde qui n'ait son moment décisif, et le chef-d'œuvre de la bonne conduite est de connaître et de prendre ce moment.

2161 Monsieur le Prince [...] ne conçut pas d'assez bonne heure cette maxime si nécessaire aux princes, de ne considérer les petits incidents que comme des victimes que l'on doit toujours sacrifier aux grandes affaires.

2162 Il y a des espèces de frayeurs qui ne se dissipent que par des frayeurs d'un plus haut degré.

2163 Il n'y a rien où il faille plus de précautions qu'en tout ce qui regarde les peuples, parce qu'il n'y a rien de plus déréglé ; il n'y a rien où il les faille plus cacher, parce qu'il n'y a rien de plus défiant.

2164 Les gens faibles ne plient jamais quand ils le doivent.

2165 L'esprit dans les grandes affaires n'est rien sans le cœur.

2166 Mademoiselle de Chevreuse traitait bientôt [ceux qu'elle aimait] comme ses jupes : elle les mettait dans son lit quand elles lui plaisaient ; elle les brûlait, par pure aversion, deux jours après.

(Mémoires, seconde partie)

2167 Les exemples du passé touchent sans comparaison plus les hommes que ceux de leur siècle.

2168 Rien ne marque tant le jugement solide d'un homme, que de savoir choisir entre les grands inconvénients.

2169 Les peuples sont las quelque temps devant que de s'apercevoir qu'ils le sont.

2170 L'une des plus grandes incommodités des guerres civiles est qu'il faut encore plus d'application à ce que l'on ne doit pas dire à ses amis qu'à ce que l'on doit faire contre ses ennemis.

2171 Le plus grand malheur des guerres civiles est que l'on y est responsable même du mal que l'on ne fait pas.

2172 Il n'y a point de qualité qui dépare tant celles d'un grand homme, que de n'être pas juste à prendre le moment décisif de sa réputation.

2173 Il est, à mon sens, d'un plus grand homme de savoir avouer sa faute que de savoir ne la pas faire.

2174 L'un des plus grands défauts des hommes est qu'ils cherchent presque toujours, dans les malheurs qui leur arrivent par leurs fautes, des excuses devant que d'y chercher des remèdes ; ce qui fait qu'ils y trouvent très souvent trop tard les remèdes, qu'ils n'y cherchent pas d'assez bonne heure.

2175 La source la plus commune des imprudences est la vue que l'on a de la possibilité des ressources.

2176 [...] La guerre civile est une de ces maladies compliquées dans lesquelles le remède que vous destinez pour la guérison d'un symptôme en aigrit quelquefois trois ou quatre autres.

2177 [...] Une présence d'esprit presque surnaturelle, qui est encore quelque chose de plus grand que la fermeté, quoiqu'elle en soit, au moins en partie, l'effet.

2178 [...] Toute compagnie est peuple, et tout, par conséquent, y dépend des instants.

2179 [...] Tous les gens irrésolus prennent toujours avec facilité et même avec joie toutes les ouvertures qui les mènent à deux chemins, et qui par conséquent ne les pressent pas d'opter.

2180 [...] Il y a de certains défauts qui marquent plus une bonne âme que de certaines vertus.

2181 […] L'extravagance de ces sortes de temps, où tous les sots deviennent fous, et où il n'est pas permis aux plus sensés de parler et d'agir toujours en sages […]

2182 […] Il n'y a point de petits pas dans les grandes affaires.

2183 Il ne se faut point jouer avec ceux qui ont en main l'autorité royale. Quelques défauts qu'ils aient, ils ne sont jamais assez faibles pour ne pas mériter ou que l'on les ménage, ou que l'on les perde.

2184 […] Il n'y a rien de si dangereux que de souffrir que nos ennemis fassent devant les peuples ce qui nous doit déplaire, parce que les peuples ne manquent jamais de s'imaginer qu'ils le peuvent, puisque l'on le souffre.

2185 […] Tout ce qui est nécessaire n'est jamais hasardeux.

2186 […] Les familles médiocres, qui sont toujours les plus redoutables dans les révolutions.

2187 Il est aussi nécessaire de choisir les mots dans les grandes affaires, qu'il est superflu de les affecter dans les petites.

2188 L'ombre d'un cabinet, dont l'on ne peut pas empêcher les faiblesses, n'est jamais bonne à un homme dont la principale force consiste dans la réputation publique.

2189 La vérité jette, lorsqu'elle est à un certain carat, une manière d'éclat auquel l'on ne peut résister…

2190 L'on se raccommode bien plus aisément quand l'on est disposé à ne se point plaindre, que quand on l'est à se plaindre, quoique l'on n'en ait pas de sujet.

2191 […] Ces sortes d'esprits persuadent peu, mais ils insinuent bien ; et le talent d'insinuer est plus d'usage que celui de persuader, parce que l'on peut insinuer à tout le monde et que l'on ne persuade presque jamais personne.

2192 Il n'y a rien de si fâcheux que d'être le ministre d'un prince dont on n'est pas le favori […]

2193 Il n'y a rien de si louable que la générosité, mais il n'y a rien qui se doive moins outrer.

2194 […] Quand les hommes ont balancé longtemps à entreprendre quelque chose, par la crainte de n'y pas réussir, l'impression qui leur reste de cette crainte fait, pour l'ordinaire, qu'ils vont trop vite dans la conduite de leurs entreprises.

(Mémoires, seconde partie)

2195 [...] Elle savait se fier. C'est une qualité très rare, et qui marque autant un esprit élevé au-dessus du commun.

2196 Ce qui est même méprisable n'est pas toujours à mépriser.

2197 [...] La plupart des hommes ne font les grands maux que par les scrupules qu'ils ont pour les moindres.

2198 Faites réflexion, je vous supplie, sur l'inutilité des recherches qui se font tous les jours, par les gens d'études, des siècles qui sont plus éloignés.

2199 [...] Quand l'on se trouve obligé à faire un discours que l'on prévoit ne devoir pas agréer, l'on ne lui peut trop donner trop d'apparences de sincérité, parce que c'est l'unique voie pour l'adoucir.

2200 L'on ne doit jamais jouer avec la faveur : l'on ne la peut trop embrasser quand elle est véritable ; l'on ne s'en peut trop éloigner quand elle est fausse.

2201 [...] La vanité ridicule de ces auteurs impertinents qui, étant nés dans la basse cour et n'ayant jamais passé l'antichambre, se piquent de ne rien ignorer de tout ce qui s'est passé dans le cabinet.

2202 Voilà où échouent toutes les âmes timides. La peur, qui grossit toujours les objets, donne du corps à toutes leurs imaginations : elles prennent pour forme tout ce qu'elles se figurent dans la pensée de leurs ennemis, et elles tombent presque toujours dans des inconvénients très effectifs, par la frayeur qu'elles prennent de ceux qui ne sont qu'imaginaires.

2203 [...] Il est impossible que la cour conçoive ce que c'est que le public. La flatterie, qui en est la peste, l'infecte toujours au point qu'elle lui cause un délire incurable sur cet article.

2204 Tout ce qui est vide, dans les temps de faction et d'intrigue, passe pour mystérieux à tous les gens qui ne sont pas accoutumés aux grandes affaires.

2205 Les effets de la faiblesse sont inconcevables, et je maintiens qu'ils sont plus prodigieux que ceux des passions les plus violentes.

2206 [...] Les petits esprits ne tiennent jamais pour naturel rien de ce que l'art peut produire...

2207 Il y a des matières sur lesquelles il est constant que le monde veut être trompé.

2208 [...] Tout homme que la fortune seule a fait homme public devient presque toujours, avec un peu de temps, un particulier ridicule.

2209 L'on ne connaît pas ce que c'est que le parti, quand l'on s'imagine que le chef en est le maître: son véritable service y est presque toujours combattu par les intérêts, même assez souvent imaginaires, des subalternes.

2210 La subdivision est ce qui perd presque tous les partis: elle y est presque toujours l'effet de cette sorte de finesse qui, par son caractère particulier, est opposée à la prudence. C'est ce que les Italiens appellent comoedia in comoedia.

2211 [...] Ce qui paraît un prodige aux siècles à venir ne se sent pas dans les temps...

2212 Une des sources de l'abus que les hommes font presque toujours de leur dignité est qu'ils s'en éblouissent d'abord qu'ils en sont revêtus, et l'éblouissement est cause qu'ils tombent dans les premières fautes, qui sont les plus dangereuses par une infinité de raisons.

2213 [...] Diminuer l'envie: ce qui est le plus grand de tous les secrets.

2214 Il n'y a que manière en la plupart des choses du monde.

2215 Je maintiens qu'il est autant de la politique que de l'honnêteté de ceux qui sont les plus puissants de soulager la honte des moins considérables, et de leur tendre la main, quand ils n'osent eux-mêmes la présenter.

2216 Il est de la prudence d'un chef de parti de souffrir tout ce qu'il doit dissimuler, mais il ne doit pas dissimuler ce qui accoutume les corps ou les particuliers à la résistance.

2217 Il n'y a que l'expérience qui puisse apprendre aux hommes à ne pas préférer ce qui les pique dans le présent, à ce qui les doit toucher bien plus essentiellement dans l'avenir.

2218 [Les grands] aident à aveugler le reste des hommes, et ils s'aveuglent eux-mêmes après, encore plus dangereusement que le reste des hommes.

2219 [...] Il y a des gens qui préfèrent au succès la satisfaction qu'ils trouvent dans eux-mêmes.

2220 [...] Ceux qui sont à la tête des grandes affaires ne trouvent pas moins d'embarras dans leur parti, que dans celui de leurs ennemis.

2221 [Les inimitiés] qui ne sont pas bien fondées sont les plus opiniâtres.

2222 Les bonnes intentions se doivent moins outrer que quoi que ce soit.

2223 Tout ce qui est fort extraordinaire ne paraît possible, à ceux qui ne sont pas capables que de l'ordinaire, qu'après qu'il est arrivé.

troisième partie

2224 [...] L'aversion que la plupart des hommes ont à se dessaisir fait qu'ils ne le font jamais assez tôt, même dans les rencontres où ils sont les plus résolus de le faire.

2225 Les grands noms sont toujours de grandes raisons aux petits génies.

2226 [...] Les plus petites choses sont souvent de meilleures marques que les grandes.

Isaac **LEMAISTRE DE SACI** 1613-1684

Lettres chrétiennes et spirituelles
le 16 octobre 1661

2227 [...] Il faut tâcher de nous préparer par la solitude la plus exacte et la plus sainte que nous pourrons, à cette dernière solitude où nous nous trouverons lorsque nous irons seuls devant Dieu pour lui rendre compte de toutes les actions de notre vie.

le 2 mars 1664

2228 [...] La patience seule enferme tous les biens, et quoiqu'il s'y mêle des imperfections on ne laisse pas d'y gagner beaucoup.

le 8 mars

2229 L'humilité et la douceur sont inséparables. La première est comme l'âme, et ainsi elle est plus cachée. La seconde est comme le corps, et elle se voit parce qu'elle regarde principalement la manière dont nous nous conduisons envers les hommes, mais surtout envers ceux qui nous sont soumis.

Charles de **SAINT-ÉVREMOND** 1613-1703

Portrait de Saint-Évremond par lui-même

2230 La vie est trop courte, à mon avis, pour lire toutes sortes de livres, et charger sa mémoire d'une infinité de choses, aux dépens de son jugement.

Lettre au marquis de Créqui sur la paix des Pyrénées

2231 Qui ne sait que la destruction de Carthage fut celle de la république romaine? Tant que Rome eut l'opposition de sa rivale, ce ne fut que vertu, obéissance; sitôt qu'elle n'eut plus d'ennemis au dehors, elle s'en fit au dedans [...]

2232 Non, non, monsieur ; des titres, des seigneuries ne satisfont pas un ministre si solide. Ce qui s'appelle une véritable conquête, pour lui, c'est l'acquisition réelle de nouveaux deniers [...]

Conversation de M. d'Aubigny avec M. de Saint-Évremond

2233 Les jansénistes, voulant faire des saints de tous les hommes, n'en trouvent pas dix, dans un royaume, pour faire des chrétiens tels qu'ils les veulent.

Sur les caractères des tragédies

2234 C'est un grand secret de savoir nous exprimer avec justesse, en ce qui regarde les pensées, et beaucoup plus en ce qui touche le sentiment ; car l'âme a bien plus de peine à se défaire de ce qu'elle sent, que l'esprit à se dégager de ce qu'il pense.

2235 Véritablement la passion doit être remplie, mais jamais outrée ; et si les spectateurs étaient réduits à choisir entre deux vices, ils souffriraient le défaut plus aisément que l'excès.

2236 Revenus de ces mouvements aux lumières de l'esprit, nous jugeons peu favorablement de la tendresse et des larmes.

2237 Je trouve plus ridicule encore qu'on fasse l'éloquent, à se plaindre de ses malheurs. Celui qui prend la peine d'en discourir, m'épargne celle de l'en consoler.

2238 Quand j'ai parlé de la passion, ç'a été proprement de l'amour que j'ai entendu parler : les autres passions servent à former le caractère, au lieu de le ruiner.

2239 Les esprits s'aigrissent à résister ; et au lieu de se défaire de leur première douleur, ils en forment eux-mêmes une seconde. Sans la résistance, ils n'auraient que le mal qu'on leur fait : par elle, ils ont encore celui qu'ils se font.

2240 [...] Je n'ai presque jamais senti, en moi-même, ce combat intérieur de la passion et de la raison. La passion ne s'opposait point à ce que j'avais résolu de faire par devoir ; et la raison consentait volontiers à ce que j'avais envie de faire par un sentiment de plaisir.

Sur les caractères des tragédies
De la lecture et du choix des livres

2241 A mesure que j'ai moins de temps à pratiquer les choses, j'ai moins de curiosité pour les apprendre.

Sur les caractères des tragédies, De la poésie

2242 La poésie demande un génie particulier, qui ne s'accommode pas trop avec le bon sens. Tantôt, c'est le langage des dieux : tantôt c'est le langage des fous, rarement celui d'un honnête homme.

2243 Il faut être sot, disent les Espagnols, pour ne pas faire deux vers : il faut être fou pour en faire quatre.

Sur nos comédies

2244 En Espagne, on ne vit que pour aimer. Ce qu'on appelle AIMER, en France, n'est proprement que parler d'amour et mêler aux sentiments de l'ambition la vanité des galanteries.

À M. le maréchal de Créqui

2245 Il en est de la vie comme de nos autres biens ; tout se dissipe quand on pense en avoir un grand fonds : l'économie ne devient exacte que pour ménager le peu qui nous reste.

2246 Il n'est pas toujours besoin de la jouissance des plaisirs. Si on fait un bon usage de la privation des douleurs, on rend sa condition assez heureuse.

2247 [...] La constance n'est qu'une plus longue attention à nos maux. Elle paraît la plus belle vertu du monde, à ceux qui n'ont rien à souffrir.

À M. le maréchal de Créqui
De quelques livres espagnols, italiens et français

2248 Je suis plus touché de la passion d'un de leurs amants, que je ne serais sensible à la mienne, si j'étais capable d'en avoir encore ; l'imagination de ses amours me fait trouver des mouvements pour lui, que je ne trouverais pas pour moi-même.

2249 De tous les livres que j'ai lus, *Don Quichotte* est celui que j'aimerais mieux avoir fait : il n'y en a point, à mon avis, qui puisse contribuer davantage à nous former un bon goût, sur toutes choses. J'admire comme, dans la bouche du plus grand fou de la terre, Cervantès a trouvé le moyen de se faire connaître l'homme le plus entendu, et le plus grand connaisseur qu'on se puisse imaginer.

2250 [Corneille] serait au-dessus de tous les tragiques de l'antiquité, s'il n'avait été fort au-dessous de lui en quelques-unes de ses pièces : il est si admirable dans les belles, qu'il ne se laisse pas souffrir ailleurs médiocre.

À M. le maréchal de Créqui, De la conversation

2251 Le premier mérite, auprès des dames, c'est d'aimer ; le second, est d'entrer dans la confidence de leurs inclinations ; le troisième, de faire valoir ingénieusement tout ce qu'elles ont d'aimable. [...] Dans leur conversation, songez bien à ne les tenir jamais indifférentes : leur âme est ennemie de cette langueur.

À M. le maréchal de Créqui, Sur les ingrats

2252 Il y a beaucoup moins d'ingrats qu'on ne croit, car il y a bien moins de généreux qu'on ne pense.

2253 L'amour de la liberté a ses ingrats, comme l'amour-propre a les siens.

2254 [...] Les républicains sont ingrats: il leur semble qu'on ôte à la liberté ce qu'on donne à la gratitude.

2255 L'indulgence qu'on a pour les femmes qui font l'amour, est moins une grâce à leur péché qu'une justice à leur faiblesse.

À M. le maréchal de Créqui, Sur la religion

2256 J'ai voulu lire tout qui s'est écrit de l'*Immortalité de l'âme:* et, après l'avoir lu avec attention, la preuve la plus sensible que j'aie trouvée de l'éternité de mon esprit, c'est le désir que j'ai de toujours être.

2257 L'aveuglement du corps attire la compassion. Que peut avoir celui de l'esprit, pour exciter de la haine?

2258 Nous aspirons ambitieusement à tout comprendre, et nous ne le pouvons pas. Nous pouvons religieusement tout observer, et nous ne le voulons point.

2259 Le moyen de nous réunir n'est pas de disputer toujours sur la doctrine. Comme les raisonnements sont infinis, les controverses dureront autant que le genre humain qui les fait: mais si, laissant toutes les disputes qui entretiennent l'aigreur, nous remontons, sans passion, à cet esprit particulier qui nous distingue, il ne sera pas impossible d'en former un général, qui nous réunisse.

2260 L'homme peut se soumettre à la volonté d'autrui, tout libre qu'il est: il peut s'avouer inférieur, en courage et en vertu ; mais il a honte de se confesser assujetti au sens d'un autre. Sa répugnance la plus naturelle est de reconnaître, en qui que ce soit, une supériorité de raison.

2261 Notre premier avantage, c'est d'être nés raisonnables ; notre première jalousie, c'est de voir que d'autres veuillent l'être plus que nous.

Élégie à Mlle de Lenclos

2262 Avoir toujours les mêmes sentiments ;
Toujours sentir les mêmes mouvements ;
Vivre toujours sans dessein, sans envie,
C'est être morte au milieu de la vie...

2263 Il faut brûler d'une flamme légère,
[...]
Etre inconstante aussi longtemps qu'on peut,
Car un temps vient où ne l'est pas qui veut.

Le Cercle, à M. P***

2264 On dit[1] un jour à la reine de Suède, que les précieuses étaient les jansénistes de l'amour ; et la définition ne lui déplut pas. L'amour est encore un Dieu pour les précieuses. Il n'excite pas de passion en leurs âmes ; il y forme une espèce de religion.

1. Ninon de Lenclos.

2265 Si vous voulez savoir en quoi les *Précieuses* font consister leur plus grand mérite, je vous dirai que c'est à aimer tendrement leurs amants sans jouissance, et à jouir solidement de leurs maris avec aversion.

Stances, à Madame

2266 Ce n'est pas votre fermeté,
Qui fera ma persévérance ;
Ayez toujours de la beauté,
J'aurai toujours de la constance.

Lettres, Sur la vieillesse, à Mlle de Lenclos, 1696

2267 Il ne fallait autrefois qu'être méchant, il faut être de plus malhonnête homme, pour se damner en France présentement.

2268 Il sied bien à un homme qui n'est pas jeune, d'oublier qu'il l'a été.

Lettres, Le corps et l'esprit, à Mlle de Lenclos, 1698

2269 A quatre-vingt-huit ans, je mange des huîtres tous les matins ; je dîne bien ; je ne soupe pas mal : on fait des héros pour un moindre mérite que le mien.

2270 Un grand cœur veut tout entreprendre
Un grand esprit veut tout comprendre,
Les droits de l'estomac sont de bien digérer [...]

2271 On ne lit presque rien qui vaille la peine d'être retenu ; on ne dit presque rien qui mérite d'être écouté.

Lettres
à M. le comte d'Olonne, 1674

2272 [...] A une douleur oubliée, il n'est pas difficile de faire succéder le sentiment de la joie.

2273 Les vrais honnêtes gens [...] connaissent le bien par la seule justesse de leur goût, et s'y portent de leur propre mouvement...

2274 Montaigne vous fera mieux connaître l'homme qu'aucun autre, mais c'est l'homme avec toutes ses faiblesses : connaissance utile dans la bonne fortune pour la modération, triste et affligeante dans la mauvaise.

2275 On peut être sobre sans être délicat ; mais on ne peut jamais être délicat sans être sobre.

2276 Celles qui conservent de la passion pour les gens qu'elles ne voient plus, en font naître bien peu en ceux qui les voient : la continuation de leur amour pour les absents est moins un honneur à leur constance, qu'une honte à leur beauté.

2277 Les courtes absences animent les passions, au lieu que les longues les font mourir.

2278 Il y en a que leur malheur a rendus dévots par un certain attendrissement, par une pitié secrète qu'on a pour soi, assez propre à disposer les hommes à une vie plus religieuse. Jamais disgrâce ne m'a donné cette espèce d'attendrissement : la nature ne m'a pas fait assez sensible à mes propres maux.

à Mme la duchesse de Mazarin, 1678

2279 La plupart des dames se perdent avantageusement sous leur parure. Il y en a qu'on trouve fort bien avec leurs perles, qu'on trouverait fort mal avec leur cou.

2280 Le métier de conteur est une puérilité dans les jeunes gens, et une faiblesse dans les vieillards. Quand l'esprit n'a pas encore acquis sa force, ou qu'il commence à la perdre, il aime à dire ce qui ne coûte rien à penser.

à Monsieur Justel, 1681

2281 [...] Quand nous voulons dégager notre âme de tout commerce avec nos sens, sommes-nous assurés qu'un entendement abstrait ne se perde pas en des pensées vagues, et ne se forme plus d'extravagances, qu'il ne découvrira de vérités ?

2282 Il n'y a rien de plus juste que d'adorer ce qu'on croit un Dieu ; il n'y a rien de moins criminel que de n'adorer pas ce qu'on croit simplement un *Signe ;* et je ne sais comment cette diversité de créance a pu causer des supplices si barbares dans une religion toute fondée sur l'amour.

à Mlle de Lenclos, 1696

2283 Ce que je trouve de plus fâcheux à mon âge, c'est que l'espérance est perdue : l'espérance qui est la plus douce des passions, et celle qui contribue davantage à nous faire vivre agréablement.

Louis PETIT 1614-1693

Stances satiriques contre les mensonges
et les extravagances des poètes

2284 Combien de faux tourments, combien de faux soupirs,
Combien aussi de faux désirs,
Paraissent vrais dans leurs ouvrages !
Et combien souvent y voit-on
Briller de divines images,
De qui l'original est laid comme un démon.

Claude LANCELOT 1615-1695

2285 [...] La charité chrétienne [disait-il[1]] veut qu'on soit prêt de donner ou de perdre tout ce que l'on prête.

Jean-François SARASIN v. 1615-1654

À M. de Charleval

2286 Cher Charleval, alors en vérité
Je crois qu'il fut une femme fidèle ;
Mais comme quoi ne l'aurait-elle été ?
Elle n'avait qu'un seul homme avec elle.

De l'argent qui fait tout en amours

2287 Écus font tout au jeu de l'Arétin,
Et qui les a peut, et soir et matin,
A tous venants dire en français ou grec :
Un autre y est, passez votre chemin.

Chanson

2288 Cinq ou six soupirs, cinq ou six fleurettes,
Cinq ou six : Hélas, je meurs d'amour,
Cinq ou six fois chaque jour
Hanter cinq ou six coquettes,
Dépenser cinq ou six mille écus :
On fait cinq ou six maris cocus.

À Mme la présidente de Motteville, au sortir d'une maladie

2289 Si le vermeil pourtant est nécessaire
Pour embellir votre teint blanchissant,
Dites toujours : J'aime, c'est chose claire
Que le direz toujours en rougissant.

Louis LE LABOUREUR v. 1615-1679

Sonnets, Les Caméléons à Sapho

2290 Allant souvent du blanc au noir,
On nous accuse d'inconstance ;
Mais que vous devez bien avoir
D'autres Caméléons en France !

Jean HAMON 1617-1687

Lettre à un ami

2291 Une bonne confession vaut mieux qu'une mauvaise excuse.

1. Monsieur de Saint-Cyran.

2292 [...] Je ne m'étonne plus que tant de lectures servent si peu ; tout ce qu'on apprend et tout ce qu'on lit sert de peu s'il n'y a autre chose, comme une femme seule, dit ce Père, est incapable d'avoir des enfants. Nos bonnes œuvres sont nos enfants qui naissent de la volonté éclairée par la lumière de Dieu.

Lettre sur la mort d'une petite-nièce

2293 [...] L'on dit qu'on ne peut pas louer un enfant qui n'a jamais rien fait qui mérite d'être loué, je crois au contraire qu'on y peut tout louer parce qu'on n'y peut rien blâmer. Tout est à louer dans un enfant où il n'y a rien de lui, et où tout est de Dieu.

Lettre à une personne qui le pressait
de recevoir de belles étoffes

2294 Comme les gens du monde ne sont point bien satisfaits avec toute leur magnificence si on ne les admire, les pauvres évangéliques de même ne doivent point être satisfaits avec toute leur pauvreté si on ne les méprise. Les uns et les autres ne se contentent point seulement d'être vêtus pour satisfaire à la nécessité, pour des raisons bien différentes.

À un médecin de ses amis

2295 Si des plantes inutiles croissent jusque sur le bois et la pierre, notre assurance ne peut être que sur la miséricorde de Dieu et en notre vigilance ; car saint Ambroise marque expressément qu'il ne sauve point ceux qui ne font que dormir.

2296 Je trouvai les arbres des forêts plus sages que les hommes que Philon appelle des arbres du Ciel, parce qu'ils ont leurs racines en haut ; car au lieu de porter leurs branches du côté du vrai soleil, qui est la vie même qui les fait suivre, ils les portent du côté de la mort, afin de périr plutôt.

2297 Je ne crains donc pas de dire que comme cet arbre ne pousse ces signes de vie au dehors que parce qu'il meurt, de même il y en a plusieurs qui ne parlent de Dieu que parce qu'ils le perdent.

Relation de plusieurs circonstances de la vie de M. Hamon

2298 Il n'y a rien de si terrible que de mourir en songeant, et de n'ouvrir les yeux que lorsque le jour de l'éternité est venu, où il n'y a plus de jour.

2299 Quand on est bien avec Dieu, on ne croit pas aisément être mal avec personne. [...] de quelque manière que l'on me traite, je demeurerai en paix, quand même l'on me ferait quelque injustice. La charité qui ne couvre jamais nos péchés qu'elle ne couvre ceux de nos frères, la ferait disparaître de devant mes yeux et me la rendrait insensible.

2300 Il n'y a rien qui nous éloigne tant du péril qu'un bon sépulcre. Je ne craindrais pas néanmoins de dire qu'il y aura toujours moins de péril où il y a plus d'amour. La charité que Jésus-Christ nous donne par sa nouvelle vie est plus qu'un sépulcre. Il ne sert que pour le posséder. Si on pouvait le mieux posséder au milieu d'une tempête, il faudrait s'y jeter sans hésiter.

2301 Il n'y a rien de si badin que l'autorité dans une personne qui n'en a point.

Georges de BRÉBEUF 1618-1661

Entretiens solitaires, chap. 3

2302 Il conçoit le néant des objets qui l'abusent,
Et ne peut se résoudre à se désabuser.

chap. 6

2303 Dirai-je plus encor ? Votre grandeur puissante
Eût pu moins s'abaisser en descendant plus bas,
Produire au lieu de l'homme, ou le marbre, ou la plante,
Ces objets contre vous ne se révoltent pas.

chap. 15

2304 Séjournez dans mon cœur et ne m'y souffrez plus.

La Gageure ou Cent cinquante épîtres et madrigaux
contre des femmes fardées

2305 Elle a vingt ans le jour et cinquante ans la nuit.

Stances

2306 De crainte que je ne meure,
Ayez soin de votre santé.

BUSSY-RABUTIN 1618-1693

Maximes d'Amour pour les femmes, dans le Recueil de Sercy

2307 Aimez, mais d'un amour couvert
Qui ne soit jamais sans mystère ;
Ce n'est pas l'amour qui vous perd,
C'est la manière de le faire.

2308 Quand on n'aime pas trop, on n'aime pas assez.

2309 Car je soutiens devant toute la terre
Que l'on ne se fait point valoir
En amour, non plus qu'à la guerre,
Quand on ne fait que son devoir.

Épigramme

2310 Tu ne vantes les gens que des siècles passés:
Pardonne mon aveu sincère et légitime;
Je ne t'estime pas assez,
Pour vouloir par ma mort mériter ton estime.

Lettres
à Mme de Sévigné, 23 mai 1667

2311 Un honnête homme fait tout ce qu'il peut pour s'avancer et se met au-dessus des mauvais succès quand il n'a pas réussi.

à Mme de Fiesque, 25 juin 1667

2312 Je crois que si on ne m'avait fait qu'un peu de tort j'aurais toujours eu cela sur le cœur; mais on l'a poussé si loin qu'on m'a tout à fait détaché.

à Mme de Montmorency, 14 avril 1668

2313 Les malheureux sont sur le pied gauche.

4 avril 1669

2314 La mort des souverains est un sermon. Quand je vois mourir une reine, je me console de n'être pas immortel.

à Mme Bossuet, 13 avril 1671

2315 Pour moi, j'ai éprouvé qu'on est tellement rebuté de l'infidélité, de l'inconstance et de l'ingratitude, que l'on préfère les tièdes plaisirs de la bonne amitié à tout le reste.

à Mme de Sévigné, 26 juin 1672

2316 [...] Pour parler franchement, j'aime mieux avoir été moins heureux que d'être mort jeune.

à Corbinelli, 8 mai 1671

2317 Il est donc vrai que l'espérance est le seul bien de ceux qui n'en ont plus.

au P. Rapin, octobre 1677

2318 Les malheureux qu'on accable ont si grand'peur qu'on ne les méprise, qu'ils en sont moins modestes.

au comte de Limoges, 18 octobre 1677

2319 Comme vous savez, Dieu est d'ordinaire pour les gros escadrons contre les petits.

à Mme de Scudéry, 18 septembre 1679

2320 [...] Il n'est pas possible de rire quand on n'a point d'argent.

à Mme de Sévigné, 6 janvier 1681

2321 Il faut bien de la force pour dire en mourant les mêmes choses qu'on dirait en bonne santé.

23 mars 1689

2322 Il n'y a point de haut et de bas qu'on ne doive attendre de sujets qui coupent la tête à leur roi et qui laissent ensuite régner ses enfants.

Histoire amoureuse des Gaules, Histoire d'Ardélise

2323 Ce mariage étant achevé, les amants qui avaient voulu être mariés se retirèrent, et il en vint d'autres qui ne voulaient qu'aimer.

2324 Ce n'était pas que M. d'Olonne n'aimât sa femme ; mais les maris s'apprivoisent, et jamais les amants ; et la jalousie de ceux-ci est mille fois plus pénétrante que celle des autres.

2325 Un prétendant d'ordinaire ne regarde que devant lui ; mais un amant bien traité regarde à droite et à gauche...

2326 On lui dit qu'il était en âge de faire parler de lui ; que les femmes donnaient de l'estime aussi bien que les armes...

2327 Il y a d'autres coquettes qui ménagent plusieurs amants afin de sauver le véritable dans la multitude et de faire dire qu'elles n'ont point d'affaire, puisqu'elles traitent également tous ceux qui les voient...

2328 Quoi qu'on veuille dire contre les femmes, il y a souvent plus d'imprudence que de malice en leur conduite ; la plupart ne pensent pas, quand on leur parle d'amour, qu'elles doivent jamais aimer.

Savinien de CYRANO DE BERGERAC 1619-1655

Lettres diverses
VIII, Description d'un cyprès

2329 Il est si pointu, que l'esprit même ne saurait s'y asseoir.

XIII, Contre les sorciers

2330 On en doit pas croire toutes choses d'un homme, parce qu'un homme peut dire toutes choses.

2331 N'embrassons donc point une opinion, à cause que beaucoup la tiennent, ou parce que c'est la pensée d'un Grand Philosophe ; mais seulement à cause que nous voyons plus d'apparence qu'il soit ainsi, que d'être autrement.

2332 Un Philosophe doit juger le vulgaire, et non pas juger comme le vulgaire.

XIII, Contre les frondeurs

2333 Le gouvernement populaire est le pire fléau dont Dieu afflige un État quand il le veut châtier.

Lettres satiriques
I, Contre un poltron

2334 Non, non, je ne dégaine point ; c'est craindre son ennemi, de vouloir, par le moyen de la mort, ou l'éloigner de soi, ou s'éloigner de lui.

IV, Contre un ingrat,

2335 Si les Philistins autrefois n'eussent laissé leurs vies sous le bras de Samson, nous ne saurions pas aujourd'hui que la terre eut porté des Philistins. Ils doivent leur vie à leur mort, et s'ils eussent vécu dix ans plus tard, ils fussent morts trente siècles plus tôt.

VII, Consolation à un ami sur l'éternité de son beau-père

2336 Il faut, en effet, qu'il soit plus ignorant qu'une plante même, de ne savoir pas mourir, chose que tout ce qui a vie sait faire sans précepteur.

XI, Contre Scarron

2337 Si ses pensées se forment au moule de sa tête, il doit avoir la tête fort plate.

Poésies, Le Ministre d'État flambé

2338 [...] On peut être pendu sans corde.

2339 Paris est fourni de pourceaux,
Et crève de bêtes à cornes.

Le Pédant joué
acte II, scène 3

2340 Vous pouvez promener votre charrue ailleurs que sur le champ virginal [...] de ma fille.

acte III, scène 4

2341 Que diable aller faire aussi dans la galère[1] d'un Turc ? D'un Turc !

2342 O galère, galère, tu mets bien ma bourse aux galères.

acte III, scène 5

2343 CORBINELI
Notre *Domine* ne songe pas que ces Turcs me dévoreront ?

PAQUIER
Vous êtes à l'abri de ce côté-là, car les Mahométans ne mangent point de porc.

1. Cf. les Fourberies de Scapin, acte II, scène 7.

La Mort d'Agrippine
acte I, scène 2

2344 Mais, parmi tant d'écueils, hâtons-nous lentement.

scène 3

2345 Pour le tuer, je lui rendrais la vie;
Et je voudrais qu'il pût, sans tout à fait périr,
Et sans cesse renaître, et sans cesse mourir.

acte II, scène 1

2346 Oui, la Couronne enferme et cache beaucoup plus
De pointes sous le front qu'il n'en paraît dessus.

scène 4

2347 Qu'il fût né d'un grand Roi, moi d'un simple Pasteur,
Son sang auprès du mien est-il d'autre couleur?

2348 Et puis, mourir n'est rien, c'est achever de naître!

2349 J'ai six mois pour le moins à me moquer des Dieux,
Ensuite je ferai ma paix avec les Cieux.

acte III, scène 1

2350 Mais le discours sied mal à qui cherche du sang.

acte IV, scène 2

2351 Pour paraître innocente, il faut être coupable:
D'une prompte réplique on est bien plus capable.

scène 3

2352 Périsse l'Univers, pourvu que je me venge.

acte V, scène 5

2353 Peut-on être innocent, lorsqu'on aime un coupable?

scène 6

2354 Une heure après la mort, notre âme évanouie
Sera ce qu'elle était une heure avant la vie.

Voyage dans la lune

2355 Premièrement, il est du sens commun de croire que le soleil a pris la place au centre de l'univers, puisque tous les corps qui sont dans la nature ont besoin de ce feu radical; [...] de même que la sage nature a placé les parties génitales dans l'homme, les pépins dans le centre des pommes, les noyaux au milieu de leur fruit.

2356 Il serait aussi ridicule de croire que ce grand corps lumineux tournât autour d'un point dont il n'a que faire que de s'imaginer, quand nous voyons une alouette rôtie, qu'on a, pour la cuire, tourné la cheminée alentour.

2357 Ajoutez à cela l'orgueil insupportable des humains, qui se persuadent que la nature n'a été faite que pour eux, comme s'il était vraisemblable que le soleil [...] n'eût été allumé que pour mûrir ses nèfles, et pommer ses choux.

2358 Non, non, si ce Dieu visible[1] éclaire l'homme, c'est par accident, comme le flambeau du roi éclaire par accident au crocheteur qui passe par la rue.

2359 Il y a du vulgaire, ici comme là, qui ne peut souffrir la pensée des choses où il n'est point accoutumé.

2360 [...] A pénétrer sérieusement la matière, vous connaîtrez qu'elle n'est qu'une, qui, comme excellente comédienne, joue ici-bas toutes sortes de personnages, sous toutes sortes d'habits.

2361 [...] En conscience, dites-moi, quand un homme jeune et chaud est en force d'imaginer, de juger et d'exécuter, n'est-il pas plus capable de gouverner une famille qu'un infirme sexagénaire, pauvre hébété, dont la neige de soixante hivers a glacé l'imagination? [...]

2362 [...] Ce qu'on appelle *prudence* en un vieillard n'est autre chose qu'une appréhension panique, une peur enragée de rien entreprendre, qui l'obsède.

Histoire comique des États et Empires du Soleil

2363 La gueuserie est un grand livre qui nous enseigne les mœurs des peuples à meilleur marché que tous ces grands voyages de Colomb et de Magellan.

2364 Rêvant depuis aux causes de la construction de ce grand univers, je me suis imaginé qu'au débrouillement du chaos, après que Dieu eut créé la matière, les corps semblables se joignirent, par ce principe d'amour inconnu, avec lequel nous expérimentons que toute chose cherche son pareil.

Histoire comique des États et Empires du Soleil
Histoire des oiseaux

2365 Vous saurez qu'en quelque monde que ce soit, nature a imprimé aux oiseaux une secrète envie de voler jusqu'ici, et peut-être que cette émotion de notre volonté est ce qui nous a fait croître des ailes.

1. Le soleil.

2366 L'homme, qui soutient qu'on ne raisonne que par le rapport des sens, et qui cependant a les sens les plus faibles, les plus tardifs et les plus faux d'entre toutes les créatures...

Histoire comique des États et Empires du Soleil
Plaidoyer fait au Parlement des oiseaux
contre un animal accusé d'être homme

2367 [Les hommes] sont si enclins à la servitude, que, de peur de manquer à servir, ils se vendent les uns aux autres leur liberté. C'est ainsi que les jeunes sont esclaves des vieux, les pauvres des riches, les paysans des gentilshommes, les princes des monarques, et les monarques mêmes des lois qu'ils ont établies. Mais, avec tout cela, ces pauvres serfs ont si peur de manquer de maîtres, que [...] ils se forgent des dieux de toutes parts [...] et je crois même qu'ils se chatouillent des fausses espérances de l'immortalité, moins par l'horreur dont le non-être les effraie, que par la crainte qu'ils ont de n'avoir pas qui leur commande après la mort.

André FÉLIBIEN 1619-1695

L'Idée du peintre parfait, chap. II

2368 Le génie se sert donc de la mémoire comme d'un vase où il met en réserve les Idées qui se présentent ; [...] il en tire ce qu'il y a mis, et n'en peut tirer autre chose.

Antoine FURETIÈRE 1619-1688

Le Roman bourgeois, livre premier

2369 Il voulait qu'on jugeât de l'excellence de son sermon par les chaises, qui y étaient louées deux sous marqués.

2370 A cette solennité se trouva un homme amphibie, qui était le matin avocat et le soir courtisan.

2371 Son oreille était excellente, car elle entendait le son d'un quart-d'écu de cinq cents pas.

2372 [...] Il arrive, comme on dit, beaucoup de choses entre la bouche et le verre.

2373 C'est un malheur assez ordinaire aux héros, quand ils pensent tenir leur maîtresse, de n'embrasser qu'une nue, comme de malheureux Ixions, qui gobent du vent, tandis qu'un de leurs confidents la leur enlève sur la moustache.

Histoire de Lucrèce la bourgeoise

2374 Il aurait fallu que son cœur eût été ferré à glace pour se bien tenir dans un chemin si glissant.

2375 La corruption du siècle ayant introduit de marier un sac d'argent avec un autre sac d'argent, en mariant une fille avec un garçon [...] il fut fait un tarif pour l'évaluation des hommes et pour l'assortiment des partis [...]

2376 [...] Une charge est le chausse-pied du mariage.

2377 Elle n'était vêtue que de bonnes fortunes du jeu ou de la sottise de ses amants.

2378 [...] S'imaginant qu'autant de crottes qu'il avait sur son habit étaient autant de taches à son honneur, il était merveilleusement humilié, et il ressemblait au paon, qui, après avoir regardé ses pieds, baisse incontinent la queue.

2379 On juge du mérite des hommes à proportion de la hauteur de la dentelle qui est à leur linge, et on les élève par degrés depuis le pontignac jusqu'au point de Gênes.

2380 C'était un homme que l'avarice dominait entièrement, qualité qu'il avait trouvée dans la succession de son père.

2381 Son esprit était une pierre ponce, qu'il était tout à fait impossible de polir.

2382 Il avait tous ses charmes enfermés sous la clé de son coffre.

2383 Comme les deux sexes sont nés l'un pour l'autre, ils ont une grande inclination à s'approcher, et il en est comme d'un ressort qu'on a mis en un état violent, qui se rejoint avec un plus grand effort, quand il a été lâché.

2384 L'amour n'est pas opiniâtre dans une tête bourgeoise comme il l'est dans un cœur héroïque ; l'attachement et la rupture se font communément et avec grande facilité ; l'intérêt et le dessein de se marier est ce qui règle leur passion. Il n'appartient qu'à ces gens fainéants et fabuleux d'avoir une fidélité à l'épreuve des rigueurs, des absences et des années.

2385 Sitôt qu'on a hanté un peu le grand monde, on y voit un certain air qui dégoûte fort de celui des gens qui vivent dans l'obscurité.

2386 C'est un dangereux exemple que celui d'une fille qui par sa beauté aura fait fortune ; il fera vieillir cent autres qui s'y attendront, si tant est qu'il ne leur arrive encore pis, et que leur honneur ne fasse pas cependant naufrage.

Épigramme, Sur la mort d'Alexandre le Grand

2387 Voyez ce qu'il reste en mourant,
A cet illustre conquérant,
Pour le fruit de tant de batailles :
On lui fit en son jour fatal,
De moins pompeuses funérailles,
Qu'il n'en fit faire à son cheval.

François de **MAUCROIX** 1619-1709

Ode à M. Conrart

2388 [...] Le nocher de la Parque
Dans une même barque
Passe indifféremment le vice et la vertu.

Épître à Damon

2389 Surtout, quand il faudra mettre la main aux armes,
Ne sois pas des premiers à courir aux alarmes,
Car tu n'ignores pas qu'on dit communément
Que les hommes d'esprit se hâtent lentement.

Sonnet, Sur un baiser

2390 Un baiser est souvent le prix de peu d'adresse,
Les dames rarement en savent bien user :
Telle donne parfois qui ne peut refuser ;
Telle se rend aussi, même avant qu'on la presse.

Épigramme

2391 A ne vous rien dissimuler,
Nous sommes d'humeur bien contraire :
Vous le faites sans en parler
Et moi j'en parle sans le faire.

À un ami qui voulut engager l'auteur à se marier

2392 Prendre femme est étrange chose :
Il y faut penser mûrement,
Sages gens en qui je me fie,
M'ont dit que c'est fait prudemment
Que d'y songer toute sa vie.

Gédéon **TALLEMANT DES RÉAUX** 1619-1690

Henri quatrième

2393 Quand M. du Perron, alors évêque d'Évreux, en instruisant le Roi voulut lui parler du Purgatoire : « Ne touchez point cela », dit-il, « c'est le pain des moines ».

Le Maréchal de Roquelaure

2394 Il disait qu'il n'avait jamais baisé de religieuses, parce qu'il les avait toujours fait déshabiller auparavant.

M. de Sully

2395 Du Luat fut mis en prison. Quand on le voulut interroger et qu'on lui dit: « Promettez-vous de dire la vérité? — Je m'en garderai bien », dit-il, « je ne suis en peine que pour l'avoir dite ».

Des Barreaux

2396 Des Barreaux entendant un grand tonnerre un vendredi, pendant qu'il mangeait une omelette au lard, se leva de table et jeta l'omelette par la fenêtre, disant: « Voilà bien du bruit là-haut pour une omelette. »

Malherbe

2397 On dit qu'il fut trois ans à l'Ode pour le premier président de Verdun, sur la mort de sa femme, et que le Président était remarié avant que Malherbe lui eût donné ces vers.

2398 Il ne s'épargnait pas lui-même en l'art où il excellait, et disait souvent à Racan: « Voyez-vous, mon cher monsieur, si nos vers vivent après nous, toute la gloire que nous pouvons en espérer, c'est qu'on dira que nous avons été deux excellents arrangeurs de syllabes, et que nous avons été tous deux bien fous de passer toute notre vie à un exercice si peu utile et au public et à nous, au lieu de l'employer à nous donner du bon temps, et à penser à l'établissement de notre fortune. »

M. de Guise, fils du Balafré

2399 Au combat contre les Rochellois, le feu se prit à son vaisseau. Feu M. de la Rochefoucauld lui vint dire: « Ah! Monsieur, tout est perdu. — Tourne, tourne », dit-il au pilote, « autant vaut rôti que bouilli ».

2400 Ayant recherché une dame fort longtemps, et enfin étant couché avec elle, le matin de bonne heure il avait de l'inquiétude, et ne faisait que se tourner de côté et d'autre; elle lui demanda ce qu'il avait: « C'est, dit-il, que je voudrais déjà être levé pour l'aller dire. »

François CHARPENTIER 1620-1702

2401 Le rang où je suis parvenu,
N'est pas d'un fort grand revenu;
Un Doyen de l'Académie
Fait peu craindre son tribunal:
Pour être estimé dans la vie,
Il faut pouvoir faire du mal.

Ninon de LENCLOS 1620-1705

La Coquette vengée

2402 Ma nièce, disait Éléonore à Philomène, quand vous serez à Paris, ne faites point amitié ni conversation avec toute sorte d'hommes : il y a bien du choix à faire parmi eux ; mais surtout évitez les philosophes. [...] J'entends certains pédants déguisés, pédants de robe courte, des philosophes de chambre qui ont le teint un peu plus frais que les autres, parce qu'ils se nourrissent à l'ombre et qu'ils ne s'exposent jamais à la poussière et au soleil ; des philosophes de ruelles qui dogmatisent dans des fauteuils ; des philosophes galants qui raisonnent sans cesse sur l'amour, et qui n'ont rien de raisonnable pour se faire aimer. Vous ne sauriez croire combien ces gens-là sont incommodes.

Michel de PURE 1620-1680

La Précieuse ou le Mystère des ruelles

2403 La Coquette est une espèce amphibie, tantôt fille et tantôt femme, qui a pour objet d'attaquer la Dupe ou le Galant, et faire enrager l'Amant et le Mari.

2404 Il y a les Beautés de *Consolation* et celles d'*Espoir*. Les unes pour l'ordinaire sont des femmes qui, repassant agréablement sur les ruines que les temps ou les passe-temps ont faites sur leur visage, citent aussitôt les siècles passés et les vieilles vogues.

2405 Comme il coûte bien moins à la mémoire de pousser ce dont elle a retenu l'espèce qu'au jugement d'en former une qui soit digne d'être débitée, il y a épargne d'esprit à dire les choses que les auteurs ont laissées, et c'est une dispense bien douce d'être obligé de méditer pour trouver ce que ceux qui nous ont devancés ont déduit dans leurs livres.

Contre le mariage

2406 [...] Y a-t-il une tyrannie au monde plus cruelle, plus sévère, plus insupportable que celle de ces fers qui durent jusqu'au tombeau ? Ces fers, dis-je, bizarres et injustes qui sont plus sévères aux innocents qu'aux coupables, qui forment leur rigueur de nos bontés et serrent d'autant plus que moins nous nous en relâchons.

Jean de LA FONTAINE 1621-1695

Fables, préface

2407 Je n'appelle pas gaieté ce qui excite le rire ; mais un certain charme, un air agréable qu'on peut donner à toutes sortes de sujets, même les plus sérieux.

Fables, à Monseigneur le Dauphin

2408 Je me sers d'animaux pour instruire les hommes.

Fables, livre I
1, La cigale et la fourmi

2409 La Fourmi n'est pas prêteuse:
C'est là son moindre défaut.

Vous chantiez? j'en suis fort aise:
Eh bien! dansez maintenant.

2, Le corbeau et le renard

2410 Sans mentir, si votre ramage
Se rapporte à votre plumage,
Vous êtes le phénix des hôtes de ces bois.

Apprenez que tout flatteur
Vit aux dépens de celui qui l'écoute:
Cette leçon vaut bien un fromage, sans doute.

3 (titre)

2411 La grenouille qui se veut faire aussi grosse que le bœuf.

2412 Tout bourgeois veut bâtir comme les grands seigneurs,
Tout petit prince a des ambassadeurs,
Tout marquis veut avoir des pages.

7, La besace

2413 Mais parmi les plus fous
Notre espèce excella; car tout ce que nous sommes,
Lynx envers nos pareils, et taupes envers nous,
Nous nous pardonnons tout, et rien aux autres hommes:
On se voit d'un autre œil qu'on ne voit son prochain.

8, L'hirondelle et les petits oiseaux

2414 Nous n'écoutons d'instincts que ceux qui sont les nôtres,
Et ne croyons le mal que quand il est venu.

9, Le rat de ville et le rat des champs

2415 Le régal fut fort honnête:
Rien ne manquait au festin:
Mais quelqu'un troubla la fête.

2416 Fi du plaisir
Que la crainte peut corrompre!

(Fables, livre I)

10, Le loup et l'agneau

2417 La raison du plus fort est toujours la meilleure.

2418 Si ce n'est toi, c'est donc ton frère.

11, L'homme et son image

2419 Il accusait toujours les miroirs d'être faux.

13, Les voleurs et l'âne

2420 Tandis que coups de poing trottaient,
Et que nos champions songeaient à se défendre,
Arrive un troisième larron
Qui saisit maître Aliboron.

14, Simonide préservé par les Dieux

2421 On ne peut trop louer trois sortes de personnes:
Les Dieux, sa maîtresse, et son roi.
Malherbe le disait; j'y souscris, quant à moi...

16, La mort et le bûcheron

2422 Un pauvre bûcheron, tout couvert de ramée,
Sous le faix du fagot aussi bien que des ans
Gémissant et courbé, marchait à pas pesants
[...]
Il met bas son fagot, il songe à son malheur.

2423 Plutôt souffrir que mourir,
C'est la devise des hommes.

17, L'homme entre deux âges et ses deux maîtresses

2424 Deux Veuves sur son cœur eurent le plus de part:
L'une encor verte, et l'autre un peu bien mûre,
Mais qui réparait par son art
Ce qu'avait détruit la nature.

18, Le renard et la cigogne

2425 Honteux comme un renard qu'une poule aurait pris,
Serrant la queue, et portant bas l'oreille.

2426 Trompeurs, c'est pour vous que j'écris:
Attendez-vous à la pareille.

19, L'enfant et le maître d'école

2427 Hé! mon ami, tire-moi de danger,
Tu feras après ta harangue.

21, Les frelons et les mouches à miel

2428 A l'œuvre on connaît l'artisan.

2429 On fait tant, à la fin, que l'huître est pour le juge,
Les écailles pour les plaideurs.

22, Le chêne et le roseau

2430 Le Chêne un jour dit au Roseau :
« Vous avez bien sujet d'accuser la nature ;
Un roitelet pour vous est un pesant fardeau... »

2431 Tout vous est aquilon, tout me semble zéphyr.

2432 Je plie, et ne romps pas.

2433 Celui de qui la tête au ciel était voisine,
Et dont les pieds touchaient à l'empire des morts.

livre II, 1, Contre ceux qui ont le goût difficile

2434 Le mensonge et les vers de tout temps sont amis.

2435 Les délicats sont malheureux :
Rien ne saurait les satisfaire.

2, Conseil tenu par les rats

2436 Ne faut-il que délibérer,
La cour en conseillers foisonne ;
Est-il besoin d'exécuter,
L'on ne rencontre plus personne.

4, Les deux taureaux et une grenouille

2437 Hélas ! on voit que de tout temps
Les petits ont pâti des sottises des grands.

5, La chauve-souris et les deux belettes

2438 Je suis oiseau ; voyez mes ailes.

2439 Je suis souris : vivent les rats !

2440 Le sage dit, selon les gens :
« Vive le Roi ! vive la ligue ! »

7, La lice et sa compagne

2441 Ce qu'on donne aux méchants, toujours on le regrette.

2442 Laissez-leur prendre un pied chez vous,
Ils en auront bientôt pris quatre.

(Fables, livre II)

9, Le lion et le moucheron

2443 « Va-t'en, chétif insecte, excrément de la terre! »
C'est en ces mots que le Lion
Parlait un jour au Moucheron.

2444 [...] Entre nos ennemis
Les plus à craindre sont souvent les plus petits [...]

2445 [...] Aux grands périls tel a pu se soustraire,
Qui périt pour la moindre affaire.

11, Le lion et le rat

2446 Il faut, autant qu'on peut, obliger tout le monde:
On a souvent besoin d'un plus petit que soi.

2447 Le roi des animaux, en cette occasion,
Montra ce qu'il était, et lui donna la vie.

2448 Patience et longueur de temps
Font plus que force ni que rage.

14, Le lièvre et les grenouilles

2449 Car que faire en un gîte, à moins que l'on ne songe?

2450 Cet animal est triste, et la crainte le ronge.
Les gens de naturel peureux
Sont, disait-il, bien malheureux.
Ils ne sauraient manger morceau qui leur profite;
Jamais un plaisir pur [...]

2451 Corrigez-vous, dira quelque sage cervelle.
Et la peur se corrige-t-elle?

2452 Il n'est, je le vois bien, si poltron sur la terre
Qui ne puisse trouver un plus poltron que soi.

15, Le coq et le renard

2453 C'est double plaisir de tromper le trompeur.

16, Le corbeau voulant imiter l'aigle

2454 Tous les mangeurs de gens ne sont pas grands seigneurs;
Où la Guêpe a passé le Moucheron demeure.

18, La chatte métamorphosée en femme

2455 Jamais vous n'en serez les maîtres.
Qu'on lui ferme la porte au nez,
Il reviendra par les fenêtres.

livre III, 1, Le meunier, son fils et l'âne

2456 Tout au monde est mêlé d'amertume et de charmes :
La guerre a ses douceurs, l'hymen a ses alarmes.

2457 Le plus âne des trois n'est pas celui qu'on pense.

2458 Est bien fou du cerveau
Qui prétend contenter tout le monde et son père.

2459 « Mais que dorénavant on me blâme, on me loue,
Qu'on dise quelque chose ou qu'on ne dise rien,
J'en veux faire à ma tête. » Il le fit, et fit bien.

3, Le loup devenu berger

2460 Il aurait volontiers écrit sur son chapeau :
« C'est moi qui suis Guillot, berger de ce troupeau. »

2461 Toujours par quelque endroit fourbes se laissent prendre.
Quiconque est loup agisse en loup :
C'est le plus certain de beaucoup.

4, Les grenouilles qui demandent un roi

2462 [...] Celui qu'elles croyaient être un géant nouveau.
Or c'était un Soliveau...

5, Le renard et le bouc

2463 Capitaine Renard allait de compagnie
Avec son ami Bouc des plus haut encornés :
Celui-ci ne voyait pas plus loin que son nez ;
L'autre était passé maître en fait de tromperie.

2464 Le Renard sort du puits, laisse son compagnon,
Et vous lui fait un beau sermon
Pour l'exhorter à patience.
« Si le ciel t'eût, dit-il, donné par excellence
Autant de jugement que de barbe au menton... »

2465 En toute chose il faut considérer la fin.

6, L'aigle, la laie et la chatte

2466 Des malheurs qui sont sortis
De la boîte de Pandore,
Celui qu'à meilleur droit tout l'univers abhorre,
C'est la fourbe, à mon avis.

7, L'ivrogne et sa femme

2467 Chacun a son défaut, où toujours il revient :
Honte ni peur n'y remédie.

(Fables, livre III)

2468 Un suppôt de Bacchus
Altérait sa santé, son esprit, et sa bourse:
Telles gens n'ont pas fait la moitié de leur course
Qu'ils sont au bout de leurs écus.

11, Le renard et les raisins

2469 Mais comme il n'y pouvait atteindre:
« Ils sont trop verts, dit-il, et bons pour des goujats. »

13, Les loups et les brebis

2470 Il faut faire aux méchants guerre continuelle.
La paix est fort bonne de soi;
J'en conviens; mais de quoi sert-elle
Avec des ennemis sans foi?

16, La femme noyée

2471 Je ne suis pas de ceux qui disent: « Ce n'est rien,
C'est une femme qui se noie. »
Je dis que c'est beaucoup; et ce sexe vaut bien
Que nous le regrettions, puisqu'il fait notre joie.

18, Le chat et un vieux rat

2472 Il était expérimenté,
Et savait que la méfiance
Est mère de la sûreté.

livre IV, 1, Le lion amoureux

2473 Amour est un étrange maître,
Heureux qui peut ne le connaître
Que par récit, lui ni ses coups!

2474 Si la vérité vous offense,
La fable au moins se peut souffrir.

2475 Amour, Amour, quand tu nous tiens
On peut bien dire: « Adieu prudence. »

5, L'âne et le petit chien

2476 Ne forçons point notre talent,
Nous ne ferions rien avec grâce:
Jamais un lourdaud, quoi qu'il fasse,
Ne saurait passer pour galant.

6, Le combat des rats et des belettes

2477 Une tête empanachée
N'est pas petit embarras.

2478 Les petits, en toute affaire,
Esquivent fort aisément :
Les grands ne le peuvent faire.

9 (titre)

2479 Le geai paré des plumes du paon.

10, Le chameau et les bâtons flottants

2480 De loin, c'est quelque chose ; et de près, ce n'est rien.

13, Le cheval s'étant voulu venger du cerf

2481 Hélas ! que sert la bonne chère
Quand on n'a pas la liberté ?

2482 Quel que soit le plaisir que cause la vengeance,
C'est l'acheter trop cher que l'acheter d'un bien
Sans qui les autres ne sont rien.

14, Le renard et le buste

2483 « Belle tête, dit-il ; mais de cervelle point. »
Combien de grands seigneurs sont bustes en ce point.

15, Le loup, la chèvre et le chevreau

2484 « Montrez-moi patte blanche, ou je n'ouvrirai point. »

2485 Deux sûretés valent mieux qu'une.

17, Parole de Socrate

2486 Chacun se dit ami ; mais fol qui s'y repose :
Rien n'est plus commun que ce nom,
Rien n'est plus rare que la chose.

18, Le vieillard et ses enfants

2487 Toute puissance est faible, à moins que d'être unie.

2488 Le sang les avait joints ; l'intérêt les sépare...

20, L'avare qui a perdu son trésor

2489 Ne possédait pas l'or, mais l'or le possédait.

2490 Puisque vous ne touchiez jamais à cet argent :
Mettez une pierre à la place,
Elle vous vaudra tout autant.

21, L'œil du maître

2491 Il n'est, pour voir, que l'œil du maître.
Quant à moi, j'y mettrais encor l'œil de l'amant.

(Fables, livre IV)

22, L'alouette et ses petits avec le maître d'un champ

2492 Ne t'attends qu'à toi seul: c'est un commun proverbe.

2493 Il n'est meilleur ami ni parent que soi-même.

livre V, 1, Le bûcheron et Mercure

2494 Un auteur gâte tout quand il veut trop bien faire.

2495 La sotte vanité jointe avecque l'envie,
Deux pivots sur qui roule aujourd'hui notre vie...

3, Le petit poisson et le pêcheur

2496 Petit poisson deviendra grand,
Pourvu que Dieu lui prête vie.

2497 Un Tiens vaut, ce dit-on, mieux que deux Tu l'auras.

7, Le satyre et le passant

2498 Arrière ceux dont la bouche
Souffle le chaud et le froid.

9, Le laboureur et ses enfants

2499 Travaillez, prenez de la peine:
C'est le fonds qui manque le moins.

2500 [...] Le père fut sage
De leur montrer, avant sa mort,
Que le travail est un trésor.

10, La montagne qui accouche

2501 Une Montagne en mal d'enfant
Jetait une clameur si haute,
Que chacun, au bruit accourant,
Crut qu'elle accoucherait sans faute
D'une cité plus grosse que Paris:
Elle accoucha d'une Souris.

13, La poule aux œufs d'or

2502 L'avarice perd tout en voulant tout gagner.

14, L'âne portant des reliques

2503 D'un magistrat ignorant
C'est la robe qu'on salue.

16, Le serpent et la lime

2504 [...] Esprits du dernier ordre
Qui, n'étant bons à rien, cherchez sur tout à mordre.

2505 Croyez-vous que vos dents impriment leurs outrages
Sur tant de beaux ouvrages?
Ils sont pour vous d'airain, d'acier, de diamant.

17, Le lièvre et la perdrix

2506 Il ne se faut jamais moquer des misérables:
Car qui peut s'assurer d'être toujours heureux?

20, L'ours et les deux compagnons

2507 [...] Il ne faut jamais
Vendre la peau de l'ours qu'on ne l'ait mis par terre.

livre VI, 1, Le pâtre et le lion

2508 Une morale nue apporte de l'ennui:
Le conte fait passer le précepte avec lui.
En ces sortes de feinte il faut instruire et plaire,
Et conter pour conter me semble peu d'affaire.

2, Le lion et le chasseur

2509 La vraie épreuve de courage
N'est que dans le danger que l'on touche du doigt:
Tel le cherchait, dit-il, qui, changeant de langage,
S'enfuit aussitôt qu'il le voit.

3, Phébus et Borée

2510 Plus fait douceur que violence.

5, Le cochet, le chat et le souriceau

2511 Garde-toi, tant que tu vivras,
De juger des gens sur la mine.

7, Le mulet se vantant de sa généalogie

2512 Quand le malheur ne serait bon
Qu'à mettre un sot à la raison,
Toujours serait-ce à juste cause
Qu'on le dit bon à quelque chose.

9, Le cerf se voyant dans l'eau

2513 Nous faisons cas du beau, nous méprisons l'utile...

10, Le lièvre et la tortue

2514 Rien ne sert de courir; il faut partir à point.

13, Le villageois et le serpent

2515 Il est bon d'être charitable:
Mais envers qui? c'est là le point.
Quant aux ingrats, il n'en est point
Qui ne meure enfin misérable.

(Fables, livre VI) 16, Le cheval et l'âne

2516 En ce monde il se faut l'un l'autre secourir.
Si ton voisin vient à mourir,
C'est sur toi que le fardeau tombe.

17, Le chien qui lâche sa proie pour l'ombre

2517 Chacun se trompe ici-bas :
On voit courir après l'ombre
Tant de fous, qu'on n'en sait pas
La plupart du temps le nombre.

18, Le chartier embourbé

2518 Aide-toi, le Ciel t'aidera.

21, La jeune veuve

2519 La perte d'un époux ne va point sans soupirs ;
On fait beaucoup de bruit ; et puis on se console :
Sur les ailes du Temps la tristesse s'envole,
Le Temps ramène les plaisirs.

épilogue

2520 Bornons ici cette carrière :
Les longs ouvrages me font peur.
Loin d'épuiser une matière ;
On n'en doit prendre que la fleur.

livre VII, Les animaux malades de la peste

2521 Ils ne mouraient pas tous, mais tous étaient frappés.

2522 Les tourterelles se fuyaient :
Plus d'amour, partant plus de joie.

2523 La faim, l'occasion, l'herbe tendre, et je pense,
Quelque diable aussi me poussant...

2524 A ces mots on cria haro sur le Baudet.

2525 Sa peccadille fut jugée un cas pendable.
Manger l'herbe d'autrui ! quel crime abominable !

2526 Selon que vous serez puissant ou misérable.
Les jugements de cour vous rendront blanc ou noir.

2, Le mal marié

2527 Que le bon soit toujours camarade du beau,
Dès demain je chercherai femme.

2528 J'ai vu beaucoup d'hymens ; aucuns d'eux ne me tentent :
Cependant des humains presque les quatre parts
S'exposent hardiment au plus grand des hasards ;
Les quatre parts aussi des humains se repentent.

3, Le rat qui s'est retiré du monde

2529 Il devint gros et gras : Dieu prodigue ses biens
A ceux qui font vœu d'être siens.

4, Le héron

2530 Un jour, sur ses longs pieds, allait, je ne sais où,
Le Héron au long bec emmanché d'un long cou.
Il côtoyait une rivière.
L'onde était transparente ainsi qu'aux plus beaux jours...

2531 Ne soyons pas si difficiles :
Les plus accommodants, ce sont les plus habiles ;
On hasarde de perdre en voulant trop gagner.

5, La fille

2532 Les ruines d'une maison
Se peuvent réparer : que n'est cet avantage
Pour les ruines du visage ?

7, La cour du lion

2533 Ne soyez à la cour, si vous voulez y plaire,
Ni fade adulateur, ni parleur trop sincère,
Et tâchez quelquefois de répondre en Normand.

8, Les vautours et les pigeons

2534 Tenez toujours divisés les méchants :
La sûreté du reste de la terre
Dépend de là. Semez entre eux la guerre,
Ou vous n'aurez avec eux nulle paix.

10, La laitière et le pot au lait

2535 Légère et court vêtue, elle allait à grands pas,
Ayant mis ce jour-là, pour être plus agile,
Cotillon simple et souliers plats.

2536 Adieu veau, vache, cochon, couvée.

2537 Quel esprit ne bat la campagne ?
Qui ne fait châteaux en Espagne ?

2538 Chacun songe en veillant ; il n'est rien de plus doux :
Une flatteuse erreur emporte alors nos âmes ;
Tout le bien du monde est à nous,
Tous les honneurs, toutes les femmes.

(Fables, livre VII)

2539 Quelque accident fait-il que je rentre en moi-même,
Je suis gros Jean comme devant.

11, Le curé et le mort

2540 Un mort s'en allait tristement
S'emparer de son dernier gîte;
Un Curé s'en allait gaiement
Enterrer ce mort au plus vite.

12, L'homme qui court après la fortune
et l'homme qui l'attend dans son lit

2541 Le repos, le repos, trésor si précieux
Qu'on en faisait jadis le partage des Dieux?

2542 Heureux qui vit chez soi,
De régler ses désirs faisant tout son emploi.

13, Les deux coqs

2543 Deux coqs vivaient en paix: une poule survint,
Et voilà la guerre allumée.
Amour, tu perdis Troie...

14, L'ingratitude et l'injustice des hommes envers la fortune

2544 Le bien, nous le faisons; le mal, c'est la Fortune;
On a toujours raison, le Destin toujours tort.

15, Les devineresses

2545 C'est souvent du hasard que naît l'opinion,
Et c'est l'opinion qui fait toujours la vogue.

2546 L'enseigne fait la chalandise.

16, Le chat, la belette et le petit lapin

2547 Et quand ce serait un royaume,
Je voudrais bien savoir, dit-elle, quelle loi
En a pour toujours fait l'octroi
A Jean, fils ou neveu de Pierre ou de Guillaume,
Plutôt qu'à Paul, plutôt qu'à moi.

2548 C'était un Chat vivant comme un dévot ermite,
Un Chat faisant la chattemite,
Un saint homme de Chat, bien fourré, gros et gras...

2549 Approchez, je suis sourd, les ans en sont la cause.

18, Un animal dans la lune

2550 Quand l'eau courbe un bâton, ma raison le redresse:
La raison décide en maîtresse.

livre VIII, 1, La mort et le mourant

2551 La Mort ne surprend point le sage;
Il est toujours prêt à partir,
S'étant su lui-même avertir
Du temps où l'on se doit résoudre à ce passage.

2552 Je voudrais qu'à cet âge
On sortit de la vie ainsi que d'un banquet,
Remerciant son hôte, et qu'on fît son paquet.

2553 Tu murmures, vieillard! Vois ces jeunes mourir,
Vois-les marcher, vois-les courir
A des morts, il est vrai, glorieuses et belles,
Mais sûres cependant, et quelquefois cruelles.

2554 Le plus semblable aux morts meurt le plus à regret.

2, Le savetier et le financier

2555 Et le Financier se plaignait
Que les soins de la Providence
N'eussent pas au marché fait vendre le dormir,
Comme le manger et le boire.

3, Le lion, le loup et le renard

2556 Alléguer l'impossible aux rois, c'est un abus.

2557 Messieurs les courtisans, cessez de vous détruire;
Faites, si vous pouvez, votre cour sans vous nuire.
[...]
Vous êtes dans une carrière
Où l'on ne se pardonne rien.

4, Le pouvoir des fables

2558 Si *Peau d'âne* m'était conté,
J'y prendrais un plaisir extrême.
Le monde est vieux, dit-on: je le crois; cependant
Il le faut amuser encore comme un enfant.

6, Les femmes et le secret

2559 Rien ne pèse tant qu'un secret:
Le porter loin est difficile aux dames;
Et je sais même sur ce fait
Bon nombre d'hommes qui sont femmes.

7, Le chien qui porte à son cou le dîner de son maître

2560 Chose étrange: on apprend la tempérance aux chiens,
Et l'on ne peut l'apprendre aux hommes.

(Fables, livre VIII) 8, Le rieur et les poissons

2561 Dieu ne créa que pour les sots
Les méchants diseurs de bon mots.

9, Le rat et l'huître

2562 Tel est pris qui croyait prendre.

10, L'ours et l'amateur des jardins

2563 La raison d'ordinaire
N'habite pas longtemps chez les gens séquestrés.

2564 Il est bon de parler, et meilleur de se taire...

2565 Rien n'est si dangereux qu'un ignorant ami ;
Mieux vaudrait un sage ennemi.

11, Les deux amis

2566 Qu'un ami véritable est une douce chose !
Il cherche vos besoins au fond de votre cœur ;
Il vous épargne la pudeur
De les lui découvrir vous-même [...]

12, Le cochon, la chèvre et le mouton

2567 Quand le mal est certain,
La plainte ni la peur ne changent le destin ;
Et le moins prévoyant est toujours le plus sage.

14, Les obsèques de la lionne

2568 Peuple caméléon, peuple singe du maître.

2569 Amusez les rois par des songes,
Flattez-les, payez-les d'agréables mensonges :
Quelque indignation dont leur cœur soit rempli,
Ils goberont l'appât ; vous serez leur ami.

15, Le rat et l'éléphant

2570 Se croire un personnage est fort commun en France.

2571 C'est proprement le mal françois :
La sotte vanité nous est particulière.
Les Espagnols sont vains, mais d'une autre manière.
Leur orgueil me semble, en un mot,
Beaucoup plus fou, mais pas si sot.

16, L'horoscope

2572 On rencontre sa destinée
Souvent par des chemins qu'on prend pour l'éviter.

2573 Propos, conseil, enseignement,
Rien ne change un tempérament.

17, L'âne et le chien

2574 Il se faut entr'aider ; c'est la loi de nature.

19, L'avantage de la science

2575 Laissez dire les sots : le savoir a son prix.

21, Le faucon et le chapon

2576 Une traîtresse voix bien souvent vous appelle ;
Ne vous pressez donc nullement :
Ce n'était pas un sot, non, non et croyez-m'en,
Que le chien de Jean de Nivelle.

22, Le chat et le rat

2577 S'assure-t-on sur l'alliance
Qu'a faite la nécessité ?

23, Le torrent et la rivière

2578 Les gens sans bruit sont dangereux :
Il n'en est pas ainsi des autres.

24, L'éducation

2579 On ne suit pas toujours ses aïeux ni son père :
Le peu de soin, le temps, tout fait qu'on dégénère :
Faute de cultiver la nature et ses dons,
Oh ! combien de Césars deviendront Laridons !

25, Les deux chiens et l'âne mort

2580 Les vertus devraient être sœurs,
Ainsi que les vices sont frères.

2581 L'homme est ainsi bâti : quand un sujet l'enflamme,
L'impossibilité disparaît à son âme.

2582 « Si j'apprenais l'hébreu, les sciences, l'histoire ! »
Tout cela, c'est la mer à boire ;
Mais rien à l'homme ne suffit.
Pour fournir aux projets que forme un seul esprit,
Il faudrait quatre corps [...]

26, Démocrite et les Abdéritains

2583 Que j'ai toujours haï les pensers du vulgaire !
Qu'il me semble profane, injuste, et téméraire,
Mettant de faux milieux entre la chose et lui,
Et mesurant par soi ce qu'il voit en autrui !

(Fables, livre VIII)

2584 Aucun n'est prophète chez soi.

2585 Il connaît l'univers, et ne se connaît pas.

2586 Le sage est ménager du temps et des paroles.

2587 [...] Le peuple est juge récusable.
En quel sens est donc véritable
Ce que j'ai lu dans certain lieu,
Que sa voix est la voix de Dieu?

livre IX, 1, Le dépositaire infidèle

2588 Le doux charme de maint songe
Par leur bel art inventé
Sous les habits du mensonge
Nous offre la vérité.

2589 Mais enfin je l'ai vu, vu de mes yeux, vous dis-je,
Et ne vois rien qui vous oblige
D'en douter un moment après ce que je dis.

2590 Quand l'absurde est outré, l'on lui fait trop d'honneur
De vouloir par raison combattre son erreur:
Enchérir est plus court, sans s'échauffer la bile.

2, Les deux pigeons

2591 Deux Pigeons s'aimaient d'amour tendre.

2592 L'absence est le plus grand des maux.

2593 Quiconque ne voit guère
N'a guère à dire aussi.

2594 Mais un fripon d'enfant (cet âge est sans pitié) [...]

2595 Amants, heureux amants, voulez-vous voyager?
Que ce soit aux rives prochaines.
Soyez-vous l'un à l'autre un monde toujours beau,
Toujours divers, toujours nouveau;
Tenez-vous lieu de tout, comptez pour rien le reste.

2596 Ne sentirai-je plus de charme qui m'arrête?
Ai-je passé le temps d'aimer?

5, L'écolier, le pédant, et le maître d'un jardin

2597 Je hais les pièces d'éloquence
Hors de leur place, et qui n'ont point de fin;
Et ne sais bête au monde pire
Que l'Écolier, si ce n'est le Pédant.

6, Le statuaire et la statue de Jupiter

2598 Un bloc de marbre était si beau
Qu'un Statuaire en fit l'emplette.
« Qu'en fera, dit-il, mon ciseau?
Sera-t-il dieu, table ou cuvette? »

2599 L'homme est de glace aux vérités;
Il est de feu pour les mensonges.

9, L'huître et les plaideurs

2600 Mettez ce qu'il en coûte à plaider aujourd'hui;
Comptez ce qu'il en reste à beaucoup de familles,
Vous verrez que Perrin tire l'argent à lui,
Et ne laisse aux plaideurs que le sac et les quilles.

10, Le loup et le chien maigre

2601 Ce Loup ne savait pas encor bien son métier.

12, Le cierge

2602 Tout en tout est divers: ôtez-vous de l'esprit
Qu'aucun être ait été composé sur le vôtre.

14, Le chat et le renard

2603 La dispute est d'un grand secours:
Sans elle on dormirait toujours.

2604 « En sais-tu tant que moi? J'ai cent ruses au sac.
— Non, dit l'autre: je n'ai qu'un tour dans mon bissac;
Mais je soutiens qu'il en vaut mille. »

2605 Le trop d'expédients peut gâter une affaire:
On perd du temps au choix, on tente, on veut tout faire.
N'en ayons qu'un, mais qu'il soit bon.

17, Le singe et le chat

2606 « [...] Tire-moi ces marrons. Si Dieu m'avait fait naître
Propre à tirer marrons du feu,
Certes, marrons verraient beau jeu. »
Aussitôt fait que dit: Raton, avec sa patte,
D'une manière délicate,
Écarte un peu la cendre, et retire les doigts; [...]

18, Le milan et le rossignol

2607 Ventre affamé n'a point d'oreilles.

19, Le berger et son troupeau

2608 Haranguez de méchants soldats:
Ils promettront de faire rage;
Mais, au moindre danger, adieu tout leur courage;
Votre exemple et vos cris ne les retiendront pas.

(Fables, livre IX)
Discours à Mme de la Sablière

2609 La bagatelle, la science,
Les chimères, le rien, tout est bon ; je soutiens
Qu'il faut de tout aux entretiens :
C'est un parterre où Flore épand ses biens ;
Sur différentes fleurs l'abeille s'y repose,
Et fait du miel de toute chose.

2610 Descartes, ce mortel dont on eût fait un dieu
Chez les païens, et qui tient le milieu
Entre l'homme et l'esprit...

livre X, 1, L'homme et la couleuvre

2611 S'il fallait condamner
Tous les ingrats qui sont au monde,
A qui pourrait-on pardonner ?

2612 Le symbole des ingrats
Ce n'est point le Serpent, c'est l'Homme.

2, La tortue et les deux canards

2613 Volontiers on fait cas d'une terre étrangère ;
Volontiers gens boiteux haïssent le logis.

3, Les poissons et le cormoran

2614 Qu'importe qui vous mange ? Homme ou loup, toute panse
Me paraît une à cet égard ;
Un jour plus tôt, un jour plus tard,
Ce n'est pas grande différence.

4, L'enfouisseur et son compère

2615 Le bien n'est bien qu'en tant que l'on s'en peut défaire ;
Sans cela, c'est un mal.

2616 La peine d'acquérir, le soin de conserver,
Otent le prix à l'or, qu'on croit si nécessaire.

6, L'araignée et l'hirondelle

2617 Jupin pour chaque état mit deux tables au monde :
L'adroit, le vigilant, et le fort sont assis
A la première ; et les petits
Mangent leur reste à la seconde.

8, Le chien à qui on a coupé les oreilles

2618 Chien hargneux a toujours l'oreille déchirée.
Le moins qu'on peut laisser de prise aux dents d'autrui,
C'est le mieux.

9, Le berger et le roi

2619 Deux démons à leur gré partagent notre vie,
Et de son patrimoine ont chassé la raison ;
[...]
J'appelle l'un Amour, et l'autre Ambition.

2620 Il avait du bon sens ; le reste vient ensuite.

11, Les deux perroquets, le roi, et son fils

2621 L'absence est aussi bien un remède à la haine
Qu'un appareil contre l'amour.

13, Les deux aventuriers et le talisman

2622 Aucun chemin de fleurs ne conduit à la gloire.

2623 Fortune aveugle suit aveugle hardiesse.

14, Les lapins

2624 La coquette et l'auteur sont de ce caractère :
Malheur à l'écrivain nouveau !
Le moins de gens qu'on peut à l'entour du gâteau.

2625 Mais les ouvrages les plus courts
Sont toujours les meilleurs. En cela, j'ai pour guide
Tous les maîtres de l'art, et tiens qu'il faut laisser
Dans les plus beaux sujets quelque chose à penser...

livre XI, 2, Les dieux voulant instruire un fils de Jupiter

2626 Il semblait qu'il n'agît que par réminiscence,
Et qu'il eût autrefois fait le métier d'amant,
Tant il le fit parfaitement !

2627 L'Amour avait raison : de quoi ne vient à bout
L'esprit joint au désir de plaire ?

3, Le fermier, le chien et le renard

2628 Le maître ne trouva de recours qu'à crier
Contre ses gens, son chien : c'est l'ordinaire usage.

2629 T'attendre aux yeux d'autrui quand tu dors, c'est erreur.
Couche-toi le dernier, et vois fermer ta porte.
Que si quelque affaire t'importe,
Ne la fais point par procureur.

4, Le songe d'un habitant du Mogol

2630 Loin du monde et du bruit, goûter l'ombre et le frais.

(Fables, livre XI)

2631 Quand le moment viendra d'aller trouver les morts,
J'aurai vécu sans soins, et mourrai sans remords.

5, Le lion, le singe, et les deux ânes

2632 Ici-bas maint talent n'est que pure grimace,
Cabale, et certain art de se faire valoir,
Mieux su des ignorants que des gens de savoir.

6, Le loup et le renard

2633 Et chacun croit fort aisément
Ce qu'il craint et ce qu'il désire.

7, Le paysan du Danube

2634 Il ne faut point juger des gens sur l'apparence.

2635 Toute sa personne velue
Représentait un ours, mais un ours mal léché...

2636 Veuillent les Immortels, conducteurs de ma langue,
Que je ne dise rien qui doive être repris!

2637 N'a-t-on point de présent à faire,
Point de pourpre à donner; c'est en vain qu'on espère
Quelque refuge aux lois...

8, Le vieillard et les trois jeunes hommes

2638 Un octogénaire plantait.
Passe encor de bâtir; mais planter à cet âge!

2639 Quittez le long espoir et les vastes pensées.

2640 Est-il aucun moment
Qui vous puisse assurer d'un second seulement?

épilogue

2641 Car tout parle dans l'univers;
Il n'est rien qui n'ait son langage.

livre XII, 1, Les compagnons d'Ulysse

2642 Je m'en tais: aussi bien les Ris et les Amours
Ne sont pas soupçonnés d'aimer les longs discours.

2643 Qui t'a dit qu'une forme est plus belle qu'une autre?
Est-ce à la tienne à juger de la nôtre?

2644 Ne vous êtes-vous pas l'un à l'autre des loups?
Tout bien considéré, je te soutiens en somme
Que, scélérat pour scélérat,
Il vaut mieux être un loup qu'un homme.

5, Le vieux chat et la jeune souris

2645 La jeunesse se flatte, et croit tout obtenir;
La vieillesse est impitoyable.

6, Le cerf malade

2646 Il en coûte à qui vous réclame,
Médecins du corps et de l'âme!
O temps! ô mœurs! j'ai beau crier,
Tout le monde se fait payer.

7, La chauve-souris, le buisson, et le canard

2647 Pour sauver son crédit, il faut cacher sa perte.

8, La querelle des chiens et des rats
et celle des chats et des souris

2648 On ne voit sous les cieux
Nul animal, nul être, aucune créature,
Qui n'ait son opposé: c'est la loi de nature.

9, Le loup et le renard

2649 Hé! qui peut dire
Que pour le métier de mouton
Jamais aucun loup ne soupire?

2650 D'abord il s'y prit mal, puis un peu mieux, puis bien;
Puis enfin il n'y manqua rien.

2651 Que sert-il qu'on se contrefasse?
Prétendre ainsi changer est une illusion:
L'on reprend sa première trace
A la première occasion.

10, L'écrevisse et sa fille

2652 Les sages quelquefois, ainsi que l'Écrevisse,
Marchent à reculons, tournent le dos au port.
C'est l'art des matelots: c'est aussi l'artifice
De ceux qui, pour couvrir quelque puissant effort,
Envisagent un point directement contraire,
Et font vers ce lieu-là courir leur adversaire.

2653 Puis-je autrement marcher que ne fait ma famille?
Veut-on que j'aille droit quand on y va tortu?

12, Le milan, le roi, et le chasseur

2654 L'univers leur sait gré du mal qu'ils ne font pas.

2655 Le Roi n'éclata point: les cris sont indécents
A la majesté souveraine.

(Fables, livre XII)

2656 Qu'un pape rie, en bonne foi
Je ne l'ose assurer; mais je tiendrais un roi
Bien malheureux, s'il n'osait rire:
C'est le plaisir des Dieux...

2657 L'on a vu de tout temps
Plus de sots fauconniers que de rois indulgents.

13, Le renard, les mouches, et le hérisson

2658 Nous ne trouvons que trop de mangeurs ici-bas:
Ceux-ci sont courtisans, ceux-là sont magistrats.

14, L'Amour et la folie

2659 Tout est mystère dans l'Amour.

2660 Le résultat enfin de la suprême cour
Fut de condamner la Folie
A servir de guide à l'Amour.

16, La forêt et le bûcheron

2661 Voilà le train du monde et de ses sectateurs:
On s'y sert du bienfait contre les bienfaiteurs.

17, Le renard, le loup, et le cheval

2662 De tout inconnu le sage se méfie.

18, Le renard et les poulets d'Inde

2663 Le trop d'attention qu'on a pour le danger
Fait le plus souvent qu'on y tombe.

19, Le singe

2664 N'attendez rien de bon du peuple imitateur.
Qu'il soit singe ou qu'il fasse un livre,
La pire espèce, c'est l'auteur.

20, Le philosophe scythe

2665 Celui-ci retranche de l'âme
Désirs et passions, le bon et le mauvais,
Jusqu'aux plus innocents souhaits.
Contre de telles gens, quant à moi, je réclame.
Ils ôtent à nos cœurs le principal ressort;
Ils font cesser de vivre avant que l'on soit mort.

21, L'éléphant et le singe de Jupiter

2666 Qu'importe à ceux du firmament
Qu'on soit mouche ou bien éléphant?

29, Le juge arbitre, l'hospitalier et le solitaire

2667 Tous chemins vont à Rome.

2668 Qui mieux que vous sait vos besoins?
Apprendre à se connaître est le premier des soins...

2669 O vous dont le public emporte tous les soins,
Magistrats, princes et ministres,
Vous que doivent troubler mille accidents sinistres,
Que le malheur abat, que le bonheur corrompt,
Vous ne vous voyez point, vous ne voyez personne.

Contes et Poèmes, Philémon et Baucis

2670 Ni l'or ni la grandeur ne nous rendent heureux;
Ces deux divinités n'accordent à nos vœux
Que des biens peu certains, qu'un plaisir peu tranquille:
Des soucis dévorants c'est l'éternel asile;

2671 Il lit au front de ceux qu'un vain luxe environne
Que la Fortune vend ce qu'on croit qu'elle donne.

Contes et Poèmes, Les filles de Minée

2672 La défense est un charme: on dit qu'elle assaisonne
Les plaisirs, et surtout ceux que l'amour nous donne.

2673 O triste jalousie! ô passion amère!
Fille d'un fol amour, que l'erreur a pour mère!
Ce qu'on voit par tes yeux cause assez d'embarras
Sans voir encor par eux ce que l'on ne voit pas!

2674 Sur le point de jouir tout s'enfuit de nos mains:
Les dieux se font un jeu de l'espoir des humains.

2675 Les morts sont donc heureux? Ce n'est pas mon avis:
Je veux des passions; et si l'état le pire
Est le néant, je ne sais point
De néant plus complet qu'un cœur froid à ce point.

Contes et Nouvelles en vers, préface

2676 Il n'appartient qu'aux ouvrages vraiment solides, et d'une souveraine beauté, d'être bien reçus de tous les esprits, et dans tous les siècles, sans avoir d'autre passeport que le seul mérite dont ils sont pleins.

2677 [...] Une douce mélancolie, où les romans les plus chastes et les plus modestes sont très capables de nous plonger, et qui est une grande préparation pour l'amour.

Contes et Nouvelles en vers, Joconde

2678 Il ne faut à la cour ni trop voir, ni trop dire.

2679 Je fus forcé par mon destin,
De reconnaître Cocuage
Pour un des dieux du mariage,
Et comme tel de lui sacrifier.

2680 Car en amour, comme à la table,
Si l'on en croit la Faculté,
Diversité de mets peut nuire à la santé.

2681 Ainsi que bons bourgeois achevons notre vie,
Chacun près de sa femme, et demeurons-en là.
Peut-être que l'absence, ou bien la jalousie,
Nous ont rendu leurs cœurs, que l'Hymen nous ôta.

Contes et Nouvelles en vers, Richard Minutolo

2682 L'argent fait tout...

Contes et Nouvelles en vers, Les amours de Mars et de Vénus

2683 Or soyez sûr qu'en amours,
Entre l'homme d'épée et l'homme de science,
Les Dames au premier inclineront toujours;
Et toujours le plumet aura la préférence.

2684 Quand les cœurs ont goûté les délices d'Amour,
Ils iraient plutôt jusqu'à Rome,
Que de s'en passer un seul jour.

deuxième partie, préface

2685 Car, comme l'on sait, le secret de plaire ne consiste pas toujours en l'ajustement, ni même en la régularité: il faut du piquant et de l'agréable, si l'on veut toucher.

deuxième partie
Le faiseur d'oreilles et le raccommodeur de moules

2686 Mieux vaut, tout prisé,
Cornes gagner que perdre ses oreilles.

deuxième partie, Le berceau

2687 Gens trop heureux font toujours quelque faute...

deuxième partie, Le muletier

2688 Maître ne sais meilleur pour enseigner
Que Cupidon; l'âme la moins subtile
Sous sa férule apprend plus en un jour
Qu'un maître ès arts en dix ans aux écoles.

2689 Au jeu d'amour le muletier fait rage:
Chacun son fait; nul n'a tout en partage.

deuxième partie, L'oraison de Saint Julien

2690 Bien est-il vrai qu'auprès d'une beauté
Paroles ont des vertus non pareilles;
Paroles font en amour des merveilles:
Tout cœur se laisse à ce charme amollir.

2691 [...] Tout plaisir tranquille
N'est d'ordinaire un plaisir de marquis:
Plus il est su, plus il leur semble exquis.

2692 L'Amour est nu, mais il n'est pas crotté.

2693 Le temps est cher en amour comme en guerre.

deuxième partie, La gageure des trois commères

2694 Tout domestique en trompant un mari,
Pense gagner indulgence plénière.

Deuxième partie, Le calendrier des vieillards

2695 Et l'on disait communément de lui
Que ses enfants ne manqueraient de pères.

2696 Vous savez bien, Monsieur, qu'entre la tête
Et le talon d'autres affaires sont.

deuxième partie, À femme avare galant escroc

2697 De leur boutique il sort chez les François
Plus de cocus que du cheval de Troie
Il ne sortit de héros autrefois.

deuxième partie, La fiancée du roi de Garbe

2698 Il est bon de garder sa fleur;
Mais, pour l'avoir perdue, il ne se faut pas pendre.

troisième partie
La coupe enchantée

2699 Pauvres gens, dites-moi, qu'est-ce que Cocuage?
Quel tort vous fait-il? quel dommage?
Qu'est-ce enfin que ce mal dont tant de gens de bien
Se moquent avec juste cause?
Quand on l'ignore, ce n'est rien,
Quand on le sait, c'est peu de chose.

2700 Apprenez qu'à Paris ce n'est pas comme à Rome;
Le cocu qui s'afflige y passe pour un sot
Et le cocu qui rit, pour un fort honnête homme:
Quand on prend comme il faut cet accident fatal,
Cocuage n'est point un mal.

2701 Volontiers où Soupçon séjourne
Cocuage séjourne aussi.

troisième partie, Nicaise

2702 Beau, jeune, et frais: ce sont trésors
Que ne méprise aucune dame,
Tant soit son esprit précieux.
Pour une qu'Amour prend par l'âme,
Il en prend mille par les yeux.

troisième partie
Le petit chien qui secoue de l'argent et des pierreries

2703 La clef du coffre-fort et des cœurs c'est la même:
Que si ce n'est celle des cœurs,
C'est du moins celle des faveurs:

2704 Longue ambassade et long voyage
Aboutissent à cocuage.

Climène, comédie

2705 Il me faut du nouveau, n'en fût-il point au monde.

2706 L'amour à ce qu'on dit empêche de dormir:
S'il a quelque plaisir il ne l'a pas sans peine.

2707 Je ne vois rien qui plaise
En matière d'Amour comme les gens outrés.

2708 Je sais qu'il est des amants à foison;
Tout en fourmille; on n'en saurait que faire;
Mais cent méchants n'en valent pas un bon;
Et ce bon-là ne se rencontre guère.

2709 Comment peuvent les gens
Entendre sans dormir une oraison funèbre?
Il n'est panégyriste au monde si célèbre
Qui ne soit un Morphée à tous ses auditeurs.

Nouveaux contes
Comment l'esprit vient aux filles

2710 Il est un jeu divertissant sur tous,
Jeu dont l'ardeur souvent se renouvelle;
Ce qui m'en plaît, c'est que tant de cervelle
N'y fait besoin, et ne sert de deux clous.

Nouveaux contes, L'abbesse

2711 Je le répète, et dis, vaille que vaille,
Le monde n'est que franche moutonnaille.

Nouveaux contes, Les troqueurs

2712 Mais le meilleur de la bête, à mon sens,
N'est ce qu'on voit ; femmes ont maintes choses
Que je préfère, et qui sont lettres closes ;

2713 En l'amoureuse loi
Pain qu'on dérobe et qu'on mange en cachette,
Vaut mieux que pain qu'on cuit, ou qu'on achète...

Nouveaux contes, Le roi Candaule et le maître en droit

2714 Il était mari ; c'est son mal ;
Et les gens de ce caractère
Ne sauraient en aucune affaire
Commettre de péché qui ne soit capital.

2715 Pauvres gens qui n'ont pas l'esprit
De garder du loup leur ouaille !
Un berger en a cent ; des hommes ne sauront
Garder la seule qu'ils auront.

Nouveaux contes, Pâté d'anguille

2716 Même beauté, tant soit exquise,
Rassasie et soûle à la fin.
Il me faut d'un et d'autre pain ;
Diversité, c'est ma devise.

2717 Mots dorés en amours font tout.

Nouveaux contes, Les lunettes

2718 C'est ce surplus, ce reste de machine,
Bout de lacet aux hommes excédant.

Nouveaux contes, Janot et Catin

2719 Dont je conclus qu'en amours faut
Battre le fer quand il est chaud,
Sans chercher ni détour ni ruse.

Nouveaux contes, Le tableau

2720 Qui pense finement et s'exprime avec grâce,
Fait tout passer, car tout passe :

Recueil de 1682, Belphégor

2721 Les si, les cas, les contrats sont la porte
Par où la noise entra dans l'univers :
N'espérons pas que jamais elle en sorte.

2722 Je ne connais d'autre premier mobile
Dans l'univers que l'argent et que l'or.

2723 Otez d'entre les hommes
La simple foi, le meilleur est ôté.

2724 Le cœur fait tout, le reste est inutile.

2725 Chez les amis, tout s'excuse, tout passe;
Chez les amants, tout plaît, tout est parfait;
Chez les époux, tout ennuie et tout lasse.
Le devoir nuit: chacun est ainsi fait.

2726 J'appelle un bon, voire un parfait hymen,
Quand les conjoints se souffrent leurs sottises.

Contes et Poèmes, La matrone d'Éphèse

2727 Mainte veuve pourtant fait la déchevelée,
Qui n'abandonne pas le soin du demeurant,
Et du bien qu'elle aura fait le compte en pleurant.

2728 La douleur est toujours moins forte que la plainte...

2729 [...] Tout y fit: une belle, alors qu'elle est en larmes,
En est plus belle de moitié,
Voilà donc notre veuve écoutant la louange,
Poison qui de l'amour est le premier degré;

2730 O volages femelles!
La femme est toujours femme. Il en est qui sont belles,
Il en est qui ne le sont pas...

2731 Mieux vaut goujat debout qu'empereur enterré.

Élégie pour M. Foucquet

2732 Lorsque sur cette mer on vogue à pleines voiles,
Qu'on croit avoir pour soi les vents et les étoiles,
Il est bien malaisé de régler ses désirs;
Le plus sage s'endort sur la foi des Zéphyrs.

2733 Il est assez puni par son sort rigoureux;
Et c'est être innocent que d'être malheureux.

À Mgr l'évêque de Soissons

2734 Térence est dans mes mains; je m'instruis dans Horace;
Homère et son rival sont mes dieux du Parnasse.

2735 Ne pas louer son siècle est parler à des sourds.

Françoise BERTAUT de MOTTEVILLE v. 1621-1689

Mémoires, Seconde journée des barricades

2736 On flatte les rois jusqu'à l'extrémité ; mais aussi, quand le masque est levé, on ne les épargne pas.

2737 [...] Les rois ne voient jamais leurs maux qu'au travers de mille nuages. La vérité, que les poètes et les peintres représentent nue, est toujours devant eux habillée de mille façons ; et jamais mondaine n'a si souvent changé de mode que celle-là en change quand elle va dans les palais des rois.

MOLIÈRE 1622-1673

L'Étourdi

acte I, scène 2

2738 Quand nous faisons besoin, nous autres misérables,
Nous sommes les chéris et les incomparables ;
Et dans un autre temps, dès le moindre courroux,
Nous sommes les coquins, qu'il faut rouer de coups.

2739 LÉLIE
Ah ! trêve, je vous prie, à votre rhétorique.
MASCARILLE
Mais vous, trêve plutôt à votre politique.

scène 3

2740 Mon cœur, qu'avec raison votre discours étonne,
N'entend pas que mes yeux fassent mal à personne ;
Et si dans quelque chose ils vous ont outragé,
Je puis vous assurer que c'est sans mon congé.

scène 5

2741 Les dettes aujourd'hui, quelque soin qu'on emploie,
Sont comme les enfants que l'on conçoit en joie,
Et dont avecque peine on fait l'accouchement.

acte II, scène 1

2742 Que ne ferait-on pas pour devenir heureux ?
Si l'amour est au crime une assez belle excuse,
Il en peut bien servir à la petite ruse...

(L'étourdi, acte II) scène 2

2743 ANSELME
N'avoir pas seulement le temps d'être malade!

MASCARILLE
Non, jamais homme n'eut si hâte de mourir.

2744 Qui tôt ensevelit bien souvent assassine,
Et tel est cru défunt, qui n'en a que la mine.

2745 Lélie [...]
D'un bel enterrement veut régaler son père,
Et consoler un peu ce défunt de son sort
Par le plaisir de voir faire honneur à sa mort.

scène 3

2746 ANSELME
Las! en si peu de temps! il vivait ce matin!

MASCARILLE
En peu de temps parfois on fait bien du chemin.

2747 Mais quoi? cher Lélie, enfin il était homme:
On n'a point pour la mort de dispense de Rome.

scène 5

2748 Vous tuez donc des gens qui se portent fort bien?

scène 11

2749 Pour vous dire en beaux vers, ou bien en docte prose,
Que vous serez toujours, quoi que l'on se propose,
Tout ce que vous avez été durant vos jours,
C'est-à-dire un esprit chaussé tout à rebours,
Une raison malade et toujours en débauche,
Un envers du bon sens, un jugement à gauche...

acte III, scène 2

2750 Et vous épouserez le bien public en elle...

scène 4

2751 Et sur ce que j'adore oser porter le blâme,
C'est me faire une plaie au plus tendre de l'âme.

scène 5

2752 Je ne suis point au rang de ces esprits mal nés
Qui cachent les talents que Dieu leur a donnés.

scène 6

2753 Foin! que n'ai-je avec moi pris mon porte-respect?

acte IV, scène 3

2754 Les plus courtes erreurs sont toujours les meilleures.

acte V, scène 1

2755 Et qu'un fourbe est contraint de prendre de figures!

scène 11

2756 Allons donc, et que les Cieux prospères
Nous donnent des enfants dont nous soyons les pères.

Le Dépit amoureux
acte I, scène 1

2757 Souvent d'un faux espoir un amant est nourri:
Le mieux reçu toujours n'est pas le plus chéri;
Et tout ce que d'ardeur font paraître les femmes
Parfois n'est qu'un beau voile à couvrir d'autres flammes.

2758 Sur des soupçons en l'air je m'irais alarmer!
Laissons venir la fête avant que la chômer.

scène 2

2759 L'opinion que j'ai de moi-même est trop bonne
Pour croire auprès de moi que quelque autre te plût.

2760 Au mérite souvent de qui l'éclat vous blesse
Vos chagrins font ouvrir les yeux d'une maîtresse;
Et j'en sais tel qui doit son destin le plus doux
Aux soins trop inquiets de son rival jaloux...

acte II, scène 4

2761 Un cœur ne pèse rien alors que l'on l'affronte;
Il court à sa vengeance, et saisit promptement
Tout ce qu'il croit servir à son ressentiment.

scène 6

2762 Doncques, si de parler le pouvoir m'est ôté,
Pour moi, j'aime autant perdre aussi l'humanité.

(Le Dépit amoureux) acte III, scène 9

2763 On sait que la chair est fragile quelquefois,
Et qu'une fille enfin n'est ni caillou ni bois.
Vous n'avez pas été sans doute la première,
Et vous ne serez pas, que je crois, la dernière.

scène 11

2764 Je ne saurais mourir quand je suis regardé...

acte IV, scène 1

2765 La mort est un remède à trouver quand on veut,
Et l'on s'en doit servir le plus tard que l'on peut.

scène 2

2766 Qui souffre ses mépris les veut bien recevoir.
Si nous avions l'esprit de nous faire valoir,
Les femmes n'auraient pas la parole si haute.

2767 La femme est toujours femme, et jamais ne sera
Que femme, tant qu'entier le monde durera;
[...]
La tête d'une femme est comme la girouette
Au haut d'une maison, qui tourne au premier vent.
[...]
Ainsi, quand une femme a sa tête fantasque,
On voit une tempête en forme de bourrasque...

acte V, scène 1

2768 Quand je viens à songer, moi qui me suis si cher,
Qu'il ne faut que deux doigts d'un misérable fer
Dans le corps, pour vous mettre un humain dans la bière,
Je suis scandalisé d'une étrange manière.
[...]
Enfin, si l'autre monde a des charmes pour vous,
Pour moi, je trouve l'air de celui-ci fort doux [...]

scène 3

2769 On ne meurt qu'une fois, et c'est pour si longtemps.

scène 8

2770 Un mari, passe encore: tel qu'il est, on le prend;
On n'y va pas chercher tant de cérémonie.
Mais il faut qu'un galant soit fait à faire envie.

2771 Tu crois te marier pour toi tout seul, compère?

Les Précieuses ridicules
scène 5

2772 Mon Dieu! ma chère, que ton père a la forme enfoncée dans la matière!

scène 9

2773 Vite, voiturez-nous ici les commodités de la conversation.

2774 Mais de grâce, Monsieur, ne soyez pas inexorable à ce fauteuil qui vous tend les bras il y a un quart d'heure; contentez un peu l'envie qu'il a de vous embrasser.

2775 Pour moi, je tiens que hors de Paris, il n'y a point de salut pour les honnêtes gens.

2776 Votre œil en tapinois me dérobe mon cœur.
Au voleur, au voleur, au voleur, au voleur!

2777 Les gens de qualité savent tout sans avoir jamais rien appris.

2778 [...] Quand j'ai promis à quelque poète, je crie toujours: « Voilà qui est beau! » devant que les chandelles soient allumées.

Sganarelle
scène 1

2779 Que l'or donne aux plus laids certain charme pour plaire,
Et que sans lui le reste est une triste affaire.
[...]
Plus que l'on ne le croit ce nom d'époux engage
Et l'amour est souvent un fruit du mariage.

scène 2

2780 Il dit que la femelle est ainsi que le lierre,
Qui croît beau tant qu'à l'arbre il se tient bien serré,
Et ne profite point s'il en est séparé.

scène 4

2781 Aller en l'autre monde est très-grande sottise,
Tant que dans celui-ci l'on peut être de mise.

scène 5

2782 Ah! que j'ai de dépit que la loi n'autorise
A changer de mari comme on fait de chemise.

scène 7

2783 Et, pour fermer chez vous l'entrée à la douleur,
De vingt verres de vin entourez votre cœur.

(Sganarelle) scène 9

2784 Ah! truande, as-tu bien le courage
De m'avoir fait cocu dans la fleur de mon âge?

2785 Oui, son mari, vous dis-je, et mari très-marri.

scène 17

2786 Quand j'aurai fait le brave, et qu'un fer, pour ma peine,
M'aura d'un vilain coup transpercé la bedaine,
Que par la ville ira le bruit de mon trépas,
Dites-moi, mon honneur, en serez-vous plus gras?

2787 Peste soit qui premier trouva l'invention
De s'affliger l'esprit de cette vision,
Et d'attacher l'honneur de l'homme le plus sage
Aux choses que peut faire une femme volage!
Puisqu'on tient à bon droit tout crime personnel,
Que fait là notre honneur pour être criminel?

2788 Voir cajoler sa femme et n'en témoigner rien
Se pratique aujourd'hui par force gens de bien.

scène 21

2789 Guerre, guerre mortelle à ce larron d'honneur
Qui sans miséricorde a souillé notre honneur!

scène 24

2790 [...] La plus forte apparence
Peut jeter dans l'esprit une fausse créance.

Dom Garcie de Navare
acte I, scène 1

2791 Sans employer la langue, il est des interprètes
Qui parlent clairement des atteintes secrètes:
Un soupir, un regard, une simple rougeur,
Un silence est assez pour expliquer un cœur;
Tout parle dans l'amour...

2792 [Ces faveurs] se font sans y penser,
Semblables à ces eaux si pures et si belles,
Qui coulent sans effort des sources naturelles.

2793 La faveur d'un écrit laisse aux mains d'un amant
Des témoins trop constants de notre attachement.

scène 3

2794 Souvent on entend mal ce qu'on croit bien entendre,
Et par trop de chaleur, Prince, on se peut méprendre...

2795 Au moindre mot qu'il dit, un cœur veut qu'on l'entende,
Et n'aime pas ces feux dont l'importunité
Demande qu'on s'explique avec tant de clarté.

acte II, scène 1

2796 Et quand, charmante Élise, a-t-on vu, s'il vous plaît,
Qu'on cherche auprès des grands que son propre intérêt...
[...]
Et les plus prompts moyens de gagner leur faveur,
C'est de flatter toujours le faible de leur cœur,
D'applaudir en aveugle à ce qu'ils veulent faire,
Et n'appuyer jamais ce qui peut leur déplaire:
C'est là le vrai secret d'être bien auprès d'eux.

2797 Et dans l'esprit des grands, qu'on tâche de surprendre,
Un rayon de lumière à la fin peut descendre,
Qui sur tous ces flatteurs venge équitablement
Ce qu'a fait à leur gloire un long aveuglement.

scène 5

2798 L'innocence à rougir n'est point accoutumée.

scène 6

2799 Car enfin peut-il être une âme bien atteinte
Dont l'espoir le plus doux ne soit mêlé de crainte?

2800 Un cœur ne peut jamais outrager quand il aime;
Et ce que fait l'amour, il l'excuse lui-même.

acte III, scène 1

2801 Moi, je tiens que toujours un peu de défiance
En ces occasions n'a rien qui nous offense,
Et qu'il est dangereux qu'un cœur qu'on a charmé
Soit trop persuadé, Madame, d'être aimé...

acte IV, scène 6

2802 Un amant suit sans doute une utile méthode,
S'il fait qu'à notre humeur la sienne s'accommode;
[...]
Et nous n'aimons rien tant que ce qui nous ressemble.

scène 8

2803 Je ne suis plus à moi; je suis tout à la rage. [...]

acte V, scène 3

2804 Ce vous serait sans doute un indigne transport
De vouloir dans vos maux lutter contre le sort;
Et lorsque c'est en vain qu'on s'oppose à sa rage,
La soumission prompte est grandeur de courage.

(Dom Garcie de Navare) scène 5

2805 Peut-on être jamais satisfait en soi-même,
Lorsque par la contrainte on obtient ce qu'on aime?

L'École des maris
acte I, scène 1

2806 Il est vrai qu'à la mode il faut m'assujettir,
Et ce n'est pas pour moi que je me dois vêtir.

scène 2

2807 Et toujours notre honneur veut se garder lui-même.
C'est nous inspirer presque un désir de pécher,
Que montrer tant de soins de nous en empêcher.

2808 Et les soins défiants, les verrous et les grilles
Ne font pas la vertu des femmes ni des filles.

2809 [...] Je tiens sans cesse
Qu'il nous faut en riant instruire la jeunesse,
[...]
Et l'école du monde, en l'air dont il faut vivre
Instruit mieux, à mon gré, que ne fait aucun livre.

scène 3

2810 [...] Mais pour les nouveautés
On peut avoir parfois des curiosités.

acte III, scène 5

2811 Et la vertu chez elle est fort humanisée.

scène 9

2812 Mon frère, doucement il faut boire la chose:
D'une telle action vos procédés sont cause;
Et je vois votre sort malheureux à ce point,
Que, vous sachant dupé, l'on ne vous plaindra point.

Les Fâcheux
acte I, scène 1

2813 Hé! mon Dieu! nos Français, si souvent redressés,
Ne prendront-ils jamais un air de gens sensés...

2814 [...] Mais on en voit paraître,
De ces gens qui de rien veulent fort vous connaître,
Dont il faut au salut les baisers essuyer,
Et qui sont familiers jusqu'à vous tutoyer.

2815 Le Ciel veut qu'ici-bas chacun ait ses Fâcheux,
Et les hommes seraient sans cela trop heureux.

2816 L'heure d'un rendez-vous d'ordinaire s'étend,
Et n'est pas resserrée aux bornes d'un instant.

scène 3

2817 Ciel ! faut-il que le rang, dont on veut tout couvrir,
De cent sots tous les jours nous oblige à souffrir,
Et nous fasse abaisser jusques aux complaisances
D'applaudir bien souvent à leurs impertinences ?

scène 6

2818 Et notre roi n'est pas un monarque en peinture.

acte II, scène 2

2819 C'est dans le jeu qu'on voit les plus grands coups du sort.

acte III, scène 1

2820 L'amour aime surtout les secrètes faveurs ;
Dans l'obstacle qu'on force il trouve des douceurs :
Et le moindre entretien de la beauté qu'on aime,
Lorsqu'il est défendu, devient grâce suprême.

scène 2

2821 Non pas de ces savants dont le nom n'est qu'en *us :*
Il n'est rien si commun qu'un nom à la latine ;
Ceux qu'on habille en grec ont bien meilleure mine ;

L'École des femmes
acte I, scène 1

2822 Oui ; mais qui rit d'autrui
Doit craindre qu'en revanche on rie aussi de lui.

2823 Moi, j'irais me charger d'une spirituelle
Qui ne parlerait rien que cercle et que ruelle,
Qui de prose et de vers ferait de doux écrits,
Et que visiteraient marquis et beaux esprits,
Tandis que, sous le nom du mari de Madame,
Je serais comme un saint que pas un ne réclame ?

2824 Je prétends que la mienne, en clartés peu sublime,
Même ne sache pas ce que c'est qu'une rime...
[...]
En un mot, qu'elle soit d'une ignorance extrême ;
Et c'est assez pour elle, à vous en bien parler,
De savoir prier Dieu, m'aimer, coudre et filer.

(L'École des femmes)

2825 Mais comment voulez-vous, après tout, qu'une bête
Puisse jamais savoir ce que c'est qu'être honnête?

2826 Dans un petit couvent, loin de toute pratique,
Je la fis élever selon ma politique,
C'est-à-dire ordonnant quels soins on emploîrait
Pour la rendre idiote autant qu'il se pourrait.

scène 4

2827 Vous savez mieux que moi, quels que soient nos efforts,
Que l'argent est la clef de tous les grands ressorts,
Et que ce doux métal qui frappe tant de têtes,
En amour, comme en guerre, avance les conquêtes.

acte II, scène 3

2828 La femme est en effet le potage de l'homme;
Et quand un homme voit d'autres hommes parfois
Qui veulent dans sa soupe aller tremper leurs doigts,
Il en montre aussitôt une colère extrême.

scène 5

2829 AGNÈS
Le petit chat est mort.
ARNOLPHE
C'est dommage; mais quoi?
Nous sommes tous mortels, et chacun est pour soi;

acte III, scène 2

2830 Le mariage, Agnès, n'est pas un badinage:
A d'austères devoirs le rang de femme engage...
[...]
Votre sexe n'est là que pour la dépendance:
Du côté de la barbe est la toute-puissance.
Bien qu'on soit deux moitiés de la société,
Ces deux moitiés pourtant n'ont point d'égalité:
L'une est moitié suprême et l'autre subalterne;

scène 4

2831 Il le faut avouer, l'amour est un grand maître:
Ce qu'on ne fut jamais il nous enseigne à l'être;

acte IV, scène 6

2832 Et goûtât-on cent fois un bonheur tout parfait,
On n'en est pas content, si quelqu'un ne le sait.

scène 8

2833 Être avare, brutal, fourbe, méchant et lâche,
N'est rien, à votre avis, auprès de cette tache ;
Et, de quelque façon qu'on puisse avoir vécu,
On est homme d'honneur quand on n'est point cocu.
[...]
Que des coups du hasard aucun n'étant garant,
Cet accident de soi doit être indifférent,
Et qu'enfin tout le mal, quoi que le monde glose,
N'est que dans la façon de recevoir la chose...

2834 Ces dragons de vertu, ces honnêtes diablesses...
[...]
Qui, pour un petit tort qu'elles ne nous font pas,
Prennent droit de traiter les gens de haut en bas,
Et veulent, sur le pied de nous être fidèles,
Que nous soyons tenus à tout endurer d'elles ?
[...] Apprenez qu'en effet
Le cocuage n'est que ce que l'on le fait,
Qu'on peut le souhaiter pour de certaines causes,
Et qu'il a ses plaisirs comme les autres choses.

acte V, scène 4

2835 Leur esprit est méchant, et leur âme fragile ;
Il n'est rien de plus faible et de plus imbécile,
Rien de plus infidèle : et malgré tout cela,
Dans le monde on fait tout pour ces animaux-là.

scène 7

2836 Est-ce que vous voulez qu'un père ait la mollesse
De ne savoir pas faire obéir la jeunesse ?

scène 9

2837 Si n'être point cocu vous semble un si grand bien,
Ne vous point marier en est le vrai moyen.

La Critique de l'École des femmes
scène 3

2838 [...] Quelqu'un même des laquais cria tout haut qu'elles étaient plus chastes des oreilles que de tout le reste du corps.

scène 5

2839 [...] Il y en a plusieurs qui sont capables de juger d'une pièce selon les règles, et que les autres en jugent par la bonne façon d'en juger, qui est de se laisser prendre aux choses, et de n'avoir ni prévention aveugle, ni complaisance affectée, ni délicatesse ridicule.

(La Critique de l'École des femmes)

2840 Eh ! mon Dieu ! il y en a beaucoup que le trop d'esprit gâte, qui voient mal les choses à force de lumière, et même qui seraient bien fâchés d'être de l'avis des autres, pour avoir la gloire de décider.

2841 Toute approbation qui marche avant la sienne est un attentat sur ses lumières, dont il se venge hautement en prenant le contraire parti.

scène 6

2842 [...] Lorsque vous peignez les hommes, il faut peindre d'après nature. On veut que ces portraits ressemblent ; et vous n'avez rien fait, si vous n'y faites reconnaître les gens de votre siècle [...] c'est une étrange entreprise que celle de faire rire les honnêtes gens.

2843 C'est une étrange chose de vous autres, Messieurs les poètes, que vous condamniez toujours les pièces où tout le monde court, et ne disiez jamais du bien que de celles où personne ne va.

2844 Je voudrais bien savoir si la grande règle de toutes les règles n'est pas de plaire, et si une pièce de théâtre qui a attrapé son but n'a pas suivi un bon chemin.

2845 Ah ! Monsieur Lysidas, vous nous assommez avec vos grands mots. Ne paraissez point si savant, de grâce. Humanisez votre discours, et parlez pour être entendu.

2846 Et quant au transport amoureux du cinquième acte, qu'on accuse d'être trop outré et trop comique, je voudrais bien savoir si ce n'est pas faire la satire des amants, et si les honnêtes gens même et les plus sérieux, en de pareilles occasions, ne font pas des choses... ?

Tartuffe
acte 1, scène 1

2847 On n'y respecte rien, chacun y parle haut,
Et c'est tout justement la cour du roi Pétaut.

2848 Vous êtes un sot un trois lettres, mon fils.

2849 Contre la médisance il n'est point de rempart.

2850 Ceux de qui la conduite offre le plus à rire
Sont toujours sur autrui les premiers à médire.

2851 Mais l'âge dans son âme a mis ce zèle ardent,
Et l'on sait qu'elle est prude à son corps défendant.
[...]
Et la sévérité de ces femmes de bien
Censure toute chose, et ne pardonne à rien.

scène 4

2852 ORGON
Et Tartuffe?

DORINE
Tartuffe? il se porte à merveille.
Gros et gras, le teint frais, et la bouche vermeille.

ORGON
Le pauvre homme.

scène 5

2853 Qui suit bien ses leçons goûte une paix profonde,
Et comme du fumier regarde tout le monde.

2854 Jusque-là qu'il se vint l'autre jour accuser
D'avoir pris une puce en faisant sa prière,
Et de l'avoir tuée avec trop de colère.

2855 Il est de faux dévots ainsi que de faux braves;
[...]
Les hommes la plupart sont étrangement faits!
Dans la juste nature on ne les voit jamais;
La raison a pour eux des bornes trop petites;
En chaque caractère ils passent ses limites;
Et la plus noble chose, ils la gâtent souvent
Pour la vouloir outrer et pousser trop avant.

acte II, scène 2

2856 Quoi? se peut-il, Monsieur, qu'avec l'air d'homme sage
Et cette large barbe au milieu du visage,
Vous soyez assez fou pour vouloir?...

2857 Il est bien difficile enfin d'être fidèle
A de certains maris faits d'un certain modèle.

2858 Je le soupçonne encor d'être un peu libertin:
Je ne remarque point qu'il hante les églises.

2859 Ah! vous êtes dévot, et vous vous emportez?

scène 3

2860 Mais l'amour dans un cœur veut de la fermeté.

scène 4

2861 Et cette lâcheté jamais ne se pardonne,
De montrer de l'amour pour qui nous abandonne.

(Tartuffe) acte III, scène 1

2862 Et le chemin est long du projet à la chose.

scène 2

2863 Laurent, serrez ma haire avec ma discipline..

2864 Couvrez ce sein que je ne saurais voir:
Par de pareils objets les âmes sont blessées,
Et cela fait venir de coupables pensées.

scène 3

2865 Ah! pour être dévot, je n'en suis pas moins homme...

scène 7

2866 Ah! mon frère, une femme
Aisément d'un mari peut bien surprendre l'âme.

acte IV, scène 1

2867 Vous nous payez ici d'excuses colorées,
Et toutes vos raisons, Monsieur, sont trop tirées...

scène 3

2868 Est-ce qu'au simple aveu d'un amoureux transport
Il faut que notre honneur se gendarme si fort?
Et ne peut-on répondre à tout ce qui le touche
Que le feu dans les yeux et l'injure à la bouche?

2869 Non; on est aisément dupé par ce qu'on aime.
Et l'amour-propre engage à se tromper soi-même.

scène 5

2870 Le Ciel défend, de vrai, certains contentements.
Mais on trouve avec lui des accommodements;
Selon divers besoins, il est une science
D'étendre les liens de notre conscience
Et de rectifier le mal de l'action
Avec la pureté de notre intention.

2871 Le scandale du monde est ce qui fait l'offense,
Et ce n'est pas pécher que pécher en silence.

scène 7

2872 C'est à vous d'en sortir, vous qui parlez en maître.
La maison m'appartient, je le ferai connaître [...]

acte V, scène 3

2873 La vertu dans le monde est toujours poursuivie;
Les envieux mourront, mais non jamais l'envie.

2874 ORGON

Je l'ai vu, dis-je, vu, de mes propres yeux vu,
Ce qu'on appelle vu : faut-il vous le rebattre
Aux oreilles cent fois, et crier comme quatre ?

MME PERNELLE

Mon Dieu, le plus souvent l'apparence déçoit
Il ne faut pas toujours juger sur ce qu'on voit.

2875 Juste retour, Monsieur, des choses d'ici-bas :
Vous ne vouliez pas croire, et l'on ne vous croit pas.

scène 4

2876 Ce Monsieur Loyal porte un air bien déloyal.

L'Amour médecin

acte I, scène 1

2877 Je trouve que vous me conseillez fort bien pour vous. Vous êtes orfèvre, Monsieur Josse, et votre conseil sent son homme qui a envie de se défaire de sa marchandise.

acte II, scène 1

2878 Que voulez-vous donc faire, Monsieur, de quatre médecins ? N'est-ce pas assez d'un pour tuer une personne ?

2879 Elle est morte de quatre médecins et de deux apothicaires.

scène 2

2880 M. TOMÈS

Comment se porte son cocher ?

LISETTE

Fort bien : il est mort.

2881 Je ne sais si cela se peut ; mais je sais bien que cela est.

scène 5

2882 L'un va en tortue, et l'autre court la poste.

2883 Il vaut mieux mourir selon les règles, que de réchapper contre les règles.

(Tartuffe) acte III, scène 5

2884 SGANARELLE
Voilà un médecin qui a la barbe bien jeune.

LISETTE
La science ne se mesure pas à la barbe, et ce n'est pas par le menton qu'il est habile.

Le Misanthrope
acte I, scène 1

2885 Moi, votre ami? Rayez cela de vos papiers.

2886 De protestations, d'offres et de serments,
Vous chargez la fureur de vos embrassements;
Et quand je vous demande après quel est cet homme,
A peine pouvez-vous dire comme il se nomme;
[...]
Morbleu! c'est une chose indigne, lâche, infâme,
De s'abaisser ainsi jusqu'à trahir son âme.

2887 Sur quelque préférence une estime se fonde,
Et c'est n'estimer rien qu'estimer tout le monde
[...]
Je veux qu'on me distingue; et pour le trancher net,
L'ami du genre humain n'est point du tout mon fait.

2888 J'entre en une humeur noire, et un chagrin profond,
Quand je vois vivre entre eux les hommes comme ils font;
Je ne trouve partout que lâche flatterie,
Qu'injustice, intérêt, trahison, fourberie...

2889 [...] Ces haines vigoureuses
Que doit donner le vice aux âmes vertueuses.

2890 La parfaite raison fuit toute extrémité,
Et veut que l'on soit sage avec sobriété.
[...]
Et c'est une folie à nulle autre seconde
De vouloir se mêler de corriger le monde.
[...]
Mon flegme est philosophe autant que votre bile.

2891 J'ai beau voir ses défauts, et j'ai beau l'en blâmer,
En dépit qu'on en ait, elle se fait aimer;
Sa grâce est la plus forte...

2892 Il est vrai : ma raison me le dit chaque jour :
Mais la raison n'est pas ce qui règle l'amour.

scène 2

2893 C'est à vous, s'il vous plaît, que ce discours s'adresse.

2894 Mais l'amitié demande un peu plus de mystère,
Et c'est assurément en profaner le nom
Que de vouloir le mettre à toute occasion.

2895 Le temps ne fait rien à l'affaire.

2896 Ah ! qu'en termes galants ces choses-là sont mises.

Le Misanthrope, sonnet d'Oronte

2897 Belle Philis, on désespère,
Alors qu'on espère toujours...

2898 Je disais, en voyant des vers de sa façon,
Qu'il faut qu'un galant homme ait toujours grand empire
Sur les démangeaisons qui nous prennent d'écrire ;
Qu'il doit tenir la bride aux grands empressements
Qu'on a de faire éclat de tels amusements ;
Et que, par la chaleur de montrer ses ouvrages,
On s'expose à jouer de mauvais personnages.

2899 Si l'on peut pardonner l'essor d'un mauvais livre,
Ce n'est qu'aux malheureux qui composent pour vivre.

2900 Ce style figuré, dont on fait vanité,
Sort du bon caractère et de la vérité :
Ce n'est que jeu de mots, qu'affectation pure,
Et ce n'est point ainsi que parle la nature.

Le Misanthrope, chanson dite par Alceste

2901 Si le Roi m'avait donné
Paris, sa grand'ville,
Et qu'il me fallût quitter
L'amour de ma mie,
Je dirais au roi Henri :
« Reprenez votre Paris :
J'aime mieux ma mie, au gué !
J'aime mieux ma mie. »

acte II, scène 2

2902 Dans tous les entretiens on les voit s'introduire ;
Ils ne sauraient servir, mais ils peuvent vous nuire ;
Et jamais, quelque appui qu'on puisse avoir d'ailleurs,
On ne doit se brouiller avec ces grands brailleurs.

(Le Misanthrope) scène 4

2903 Ce début n'est pas mal ; et contre le prochain
La conversation prend un assez bon train.

2904 C'est de la tête aux pieds un homme tout mystère,
Qui vous jette en passant un coup d'œil égaré,
Et, sans aucune affaire, est toujours affairé.
[...]
Sans cesse, il a, tout bas, pour rompre l'entretien
Un secret à vous dire, et ce secret n'est rien ;
De la moindre vétille il fait une merveille,
Et jusques au bonjour, il dit tout à l'oreille.

2905 Jamais on ne le voit sortir du grand seigneur ;
Dans le brillant commerce il se mêle sans cesse,
Et ne cite jamais que duc, prince ou princesse :
La qualité l'entête...

2906 Et l'on demande l'heure, et l'on bâille vingt fois,
Qu'elle grouille aussi peu qu'une pièce de bois.

2907 Il est guindé sans cesse ; et dans tous ses propos,
On voit qu'il se travaille à dire de bons mots.
[...]
Et les deux bras croisés, du haut de son esprit
Il regarde en pitié tout ce que chacun dit.

2908 Et l'on voit les amants vanter toujours leur choix ;
Jamais leur passion n'y voit rien de blâmable,
Et dans l'objet aimé tout leur devient aimable :
Ils comptent les défauts pour des perfections
Et savent y donner de favorables noms.
[...]
C'est ainsi qu'un amant dont l'ardeur est extrême
Aime jusqu'aux défauts des personnes qu'il aime.

acte III, scène 1

2909 Je suis assez adroit ; j'ai bon air, bonne mine,
Les dents belles surtout, et la taille fort fine.
Je me vois dans l'estime autant qu'on y puisse être,
Fort aimé du beau sexe, et bien auprès du maître.
Je crois qu'avec cela, mon cher Marquis, je crois
Qu'on peut, par tout pays, être content de soi.

scène 4

2910 L'âge amènera tout, et ce n'est pas le temps,
Madame, comme on sait, d'être prude à vingt-ans...

2911 Et vous faites sonner terriblement votre âge.

2912 Qu'on n'acquiert point les cœurs sans de grandes avances
Qu'aucun pour nos beaux yeux n'est notre soupirant,
Et qu'il faut acheter tous les soins qu'on nous rend.

acte IV, scène 1

2913 On peut être honnête homme et faire mal des vers.

acte V, scène 1

2914 J'ai pour moi la justice, et je perds mon procès!

2915 Tous ces défauts humains nous donnent dans la vie
Des moyens d'exercer notre philosophie [...].

scène 4

2916 La solitude effraye une âme de vingt ans...

2917 [...] Et chercher sur la terre un endroit écarté
Où d'être homme d'honneur on ait la liberté.

Dom Juan
acte I, scène 1

2918 [...] Il n'est rien d'égal au tabac : c'est la passion des honnêtes gens, et qui vit sans tabac n'est pas digne de vivre.

2919 Mais un grand seigneur méchant homme est une terrible chose.

scène 2

2920 Les inclinations naissantes, après tout, ont des charmes inexplicables, et tout le plaisir de l'amour est dans le changement.

2921 [...] Je me sens un cœur à aimer toute la terre.

scène 3

2922 Si le Ciel n'a rien que tu puisses appréhender, appréhende du moins la colère d'une femme offensée.

acte II, scène 4

2923 [...] C'est l'épouseur du genre humain...

scène 5

2924 Allons vite, c'est trop d'honneur que je vous fais, et bien heureux est le valet qui peut avoir la gloire de mourir pour son maître.

acte III, scène 1

2925 Par quelle raison n'aurais-tu pas les mêmes privilèges qu'ont tous les autres médecins? Ils n'ont pas plus de part que toi aux guérisons des malades. [...] Tu peux profiter comme eux du bonheur du malade, et voir attribuer à tes remèdes tout ce qui peut venir des faveurs du hasard et des forces de la nature.

(Dom Juan, acte III, scène 1)

2926 Comment ? il y avait six jours entiers qu'il ne pouvait mourir, et cela le fit mourir tout d'un coup. Voulez-vous rien de plus efficace ?

2927 Cet habit me donne de l'esprit.

2928 Je crois que deux et deux sont quatre, Sganarelle, et que quatre et quatre sont huit.

scène 4

2929 [...] Comme l'honneur est infiniment plus précieux que la vie, c'est ne devoir rien proprement que d'être redevable de la vie à qui nous a ôté l'honneur.

2930 Allons, mon frère : un moment de douceur ne fait aucune injure à la sévérité de notre devoir.

acte IV, scène 4

2931 Et qu'avez-vous fait dans le monde pour être gentilhomme ? [...] La naissance n'est rien où la vertu n'est pas. [...] Je ferais plus d'état du fils d'un crocheteur qui serait honnête homme, que du fils d'un monarque qui vivrait comme vous.

acte V, scène 1

2932 Ah ! mon fils, que la tendresse d'un père est aisément rappelée, et que les offenses d'un fils s'évanouissent vite au moindre mot de repentir.

scène 2

2933 Tous les vices à la mode passent pour vertus [...]. Combien crois-tu que j'en connaisse qui, par ce stratagème, ont rhabillé adroitement les désordres de leur jeunesse, qui se sont fait un bouclier du manteau de la religion, et, sous cet habit respecté, ont la permission d'être les plus méchants hommes du monde ? [...] Enfin, c'est là le vrai moyen de faire impunément tout ce que je voudrai. Je m'érigerai en censeur des actions d'autrui, jugerai mal de tout le monde et n'aurai bonne opinion que de moi. [...] C'est ainsi qu'il faut profiter des faiblesses des hommes.

Le Médecin malgré lui
acte I, scène 1

2934 O la grande fatigue que d'avoir une femme !

scène 2

2935 Et je veux qu'il me batte, moi.
[...]
Il me plaît d'être battue.

scène 4

2936 C'est une chose admirable, que tous les grands hommes ont toujours du caprice, quelque petit grain de folie mêlé à leur science.

scène 5

2937 [...] Il y a fagots et fagots...

acte II, scène 2

2938 GÉRONTE
Hippocrate dit cela?

SGANARELLE
Oui.

GÉRONTE
Dans quel chapitre, s'il vous plaît?

SGANARELLE
Dans son chapitre des chapeaux.

scène 4

2939 [...] Il ne faut pas qu'elle meure sans l'ordonnance du médecin.

2940 [...] Je vous apprends que votre fille est muette [...], cela vient de ce qu'elle a perdu la parole.

2941 GÉRONTE
Il me semble que vous les placez autrement qu'ils ne sont; que le cœur est du côté gauche, et le foie du côté droit.

SGANARELLE
Oui, cela était autrefois ainsi; mais nous avons changé tout cela.

acte III, scène 2

2942 C'est toujours la faute de celui qui meurt. Enfin le bon de cette profession est qu'il y a parmi les morts une honnêteté, une discrétion la plus grande du monde; et jamais on n'en voit se plaindre du médecin qui l'a tué.

Le Sicilien
scène 1

2943 Le ciel s'est habillé ce soir en Scaramouche...

scène 2

2944 Le bécarre me charme: hors du bécarre, point de salut en harmonie.

(Le Sicilien) scène 5

2945 [...] Le courroux du point d'honneur me prend...

scène 6

2946 Si c'est votre façon d'aimer, je vous prie de me haïr.

Psyché

2947 Je regarde ce que je perds
Et ne vois point ce qui me reste.

Amphitryon
acte I, scène 1

2948 Qui va là ? Heu ? Ma peur, à chaque pas, s'accroît.
Messieurs, ami de tout le monde.

2949 Peste ! où prend mon esprit toutes ces gentillesses ?

scène 4

2950 Quinze ans de mariage épuisent les paroles
Et depuis un long temps nous nous sommes tout dit.

2951 J'aime mieux un vice commode
Qu'une fatigante vertu.

acte II, scène 1

2952 Tous les discours sont des sottises,
Partant d'un homme sans éclat ;
Ce serait paroles exquises
Si c'était un grand qui parlât.

scène 2

2953 Et l'absence de ce qu'on aime,
Quelque peu qu'elle dure, a toujours trop duré.

scène 3

2954 La faiblesse humaine est d'avoir
Des curiosités d'apprendre
Ce qu'on ne voudrait pas savoir.

2955 Et rien, comme tu le sais bien,
Veut dire rien, ou peu de chose.

scène 6

2956 Qui ne saurait haïr peut-il vouloir qu'on meure ?

acte III, scène 4

2957 Lorsque l'on pend quelqu'un, on lui dit pourquoi c'est.

scène 5

2958 Le véritable Amphitryon
Est l'Amphitryon où l'on dîne.

scène 10

2959 Un partage avec Jupiter
N'a rien du tout qui déshonore.

2960 Le seigneur Jupiter sait dorer la pilule.

L'Avare
acte I, scène 3

2961 LA FLÈCHE
Je parle... je parle à mon bonnet.

HARPAGON
Et moi, je pourrais bien parler à ta barrette.

2962 Qui se sent morveux, qu'il se mouche.

scène 5

2963 Sans dot.

2964 [...] *Sans dot.* Le moyen de résister à une raison comme celle-là?

acte II, scène 4

2965 [...] *Donner* est un mot pour qui il a tant d'aversion, qu'il ne dit jamais : *Je vous donne,* mais : *Je vous prête le bon jour.*

scène 5

2966 [...] Je crois, si je me l'étais mis en tête, que je marierais le Grand Turc avec la République de Venise...

acte III, scène 1

2967 Que diable, toujours de l'argent ! Il semble qu'ils n'aient autre chose à dire : « De l'argent, de l'argent, de l'argent. » Ah ! ils n'ont que ce mot à la bouche : « De l'argent. » Toujours parler d'argent.

2968 [...] Quand il y a à manger pour huit, il y en a bien pour dix.

2969 Qu'*il faut manger pour vivre, et non pas vivre pour manger.*

2970 [...] Vous leur faites observer des jeûnes si austères, que ce ne sont plus rien que des idées ou des fantômes, des façons de chevaux.

Monsieur de Pourceaugnac
acte I, scène 1

2971 [...] Une personne comme vous est-elle faite pour un Limosin ? S'il a envie de se marier, que ne prend-il une Limosine et ne laisse-t-il en repos les chrétiens ?

scène 5

2972 Il fait fort bien : un malade ne doit point vouloir guérir que la Faculté n'y consente.

2973 L'APOTHICAIRE
[...] J'aimerais mieux mourir de ses remèdes que de guérir de ceux d'un autre ; car, quoi qui puisse arriver, on est assuré que les choses sont toujours dans l'ordre ; et quand on meurt sous sa conduite, vos héritiers n'ont rien à vous reprocher.

ÉRASTE
C'est une grande consolation pour un défunt.

scène 8

2974 [..] Il est impossible qu'il ne soit pas fou, et mélancolique hypocondriaque ; et quand il ne le serait pas, il faudrait qu'il le devînt, pour la beauté des choses que vous avez dites, et la justesse du raisonnement que vous avez fait.

acte III, scène 2

2975 [...] Ils commencent ici par faire pendre un homme, et puis ils lui font son procès.

Les Amants magnifiques
acte III, scène 2, intermède

2976 Il est, dans les affaires
Des amoureux mystères,
Certains petits moments
Qui changent les plus fières
Et font d'heureux amants.

acte IV, scène 4

2977 Mais il est des états [...] où il n'est pas honnête de vouloir tout ce qu'on peut faire ; il y a des chagrins à se mettre au-dessus de toutes choses.

Le Bourgeois gentilhomme
acte I, scène 1

2978 [...] Son argent redresse les jugements de son esprit ; il a du discernement dans sa bourse...

2979 Êtes-vous fou de l'aller quereller, lui qui entend la tierce et la quarte, et qui sait tuer un homme par raison démonstrative?

acte II, scène 4

2980 Par ma foi! il y a plus de quarante ans que je dis de la prose sans que j'en susse rien.

2981 Belle Marquise, vos yeux beaux me font mourir d'amour.

scène 5

2982 Voilà ce que c'est de se mettre en personne de qualité. Allez-vous-en demeurer toujours habillé en bourgeois, on ne vous dira point: « Mon gentilhomme. »

2983 « Monseigneur » mérite quelque chose, et ce n'est pas une petite parole que « Monseigneur ».

acte III, scène 3

2984 Il me semble que j'ai dîné quand je le vois.

scène 4

2985 Il le gratte par où il se démange.

La Comtesse d'Escarbagnas
scène 2

2986 Il est bon, Madame, de ne pas laisser un amant seul maître du terrain, de peur que, faute de rivaux, son amour ne s'endorme sur trop de confiance.

Le Malade imaginaire
acte I, scène 5

2987 Il faut qu'il ait tué bien des gens, pour s'être fait si riche.

acte II, scène 5

2988 Vivent les collèges, d'où l'on sort si habile homme...

scène 6

2989 Les anciens, Monsieur, sont les anciens, et nous sommes les gens de maintenant.

scène 8

2990 Ah! il n'y a plus d'enfants.

acte III, scène 3

2991 [...] Presque tous les hommes meurent de leurs remèdes, et non pas de leurs maladies.

Les Femmes savantes
acte I, scène 1

2992 Que vous jouez au monde un petit personnage,
De vous claquemurer aux choses du ménage,
Et de n'entrevoir point de plaisirs plus touchants
Qu'une idole d'époux et des marmots d'enfants!

2993 Loin d'être aux lois d'un homme en esclave asservie.
Mariez-vous, ma sœur, à la philosophie.

2994 Le Ciel, dont nous voyons que l'ordre est tout-puissant,
Pour différents emplois nous fabrique en naissant...

2995 Quand sur une personne on prétend se régler,
C'est par les beaux côtés qu'il lui faut ressembler.

scène 3

2996 Je consens qu'une femme ait des clartés de tout;
Mais je ne lui veux point la passion choquante
De se rendre savante afin d'être savante;
Et j'aime que souvent, aux questions qu'on fait
Elle sache ignorer les choses qu'elle sait...

2997 Un amant fait sa cour où s'attache son cœur,
Il veut de tout le monde y gagner la faveur;
Et, pour n'avoir personne à sa flamme contraire
Jusqu'au chien du logis il s'efforce de plaire.

acte II, scène 5

2998 Qui veut noyer son chien l'accuse de la rage.

scène 6

2999 La grammaire, qui sait régenter jusqu'aux rois,
Et les fait la main haute obéir à ses lois...

3000 Quand on se fait entendre, on parle toujours bien.

scène 7

3001 Je vis de bonne soupe, et non de beau langage.
Vaugelas n'apprend point à bien faire un potage;
Et Malherbe et Balzac, si savants en beaux mots,
En cuisine peut-être auraient été des sots.

3002 Guenille si l'on veut, ma guenille m'est chère.

3003 Le moindre solécisme en parlant vous irrite;
Mais vous en faites, vous, d'étranges en conduite.

3004 Il n'est pas bien honnête, et pour beaucoup de causes,
Qu'une femme étudie et sache tant de choses.

3005 Nos pères sur ce point étaient gens bien sensés,
Qui disaient qu'une femme en sait toujours assez
Quand la capacité de son esprit se hausse
A connaître un pourpoint d'avec un haut de chausse.

3006 Raisonner est l'emploi de toute ma maison,
Et le raisonnement en bannit la raison.

3007 On cherche ce qu'il dit après qu'il a parlé,
Et je lui crois, pour moi, le timbre un peu fêlé

acte III, scène 2

3008 Nul n'aura de l'esprit hors nous et nos amis.

scène 3

3009 Quoi? Monsieur sait du grec? Ah! permettez, de grâce,
Que pour l'amour du grec, Monsieur, on vous embrasse.

3010 Je soutiens qu'on ne peut en faire de meilleur;
Et ma grande raison, c'est que j'en suis l'auteur.

acte IV, scène 3

3011 Nous l'avons en dormant, Madame, échappé belle.

3012 [...] Je vous suis garant
Qu'un sot savant est sot plus qu'un sot ignorant.

3013 Il semble à trois gredins, dans leur petit cerveau,
Que, pour être imprimés, et reliés en veau,
Les voilà dans l'Etat d'importantes personnes...

3014 [...] Gens qui de leur savoir paraissent toujours ivres,
Riches, pour tout mérite, en babil importun,
Inhabiles à tout, vides de sens commun,
Et pleins d'un ridicule et d'une impertinence
A décrier partout l'esprit et la science.

Les Fourberies de Scapin
acte II, scène 7

3015 Que diable allait-il faire dans cette galère?

acte III, scène 1

3016 [Je] ne suis point personne à reculer, lorsqu'on m'attaque d'amitié.

3017 Il ne prétend à vous qu'en tout bien et en tout honneur.

Blaise PASCAL 1623-1662

Discours sur les passions de l'amour

3018 Qu'une vie est heureuse quand elle commence par l'amour et qu'elle finit par l'ambition ! Si j'avais à en choisir une, je prendrais celle-là.

3019 Dans une grande âme tout est grand.

3020 Il y a deux sortes d'esprits, l'un géométrique, et l'autre que l'on peut appeler de finesse.
Le premier a des vues lentes, dures et inflexibles ; mais le dernier a une souplesse de pensée qui l'applique en même temps aux diverses parties aimables de ce qu'il aime. Des yeux il va jusqu'au cœur, et par le mouvement du dehors il connaît ce qui se passe au dedans.

3021 L'homme est né pour le plaisir : il le sent, il n'en faut point d'autre preuve. Il suit donc sa raison en se donnant au plaisir.

3022 A mesure que l'on a plus d'esprit, l'on trouve plus de beautés originales ; mais il ne faut pas être amoureux, car quand l'on aime l'on n'en trouve qu'une.

3023 Tant plus le chemin est long dans l'amour, tant plus un esprit délicat sent de plaisir.

3024 L'égarement à aimer en divers endroits est aussi monstrueux que l'injustice dans l'esprit.

3025 Dans l'amour on n'ose hasarder parce que l'on craint de tout perdre ; il faut pourtant avancer, mais qui peut dire jusqu'où ? L'on tremble toujours jusqu'à ce que l'on ait trouvé ce point.

Mémorial

3026 Père juste, le monde ne t'a point connu, mais je t'ai connu.
Joie, Joie, Joie, pleurs de joie.

Discours sur la condition des grands, Second discours

3027 Il n'est pas nécessaire, parce que vous êtes duc, que je vous estime ; mais il est nécessaire que je vous salue.

Prière pour le bon usage des maladies

3028 J'ai mal usé de ma santé, et vous m'en avez justement puni : ne souffrez pas que j'use mal de votre punition.

Les Provinciales

troisième lettre

3029 De sorte qu'après tant d'épreuves de leur faiblesse, ils ont jugé plus à propos et plus facile de censurer que de repartir, parce qu'il leur est bien plus aisé de trouver des moines que des raisons.

quatrième lettre

3030 Béni soyez-vous, mon Père, qui justifiez ainsi les gens ! Les autres apprennent à guérir les âmes par des austérités pénibles : mais vous montrez que celles qu'on aurait cru le plus désespérément malades se portent bien. O la bonne voie pour être heureux en ce monde et en l'autre !

3031 Je croyais bien qu'on fût damné pour n'avoir pas de bonnes pensées ; mais qu'on le soit pour ne pas croire que tout le monde en a, vraiment je ne le pensais pas.

sixième lettre

3032 En vérité, mon Père, lui dis-je, il y a bien à profiter auprès de vos docteurs. Quoi ! de deux personnes qui font les mêmes choses, celui qui ne sait pas leur doctrine pèche, celui qui le sait ne pèche pas ?

3033 J'entends bien, lui dis-je ; mais si, d'une part, vous êtes les juges des confesseurs, n'êtes-vous pas, de l'autre, les confesseurs des juges ?

septième lettre

3034 Et je ne sais même si on n'aurait pas moins de dépit de se voir tuer brutalement par des gens emportés, que de se sentir poignarder consciencieusement par des gens dévots.

onzième lettre

3035 Quoi ! mes Pères, les imaginations de vos auteurs passeront pour les vérités de la foi, et on ne pourra se moquer des passages d'Escobar, et des décisions si fantasques et si peu chrétiennes de vos autres auteurs, sans qu'on soit accusé de rire de la religion ?

3036 En vérité, mes Pères, il y a bien de la différence entre rire de la religion et rire de ceux qui la profanent par leurs opinions extravagantes. Ce serait une impiété de manquer de respect pour les vérités que l'esprit de Dieu a révélées : mais ce serait une autre impiété de manquer de mépris pour les faussetés que l'esprit de l'homme leur oppose.

3037 Étrange zèle qui s'irrite contre ceux qui accusent des fautes publiques, et non pas contre ceux qui les commettent ! Quelle nouvelle charité qui s'offense de voir confondre des erreurs manifestes, et qui ne s'offense point de voir renverser la morale par ces erreurs !

douzième lettre

3038 Tous les efforts de la violence ne peuvent affaiblir la vérité, et ne servent qu'à la relever davantage. Toutes les lumières de la vérité ne peuvent rien pour arrêter la violence, et ne font que l'irriter encore plus.

3039 [...] La violence n'a qu'un cours borné par l'ordre de Dieu, qui en conduit les effets à la gloire de la vérité qu'elle attaque, au lieu que la vérité subsiste éternellement, et triomphe enfin de ses ennemis; parce qu'elle est éternelle et puissante comme Dieu même.

treizième lettre

3040 Si vous disiez qu'on peut tuer un médisant selon les hommes, mais non pas selon Dieu, cela serait moins insupportable; mais quand vous prétendez que ce qui est trop criminel pour être souffert par les hommes, soit innocent et juste aux yeux de Dieu qui est la justice même, que faites-vous autre chose, sinon montrer à tout le monde que, par cet horrible renversement si contraire à l'esprit des saints, vous êtes hardis contre Dieu, et timides envers les hommes?

3041 A ceux qui voudront tuer on présentera Lessius; à ceux qui ne voudront pas tuer on produira Vasquez, afin que personne ne sorte mal content, et sans avoir pour soi un auteur grave. Lessius parlera en païen de l'homicide, et peut-être en chrétien de l'aumône; Vasquez parlera en païen de l'aumône, et en chrétien de l'homicide.

quatorzième lettre

3042 [...] L'homicide est le seul crime qui détruit tout ensemble l'État, l'Église, la nature et la piété.

quinzième lettre

3043 Qu'on ne s'étonne donc plus de voir les Jésuites calomniateurs: ils le sont en sûreté de conscience, et rien ne les en peut empêcher; puisque par le crédit qu'ils ont dans le monde, ils peuvent calomnier sans craindre la justice des hommes [...]

3044 Toutes vos fables pouvaient peut-être vous servir avant qu'on sût vos principes; mais à présent que tout est découvert, quand vous penserez dire à l'oreille *qu'un homme d'honneur, qui désire cacher son nom, vous a appris de terribles choses de ces gens-là,* on vous fera souvenir incontinent du *mentiris impudentissime* du bon Père Capucin.

seizième lettre

3045 Mes Révérends Pères, mes lettres n'avaient pas accoutumé de se suivre de si près, ni d'être si étendues. Le peu de temps que j'ai eu a été cause de l'un et de l'autre. Je n'ai fait celle-ci plus longue que parce que je n'ai pas eu le loisir de la faire plus courte.

Pensées

I, 1

3046 *Différence entre l'esprit de géométrie et l'esprit de finesse.* — En l'un, les principes sont palpables, mais éloignés de l'usage commun ; de sorte qu'on a peine à tourner la tête de ce côté-là, manque d'habitude [...]

3047 Mais dans l'esprit de finesse, les principes sont dans l'usage commun et devant les yeux de tout le monde. On n'a que faire de tourner la tête, ni de se faire violence ; il n'est question que d'avoir bonne vue, mais il faut l'avoir bonne.

3048 Tous les géomètres seraient donc fins s'ils avaient la vue bonne, car ils ne raisonnent pas faux sur les principes qu'ils connaissent ; et les esprits fins seraient géomètres, s'ils pouvaient plier leur vue vers les principes inaccoutumés de géométrie.

3049 Mais les esprits faux ne sont jamais ni fins ni géomètres.

I, 4

3050 *Géométrie, finesse.* — La vraie éloquence se moque de l'éloquence, la vraie morale se moque de la morale ; c'est-à-dire que la morale du jugement se moque de la morale de l'esprit — qui est sans règles.

3051 Se moquer de la philosophie, c'est vraiment philosopher.

I, 6

3052 Comme on se gâte l'esprit, on se gâte aussi le sentiment.

I, 7

3053 A mesure qu'on a plus d'esprit, on trouve qu'il y a plus d'hommes originaux. Les gens du commun ne trouvent pas de différence entre les hommes.

I, 10

3054 On se persuade mieux, pour l'ordinaire, par les raisons qu'on a soi-même trouvées, que par celles qui sont venues dans l'esprit des autres.

I, 15

3055 Éloquence qui persuade par douceur, non par empire, en tyran, non en roi.

I, 16

3056 Ce n'est pas assez qu'une chose soit belle, il faut qu'elle soit propre au sujet, qu'il n'y ait rien de trop ni rien de manque.

(Pensées)

I, 17

3057 Les rivières sont des chemins qui marchent, et qui portent où l'on veut aller.

I, 18

3058 La maladie principale de l'homme est la curiosité inquiète des choses qu'il ne peut savoir ; et il ne lui est pas si mauvais d'être dans l'erreur, que dans cette curiosité inutile.

I, 19

3059 La dernière chose qu'on trouve en faisant un ouvrage est de savoir celle qu'il faut mettre la première.

I, 23

3060 Les mots diversement rangés font un divers sens et les sens diversement rangés font différents effets.

I, 26

3061 L'éloquence est une peinture de la pensée ; et ainsi, ceux qui, après avoir peint, ajoutent encore, font un tableau au lieu d'un portrait.

I, 27

3062 Ceux qui font les antithèses en forçant les mots sont comme ceux qui font de fausses fenêtres pour la symétrie : leur règle n'est pas de parler juste, mais de faire des figures justes.

I, 29

3063 Quand on voit le style naturel, on est tout étonné et ravi, car on s'attendait de voir un auteur, et on trouve un homme. Au lieu que ceux qui ont le goût bon, et qui en voyant un livre croient trouver un homme, sont tout surpris de trouver un auteur.

I, 34

3064 — On ne passe point dans le monde pour se connaître en vers, si l'on n'a mis l'enseigne de poète, de mathématicien, etc. Mais les gens universels ne veulent point d'enseigne, et ne mettent guère de différence entre le métier de poète et celui de brodeur.

I, 36

3065 L'homme est plein de besoins : il n'aime que ceux qui peuvent les remplir tous. « C'est un bon mathématicien », dira-t-on. — Mais je n'ai que faire de mathématiques ; il me prendrait pour une proposition. — « C'est un bon guerrier. » — Il me prendrait pour une place assiégée.

I, 37

3066 Car il est bien plus beau de savoir quelque chose de tout que de savoir tout d'une chose ; cette universalité est la plus belle.

I, 44

3067 Voulez-vous qu'on croie du bien de vous? n'en dites pas.

I, 46

3068 Diseur de bons mots, mauvais caractère.

I, 48

3069 Quand dans un discours se trouvent des mots répétés, et qu'essayant de les corriger, on les trouve si propres qu'on gâterait le discours, il les faut laisser, c'en est la marque.

I, 49

3070 Il y a des lieux où il faut appeler Paris, Paris, et d'autres où il la faut appeler capitale du royaume.

II, 65

3071 Ce que Montaigne a de bon ne peut être acquis que difficilement. Ce qu'il a de mauvais, j'entends hors les mœurs, peut être corrigé en un moment, si on l'eût averti qu'il faisait trop d'histoires, et qu'il parlait trop de soi.

II, 68

3072 On n'apprend pas aux hommes à être honnêtes hommes, et on leur apprend tout le reste ; et ils ne se piquent jamais tant de savoir rien du reste, comme d'être honnêtes hommes. Ils ne se piquent de savoir que la seule chose qu'ils n'apprennent point.

II, 72

3073 Que l'homme contemple donc la nature entière dans sa haute et pleine majesté [...] Qu'il regarde cette éclatante lumière, mise comme une lampe éternelle pour éclairer l'univers ; que la terre lui paraisse comme un point au prix du vaste tour que cet astre décrit et qu'il s'étonne de ce que ce vaste tour lui-même n'est qu'une pointe très délicate à l'égard de celui que les astres qui roulent dans le firmament embrassent.

3074 Tout ce monde visible n'est qu'un trait imperceptible dans l'ample sein de la nature. Nulle idée n'en approche. Nous avons beau enfler nos conceptions, au delà des espaces imaginables, nous n'enfantons que des atomes, au prix de la réalité des choses.

3075 C'est une sphère infinie dont le centre est partout, la circonférence nulle part.

(Pensées)
(II, 72)

3076 Que l'homme, étant revenu à soi, considère ce qu'il est au prix de ce qui est ; qu'il se regarde comme égaré dans ce canton détourné de la nature ; et que, de ce petit cachot où il se trouve logé, j'entends l'univers, il apprenne à estimer la terre, les royaumes, les villes et soi-même son juste prix. Qu'est-ce qu'un homme dans l'infini ?

3077 [...] Qu'est-ce que l'homme dans la nature. Un néant à l'égard de l'infini, un tout à l'égard du néant, un milieu entre rien et tout. Infiniment éloigné de comprendre les extrêmes, la fin des choses et leur principe sont pour lui invinciblement cachés dans un secret impénétrable, également incapable de voir le néant d'où il est tiré, et l'infini où il est englouti.

3078 Toutes choses sont sorties du néant et portées jusqu'à l'infini. Qui suivra ces étonnantes démarches ? L'auteur de ces merveilles les comprend. Tout autre ne le peut faire.

3079 Quand on est instruit, on comprend que la nature ayant gravé son image et celle de son auteur dans toutes choses, elles tiennent presque toutes de sa double infinité.

3080 Connaissons donc notre portée : nous sommes quelque chose, et ne sommes pas tout ; ce que nous avons d'être nous dérobe la connaissance des premiers principes, qui naissent du néant ; et le peu que nous avons d'être nous cache la vue de l'infini.

3081 [...] Trop de vérité nous étonne (j'en sais qui ne peuvent comprendre que qui de zéro ôte quatre reste zéro).

3082 Trop de jeunesse et trop de vieillesse empêchent l'esprit, trop et trop peu d'instruction ; enfin les choses extrêmes sont pour nous comme si elles n'étaient point, et nous ne sommes point à leur égard : elles nous échappent, ou nous à elles.

3083 [...] Nous brûlons de désir de trouver une assiette ferme, et une dernière base constante pour y édifier une tour qui s'élève à l'infini ; mais tout notre fondement craque, et la terre s'ouvre jusqu'aux abîmes.

3084 Si l'homme s'étudiait le premier, il verrait combien il est incapable de passer outre. Comment se pourrait-il qu'une partie connût le tout ?

3085 L'homme est à lui-même le plus prodigieux objet de la nature ; car il ne peut concevoir ce que c'est que corps, et encore moins ce que c'est qu'esprit, et moins qu'aucune chose comme un corps peut être uni avec un esprit.

II, 77

3086 Je ne puis pardonner à Descartes ; il aurait bien voulu, dans toute sa philosophie, pouvoir se passer de Dieu ; mais il n'a pu s'empêcher de lui faire donner une chiquenaude, pour mettre le monde en mouvement ; après cela, il n'a plus que faire de Dieu.

II, 80

3087 D'où vient qu'un boiteux ne nous irrite pas, et un esprit boiteux nous irrite ? A cause qu'un boiteux reconnaît que nous allons droit, et qu'un esprit boiteux dit que c'est nous qui boitons...

II, 81

3088 L'esprit croit naturellement, et la volonté aime naturellement ; de sorte que, faute de vrais objets, il faut qu'ils s'attachent aux faux.

II, 82

3089 *Imagination.* — C'est cette partie décevante dans l'homme, cette maîtresse d'erreur et de fausseté, et d'autant plus fourbe qu'elle ne l'est pas toujours ; car elle serait règle infaillible de vérité, si elle l'était infaillible du mensonge. Mais, étant le plus souvent fausse, elle ne donne aucune marque de sa qualité, marquant du même caractère le vrai et le faux.

3090 Le plus grand philosophe du monde, sur une planche plus large qu'il ne faut, s'il y a au-dessous un précipice, quoique sa raison le convainque de sa sûreté, son imagination prévaudra. Plusieurs n'en sauraient soutenir la pensée sans pâlir et suer.

3091 L'affection ou la haine change la justice de face. Et combien un avocat bien payé par avance trouve-t-il plus juste la cause qu'il plaide !

3092 Si les médecins avaient le vrai art de guérir, ils n'auraient que faire de bonnets carrés.

3093 Il faudrait avoir une raison bien épurée pour regarder comme un autre homme le Grand Seigneur environné, dans son superbe sérail, de quarante mille janissaires.

3094 La justice et la vérité sont deux pointes si subtiles, que nos instruments sont trop mousses pour y toucher exactement. S'ils y arrivent, ils en écachent la pointe, et appuient tout autour, plus sur le faux que sur le vrai.

II, 88

3095 Les enfants qui s'effrayent du visage qu'ils ont barbouillé, ce sont des enfants ; mais le moyen que ce qui est si faible, étant enfant, soit bien fort étant plus âgé !

(Pensées)

II, 94

3096 Il n'y a rien qu'on ne rende naturel; il n'y a naturel qu'on ne fasse perdre.

II, 97

3097 La chose la plus importante à toute la vie est le choix du métier: le hasard en dispose.

II, 100

3098 Personne ne parle de nous en notre présence comme il en parle en notre absence. L'union qui est entre les hommes n'est fondée que sur cette mutuelle tromperie; et peu d'amitiés subsisteraient, si chacun savait ce que son ami dit de lui lorsqu'il n'y est pas, quoiqu'il en parle alors sincèrement et sans passion.

II, 102

3099 Il y a des vices qui ne tiennent à nous que par d'autres, et qui, en ôtant le tronc, s'emportent comme des branches.

II, 103

3100 L'exemple de la chasteté d'Alexandre n'a pas tant fait de continents que celui de son ivrognerie a fait d'intempérants.

II, 107

3101 Le temps et mon humeur ont peu de liaison; j'ai mes brouillards et mon beau temps au dedans de moi; le bien, et le mal de mes affaires même, y fait peu.

II, 134

3102 Quelle vanité que la peinture, qui attire l'admiration par la ressemblance des choses dont on n'admire point les originaux.

II, 136

3103 Peu de chose nous console parce que peu de chose nous afflige.

II, 139

3104 J'ai découvert que tout le malheur des hommes vient d'une seule chose, qui est de ne savoir pas demeurer en repos, dans une chambre.

3105 Le roi est environné de gens qui ne pensent qu'à divertir le roi, et l'empêcher de penser à lui. Car il est malheureux, tout roi qu'il est, s'il y pense.

3106 Ce lièvre ne nous garantirait pas de la vue de la mort et des misères, mais la chasse — qui nous en détourne — nous en garantit.

3107 Ainsi s'écoule toute la vie. On cherche le repos en combattant quelques obstacles ; et si on les a surmontés, le repos devient insupportable.

II, 142

3108 Qu'on en fasse l'épreuve : qu'on laisse un roi tout seul, sans aucune satisfaction des sens, sans aucun soin dans l'esprit, sans compagnie, penser à lui tout à loisir ; et l'on verra qu'un roi sans divertissement est un homme plein de misères.

II, 143

3109 Que le cœur de l'homme est creux et plein d'ordure !

II, 146

3110 L'homme est visiblement fait pour penser ; c'est toute sa dignité et tout son métier ; et tout son devoir est de penser comme il faut.

II, 150

3111 La vanité est si ancrée dans le cœur de l'homme, qu'un soldat, un goujat, un cuisinier, un crocheteur se vante et veut avoir ses admirateurs ; et les philosophes mêmes en veulent ; et ceux qui écrivent contre veulent avoir la gloire d'avoir bien écrit ; et ceux qui les lisent veulent avoir la gloire de les avoir lus ; et moi qui écris ceci, ai peut-être cette envie ; et peut-être que ceux qui le liront...

II, 160

3112 L'éternuement absorbe toutes les fonctions de l'âme, aussi bien que la besogne ; mais on n'en tire pas les mêmes conséquences contre la grandeur de l'homme, parce que c'est contre son gré.

II, 162

3113 Qui voudra connaître à plein la vanité de l'homme n'a qu'à considérer les causes et les effets de l'amour.

3114 Le nez de Cléopâtre : s'il eût été plus court, toute la face de la terre aurait changé.

II, 172

3115 Nous ne pensons presque point au présent ; et, si nous y pensons, ce n'est que pour en prendre la lumière pour disposer de l'avenir.

II, 176

3116 Cromwell allait ravager toute la chrétienté ; la famille royale était perdue, et la sienne à jamais puissante, sans un petit grain de sable qui se mit dans son uretère.

(Pensées)

III, 190

3117 Plaindre les athées qui cherchent, car ne sont-ils pas assez malheureux ? Invectiver contre ceux qui en font vanité.

III, 194

3118 L'immortalité de l'âme est une chose qui nous importe si fort, qui nous touche si profondément, qu'il faut avoir perdu tout sentiment pour être dans l'indifférence de savoir ce qui en est.

3119 Il ne faut pas avoir l'âme fort élevée pour comprendre qu'il n'y a point ici de satisfaction véritable et solide, que tous nos plaisirs ne sont que vanité, que nos maux sont infinis, et qu'enfin la mort, qui nous menace à chaque instant, doit infailliblement nous mettre, dans peu d'années, dans l'horrible nécessité d'être éternellement ou anéantis ou malheureux.

3120 Je ne sais qui m'a mis au monde, ni ce que c'est que le monde, ni que moi-même ; je suis dans une ignorance terrible de toutes choses ; je ne sais ce que c'est que mon corps, que mes sens, que mon âme et cette partie même de moi qui pense ce que je dis, qui fait réflexion sur tout et sur elle-même, et ne se connaît non plus que le reste.

3121 Je ne vois que des infinités de toutes parts, qui m'enferment comme un atome et comme une ombre qui ne dure qu'un instant sans retour. Tout ce que je connais est que je dois bientôt mourir ; mais ce que j'ignore le plus est cette mort même que je ne saurais éviter.

3122 Rien n'est si important à l'homme que son état ; rien ne lui est si redoutable que l'éternité. Et ainsi, qu'il se trouve des hommes indifférents à la perte de leur être et au péril d'une éternité de misères, cela n'est point naturel.

III, 195

3123 Il est indubitable que le temps de cette vie n'est qu'un instant, que l'état de la mort est éternel, de quelque nature qu'il puisse être, et qu'ainsi toutes nos actions et nos pensées doivent prendre des routes si différentes selon l'état de cette éternité.

3124 Cependant cette éternité subsiste, et la mort, qui la doit ouvrir et qui les menace à toute heure, les doit mettre infailliblement dans peu de temps dans l'horrible nécessité d'être éternellement ou anéantis ou malheureux, sans qu'ils sachent laquelle de ces éternités leur est à jamais préparée.

III, 206

3125 Le silence éternel de ces espaces infinis m'effraie.

III, 207

3126 Combien de royaumes nous ignorent!

III, 210

3127 Le dernier acte est sanglant, quelque belle que soit la comédie en tout le reste: on jette enfin de la terre sur la tête, et en voilà pour jamais.

III, 213

3128 Entre nous, et l'enfer ou le ciel, il n'y a que la vie entre deux, qui est la chose du monde la plus fragile.

III, 221

3129 Les athées doivent dire des choses parfaitement claires; or, il n'est point parfaitement clair que l'âme soit matérielle.

III, 225

3130 Athéisme marque de force d'esprit, mais jusqu'à un certain degré seulement.

III, 233

3131 L'unité jointe à l'infini ne l'augmente de rien, non plus qu'un pied à une mesure infinie. Le fini s'anéantit en présence de l'infini, et devient un pur néant. Ainsi notre esprit devant Dieu; ainsi notre justice devant la justice divine.

3132 Il se joue un jeu, à l'extrémité de cette distance infinie, où il arrivera croix ou pile. Que gagerez-vous? Par raison, vous ne pouvez faire ni l'un ni l'autre; par raison, vous ne pouvez défendre nul des deux. Ne blâmez donc pas de fausseté ceux qui ont pris un choix; car vous n'en savez rien. — « Non; mais je les blâmerai d'avoir fait, non ce choix, mais un choix; car, encore que celui qui prend croix et l'autre soient en pareille faute, ils sont tous deux en faute: le juste est de ne point parier. » — Oui; mais il faut parier. Cela n'est pas volontaire: vous êtes embarqué.

3133 Pesons le gain et la perte, en prenant croix que Dieux est. Estimons ces deux cas: si vous gagnez, vous gagnez tout; si vous perdez, vous ne perdez rien. Gagez donc qu'il est, sans hésiter.

3134 Vous voulez aller à la foi, et vous n'en savez pas le chemin [...]. Suivez la manière par où ils ont commencé: c'est en faisant tout comme s'ils croyaient, en prenant de l'eau bénite, en faisant dire des messes, etc. Naturellement même cela vous fait croire et vous abêtira...

III, 240

3135 « J'aurais bientôt quitté les plaisirs, disent-ils, si j'avais la foi. » — Et moi, je vous dis: « Vous auriez bientôt la foi, si vous aviez quitté les plaisirs. »

(Pensées)

IV, 253

3136 Deux excès: exclure la raison, n'admettre que la raison.

IV, 265

3137 La foi dit bien ce que les sens ne disent pas, mais non pas le contraire de ce qu'ils voient. Elle est au-dessus, et non pas contre.

IV, 267

3138 La dernière démarche de la raison est de reconnaître qu'il y a une infinité de choses qui la surpassent ; elle n'est que faible, si elle ne va jusqu'à connaître cela.

IV, 277

3139 Le cœur a ses raisons, que la raison ne connaît point ; on le sait en mille choses.

IV, 278

3140 C'est le cœur qui sent Dieu et non la raison. Voilà ce que c'est que la foi: Dieu sensible au cœur, non à la raison.

V, 293

3141 « Pourquoi me tuez-vous ? — Eh quoi ! ne demeurez-vous pas de l'autre côté de l'eau ? Mon ami, si vous demeuriez de ce côté, je serais un assassin et cela serait injuste de vous tuer de la sorte ; mais puisque vous demeurez de l'autre côté, je suis un brave, et cela est juste. »

V, 294

3142 Trois degrés d'élévation du pôle renversent toute la jurisprudence ; un méridien décide de la vérité ; en peu d'années de possession, les lois fondamentales changent ; le droit a ses époques, l'entrée de Saturne au Lion nous marque l'origine d'un tel crime. Plaisante justice qu'une rivière borne ! Vérité au deçà des Pyrénées, erreur au delà.

V, 295

3143 *Mien, tien.* — « Ce chien est à moi, disaient ces pauvres enfants ; c'est là ma place au soleil. » Voilà le commencement et l'image de l'usurpation de toute la terre.

V, 298

3144 La justice sans la force est impuissante: la force sans la justice est tyrannique. La justice sans force est contredite, parce qu'il y a toujours des méchants ; la force sans la justice est accusée. Il faut donc mettre ensemble la justice et la force ; et pour cela faire que ce qui est juste soit fort, ou que ce qui est fort soit juste.

V, 315

3145 Cela est admirable : on ne veut pas que j'honore un homme vêtu de brocatelle et suivi de sept ou huit laquais ! Eh quoi ! il me fera donner les étrivières si je ne le salue. Cet habit, c'est une force.

V, 320

3146 Les choses du monde les plus déraisonnables deviennent les plus raisonnables à cause du dérèglement des hommes. Qu'y a-t-il d moins raisonnable que de choisir, pour gouverner un État, le premier fils d'une reine ? L'on ne choisit par pour gouverner un bateau celui des voyageurs qui est de meilleure maison.

V, 331

3147 On ne s'imagine Platon et Aristote qu'avec de grandes robes de pédants. C'étaient des gens honnêtes et, comme les autres, riant avec leurs amis ; et, quand ils se sont divertis à faire leurs *Lois* et leur *Politique*, ils l'ont fait en se jouant.

V, 336

3148 Il faut avoir une pensée de derrière, et juger de tout par là, en parlant cependant comme le peuple.

VI, 343

3149 Le bec du perroquet qu'il essuie, quoiqu'il soit net

IV, 345

3150 La raison nous commande bien plus impérieusement qu'un maître ; car en désobéissant à l'un on est malheureux, et en désobéissant à l'autre on est un sot.

VI, 346

3151 Pensée fait la grandeur de l'homme.

VI, 347

3152 L'homme n'est qu'un roseau, le plus faible de la nature ; mais c'est un roseau pensant. Il ne faut pas que l'univers entier s'arme pour l'écraser : une vapeur, une goutte d'eau suffit pour le tuer.
[...]
Toute notre dignité consiste donc en la pensée. C'est de là qu'il faut nous relever et non de l'espace et de la durée, que nous ne saurions remplir. Travaillons donc à bien penser : voilà le principe de la morale.

VI, 352

3153 Ce que peut la vertu d'un homme ne se doit pas mesurer par ses efforts, mais par son ordinaire.

(Pensées)

VI, 355

3154 L'éloquence continue ennuie.

VI, 358

3155 L'homme n'est ni ange ni bête, et le malheur veut que qui veut faire l'ange fait la bête.

VI, 370

3156 Pensée échappée, je la voudrais écrire ; j'écris, au lieu, qu'elle m'est échappée.

VI, 380

3157 Toutes les bonnes maximes sont dans le monde ; on ne manque qu'à les appliquer.

VI, 384

3158 Contradiction est une mauvaise marque de vérité : plusieurs choses certaines sont contredites ; plusieurs fausses passent sans contradiction. Ni la contradiction n'est marque de fausseté, ni l'incontradiction n'est marque de vérité.

VI, 385

3159 Mais que dira-t-on qui soit bon ? La chasteté ? je dis que non, car le monde finirait. Le mariage ? non : la continence vaut mieux. De ne point tuer ? Non, car les désordres seraient horribles, et les méchants tueraient tous les bons. De tuer ? Non, car cela détruit la nature.

VI, 397

3160 La grandeur de l'homme est grande en ce qu'il se connaît misérable. Un arbre ne se connaît pas misérable.

VI, 402

3161 Grandeur de l'homme dans sa concupiscence même, d'en avoir su tirer un règlement admirable, et d'en avoir fait un tableau de la charité.

VI, 406

3162 L'orgueil contrepèse et emporte toutes les misères. Voilà un étrange monstre, et un égarement bien visible. Le voilà tombé de sa place, il la cherche avec inquiétude. C'est ce que tous les hommes font. Voyons qui l'aura trouvée.

VI, 414

3163 Les hommes sont si nécessairement fous, que ce serait être fou, par un autre tour de folie, de n'être pas fou.

VI, 416

3164 En un mot, l'homme connaît qu'il est misérable : il est donc misérable, puisqu'il l'est ; mais il est bien grand, puisqu'il le connaît.

VI, 420

3165 S'il se vante, je l'abaisse ; s'il s'abaisse, je le vante ; et le contredis toujours, jusqu'à ce qu'il comprenne qu'il est un monstre incompréhensible.

VI, 421

3166 Je blâme également, et ceux qui prennent parti de louer l'homme, et ceux qui le prennent de le blâmer, et ceux qui le prennent de se divertir ; et je ne puis approuver que ceux qui cherchent en gémissant.

VII, 434

3167 Quelle chimère est-ce donc que l'homme ? Quelle nouveauté, quel monstre, quel chaos, quel sujet de contradiction, quel prodige ! Juge de toutes choses, imbécile ver de terre ; dépositaire du vrai, cloaque d'incertitude et d'erreur ; gloire et rebut de l'univers.

3168 Connaissez donc, superbe, quel paradoxe vous êtes à vous-même. Humiliez-vous, raison impuissante ; taisez-vous, nature imbécile ; apprenez que l'homme passe infiniment l'homme, et entendez de votre maître votre condition véritable que vous ignorez. Écoutez Dieu.

VII, 438

3169 Si l'homme n'est fait pour Dieu, pourquoi n'est-il heureux qu'en Dieu ? Si l'homme est fait pour Dieu, pourquoi est-il si contraire à Dieu ?

VII, 455

3170 Le *moi* est haïssable : vous, Miton, le couvrez, vous ne l'ôtez pas pour cela ; vous êtes donc toujours haïssable.

VII, 464

3171 Nous sommes pleins de choses qui nous jettent au dehors.

VII, 476

3172 Il faut n'aimer que Dieu et ne haïr que soi.

VII, 477

3173 Il est faux que nous soyons dignes que les autres nous aiment, il est injuste que nous le voulions.

(Pensées)

VII, 483

3174 Le corps aime la main ; et la main, si elle avait une volonté, devrait s'aimer de la même sorte que l'âme l'aime. Tout amour qui va au-delà est injuste.

VII, 498

3175 La plus cruelle guerre que Dieu puisse faire aux hommes en cette vie est de les laisser sans cette guerre qu'il est venu apporter.

VII, 510

3176 L'homme n'est pas digne de Dieu, mais il n'est pas incapable d'en être rendu digne.

VII, 527

3177 La connaissance de Dieu sans celle de sa misère fait l'orgueil. La connaissance de sa misère sans celle de Dieu fait le désespoir. La connaissance de Jésus-Christ fait le milieu, parce que nous y trouvons et Dieu et notre misère.

VII, 534

3178 Il n'y a que deux sortes d'hommes : les uns justes, qui se croient pécheurs : les autres pécheurs, qui se croient justes.

VII, 549

3179 Il est non seulement impossible, mais inutile de connaître Dieu sans Jésus-Christ.

VII, 553

3180 Jésus sera en agonie jusqu'à la fin du monde : il ne faut pas dormir pendant ce temps-là.

3181 « Console-toi, tu ne me chercherais pas, si tu ne m'avais trouvé. »

3182 « Je pensais à toi dans mon agonie, j'ai versé telles gouttes de sang pour toi. »

VIII, 556

3183 Sans Jésus-Christ le monde ne subsisterait pas ; car il faudrait, ou qu'il fût détruit, ou qu'il fût comme un enfer.

VIII, 557

3184 Les hommes sont tout ensemble indignes de Dieu, et capables de Dieu : indignes par leur corruption, capables par leur première nature.

VIII, 575

3185 Tout tourne en bien pour les élus, jusqu'aux obscurités de l'Écriture ; car ils les honorent, à cause des clartés divines.

VIII, 580

3186 La nature a des perfections pour montrer qu'elle est l'image de Dieu, et des défauts pour montrer qu'elle n'en est que l'image.

VIII, 582

3187 On se fait une idole de la vérité même ; car la vérité hors de la charité n'est pas Dieu.

VIII, 588

3188 Notre religion est sage et folle. Sage, parce qu'elle est la plus savante, et la plus fondée en miracles, prophéties, etc. Folle, parce que ce n'est point tout cela qui fait qu'on en est.

IX, 593

3189 Je ne crois que les histoires dont les témoins se feraient égorger.

IX, 600

3190 Tout homme peut faire ce qu'a fait Mahomet ; car il n'a point fait de miracles, il n'a point été prédit ; nul ne peut faire ce qu'a fait Jésus-Christ.

XI, 706

3191 La plus grande des preuves de Jésus-Christ sont les prophéties. C'est aussi à quoi Dieu a le plus pourvu ; car l'événement qui les a remplies est un miracle subsistant depuis la naissance de l'Église jusques à la fin.

XII, 739

3192 Les prophètes ont prédit, et n'ont pas été prédits. Les saints ensuite prédits, non prédisants. Jésus-Christ prédit et prédisant.

XII, 782

3193 Que sert à l'homme de gagner tout le monde, s'il perd son âme ? Qui veut garder son âme, la perdra.

XII, 793

3194 La distance infinie des corps aux esprits figure la distance infiniment plus infinie des esprits à la charité, car elle est surnaturelle.

3195 Tous les corps, le firmament, les étoiles, la terre et ses royaumes, ne valent pas le moindre des esprits ; car il connaît tout cela, et soi ; et les corps, rien.

Tous les corps ensemble, et tous les esprits ensemble, et toutes leurs productions, ne valent pas le moindre mouvement de charité. Cela est d'un ordre infiniment plus élevé.

(Pensées)

XII, 797

3196 Jésus-Christ a dit les choses grandes si simplement qu'il semble qu'il ne les a pas pensées, et si nettement néanmoins, qu'on voit bien ce qu'il en pensait. Cette clarté jointe à cette naïveté est admirable.

XIII, 807

3197 Toujours ou les hommes ont parlé du vrai Dieu, ou le vrai Dieu a parlé aux hommes.

XIII, 837

3198 C'est une chose si visible, qu'il faut aimer un seul Dieu, qu'il ne faut pas de miracles pour le prouver.

XIII, 843

3199 Ce n'est point ici le pays de la vérité, elle erre inconnue parmi les hommes. Dieu l'a couverte d'un voile, qui la laisse méconnaître à ceux qui n'entendent pas sa voix.

XIII, 851

3200 Si le refroidissement de la charité laisse l'Église presque sans vrais adorateurs, les miracles en exciteront. C'est un des derniers effets de la grâce.
S'il se faisait un miracle aux Jésuites!

XIV, 858

3201 L'histoire de l'Église doit être proprement appelée l'histoire de la vérité.

XIV, 870

3202 Dieu n'a pas voulu absoudre sans Église. Comme elle a part à l'offense, il veut qu'elle ait part au pardon.

XIV, 871

3203 La multitude qui ne se réduit pas à l'unité est confusion ; l'unité qui ne dépend pas de la multitude est tyrannie.

XIV, 920

3204 Le silence est la plus grande persécution : jamais les saints ne se sont tus.

XIV, 921

3205 Je suis seul contre trente mille ? Gardez, vous la cour, vous l'imposture ; moi la vérité : c'est toute ma force ; si je la perds, je suis perdu. Je ne manquerai pas d'accusations et de persécutions. Mais j'ai la vérité, et nous verrons qui l'emportera.

Mère ANGÉLIQUE DE SAINT-JEAN 1624-1684

Relation de captivité

3206 [...] J'étais si fort remplie de l'admiration de la conduite de Dieu sur nous, de nous avoir rendues dignes de souffrir un tel opprobre et un si extraordinaire traitement pour sa vérité, que je ne pus faire autre chose tout du long du chemin que de lui chanter dans mon cœur des cantiques et des hymnes [...]

3207 [...] Il ne faut point rabaisser ses yeux qu'on a élevés vers les montagnes, parce que c'est de là que vient ce secours continuel dont on a tellement besoin pour ne se pas abattre [...]

3208 [...] Il y a peu de personnes en qui on ne voie des endroits faibles par où la tentation a pu entrer.

3209 [...] Souvent la multiplication des démonstrations et des paroles dissipe quelque chose de la joie qu'elles forment dans le cœur et trouble l'action de grâce que l'on doit rendre à Dieu avant toutes choses, afin de lui consacrer les prémices d'une si heureuse moisson qu'on n'a recueillie qu'après tant de larmes.

3210 Je me sondais moi-même pour voir si je n'avais point de peur ; mais il me semblait que c'était une folie de craindre quelque chose quand on n'a pas sujet de craindre la mort...

3211 Et de là j'admirais le bonheur qui accompagne partout la paix de la conscience, puisque avec ce flambeau que les vents ne sauraient éteindre on ressemble à ces Vierges sages qui ne craignent point l'obscurité de la nuit [...]

3212 [...] La charité fait peu de discernement des mérites de ce qu'elle aime pourvu qu'elle le voie dans l'ordre de Dieu qui l'a engagée à l'aimer pour lui.

Paul PELLISSON-FONTANIER 1624-1693

Stances

3213 Je vous trouve partout, éternelle sagesse,
Toujours devant mes yeux et jamais dans mon cœur.
Arbres, fleurs et ruisseaux, dévote solitude,
Vous m'en dites assez pour des siècles d'étude.

Énigme : le miroir

3214 Plus je sais bien tromper, et plus je suis fidèle.
Plus je suis infidèle et plus on me chérit.

La Fauvette au roitelet

3215 Qu'une flamme mal éteinte
Est facile à rallumer,
Et qu'avec peu de contrainte
On recommence d'aimer!

Antoine de RAMBOUILLET, sieur de LA SABLIÈRE 1624-1679

Madrigal

3216 Et je connais bien que l'absence
Est un prétexte à l'inconstance,
Plutôt qu'un remède à l'amour.

3217 Puisqu'elle aimait, dit-on, peut-être elle aimera;
Heureux qui fit couler ses larmes!
Plus heureux qui les essuyera!

Jean Régnault de SEGRAIS 1624-1701

Sur la carte de Tendre dans le Recueil de Sercy

3218 Si quelquefois sur Estime on s'avance,
C'est quand on peut faire estimer ses dons [...]
Le grand chemin et le plus court de tous,
C'est par Bijoux.

Chanson

3219 On pleure, on s'ennuie,
On souffre en aimant;
Mais quelle autre vie
Passe plus gaiement?

Églogues, Climène

3220 Hélas! de vains désirs si longtemps enflammé,
Faut-il toujours aimer où l'on n'est point aimé!

3221 Quiconque sait aimer, peut devenir aimable.

Thomas CORNEILLE 1625-1709

Les Engagements du hasard
acte II, scène 1

3222 Tel serait adoré qu'on s'efforce à haïr.
A cause que l'aimer ce serait obéir.

acte IV, scène 4

3223 Et je regarde un cœur comme un bien emprunté,
Quand j'en dois la conquête à l'infidélité.

L'Amour à la mode
acte I, scène 3

3224 Que sert à mauvais jeu de montrer beau visage?

3225 Si l'une me trahit, l'autre me tient parole,
Et j'ai, dans mon malheur, toujours qui m'en console.
C'est là l'utilité d'aimer en divers lieux.

3226 Les querelles d'amour sont querelles aimables:
[...]
C'est par là qu'en nos cœurs l'amour se fortifie,
Il semble qu'il renaît quand il se justifie.

3227 Servant par habitude on perd tout soin de plaire.

acte IV, scène 1

3228 Et, pour ne risquer rien en pratiquant les femmes,
Les adorer en gros toutes confusément,
Et les mésestimer toutes séparément.
Voilà la bonne règle.

Le Geôlier de soi-même
acte I, scène 4

3229 Et souvent, c'est l'effet des caprices du sort,
Qu'au milieu des écueils on rencontre le port.

scène 5

3230 Que dirais-je? Ma foi, c'est un triste avantage
Que d'être bien armé, si l'on n'a du courage.

acte II, scène 5

3231 Si je suis devant vous, vous êtes devant moi.

scène 6

3232 Je ne me trompe point, je me tâte, retâte,
Et sous d'autres habits je sens la même pâte.
Oui, tous mes tâtements sont ici superflus.
Je suis encore moi-même, ou jamais ne le fus.

3233 Quand on meurt pour le prince, on est mis dans l'histoire.

3234 Ma foi, s'il m'en souvient, il ne m'en souvient guère.

acte IV, scène 4

3235 J'y rêvais, Dieu me sauve, en me curant les dents:
J'aurais bien pour cela quelque officier en charge,
Mais il faudrait ouvrir la bouche un peu trop large.

3236 Ah! ma foi, je prétends
Qu'en commun désormais nous nous curions les dents.
Si près du sacré joug, c'est bien la moindre chose.

3237 Un prince tel que vous, sans trahir sa grandeur,
Ne peut traiter l'amour que par ambassadeur.

3238 [...] Aussi bien le silence
Fut toujours des amants la plus vive éloquence;
C'est par là qu'un beau feu se fait mieux remarquer,
Et l'on a peu d'amour quand on peut l'expliquer.

3239 Vous, n'ayant point de fiel, et moi n'en ayant guère,
Les princes, nos enfants, seront fort débonnaires;
Et si de père en fils ils suivaient nos leçons,
Nos arrière-neveux seraient de vrais moutons.

acte III, scène 7

3240 Quand on a tout à craindre, on ne doit craindre rien.

Timocrate, acte I, scène 3

3241 Qui sauve un criminel se charge de son crime.

acte IV, scène 3

3242 La naissance est l'appui des courages mal nés.

Gamma, acte I, scène 4

3243 Qui résiste le plus, aime à céder contrainte.

acte III, scène 2

3244 Je crains ce que je veux, et veux ce que je crains.

Persée et Démétrius, acte III, scène 6

3245 Mais quand du plus beau feu l'on s'est montré capable,
Qui trahit un moment reste toujours coupable...

Antiochus, acte II, scène 3

3246 Mon bonheur fait mon mal, ce qui me plaît me tue...

L'Inconnu, acte V, scène 6

3247 Car enfin, folle est qui s'y fie.
Quand les amants sont maris,
Adieu la galanterie.

Dom César d'Avalos, acte I, scène 1

3248 Ce diseur de beaux mots sait dorer la pilule.

Le Festin de Pierre, acte I, scène 1

3249 Quoi qu'en dise Aristote, et sa docte cabale,
Le tabac est divin, il n'est rien qui l'égale.
Et par les fainéants, pour fuir l'oisiveté,
Jamais amusement ne fut mieux inventé.

3250 Ne saurait-on que dire, on prend la tabatière;
[...]
Et qui vit sans tabac, n'est pas digne de vivre[1].

scène 2

3251 Mais, quand on a vaincu, la passion expire,
Ne souhaitant plus rien, on n'a plus rien à dire.

Le Comte d'Essex, acte IV, scène 3

3252 Le crime fait la honte, et non pas l'échafaud.

Nicolas FONTAINE 1625-1709

Mémoires pour servir à l'histoire de Port-Royal

3253 On vit alors ce que dit saint Jérôme de ceux qui servent Dieu, et de ceux qui servent le monde: ils se croient fous, et se rendent la réciproque.

3254 [...] Les hommes ont leurs pensées et Dieu a les siennes. Vous vous reposez en lui et vous ne craignez rien du reste. La meilleure partie de vos pierres vivantes est déjà au ciel qui veille sur vous jour et nuit. Votre cause n'est plus votre cause. C'est celle de Dieu même.

3255 On vit alors que la corruption qui est si ordinaire aux gens de guerre ne vient point des armes en elles-mêmes mais de la malignité de ceux qui les portent, et que c'est leur cœur et non leur profession qu'ils doivent accuser de leurs désordres: c'est leur corruption propre qui fait leurs crimes et non leur engagement.

3256 Y a-t-il aucune sagesse ni aucune prudence humaine qui puisse tenir contre les desseins de Dieu, et résister à ses ordres éternels, pour empêcher qu'ils ne s'exécutent?

3257 J'admire la faiblesse humaine. Quelque préparation qu'elle ait aux maux, elle est toujours bien aise qu'ils s'éloignent.

1. Cf. le *Dom Juan* de Molière.

3258 J'ai admiré cent fois de quelle manière [Dieu] adoucit les choses, et combien de ménagements il garde envers les siens, pour empêcher que les maux ne les abattent en fondant sur eux tout d'un coup. Il les y dispose par degrés, et il les leur fait envisager quelque temps avant que de les y jeter, afin que s'y familiarisant insensiblement, ils n'en aient plus tant d'horreur.

Pierre NICOLE 1625-1695

La Logique ou l'Art de penser[1]
première partie, chap. 1

3259 Car pour ne rien dire que de clair, il n'y a rien que nous concevions plus distinctement que notre pensée même, ni de proposition qui nous puisse être plus claire que celle-là: *Je pense, donc je suis.*

chap. 2

3260 Qu'un homme ait une idée fausse ou véritable, claire ou obscure de la pesanteur, des qualités sensibles et des actions des sens, il n'en est ni plus heureux, ni plus malheureux; s'il en est un peu plus ou moins savant, il n'en est ni plus homme de bien, ni plus méchant.

3261 [L'homme] s'est formé une infinité d'idées fausses et obscures, en se représentant tous les objets de son amour, comme étant capables de le rendre heureux, et ceux qui l'en privent, comme le rendant misérable.

troisième partie, chap. 1

3262 La plupart des erreurs des hommes viennent bien plus de ce qu'ils raisonnent sur de faux principes, que non pas de ce qu'ils raisonnent mal suivant leurs principes.

chap. 3

3263 Feu M. Pascal, qui savait autant de véritable Rhétorique, que personne en ait jamais su [...] avait accoutumé de dire [...] que la piété chrétienne anéantit le *moi* humain, et que la civilité humaine le cache ou le supprime.

quatrième partie, chap. 1

3264 Qu'y a-t-il de plus incompréhensible que l'Éternité; et qu'y a-t-il en même temps de plus certain? En sorte que ceux qui par un aveuglement horrible, ont détruit dans leur esprit la connaissance de Dieu, sont obligés de l'attribuer au plus vil et au plus misérable de tous les Êtres, qui est la matière.

3265 [...] Il est avantageux de faire sentir quelquefois à son esprit sa propre faiblesse...

1. *Logique de Port-Royal*, ouvrage écrit en collaboration avec Antoine Arnauld.

Essais de morale (petits traités)
De la faiblesse de l'homme

3266 C'est encore un effet de la faiblesse des hommes [...] que la vérité les trompe aussi bien que l'erreur.

Essais de morale (petits traités)
Des diverses manières dont on tente Dieu

3267 On peut désirer par amour-propre d'être délivré de l'amour propre, comme l'on peut souhaiter l'humilité par orgueil.

Essais de morale (petits traités)
Des moyens de conserver la paix avec les hommes

3268 C'est une espèce d'empire que de faire recevoir ses opinions aux autres. Et ainsi l'opposition que nous y trouvons nous blesse à proportion que nous aimons plus cette sorte de domination.

3269 Ce n'est pas l'injustice en soi qui nous blesse, c'est d'en être l'objet. Qu'on lui en donne un autre [...], et nous nous contenterons de désapprouver tranquillement...

3270 La recherche de l'amour des hommes est injuste, puisqu'elle est fondée sur ce que nous nous jugeons nous-mêmes aimables, et qu'il est faux que nous le soyons.

Lettre écrite en réponse aux visionnaires
de Desmarets de Saint-Sorlin

3271 Un faiseur de romans et un poète de théâtre est un empoisonneur public, non des corps mais des âmes des fidèles, qui se doit regarder comme coupable d'une infinité d'homicides spirituels.

Jacqueline PASCAL 1625-1661

Lettre à Blaise Pascal, 19 janvier 1655

3272 Mon très cher frère,
J'ai autant de joie de vous trouver gai dans la solitude que j'avais de douleur quand je voyais que vous l'étiez dans le monde.

3273 Je loue l'impatience que vous avez eue d'abandonner tout ce qui a encore quelque apparence de grandeur ; mais je m'étonne que Dieu vous ai fait cette grâce, car il me semble que vous aviez mérité, en bien des manières, d'être encore quelque temps importuné de la senteur du bourbier que vous aviez embrassé avec tant d'empressement.

3274 [...] Passer de l'appauvrissement à la pauvreté, comme on va de l'humiliation à l'humilité.

3275 J'ai éprouvé la première que la santé dépend plus de Jésus-Christ que d'Hippocrate, et que le régime de l'âme guérit le corps, si ce n'est que Dieu veut nous éprouver et nous fortifier par nos infirmités.

3276 Il n'est pas dit : si quelqu'un veut venir après moi, qu'il fasse des ouvrages bien pénibles et qui demandent de grandes forces, mais qu'il renonce à soi-même ; un malade le peut peut-être mieux faire qu'un homme bien sain.

François Payot, sieur de LINIÈRES 1626-1704

Épigramme

3277 Des Barreaux, ce vieux débauché,
Affecte une réserve austère ;
Il ne s'est pourtant retranché
Que de ce qu'il ne peut plus faire.

CHAPELLE 1626-1686 et BACHAUMONT 1624-1702

Voyage en Provence

3278 Dans cette vilaine Narbonne
Toujours il pleut, toujours il tonne.
[...]
Et tant d'eau cette nuit il chut,
Que la campagne submergée
Tint deux jours la ville assiégée.

Claude CHAPELLE 1626-1686

Sonnet à Monsieur Moreau, contre ses parents

3279 Oui, Moreau, ma façon de vivre
Est de voir peu d'honnêtes gens
Et prier Dieu qu'il me délivre
Surtout de messieurs mes parents.

Son épitaphe

3280 Ci-gît qu'on aima comme quatre,
Qui n'eut ni force ni vertu,
Et qui fut soldat sans se battre,
Et poète sans être battu.

Marie de Rabutin-Chantal, marquise de SÉVIGNÉ 1626-1696

Lettres, à M. de Pomponne, 11 octobre 1661

3281 Il n'y a rien de plus vrai que l'amitié se réchauffe quand on est dans les mêmes intérêts.

Lettres, à M. de Pomponne sur le procès de Foucquet
9 décembre 1664

3282 On ne perd jamais que d'une voix, et cette voix fait le tout.

Lettres, au comte de Bussy-Rabutin
20 mai 1667

3283 Vous savez qu'il n'est plus question que de guerre. Toute la cour est à l'armée, et toute l'armée est à la cour.

3284 C'est une chose douloureuse à un homme de courage, d'être chez soi quand il y a tant de bruit en Flandre.

4 juin 1669

3285 N'allez pas sur cela vous mettre à m'aimer *éperdument*, comme vous m'en menacez : que voudriez-vous que je fisse de votre *éperdument*, sur le point d'être grand'mère ?

6 juillet 1670

3286 [...] Je suis quasi grand'mère, c'est un état où l'on n'est guère l'objet de la médisance : quand on a été jusque-là sans se décrier, on se peut vanter d'avoir achevé sa carrière.

Lettres, au comte de Grignan
6 août 1670

3287 Voilà mon ancienne thèse, qui me fera lapider un jour : c'est que le public n'est ni fou ni injuste...

15 août 1670

3288 [...] Ne cessez point d'être aimable, puisque vous êtes aimé.

28 novembre 1670

3289 Rien n'est plus capable d'ôter tous les bons sentiments, que de marquer de la défiance ; il suffit souvent d'être soupçonné comme ennemi, pour le devenir : la dépense en est toute faite, on n'a plus rien à ménager. [...] Comme on ne connaît d'abord les hommes que par les paroles, il faut les croire jusqu'à ce que les actions les détruisent.

Lettres, à Coulanges, 15 décembre 1670

3290 Je m'en vais vous mander la chose la plus étonnante, la plus surprenante, la plus merveilleuse, la plus miraculeuse, la plus triomphante, la plus étourdissante, la plus inouïe, la plus singulière, la plus extraordinaire, la plus incroyable, la plus imprévue, la plus grande, la plus petite, la plus rare, la plus commune, la plus éclatante, la plus secrète jusqu'aujourd'hui, la plus brillante, la plus digne d'envie...

Lettres, à Mme de Grignan
18 février 1671

3291 Je sens qu'il m'ennuie de ne vous plus avoir : cette séparation me fait une douleur au cœur et à l'âme, que je sens comme un mal du corps.

(Lettres, à Mme de Grignan)
11 mars 1671

3292 C'est une sorte de vie étrange que celle des provinces: on fait des affaires de tout [...]

jeudi saint 26 mars 1671

3293 C'est une chose étrange qu'une imagination vive, qui représente toutes choses comme si elles étaient encore: sur cela on songe au présent, et quand on a le cœur comme je l'ai, on se meurt.

6 mai 1671

3294 C'est une belle chose qu'une vieille lettre; il y a longtemps que je les trouve encore pires que les vieilles gens: tout ce qui est dedans est une vraie radoterie.

28 juin 1671

3295 L'amour est quelquefois bien inutile de s'amuser à de si sottes gens; je voudrais qu'il ne fût que pour les gens choisis, aussi bien que tous ses effets qui me paraissent trop communs et trop répandus.

3296 [...] L'ingratitude attire les reproches, comme la reconnaissance attire de nouveaux bienfaits.

19 juillet 1671

3297 Il ne faut louer personne avant sa mort, c'est bien dit; nous en avons tous les jours des exemples; mais, après tout, mon ami le public fait toujours bien: il loue quand on fait bien; et comme il a bon nez, il n'est pas longtemps la dupe, et blâme quand on fait mal. Quand on va du mal au bien, il ne répond pas de l'avenir; il parle de ce qu'il voit.

3298 La divine Plessis [...] me contrefait, de sorte qu'elle me fait toujours le même plaisir que si je me voyais dans un miroir qui me fît ridicule, et que je parlasse à un écho qui me répondît des sottises. J'admire où je prends celles que je vous écris.

Lettres, à Coulanges, 22 juillet 1671

3299 Savez-vous ce que c'est que faner? Il faut que je vous l'explique: faner est la plus jolie chose du monde, c'est retourner du foin en batifolant dans une prairie; dès qu'on en sait tant, on sait faner.

Lettres, à M. et à Mme de Grignan, 9 août 1671

3300 Mes paroles sont assez bonnes; je les range comme ceux qui disent bien; mais la tendresse de mes sentiments me tue. [...] Je n'ai point trouvé que le proverbe fût vrai pour moi, *d'avoir la robe selon le froid:* je n'ai point de robe pour ce froid-là.

Lettres, à Mme de Grignan
9 septembre 1671

3301 La mémoire est dans le cœur; car, quand elle ne nous vient point de cet endroit, nous n'en avons pas plus que les lièvres.

16 septembre 1671

3302 Je suis méchante aujourd'hui, ma bonne ; je suis comme quand vous me disiez : « Vous êtes méchante ». Je suis triste, je n'ai point de vos nouvelles. La grande amitié n'est jamais tranquille. MAXIME.

20 septembre 1671

3303 [...] Cette crainte de la mort... c'est un beau sujet à faire des réflexions... Il est certain qu'en ce temps-là nous aurons de la foi de reste : elle fera tous nos désespoirs et tous nos troubles ; et ce temps que nous prodiguons, et que nous voulons qui coule présentement, nous manquera, et nous donnerions toutes choses pour avoir un ou deux jours que nous perdons avec tant d'insensibilité : voilà de quoi je m'entretiens quelquefois dans ce mail que vous connaissez ; la morale chrétienne est excellente à tous les maux ; mais je la veux chrétienne : elle est trop creuse et trop inutile autrement.

mercredi 23 septembre 1671

3304 Je poursuis cette Morale de Nicole que je trouve délicieuse ; elle ne m'a encore donné aucune leçon contre la pluie, mais j'en attends car j'y trouve tout... Enfin je trouve ce livre admirable. Personne n'a écrit sur ce ton que ces Messieurs, car je mets Pascal de moitié à tout ce qui est de beau. On aime tant à entendre parler de soi et de ses sentiments, que, quoique ce soit en mal, nous en sommes charmés.

Lettres, à Mme et à M. de Grignan, 4 novembre 1671

3305 Parlons un peu de M. Nicole... Je crois, comme vous, qu'il faut un peu de grâce, et que la philosophie seule ne suffit pas. Il nous met à un si haut point la paix et l'union avec le prochain, et nous conseille de l'acquérir aux dépens de tant de choses, qu'il n'y a pas moyen après cela d'être indifférente sur ce qu'il pense de nous. Devinez ce que je fais : je recommence ce traité ; je voudrais bien en faire un bouillon et l'avaler.

Lettres, à Mme de Grignan
mercredi au soir, 9 mars 1672

3306 Un malheur continuel pique et offense ; on est honteux d'être houspillé par la fortune ; cet avantage que les autres ont sur vous blesse et déplaît, quoique ce ne soit point dans des occasions d'importance. Nicole dit si bien cela. Enfin, ma bonne, j'en hais la fortune...

9 mars 1672

3307 [...] Je ne me pique pas de fermeté, ni de philosophie ; mon cœur me mène et me conduit. On disait l'autre jour, je ne sais si je vous l'ai mandé, que la vraie mesure du mérite du cœur, c'était la capacité d'aimer. Je me trouvai d'une grande élévation par cette règle ; elle me donnerait trop de vanité, si je n'avais mille autres sujets de me remettre à ma place.

(Lettres, à Mme de Grignan)
16 mars 1672

3308 Vous me demandez, ma chère enfant, si j'aime toujours bien la vie. Je vous avoue que j'y trouve des chagrins cuisants; mais je suis encore plus dégoûtée de la mort: je me trouve si malheureuse d'avoir à finir tout ceci par elle, que si je pouvais retourner en arrière, je ne demanderais pas mieux. Je me trouve dans un engagement qui m'embarrasse: je suis embarquée dans la vie sans mon consentement; il faut que j'en sorte, cela m'assomme; et comment en sortirai-je?

3309 Rien n'est si fou que de mettre son salut dans l'incertitude; mais rien n'est si naturel, et la sotte vie que je mène est la chose du monde la plus aisée à comprendre. Je m'abîme dans ces pensées et je trouve la mort si terrible, que je hais plus la vie parce qu'elle m'y mène, que par les épines qui s'y rencontrent. Vous me direz que je veux vivre éternellement. Point du tout; mais si on m'avait demandé mon avis, j'aurais bien aimé à mourir entre les bras de ma nourrice: cela m'aurait ôté bien des ennuis et m'aurait donné le ciel bien sûrement et bien aisément.

3310 [...] Ces tirades de Corneille qui font frissonner. Ma fille, gardons-nous bien de lui comparer Racine, sentons-en la différence... Racine fait des comédies pour la Champmeslé: ce n'est pas pour les siècles à venir. Si jamais il n'est plus jeune, et qu'il cesse d'être amoureux, ce ne sera plus la même chose. Vive donc notre vieil ami Corneille.

30 mai 1672

3311 Mme de la Fayette est toujours languissante; M. de la Rochefoucauld toujours éclopé; nous faisons quelquefois des conversations d'une tristesse qu'il semble qu'il n'y ait plus qu'à nous enterrer.

5 janvier 1674

3312 Guilleragues disait hier que Pellisson abusait de la permission qu'ont les hommes d'être laids.

vendredi 26 janvier 1674

3313 Ce Port-Royal est une Thébaïde; c'est le paradis; c'est un désert où toute la dévotion du christianisme s'est rangée; c'est une Sainteté répandue dans tout ce pays à une lieue à la ronde [...] Je vous avoue que j'ai été ravie de voir cette divine solitude... c'est un vallon affreux, tout propre à faire son salut.

lundi 5 février 1674

3314 [...] Je prie votre imagination de n'aller ni à droite ni à gauche.

mercredi 24 juillet 1675

3315 Je trouvai que la joie faisait parler parisien...

Lettres, au comte de Bussy-Rabutin, le 6 août 1675

3316 Mais vous n'avez pas vu la mort de M. de Turenne, ni ce coup de canon tiré au hasard, qui le prend seul entre dix ou douze. Pour moi, qui vois en tout la Providence, je vois ce canon chargé de toute éternité.

Lettres, à Mme de Grignan, mercredi 21 août 1675

3317 Sottes gens, sotte besogne : il faut en revenir là.

dimanche 1er décembre 1675

3318 Je vous donne avec plaisir le dessus de tous les paniers, c'est-à-dire, la fleur de mon esprit, de ma tête, de mes yeux, de ma plume, de mon écritoire.

vendredi 17 juillet 1676

3319 Enfin c'en est fait, la Brinvilliers est en l'air : son pauvre petit corps a été jeté, après l'exécution, dans un fort grand feu, et les cendres au vent ; de sorte que nous la respirerons, et par la communication des petits esprits, il nous prendra quelque humeur empoisonnante, dont nous serons tous étonnés.

2 novembre 1679

3320 Je crois que je ferai un traité sur l'amitié ; je trouve qu'il y a tant de choses qui en dépendent, tant de conduites et tant de choses à éviter pour empêcher que ceux que nous aimons n'en sentent le contre-coup ; je trouve qu'il y a tant de rencontres où nous les faisons souffrir, et où nous pourrions adoucir leurs peines, si nous avions autant de vues et de pensées qu'on en doit avoir pour ce qui tient au cœur : enfin je ferais voir dans ce livre qu'il y a cent manières de témoigner son amitié sans la dire, ou de dire par ses actions qu'on n'a point d'amitié, lorsque la bouche traîtreusement vous en assure. Je ne parle pour personne ; mais ce qui est écrit est écrit.

Lettres, à Mme de Grignan, réflexion de Mme de Villars
mercredi 8 novembre 1679

3321 Il n'y a qu'à être en Espagne pour n'avoir plus envie d'y bâtir des châteaux.

Lettres, à Mme et à M. de Grignan, dernier jour de mai 1680

3322 [...] Vingt personnes d'extraordinaire à table font mal à l'imagination.

Lettres, à Mme de Grignan
9 juin 1680

3323 Je trouve [saint Augustin] bien janséniste, et saint Paul aussi ; les jésuites ont un fantôme qu'ils appellent Jansénius, à qui ils disent mille injures ; ils ne font pas semblant de voir où cela remonte... Et là-dessus ils font un bruit étrange, et réveillent les disciples cachés de ces deux grands saints.

(Lettres à Mme de Grignan)
mercredi 17 juillet 1680

3324 [...] La première chose qui saisit mon imagination la mène si loin, que cela compose souvent une loge des Petites-Maisons ; et quand je reviens à moi, comme d'un sommeil, j'en suis plus étonnée que les autres.

mercredi 31 juillet 1680

3325 La Providence veut donc l'ordre ; si l'ordre n'est autre chose que la volonté de Dieu, quasi tout se fait contre sa volonté.

29 décembre 1688

3326 La bise de Grignan... me fait mal à votre poitrine...

30 novembre 1689

3327 Il me semble que j'ai été traînée, malgré moi, à ce point final où il faut souffrir la vieillesse ; je la vois, m'y voilà, et je voudrais bien au moins ménager de ne pas aller plus loin, de ne point avancer dans ce chemin des infirmités, des douleurs, des pertes de mémoire, des défigurements qui sont près de m'outrager, et j'entends une voix qui dit : « Il faut marcher malgré vous, ou bien, si vous ne voulez pas, il faut mourir », qui est une extrémité où la nature répugne. Voilà pourtant le sort de tout ce qui avance un peu trop.

19 juillet 1690

3328 On ne saurait s'y méprendre, il n'y a que l'éternité qui soit un bien que le temps amène et ne puisse ôter ; tous les autres sont ôtés dans le moment qu'ils sont donnés.

Lettres, au comte de Bussy-Rabutin, 12 juillet 1691

3329 Le temps vole et m'emporte malgré moi ; j'ai beau vouloir le retenir, c'est lui qui m'entraîne ; et cette pensée me fait grand peur : vous devinez à peu près pourquoi.

Lettres, à Coulanges, 26 juillet 1691

3330 Voilà donc M. de Louvois mort, ce grand ministre, cet homme si considérable, qui tenait une si grande place, dont le *moi*, comme dit M. Nicole, était si étendu, qui était le centre de tant de choses !

3331 L'on veut qu'une religion subsistant par un miracle continuel et dans son établissement et sa durée, ne soit qu'une imagination des hommes ! Les hommes ne pensent point ainsi.

Lettres, à du Plessis, 15 septembre 1691

3332 Il faut que vous conveniez qu'on n'est point portatif, quand on est attaché inséparablement à deux ou trois personnes : on ne saurait faire des courses légères ; c'est toujours un établissement et une résidence qu'il faut faire. On a un *moi* trop étendu, en comparaison d'un homme qui ne tient à rien, qui est comme un oiseau, qui ne tient qu'une place nécessaire, et dont l'esprit doit être aussi libre que le corps.

Lettres, à Coulanges, 3 février 1695

3333 [...] C'est le vent du midi, c'est la bise, c'est le diable... nos plumes ne sont plus conduites par nos doigts, qui sont transis ; nous ne respirons que de la neige ; nos montagnes sont charmantes dans leur excès d'horreur ; je souhaite tous les jours un peintre pour bien représenter l'étendue de toutes ces épouvantables beautés.

Jacques Bénigne BOSSUET 1627-1704

Oraisons funèbres, Madame de Monterby

3334 [...] Car cette présence immuable de l'éternité, toujours fixe, toujours permanente, enfermant en l'infinité de son étendue toutes les différences des temps, il s'ensuit manifestement que le temps peut être en quelque sorte dans l'éternité.

Oraisons funèbres, R. P. François Bourgoing

3335 [...] Le dessein de Dieu dans l'établissement de son Église est de faire éclater par toute la terre le mystère de son unité.

3336 « La chair changera de nature, le corps prendra un autre nom ; même celui de cadavre, dit Tertullien, ne lui demeurera pas longtemps ; il deviendra un je ne sais quoi, qui n'a point de nom dans aucune langue » : tant il est vrai que tout meurt en nos corps, jusqu'à ces termes funèbres, par lesquels on exprimait nos malheureux restes.

Oraisons funèbres, Nicolas Cornet

3337 Sortez, grand homme, de ce tombeau, aussi bien y êtes-vous descendu trop tôt pour nous.

3338 [...] Il a pris à quelques docteurs une malheureuse et inhumaine complaisance, une pitié meurtrière, qui leur a fait porter des coussins sous les coudes des pêcheurs, chercher des couvertures à leurs passions.

Oraisons funèbres
Henriette-Marie de France, reine de la Grande-Bretagne

3339 Celui qui règne dans les cieux, et de qui relèvent tous les empires, à qui seul appartient la gloire, la majesté et l'indépendance, est aussi le seul qui se glorifie de faire la loi aux rois, et de leur donner, quand il lui plaît, de grandes et de terribles leçons.

3340 Quand une fois on a trouvé le moyen de prendre la multitude par l'appât de la liberté, elle suit en aveugle, pourvu qu'elle en entende seulement le nom.

3341 Les mauvais succès sont les seuls maîtres qui peuvent nous reprendre utilement, et nous arracher cet aveu d'avoir failli, qui coûte tant à notre orgueil.

Oraisons funèbres
Henriette-Anne d'Angleterre, duchesse d'Orléans

3342 Tout est vain en nous, excepté le sincère aveu que nous faisons devant Dieu de nos vanités, et le jugement arrêté qui nous fait mépriser tout ce que nous sommes.

3343 De quelque superbe distinction que se flattent les hommes, ils ont tous une même origine; et cette origine est petite. [...] Ils vont tous ensemble se confondre dans un abîme où l'on ne reconnaît plus ni princes, ni rois, ni toutes ces autres qualités superbes qui distinguent les hommes ; de même que ces fleuves tant vantés demeurent sans nom et sans gloire, mêlés dans l'Océan avec les rivières les plus inconnues.

3344 Il est temps de faire voir que tout ce qui est mortel, quoi qu'on ajoute par le dehors pour le faire paraître grand, est par son fond incapable d'élévation.

3345 Tout ce qui se mesure finit, et tout ce qui est né pour finir n'est pas tout à fait sorti du néant, où il est sitôt replongé.

3346 Nous devrions être assez convaincus de notre néant: mais s'il faut des coups de surprise à nos cœurs enchantés de l'amour du monde, celui-ci est assez grand et assez terrible. O nuit désastreuse! ô nuit effroyable! où retentit tout à coup, comme un éclat de tonnerre, cette étonnante nouvelle: Madame se meurt! Madame est morte!

3347 [...] Outre le rapport que nous avons du côté du corps avec la nature changeante et mortelle, nous avons d'un autre côté un rapport intime et une secrète affinité avec Dieu.

3348 Sortez du temps et du changement; aspirez à l'éternité; la vanité ne vous tiendra plus asservis.

3349 Voilà, dit le grand saint Ambroise, la merveille de la mort dans les chrétiens: elle ne finit par leur vie; elle ne finit que leurs péchés.

Oraisons funèbres
Marie-Thérèse d'Autriche, reine de France

3350 Que je méprise ces philosophes, qui, mesurant les conseils de Dieu à leurs pensées, ne le font auteur que d'un certain ordre général d'où le reste se développe comme il peut!

3351 Nos vrais ennemis sont en nous-mêmes, et Louis combat ceux-là plus que tous les autres.

3352 [...] La mortification est un essai, un apprentissage, un commencement de la mort.

Oraisons funèbres
Anne de Gonzague de Clèves, princesse palatine

3353 Dieu a fait un ouvrage au milieu de nous, qui, détaché de toute autre cause, et ne tenant qu'à lui seul, remplit tous les temps et tous les lieux [...]: c'est Jésus-Christ et son Église.

Oraison funèbre de Louis de Bourbon, prince de Condé

3354 La piété est le tout de l'homme.

3355 Restait cette redoutable infanterie de l'armée d'Espagne, dont les gros bataillons serrés, semblables à autant de tours, mais à des tours qui sauraient réparer leurs brèches [...]

3356 [...] Trois fois il fut repoussé par le valeureux comte de Fontaines, qu'on voyait porté dans sa chaise, et, malgré ses infirmités, montrer qu'une âme guerrière est maîtresse du corps qu'elle anime.

3357 Écoutez, c'est la maxime qui fait les grands hommes: que, dans les grandes actions, il faut uniquement songer à bien faire, et laisser venir la gloire après la vertu.

3358 [...] Heureux si, averti par ces cheveux blancs du compte que je dois rendre de mon administration, je réserve au troupeau que je dois nourrir de la parole de vie les restes d'une voix qui tombe, et d'une ardeur qui s'éteint.

Panégyriques
saint François d'Assise

3359 L'orgueil... a cela de propre qu'il prend son accroissement de lui-même, si petits que puissent être ses commencements, parce qu'il enchérit toujours sur ses premières complaisances par de flatteuses réflexions.

3360 Que si le Créateur trouve une joie si parfaite à mourir pour sa créature, quel contentement doit éprouver la créature de mourir pour son Créateur!

saint Bernard

3361 [...] Lui, qui ne savait que la croix, ne prêchait aussi que la croix.

3362 [...] S'il nous fallait retrancher de nos jours tous ceux que nous avons mal passés, même selon les maximes du monde, pourrions-nous bien trouver en toute la vie de quoi faire trois ou quatre mois?

saint Victor

3363 Cœur humain, abîme infini, qui dans les profondes retraites, caches tant de pensées différentes, qui s'échappent souvent à tes propres yeux...

3364 O piété à la mode, que je me moque de tes vanteries et des discours étudiés que tu débites à ton aise pendant que le monde te rit!

sainte Thérèse

3365 Dieu a tant d'amour pour les hommes, et sa nature est si libérale, qu'on peut dire qu'il semble qu'il se fasse quelque violence, quand il retient pour un temps ses bienfaits, et qu'il les empêche de couler sur nous avec une entière profusion.

3366 Les biens que [Dieu] promet sont plus assurés que tous ceux que le monde donne.

saint Jean, apôtre

3367 Aimons-nous ; que la charité fraternelle remplisse nos cœurs [...] ; elle commencera en nous cette unité divine qui doit faire notre éternel bonheur.

saint Thomas de Cantorbéry

3368 Les mystères de Jésus-Christ sont une chute continuelle ; et tant qu'il a vu devant soi quelque nouvelle bassesse, il n'a jamais cessé de descendre.

Sermons
sur la brièveté de la vie

3369 J'entre dans la vie avec la loi d'en sortir, je viens faire mon personnage, je viens me montrer comme les autres ; après, il faudra disparaître.

sur la loi de Dieu

3370 [...] Les mœurs sont plus dissemblables que les visages ; chacun veut être fol à sa fantaisie.

3371 Plutôt on verra le froid et le chaud cesser de se faire la guerre, que les philosophes convenir entre eux de la vérité de leurs dogmes.

sur l'éminente dignité des pauvres dans l'Église

3372 Si donc c'est [aux pauvres] qu'appartient le ciel, qui est le royaume de Dieu dans l'éternité, c'est à eux aussi qu'appartient l'Église, qui est le royaume de Dieu dans le temps.

sur l'honneur du monde

3373 Parais donc ici, ô honneur du monde, vain fantôme des ambitieux et chimère des esprits superbes ; je t'appelle à un tribunal où ta condamnation est bien assurée.

sur la Providence

3374 Regardez les choses humaines dans leur propre suite, tout y est confus et mêlé ; mais regardez-les par rapport au jugement dernier et universel : vous y verrez reluire un ordre admirable.

3375 [...] La possession des richesses a des filets invisibles où le cœur se prend insensiblement.

3376 Dieu veut que nous vivions au milieu du temps dans l'attente perpétuelle de l'éternité.

sur la mort

3377 O mort, nous te rendons grâce des lumières que tu répands sur notre ignorance: toi seule nous convaincs de notre bassesse, toi seule nous fais connaître notre dignité.

3378 Tout nous appelle à la mort: la nature, presque envieuse du bien qu'elle nous fait, nous déclare souvent et nous fait signifier qu'elle ne peut pas nous laisser longtemps ce peu de matière qu'elle nous prête [...]: elle en a besoin pour d'autres formes, elle la redemande pour d'autres ouvrages.

pour la fête de tous les saints

3379 A ne regarder qu'à l'extérieur, je parle, et vous écoutez; mais au dedans, dans le fond du cœur, et vous et moi écoutons la vérité qui nous parle et qui nous enseigne.

3380 [...] Notre raison incertaine ne sait à quoi s'attacher, ni à quoi se prendre parmi ces ombres. Si elle se contente de suivre ses sens, elle n'aperçoit que l'écorce; si elle s'engage plus avant, sa subtilité la confond.

sur l'unité de l'Église

3381 [...] Étrangère que rien n'attache, que rien ne contente, qui regarde tout en passant sans vouloir jamais s'arrêter: heureuse néanmoins dans cet état, tant à cause des consolations qu'elle reçoit durant le voyage, qu'à cause du glorieux et immuable repos qui sera la fin de la course. Voilà l'image de l'Église pendant qu'elle voyage sur la terre.

3382 On ferait un monstre du corps humain, si on attachait immédiatement tous les membres à la tête: c'est par les évêques et les archevêques qu'on doit venir au Saint-Siège...

pour la circoncision de Notre-Seigneur

3383 L'Angleterre, ah! la perfide Angleterre, que le rempart de ses mers rendait inaccessible aux Romains, la foi du Sauveur y est abordée.

Lettres spirituelles
Lettre I, au maréchal de Bellefonds

3384 Tout ira bien, Monsieur, car Dieu s'en mêle; et par des coups imprévus, il veut renverser en vous tous les restes de l'esprit du monde.

Lettre VII, au même

3385 Que [Dieu] aime la simplicité d'un cœur qui se fie en lui, et qui a horreur de soi-même! car il faut aller jusqu'à l'horreur, quand on se connaît.

Lettre XII, au même

3386 Une étincelle d'amour de Dieu est capable de soutenir un cœur durant toute l'éternité.

Lettre XXXVIII, à la sœur Cornuau

3387 Tout passe: les dons de Dieu passent comme le reste, lui seul ne passe pas...

Lettre LXIX, à la même

3388 Qu'y a-t-il de moins qu'un *ô;* mais qu'y a-t-il de plus grand que ce simple cri du cœur? Toute l'éloquence du monde est dans cet *ô;* et je ne sais plus qu'en dire, tant je m'y perds.

Lettre I, à madame de Luynes

3389 Une épouse de Jésus-Christ ne lui apporte pour dot que son néant.

Lettre à Louis XIV

3390 Il n'y a point de plus juste sujet de pleurer, que de sentir qu'on a engagé à la créature un cœur que Dieu veut avoir.

De la connaissance de Dieu et de soi-même
chap. 1

3391 Le plus grand dérèglement de l'esprit, c'est de croire les choses parce qu'on veut qu'elles soient, et non parce qu'on a vu qu'elles sont en effet.

3392 La raison qui suit les sens n'est pas une véritable raison, mais une raison corrompue, qui au fond n'est non plus raison qu'un homme mort est un homme.

chap. 4

3393 Quiconque connaîtra l'homme verra que c'est un ouvrage de grand dessein, qui ne pouvait être conçu ni exécuté que par une sagesse profonde.

3394 Il y a tant d'art dans la nature, que l'art même ne consiste qu'à la bien entendre et à l'imiter.

3395 Qu'il y ait un seul moment où rien ne soit, éternellement rien ne sera. Ainsi, le néant sera à jamais toute vérité, et rien ne sera vrai que le néant: chose absurde et contradictoire.

3396 Les vérités éternelles que tout entendement aperçoit toujours les mêmes, par lesquelles tout entendement est réglé, sont quelque chose de Dieu, ou plutôt sont Dieu même.

3397 Malheur à la connaissance stérile, qui ne se tourne point à aimer, et se trahit elle-même.

Discours sur l'Histoire universelle
2e partie, 1er chap.

3398 Le soleil jette d'un seul coup, sans se retenir, tout ce qu'il a de rayons : mais Dieu, qui agit par intelligence et avec une souveraine liberté, applique sa vertu où il lui plaît, et autant qu'il lui plaît.

3399 Dieu n'est pas un tout qui se partage.

2e partie, 29e chap.

3400 [...] Ce fils de Dieu prend le nom de Verbe, afin que nous entendions qu'il naît dans le sein du Père, non comme naissent les corps, mais comme naît dans notre âme cette parole intérieure que nous y sentons quand nous y contemplons la vérité.

3401 Le royaume du Fils de Dieu est notre héritage : il n'y a rien au-dessus de nous, pourvu seulement que nous ne nous ravilissions pas nous-mêmes.

2e partie, 37e chap.

3402 Cette Église toujours attaquée, et jamais vaincue, est un miracle perpétuel, et un témoignage éclatant de l'immutabilité des conseils de Dieu.

3e partie, 1er chap.

3403 Les révolutions des empires sont réglées par la Providence, et servent à humilier les princes.

3e partie, 8e chap.

3404 Ce qui est hasard à l'égard de nos conseils incertains est un dessein concerté dans un conseil plus haut, c'est-à-dire dans ce conseil éternel qui renferme toutes les causes et tous les effets dans un même ordre.

3405 Ne parlons plus de *hasard* ni de *fortune*, ou parlons-en seulement comme d'un nom dont nous couvrons notre ignorance.

Maximes et réflexions sur la Comédie
Lettre au P. Caffaro, théatin

3406 La première chose que je reprends [dans votre *Dissertation sur la comédie*], c'est que vous ayez pu dire et répéter que la comédie, telle qu'elle est aujourd'hui, n'a rien de contraire aux bonnes mœurs, et qu'elle est même si épurée à l'heure qu'il est, sur le théâtre français, qu'il n'y a rien que l'oreille la plus chaste ne pût entendre. Il faudra donc que nous passions pour honnêtes les impiétés et les infamies dont sont pleines les comédies de Molière...

3407 [...] Si vous dites que la seule représentation des passions agréables, dans les tragédies d'un Corneille ou d'un Racine, n'est pas pernicieuse à la pudeur, vous démentez ce dernier, qui a renoncé publiquement aux tendresses de sa Bérénice.

3408 La représentation des passions agréables porte naturellement au péché, puisqu'elle flatte et nourrit de dessein prémédité la concupiscence qui en est le principe.

Maximes, XXXV

3409 S'il faut pour nous émouvoir des spectacles, du sang répandu, de l'amour, que peut-on voir de plus beau ni de plus touchant que la mort sanglante de Jésus-Christ et de ses martyrs?

Élévations à Dieu sur tous les mystères
Première semaine, première élévation

3410 De toute éternité Dieu est: Dieu est parfait: Dieu est heureux: Dieu est un.

Première semaine, troisième élévation

3411 Dieu est celui en qui le non-être n'a pas de lieu...

Quatrième semaine, première élévation

3412 Il ne coûte rien à Dieu de multiplier les choses les plus excellentes, et ce qu'il a de plus beau, c'est pour ainsi dire ce qu'il prodigue le plus.

Quatrième semaine, dixième élévation

3413 L'excellence de la beauté appartient à l'homme, et c'est comme un admirable rejaillissement de l'image de Dieu sur sa face.

Sixième semaine, douzième élévation

3414 Homme, voilà donc ta vie: éternellement tourmenter la terre, ou plutôt te tourmenter toi-même en la cultivant; jusqu'à ce qu'elle te reçoive toi-même, et que tu ailles pourrir dans son sein.

Vingtième semaine, onzième élévation

3415 La sagesse humaine apprend beaucoup, si elle apprend à se taire.

Histoire des variations des Églises protestantes
préface

3416 Si les Protestants savaient à fond comment s'est formée leur religion [...], cette Réforme dont ils se vantent, ne les contenterait guère ; et pour dire franchement ce que je pense, elle ne leur inspirerait que du mépris.

3417 Le propre de l'hérétique, c'est-à-dire de celui qui a une opinion particulière, est de s'attacher à ses propres pensées.

livre V

3418 Quoi qu'on fasse, il faut revenir à l'autorité, qui n'est jamais assurée, non plus que légitime, quand elle ne vient pas de plus haut ; et qu'elle s'est établie par elle-même.

livre X

3419 Calvin mourut au commencement des troubles. C'est une faiblesse de vouloir trouver quelque chose d'extraordinaire dans la mort de telles gens : Dieu ne donne pas toujours de ces exemples.

Avertissements aux protestants sur les lettres du ministre Jurieu
contre l'histoire des variations, Premier avertissement

3420 Il n'y a jamais rien à ajouter à la Religion, parce que c'est un ouvrage divin qui a d'abord la perfection.

3421 Ils nous ont fait un christianisme tout nouveau [...] où pour la grande consolation des libertins l'âme meurt avec le corps, et l'éternité des peines n'est qu'un songe plein de cruauté.

3422 [...] Les hérésies n'ont jamais été que des opinions particulières, puisqu'elles ont commencé par cinq ou six hommes.

Traité de la concupiscence
chap. 6

3423 Il y a dans notre chair une secrète disposition à ce soulèvement universel contre l'esprit...

chap. 12

3424 Les contraires se connaissent l'un par l'autre : l'injustice de l'amour-propre se connaît par la justice de la charité.

chap. 13

3425 Celui qui compte Dieu pour rien, ajoute à son néant naturel celui de son injustice et de son égarement.

chap. 26

3426 Mon Dieu, n'entends-je pas encore le sifflement du serpent, quand j'hésite si je suivrai votre volonté, ou mes appétits ?

Politique tirée des propres paroles de l'Écriture sainte
livre I, art. 3

3427 Où il n'y a point de maître, tout le monde est maître ; où tout le monde est maître, tout le monde est esclave.

livre IV, art. 2

3428 C'est la plus grande de toutes les faiblesses que de craindre trop de paraître faible.

livre V, art. 1

3429 Les vraies études sont celles qui apprennent les choses utiles à la vie humaine.

livre V, art. 2

3430 Le temps découvre les secrets ; le temps fait naître les occasions ; le temps confirme les bons conseils.

livre VII, art. 6

3431 Il n'y a point de hasard dans le gouvernement des choses humaines ; et la fortune n'est qu'un mot, qui n'a aucun sens.

livre VIII, art. 5

3432 L'homme prévenu ne vous écoute pas ; il est sourd : la place est remplie, et la vérité n'en trouve plus.

Traité du libre arbitre
chap. 2

3433 Je vois [...] qu'on se trompe, quand on cherche dans la matière un certain bien qui détermine Dieu à l'arranger, ou à la mouvoir en un sens plutôt qu'en un autre. Car le bien de Dieu, c'est lui-même ; et tout le bien qui est hors de lui, vient de lui seul...

3434 [...] Le premier libre, c'est Dieu [...] Tous les êtres libres qu'il fait, pouvant n'être pas, sont capables de faillir, parce qu'étant sortis du néant, ils peuvent aussi s'éloigner de la perfection de leur être.

chap. 3

3435 [...] Les créatures libres étant sans aucun doute la plus noble portion de l'univers, elles sont par conséquent les plus dignes que Dieu les gouverne.

chap. 4

3436 Quand [Dieu] nous aurait caché le moyen dont il se sert pour conduire notre liberté, s'ensuivrait-il qu'on dût pour cela ou nier qu'il la conduise, ou dire qu'il la détruit en la conduisant ? [...] Faut-il s'étonner que ce premier Être se réserve, et dans sa nature et dans sa conduite, des secrets qu'il ne veuille pas nous communiquer ?

Pensées

3437 On ne peut se rendre maître des choses en les possédant toutes ; il faut s'en rendre le maître en les méprisant toutes.

3438 Au grand courage rien n'est grand : de là il dédaigne tout ce qu'il a.

3439 Il faut mener les hommes passionnés comme des enfants et des malades, par des espérances vaines.

3440 Nous nous plaignons de notre ignorance, mais c'est elle qui fait presque tout le bien du monde : ne prévoir pas, fait que nous nous engageons.

Mademoiselle de MONTPENSIER 1627-1693

Histoire de la princesse de Paphlagonie
portrait de la comtesse de Maure

3441 [...] Si le feu de l'esprit de la princesse et celui de ses yeux se fussent rencontrés avec celui du soleil, ils eussent fait un tel incendie que le genre humain en eût souffert.

Histoire de la princesse de Paphlagonie
portrait de M. le prince de Condé

3442 [...] Ceux qui ne sont pas nés d'une condition à l'avoir élevée, peuvent malaisément exprimer les sentiments de ceux qui l'ont haute, et cela fait le même effet sur le théâtre du monde que sur celui des comédiens quand de mauvaises troupes de campagne récitent les vers de Corneille.

3443 Il y a des temps et des conjectures qui détruisent le mérite des choses et qui empêchent que l on ne puisse juger si c'est l'inclination des gens qui agit ou les causes secondes qui les font agir.

3444 Il a été libertin et a pu n'être pas fort régulier dans ses mœurs comme tous les jeunes gens ; mais assurément il en est fort revenu, et les principes de la religion sont fortement établis dans son âme, et beaucoup plus que ceux de la dévotion, mais l'un attire l'autre et toutes choses viennent en leur temps.

Portrait des Précieuses

3445 [...] Je suis de ces gens qui sont persuadés qu'il faut vivre avec les vivants, et qu'il ne se faut distinguer en rien par affectation et par choix ; et que si l'on l'est du reste du monde, il faut que ce soit par l'approbation qu'il donne à notre conduite, que notre vertu nous attire cela, et non pas mille façons inutiles, qui ne sont jamais dans les personnes qui en ont une véritable.

GUILLERAGUES 1628-1685

Lettres de la Religieuse portugaise

deuxième lettre

3446 Je vous défie de m'oublier entièrement ; je me flatte de vous avoir mis en état de n'avoir sans moi que des plaisirs imparfaits, et je suis plus heureuse que vous, puisque je suis plus occupée.

3447 Faites tout ce qu'il vous plaira, mon amour ne dépend plus de la manière dont vous me traiterez.

troisième lettre

3448 On est beaucoup plus heureux, [...] on sent quelque chose de bien plus touchant, quand on aime violemment, que lorsqu'on est aimé.

3449 Je vis, infidèle que je suis, et je fais autant de choses pour conserver ma vie que pour la perdre. Ah ! J'en meurs de honte : mon désespoir n'est donc que dans mes lettres ?

3450 J'aime bien mieux être malheureuse en vous aimant, que de ne vous avoir jamais vu.

3451 Qu'au moins la violence de ma passion vous donne du dégoût et de l'éloignement pour toutes choses.

3452 Cependant je vous remercie dans le fond de mon cœur du désespoir que vous me causez, et je déteste la tranquillité où j'ai vécu avant que je vous connusse.

quatrième lettre

3453 Qu'on a de peine à se résoudre à soupçonner longtemps la bonne foi de ceux qu'on aime !

3454 Vous m'avez consommée par vos assiduités, vous m'avez enflammée par vos transports, vous m'avez charmée par vos complaisances, vous m'avez assurée par vos serments, mon inclination violente m'a séduite [...]

3455 Je suis si jalouse de ma passion, qu'il me semble que toutes mes actions et que tous mes devoirs vous regardent [...]. Que ferais-je, hélas, sans tant de haine et sans tant d'amour qui remplissent mon cœur ?

cinquième lettre

3456 J'ai éprouvé que vous m'étiez moins cher que ma passion et j'ai eu d'étranges peines à la combattre, après que vos procédés injurieux m'ont rendu votre personne odieuse.

3457 N'éprouvé-je pas qu'un cœur attendri n'oublie jamais ce qui l'a fait apercevoir des transports qu'il ne connaissait pas et dont il était capable ; [...] que tous les plaisirs qu'il cherche, sans aucune envie de les rencontrer, ne servent qu'à lui faire bien connaître que rien ne lui est si cher que le souvenir de ses douleurs.

3458 Il faut de l'artifice pour se faire aimer ; il faut chercher avec quelque adresse les moyens d'enflammer, et l'amour tout seul ne donne point de l'amour.

Charles PERRAULT 1628-1703

L'Énéide burlesque
(en collaboration avec ses frères Nicolas et Claude)

3459 A main droite, tout en entrant,
Dans une écurie à un rang
On voit se vautrer les Centaures,
Demi-chrétiens, demi-pécores...

3460 Il [Énée] voit Idée le cocher
Qui tenant l'ombre d'une brosse
Nettoyait l'ombre d'un carrosse...

3461 L'hydre montre deux mille dents ;
A quarante pour chaque tête,
Jugez combien en a la bête.

Le Siècle de Louis le Grand

3462 Je vois les Anciens sans ployer les genoux,
Ils sont grands, il est vrai, mais hommes comme nous ;
Et l'on peut comparer sans craindre d'être injuste
Le Siècle de Louis au beau Siècle d'Auguste.

Platon qui fut divin du temps de nos aïeux,
Commence à devenir quelquefois ennuyeux.

Les Murs de Troie ou l'Origine du burlesque

3463 C'était l'Aurore au teint riant
Qui déverrouillait l'Orient...

Contes de ma mère l'Oye, Griselidis

3464 Or je suis convaincu que dans le mariage
On ne peut jamais vivre heureux,
Quand on y commande tous deux...

3465 On n'est heureux qu'autant qu'on a souffert...

Contes de ma mère l'Oye
à Monsieur*** en lui envoyant Griselidis

3466 Est-ce une raison décisive
D'ôter un bon mets d'un repas,
Parce qu'il s'y trouve un Convive
Qui par malheur ne l'aime pas?

Contes de ma mère l'Oye, Peau d'Âne
à Madame la marquise de L***

3467 Pour moi, j'ose poser en fait
Qu'en de certains moments l'esprit le plus parfait
Peut aimer sans rougir jusqu'aux Marionnettes;
Et qu'il est des temps et des lieux
Où le grave et le sérieux
Ne valent pas d'agréables sornettes.

Contes de ma mère l'Oye, Peau d'Âne

3468 Or le Ciel qui parfois se lasse
De rendre les hommes contents,
Qui toujours à ses biens mêle quelque disgrâce,
Ainsi que la pluie au beau temps [...]

3469 A l'ouïr sangloter et les nuits et les jours,
On jugea que son deuil ne lui durerait guère,
Et qu'il pleurait ses défuntes Amours
Comme un homme pressé qui veut sortir d'affaire.

3470 L'amour violent pourvu qu'on le contente,
Compte pour rien l'argent et l'or...

3471 Sur ce point la femme est si drue
Et son œil va si promptement
Qu'on ne peut la voir un moment
Qu'elle ne sache qu'on l'a vue.

3472 Que contre un fol amour et ses fougueux transports
La raison la plus forte est une faible digue,
Et qu'il n'est point de si riches trésors
Dont un Amant ne soit prodigue...

3473 Le Conte de Peau d'Âne est difficile à croire,
Mais tant que dans le Monde on aura des Enfants,
Des Mères et des Mères-grands,
On en gardera la mémoire.

Les Souhaits ridicules

3474 [...] Quand on est couronnée,
On a toujours le nez bien fait...

Histoires ou Contes du temps passé, à Mademoiselle

3475 [...] Rien ne marque tant la vaste étendue d'un esprit, que de pouvoir s'élever en même temps aux plus grandes choses, et s'abaisser aux plus petites.

Histoires ou Contes du temps passé
La Belle au bois dormant

3476 Peu d'éloquence, beaucoup d'amour.

moralité

3477 La Fable semble encor vouloir nous faire entendre,
Que souvent de l'Hymen les agréables nœuds,
Pour être différés, n'en sont pas moins heureux,
Et qu'on ne perd rien pour attendre ;
Mais le sexe avec tant d'ardeur,
Aspire à la foi conjugale,
Que je n'ai pas la force ni le cœur,
De lui prêcher cette morale.

Le Petit Chaperon rouge

3478 Tire la chevillette, la bobinette cherra.

moralité

3479 [...] Ce n'est pas chose étrange,
S'il en est tant que le loup mange.
Je dis le loup, car tous les loups
Ne sont pas de la même sorte ;
Il en est d'une humeur accorte,
Sans bruit, sans fiel et sans courroux
Qui privés, complaisants et doux,
Suivent les jeunes Demoiselles [...]

La Barbe bleue

3480 « Anne, ma sœur Anne, ne vois-tu rien venir ? » Et la sœur Anne lui répondait : « Je ne vois rien que le Soleil qui poudroie, et l'herbe qui verdoie. »

Le Maître Chat ou le Chat botté
moralité

3481 Si le fils d'un Meunier, avec tant de vitesse,
Gagne le cœur d'une Princesse,
Et s'en fait regarder avec des yeux mourants,
C'est que l'habit, la mine et la jeunesse,
Pour inspirer de la tendresse,
N'en sont pas des moyens toujours indifférents.

Les Fées, moralité

3482 Les Diamants et les Pistoles,
Peuvent beaucoup sur les Esprits ;
Cependant les douces paroles
Ont encor plus de force, et sont d'un plus grand prix.

Cendrillon, moralité

3483 C'est sans doute un grand avantage,
D'avoir de l'esprit, du courage,
De la naissance, du bon sens,
Et d'autres semblables talents,
Qu'on reçoit du Ciel en partage ;
Mais vous aurez beau les avoir,
Pour votre avancement ce seront choses vaines,
Si vous n'avez, pour les faire valoir,
Ou des parrains ou des marraines.

Riquet à la houppe, moralité

3484 Tout est beau dans ce que l'on aime,
Tout ce qu'on aime a de l'esprit.

Le Petit Poucet

3485 [...] Il était de l'humeur de beaucoup d'autres gens, qui aiment fort les femmes qui disent bien, mais qui trouvent très importunes celles qui ont toujours bien dit.

3486 Il fleurait à droite et à gauche, disant qu'il sentait la chair fraîche.

Dialogue de l'Amour et de l'Amitié
Lettre à Monsieur l'abbé d'Aubignac
en lui envoyant le Dialogue de l'Amour et de l'Amitié

3487 Si le Désir s'attachant à la Beauté a donné l'être à l'Amour, on ne peut pas douter que le même Désir et la Bonté s'étant mis ensemble n'aient donné naissance à l'Amitié [...]

3488 On sait d'ailleurs que le Désir n'est pas d'humeur à se contenter d'une femme...

Dialogue de l'Amour et de l'Amitié
l'Amour

3489 D'ailleurs je suis si peu jaloux de mon nom que je prends volontiers le premier qu'on me donne.

3490 Je n'entre guère dans un cœur qu'il ne s'en aperçoive ; la joie qui me précède, l'émotion qui m'accompagne et le petit chagrin qui me suit font assez connaître qui je suis.

l'Amitié

3491 J'ai le visage long, et la mine naïve,
Je suis sans finesse et sans art;
Mon teint est fort uni, sa couleur assez vive
Et je ne mets jamais de fard.

3492 On m'accuse souvent d'aimer trop à paraître
Où l'on voit la prospérité,
Cependant il est vrai qu'on ne peut me connaître
Qu'au milieu de l'adversité.

l'Amour

3493 Quelques-uns se sont imaginé que j'avais besoin du secours de la sympathie pour m'insinuer dans les cœurs, et que je m'efforcerais en vain de m'en rendre le maître si auparavant elle ne les disposait à me recevoir. C'est une vieille erreur que l'expérience détruit tous les jours.

l'Amitié

3494 [...] De quelque humeur que soient les femmes, je ne me rencontre guère avec elles, ou si je m'y rencontre quelquefois, je n'y demeure pas longtemps: ma sincérité leur déplaît [...]

l'Amour

3495 Il est constant que comme les femmes aiment presque toujours les dernières, elles ne cessent aussi presque jamais d'aimer que lorsqu'on ne les aime plus [...]

3496 [...] Il n'est point de gens au monde qui voient si clair que les amants: on sait qu'ils remarquent cent petites choses dont les autres personnes ne s'aperçoivent pas, et qu'en un moment ils découvrent dans les yeux l'un de l'autre tout ce qui se passe dans le fond de leur cœur.

Fables, Le chien, le coq et le renard (traduit de Faerne)

3497 C'est le vrai droit du jeu de tromper le trompeur.

Antoine Baudeau de SOMAIZE v. 1630-?

Le Dictionnaire des Précieuses
ou la Clef de la langue des ruelles

3498 Affection. — Vous me témoignez une grande affection: *Vous m'encendrez et m'encapucinez le cœur.*

3499 Aimer. — J'aime beaucoup les gens d'esprit: *J'ai un furieux tendre pour les gens d'esprit.*

3500 Ame. — Vous avez l'âme matérielle: *Vous avez la forme enfoncée dans la matière.*

3501 Asseoir (s'). — Seyez-vous, s'il vous plaît: *Contentez, s'il vous plaît, l'envie que ce siège a de vous embrasser.*

3502 Boutique. — La boutique d'un libraire: *le cimetière des vivants et des morts.*

3503 Compliment. — Le compliment: *le paquet sérieux.*

3504 La chaise percée: *la soucoupe inférieure.*

3505 Chien. — La terrible chose de voir un chien qui pisse! *La terrible chose de voir un chien nu!*

3506 Cul. — Le cul: *le rusé inférieur.*

3507 Écho. — L'écho: *l'invisible solitaire,* ou *le consolateur des amants,* ou *l'entretien de ceux qui n'en ont point.*

3508 Femme. — Cette femme est jeune: *cette femme a des absences de raison.*

3509 Habiller. — Vous êtes tout à fait bien habillée: *vous êtes tout à fait bien sous les armes.*

3510 Hermaphrodite. — On soupçonne cette femme-là d'être hermaphrodite: *on soupçonne cette femme-là d'être doublée.*

3511 Miroir: *le conseiller des grâces* ou *le peintre de la dernière fidélité, le singe de la nature, le caméléon.*

3512 Marier. — Se marier: *donner dans l'amour permis.*

3513 Peigne. — Apportez-moi un peigne, que je démêle mes cheveux: *apportez-moi une dédale, que je délabyrinthe mes cheveux.*

3514 Les pieds: *les chers souffrants.*

3515 Les sièges: *les commodités de la conversation..*

Le Grand Dictionnaire des Précieuses, historique, poétique, géographique, cosmographique, chronologique et armoirique
maxime IV

3516 Donner plus à l'imagination à l'égard des plaisirs qu'à la vérité, et cela par ce principe de morale que l'imagination ne peut pécher réellement.

maxime VIII

3517 [...] C'est une de leurs maximes de dire qu'il faut nécessairement qu'une précieuse parle autrement que le peuple, afin que ses pensées ne soient entendues que de ceux qui ont des clartés au-dessus du vulgaire; et c'est à ce dessein qu'elles font tous leurs efforts pour détruire le vieux langage [...]

Portrait de Mme Scarron

3518 Stratonice [Mme Scarron] est une jeune précieuse des plus agréables et des plus spirituelles. Elle est veuve sans avoir été femme; l'on saura assez le sens de cette énigme quand on saura que Straton [Scarron] était son mari.

Gilles BOILEAU 1631-1669

Épigramme, à un méchant écrivain

3519 Appelle-moi, si tu veux Astarot,
Traître, perfide, Iscariot;
Paul, je n'en ferai plus que rire,
Et ne t'en dirai jamais rien:
Si tu poursuis toujours d'écrire,
Tu m'en vengeras assez bien.

Billet à Madame de ***

3520 Que le respect est incommode
Avecque son air précieux!
Mon Dieu, que ce respect est vieux!
Sera-t-il toujours à la mode?

Stances

3521 Je n'ai repos ni jour ni nuit,
Je souffre une douleur extrême;
Je ne sais pas si c'est que j'aime,
Mais cela ressemble à l'amour.

Philippe Emmanuel de COULANGES 1631-1716

Sur la noblesse

3522 [...] Tous nos premiers parents
Ont mené la charrue.
Mais, las de cultiver enfin
La terre labourée,
L'un a dételé le matin,
L'autre l'après-dînée.

Madame de SCUDÉRY 1631-1712

Lettre à Bussy-Rabutin, 8 décembre 1672

3523 Ces passions violentes, qui tyrannisent le cœur et font oublier le devoir, sont pardonnables aux personnes qui n'ont pas le cœur usé de milles coquetteries ; mais entre nous, de la part des femmes de la cour, il n'y en a pas une en état d'avoir une grande passion. Il faut de la vertu pour être capable de ces attachements-là.

Hortense des JARDINS 1631-1683

Sonnet, Jouissance

3524 Je meurs entre les bras de mon fidèle amant,
Et c'est dans cette mort que je trouve la vie.

Louis BOURDALOUE 1632-1704

Sermons

sur la fausse conscience

3525 Souvenez-vous de ces deux maximes, qui sont d'une éternelle vérité, et sur lesquelles doit rouler toute votre conduite : l'une, que le chemin du ciel est étroit, et l'autre, qu'un chemin étroit ne peut jamais avoir de proportion avec une conscience large.

sur l'aumône

3526 Dieu a établi les pauvres dans le monde pour recueillir ses droits en sa place.

sur les richesses

3527 Parcourez les maisons et les familles distinguées par les richesses et par l'abondance des biens ; je dis celles qui se piquent le plus d'être honorablement établies [...] ; si vous remontez jusqu'à la source d'où cette opulence est venue, à peine en trouverez-vous où l'on ne découvre, dans l'origine et dans le principe, des choses qui font trembler.

sur l'impureté

3528 [...] Les ténèbres d'une aveugle concupiscence sont des ténèbres renfermées et pour ainsi dire concentrées dans l'homme, et aussi intimes à l'homme que l'homme l'est à lui-même.

3529 [...] Le désordre de l'impureté dans l'homme a des excès où la sensualité même des bêtes ne se porte pas.

3530 [...] Le monde est plein de réprouvés, puisqu'il est plein de voluptueux et d'impudiques.

sur l'amour de Dieu

3531 C'est le propre de Dieu de renfermer dans l'unité de son être la multiplicité de tous les êtres ; et c'est le propre de la charité divine de réduire à l'amitié d'un seul précepte tous les préceptes [...] qui sont compris dans la loi de Dieu.

sur le retardement de la pénitence

3532 [...] Ce jour présent est le seul point de l'éternité auquel vous ayez droit.

3533 Crains, malheureux, et défie-toi de ton espérance même.

3534 Nous voulons nous convertir quand nous serons rebutés du monde, ou plutôt quand le monde sera rebuté de nous.

sur l'amour et la crainte de la vérité

3535 Aimons la vérité qui nous reprend, et défions-nous de celle qui nous flatte.

sur la sévérité chrétienne

3536 Défendons-nous plutôt ce qui nous est permis, que de nous mettre en danger de nous permettre ce qui nous est défendu.

Pensées sur divers sujets de morale et de religion
Du salut

3537 Il est de la foi que nous ne serons jamais damnés que pour n'avoir pas voulu notre salut, et que pour ne l'avoir pas voulu de la manière dont nous pouvions le vouloir.

De la foi

3538 Où en sommes-nous, et où est cette foi des premiers siècles, cette foi qui a converti tout le monde ? Alors des athées devenaient chrétiens : maintenant des chrétiens deviennent athées.

De l'humilité et de l'orgueil

3539 Nous aimons tant l'humilité dans les autres : quand travaillerons-nous à la former dans nous-mêmes ?

De la charité chrétienne et des amitiés humaines

3540 Une heure de prospérité fait oublier une amitié de vingt années.

3541 Hérode et Pilate devinrent amis, mais aux dépens de Jésus-Christ.

Retraites spirituelles

3542 C'est une grande chose que d'être fidèle dans les petites choses, c'est enfin par les petites choses que les grandes se maintiennent.

3543 Il n'est rien de plus précieux que le temps, puisque c'est le prix de l'éternité.

Isaac DUMONT DE BOSTAQUET 1632-1709

Mémoires, IV

3544 Ce fut, dis-je, dans ce lieu que notre grand prince et toute l'armée abordèrent [...] Le soleil, qui était sur son couchant, brillait avec tant d'éclat que l'on eût dit qu'il avait peine à perdre de vue notre héros.

Esprit FLÉCHIER 1632-1710

Oraison funèbre de M. de Turenne

3545 Telle était son habileté, que, lorsqu'il vainquait, on ne pouvait en attribuer l'honneur qu'à sa prudence ; et lorsqu'il était vaincu, on ne pouvait en imputer la faute qu'à la fortune.

3546 Messieurs, qu'est-ce qu'une armée? c'est un corps animé d'une infinité de passions différentes, qu'un homme habile fait mouvoir pour la défense de la patrie [...] ; un assemblage confus de libertins qu'il faut assujettir à l'obéissance ; de lâches qu'il faut mener au combat.

3547 On décrit sans art un mort qu'on pleure sans feinte.

Oraison funèbre de Marie-Thérèse d'Autriche

3548 [...] Les uns se font un art de séduire, et les autres une gloire d'être séduits.

3549 On se flatte de vaines espérances de guérison, ou l'on est flatté de vaines espérances de salut, et l'on est mort avant qu'on ait aperçu qu'on pouvait mourir.

Étienne PAVILLON 1632-1705

Souhaits pour Iris

3550 Gardez avec grand soin ce qu'on ne peut vous rendre.

Le Gentilhomme de l'arrière-ban

3551 La gloire et les honneurs n'étaient pas ma faiblesse ;
Et je me piquais de noblesse
Seulement pour ne pas payer
La taille et les impôts que paie un roturier.

Madrigal

3552 Rivaux infortunés, ne soyez point jaloux ;
Puisque vous m'empêchez d'être seul avec elle,
Je suis plus à plaindre que vous.

À Mme de Pelissari, sur la perte d'un grand procès

3553 Et bien souvent l'adversité
[...]
N'enlève au malheureux qu'elle a persécuté
Que ce qui fournissait de matière à l'envie,
Et met le reste en sûreté.

À M. *** sur un changement

3554 Vous ne valez pas mieux qu'un autre ;
Croyez-moi, ne criez pas tant :
Son inconstance, en vous quittant,
Ne fait que prévenir la vôtre.

Sur les hôpitaux insolvables

3555 Lorsque l'on n'a pas de quoi rendre,
Il n'est pas permis d'emprunter.

Conseils à Iris

3556 Ne vous y laissez pas surprendre ;
Un ami si sage et si tendre,
Est bien plus dangereux qu'un amant déclaré.

3557 La mode est un tyran dont rien ne nous délivre :
A son bizarre goût il faut s'accommoder ;
Et sous ses folles lois étant forcé de vivre,
Le Sage n'est jamais le premier à les suivre,
Ni le dernier à les garder.

Sur la mort

3558 Ce qui fait la plus longue vie
N'est qu'un petit nombre de jours.

3559 Et parmi les pauvres mortels,
Quelquefois ceux que l'on encense
Ne sont que de grands criminels,
A qui notre seule ignorance
Au lieu de châtiments décerne des autels.

François RÉGNIER-DESMARAIS 1632-1713

L'Attelage pour la route de la vie

3560 La vérité, l'indépendance,
N'ayant qu'un simple et léger frein,
Sont au devant, et vont bon train,
Loin du chemin de l'opulence.

Les « j'ai vu »

3561 J'ai vu des têtes couronnées,
Par leurs propres sujets à la mort condamnées,
Tomber sous l'acier du bourreau.
Qu'ai-je donc à voir de nouveau ?

3562 J'ai vu quels trésors ont les rois
Dans le cœur d'un peuple fidèle :
Et de quelle ressource au trône qui chancelle
Est un seul homme quelquefois.

3563 J'ai vu qu'en cherchant à connaître,
Nous n'apprenons qu'à discourir.
[...]
Le seul intérêt tout mouvoir,
Et la profondeur du savoir
Différer peu de l'ignorance.

Sébastien Le Prestre de VAUBAN 1633-1707

La Dîme royale, préface

3564 Près de la dixième partie du peuple est réduite à la mendicité, et mendie effectivement ; des neuf autres parties, il y en a cinq qui ne sont pas en état de faire l'aumône [...]

Madame de LA FAYETTE 1634-1693

La Princesse de Montpensier

3565 S'il ne fut pas maître de son cœur, il le fut de ses actions. Le changement de son âme n'en apporta point dans sa conduite et personne ne soupçonna son amour.

3566 L'amour fit en lui ce qu'il fait en tous les autres ; il lui donna l'envie de parler [...]

3567 [...] Voulant, par plusieurs raisons, tenir sa passion cachée, il se résolut de la lui déclarer d'abord, afin de s'épargner tous ces commencements qui font toujours naître le bruit et l'éclat.

3568 Quoiqu'ils ne se fussent point parlé depuis longtemps, ils se trouvèrent accoutumés l'un à l'autre et leurs cœurs se remirent aisément dans un chemin qui ne leur était pas inconnu.

3569 Je m'en rendrais indigne si je m'opiniâtrais davantage à la conquête d'un cœur qu'un autre possède.

3570 L'on est bien faible quand on est amoureux.

3571 Mme de Noirmoutier était une personne qui prenait autant de soin de faire éclater ses galanteries que les autres en prennent de les cacher.

Zaïde

première partie

3572 [...] Et son esprit et sa personne avaient quelque chose de si admirable qu'il semblait que le ciel l'eût formé d'une manière différente du reste des hommes.

3573 [...] Cette sorte d'inclination que nous avons pour les personnes dont nous croyons les dispositions pareilles aux nôtres.

3574 Si vous n'avez à vous plaindre que des autres, répliqua l'inconnu, et que vous n'ayez rien à vous reprocher, il y en a de plus malheureux que vous, et vous l'êtes moins que vous ne pensez.

3575 Vous ne connaissez point l'amour, si cette seule pensée ne vous empêche d'être malheureux ; et vous vous aimez vous-même plus que votre maîtresse, si vous aimez mieux avoir sujet de vous plaindre d'elle que de vous.

3576 [...] Mais la fortune lui fit voir qu'elle trouve jusque dans les déserts ceux qu'elle a résolu de persécuter.

3577 La curiosité peut-elle se trouver dans un homme aussi malheureux que moi ?

3578 Il ne put s'empêcher de sourire en le regardant et de lui dire qu'il était bien aise de juger, par son habit, que son affliction commençait à diminuer.

3579 On ne peut exprimer le trouble qu'apporta la jalousie dans un cœur où l'amour ne s'était pas encore déclaré.

3580 [...] La jalousie seule m'a fait sentir que j'étais amoureux.

3581 La fortune m'empêche bien de me former des malheurs au-dessus de ceux qu'elle me cause ; elle va au delà de ce que je pourrais imaginer ; elle en invente pour moi qui sont inconnus aux autres hommes.

Zaïde
Histoire de Consalve

3582 [...] Ceux qui connaissent leurs maîtresses avant que de les aimer sont tellement accoutumés à leur beauté et à leur esprit qu'ils n'y sont plus sensibles quand ils sont aimés.

3583 [...] Encore que je croie qu'on ne puisse être touché sans être surpris, je ne crois pas qu'on ne puisse être surpris sans être touché.

3584 L'amitié et la reconnaissance se trouvèrent faibles contre l'ambition.

3585 [...] Comme il est dangereux de cacher quelque chose à nos amis, il l'est aussi beaucoup de ne leur cacher jamais rien.

3586 [...] La gloire ne donne pas le même éclat que la faveur.

3587 [...] Elle ne tenait plus à son amant que par l'amour, et ce n'était pas assez pour un cœur comme le sien.

3588 Il vous a plu, madame, et c'est assez pour vous plaire encore.

3589 C'est trop de malheurs à la fois, et ils sont d'une nature qu'il serait plus honteux d'y résister que d'en être accablé.

3590 [...] On ne connaît point les femmes, elles ne se connaissent pas elles-mêmes, et ce sont les occasions qui décident des sentiments de leur cœur.

3591 [...] Il n'y a de passions que celles qui nous frappent d'abord et qui nous surprennent ; les autres ne sont que des liaisons où nous portons volontairement notre cœur. Les véritables inclinations nous l'arrachent malgré nous.

3592 On est jaloux sans sujet [répliqua Alphonse] quand on est bien amoureux.

3593 C'est pour avoir trop souffert que je ne puis plus souffrir.

première partie

3594 [...] Qui n'a point senti le plaisir de donner une violente passion à une personne qui n'en a jamais eu, même de médiocre, peut dire qu'il ignore les véritables plaisirs de l'amour.

Zaïde
Histoire d'Alphonse et de Bélasire

3595 Les jalousies des amants ne sont que fâcheuses, mais celles des maris sont fâcheuses et offensantes.

Seconde partie

Histoire de Zaïde et de Féline

3596 Il est vrai aussi que l'amour est si dangereux à voir qu'il ne laisse pas d'enflammer, lors même qu'il ne s'adresse pas à nous.

3597 Je sais bien néanmoins que l'on est pas aimé pour aimer, mais enfin c'est une espérance...

Histoire d'Alamir, prince de Tharse

3598 Elle n'a jamais eu de passion, elle va avoir pour nous un attachement sincère et véritable qu'aucun homme qui a déjà aimé ne peut mériter.

La Princesse de Clèves

tome 1

3599 La plupart des mères s'imaginent qu'il suffit de ne parler jamais de galanterie devant les jeunes personnes pour les en éloigner.

3600 [...] L'amour était toujours mêlé aux affaires et les affaires à l'amour.

3601 [...] Il n'y a point de femme que le soin de sa parure n'empêche de songer à son amant...

3602 [...] On souffre encore davantage de voir sa maîtresse dans une assemblée ; [...] plus elle est admirée du public, plus on se trouve malheureux de n'en être point aimé.

3603 Ne craignez point de prendre des partis trop rudes et trop difficiles, quelque affreux qu'ils vous paraissent d'abord : ils seront plus doux dans les suites que les malheurs d'une galanterie.

tome 2

3604 [...] La sincérité me touche d'une telle sorte que je crois que si ma maîtresse, et même ma femme, m'avouait que quelqu'un lui plût, j'en serais affligé sans en être aigri. Je quitterais le personnage d'amant ou de mari, pour la conseiller et pour la plaindre.

3605 [...] J'ai la même affliction de sa mort que si elle m'était fidèle et je sens son infidélité comme si elle n'était point morte.

3606 Il y a des personnes à qui on n'ose donner d'autres marques de la passion qu'on a pour elles que par les choses qui ne les regardent point ; et, n'osant leur faire paraître qu'on les aime, on voudrait du moins qu'elles vissent que l'on ne veut être aimé de personne.

3607 Les paroles les plus obscures d'un homme qui plaît donnent plus d'agitation que des déclarations ouvertes d'un homme qui ne plaît pas.

tome 3

3608 [...] On persuade aisément une vérité agréable...

3609 [...] La disposition naturelle que l'on a de conter tout ce que l'on sait à ce que l'on aime [...]

3610 — La jalousie [...] et la curiosité d'en savoir peut-être davantage que l'on ne lui en a dit, peuvent faire faire bien des imprudences à un mari.

tome 4

3611 D'une personne comme vous, madame, tout est des faveurs hors l'indifférence.

3612 Vous aviez donc oublié que je vous aimais éperdument et que j'étais votre mari ? L'un des deux peut porter aux extrémités : que ne peuvent point les deux ensemble ?

3613 Je ne me trouve plus digne de vous ; vous ne me paraissez plus digne de moi. Je vous adore, je vous hais, je vous offense, je vous demande pardon, je vous admire ; j'ai honte de vous admirer.

3614 On fait des reproches à un amant ; mais en fait-on à un mari, quand on n'a [qu']à lui reprocher de n'avoir plus d'amour ?

3615 La jalousie et les soupçons bien fondés préparent d'ordinaire les maris à leurs malheurs ; ils ont même toujours quelques doutes, mais ils n'ont pas cette certitude que donne l'aveu, qui est au-dessus de nos lumières.

3616 [...] Elle sentit bien que la honte est la plus violente de toutes les passions.

Jules de MASCARON 1634-1703

Oraison funèbre de M. de Turenne

3617 Peuples que le Rhin sépare de nous, unissez-vous ; sortez de vos forêts et de vos neiges, pour venir inonder les doux climats de la France ; cercles de l'Empire, unissez toutes vos forces ; vous serez vaincus...

3618 Les actions par où l'on juge ordinairement de nous ne sont pas toujours des marques certaines des habitudes de notre âme : c'est quelquefois la nécessité qui nous y contraint, ou l'occasion qui nous y convie.

3619 Tel croit qu'il n'est pas honnête d'être intéressé pour soi-même, qui se persuade qu'il est permis de l'être pour ce que l'on aime ; et il ne voit pas que son amour-propre le suit partout...

3620 Nous aimons tous la vérité; mais nous ne l'aimons pas tous si uniquement, que nous n'aimions encore quelque chose avec elle...

Madame de MAINTENON 1635-1719

Lettres
au comte d'Aubigné, 1676

3621 On n'est malheureux que par sa faute.

3622 Nous avons le nécessaire et le commode; tout le reste n'est que cupidité. Tous ces désirs de grandeur partent du vide d'un cœur inquiet.

1er octobre 1676

3623 On m'a porté sur votre compte des plaintes qui ne vous font pas honneur: vous maltraitez les huguenots, vous en cherchez les moyens, vous en faites naître les occasions; cela n'est pas d'un homme de qualité. [...]
Henri IV a professé la même religion, et plusieurs grands princes. Ne les inquiétez donc point: il faut attirer les hommes par la douceur et la charité.

à M. d'Aubigné
25 septembre 1679

3624 Il faut se servir des gens selon leurs talents, et compter qu'il n'y en a point de parfaits.

à Mme de Glapion
9 novembre 1702

3625 Comment surmonterez-vous les croix que Dieu vous enverra dans le cours de votre vie, si un accent normand ou picard vous arrête, et si vous vous dégoûtez d'un homme parce qu'il n'est pas si sublime que Racine?

Prière

3626 Vous qui tenez entre vos mains le cœur des rois, ouvrez celui du roi, afin que j'y puisse faire entrer le bien que vous désirez; donnez-moi de le réjouir, de le consoler, de l'encourager, et de l'attrister aussi quand il le faut pour votre gloire...

Conseils à la duchesse de Bourgogne

3627 N'espérez pas un parfait bonheur: il n'y en a point sur la terre, et, s'il y en avait, il ne serait pas à la cour.

3628 La grandeur a ses peines, et souvent plus cruelles que celles des particuliers. Dans la vie privée on se fait aux chagrins; à la cour on ne s'y habitue pas.

3629 N'exigez pas autant d'amitié que vous en aurez : les hommes sont pour l'ordinaire moins tendres que les femmes.

3630 Aimez vos enfants [...] Songez que de leur éducation dépend le bonheur d'un peuple qui mérite d'être aimé de ses princes.

3631 En protégeant quelqu'un qui vous est connu, songez au tort que vous faites à un homme de mérite que vous ne connaissez pas.

3632 Dieu ne vous a fait naître dans ce haut rang que pour vous donner le plaisir de faire du bien. Le pouvoir de rendre service et de faire des heureux est le vrai dédommagement des fatigues, des désagréments, de la servitude de votre état.

3633 Soyez en garde contre le goût que vous avez pour l'esprit. Trop d'esprit humilie ceux qui en ont peu ; l'esprit vous fera haïr du plus grand nombre, et peut-être mésestimer des personnages sages.

Roger de PILES 1635-1709

Cours de peinture par principes

3634 La véritable Peinture doit appeler son spectateur par la force et par la grande vérité de son imagination ; [...] le spectateur surpris doit aller à elle, comme pour entrer en conversation avec les figures qu'elle représente.

3635 L'Homme, tout menteur qu'il est, ne hait rien tant que le mensonge, et le moyen le plus puissant pour attirer sa confiance, c'est la sincérité.

Philippe QUINAULT 1635-1688

Astrate

3636 S'il est beau de se vaincre, il est doux d'être heureux.

acte III, scène 5

3637 L'éclat de deux beaux yeux adoucit bien un crime :
Aux regards des amants tout paraît légitime.

3638 Je ne me connais plus et ne suis plus qu'amant ;
Tout mon devoir s'oublie aux yeux de ce que j'aime.

Opéra difficile, épigramme

3639 C'est avec peu de bien un terrible devoir
De se sentir pressé d'être cinq fois beau-père.
[...]
O ciel ! peut-on jamais avoir
Opéra plus difficile à faire ?

Athis, acte IV, scène 5

3640 Tout est doux, et rien ne coûte
Pour un cœur qu'on veut toucher.
[...]
L'eau qui tombe goutte à goutte
Perce le plus dur rocher.

Réponses à Cinq questions d'amour proposées par Mme de Brégy
Réponse à la 1re question

3641 Et, si l'on s'en rapporte à tous les vrais amants,
C'est un plaisir si doux de voir ce que l'on aime
Qu'il doit faire oublier les plus cruels tourments.

Nicolas BOILEAU 1636-1711

Préface, VI, édition de 1701

3642 Un bon mot n'est bon mot qu'en ce qu'il dit une chose que chacun pensait, et qu'il la dit d'une manière vive, fine et nouvelle.

Discours au roi

3643 Pour chanter un Auguste, il faut être un Virgile...

3644 Moi donc, qui connais peu Phébus et ses douceurs,
Qui suis nouveau sevré sur le mont des neuf sœurs...

3645 Et, gardant pour moi-même une juste rigueur,
Je confie au papier les secrets de mon cœur.

Satire I

3646 Je ne puis rien nommer, si ce n'est par son nom,
J'appelle un chat un chat, et Rolet un fripon.

3647 On doit tout espérer d'un monarque si juste;
Mais sans un Mécénas à quoi sert un Auguste?

Satire II, à M. de Molière

3648 Rare et fameux esprit, dont la fertile veine
Ignore en écrivant le travail et la peine;
Pour qui tient Apollon tous ses trésors ouverts,
Et qui sais à quel coin se marquent les bons vers:
Dans les combats d'esprit savant maître d'escrime,
Enseigne-moi, Molière, où tu trouves la rime.

3649 La raison dit Virgile, et la rime Quinault.

3650 Maudit soit le premier dont la verve insensée
Dans les bornes d'un vers renferma sa pensée,
Et, donnant à ses mots une étroite prison,
Voulut avec la rime enchaîner la raison!

3651 Molière, enseigne-moi l'art de ne rimer plus.

Satire III

3652 Et ce visage enfin plus pâle qu'un rentier
A l'aspect d'un arrêt qui retranche un quartier.

3653 Jamais empoisonneur ne sut mieux son métier.

3654 Aimez-vous la muscade? on en a mis partout.

3655 Un valet le portait, marchant à pas comptés,
Comme un recteur suivi des quatre facultés.

3656 Les héros chez Quinault parlent bien autrement,
Et jusqu'à *Je vous hais,* tout s'y dit tendrement.

Satire IV, à M. l'abbé Le Vayer

3657 Tous les hommes sont fous, et, malgré tous leurs soins,
Ne diffèrent entre eux que du plus ou du moins.

3658 Le plus sage est celui qui ne pense point l'être.

3659 Sans mentir, l'avarice est une étrange rage.

Satire V, à M. le marquis de Dangeau

3660 On ne m'éblouit point d'une apparence vaine:
La vertu, d'un cœur noble est la marque certaine.

3661 Sers un si noble maître; et fais voir qu'aujourd'hui
Ton prince a des sujets qui sont dignes de lui.

Satire VI

3662 Qui frappe l'air, bon Dieu! de ces lugubres cris?
Est-ce donc pour veiller qu'on se couche à Paris?

Satire VII

3663 Le mal qu'on dit d'autrui ne produit que du mal.

3664 C'est par là que je vaux, si je vaux quelque chose.

Satire VIII, à M. Morel

3665 De Paris au Pérou, du Japon jusqu'à Rome,
Le plus sot animal, à mon avis, c'est l'homme.

3666 Jamais la biche en rut n'a, pour fait d'impuissance,
Traîné du fond des bois un cerf à l'audience.

3667 Prends-moi le bon parti : laisse là tous les livres.

3668 Jamais surintendant ne trouva de cruelles.
L'or même à la laideur donne un teint de beauté
Mais tout devient affreux avec la pauvreté.

Satire IX, Le libraire au lecteur

3669 Qui ne vole au sommet tombe au plus bas degré.

3670 Quel démon vous irrite et vous porte à médire ?
Un livre vous déplaît : qui vous force à le lire ?

3671 Écrive qui voudra : chacun à ce métier
Peut perdre impunément de l'encre et du papier.

3672 Mais vous, qui raffinez sur les écrits des autres,
De quel œil pensez-vous qu'on regarde les vôtres ?
Tous les jours à la cour un sot de qualité
Peut juger de travers avec impunité ;
A Malherbe, à Racan, préférer Théophile,
Et le clinquant du Tasse à tout l'or de Virgile.
Un clerc, pour quinze sous, sans craindre le holà,
Peut aller au parterre attaquer Attila [...]

3673 Il se tue à rimer : que n'écrit-il en prose ?

3674 Ma muse, en l'attaquant, charitable et discrète,
Sait de l'homme d'honneur distinguer le poète.

3675 J'irai creuser la terre, et, comme ce barbier,
Faire dire aux roseaux par un nouvel organe :
« Midas, le roi Midas a des oreilles d'âne. »

3676 En vain contre le Cid un ministre se ligue :
Tout Paris pour Chimène a les yeux de Rodrigue.

3677 Qui méprise Cotin n'estime point son roi,
Et n'a, selon Cotin, ni Dieu, ni foi, ni loi.

3678 L'honneur de le louer m'est un trop digne prix.

Satire X, au lecteur

3679 L'homme, en ses passions toujours errant sans guide,
A besoin qu'on lui mette et le mors et la bride.

(Satire X, au lecteur)

3680 L'honneur est comme une île escarpée et sans bords :
On n'y peut plus rentrer dès qu'on en est dehors.

3681 Montrer que l'avarice
Peut faire dans les biens trouver la pauvreté,
Et nous réduire à pis que la mendicité.

3682 C'est une précieuse,
Reste de ces esprits jadis si renommés
Que d'un coup de son art Molière a diffamés.

3683 Car, grâce au droit reçu chez les Parisiens,
Gens de douce nature, et maris bons chrétiens,
Dans ses prétentions une femme est sans borne.

Satire XI, à M. de Valincour

3684 Et jamais, quoi qu'il fasse, un mortel ici-bas
Ne peut aux yeux du monde être ce qu'il n'est pas.

3685 C'est d'un roi que l'on tient cette maxime auguste,
Que jamais on n'est grand qu'autant que l'on est juste.

Satire XII, Sur l'équivoque

3686 Tout protestant fut pape, une bible à la main.

Épître I, au roi

3687 J'imite de Conrart le silence prudent :
Je laisse aux plus hardis l'honneur de la carrière,
Et regarde le champ, assis sur la barrière.

3688 Un Auguste aisément peut faire des Virgiles.

Épître II, à M. l'abbé des Roches

3689 Des sottises d'autrui nous vivons au palais :
Messieurs, l'huître était bonne. Adieu. Vivez en paix.

Épître III, à M. Arnauld

3690 Hâtons-nous ; le temps fuit, et nous traîne avec soi,
Le moment où je parle est déjà loin de moi.

Épître IV, au roi

3691 Et partout sur le Whal, ainsi que sur le Lech,
Le vers est en déroute, et le poète à sec.

3692 Louis, les animant du feu de son courage,
Se plaint de sa grandeur qui l'attache au rivage.

Épître V, à M. de Guilleragues

3693 Le chagrin monte en croupe et galope avec lui.

3694 Qui vit content de rien possède toute chose.

3695 L'argent, l'argent, dit-on, sans lui tout est stérile:
La vertu sans l'argent n'est qu'un meuble inutile.

3696 La libre vérité fut toute mon étude.

Épître VI, à M. de Lamoignon

3697 Attendre que septembre ait ramené l'automne,
Et que Cérès contente ait fait place à Pomone.

Épître VII, à M. Racine

3698 Que tu sais bien, Racine, à l'aide d'un acteur,
Émouvoir, étonner, ravir un spectateur!
Jamais Iphigénie, en Aulide immolée,
N'a coûté tant de pleurs à la Grèce assemblée,
Que dans l'heureux spectacle à nos yeux étalé
En a fait sous son nom verser la Champmêlé.

3699 Avant qu'un peu de terre, obtenu par prière,
Pour jamais sous la tombe eût enfermé Molière,
Mille de ces beaux traits, aujourd'hui si vantés,
Furent des sots esprits à nos yeux rebutés.

3700 Au Cid persécuté Cinna doit sa naissance.

Épître VIII, au roi

3701 Grand roi, cesse de vaincre, ou je cesse d'écrire.

Épître IX, à M. le marquis de Seignelay

3702 Tout éloge imposteur blesse une âme sincère.

3703 Un cœur noble est content de ce qu'il trouve en lui
Et ne s'applaudit point des qualités d'autrui.

3704 Rien n'est beau que le vrai: le vrai seul est aimable.

3705 Ma pensée au grand jour partout s'offre et s'expose;
Et mon vers, bien ou mal, dit toujours quelque chose.

3706 Chacun pris dans son air est agréable en soi:
Ce n'est que l'air d'autrui qui peut déplaire en moi.

3707 L'ignorance vaut mieux qu'un savoir affecté.
Rien n'est beau, je reviens, que par la vérité :
C'est par elle qu'on plaît, et qu'on peut longtemps plaire.
L'esprit lasse aisément, si le cœur n'est sincère.

3708 Le vice, toujours sombre, aime l'obscurité.

Épître X, préface

3709 Il est de l'essence d'un bon livre d'avoir des censeurs ; et la plus grande disgrâce qui puisse arriver à un écrit qu'on met au jour, ce n'est pas que beaucoup de gens en disent du mal, c'est que personne n'en dise rien.

Épître X, à mes vers

3710 Ami de la vertu plutôt que vertueux.

Épître XI, à mon jardinier

3711 On voit sous les lauriers, haleter les Orphées.

3712 Le pénible fardeau de n'avoir rien à faire.

L'Art poétique, chant I

3713 C'est en vain qu'au Parnasse un téméraire auteur
Pense de l'art des vers atteindre la hauteur :
S'il ne sent point du ciel l'influence secrète,
Si son astre en naissant ne l'a formé poète,
Dans son génie étroit il est toujours captif :
Pour lui Phébus est sourd, et Pégase est rétif.

3714 Mais souvent un esprit qui se flatte et qui s'aime
Méconnaît son génie, et s'ignore soi-même.

3715 Quelque sujet qu'on traite, ou plaisant, ou sublime,
Que toujours le bon sens s'accorde avec la rime...

3716 La rime est une esclave, et ne doit qu'obéir.

3717 Aimez donc la raison : que toujours vos écrits
Empruntent d'elle seule et leur lustre et leur prix.

3718 Fuyez de ces auteurs l'abondance stérile,
Et ne vous chargez point d'un détail inutile.

3719 Qui ne sait se borner ne sut jamais écrire.
Souvent la peur d'un mal nous conduit dans un pire.
Un vers était trop faible, et vous le rendez dur ;
J'évite d'être long, et je deviens obscur.

3720 Un style trop égal et toujours uniforme
En vain brille à nos yeux, il faut qu'il nous endorme.

3721 Heureux qui, dans ses vers, sait d'une voix légère
Passer du grave au doux, du plaisant au sévère!

3722 Imitons de Marot l'élégant badinage,
Et laissons le burlesque aux plaisants du pont Neuf.

3723 Prenez mieux votre ton. Soyez simple avec art,
Sublime sans orgueil, agréable sans fard.

3724 Que toujours dans vos vers le sens coupant les mots,
Suspende l'hémistiche, en marque le repos.

3725 Le vers le mieux rempli, la plus noble pensée
Ne peut plaire à l'esprit quand l'oreille est blessée.

3726 Villon sut le premier dans ces siècles grossiers,
Débrouiller l'art confus de nos vieux romanciers.

3727 Ronsard, qui le suivit par une autre méthode,
Réglant tout, brouilla tout, fit un art à sa mode,
Et toutefois longtemps eut un heureux destin.
Mais sa muse, en français parlant grec et latin,
Vit dans l'âge suivant, par un retour grotesque,
Tomber de ses grands mots le faste pédantesque.

3728 Enfin Malherbe vint, et, le premier en France,
Fit sentir dans les vers une juste cadence.

3729 Avant donc que d'écrire apprenez à penser.

3730 Ce que l'on conçoit bien s'énonce clairement,
Et les mots pour le dire arrivent aisément.

3731 Sans la langue, en un mot, l'auteur le plus divin
Est toujours, quoi qu'il fasse, un méchant écrivain.

3732 Hâtez-vous lentement ; et, sans perdre courage,
Vingt fois sur le métier remettez votre ouvrage:
Polissez-le sans cesse et le repolissez ;
Ajoutez quelquefois, et souvent effacez.

3733 Faites-vous des amis prompts à vous censurer.

3734 Aimez qu'on vous conseille et non pas qu'on vous loue.

(L'Art poétique, chant I)

3735 Ainsi qu'en sots auteurs,
Notre siècle est fertile en sots admirateurs.

3736 Un sot trouve toujours un plus sot qui l'admire.

chant II

3737 C'est peu d'être poète, il faut être amoureux.

3738 Chez elle [l'ode] un beau désordre est un effet de l'art.

3739 Un sonnet sans défauts vaut seul un long poème.

3740 Le latin, dans les mots, brave l'honnêteté :
Mais le lecteur français veut être respecté.

3741 Je veux dans la satire un esprit de candeur.

3742 Le Français, né malin, forma le vaudeville.

chant III

3743 Il n'est point de serpent ni de monstre odieux,
Qui, par l'art imité, ne puisse plaire aux yeux...

3744 Qu'en un lieu, qu'en un jour, un seul fait accompli
Tienne jusqu'à la fin le théâtre rempli.

3745 Le vrai peut quelquefois n'être pas vraisemblable.

3746 L'esprit n'est point ému de ce qu'il ne croit pas.

3747 Chez nos dévots aïeux le théâtre abhorré
Fut longtemps dans la France un plaisir ignoré.

3748 Pour me tirer des pleurs, il faut que vous pleuriez.

3749 C'est un droit[1] qu'à la porte on achète en entrant.

3750 La poésie est morte...

3751 On s'ennuie aux exploits d'un conquérant vulgaire.

3752 La montagne en travail enfante une souris.

3753 On dirait que pour plaire, instruit par la nature,
Homère ait à Vénus dérobé sa ceinture.

3754 Chaque âge a ses plaisirs, son esprit et ses mœurs.

3755 Dans ce sac ridicule où Scapin s'enveloppe,
Je ne reconnais plus l'auteur du Misanthrope.

3756 Le comique, ennemi des soupirs et des pleurs,
N'admet point en ses vers de tragiques douleurs...

1. Celui de manifester, en sifflant, sa désapprobation.

chant IV

3757 Dans Florence jadis vivait un médecin,
Savant hâbleur, dit-on, et célèbre assassin.

3758 Soyez plutôt maçon, si c'est votre talent.

3759 Mais dans l'art dangereux de rimer et d'écrire,
Il n'est point de degrés du médiocre au pire.

3760 Un fat quelquefois ouvre un avis important.

3761 Tel excelle à rimer qui juge sottement.

3762 Un lecteur sage fuit un vain amusement,
Et veut mettre à profit son divertissement.

3763 Le vers se sent toujours des bassesses du cœur.

3764 Travaillez, pour la gloire, et qu'un sordide gain
Ne soit jamais l'objet d'un illustre écrivain.

Le Lutrin
chant I

3765 Tant de fiel entre-t-il dans l'âme des dévots?

3766 Son menton sur son sein descend à double étage.

3767 Reprenez vos esprits, et souvenez-vous bien
Qu'un dîner réchauffé ne valut jamais rien.

3768 Pour soutenir tes droits, que le ciel autorise,
Abîme tout plutôt: c'est l'esprit de l'Église.

chant II

3769 Quatre bœufs attelés, d'un pas tranquille et lent,
Promenaient dans Paris le monarque indolent.
Ce doux siècle n'est plus. Le ciel impitoyable
A placé sur leur trône un prince infatigable.

chant IV

3770 Les cloches dans les airs, de leurs voix argentines,
Appelaient à grand bruit les chantres à matines.

Vers pour mettre sous le portrait de M. de la Bruyère
au-devant de son livre des Caractères du temps (1687)

3771 Tout esprit orgueilleux qui s'aime
Par mes leçons se voit guéri;
Et dans mon livre si chéri
Apprend à se haïr soi-même.

Épigrammes, VI, sur la première représentation de l'Agésilas de M. de Corneille, que j'avais vue (1666)

3772 J'ai vu l'Agésilas
Hélas !

Épigrammes, VII, sur la première représentation de l'Attila (1667)

3773 Après l'Agésilas,
Hélas !
Mais après l'Attila,
Holà !

Épigrammes, XV, Le débiteur reconnaissant (1681)

3774 Je l'assistai dans l'indigence :
Il ne me rendit jamais rien ;
Mais, quoiqu'il me dût tout son bien,
Sans peine il souffrait ma présence.
Oh ! la rare reconnaissance !

Épigrammes, XXXIV, pour mettre au bas d'une méchante gravure qu'on a faite de moi (1704)

3775 Du célèbre Boileau tu vois ici l'image.
Quoi ! c'est là, diras-tu, ce critique achevé !
D'où vient le noir chagrin qu'on lit sur son visage ?
C'est de se voir si mal gravé.

Catherine DESCARTES 1637-1706

Relation de la mort de M. Descartes

3776 Eh ! j'aurais donc vécu bien inutilement,
Si je n'avais appris à mourir un moment.

Madame DESHOULIÈRES 1637-1694

Poésies, Sonnet en bouts rimés, sur l'or

3777 Ce métal précieux, cette fatale pluie
Qui vainquit Danaé, peut vaincre l'Univers.
Par lui les grands secrets sont souvent découverts
Et l'on ne répand point de larmes qu'il n'essuie.

3778 Il faut pour en avoir ramper comme un lézard.
Pour les plus grands défauts c'est un excellent fard.

Rondeau

3779 A prix d'argent, l'Auteur comme le sot,
Boit sa chopine et mange son gigot.

Chanson

3780 Un peu de jalousie éveille
Un amour heureux qui s'endort

Ballade

3781 Jeunes maris deviennent tôt vieillards,
Quand leur convient jeûner chaque journée,
Soucis pressants chassent pensers gaillards.

Ballade, Réponse à M. le duc de Saint-Aignan

3782 Chaque mortel coiffé de sa chimère,
Croit à part soi que mieux on ne peut faire:
Opinion chez les hommes fait tout.

Ode à Climène

3783 Quand le cœur se tait, Climène,
Tout parle inutilement.

Réflexions diverses

I

3784 Que l'homme connaît peu la mort qu'il appréhende,
Quand il dit qu'elle le surprend!
Elle naît avec lui [...]
Il commence à mourir longtemps avant qu'il meure:
Il périt en détail imperceptiblement.
Le nom de mort qu'on donne à notre dernière heure
N'en est que l'accomplissement.

IV

3785 Quelque jeune qu'on soit, quand on a su bien vivre,
On a toujours assez vécu.

VI

3786 D'où vient que de la mort tu crains tant le pouvoir;
Lâche, regarde-la sans changer de visage,
Songe que si c'est un outrage,
C'est le dernier à recevoir.

XII

3787 Un rien peut nous détruire; et l'ouvrage d'un Dieu
Dure moins que celui des hommes.

XIV

3788 Les plaisirs sont amers d'abord qu'on en abuse.

XVII

3789 [...] Chercher à connaître
N'est souvent qu'apprendre à douter.

Edme BOURSAULT 1638-1701

À Climène qui me voulait mener à confesse

3790 Je suis presque certain, sans avoir l'âme vaine,
Loin d'avoir des péchés à faire pardonner,
Qu'à m'acquérir le ciel j'aurais fort peu de peine
Si vous ne vous plaisiez à me faire damner.

Contre un petit homme

3791 Quoique Ragot soit petit
Et du corps et de l'esprit,
Mon âme est un peu surprise.
Dieu, qui fait tout ce qu'il veut,
Nous donne le moins qu'il peut
De mauvaise marchandise.

Contre La Bruyère

3792 Quand, pour s'unir à vous, Alcipe se présente,
Pourquoi tant crier haro?
Dans le nombre de quarante
Ne faut-il pas un zéro?

Faux grands

3793 L'un monté sur un grand crédit,
Ou sur une haute naissance,
Paraît d'une grandeur immense,
Qui, sans un tel secours, paraîtrait bien petit.

Fables, Le rossignol et la fauvette

3794 Quand je volais de belle en belle,
Qui cherchais-je que vous, que je ne trouvais pas?

Un jeune homme

3795 La raison qu'on nous vante, et qu'on trouve si belle,
Loin d'être un bien solide, est le plus grand des maux:
Le pur instinct des animaux
Est bien plus raisonnable qu'elle.

3796 La joie est le vrai bien; tous les autres sont faux.

Ésope à la cour, acte I, scène 3

3797 Mais que sert un long règne, à moins qu'il ne soit beau?

3798 J'appelle volupté proprement ce qu'on nomme
Ne se reprocher rien et vivre en honnête homme [...]

3799 Et père de son peuple est un titre plus grand
Que ne le fut jamais celui de conquérant.

3800 Je ne puis distinguer, au rang où je me vois,
Ceux qui m'aiment pour eux ou qui m'aiment pour moi.

3801 [...] La clémence est la vertu des rois.

Portrait de la cour

3802 Et ceux qui de leur temps examinent l'emploi,
Trouvent qu'ils ont vécu sans qu'ils sachent pourquoi.

Ésope à un favori

3803 La Fortune en aveugle ouvre ou ferme la main;
Et puissant aujourd'hui, l'on ne l'est pas demain.

Louis XIV 1638-1715

Mémoires historiques et instructions pour le Dauphin, son fils
première partie, livre premier, année 1661

3804 [...] Ceux qui auront plus de talents et plus d'expérience que moi, n'auront pas régné et régné en France, et je ne crains pas de vous dire que plus la place est élevée, plus elle a d'objets qu'on ne peut ni voir ni connaître qu'en l'occupant.

3805 J'ai fait enfin quelque réflexion à la condition en cela dure et rigoureuse des rois, qui doivent, pour ainsi dire, un compte public de toutes leurs actions à tout l'univers et à tous les siècles, et ne peuvent néanmoins le rendre à qui que ce soit dans le temps même, sans découvrir le secret de leur conduite, et manquer à leurs plus grands intérêts.

3806 [...] Il est d'un petit esprit, et qui se trompe ordinairement, de vouloir ne s'être jamais trompé, et [...] ceux qui ont assez de mérite pour réussir le plus souvent, trouvent quelque magnanimité à reconnaître leurs fautes.

3807 [...] Il n'est pas au pouvoir des rois, parce qu'ils sont hommes et qu'ils ont affaire à des hommes, d'atteindre toute la perfection qu'ils se proposent, trop éloignée de notre faiblesse; mais [...] cette impossibilité est une mauvaise raison de ne pas faire ce que l'on veut [...]

3808 [...] En toutes les entreprises justes et légitimes, le temps, l'action même, le secours du ciel, ouvrent d'ordinaire mille voies, et découvrent mille facilités qu'on n'attendait pas.

Mémoires historiques et instructions pour le Dauphin
amour du travail

3809 Rien ne vous serait plus laborieux qu'une grande oisiveté, si vous aviez le malheur d'y tomber [...]

3810 La fonction des rois consiste principalement à laisser agir le bon sens, qui agit toujours naturellement sans peine. Ce qui nous occupe est quelquefois moins difficile que ce qui nous amuserait seulement.

choix des ministres

3811 Je résolus sur toutes choses de ne point prendre de premier ministre ; [...] rien n'étant plus indigne que de voir d'un côté toute la fonction et de l'autre le seul titre de Roi.

3812 Et pour cet art de connaître les hommes, qui vous sera si important, [...] je vous dirai, mon fils, qu'il se peut apprendre, mais qu'il ne se peut enseigner.

3813 Depuis les plus petites choses jusqu'aux plus grandes, vous ne vous connaîtrez jamais en pas une, si vous n'en faites votre plaisir et si vous ne l'aimez.

craindre les flatteurs

3814 On vous dira dans quelle défiance j'ai vécu là-dessus avec mes courtisans, et combien de fois éprouvant leur génie, je les ai engagés à me louer des choses mêmes que je croyais avoir mal faites, pour le leur reprocher aussitôt après, et les accoutumer à ne me point flatter.

3815 [...] Persuadé que la gloire enfin n'est pas une maîtresse qu'on puisse négliger, ni que l'on soit jamais digne de ses premières faveurs, si on n'en souhaite à tout moment de nouvelles.

Livre second, section première, prendre conseil

3816 En parlant de nos affaires, nous n'apprenons pas seulement beaucoup d'autrui, mais aussi de nous-mêmes. L'esprit achève ses propres pensées, en les mettant au-dehors.

décider soi-même

3817 Car la décision a besoin d'un esprit de maître ; et il est sans comparaison plus facile de faire ce qu'on est, que d'imiter ce qu'on n'est pas.

motifs de ces résolutions à l'égard de la magistrature

3818 Cette douceur qu'on se figure dans la vengeance, n est presque pas faite pour nous ; elle ne flatte que ceux dont le pouvoir est en doute.

3819 Il est beau à un prince de montrer qu'il est informé de tout, et que les services que l'on rend loin de lui ne sont pas perdus.

3820 Il y a toujours plus de mal pour le public à contrôler, qu'à supporter même le mauvais gouvernement des rois dont Dieu seul est le juge.

protestants

3821 Il n'est pas au pouvoir des peuples de distinguer une fausseté bien déguisée, quand elle se cache d'ailleurs parmi plusieurs vérités évidentes.

motifs d'attachement à la religion

3822 L'artifice se dément toujours, et ne produit pas longtemps les mêmes effets que la vérité.

se retenir de trop parler

3823 Il est très malaisé de parler beaucoup sans dire quelque chose de trop.

réflexion sur les favorites

3824 On attaque le cœur d'un prince comme une place.

Nicolas de MALEBRANCHE 1638-1715

De la recherche de la vérité
préface

3825 De toutes les sciences humaines, la science de l'homme est la plus digne de l'homme.

I, 1

3826 Il n'est pas au pouvoir de notre volonté de ne pas souhaiter d'être heureux.

I, 2

3827 On ne doit jamais donner de consentement entier qu'aux propositions qui paraissaient si évidemment vraies, qu'on ne puisse le leur refuser sans sentir une peine intérieure et des reproches secrets de la raison.

3828 On ne doit jamais aimer absolument un bien, si l'on peut sans remords ne le point aimer.

I, 5

3829 Nos sens ne sont pas si corrompus qu'on s'imagine, mais c'est le plus intérieur de notre âme, c'est notre liberté qui est corrompue.

I, 27

3830 Puisque Dieu est infiniment au-dessus de toutes choses, le plaisir de ceux qui le posséderont surpassera certainement tous les plaisirs.

(De la recherche de la vérité)
livre II, 2e partie, 3

3831 Ceux qui se sont appliqués avec plus d'ardeur à la lecture des livres et à la recherche de la vérité sont ceux-là mêmes qui nous ont jetés dans un plus grand nombre d'erreurs.

5

3832 Il est donc très inutile de savoir ce qu'Aristote a cru de l'immortalité de l'âme, quoiqu'il soit très utile de savoir que l'âme est immortelle.

3833 En matière de philosophie, on doit [...] aimer la nouveauté, par la même raison qu'il faut toujours aimer la vérité, qu'il faut la rechercher...

6

3834 Il y a bien des gens que la vanité fait parler grec, et même quelquefois d'une langue qu'ils n'entendent pas...

7

3835 Les préjugés occupent une partie de l'esprit et en infectent tout le reste.

3836 Lorsque l'erreur porte les livrées de la vérité, elle est souvent plus respectée que la vérité même...

3e partie, 2

3837 Les grands savent toujours toutes choses [...]. C'est ne savoir pas vivre que d'examiner ce qu'ils avancent ; c'est perdre le respect que d'en douter.

4

3838 Pauvre Caton, tu t'imagines que ta vertu t'élève au-dessus de toutes choses.

3839 Les hommes reconnaissent pour fous ceux qui s'imaginent être devenus coqs ou rois, parce que tous les hommes croient pouvoir devenir comme des dieux.

3840 Ce qu'il y a de bon dans le Coran ne fait pas que le Coran soit un bon livre.

livre III, 1re partie, 4

3841 [...] Le vide des créatures ne pouvant remplir la capacité infinie du cœur de l'homme, ces petits plaisirs, au lieu d'éteindre sa soif, ne font que l'irriter et donner à l'âme une sotte et vaine espérance de se satisfaire dans la multiplicité des plaisirs de la terre...

3842 La vue de l'esprit toute seule ne nous fait jamais résister, comme nous le devons, aux efforts de la concupiscence ; il faut, outre cette vue, un certain sentiment du cœur.

2e partie, 4

3843 Dieu agit toujours selon les voies les plus simples.

6

3844 Que nous voyons toutes choses en Dieu.

3845 La preuve de l'existence de Dieu la plus belle, la plus relevée, la plus solide et la première, ou celle qui suppose le moins de choses, c'est l'idée que nous avons de l'infini. Car il est constant que l'esprit aperçoit l'infini, quoiqu'il ne le comprenne pas...

3846 Rien ne peut agir immédiatement dans l'esprit, s'il ne lui est supérieur: rien ne le peut que Dieu seul.

3847 Dieu connaît les choses sensibles, mais il ne les sent pas.

3848 Nous serons semblables à Dieu, si nous sommes semblables à l'Homme-Dieu.

7

3849 Dieu est esprit, il pense, il veut ; mais ne l'humanisons pas : il ne pense et ne veut pas comme nous.

8

3850 La beauté de l'univers ne consiste pas dans l'incorruptibilité de ses parties, mais dans la variété qui s'y trouve ; et ce grand ouvrage du monde ne serait pas si admirable, sans cette vicissitude de choses que l'on y remarque.

livre IV, 8

3851 Il est contraire au sens commun d'apporter un grand passage grec pour prouver que l'air est transparent...

10

3852 Il faut dire les choses comme elles sont : le plaisir est toujours un bien, et la douleur toujours un mal ; mais il n'est pas toujours avantageux de jouir du plaisir, et il est quelquefois avantageux de souffrir la douleur.

11

3853 On ne voit la vérité que lorsqu'on voit les choses comme elles sont, et on ne les voit jamais comme elles sont, si on ne les voit dans celui [Dieu] qui les renferme d'une manière intelligible.

(De la recherche de la vérité)
livre V, 2

3854 Nous sommes unis en quelque manière à tout l'univers, et c'est le péché du premier homme qui nous a rendus dépendants de tous les êtres auxquels Dieu nous avait seulement unis.

3

3855 Comme Dieu a fait le chien particulièrement pour l'homme, afin que l'homme de son côté se liât avec son chien, il y a mis une disposition à faire certaines contorsions et mouvements de tête, du dos et de la queue, qui, bien qu'ils n'aient de soi nul rapport aux pensées de l'âme, fait naître naturellement dans l'homme celle que son chien l'aime et le flatte.

4

3856 [Dieu] ne parle pas, mais sa voix est distincte, il éclaire peu, mais sa lumière est pure.

Traité de morale
première partie, chap. 2

3857 L'amour de l'ordre n'est pas seulement la principale des vertus morales, c'est l'unique vertu, c'est la vertu mère [...]: vertu qui seule rend vertueuses les habitudes ou les dispositions des esprits.

chap. 5

3858 L'attention de l'esprit est une prière naturelle, par laquelle nous obtenons que la raison nous éclaire.

chap. 6, III

3859 Par l'usage qu'on fait de la *force* de son esprit, on découvre la vérité, et par l'usage qu'on fait de la *liberté* de son esprit, on s'exempte de l'erreur.

chap. 7, I

3860 [...] Le néant n'est point si terrible que cet état désolant de vivre sans ce qu'on aime.

chap. 11, I

3861 [...] C'est la grâce de Jésus-Christ qui doit nous délivrer de la concupiscence, ou de ce corps de mort qui nous attache aux créatures.

seconde partie, chap. 14

3862 On ne peut arrêter le mouvement de l'amour-propre, mais on peut le régler sur la loi divine.

Guillaume Amfrye, abbé de CHAULIEU 1639-1720

À M. le marquis de la Fare

3863 J'ai vu de près le Styx, j'ai vu les Euménides...

3864 Et j'ai cru que c'était, Ami, te faire tort,
Si ne t'ayant jamais rien caché de ma vie,
J'avais pu te cacher mes pensers sur la mort.

Épître à madame la duchesse de Bouillon

3865 La mort est simplement le terme de la vie.
De peines, ni de biens elle n'est point suivie [...]

Épître à M. le marquis de la Fare en décembre 1703

3866 L'Amour a ses Casuistes
D'avis fort différents dans sa Religion;
Il a ses Escobars, il a ses Jansénistes...

Réponse de M. de Chaulieu

3867 J'ai quelquefois sur ma musette
Chanté les Amours, et le vin;
Et si j'étais moins libertin,
Je serais plus mauvais Poète.

Sur la goutte

3868 Pour mon arrière saison,
Je ne vois et n'envisage,
Que le malheur d'être sage,
Que l'inutile avantage
De connaître la raison.

3869 A présent l'expérience
M'apprend que la jouissance
De nos biens les plus parfaits
Ne vaut pas l'impatience
Ni l'ardeur de nos souhaits.

3870 Bonne ou mauvaise santé
Fait notre philosophie.

Abbé Charles-Claude GENEST 1639-1719

Pénélope

3871 Les Dieux versent sur nous, par un mélange égal,
Le mal avec le bien, le bien avec le mal.

Épître à M. de la Bastide

3872 Et dans le cœur de l'homme un orgueil inconnu
L'attache à soutenir ce qu'il a soutenu.

Marie MANCINI 1639-1715

Apologie ou les Véritables Mémoires
de Mme la Connétable de Colonna, Maria Mancini
chap. 1

3873 Comme il n'y a point d'action plus exposée à la vue du public que celles des personnes de grande qualité, il n'y en a point aussi qui coure plus de danger de la censure et de la médisance : surtout en France, où ces sortes de libelles, que la malice produit contre la réputation de notre sexe, avec un cours et un applaudissement qu'ils ne méritent point, passent pour des galanteries de cour.

chap. 3

3874 C'est une chose fort ordinaire d'avoir presque toujours des avis intérieurs de joie ou de tristesse des biens et des maux qui sont près de nous arriver.

chap. 4

3875 L'éducation, après l'être, est le plus riche présent que les pères puissent faire à leurs enfants mais il est de très grande importance qu'elle soit accompagnée de quelque douceur ; parce que la trop grande sévérité ne sert bien souvent qu'à les dépouiller de cette affection naturelle, l'amour et la crainte ne s'accordant pas bien ensemble.

3876 La santé du corps dépendant presque toujours de la satisfaction de l'âme, je puis dire que la fortune faisait en cela tout ce que j'aurais pu souhaiter.

chap. 5

3877 Je connus [...] que le Roi ne me haïssait pas, ayant déjà assez de pénétration pour entendre cet éloquent langage, qui persuade bien plus sans rien dire que les plus belles paroles du monde.

3878 Les courtes peines, et qui sont suivies de bonheur, ne détruisent pas le goût des plaisirs, au contraire, elles l'aiguisent.

Jean RACINE 1639-1699

La Thébaïde
acte I, scène 5

3879 La victoire, Créon, n'est pas toujours si belle ;
La honte et les remords vont souvent après elle.

3880 On ne partage point la grandeur souveraine ;
Et ce n'est pas un bien qu'on quitte et qu'on reprenne.

3881 Plus l'offenseur m'est cher, plus je ressens l'injure.

acte II, scène 3

3882 De ses inimitiés rien n'arrête le cours:
Quand il hait une fois, il veut haïr toujours.

3883 Est-ce au peuple, madame, à se choisir un maître?
Sitôt qu'il hait un roi, doit-on cesser de l'être?

3884 Le peuple aime un esclave et craint d'avoir un maître,
Mais je croirais trahir la majesté des rois,
Si je faisais le peuple arbitre de mes droits.

acte III, scène 4

3885 O dieux! aimer un frère est-ce un plus grand effort
Que de haïr la vie et courir à la mort?

3886 Et toutefois, madame, il faut que je vous dise
Qu'un trône est plus pénible à quitter que la vie.

scène 6

3887 Et qui peut immoler sa haine à sa patrie
Lui pourrait bien aussi sacrifier sa vie.

3888 Ah! sans doute, qui peut d'un généreux effort
Aimer son ennemi peut bien aimer la mort.

3889 L'on hait avec excès lorsque l'on hait un frère.
[...]
Quelque haine qu'on ait contre un fier ennemi,
Quand il est loin de nous, on la perd à demi.

3890 ATTALE
Vous n'avez plus, seigneur, à craindre que vous-même:
On porte ses remords avec le diadème.

CRÉON
Quand on est sur le trône, on a bien d'autres soins;
Et les remords sont ceux qui nous pèsent le moins.
[...]
Tous les premiers forfaits coûtent quelques efforts...

acte IV, scène 1

3891 Je ne veux point, Créon, le haïr à moitié;
Et je crains son courroux moins que son amitié.
Je veux, pour donner cours à mon ardente haine,
Que sa fureur au moins autorise la mienne [...]

(La Thébaïde)
(acte IV) scène 3

3892 Voulez-vous sans pitié désoler cette terre,
Détruire cet empire afin de le gagner?
Est-ce donc sur des morts que vous voulez régner?

3893 Quoi! ma grandeur serait l'ouvrage d'une femme!
D'un éclat si honteux je rougirais dans l'âme.

3894 Quand je devrais au ciel rencontrer le tonnerre,
J'y monterais plutôt que de ramper à terre.

3895 Jamais dessus le trône on ne vit plus d'un maître;
Il n'en peut tenir deux, quelque grand qu'il puisse être!

acte V, scène 3

3896 Ainsi de leurs flatteurs les rois sont les victimes;
Vous avancez leur perte, en approuvant leurs crimes;
De la chute des rois vous êtes les auteurs;
Mais les rois, en tombant, entraînent leurs flatteurs.

scène 4

3897 Un bonheur si commun n'a pour moi rien de doux;
Ce n'est pas un bonheur, s'il ne fait des jaloux.
[...]
La terre a moins de rois que le ciel n'a de dieux.

Alexandre le Grand
acte I, scène 2

3898 TAXILE
Le peuple aime les rois qui savent l'épargner.

PORUS
Il estime encor plus ceux qui savent régner.

scène 3

3899 Pourvu que ce grand cœur périsse noblement,
Ce qui suivra sa mort le touche faiblement.

acte II, scène 2

3900 [...] Un peuple sans vigueur et presque inanimé,
Qui gémissait sous l'or dont il était armé...

acte III, scène 2

3901 Quoi donc! pour ta patrie,
Ton indigne courage attend que l'on te prie!

scène 6

3902 Amoureux de la gloire, et partout invincible,
Il mettait son bonheur à paraître insensible.

acte IV, scène 2

3903 Non, seigneur ; je vous hais d'autant plus qu'on vous aime,
D'autant plus qu'il me faut vous admirer moi-même...

acte V, scène 2

3904 Qu'une âme généreuse est facile à séduire !

Andromaque
acte I, scène 1

3905 Oui, puisque je retrouve un ami si fidèle,
Ma fortune va prendre une face nouvelle...

3906 Ami, n'accable point un malheureux qui t'aime...

3907 Je me livre en aveugle au destin qui m'entraîne.

scène 2

3908 Vous-même de vos soins craignez la récompense,
Et que dans votre sein ce serpent élevé
Ne vous punisse un jour de l'avoir conservé.

3909 Tout était juste alors : la vieillesse et l'enfance
En vain sur leur faiblesse appuyaient leur défense ;
La victoire et la nuit, plus cruelles que nous,
Nous excitaient au meurtre, et confondaient nos coups.

scène 3

3910 Ah ! qu'ils s'aiment, Phœnix ! J'y consens : qu'elle parte.

scène 4

3911 Je passais jusqu'aux lieux où l'on garde mon fils.
[...]
J'allais, seigneur, pleurer un moment avec lui :
Je ne l'ai point encore embrassé d'aujourd'hui !

3912 En combattant pour vous, me sera-t-il permis
De ne vous point compter parmi mes ennemis ?

3913 Captive, toujours triste, importune à moi-même,
Pouvez-vous souhaiter qu'Andromaque vous aime ?
[...]
Quels charmes ont pour vous des yeux infortunés
Qu'à des pleurs éternels vous avez condamnés ?

(Andromaque)
(acte I, scène 4)

3914 Vaincu, chargé de fers, de regrets consumé,
Brûlé de plus de feux que je n'en allumai...

3915 [...] Il faut désormais que mon cœur,
S'il n'aime avec transport, haïsse avec fureur.

acte II, scène 1

3916 Quelle honte pour moi, quel triomphe pour lui,
De voir mon infortune égaler son ennui!

3917 Ah! je l'ai trop aimé, pour ne le point haïr!

scène 2

3918 Mais, de grâce, est-ce à moi que ce discours s'adresse?

3919 HERMIONE
Je vous haïrais trop.

ORESTE
Vous m'en aimeriez plus.

3920 L'amour n'est pas un feu qu'on renferme en une âme;
Tout nous trahit, la voix, le silence, les yeux;
Et les feux mal couverts n'en éclatent que mieux.

acte III, scène 1

3921 C'est trop gémir tout seul. Je suis las qu'on me plaigne.

3922 Mon innocence enfin commence à me peser.
[...]
De quelque part sur moi que je tourne les yeux,
Je ne vois que malheurs qui condamnent les dieux.

scène 3

3923 La douleur qui se tait n'en est que plus funeste.

scène 7

3924 Je meurs si je vous perds; mais je meurs si j'attends.

scène 8

3925 Songe, songe, Céphise, à cette nuit cruelle
Qui fut pour tout un peuple une nuit éternelle;
[...]
Songe aux cris des vainqueurs, songe aux cris des mourants...

acte IV, scène 1

3926 Fais connaître à mon fils les héros de sa race:
[...]
Parle-lui tous les jours des vertus de son père;
Et quelquefois aussi parle-lui de sa mère.
[...]
Il est du sang d'Hector, mais il en est le reste...

scène 3

3927 Vengeons-nous, j'y consens, mais par d'autres chemins:
Soyons ses ennemis, et non ses assassins...

3928 Tant de raisonnements offensent ma colère.
[...]
Et, tout ingrat qu'il est, il me sera plus doux
De mourir avec lui que de vivre avec vous.

scène 4

3929 Que je me perde ou non, je songe à me venger.
[...] ma vengeance est perdue
S'il ignore en mourant que c'est moi qui le tue.

scène 5

3930 [...] Et jusques à ce jour
J'ai cru que mes serments me tiendraient lieu d'amour.

3931 Je crains votre silence, et non pas vos injures;
Et mon cœur, soulevant mille secrets témoins,
M'en dira d'autant plus que vous m'en direz moins.

3932 Seigneur, dans cet aveu dépouillé d'artifice,
J'aime à voir que du moins vous vous rendiez justice,
Et que, voulant bien rompre un nœud si solennel,
Vous vous abandonniez au crime en criminel.

3933 Il faut se croire aimé pour se croire infidèle.

3934 Je ne t'ai point aimé, cruel? Qu'ai-je donc fait?
[...]
Je t'aimais inconstant; qu'aurais-je fait fidèle?
[...]
Perfide, je le voi,
Tu comptes les moments que tu perds avec moi.

(Andromaque)
acte V, scène 1

3935 Où suis-je? Qu'ai-je fait? Que dois-je faire encore?
Quel transport me saisit? Quel chagrin me dévore?
[...]
Ah! ne puis-je savoir si j'aime ou si je hais?
[...]
Et, pour comble d'ennui,
Mon cœur, mon lâche cœur s'intéresse pour lui!

scène 2

3936 Le lâche craint la mort, et c'est tout ce qu'il craint.

scène 3

3937 Pourquoi l'assassiner? Qu'a-t-il fait? A quel titre?
Qui te l'a dit?

3938 Ah! fallait-il en croire une amante insensée?
Ne devais-tu pas lire au fond de ma pensée?
Et ne voyais-tu pas, dans mes emportements,
Que mon cœur démentait ma bouche à tous moments?
[...]
Que ne me laissais-tu le soin de ma vengeance?
[...]
Voilà de ton amour le détestable fruit:
Tu m'apportais, cruel, le malheur qui te suit.

scène 5

3939 Grâce aux dieux, mon malheur passe mon espérance!

3940 Eh bien! filles d'enfer, vos mains sont-elles prêtes?
Pour qui sont ces serpents qui sifflent sur vos têtes?

Les Plaideurs
acte I, scène 1

3941 Ma foi! sur l'avenir bien fou qui se fiera:
Tel qui rit vendredi, dimanche pleurera.

3942 On apprend à hurler, dit l'autre, avec les loups.

3943 Mais sans argent l'honneur n'est qu'une maladie.

3944 Qui veut voyager loin ménage sa monture.

scène 4

3945 Elle eût du buvetier emporté les serviettes,
Plutôt que de rentrer au logis les mains nettes.
Et voilà comme on fait les bonnes maisons.

scène 7

3946 Si vous parlez toujours, il faut que je me taise.

acte II, scène 4

3947 Je m'acquitte assez bien de mon petit emploi.

3948 Oui, vous êtes sergent, monsieur, et très sergent.
Touchez là: vos pareils sont gens que je révère;
Et j'ai toujours été nourri par feu mon père
Dans la crainte de Dieu, monsieur, et des sergents.

scène 14

3949 Voilà votre portier et votre secrétaire;
Vous en ferez, je crois, d'excellents avocats;
Ils sont fort ignorants.

3950 Çà, messieurs, point d'intrigue.
Fermons l'œil aux présents, et l'oreille à la brigue.

acte III, scène 3

3951 Ce que je sais le mieux, c'est mon commencement [...]

3952 Ils me font dire aussi des mots longs d'une toise,
De grands mots qui tiendraient d'ici jusqu'à Pontoise [...]

3953 Belle conclusion, et digne de l'exorde!

3954 Il dit fort posément ce dont on n'a que faire,
Et court le grand galop quand il est à son fait.

3955 L'INTIMÉ
Avant la naissance du monde...

DANDIN, *bâillant.*
Avocat, ah! passons au déluge.

scène 4

3956 ISABELLE
Hé monsieur! peut-on voir souffrir des malheureux!

DANDIN
Bon! Cela fait toujours passer une heure ou deux.

3957 On a la fille; soit: on n'aura pas la bourse.

Britannicus
première préface

3958 […] Je plains fort le malheur d'un homme qui travaille pour le public. Ceux qui voient le mieux nos défauts sont ceux qui les dissimulent le plus volontiers : ils nous pardonnent les endroits qui leur ont déplu, en faveur de ceux qui leur ont donné du plaisir. Il n'y a rien, au contraire, de plus injuste qu'un ignorant […] il nous traite de présomptueux qui ne veulent croire personne, et ne songe pas qu'il tire quelquefois plus de vanité d'une critique fort mauvaise, que nous n'en tirons d'une assez bonne pièce de théâtre.

acte I, scène 1

3959 Las de se faire aimer, il veut se faire craindre.

3960 Il commence, il est vrai, par où finit Auguste ;
Mais crains que, l'avenir détruisant le passé,
Il ne finisse ainsi qu'Auguste a commencé.

3961 Je le craindrais bientôt, s'il ne me craignait plus.

3962 Non, non, le temps n'est plus que Néron, jeune encore,
Me renvoyait les vœux d'une cour qui l'adore ;
[…]
Et que derrière un voile, invisible et présente,
J'étais de ce grand corps l'âme toute-puissante.

scène 2

3963 Je répondrai, madame, avec la liberté
D'un soldat qui sait mal farder la vérité.

3964 Ah ! quittez d'un censeur la triste diligence…

3965 La douleur est injuste : et toutes les raisons
Qui ne la flattent point aigrissent ses soupçons.

scène 3

3966 Une loi trop sévère
Va séparer deux cœurs qu'assemblait leur misère :
Sans doute on ne veut pas que, mêlant nos douleurs,
Nous nous aidions l'un l'autre à porter nos malheurs.

scène 4

3967 Que vois-je autour de moi, que des amis vendus ?

acte II, scène 2

3968 Belle, sans ornement, dans le simple appareil
D'une beauté qu'on vient d'arracher au sommeil.

3969 J'aimais jusqu'à ses pleurs que je faisais couler.

3970 Seigneur, l'amour toujours n'attend pas la raison.
N'en doutez point, il l'aime. Instruits par tant de charmes,
Ses yeux sont déjà faits à l'usage des larmes [...]

3971 Vivez, régnez pour vous : c'est trop régner pour elle.

acte II, scène 3

3972 Vous vous troublez, madame, et changez de visage.
Lisez-vous dans mes yeux quelque triste présage ?

3973 Je vous nommerais, madame, un autre nom,
Si j'en savais quelque autre au-dessus de Néron.

3974 J'ose dire pourtant que je n'ai mérité
Ni cet excès d'honneur, ni cette indignité.

3975 Mais toujours de mon cœur ma bouche est l'interprète.
Absente de la cour, je n'ai pas dû penser,
Seigneur, qu'en l'art de feindre, il fallût m'exercer.

scène 6

3976 Ces murs mêmes, seigneur, peuvent avoir des yeux...

scène 8

3977 Je me fais de sa peine une image charmante...

acte III, scène 6

3978 Non, je la crois, Narcisse, ingrate, criminelle,
Digne de mon courroux ; mais je sens, malgré moi,
Que je ne le crois pas autant que je le doi.

scène 8

3979 Ainsi par le destin nos vœux sont traversés...

acte IV, scène 1

3980 Selon qu'il vous menace, ou bien qu'il vous caresse,
La cour autour de vous ou s'écarte ou s'empresse.

scène 3

3981 J'embrasse mon rival, mais c'est pour l'étouffer.

3982 Soumis à tous leurs vœux, à mes désirs contraire,
Suis-je leur empereur seulement pour leur plaire ?

(Britannicus)
(Acte IV, scène 3)

3983 Vous allumez un feu qui ne pourra s'éteindre.
Craint de tout l'univers, il vous faudra tout craindre,
Toujours punir, toujours trembler dans vos projets,
Et pour vos ennemis compter tous vos sujets.

scène 4

3984 Il n'est point de secrets que le temps ne révèle...

3985 Au joug, depuis longtemps, ils se sont façonnés ;
Ils adorent la main qui les tient enchaînés.

acte V, scène 5

3986 Mais ceux qui de la cour ont un plus long usage
Sur les yeux de César composent leur visage.

scène 6

3987 Tes remords te suivront comme autant de furies ;
Tu croiras les calmer par d'autres barbaries ;
Ta fureur, s'irritant soi-même dans son cours,
D'un sang toujours nouveau marquera tous tes jours.

scène 7

3988 Ses yeux indifférents ont déjà la constance
D'un tyran dans le crime endurci dès l'enfance.

Bérénice
préface

3989 Ce n'est point une nécessité qu'il y ait du sang et des morts dans une tragédie ; il suffit que l'action en soit grande, que les acteurs en soient héroïques, que les passions y soient excitées, et que tout s'y ressente de cette tristesse majestueuse qui fait tout le plaisir de la tragédie.

3990 La principale règle est de plaire et de toucher : toutes les autres ne sont faites que pour parvenir à cette première.

acte I, scène 2

3991 Pourrai-je, sans trembler, lui dire : Je vous aime ?
Mais quoi ? déjà je tremble ; et mon cœur agité
Craint autant ce moment que je l'ai souhaité.

scène 4

3992 Enfin je me dérobe à la joie importune
De tant d'amis nouveaux que me fait la fortune [...]

3993 Dans l'Orient désert quel devint mon ennui!
Je demeurai longtemps errant dans Césarée,
Lieux charmants où mon cœur vous avait adorée.
Je vous redemandais à vos tristes États;
Je cherchais en pleurant les traces de vos pas.
[...]
Heureux dans mes malheurs d'en avoir pu sans crime
Conter toute l'histoire aux yeux qui les ont faits,
Je pars plus amoureux que je ne fus jamais.

3994 Je fuis des yeux distraits,
Qui, me voyant toujours, ne me voyaient jamais.

scène 5

3995 Parle: peut-on le voir sans penser, comme moi,
Qu'en quelque obscurité que le sort l'eût fait naître,
Le monde en le voyant eût reconnu son maître?

acte II, scène 2

3996 Je me suis fait un plaisir nécessaire
De la voir chaque jour, de l'aimer, de lui plaire.

3997 J'aimais, je soupirais, dans une paix profonde:
Un autre était chargé de l'empire du monde.
Maître de mon destin, libre dans mes soupirs,
Je ne rendais qu'à moi compte de mes désirs.

3998 Depuis cinq ans entiers chaque jour je la vois,
Et crois toujours la voir pour la première fois.

scène 4

3999 Depuis quand croyez-vous que ma grandeur me touche?
Un soupir, un regard, un mot de votre bouche,
Voilà l'ambition d'un cœur comme le mien.
Voyez-moi plus souvent, et ne me donnez rien.

4000 Eh quoi? vous me jurez une éternelle ardeur,
Et vous me la jurez avec cette froideur?

scène 5

4001 Si Titus est jaloux, Titus est amoureux.

acte III, scène 1

4002 Maître de l'univers, je règle sa fortune;
Je puis faire les rois, je puis les déposer:
Cependant de mon cœur je ne puis disposer.

(Bérénice)
(Acte III) scène 2

4003 Pour fruit de tant d'amour, j'aurai le triste emploi
De recueillir des pleurs qui ne sont pas pour moi.

scène 3

4004 Mais moi, toujours tremblant, moi, vous le savez bien,
A qui votre repos est plus cher que le mien,
Pour ne le point troubler, j'aime mieux vous déplaire,
Et crains votre douleur plus que votre colère.

4005 Nous séparer! Qui? Moi? Titus de Bérénice!

4006 Tout ce que, dans un cœur sensible et généreux,
L'amour au désespoir peut rassembler d'affreux...

acte IV, scène 1

4007 Moments trop rigoureux,
Que vous paraissez lents à mes rapides vœux!
Je m'agite, je cours, languissante, abattue;
La force m'abandonne, et le repos me tue.

scène 4

4008 Car enfin au combat qui pour toi se prépare
C'est peu d'être constant, il faut être barbare.

4009 Qu'ai-je fait pour l'honneur? J'ai tout fait pour l'amour.

scène 5

4010 Pour jamais! Ah! seigneur! songez-vous en vous-même
Combien ce mot cruel est affreux quand on aime?

4011 Dans un mois, dans un an, comment souffrirons-nous,
Seigneur, que tant de mers me séparent de vous?
Que le jour recommence, et que le jour finisse,
Sans que jamais Titus puisse voir Bérénice,
Sans que, de tout le jour, je puisse voir Titus!

4012 Vous êtes empereur, seigneur, et vous pleurez!

acte V, scène 4

4013 Tous mes moments ne sont qu'un éternel passage
De la crainte à l'espoir, de l'espoir à la rage.

scène 6

4014 [...] Un indigne empereur sans empire, sans cour,
Vil spectacle aux humains des faiblesses d'amour...

scène 7

4015 La grandeur des Romains, la pourpre des Césars,
N'ont point, vous le savez, attiré mes regards.
J'aimais, seigneur, j'aimais, je voulais être aimée.

Bajazet
acte I, scène 1

4016 Toi-même tu l'as vu courir dans les combats
Emportant après lui tous les cœurs des soldats,
Et goûter, tout sanglant, le plaisir et la gloire
Que donne aux jeunes cœurs la première victoire.

4017 [...] Il vit que son salut
Dépendait de lui plaire, et bientôt il lui plut.

4018 Voudrais-tu qu'à mon âge
Je fisse de l'amour un vil apprentissage?
Qu'un cœur qu'ont endurci la fatigue et les ans
Suivît d'un vain plaisir les conseils imprudents?

4019 Un vizir aux sultans fit toujours quelque ombrage...

scène 2

4020 Je sais combien, crédule en sa dévotion,
Le peuple suit le frein de la religion.

scène 4

4021 Mon unique espérance est dans mon désespoir.

4022 Mais qu'aisément l'amour croit tout ce qu'il souhaite!

acte II, scène 1

4023 Mes malheurs font encore toute ma renommée.

4024 Ne désespérez point une amante en furie.

scène 5

4025 [...] A ma douleur je chercherai des charmes.

acte III, scène 1

4026 J'aime assez mon amant pour renoncer à lui.

scène 3

4027 Ah, peut-être, après tout, que sans trop se forcer,
Tout ce qu'il a pu dire, il a pu le penser.

(Bajazet)
(acte III) scène 6

4028 Je vois qu'à l'excuser votre adresse est extrême:
Vous parlez mieux pour lui qu'il ne parle lui-même.

scène 7

4029 Les bienfaits dans un cœur balancent-ils l'amour?

acte IV, scène 4

4030 Mon malheur n'est-il pas écrit sur son visage?
Vois-je pas, au travers de son saisissement,
Un cœur dans ses douleurs content de son amant?

scène 5

4031 Ah! je respire enfin; et ma joie est extrême
Que le traître, une fois, se soit trahi lui-même.

4032 Des cœurs comme le sien, vous le savez assez,
Ne se regagnent plus quand ils sont offensés.

4033 Prends soin d'elle: ma haine a besoin de sa vie.

scène 6

4034 Je perdrais ma vengeance en la rendant si prompte.

scène 7

4035 Mais moi qui vois plus loin; qui, par un long usage,
Des maximes du trône ai fait l'apprentissage;
[...]
Je sais, sans me flatter, que de sa seule audace
Un homme tel que moi doit attendre sa grâce.

4036 Nourri dans le sérail, j'en connais les détours...

acte V, scène 4

4037 Je ne vous ferai point des reproches frivoles:
Les moments sont trop chers pour les perdre en paroles.

Mithridate
acte I, scène 2

4038 Sans parents, sans amis, désolée et craintive,
Reine longtemps de nom, mais en effet captive,
Et veuve maintenant sans avoir eu d'époux,
Seigneur, de mes malheurs ce sont là les plus doux.

scène 5

4039 Plus il est malheureux, plus il est redoutable;
[...]
Amant avec transport, mais jaloux sans retour,
Sa haine va toujours plus loin que son amour.

acte II, scène 3

4040 Le désordre partout redoublant les alarmes ;
Nous-mêmes contre nous tournant nos propres armes,
Les cris que les rochers renvoyaient plus affreux,
Enfin toute l'horreur d'un combat ténébreux :
Que pouvait la valeur dans ce trouble funeste !

4041 Ainsi, prête à subir un joug qui vous opprime,
Vous n'allez à l'autel que comme une victime.

scène 6

4042 Oui, prince : il n'est plus temps de le dissimuler :
Ma douleur pour se taire a trop de violence.
Un rigoureux devoir me condamne au silence ;
Mais il faut bien enfin, malgré ses dures lois,
Parler pour la première et la dernière fois.
Vous m'aimez dès longtemps : une égale tendresse
Pour vous, depuis longtemps, m'afflige et m'intéresse.
[...]
Je ne reconnais plus la foi de vos discours,
Qu'au soin que vous prendrez de m'éviter toujours.

4043 Cherchez, prince, cherchez, pour vous trahir vous-même,
Tout ce que, pour jouir de leurs contentements,
L'amour fait inventer aux vulgaires amants.

4044 Et méritez les pleurs que vous m'allez coûter.

acte III, scène 1

4045 La guerre a ses faveurs, ainsi que ses disgrâces :
[...]
Annibal l'a prédit, croyons-en ce grand homme :
Jamais on ne vaincra les Romains que dans Rome.

4046 Vous seul, seigneur, vous seul, après quarante années
Pouvez encor lutter contre les destinées.
Implacable ennemi de Rome et du repos,
Comptez-vous vos soldats pour autant de héros ?

4047 Continuez, seigneur : tout vaincu que vous êtes,
La guerre, les périls sont vos seules retraites.

scène 4

4048 L'amour avidement croit tout ce qui le flatte.

scène 5

4049 Nous nous aimions... Seigneur, vous changez de visage !

(Mithridate)

4050 Allez : le temps est cher, il le faut employer.

acte IV, scène 1

4051 Vaine erreur des amants, qui, pleins de leurs désirs,
Voudraient que tout cédât au soin de leurs plaisirs !

scène 4

4052 Et même de mon sort je ne pouvais me plaindre,
Puisque enfin, aux dépens de mes vœux les plus doux,
Je faisais le bonheur d'un héros tel que vous.

scène 5

4053 Ah ! qu'il eût mieux valu, plus sage et plus heureux,
Et repoussant les traits d'un amour dangereux,
Ne pas laisser remplir d'ardeurs empoisonnées
Un cœur déjà glacé par le froid des années !

acte V, scène 1

4054 La mort au désespoir ouvre plus d'une voie.

scène 2

4055 A la fin je respire ; et le ciel me délivre
Des secours importuns qui me forçaient de vivre.

scène 5

4056 J'expire environné d'ennemis que j'immole ;
Dans leur sang odieux, j'ai pu tremper les mains...

4057 C'en est fait, madame, et j'ai vécu.

Iphigénie
acte I, scène 1

4058 Mais tout dort, et l'armée, et les vents, et Neptune.

4059 Heureux qui, satisfait de son humble fortune,
Libre du joug superbe où je suis attaché,
Vit dans l'état obscur où les dieux l'ont caché !

4060 Mais, parmi tant d'honneurs, vous êtes homme enfin ;
Tandis que vous vivrez, le sort, qui toujours change,
Ne vous a point promis un bonheur sans mélange.

4061 Roi sans gloire, j'irais vieillir dans ma famille.

4062 Va, dis-je, sauve-la de ma propre faiblesse.
[...]
D'une mère en fureur épargne-moi les cris.

scène 2

4063 L'honneur parle, il suffit : ce sont là nos oracles.
Les dieux sont de nos jours les maîtres souverains ;
Mais, seigneur, notre gloire est dans nos propres mains,
Pourquoi nous tourmenter de leurs ordres suprêmes ?
Ne songeons qu'à nous rendre immortels comme eux-mêmes.

scène 3

4064 De ce soupir que faut-il que j'augure ?
Du sang qui se révolte est-ce quelque murmure ?
Croirai-je qu'une nuit a pu vous ébranler ?
Est-ce donc votre cœur qui vient de nous parler ?

4065 Ah ! seigneur ! qu'éloigné du malheur qui m'opprime
Votre cœur aisément se montre magnanime !

scène 5

4066 Triste destin des rois ! Esclaves que nous sommes
Et des rigueurs du sort et des discours des hommes,
Nous nous voyons sans cesse assiégés de témoins ;
Et les plus malheureux osent pleurer le moins !

acte II, scène 1

4067 Et moi, toujours en butte à de nouveaux dangers,
Remise dès l'enfance en des bras étrangers,
Je reçus et je vois le jour que je respire,
Sans que père ni mère ait daigné me sourire [...].

4068 Je me flattais sans cesse
Qu'un silence éternel cacherait ma faiblesse ;
Mais mon cœur trop pressé m'arrache ce discours,
Il te parle une fois pour se taire toujours.

4069 Je le vis : son aspect n'avait rien de farouche ;
Je sentis le reproche expirer dans ma bouche ;
Je sentis contre moi mon cœur se déclarer ;
J'oubliai ma colère, et ne sus que pleurer [...]

scène 2

4070 N'osez-vous sans rougir être père un moment ?

scène 3

4071 D'une secrète horreur je me sens frissonner :
Je crains, malgré moi-même, un malheur que j'ignore.

(Iphigénie)
acte III, scène 5

4072 Ce triste abaissement convient à ma fortune:
Heureuse si mes pleurs vous peuvent attendrir!
Une mère à vos pieds peut tomber sans rougir.
[...]
Elle n'a que vous seul: vous êtes en ces lieux
Son père, son époux, son asile, ses dieux.

scène 6

4073 Cet ennemi barbare, injuste, sanguinaire,
Songez, quoi qu'il ait fait, songez qu'il est mon père.

4074 Hélas! il me semblait qu'une flamme si belle
M'élevait au-dessus du sort d'une mortelle.

acte IV, scène 1

4075 Par combien de malheurs
Ne lui voudrais-je point disputer de tels pleurs!

scène 4

4076 Quand vous commanderez, vous serez obéi.
Ma vie est votre bien, vous voulez le reprendre [...]

4077 Faites rougir ces dieux qui vous ont condamnée...

4078 Le ciel, le juste ciel, par le meurtre honoré,
Du sang de l'innocence est-il donc altéré?

4079 Cette soif de régner, que rien ne peut éteindre,
L'orgueil de voir vingt rois vous servir et vous craindre,
Tous les droits de l'empire en vos mains confiés,
Cruel! c'est à ces dieux que vous sacrifiez...

4080 Et moi, qui l'amenai triomphante, adorée,
Je m'en retournerai seule et désespérée!
Je verrai les chemins encor tout parfumés
Des fleurs dont sous ses pas on les avait semés!

scène 6

4081 Un bienfait reproché tint toujours lieu d'offense...

scène 7

4082 Ma pitié semblerait un effet de ma peur.

acte V, scène 2

4083 Vous allez à l'autel; et moi, j'y cours, madame.
Si de sang et de morts le ciel est affamé,
Jamais de plus de sang ses autels n'ont fumé.

scène 3

4084 Sous quel astre cruel avez-vous mis au jour
Le malheureux objet d'une si tendre amour!

scène 6

4085 Entre les deux partis Calchas s'est avancé,
L'œil farouche, l'air sombre et le poil hérissé,
Terrible, et plein du dieu qui l'agitait sans doute [...]

Phèdre

préface

4086 [Dans cette pièce] la seule pensée du crime [...] est regardée avec autant d'horreur que le crime même; les faiblesses de l'amour y passent pour de vraies faiblesses; les passions n'y sont présentées aux yeux que pour montrer tout le désordre dont elles sont cause; et le vice y est peint partout avec des couleurs qui en font connaître et haïr la difformité. C'est là proprement le but que tout homme qui travaille pour le public doit se proposer...

acte I, scène 1

4087 Cet heureux temps n'est plus. Tout a changé de face
Depuis que sur ces bords les dieux ont envoyé
La fille de Minos et de Pasiphaé.

4088 Si je la haïssais, je ne la fuirais pas.

4089 [...]
Heureux si j'avais pu ravir à la mémoire
Cette indigne moitié d'une si belle histoire!

4090 Il n'en faut point douter: vous aimez, vous brûlez.
Vous périssez d'un mal que vous dissimulez.

scène 3

4091 Je ne me soutiens plus; ma force m'abandonne.
Mes yeux sont éblouis du jour que je revoi,
Et mes genoux tremblants se dérobent sous moi.

4092 Tout m'afflige et me nuit, et conspire à me nuire.

4093 Soleil, je te viens voir pour la dernière fois!

4094 Dieux! que ne suis-je assise à l'ombre des forêts!
Quand pourrai-je, au travers d'une noble poussière,
Suivre de l'œil un char fuyant dans la carrière?

4095 Grâces au ciel, mes mains ne sont point criminelles.
Plût aux dieux que mon cœur fût innocent comme elles!

4096 Quand tu sauras mon crime et le sort qui m'accable,
Je n'en mourrai pas moins; j'en mourrai plus coupable.

4097 Ariane, ma sœur, de quel amour blessée
Vous mourûtes aux bords où vous fûtes laissée!

4098 ŒNONE
Hippolyte? Grands dieux!
PHÈDRE
C'est toi qui l'as nommé!

4099 Je le vis, je rougis, je pâlis à sa vue;
Un trouble s'éleva dans mon âme éperdue;
Mes yeux ne voyaient plus, je ne pouvais parler;
Je sentis tout mon corps et transir et brûler [...]

4100 J'offrais tout à ce dieu que je n'osais nommer.

4101 Ce n'est plus une ardeur dans mes veines cachée:
C'est Vénus tout entière à sa proie attachée.

acte II, scène 1

4102 Le nom d'amant peut-être offense son courage;
Mais il en a les yeux, s'il n'en a le langage.

4103 J'aime, je l'avouerai, cet orgueil généreux
Qui jamais n'a fléchi sous le joug amoureux.

scène 2

4104 Quelles sauvages mœurs, quelle haine endurcie
Pourrait, en vous voyant, n'être point adoucie?

4105 Contre vous, contre moi, vainement je m'éprouve:
Présente, je vous fuis; absente, je vous trouve;
Dans le fond des forêts votre image me suit...

4106 La lumière du jour, les ombres de la nuit,
Tout retrace à mes yeux les charmes que j'évite...

4107 Maintenant je me cherche, et ne me trouve plus;
Mon arc, mes javelots, mon char, tout m'importune...

scène 5

4108 Le voici: vers mon cœur tout mon sang se retire.
J'oublie, en le voyant, ce que je viens lui dire.

4109 On ne voit point deux fois le rivage des morts...
[...]
Et l'avare Achéron ne lâche point sa proie.

4110 Oui, prince, je languis, je brûle pour Thésée:
Je l'aime, non point tel que l'ont vu les enfers,
Volage adorateur de mille objets divers,
[...]
Mais fidèle, mais fier, et même un peu farouche,
Charmant, jeune, traînant tous les cœurs après soi,
Tel qu'on dépeint nos dieux, ou tel que je vous voi.
Il avait votre port, vos yeux, votre langage;
Cette noble pudeur colorait son visage [...]

4111 Objet infortuné des vengeances célestes,
Je m'abhorre encor plus que tu ne me détestes.

4112 J'ai langui, j'ai séché dans les feux, dans les larmes:
Il suffit de tes yeux pour t'en persuader,
Si tes yeux un moment pouvaient me regarder.

acte III, scène 1

4113 Nourri dans les forêts, il en a la rudesse.

4114 Enfin, tous tes conseils ne sont plus de saison!
Sers ma fureur, Œnone, et non point ma raison.

scène 3

4115 Je mourais ce matin digne d'être pleurée;
J'ai suivi tes conseils, je meurs déshonorée.

4116 [...] Je sais mes perfidies,
Œnone, et ne suis point de ces femmes hardies
Qui, goûtant dans le crime une tranquille paix,
Ont su se faire un front qui ne rougit jamais.

4117 Est-ce un malheur si grand que de cesser de vivre?
La mort aux malheureux ne cause point d'effroi:
Je ne crains que le nom que je laisse après moi.

4118 Un père, en punissant, madame, est toujours père...

scène 5

4119 Assez dans les forêts mon oisive jeunesse
Sur de vils ennemis a montré son adresse:
Ne pourrai-je, en fuyant un indigne repos,
D'un sang plus glorieux teindre mes javelots?

4120 Que vois-je? Quelle horreur dans ces lieux répandue
Fait fuir devant mes yeux ma famille éperdue?
[...]
Je n'ai pour tout accueil que des frémissements;
Tout fuit, tout se refuse à mes embrassements.

acte IV, scène 1

4121 Je ne sais où je vais, je ne sais où je suis.

4122 Ses froids embrassements ont glacé ma tendresse.

scène 2

4123 Tant de coups imprévus m'accablent à la fois,
Qu'ils m'ôtent la parole et m'étouffent la voix.

4124 Quelques crimes toujours précèdent les grands crimes;
Quiconque a pu franchir les bornes légitimes
Peut violer enfin les droits les plus sacrés:
Ainsi que la vertu, le crime a ses degrés;
Et jamais on n'a vu la timide innocence
Passer subitement à l'extrême licence.

4125 J'ai poussé la vertu jusques à la rudesse:
On sait de mes chagrins l'inflexible rigueur.
Le jour n'est pas plus pur que le fond de mon cœur.

4126 Toujours les scélérats ont recours au parjure.

4127 Chargé du crime affreux dont vous me soupçonnez,
Quels amis me plaindront, quand vous m'abandonnez?

scène 3

4128 Justes dieux, qui voyez la douleur qui m'accable,
Ai-je pu mettre au jour un enfant si coupable!

scène 6

4129 Ils suivaient sans remords leur penchant amoureux;
Tous les jours se levaient clairs et sereins pour eux!
Et moi, triste rebut de la nature entière,
Je me cachais au jour, je fuyais la lumière...

4130 ŒNONE
Ils ne se verront plus.
PHÈDRE
Ils s'aimeront toujours!

4131 Vous aimez. On ne peut vaincre sa destinée...

4132 La faiblesse aux humains n'est que trop naturelle :
Mortelle, subissez le sort d'une mortelle.

4133 Et puisse ton supplice à jamais effrayer
Tous ceux qui, comme toi, par de lâches adresses,
Des princes malheureux nourrissent les faiblesses,
Les poussent au penchant où leur cœur est enclin,
Et leur osent du crime aplanir le chemin !
Détestables flatteurs, présent le plus funeste
Que puisse faire aux rois la colère céleste !

acte V, scène 1

4134 Arrachez-vous d'un lieu funeste et profané
Où la vertu respire un air empoisonné.

4135 L'hymen n'est point toujours entouré de flambeaux.

scène 3

4136 Discernez-vous si mal le crime et l'innocence ?
Faut-il qu'à vos yeux seuls un nuage odieux
Dérobe sa vertu qui brille à tous les yeux !

scène 4

4137 Quelle plaintive voix crie au fond de mon cœur ?
Une pitié secrète et m'afflige et m'étonne.

scène 6

4138 Ses superbes coursiers, qu'on voyait autrefois
Pleins d'une ardeur si noble obéir à sa voix,
L'œil morne maintenant, et la tête baissée,
Semblaient se conformer à sa triste pensée.

4139 Le flot qui l'apporta recule épouvanté.

scène 7

4140 Confus, persécuté d'un mortel souvenir,
De l'univers entier, je voudrais me bannir.
Tout semble s'élever contre mon injustice ;
L'éclat de mon nom même augmente mon supplice :
Moins connu des mortels, je me cacherais mieux.
Je hais jusques aux soins dont m'honorent les dieux [...]

4141 Et la mort, à mes yeux dérobant la clarté,
Rend au jour qu'ils souillaient toute sa pureté.

Esther
acte I, scène 1

4142 Et c'est là que, fuyant l'orgueil du diadème,
Lasse de vains honneurs, et me cherchant moi-même,
Aux pieds de l'Éternel je viens m'humilier,
Et goûter le plaisir de me faire oublier.

(Esther)

(acte I) scène 2

4143 O rives du Jourdain! ô champs aimés des cieux!
Sacrés monts, fertiles vallées.

scène 3

4144 Quoi! lorsque vous voyez périr votre patrie,
Pour quelque chose, Esther, vous comptez votre vie!

4145 Au seul son de sa voix la mer fuit, le ciel tremble;
Il voit comme un néant tout l'univers ensemble;
Et les faibles mortels, vains jouets du trépas,
Sont tous devant ses yeux comme s'ils n'étaient pas.

scène 5

4146 Tout Israël périt. Pleurez, mes tristes yeux...

4147 Ma vie à peine a commencé d'éclore:
Je tomberai comme une fleur
Qui n'a vu qu'une aurore.

acte II, scène 1

4148 Mais quel trouble vous-même aujourd'hui vous agite?
Votre âme en m'écoutant paraît tout interdite.

4149 Haï, craint, envié, souvent plus misérable
Que tous les malheureux que mon pouvoir accable!

4150 Sur quel roseau fragile a-t-il mis son appui?

4151 Un je ne sais quel trouble empoisonne ma joie.

scène 3

4152 De soins tumultueux un prince environné
Vers de nouveaux objets est sans cesse entraîné;
L'avenir l'inquiète, et le présent le frappe;
Mais, plus prompt que l'éclair, le passé nous échappe.

scène 7

4153 Je ne trouve qu'en vous je ne sais quelle grâce
Qui me charme toujours et jamais ne me lasse.

4154 Du chagrin le plus noir elle écarte les ombres,
Et fait des jours sereins de mes jours les plus sombres...

acte III, scène 1

4155 Quiconque ne sait pas dévorer un affront,
Ni de fausses couleurs se déguiser le front,
Loin de l'aspect des rois qu'il s'écarte, qu'il fuie!
Il est des contre-temps qu'il faut qu'un sage essuie [...]

4156 Les malheurs sont souvent enchaînés l'un à l'autre...

scène 4

4157 Oui, vos moindres discours ont des grâces secrètes;
Une noble pudeur à tout ce que vous faites
Donne un prix que n'ont point ni la pourpre ni l'or.

scène 9

4158 Je n'ai fait que passer, il n'était déjà plus.

Athalie
acte I, scène 1

4159 Oui, je viens dans son temple adorer l'Éternel...

4160 Pensez-vous être saint et juste impunément?

4161 La foi qui n'agit point, est-ce une foi sincère?

4162 Et quel temps fut jamais si fertile en miracles?

4163 Le ciel même peut-il réparer les ruines
De cet arbre séché jusque dans ses racines!

scène 2

4164 Même, de mon amour craignant la violence,
Autant que je le puis j'évite sa présence...

4165 Je le pris tout sanglant. En baignant son visage
Mes pleurs du sentiment lui rendirent l'usage;
Et, soit frayeur encore, ou pour me caresser,
De ses bras innocents je me sentis presser.

4166 [...] Cet esprit d'imprudence et d'erreur,
De la chute des rois funeste avant-coureur!

scène 4

4167 Tout l'univers est plein de sa magnificence.
Qu'on adore ce Dieu, qu'on l'invoque à jamais!
Son empire a des temps précédé la naissance...

4168 L'esclave craint le tyran qui l'outrage;
Mais des enfants l'amour est le partage.

(Athalie)
acte II, scène 5

4169 Un songe (me devrais-je inquiéter d'un songe?)
Entretient dans mon cœur un chagrin qui le ronge:
Je l'évite partout, partout il me poursuit.
C'était pendant l'horreur d'une profonde nuit;
Ma mère Jézabel devant moi s'est montrée,
Comme au jour de sa mort pompeusement parée.
Ses malheurs n'avaient point abattu sa fierté;
Même elle avait encor cet éclat emprunté
Dont elle eut soin de peindre et d'orner son visage,
Pour réparer des ans l'irréparable outrage [...]

4170 Mais je n'ai plus trouvé qu'un horrible mélange
D'os et de chairs meurtris, et traînés dans la fange,
Des lambeaux pleins de sang, et des membres affreux
Que des chiens dévorants se disputaient entre eux.

4171 Que ne peut la frayeur sur l'esprit des mortels!

4172 Le ciel est juste et sage, et ne fait rien en vain.

4173 Est-ce aux rois à garder cette lente justice?
Leur sûreté souvent dépend d'un prompt supplice.
N'allons point les gêner d'un soin embarrassant:
Dès qu'on leur est suspect, on n'est plus innocent.

scène 7

4174 Cet âge est innocent: son ingénuité
N'altère point encor la simple vérité.

4175 Aux petits des oiseaux il donne leur pâture,
Et sa bonté s'étend sur toute la nature.

4176 Le bonheur des méchants comme un torrent s'écoule.

4177 Mais nous nous reverrons. Adieu! Je sors contente:
J'ai voulu voir, j'ai vu.

acte III, scène 3

4178 Elle flotte, elle hésite; en un mot, elle est femme.
[...]
Ces mots ont fait monter la rougeur sur son front.
Jamais mensonge heureux n'eût un effet si prompt.
« Est-ce à moi de languir dans cette incertitude? [...] »

4179 J'approchai par degrés de l'oreille des rois,
Et bientôt en oracle, on érigea ma voix.
J'étudiai leur cœur, je flattai leurs caprices;
Je leur semai de fleurs les bords des précipices;
Près de leurs passions rien ne me fut sacré [...]

scène 7

4180 Mais d'où vient que mon cœur frémit d'un saint effroi?
Est-ce l'esprit divin qui s'empare de moi?
C'est lui-même! il m'échauffe, il parle: mes yeux s'ouvrent.
Et les siècles obscurs devant moi se découvrent.

4181 Comment en un plomb vil l'or pur s'est-il changé?

acte IV, scène 3

4182 De cette fleur si tendre et sitôt moissonnée...

4183 Bientôt ils vous diront que les plus saintes lois,
Maîtresses du vil peuple, obéissent aux rois;
Qu'un roi n'a d'autre frein que sa volonté même;
Qu'il doit immoler tout à sa grandeur suprême;
Qu'aux larmes, au travail le peuple est condamné
Et d'un sceptre de fer veut être gouverné;
Que, s'il n'est opprimé, tôt ou tard il opprime:
Ainsi de piège en piège, et d'abîme en abîme,
Corrompant de vos mœurs l'aimable pureté,
Ils vous feront enfin haïr la vérité [...]

acte V, scène 8

4184 [...] N'oubliez jamais
Que les rois dans le ciel ont un juge sévère,
L'innocence un vengeur, et l'orphelin un père.

Cantiques, Cantique Ier, À la louange de la charité

4185 Que sert à mon esprit de percer les abîmes
Des mystères les plus sublimes,
Et de lire dans l'avenir?
Sans amour, ma science est vaine,
Comme le songe dont à peine
Il reste un léger souvenir.

Lettre à l'auteur des Hérésies imaginaires
et des Deux Visionnaires (1666)

4186 Qu'est-ce que les romans et les comédies peuvent avoir de commun avec le jansénisme? Pourquoi voulez-vous que ces ouvrages d'esprit soient une occupation peu honorable devant les hommes et horrible devant Dieu? [...] Hé! monsieur, contentez-vous de donner les rangs dans l'autre monde, ne réglez point les récompenses de celui-ci. Vous l'avez quitté il y a longtemps.

Seconde lettre à l'auteur des Hérésies imaginaires

4187 Il pourrait se faire qu'en voulant me dire des injures vous en disiez au meilleur de vos amis.

Lettre aux deux apologistes de l'auteur
des Hérésies imaginaires

4188 De me demander, comme vous faites, si je crois la comédie une chose sainte… je dirai que non ; mais je vous dirai en même temps qu'il y a des choses qui ne sont pas saintes, et qui pourtant sont innocentes […] Dieu lui-même a raillé. Et vous semble-t-il que les lettres Provinciales soient autre chose que des comédies ?

Discours prononcé à l'Académie française, le 2 janvier 1685
pour la réception de Thomas Corneille

4189 Pierre Corneille fit voir sur la scène la raison, mais la raison accompagnée de toute la pompe, de tous les ornements dont notre langue est capable […]

4190 La postérité, qui se plaît, qui s'instruit dans les ouvrages qu'ils lui ont laissés, ne fait point de difficulté de les égaler à tout ce qu'il y a de plus considérable parmi les hommes, et fait marcher de pair l'excellent poète et le grand capitaine. Le même siècle qui se glorifie aujourd'hui d'avoir produit Auguste ne se glorifie guère moins d'avoir produit Horace et Virgile.

Lettre à son fils

4191 Croyez-moi, quand vous saurez parler de comédies et de romans, vous n'en serez guère plus avancé pour le monde, et ce ne sera point par cet endroit-là que vous serez le plus estimé.

Lettre à Jean-Baptiste Racine, 3 juin 1693

4192 Je ne saurai trop vous recommander de ne point vous laisser aller à la tentation de faire des vers français qui ne serviraient qu'à vous dissiper l'esprit.

Hortense MANCINI 1640-1699

Mémoires

4193 Les choses, que la passion fait faire, paraissent ridicules à ceux qui n'en ont jamais senti.

4194 Se plaignant de ce que nous n'entendions pas la messe tous les jours, [le cardinal Mazarin] nous reprocha que nous n'avions ni piété ni honneur. « Au moins, disait-il, si vous ne l'entendez pas pour Dieu, entendez-la pour le monde. »

4195 Un jour entre autres, que nous n'avions pas de meilleur passe-temps, nous jetâmes plus de trois cents louis par les fenêtres du palais Mazarin, pour avoir le plaisir de faire battre un peuple de valets qui était dans la cour.

4196 A la première nouvelle que nous en eûmes [la mort de Mazarin], mon frère et ma sœur, pour tout regret, se dirent l'un à l'autre, « Dieu merci, il est crevé ». A dire vrai, je n'en fus guère plus affligée ; et c'est une chose remarquable, qu'un homme de ce mérite, après avoir travaillé toute sa vie pour élever et enrichir sa famille, n'en ait reçu que des marques d'aversion, même après sa mort. [...] Jamais personne n'eut les manières si douces en public, et si rudes dans le domestique.

4197 Il est vrai que je ne songeais pas seulement que l'argent pût jamais me manquer : mais l'expérience m'a appris que c'est la première chose qui manque ; surtout aux gens, qui, pour en avoir toujours eu de reste, n'en ont jamais connu l'importance, et la nécessité de le ménager.

4198 Il n'est rien d'impossible à un dévot de profession : plutôt qu'il ait tort, il faut que les plus honnêtes gens de la terre soient les plus abominables de tous les hommes.

Bernard de LA MONNOYE 1641-1728

État de la vie de l'auteur en 1690

4199 J'ai toujours trop froid ou trop chaud,
Si je choisis je prends le pire ;
J'ai moins de santé qu'il ne faut,
D'enfants plus que je n'en désire.

Le Bonheur de la vie

4200 Ce qu'on est le vouloir bien être,
Ne chercher, ne craindre la mort :
Voilà jusques où va peut-être
Tout le bonheur de notre sort.

Le Bon Ménager, conte

4201 « Quel malheur, dit-il, est le mien !
Mon cheval justement, hélas ! cesse de vivre,
Dans le temps qu'il sait l'art de ne manger plus rien. »

Épigrammes, D'un médecin devenu soldat

4202 De méchant médecin, Clitandre
Est devenu bon spadassin ;
Et soldat il fait dans la Flandre
Ce qu'en France il fit médecin.

Épigrammes, sur Ménage

4203 Laissons en paix monsieur Ménage ;
C'était un trop bon personnage
Pour n'être pas de ses amis.
Souffrez qu'à son tour il repose,
Lui, de qui les vers et la prose
Nous ont si souvent endormis.

Inscriptions pour des livres

4204 Savoir instruire et plaire
N'est pas une petite affaire.
Un auteur est assez heureux
Quand il sait faire l'un des deux.

Antoine BAUDERON DE SÉNÉCÉ 1643-1737

Épigrammes, Sur la Satire contre les femmes de Boileau

4205 Menacé d'un écrit fatal à son empire,
L'amour depuis dix ans a le cœur affligé :
Elle paraît enfin, cette froide satire ;
Amours, consolez-vous, le beau sexe est vengé.

Épigrammes, Le garçon barbier

4206 De son insigne habileté
Je ne puis que je ne me loue :
Pendant qu'il rase d'un côté,
La barbe croît sur l'autre joue.

Abbé de CHOISY 1644-1724

Mémoires pour servir à l'histoire de Louis XIV
livre 1er

4207 [Je] crois que l'histoire est la meilleure et la plus sûre manière d'apprendre aux princes de la terre des vérités quelquefois dures, qu'on n'oserait leur dire autrement.

4208 La seule vertu distingue les hommes dès qu'ils sont morts.

4209 [Le Roi] dit au marquis d'Huxelles, qui était tout honteux d'avoir rendu Mayence après plus de cinquante jours de tranchée ouverte : « Marquis, vous avez défendu la place en homme de cœur, et vous avez capitulé en homme d'esprit. »

4210 [Le Roi] avait remarqué que Cavoye et Racine se promenaient toujours ensemble. Il les voyait un jour passer sur la terrasse : « Cavoye, dit-il à ceux qui étaient alors auprès de lui, croit devenir bel esprit, et Racine se croira bientôt un fin courtisan. »

livre 8

4211 Les vrais gascons deviennent plus grands à proportion qu'ils trouvent des gens plus gascons qu'eux.

4212 Jamais la France n'a vu une princesse plus aimable qu'Henriette d'Angleterre, que Monsieur épousa : elle avait les yeux noirs, vifs, et pleins du feu contagieux que les hommes ne sauraient fixement observer sans en ressentir l'effet ; ses yeux paraissaient eux-mêmes atteints du désir de ceux qui les regardaient.

Mémoires de l'abbé de Choisy habillé en femme
chap. 1

4213 Le propre de Dieu est d'être aimé, adoré ; l'homme, autant que sa faiblesse le permet, ambitionne la même chose ; or, comme c'est la beauté qui fait naître l'amour, et qu'elle est ordinairement le partage des femmes, quand il arrive que des hommes ont ou croient avoir quelques traits de beauté qui peuvent les faire aimer, ils tâchent de les augmenter par les ajustements des femmes, qui sont fort avantageux. Ils sentent alors le plaisir inexprimable d'être aimé.

4214 Quoique je l'aimasse beaucoup, je m'aimais encore davantage, et ne songeais qu'à plaire au genre humain.

chap. 3

4215 Une passion chasse l'autre, et celle du jeu est la première de toutes : l'amour et l'ambition s'émoussent en vieillissant, le jeu reverdit quand tout le reste se passe.

chap. 4

4216 Les hommes, quand ils croient être beaux, sont une fois plus entêtés de leur beauté que les femmes.

4217 La rage du jeu m'a possédé et a troublé ma vie. Heureux si j'avais toujours fait la belle, quand même j'eusse été laide ! Le ridicule est préférable à la pauvreté.

Charles-Auguste, marquis de LA FARE 1644-1712

Ode sur la paresse, à l'abbé de Chaulieu

4218 Pour avoir secoué le joug de quelque vice,
Qu'avec peu de raison l'homme s'enorgueillit !
Il vit frugalement ; mais c'est par avarice :
S'il fuit les voluptés, hélas ! c'est qu'il vieillit.
[...]
Je sais, sans me flatter d'une vaine apparence,
Que c'est à mes défauts que je dois mes vertus.

4219 L'ardeur des vains désirs n'est jamais satisfaite,
Leur vol rapide et prompt ne se peut arrêter :
Celui qui dans son sein porte une âme inquiète
Au milieu des plaisirs ne saurait les goûter.

4220 Ah ! Si ce peuple important,
Qui semble avoir peur de rire,
Méritait moins la satire,
Il ne la craindrait pas tant.

Ode

4221 Nous ne savons plus nous connaître,
Nous contenir encore moins.
Heureux, nous faisons par nos soins,
Tout ce qu'il faut pour ne pas l'être.

4222 Esclaves de tous nos abus,
Victimes de tous nos caprices,
Nous ne donnons plus qu'à des vices
Les noms des premières vertus.

Jean de LA BRUYÈRE 1645-1696

Les Caractères
Préface

4223 Je rends au public ce qu'il m'a prêté ; j'ai emprunté de lui la matière de cet ouvrage : il est juste que, l'ayant achevé avec toute l'attention pour la vérité dont je suis capable, et qu'il mérite de moi, je lui en fasse la restitution.

4224 [...] Comme les hommes ne se dégoûtent point du vice, il ne faut pas aussi se lasser de leur reprocher...

4225 On ne doit parler, on ne doit écrire que pour l'instruction ; et s'il arrive que l'on plaise, il ne faut pas néanmoins s'en repentir, si cela sert à insinuer et à faire recevoir les vérités qui doivent instruire.

Les Caractères, Des ouvrages de l'esprit
1

4226 Tout est dit, et l'on vient trop tard depuis plus de sept mille ans qu'il y a des hommes et qui pensent.

3

4227 C'est un métier que de faire un livre, comme de faire une pendule : il faut plus que de l'esprit pour être auteur.

4

4228 Il n'est pas si aisé de se faire un nom par un ouvrage parfait, que d'en faire valoir un médiocre par le nom qu'on s'est déjà acquis.

11

4229 Il y a beaucoup plus de vivacité que de goût parmi les hommes ; ou pour mieux dire, il y a peu d'hommes dont l'esprit soit accompagné d'un goût sûr et d'une critique judicieuse.

13

4230 Amas d'épithètes, mauvaises louanges : ce sont les faits qui louent, et la manière de les raconter.

15

4231 [...] Semblable à ces enfants drus et forts d'un bon lait qu'ils ont sucé, qui battent leur nourrice.

16

4232 Ne vouloir être ni conseillé ni corrigé sur son ouvrage est un pédantisme.

17

4233 Entre toutes les différentes expressions qui peuvent rendre une seule de nos pensées, il n'y en a qu'une qui soit la bonne. On ne la rencontre pas toujours en parlant ou en écrivant ; il est vrai néanmoins qu'elle existe, que tout ce qui ne l'est point est faible, et ne satisfait point un homme d'esprit qui veut se faire entendre.

18

4234 Un esprit médiocre croit écrire divinement ; un bon esprit croit écrire raisonnablement.

20

4235 Le plaisir de la critique nous ôte celui d'être vivement touchés de très belles choses.

31

4236 Quand une lecture vous élève l'esprit, et qu'elle vous inspire des sentiments nobles et courageux, ne cherchez pas une autre règle pour juger l'ouvrage ; il est bon, et fait de main d'ouvrier.

36

4237 Un auteur cherche vainement à se faire admirer par son ouvrage. Les sots admirent quelquefois, mais ce sont des sots. Les personnes d'esprit ont en eux les semences de toutes les vérités et de tous les sentiments, rien ne leur est nouveau ; ils admirent peu, ils approuvent.

38

4238 Il n'a manqué à Molière que d'éviter le jargon et le barbarisme, et d'écrire purement : quel feu, quelle naïveté, quelle source de la bonne plaisanterie, quelle imitation des mœurs, quelles images, et quel fléau du ridicule !

46

4239 [...] C'est ignorer le goût du peuple que de ne pas hasarder quelquefois de grandes fadaises.

(Les Caractères, Des ouvrages de l'esprit)

50

4240 D'où vient que l'on rit si librement au théâtre, et que l'on a honte d'y pleurer ? Est-il moins dans la nature de s'attendrir sur le pitoyable que d'éclater sur le ridicule ?

54

4241 Corneille nous assujettit à ses caractères et à ses idées, Racine se conforme aux nôtres ; celui-là peint les hommes comme ils devraient être, celui-ci les peint tels qu'ils sont.

55

4242 Il semble que la logique est l'art de convaincre de quelque vérité, et l'éloquence un don de l'âme, lequel nous rend maîtres du cœur et de l'esprit des autres, qui fait que nous leur inspirons ou que nous leur persuadons tout ce qui nous plaît.

4243 L'éloquence est au sublime ce que le tout est à sa partie.

4244 Les esprits justes, et qui aiment à faire des images qui soient précises, donnent naturellement dans la comparaison et la métaphore.

57

4245 L'on n'écrit que pour être entendu ; mais il faut du moins en écrivant faire entendre de belles choses.

4246 Si l'on jette quelque profondeur dans certains écrits, si l'on affecte une finesse de tour, et quelquefois une trop grande délicatesse, ce n'est que par la bonne opinion qu'on a de ses lecteurs.

59

4247 La gloire ou le mérite de certains hommes est de bien écrire ; et de quelques autres, c'est de n'écrire point.

63

4248 La critique souvent n'est pas une science ; c'est un métier, où il faut plus de santé que d'esprit, plus de travail que de capacité, plus d'habitude que de génie.

65

4249 Un homme né chrétien et Français se trouve contraint dans la satire ; les grands sujets lui sont défendus : il les entame quelquefois, et se détourne ensuite sur de petites choses, qu'il relève par la beauté de son génie et de son style.

67

4250 Celui qui n'a égard en écrivant qu'au goût de son siècle songe plus à sa personne qu'à ses écrits : il faut toujours tendre à la perfection, et alors cette justice qui nous est quelquefois refusée par nos contemporains, la postérité sait nous la rendre.

Les Caractères, Du mérite personnel

2

4251 De bien des gens il n'y a que le nom qui vale quelque chose. Quand vous les voyez de fort près, c'est moins que rien ; de loin ils imposent.

3

4252 Combien d'hommes admirables, et qui avaient de très beaux génies, sont morts sans qu'on en ait parlé ! Combien vivent encore dont on ne parle point, et dont on ne parlera jamais !

5

4253 Personne presque ne s'avise de lui-même du mérite d'un autre.

7

4254 Il est moins rare de trouver de l'esprit que des gens qui se servent du leur, ou qui fassent valoir celui des autres et le mettent à quelque usage.

8

4255 Il y a plus d'outils que d'ouvriers, et de ces derniers plus de mauvais que d'excellents ; que pensez-vous de celui qui veut scier avec un rabot, et qui prend sa scie pour raboter ?

9

4256 Il n'y a point au monde un si pénible métier que celui de se faire un grand nom : la vie s'achève que l'on a à peine ébauché son ouvrage.

10

4257 Nous devons travailler à nous rendre très dignes de quelque emploi : le reste ne nous regarde point, c'est l'affaire des autres.

12

4258 Il faut en France beaucoup de fermeté et une grande étendue d'esprit pour se passer des charges et des emplois, et consentir ainsi à demeurer chez soi, et à ne rien faire.

16

4259 Si j'osais faire une comparaison entre deux conditions tout à fait inégales, je dirais qu'un homme de cœur pense à remplir ses devoirs à peu près comme le couvreur songe à couvrir : ni l'un ni l'autre ne cherchent à exposer leur vie, ni ne sont détournés par le péril ; la mort pour eux est un inconvénient dans le métier, et jamais un obstacle.

17

4260 La modestie est au mérite ce que les ombres sont aux figures dans un tableau : elle lui donne de la force et du relief.

(Les Caractères, Du mérite personnel)

18

4261 Votre fils est bègue: ne le faites pas montrer sur la tribune. Votre fille est née pour le monde: ne l'enfermez pas parmi les vestales.

19

4262 Il ne faut regarder dans ses amis que la seule vertu qui nous attache à eux, sans aucun examen de leur bonne ou de leur mauvaise fortune.

20

4263 S'il est ordinaire d'être vivement touché des choses rares, pourquoi le sommes-nous si peu de la vertu?

21

4264 S'il est heureux d'avoir de la naissance, il ne l'est pas moins d'être tel qu'on ne s'informe plus si vous en avez.

25

4265 Un homme libre, et qui n'a point de femme, s'il a quelque esprit, peut s'élever au-dessus de sa fortune, se mêler dans le monde, et aller de pair avec les plus honnêtes gens. Cela est moins facile à celui qui est engagé: il semble que le mariage met tout le monde dans son ordre.

30

4266 Il semble que le héros est d'un seul métier, qui est celui de la guerre, et que le grand homme est de tous les métiers, ou de la robe, ou de l'épée, ou du cabinet, ou de la cour: l'un et l'autre mis ensemble ne pèsent pas un homme de bien.

36

4267 Un homme d'esprit et d'un caractère simple et droit peut tomber dans quelque piège: il ne pense pas que personne veuille lui en dresser, et le choisir pour être sa dupe.

37

4268 Il n'y a rien de si délié, de si simple et de si imperceptible, où il n'entre des manières qui nous décèlent. Un sot ni n'entre, ni ne sort, ni ne s'assied, ni ne se lève, ni ne se tait, ni n'est sur ses jambes, comme un homme d'esprit.

38

4269 Chassez un chien du fauteuil du Roi, il grimpe à la chaire du prédicateur.

41

4270 Le motif seul fait le mérite des actions des hommes, et le désintéressement y met la perfection.

42

4271 La fausse grandeur est farouche et inaccessible: comme elle sent son faible, elle se cache, ou du moins ne se montre pas de front, et ne se fait voir qu'autant qu'il faut pour imposer et ne paraître point ce qu'elle est, je veux dire une vraie petitesse.

43

4272 Le sage guérit de l'ambition par l'ambition même; il tend à de si grandes choses, qu'il ne peut se borner à ce qu'on appelle des trésors, des postes, la fortune et la faveur.

Les Caractères, Des femmes

1

4273 Les hommes et les femmes conviennent rarement sur le mérite d'une femme: leurs intérêts sont trop différents.

3

4274 J'ai vu souhaiter d'être fille, et une belle fille, depuis treize ans jusques à vingt-deux, et après cet âge, de devenir un homme.

5

4275 Il faut juger des femmes depuis la chaussure jusqu'à la coiffure exclusivement, à peu près comme on mesure le poisson entre queue et tête.

10

4276 Un beau visage est le plus beau de tous les spectacles; et l'harmonie la plus douce est le son de voix de celle que l'on aime.

13

4277 Une belle femme qui a les qualités d'un honnête homme est ce qu'il y a au monde d'un commerce plus délicieux: l'on trouve en elle tout le mérite des deux sexes.

16

4278 Les femmes s'attachent aux hommes par les faveurs qu'elles leur accordent: les hommes guérissent par ces mêmes faveurs.

17

4279 Une femme oublie d'un homme qu'elle n'aime plus jusques aux faveurs qu'il a reçues d'elle.

18

4280 Telle femme évite d'être coquette par un ferme attachement à un seul, qui passe pour folle par son mauvais choix.

(Les Caractères, Des femmes)

21

4281 Il y a peu de galanteries secrètes. Bien des femmes ne sont pas mieux désignées par le nom de leur mari que par celui de leurs amants.

24

4282 Une femme inconstante est celle qui n'aime plus ; une légère, celle qui déjà en aime un autre ; une volage, celle qui ne sait si elle aime et ce qu'elle aime ; une indifférente, celle qui n'aime rien.

25

4283 On tire ce bien de la perfidie des femmes, qu'elle guérit de la jalousie.

28

4284 Il y a des femmes déjà flétries, qui par leur complexion ou par leur mauvais caractère sont naturellement la ressource des jeunes gens qui n'ont pas assez de bien. Je ne sais qui est plus à plaindre...

34

4285 Pour les femmes du monde, un jardinier est un jardinier, et un maçon est un maçon ; pour quelques autres plus retirées, un maçon est un homme, un jardinier est un homme. Tout est tentation à qui la craint.

41

4286 C'est trop contre un mari d'être coquette et dévote ; une femme devrait opter.

45

4287 Un femme est aisée à gouverner, pourvu que ce soit un homme qui s'en donne la peine.

48

4288 Une femme prude paye de maintien et de parole ; une femme sage paye de conduite.

51

4289 Il y a telle femme qui aime mieux son argent que ses amis, et ses amants que son argent.

53

4290 Les femmes sont extrêmes : elles sont meilleures ou pires que les hommes.

54

4291 La plupart des femmes n'ont guère de principes ; elle se conduisent par le cœur, et dépendent pour leurs mœurs de ceux qu'elles aiment.

55

4292 Les femmes vont plus loin en amour que la plupart des hommes ; mais les hommes l'emportent sur elles en amitié. Les hommes sont cause que les femmes ne s'aiment point.

58

4293 Un homme est plus fidèle au secret d'autrui qu'au sien propre ; une femme au contraire garde mieux son secret que celui d'autrui.

61

4294 Combien de filles à qui une grande beauté n'a jamais servi qu'à leur faire espérer une grande fortune !

64

4295 Un homme qui serait en peine de connaître s'il change, s'il commence à vieillir, peut consulter les yeux d'une jeune femme qu'il aborde, et le ton dont elle lui parle : il apprendra ce qu'il craint de savoir. Rude école.

67

4296 Il arrive quelquefois qu'une femme cache à un homme toute la passion qu'elle sent pour lui, pendant que de son côté il feint pour elle toute celle qu'il ne sent pas.

69

4297 Un homme peut tromper une femme par un feint attachement, pourvu qu'il n'en ait pas ailleurs un véritable.

70

4298 Un homme éclate contre une femme qui ne l'aime plus, et se console ; une femme fait moins de bruit quand elle est quittée, et demeure longtemps inconsolable.

75

4299 Un mari n'a guère un rival qui ne soit de sa main, et comme un présent qu'il a autrefois fait à sa femme.

76

4300 Il y a telle femme qui anéantit ou qui enterre son mari au point qu'il n'en est fait dans le monde aucune mention : vit-il encore ? ne vit-il plus ? on en doute.

78

4301 Il y a peu de femmes si parfaites, qu'elles empêchent un mari de se repentir du moins une fois le jour d'avoir une femme, ou de trouver heureux celui qui n'en a point.

(Les Caractères, Des femmes)

80

4302 Ne pourrait-on point découvrir l'art de se faire aimer de sa femme?

81

4303 Une femme insensible est celle qui n'a pas encore vu celui qu'elle doit aimer.

Les Caractères, Du cœur

1

4304 Il y a un goût dans la pure amitié où ne peuvent atteindre ceux qui sont nés médiocres.

4

4305 Le temps, qui fortifie les amitiés, affaiblit l'amour.

6

4306 Il est plus ordinaire de voir un amour extrême qu'une parfaite amitié.

7

4307 L'amour et l'amitié s'excluent l'un l'autre.

9

4308 L'amour commence par l'amour; et l'on ne saurait passer de la plus forte amitié qu'à un amour faible.

11

4309 L'on n'aime bien qu'une seule fois: c'est la première; les amours qui suivent sont moins involontaires.

12

4310 L'amour qui naît subitement est le plus long à guérir.

13

4311 L'amour qui croît peu à peu et par degrés ressemble trop à l'amitié pour être une passion violente.

16

4312 Les hommes souvent veulent aimer, et ne sauraient y réussir: ils cherchent leur défaite sans pouvoir la rencontrer, et, si j'ose ainsi parler, ils sont contraints de demeurer libres.

18

4313 Quelque délicat que l'on soit en amour, on pardonne plus de fautes que dans l'amitié.

26

4314 L'on confie son secret dans l'amitié ; mais il échappe dans l'amour.

31

4315 L'on n'est pas plus maître de toujours aimer qu'on l'a été de ne pas aimer.

32

4316 Les amours meurent par le dégoût, et l'oubli les enterre.

33

4317 Le commencement et le déclin de l'amour se font sentir par l'embarras où l'on est de se trouver seuls.

34

4318 C'est faiblesse que d'aimer ; c'est souvent une autre faiblesse que de guérir.

36

4319 Si une laide se fait aimer, ce ne peut être qu'éperdument ; car il faut que ce soit ou par une étrange faiblesse de son amant, ou par de plus secrets et de plus invincibles charmes que ceux de la beauté.

37

4320 L'on est encore longtemps à se voir par l'habitude, et à se dire de bouche que l'on s'aime, après que les manières disent qu'on ne s'aime plus.

39

4321 L'on veut faire tout le bonheur, ou si cela ne se peut ainsi, tout le malheur de ce qu'on aime.

45

4322 Il y a du plaisir à rencontrer les yeux de celui à qui l'on vient de donner.

47

4323 La liberté consiste moins à donner beaucoup qu'à donner à propos.

52

4324 On convie, on invite, on offre sa maison, sa table, son bien et ses services : rien ne coûte qu'à tenir parole.

57

4325 Il est doux de voir ses amis par goût et par estime ; il est pénible de les cultiver par intérêt ; c'est *solliciter*.

(Les Caractères, Du cœur)

63

4326 Il faut rire avant que d'être heureux, de peur de mourir sans avoir ri.

65

4327 Qu'il est difficile d'être content de quelqu'un!

71

4328 Il y a bien autant de paresse que de faiblesse à se laisser gouverner.

4329 Un homme sage ni ne se laisse gouverner, ni ne cherche à gouverner les autres: il veut que la raison gouverne seule, et toujours.

74

4330 Les hommes rougissent moins de leurs crimes que de leurs faiblesses et de leur vanité. Tel est ouvertement injuste, violent, perfide, calomniateur, qui cache son amour ou son ambition, sans autre vue que de la cacher.

76

4331 Les hommes commencent par l'amour, finissent par l'ambition, et ne se trouvent souvent dans une assiette plus tranquille que lorsqu'ils meurent.

80

4332 Il n'y a guère au monde un plus bel excès que celui de la reconnaissance.

81

4333 Il faut être bien dénué d'esprit, si l'amour, la malignité, la nécessité n'en font pas trouver.

Les Caractères, De la société et de la conversation

1

4334 Un caractère bien fade est celui de n'en avoir aucun.

7

4335 Que dites-vous? Comment? Je n'y suis pas; vous plairait-il de recommencer? J'y suis encore moins. Je devine enfin: vous voulez, *Acis*, me dire qu'il fait froid; que ne disiez-vous: « Il fait froid »? [...] Ayez, si vous pouvez, un langage simple, et tel que l'ont ceux en qui vous ne trouvez aucun esprit: peut-être alors croira-t-on que vous en avez.

15

4336 Il y a des gens qui parlent un moment avant que d'avoir pensé. Il y en a d'autres qui ont une fade attention à ce qu'il disent, et avec qui l'on souffre dans la conversation et tout le travail de leur esprit [...]

4337 L'esprit de la conversation consiste bien moins à en montrer beaucoup qu'à en faire trouver aux autres: celui qui sort de votre entretien content de soi et de son esprit, l'est de vous parfaitement [...]

16

4338 [...] Le plaisir le plus délicat est de faire celui d'autrui.

18

4339 C'est une grande misère que de n'avoir pas assez d'esprit pour bien parler, ni assez de jugement pour se taire. Voilà le principe de toute impertinence.

27

4340 Parler et offenser, pour de certaines gens, est précisément la même chose.

57

4341 La moquerie est souvent indigence d'esprit.

62

4342 L'on ne peut aller loin dans l'amitié, si l'on n'est pas disposé à se pardonner les uns aux autres les petits défauts.

76

4343 C'est la profonde ignorance qui inspire le ton dogmatique.

77

4344 Les plus grandes choses n'ont besoin que d'être dites simplement: elles se gâtent par l'emphase. Il faut dire noblement les plus petites: elles ne se soutiennent que par l'expression, le ton et la manière.

81

4345 Toute révélation d'un secret est la faute de celui qui l'a confié.

Les Caractères, Des biens de fortune

7

4346 Si le financier manque son coup, les courtisans disent de lui: « C'est un bourgeois, un homme de rien, un malotru »; s'il réussit, ils lui demandent sa fille.

23

4347 Si certains morts revenaient au monde, et s'ils voyaient leurs grands noms portés, et leurs terres les mieux titrées avec leurs châteaux et leurs maisons antiques, possédées par des gens dont les pères étaient peut-être leurs métayers, quelle opinion pourraient-ils avoir de notre siècle?

(Les Caractères, Des biens de fortune)

24

4348 Rien ne fait mieux comprendre le peu de chose que Dieu croit donner aux hommes, en leur abandonnant les richesses, l'argent, les grands établissements et les autres biens, que la dispensation qu'il en fait, et le genre d'hommes qui en sont le mieux pourvus.

37

4349 A force de faire de nouveaux contrats, ou de sentir son argent grossir dans ses coffres, on se croit enfin une bonne tête, et presque capable de gouverner.

38

4350 Il faut une sorte d'esprit pour faire fortune, et surtout une grande fortune : ce n'est ni le bon ni le bel esprit, ni le grand ni le sublime, ni le fort ni le délicat ; je ne sais précisément lequel c'est, et j'attends que quelqu'un veuille m'en instruire.

44

4351 L'on peut s'enrichir, dans quelque art ou dans quelque commerce que ce soit, par l'ostentation d'une certaine probité.

50

4352 Les passions tyrannisent l'homme ; et l'ambition suspend en lui les autres passions, et lui donne pour un temps les apparences de toutes les vertus.

52

4353 Il n'y a au monde que deux manières de s'élever, ou par sa propre industrie, ou par l'imbécillité des autres.

61

4354 Épouser une veuve, en bon français, signifie faire sa fortune ; il n'opère pas toujours ce qu'il signifie.

82

4355 Si vous n'avez rien oublié pour votre fortune, quel travail ! Si vous avez négligé la moindre chose, quel repentir !

Les Caractères, De la ville

12

4356 Il fera demain ce qu'il fait aujourd'hui et ce qu'il fit hier ; et il meurt ainsi après avoir vécu.

14

4357 *Théramène* était riche et avait du mérite ; il a hérité, il est donc très riche et d'un très grand mérite.

Les Caractères, De la cour

10

4358 La cour est comme un édifice bâti de marbre : je veux dire qu'elle est composée d'hommes fort durs, mais fort polis.

12

4359 Les hommes veulent être esclaves quelque part, et puiser là de quoi dominer ailleurs. Il semble qu'on livre en gros aux premiers de la cour l'air de hauteur, de fierté et de commandement, afin qu'ils le distribuent en détail dans les provinces : ils font précisément comme on leur fait, vrais singes de la royauté.

13

4360 Il n'y a rien qui enlaidisse certains courtisans comme la présence du prince : à peine les puis-je reconnaître à leurs visages ; leurs traits sont altérés, et leur contenance est avilie. [...] Celui qui est honnête et modeste s'y soutient mieux : il n'a rien à réformer.

23

4361 Il n'y a rien à la cour de si méprisable et de si indigne qu'un homme qui ne peut contribuer en rien à notre fortune : je m'étonne qu'il ose se montrer.

25

4362 C'est beaucoup tirer de notre ami, si, ayant monté à une grande faveur, il est encore un homme de notre connaissance.

34

4363 L'on voit des hommes tomber d'une haute fortune par les mêmes défauts qui les y avaient fait monter.

39

4364 L'on me dit tant de mal de cet homme, et j'y en vois si peu, que je commence à soupçonner qu'il n'ait un mérite importun qui éteigne celui des autres.

53

4365 Il faut des fripons à la cour auprès des grands et des ministres, même les mieux intentionnés ; mais l'usage en est délicat, et il faut savoir les mettre en œuvre.

4366 Honneur, vertu, conscience, qualités toujours respectables, souvent inutiles : que voulez-vous quelquefois que l'on fasse d'un homme de bien ?

57

4367 Que d'amis, que de parents naissent en une nuit au nouveau ministre !

(Les Caractères, De la ville)

70

4368 L'esclave n'a qu'un maître ; l'ambitieux en a autant qu'il y a de gens utiles à sa fortune.

77

4369 Que manque-t-il de nos jours à la jeunesse ? Elle peut et elle sait ; ou du moins quand elle saurait autant qu'elle peut, elle ne serait pas plus décisive.

89

4370 Il y a quelques rencontres dans la vie où la vérité et la simplicité sont le meilleur manège du monde.

97

4371 La faveur met l'homme au-dessus de ses égaux ; et sa chute, au-dessous.

Les Caractères, Des grands

9

4372 Il est souvent plus utile de quitter les grands que de s'en plaindre.

25

4373 Le peuple n'a guère d'esprit, et les grands n'ont point d'âme : celui-là a un bon fond, et n'a point de dehors ; ceux-ci n'ont que des dehors et qu'une simple superficie. Faut-il opter ? Je ne balance pas : je veux être peuple.

29

4374 Il semble d'abord qu'il entre dans les plaisirs des princes un peu de celui d'incommoder les autres.

38

4375 S'il est périlleux de tremper dans une affaire suspecte, il l'est encore davantage de s'y trouver complice d'un grand : il s'en tire, et vous laisse payer doublement, pour lui et pour vous.

56

4376 L'on doit se taire sur les puissants : il y a presque toujours de la flatterie à en dire du bien ; il y a du péril à en dire du mal pendant qu'ils vivent, et de la lâcheté quand ils sont morts.

Les Caractères, Du souverain ou de la république

6

4377 Quand le peuple est en mouvement, on ne comprend pas où le calme peut y rentrer ; et quand il est paisible, on ne voit pas par où le calme peut en sortir.

9

4378 De tout temps les hommes, pour quelque morceau de terre de plus ou de moins, sont convenus entre eux de se dépouiller, se brûler, se tuer, s'égorger les uns les autres ; et pour le faire plus ingénieusement et avec plus de sûreté, ils ont inventé de belles règles qu'on appelle l'art militaire...

13

4379 Le caractère des Français demande du sérieux dans le souverain.

17

4380 Rien ne fait plus d'honneur au prince que la modestie de son favori.

27

4381 Nommer un roi PÈRE DU PEUPLE est moins faire son éloge que l'appeler par son nom, ou faire sa définition.

34

4382 Si c'est trop de se trouver chargé d'une seule famille, si c'est assez d'avoir à répondre de soi seul, quel poids, quel accablement, que celui de tout un royaume !

Les Caractères, De l'homme

1

4383 Ne nous emportons point contre les hommes en voyant leur dureté, leur ingratitude, leur injustice, leur fierté, l'amour d'eux-mêmes, et l'oubli des autres : ils sont ainsi faits, c'est leur nature, c'est ne pouvoir supporter que la pierre tombe ou que le feu s'élève.

10

4384 Le commun des hommes va de la colère à l'injure. Quelques-uns en usent autrement : ils offensent, et puis ils se fâchent ; la surprise où l'on est toujours de ce procédé ne laisse pas de place au ressentiment.

13

4385 Si la pauvreté est la mère des crimes, le défaut d'esprit en est le père.

17

4386 Il y a d'étranges pères, et dont toute la vie ne semble occupée qu'à préparer à leurs enfants des raisons de se consoler de leur mort.

19

4387 La vie est courte et ennuyeuse : elle se passe toute à désirer.

22

4388 L'homme qui dit qu'il n'est pas né heureux pourrait du moins le devenir par le bonheur de ses amis ou de ses proches. L'envie lui ôte cette dernière ressource.

(Les Caractères, De l'homme)

33

4389 Si la vie est misérable, elle est pénible à supporter ; si elle est heureuse, il est horrible de la perdre. L'un revient à l'autre.

36

4390 La mort n'arrive qu'une fois, et se fait sentir à tous les moments de la vie : il est plus dur de l'appréhender que de la souffrir.

40

4391 L'on craint la vieillesse, que l'on n'est pas sûr de pouvoir atteindre.

45

4392 A parler humainement, la mort a un bel endroit, qui est de mettre fin à la vieillesse.

47

4393 La vie est un sommeil : les vieillards sont ceux dont le sommeil a été plus long ; ils ne commencent à se réveiller que quand il faut mourir.

48

4394 Il n'y a pour l'homme que trois événements : naître, vivre et mourir. Il ne se sent pas naître, il souffre à mourir, et il oublie de vivre.

50

4395 Les enfants sont hautains, dédaigneux, colères, envieux, curieux, intéressés, paresseux, volages, timides, intempérants, menteurs, dissimulés, [...] ils ne veulent point souffrir de mal, et aiment à en faire : ils sont déjà des hommes.

51

4396 Les enfants n'ont ni passé ni avenir, et, ce qui ne nous arrive guère, ils jouissent du présent.

56

4397 Aux enfants tout paraît grand, les cours, les jardins, les édifices, les meubles, les hommes, les animaux ; aux hommes les choses du monde paraissent ainsi, et j'ose dire par la même raison, parce qu'ils sont petits.

59

4398 C'est perdre toute confiance dans l'esprit des enfants, et leur devenir inutile, que de les punir des fautes qu'ils n'ont point faites, ou même sévèrement de celles qui sont légères. Ils savent précisément et mieux que personne ce qu'ils méritent, et ils ne méritent guère que ce qu'ils craignent.

60

4399 On ne vit point assez pour profiter de ses fautes. On en commet pendant tout le cours de sa vie ; et tout ce qu'on peut faire à force de faillir, c'est de mourir corrigé.
Il n'y a rien qui rafraîchisse le sang comme d'avoir su éviter de faire une sottise.

63

4400 L'esprit de parti abaisse les plus grands hommes jusques aux petitesses du peuple.

80

4401 Il semble qu'aux âmes bien nées les fêtes, les spectacles, la symphonie rapprochent et font mieux sentir l'infortune de nos proches ou de nos amis.

81

4402 Une grande âme est au-dessus de l'injure, de l'injustice, de la douleur, de la moquerie ; et elle serait invulnérable si elle ne souffrait par la compassion.

82

4403 Il y a une espèce de honte d'être heureux à la vue de certaines misères.

84

4404 Personne ne dit de soi, et surtout sans fondement qu'il est beau, qu'il est généreux, qu'il est sublime : on a mis ces qualités à un trop haut prix ; on se contente de le penser.

90

4405 Tout le monde dit d'un fat qu'il est un fat ; personne n'ose le lui dire à lui-même : il meurt sans le savoir ; et sans que personne se soit vengé.

92

4406 L'esprit s'use comme toutes choses ; les sciences sont ses aliments, elles le nourrissent et le consument.

99

4407 Tout notre mal vient de ne pouvoir être seuls : de là le jeu, le luxe, la dissipation, le vin, les femmes, l'ignorance, la médisance, l'envie, l'oubli de soi-même et de Dieu.

102

4408 La plupart des hommes emploient la meilleure partie de leur vie à rendre l'autre misérable.

(Les Caractères, De l'homme)

108

4409 Les haines sont si longues et si opiniâtrées, que le plus grand signe de mort dans un homme malade, c'est la réconciliation.

111

4410 C'est une grande difformité dans la nature qu'un vieillard amoureux.

128

4411 L'on voit certains animaux farouches, des mâles et des femelles, répandus par la campagne, noirs, livides et tout brûlés du soleil, attachés à la terre qu'ils fouillent et qu'ils remuent avec une opiniâtreté invincible ; ils ont comme une voix articulée, et quand ils se lèvent sur leurs pieds, ils montrent une face humaine, et en effet ils sont des hommes. Ils se retirent la nuit dans des tanières, où ils vivent de pain noir, d'eau et de racines ; ils épargnent aux autres hommes la peine de semer, de labourer et de recueillir pour vivre, et méritent ainsi de ne pas manquer de ce pain qu'ils ont semé.

145

4412 Qui oserait se promettre de contenter les hommes ?

149

4413 L'on se repent rarement de parler peu, très souvent de trop parler : maxime usée et triviale que tout le monde sait, et que tout le monde ne pratique pas.

153

4414 Il y a dans quelques hommes une certaine médiocrité d'esprit qui contribue à les rendre sages.

Les Caractères, Des jugements

5

4415 Il n'y a rien de plus bas, et qui convienne mieux au peuple, que de parler en des termes magnifiques de ceux-mêmes dont l'on pensait très modestement avant leur élévation.

6

4416 La faveur des princes n'exclut pas le mérite, et ne le suppose pas aussi.

24

4417 Si nous entendions dire des Orientaux qu'ils boivent ordinairement d'une liqueur qui leur monte à la tête, leur fait perdre la raison et les fait vomir, nous dirions : « Cela est bien barbare. »

38

4418 Le contraire des bruits qui courent des affaires ou des personnes est souvent la vérité.

44

4419 Un sot est celui qui n'a pas même ce qu'il faut d'esprit pour être fat.

57

4420 Après l'esprit de discernement, ce qu'il y a au monde de plus rare, ce sont les diamants et les perles.

71

4421 Nous n'approuvons les autres que par les rapports que nous sentons qu'ils ont avec nous-mêmes ; et il semble qu'estimer quelqu'un, c'est l'égaler à soi.

75

4422 Je ne mets au-dessus d'un grand politique que celui qui néglige de le devenir, et qui se persuade de plus en plus que le monde ne mérite point qu'on s'en occupe.

90

4423 Le flatteur n'a pas assez bonne opinion de soi ni des autres.

101

4424 Ceux qui emploient mal leur temps sont les premiers à se plaindre de sa brièveté.

Les Caractères, De la mode

11

4425 Un philosophe se laisse habiller par son tailleur : il y a autant de faiblesse à fuir la mode qu'à l'affecter.

21

4426 Un dévot est celui qui sous un roi athée serait athée.

30

4427 Je ne doute point que la vraie dévotion ne soit la source du repos ; elle fait supporter la vie et rend la mort douce : on n'en tire pas tant de l'hypocrisie.

Les Caractères, De quelques usages

31

4428 Il s'est trouvé des filles qui avaient de la vertu, de la santé, de la ferveur et une bonne vocation, mais qui n'étaient pas assez riches pour faire dans une riche abbaye vœu de pauvreté.

43

4429 Le devoir des juges est de rendre la justice ; leur métier, de la différer. Quelques-uns savent leur devoir, et font leur métier.

(Les Caractères, De quelques usages)
52

4430 Un coupable puni est un exemple pour la canaille ; un innocent condamné est l'affaire de tous les honnêtes gens.

55

4431 Il n'est pas absolument impossible qu'une personne qui se trouve dans une grande faveur perde un procès.

65

4432 Tant que les hommes pourront mourir, et qu'ils aimeront à vivre, le médecin sera raillé, et bien payé.

67

4433 La témérité des charlatans, et leurs tristes succès, qui en sont les suites, font valoir la médecine et les médecins : si ceux-ci laissent mourir, les autres tuent.

Les Caractères, De la chaire
15

4434 Le métier de la parole ressemble en une chose à celui de la guerre : il y a plus de risque qu'ailleurs, mais la fortune y est plus rapide.

Les Caractères, Des esprits forts
3

4435 J'appelle mondains, terrestres ou grossiers ceux dont l'esprit et le cœur sont attachés à une petite portion de ce monde qu'ils habitent, qui est la terre ; qui n'estiment rien, qui n'aiment rien au-delà : gens aussi limités que ce qu'ils appellent leurs possessions ou leur domaine, que l'on mesure, dont on compte les arpents, et dont on montre les bornes.

13

4436 L'impossibilité où je suis de prouver que Dieu n'est pas me découvre son existence.

27

4437 Le faux dévot ou ne croit pas en Dieu, ou se moque de Dieu ; parlons de lui obligeamment : il ne croit pas en Dieu.

Antoine HAMILTON 1645 ou 1646-1720

Mémoires de la vie du comte de Gramont
chap. 4

4438 La gloire dans les armes n'est tout au plus que la moitié du brillant qui distingue les héros. Il faut que l'amour mette la dernière main au relief de leur caractère, par les travaux, la témérité des entreprises et la gloire des succès.

4439 Rien n'est si commun au beau sexe que de ne vouloir pas qu'une autre profite de ce qu'on refuse.

4440 En amour on gagne toujours de bonne guerre ce qu'on peut obtenir par adresse.

chap. 5

4441 Rien ne rehausse tant le prix d'une bonne nouvelle que la fausse alarme d'une mauvaise.

chap. 6

4442 La raison d'État se donne de beaux privilèges. Ce qui lui paraît utile devient permis, et tout ce qui est nécessaire est honnête en fait de politique.

4443 Les pauvres courtisans du roi son frère n'avaient rien à lui disputer sur l'équipage et la magnificence ; et ces deux articles font souvent autant de chemin en amour que le vrai mérite.

4444 Il ne faut que de la prévention dans l'esprit des femmes pour trouver de l'accès dans leur cœur.

4445 Une longue habitude avait tellement attendri ses regards, que ses yeux ne s'ouvraient qu'à la chinoise; et, quand elle lorgnait, on eût dit qu'elle faisait quelque chose de plus.

chap. 7

4446 Mme de Muskerry était faite comme la plupart des riches héritières, pour qui l'équitable nature semble avare de ses richesses à mesure qu'elles sont comblées de celles de la fortune.

chap. 8

4447 Les alarmes sont pour les jaloux ce que les désastres sont pour les malheureux: ils arrivent rarement seuls, et ne cessent jamais de persécuter.

4448 On n'a pas tant d'esprit quand on demande pardon que quand on offense; et il s'en faut bien que le style des douceurs ne soit aussi touchant dans une lettre que celui des invectives.

4449 Les revers de la fortune épargnent souvent lorsqu'on les craint le plus ; et souvent ils accablent lorsqu'on les mérite et qu'on les prévoit le moins.

chap. 9

4450 Tout homme qui croit que son honneur dépend de celui de sa femme est un fou qui se tourmente et qui la désespère: mais celui qui, naturellement jaloux, a par-dessus ce malheur celui d'aimer sa femme, et de vouloir qu'elle ne respire que pour lui, est un forcené que les tourments de l'enfer ont accueilli dès ce monde sans que personne en ait pitié.

4451 Souvent une femme qui ne songerait à mal si on la laissait en repos, s'y voit portée par vengeance, ou réduite par nécessité : c'est l'Évangile.

4452 Il y a des tempéraments heureux, qui se consolent de tout parce qu'ils ne sentent rien vivement.

4453 C'est si peu de chose que les plaisirs du mariage au prix de ses inconvénients, que je ne sais comment on peut s'y résoudre. [...] N'allez pas de votre esclave faire votre tyran.

chap. 10

4454 L'amour ne serait plus l'amour s'il ne se plaisait à reculer les félicités, ou bien à renverser les fortunes de son empire.

4455 Son visage était des plus mignons ; mais c'était toujours le même visage ; on eût dit qu'elle le tirait le matin d'un étui pour l'y remettre en se couchant, sans s'en être servi durant la journée.

Lettre à Saint-Évremond, au nom du comte de Gramont (1704)

4456 Je conviens qu'après certain âge
La mort à peu près s'envisage
Comme un mal qu'on ne peut guérir,
Ou comme la fin d'un voyage
Qu'on n'achève point sans périr...

François-Joseph, marquis de SAINT-AULAIRE 1645-1742

Élégie

4457 Pour adoucir les maux de la vieillesse,
Je voudrais seulement, avec facilité,
Savoir mêler quelque délicatesse
A beaucoup de simplicité.

Gottfried Wilhlem LEIBNIZ 1646-1716

Essai sur la bonté de Dieu, la liberté de l'homme et l'origine du mal
1re partie, chap. 8

4458 Comme un moindre mal est une espèce de bien, de même un moindre bien est une espèce de mal s'il fait obstacle à un bien plus grand ; et il y aurait quelque chose à corriger dans les actions de Dieu, s'il y avait moyen de mieux faire.

Pierre BAYLE 1647-1706

Pensées diverses sur la Comète de 1680
chap. 165

4459 Voilà la Religion Chrétienne si peu capable de modérer l'incontinence, qu'on s'est vu forcé de lui sacrifier une partie des femmes, afin de sauver l'autre, et d'éviter un plus grand crime, qui n'a pas laissé néanmoins de devenir très commun.

chap. 167

4460 La joie est le nerf de toutes les affaires humaines, et il est certain, quoi qu'on en dise, que l'homme a plus d'amour pour la joie, que de haine pour la douleur, et qu'il est plus sensible au bien qu'au mal.

chap. 174

4461 Il n'est pas plus étrange qu'un Athée vive vertueusement qu'il n'est étrange qu'un Chrétien se porte à toutes sortes de crimes ; si nous voyons tous les jours cette dernière espèce de monstre, pourquoi croirions-nous que l'autre soit impossible ?

Nouvelles lettres sur l'Histoire du calvinisme, chap. 9

4462 Comme ce serait déplaire à Dieu que de respecter la vérité que l'on s'imaginerait être le mensonge, ce serait aussi l'offenser que de ne pas respecter le mensonge que l'on croirait être la vérité.

Nouvelles de la République des Lettres, mars 1686, 4

4463 L'on accommode l'Histoire à peu près comme les viandes dans une cuisine. Chaque nation les apprête à sa manière de sorte que la même chose est mise en autant de ragoûts différents qu'il y a de pays au monde ; et presque toujours, on trouve plus agréables ceux qui sont conformes à sa coutume.

Commentaire philosophique
I, 6

4464 Si un Historien a comparé l'Empire Romain à un homme, qui nous empêchera de *personnifier* le Christianisme par une semblable comparaison ? Son enfance et sa première jeunesse ont été employées à se pousser, malgré les obstacles de la fortune ; il a fait le doux et le modeste, l'humble et le bon sujet, le charitable et l'officieux, et s'est tiré enfin par ce moyen de la misère, voire même s'est élevé haut ; mais après avoir ainsi gagné le dessus, il a quitté son hypocrisie et fait agir sa violence [...]

II, 5

4465 La fausseté doit-elle être combattue par d'autres armes que par celles de la vérité ? Combattre des erreurs à coups de bâton, n'est-ce pas la même absurdité que de se battre contre des bastions avec des harangues et des syllogismes ?

(Commentaire philosophique)

II, 6

4466 La tolérance est la chose du monde la plus propre à ramener le siècle d'or et à faire un concert et une harmonie de plusieurs voix et instruments de différents tons et notes, aussi agréable pour le moins que l'uniformité d'une seule voix.

II, 10

4467 On ne peut rien marquer dans les objets qu'un homme croit véritables et qui le sont effectivement qui ne se trouve dans les objets que le même homme ou un autre croit véritables et qui ne le sont point.

Dictionnaire historique et critique, art. « Bunel », rem. E

4468 Notre raison n'est propre qu'à brouiller tout et qu'à faire douter de tout: elle n'a pas plus tôt bâti un ouvrage qu'elle vous montre les moyens de le ruiner. C'est une véritable Pénélope qui, pendant la nuit, défait la toile qu'elle avait fait le jour.

Dictionnaire historique et critique, art. « Acosta », rem. G

4469 L'on peut comparer la philosophie à des poudres si corrosives qu'après avoir consumé les chairs baveuses d'une plaie, elles rongeraient la chair vive, et carieraient les os, et perceraient jusqu'aux moelles.

Réponses aux questions d'un Provincial, I, 13

4470 La raison ne peut tenir contre le tempérament, elle se laisse mener en triomphe ou en qualité de captive, ou en qualité de flatteuse. Elle contredit les passions pendant quelque temps et puis elle ne dit mot et se chagrine en secret, et enfin elle leur donne son approbation.

Continuation des Pensées diverses, chap. 28

4471 Si le consentement général des peuples à reconnaître l'existence divine est un bon moyen de prouver cette existence, le consentement général des peuples à reconnaître la pluralité des Dieux sera une bonne preuve de l'existence de plusieurs divinités.

chap. 138

4472 Mille et mille courtisans ont avoué que le quart des peines qu'ils se sont données pour plaire à leur Prince eût suffi à leur assurer l'entrée du Paradis.

Charles RIVIÈRE-DUFRESNY 1648-1724

Amusements sérieux et comiques

4473 Les Parisiens sont aussi laborieux que voluptueux. Ils se fatigueront vingt-quatre heures pour assaisonner un plaisir d'un moment.

4474 La simplicité attire, la coquetterie amuse, et la pruderie retient.

4475 Le public est si malin qu'il rend moins volontiers justice aux vivants qu'aux morts, et que souvent il n'élève les morts que pour rabaisser les vivants.

4476 Cette femme s'avance ; que son air est modeste ! Elle ne lève les yeux que pour voir si les autres femmes sont aussi modestes qu'elle.

Madame de LA MOTTE-GUYON 1648-1717

Poésies et Cantiques Spirituels, première partie
cantique XIII, Véritable bonheur

4477 Heureux qui dépouillé de tout
Se quitte aussi soi-même !
S'il se hait, il en vient à bout,
Et c'est alors qu'il aime.

Abbé Pierre de VILLIERS 1648-1728

Stances, Éloge de la solitude

4478 J'étudie au bord des ruisseaux,
Dans l'éternel cours de leurs eaux,
Le cours abrégé de nos vies...
[...]
Ainsi d'un cours précipité
Tous les hommes, de race en race,
S'abîment dans l'Éternité.

BARATON 1650-1720

Le Souhait imprudent, épigramme

4479 Un jour le grand Renaud disait dans sa colère :
« Peste soit des cocus, ils me font enrager.
Fussent-ils tous dans la rivière ! »
« Mon mari, dit Catin, tu ne sais point nager,
Hélas ! comment pourrais-tu faire ? »

XVIIIe siècle

François de Salignac de La Mothe FÉNELON 1651-1715

Examen de conscience sur les Devoirs de la Royauté
Article III, § 26

4480 [...] Les traités de paix ne couvrent rien, lorsque vous êtes le plus fort, et que vous réduisez votre voisin à signer le traité pour éviter de plus grands maux ; alors il signe comme un particulier donne sa bourse à un voleur qui lui tient le pistolet sous la gorge.

Article III, § 33

4481 Les princes ont un pouvoir infini sur ceux qui les approchent ; et ceux qui les approchent ont une faiblesse infinie en les approchant.

Supplément à l'examen de conscience

4482 L'ambition naturelle des souverains, les flatteries de leurs conseillers et la prévention des nations entières ne permettent pas de croire qu'une nation qui peut subjuguer les autres s'en abstienne pendant des siècles entiers.

4483 Empêcher le voisin d'être trop puissant, ce n'est point faire un mal ; c'est se garantir de la servitude et en garantir ses autres voisins.

Dialogues sur l'éloquence
premier dialogue

4484 Il faut que les orateurs ne craignent et n'espèrent rien pour leur propre intérêt. Si vous admettez des orateurs ambitieux et mercenaires, s'opposeront-ils à toutes les passions des hommes ?

second dialogue

4485 Le philosophe ne fait que convaincre, l'orateur, outre qu'il convainc, persuade.

4486 [...] Sitôt après la chute du genre humain, la poésie et l'idolâtrie, toujours jointes ensemble, firent toute la religion des anciens...

4487 [...] L'art, quelque grand qu'il soit, ne parle point comme la passion véritable.

troisième dialogue

4488 Il faut connaître précisément la portée des esprits auxquels on parle: cela demande une science fort solide et un grand discernement.

De l'éducation des filles

chap. 1, De l'importance de l'éducation des filles

4489 Il est constant que la mauvaise éducation des femmes fait plus de mal que celle des hommes, puisque les désordres des hommes viennent souvent et de la mauvaise éducation qu'ils ont reçue de leurs mères, et des passions que d'autres femmes leur ont inspirées dans un âge plus avancé.

chap. 3, Quels sont les premiers fondements de l'éducation

4490 On ne doit jamais se servir d'aucune feinte pour les apaiser ou pour leur persuader ce qu'on veut: par là on leur enseigne la finesse, qu'ils n'oublient jamais; il faut les mener par la raison autant qu'on peut.

4491 Il faut se contenter de suivre et d'aider la nature.

4492 En même temps il faut leur faire apercevoir, non par des louanges vagues, mais par quelque marque effective d'estime, qu'on les approuve bien plus quand ils doutent et qu'ils demandent ce qu'ils ne savent pas que quand ils décident le mieux. C'est le vrai moyen de mettre dans leur esprit, avec beaucoup de politesse, une modestie véritable et un grand mépris pour les contestations qui sont si ordinaires aux jeunes personnes peu éclairées.

4493 La curiosité des enfants est un penchant de la nature qui va comme au devant de l'instruction; ne manquez pas d'en profiter.

chap. 5, Instructions indirectes:
il ne faut pas presser les enfants

4494 [...] Les enfants sont bien plus pénétrants qu'on ne croit, et dès qu'ils ont aperçu quelque finesse dans ceux qui les gouvernent, ils perdent la simplicité et la confiance qui leur sont naturelles.

4495 Le cerveau des enfants est comme une bougie allumée dans un lieu exposé au vent: sa lumière vacille toujours.

4496 Laissez donc jouer un enfant, et mêlez l'instruction avec le jeu.

4497 Après tout, il ne faut point s'opiniâtrer à faire goûter aux enfants certaines personnes pieuses dont l'extérieur est dégoûtant.

4498 D'ordinaire ceux qui gouvernent les enfants ne leur pardonnent rien, et se pardonnent tout à eux-mêmes.

4499 La crainte est comme les remèdes violents qu'on emploie dans les maladies extrêmes ; ils purgent, mais ils altèrent le tempérament, et usent les organes : une âme menée par la crainte en est toujours plus faible.

4500 Rendons l'étude agréable, cachons-la sous l'apparence de la liberté et du plaisir ; souffrons que les enfants interrompent quelquefois l'étude par de petites saillies de divertissement ; ils ont besoin de ces distractions pour délasser leur esprit.

4501 Ainsi il ne faut pas être en peine de leurs plaisirs, ils en inventent assez eux-mêmes ; il suffit de les laisser faire, de les observer avec un visage gai, et de les modérer dès qu'ils s'échauffent trop.

4502 Il y a des naturels semblables aux terres ingrates, sur qui la culture fait peu.

4503 La jalousie est plus violente dans les enfants qu'on ne saurait se l'imaginer ; on en voit quelquefois qui sèchent et qui dépérissent d'une langueur secrète, parce que d'autres sont plus aimés et plus caressés qu'eux. C'est une cruauté trop ordinaire aux mères que de leur faire souffrir ce tourment.

4504 Engagez-le, si vous le pouvez, à rire librement avec vous de sa timidité.

4505 [...] Les enfants apprennent souvent de leurs parents mêmes à n'aimer rien.

4506 On courrait risque de décourager les enfants, si on ne les louait jamais lorsqu'ils font bien. Quoique les louanges soient à craindre à cause de la vanité, il faut tâcher de s'en servir pour animer les enfants sans les enivrer.

chap. 7, Comment il faut faire entrer dans l'esprit des enfants les premiers principes de la religion

4507 Dans tous les âges, l'exemple a un pouvoir étonnant sur nous ; dans l'enfance, il peut tout.

4508 Tel pense être bien instruit, qui ne l'est point et dont l'ignorance est si grande, qu'il n'est pas même en état de sentir ce qui lui manque.

chap. 9, Remarques sur plusieurs défauts des filles

4509 Le bon esprit consiste à retrancher tout discours inutile, et à dire beaucoup en peu de mots ; au lieu que la plupart des femmes disent peu en beaucoup de paroles. Elles prennent la facilité de parler et la vivacité d'imagination pour l'esprit.

(De l'éducation des filles)

4510 Elles estiment la finesse ; et comment ne l'estimeraient-elles pas, puisqu'elles ne connaissent point de meilleure prudence, et que c'est d'ordinaire la première chose que l'exemple leur a enseignée ?

4511 Observez encore que la finesse vient toujours d'un cœur bas et d'un petit esprit. On n'est fin qu'à cause qu'on se veut cacher, n'étant pas tel qu'on devrait être ; ou que, voulant des choses permises, on prend pour y arriver des moyens indignes, faute d'en savoir choisir d'honnêtes.

4512 La mauvaise honte est le mal le plus dangereux et le plus pressé à guérir ; celui-là, si on n'y prend garde, rend tous les autres incurables.

chap. 10, La vanité de la beauté et des ajustements

4513 [...] La beauté trompe encore plus la personne qui la possède que ceux qui en sont éblouis ; elle trouble, elle enivre l'âme ; on est plus sottement idolâtre de soi-même que les amants les plus passionnés ne le sont de la personne qu'ils aiment.

4514 [...] Les véritables grâces suivent la nature et ne la gênent jamais.

4515 Rien n'est estimable que le bon sens et la vertu : l'un et l'autre font regarder le dégoût et l'ennui, non comme une délicatesse louable, mais comme une faiblesse d'un esprit malade.

chap. 11, Instruction des femmes sur leurs devoirs

4516 Prenez garde que l'avarice gagne peu, et qu'elle se déshonore beaucoup.

4517 Souvent c'est faire un grand gain que de savoir perdre à propos : [...]

4518 Le bon goût rejette la délicatesse excessive ; il traite les petites choses de petites, et n'en est point blessé.

chap. 12, Suite des devoirs des femmes

4519 La jeunesse ressent un plaisir incroyable lorsqu'on commence à se fier à elle, et à la faire entrer dans quelque affaire sérieuse.

chap. 13, Des gouvernants

4520 [...] Les choses les plus simples ne se font pas d'elles-mêmes, et elles se font toujours mal par les esprits mal faits.

Avis à une dame de qualité sur l'éducation de sa fille

4521 Les femmes sont d'ordinaire encore plus passionnées pour la parure de l'esprit que pour celle du corps.

Discours à l'Académie, 31 mars 1693

4522 **La passion est l'âme de la parole.**

Discours prononcé au sacre de l'Électeur de Cologne

4523 **Nulle puissance humaine ne peut forcer le retranchement impénétrable de la liberté d'un cœur.**

4524 **[...] Il est plus court de menacer que d'instruire ; il est plus commode à la hauteur et à l'impatience humaines de frapper sur ceux qui résistent, que de les édifier, que de s'humilier, que de prier, que de mourir à soi, pour leur apprendre à mourir à eux-mêmes.**

Sermon sur la vocation des gentils, 6 janvier 1685

4525 **Dieu ne donne aux passions humaines, lors même qu'elles semblent décider de tout, que ce qu'il leur faut pour être des instruments de ses desseins : ainsi l'homme s'agite, mais Dieu le mène.**

Les Aventures de Télémaque
premier livre

4526 **Calypso ne pouvait se consoler du départ d'Ulysse. Dans sa douleur, elle se trouvait malheureuse d'être immortelle.**

4527 **La gloire n'est due qu'à un cœur qui sait souffrir la peine et fouler aux pieds les plaisirs.**

4528 **Avant que de se jeter dans le péril, il faut le prévoir et le craindre ; mais, quand on y est, il ne reste plus qu'à le mépriser.**

second livre

4529 **Quand tu seras le maître des autres hommes, souviens-toi que tu as été faible, pauvre et souffrant comme eux.**

troisième livre

4530 **Quiconque est capable de mentir est indigne d'être compté au nombre des hommes, et quiconque ne sait pas se taire est indigne de gouverner.**

4531 **Le vrai moyen de gagner beaucoup est de ne vouloir jamais trop gagner et de savoir perdre à propos.**

4532 **Surtout n'entreprenez jamais de gêner le commerce pour le tourner selon vos vues. Il faut que le prince ne s'en mêle point, de peur de le gêner, et qu'il en laisse tout le profit à ses sujets, qui en ont la peine [...] Le commerce est comme certaines sources : si vous voulez détourner leur cours, vous les faites tarir.**

(Les Aventures de Télémaque)

4533 Celui qui craint avec tant d'excès d'être trompé, disions-nous, mérite de l'être, et l'est presque toujours grossièrement.

quatrième livre

4534 Il n'y a point sur la terre de véritables hommes, excepté ceux qui consultent, qui aiment, qui suivent cette raison éternelle [...] Elle est comme un grand océan de lumière : nos esprits sont comme de petits ruisseaux qui en sortent et qui y retournent pour s'y perdre.

cinquième livre

4535 Les hommes veulent tout avoir, et ils se rendent malheureux par le désir du superflu ; s'ils voulaient vivre simplement et se contenter de satisfaire aux vrais besoins, on verrait partout l'abondance, la joie, la paix et l'union.

4536 Le plus libre de tous les hommes est celui qui peut être libre dans l'esclavage même.

4537 Le plus malheureux de tous les hommes est un roi qui croit être heureux en rendant les autres hommes misérables. Il est doublement malheureux par son aveuglement ; ne connaissant pas son malheur, il ne peut s'en guérir ; il craint même de le connaître.

4538 Un roi qui ne sait gouverner que dans la paix ou dans la guerre, et qui n'est pas capable de conduire son peuple dans ces deux états, n'est qu'à demi roi.

sixième livre

4539 [...] Le cruel Amour, pour tourmenter les mortels, fait qu'on n'aime guère la personne dont on est aimé.

4540 Celui qui n'a point senti sa faiblesse et la violence de ses passions n'est point encore sage ; car il ne se connaît point encore et ne sait point se défier de soi.

4541 [...] On ne peut vaincre l'amour qu'en fuyant. Contre un tel ennemi, le vrai courage consiste à craindre et à fuir, mais à fuir sans délibérer et sans se donner à soi-même le temps de regarder jamais derrière soi.

septième livre

4542 La sagesse n'a rien d'austère ni d'affecté : c'est elle qui donne les vrais plaisirs ; elle seule les sait assaisonner pour les rendre purs et durables.

4543 Ces grands conquérants, qu'on nous dépeint avec tant de gloire, ressemblent à ces fleuves débordés qui paraissent majestueux, mais qui ravagent toutes les fertiles campagnes qu'ils devraient seulement arroser.

huitième livre

4544 [...] Les peuples innombrables et les plus puissantes armées ne sont que comme des fourmis qui se disputent les uns aux autres un brin d'herbe sur ce morceau de boue.

4545 Quiconque ne sait pas souffrir n'a point un grand cœur.

neuvième livre

4546 Tout le genre humain n'est qu'une famille dispersée sur la face de toute la terre. Tous les peuples sont frères et doivent s'aimer comme tels.

4547 La vraie gloire ne se trouve point hors de l'humanité.

dixième livre

4548 Un prince se déshonore encore plus en évitant les dangers dans les combats qu'en n'allant jamais à la guerre Il ne faut point que le courage de celui qui commande aux autres puisse être douteux.

4549 La valeur ne peut être une vertu qu'autant qu'elle est réglée par la prudence : autrement, c'est un mépris insensé de la vie et une ardeur brutale.

4550 La grandeur est comme certains verres qui grossissent tous les objets : tous les défauts paraissent croître dans ces hautes places, où les moindres choses ont de grandes conséquences et où les plus légères fautes ont de violents contrecoups.

4551 [...] Les hommes sont fort à plaindre d'avoir à être gouvernés par un roi, qui n'est qu'homme, semblable à eux ; car il faudrait les dieux pour redresser les hommes. Mais les rois ne sont pas moins à plaindre, n'étant qu'hommes, c'est-à-dire faibles et imparfaits, d'avoir à gouverner cette multitude innombrable d'hommes corrompus et trompeurs.

4552 Accoutumez-vous donc, ô Télémaque, à n'attendre des plus grands hommes que ce que l'humanité est capable de faire.

4553 [...] Il faut être toujours prêt à faire la guerre, pour n'être jamais réduit au malheur de la faire.

4554 C'est la mollesse et l'oisiveté qui rendent les peuples insolents et rebelles. Ils auront du pain, à la vérité, et assez largement ; mais ils n'auront que du pain, et des fruits de leur propre terre, gagnés à la sueur de leur visage.

4555 Souvenez-vous que les pays où la domination du souverain est plus absolue sont ceux où les souverains sont moins puissants.

Dialogue des morts
Homère, 4

4556 Quand un prince manque d'un Homère, c'est qu'il n'est pas digne d'en avoir un...

Grillus, 6

4557 La patrie d'un cochon se trouve partout où il y a du gland.

4558 Ah ! ne me parlez plus de l'homme : c'est le plus injuste, et par conséquent le plus déraisonnable, de tous les animaux.

4559 Ne vaut-il pas mieux être bête que méchant fou ?

Socrate, 7

4560 Mais être philosophe, suivre le beau et le bon en lui-même par la simple persuasion, et par le vrai et libre amour du beau et du bon, c'est ce qui ne peut jamais être répandu dans tout un peuple, c'est ce qui est réservé à certaines âmes choisies que le ciel a voulu séparer des autres. Le peuple n'est capable que de certaines vertus d'habitude et d'opinion, sur l'autorité de ceux qui ont gagné sa confiance.

Rémus, 8

4561 Avant que d'être grand homme il faut être honnête homme, et on doit s'éloigner des crimes indignes des hommes avant que d'aspirer aux vertus des dieux.

Tatius, 9

4562 Quand on apprend à des impies à massacrer un roi, bientôt ils sauront faire périr l'autre.

Lettre à Louis XIV

4563 Vous n'aimez que votre gloire et votre commodité. Vous rapportez tout à vous, comme si vous étiez le Dieu de la terre, et que tout le reste n'eût été créé que pour vous être sacrifié. C'est au contraire, vous que Dieu n'a mis au monde que pour votre peuple.

Traité de l'existence de Dieu, chap. 5

4564 O multiplicité créée, que tu es pauvre dans ton abondance apparente ! Tout nombre est bientôt épuisé ; toute composition a des bornes étroites ; tout ce qui est plus d'un est infiniment moins qu'un. Il n'y a que l'unité ; elle seule est tout, et après elle il n'y a plus rien.

Instructions sur divers points de la morale
et de la perfection chrétienne

4565 L'âme est si infectée de l'amour-propre qu'elle se salit toujours un peu par la vue de sa vertu ; elle en prend toujours quelque chose pour elle-même.

Lettre au duc de Chevreuse, 30 décembre 1699

4566 Pour être sobre en paroles, il faut l'être en pensées. Il ne faut point suivre son empressement naturel pour vouloir persuader autrui. Vous n'irez à la source du mal qu'en faisant taire souvent votre esprit par le silence intérieur.

Lettre au duc de Chevreuse

4567 Encore une fois défiez-vous des savants et des grands raisonneurs [...]. Ils languissent autour des questions, et ne parviennent jamais à la science de la vérité. Leur curiosité est une avarice spirituelle qui est insatiable. Ils sont comme les conquérants qui ravagent le monde sans le posséder.

Lettre à Mme de Montberon, 26 décembre 1700

4568 Plus on aime Dieu, plus on sent que c'est Dieu qui est tout ensemble l'amour et le bien-aimé.

4569 C'est l'amour qui rend véritablement humble ; car il avilit infiniment tout ce qui n'est point le bien-aimé. Il en occupe tellement, qu'il fait qu'on s'oublie.

4570 Rien n'est si contraire à la simplicité que le scrupule. Il cache je ne sais quoi de double et de faux.

Lettre à Lamothe, 4 mai 1714

4571 Je crois que les hommes de tous les siècles ont eu à peu près le même fonds d'esprit et les mêmes talents, comme les plantes ont eu le même suc et la même vertu. Mais je crois que les Siciliens, par exemple, sont plus propres à être poètes que les Lapons.

Lettre à l'Académie
I, projet d'achever le dictionnaire

4572 Un jour on sentira la commodité d'avoir un dictionnaire qui serve de clef à tant de bons livres. Le prix de cet ouvrage ne peut manquer de croître à mesure qu'il vieillira.

III, projet d'enrichir la langue

4573 Les paroles ne sont que des sons dont on fait arbitrairement les signes de nos pensées. Ces sons n'ont en eux-mêmes aucun prix. Ils sont autant au peuple qui les emprunte, qu'à celui qui les a prêtés. Qu'importe qu'un mot soit né dans notre pays, ou qu'il nous vienne d'un pays étranger ? La jalousie serait puérile, quand il ne s'agit que de la manière de mouvoir ses lèvres, et de frapper l'air.
D'ailleurs, nous n'avons rien à ménager sur ce faux point d'honneur. Notre langue n'est qu'un mélange de grec, de latin et de tudesque, avec quelques restes confus de gaulois. [...] Prenons de tous côtés tout ce qu'il nous faut pour rendre notre langue plus claire, plus précise, plus courte et plus harmonieuse ; toute circonlocution affaiblit le discours.

(Lettre à l'Académie)
IV, projet de rhétorique

4574 Rien n'est plus méprisable qu'un parleur de métier, qui fait de ses paroles ce qu'un charlatan fait de ses remèdes.

4575 Un ouvrage n'a une véritable unité, que quand on ne peut en rien ôter sans couper dans le vif.

4576 L'ordre est ce qu'il y a de plus rare dans les opérations de l'esprit.

V, projet de poétique

4577 Nos plus grands poètes ont fait beaucoup de vers faibles. Personne n'en a fait de plus beaux que Malherbe ; combien en a-t-il qui ne sont guère dignes de lui ?

4578 Notre versification perd plus, si je ne me trompe, qu'elle ne gagne par les rimes : elle perd beaucoup de variété, de facilité et d'harmonie...

4579 La rime ne nous donne que l'uniformité des finales, qui est ennuyeuse, et qu'on évite dans la prose, tant elle est loin de flatter l'oreille.

4580 Le premier de tous les devoirs d'un homme qui n'écrit que pour être entendu est de soulager son lecteur, en se faisant d'abord entendre.

4581 Afin qu'un ouvrage soit véritablement beau, il faut que l'auteur s'y oublie, et me permette de l'oublier.

4582 Le beau ne perdrait rien de son prix quand il serait commun à tout le genre humain ; il en serait plus estimable. La rareté est un défaut et une pauvreté de la nature.

VI, projet d'un traité sur la tragédie

4583 Tout homme doit toujours parler humainement. Rien n'est plus ridicule pour un héros dans les plus grandes actions de sa vie, que de ne joindre pas à la noblesse et à la force une simplicité qui est très opposée à l'enflure...

VII, projet d'un traité sur la comédie

4584 [...] Je soutiens contre Molière, qu'un avare qui n'est point fou, ne va jamais jusqu'à vouloir regarder dans la troisième main de l'homme qu'il soupçonne de l'avoir volé.

4585 Un autre défaut de Molière, que beaucoup de gens d'esprit lui pardonnent, et que je n'ai garde de lui pardonner, est qu'il a donné un tour gracieux au vice avec une austérité ridicule et odieuse à la vertu.

VIII, projet d'un traité sur l'histoire

4586 Presque tous les hommes sont médiocres et superficiels pour le mal comme pour le bien.

Jean-François REGNARD 1655-1709

Voyage en Laponie

4587 Les voyages ont leurs travaux comme leurs plaisirs ; mais les fatigues qui se trouvent dans cet exercice, loin de nous rebuter, accroissent ordinairement l'envie de voyager [...]

Le Joueur
acte I, scène 2

4588 Quand l'amour veut parler, la raison doit se taire.

scène 6

4589 J'aime un amour fondé sur un bon coffre-fort.
[...]
Cette veuve, je crois, ne serait point cruelle ;
Ce serait une éponge à presser au besoin.

acte II, scène 2

4590 L'or est d'un grand secours pour acheter un cœur :
Ce métal, en amour, est un grand séducteur.

scène 4

4591 Qu'il est sincère ! On voit qu'il est homme de cour.

scène 8

4592 C'est un pesant fardeau d'avoir un gros mérite.

acte IV, scène 1

4593 Quiconque aime, aimera ;
Et quiconque a joué, toujours joue, et jouera.

scène 9

4594 Ah ! ma foi ! l'on n'a plus tant de délicatesse ;
On aime pour s'aimer tout autant que l'on peut ;
Le mariage suit, et vient après, s'il veut.

scène 10

4595 Allons, saute, marquis.

scène 13

4596 Qu'un joueur est heureux ! sa poche est un trésor ;
Sous ses heureuses mains le cuivre devient or.

Le Bal
scène 4

4597 [...] J'aime mieux, prix pour prix,
Deux amants comme il faut que cinquante maris.
Un époux est un vin difficile à revendre,
On peut en essayer, mais il n'en faut pas prendre.

(Le Bal)
scène 7

4598 Des charmes apparents on est souvent la dupe,
Et rien n'est si trompeur qu'animal porte-jupe.

scène 12

4599 Bon! je sais des maris, qui, pour éviter noise,
N'ont jamais approché leurs femmes d'une toise,
Et qui ne laissent pas d'avoir en leur maison
Un grand nombre d'enfants qui portent tous leur nom.

Les Folies amoureuses
acte I, scène 2

4600 [...] Un héritier qui voit un oncle rendre l'âme;
Un époux, quand il suit le convoi de sa femme;
N'ont pas le demi-quart tant de plaisir que j'ai
En recevant de vous ce bienheureux congé.

scène 7

4601 C'est le nerf [l'argent] de la guerre ainsi que des amours.

acte II, scène 2

4602 On aime sans raison, et sans raison on hait.

scène 5

4603 Et, malgré tous les soins dont l'amour nous occupe,
Le plus fin, tel qu'il soit, en est toujours la dupe.

4604 [...] Il faut, dans la vie,
Assaisonner l'amour d'un peu de jalousie.

acte III, scène 2

4605 Et lorsque l'on perd tout, on peut tout hasarder.

Le Légataire universel
acte I, scène 1

4606 Il a, pour médecin, pris un apothicaire
Pas plus haut que ma jambe, et de taille sommaire:
Il croit qu'étant petit, il lui faut moins d'argent,
Et qu'attendu sa taille, il ne paîra pas tant.

scène 4

4607 Mais il faut tant d'argent pour se faire soigner,
Que, puisqu'il faut mourir, autant vaut l'épargner.

scène 7

4608 C'est un bon testament, un testament, morbleu,
Bien fait, bien cimenté, qui doit vous tenir lieu
De tendresse, d'amour, de désir, de ménage,
De femme, de contrats, d'enfants, de mariage.

acte III, scène 4

4609 Mais tout le monde croit, à votre air triste et sombre,
Qu'errant près du tombeau, vous n'êtes plus qu'une ombre,
Et que, pour des raisons qui vous font différer,
Vous ne vous êtes pas encor fait enterrer.

acte IV, scène 1

4610 C'est dans les grands dangers qu'on voit un grand courage.

scène 6

4611 Non, mon neveu ; je veux que mon enterrement
Se fasse à peu de frais et fort modestement.
Il fait trop cher mourir...

acte V, scène 1

4612 Et je vous apprends, moi, que l'on ne s'aime bien,
Quand on est marié, qu'autant qu'on a du bien.

FONTENELLE 1657-1757

Histoire des oracles, première dissertation, chap. 6

4613 Dans les premiers temps, la poésie et la philosophie étaient la même chose ; toute sagesse était renfermée dans les poèmes. Ce n'est pas que par cette alliance la poésie en valût mieux, mais la philosophie en valait beaucoup moins.

chap. 8

4614 Quand les philosophes s'entêtent une fois d'un préjugé, ils sont plus incurables que le peuple même, parce qu'ils s'entêtent également et du préjugé et des fausses raisons qui le soutiennent.

deuxième dissertation, chap. 5

4615 Le dieu qui agite la Pythie se proportionne à sa capacité, et ne lui fait point faire de vers si elle n'est pas assez habile pour en pouvoir faire naturellement.

4616 Apollon voulut bien [...] s'accommoder à la mode. Quand la prose commença d'y être, Apollon parla en prose.

Entretiens sur la pluralité des mondes
premier soir

4617 Toute la philosophie n'est fondée que sur deux choses : sur ce qu'on a l'esprit curieux et les yeux mauvais...

4618 Les mouvements les plus naturels, et les plus ordinaires, sont ceux qui se font le moins sentir ; cela est vrai jusque dans la morale. Le mouvement de l'amour-propre nous est si naturel que, le plus souvent, nous ne le sentons pas [...]

(Entretiens sur la pluralité des mondes)
deuxième soir

4619 Il devrait y avoir un arrêt du genre humain qui défendît qu'on parlât jamais d'éclipse, de peur que l'on ne conserve la mémoire des sottises qui ont été faites ou dites sur ce chapitre-là.

troisième soir

4620 Il faut ne donner que la moitié de son esprit aux choses de cette espèce que l'on croit, et en réserver une autre moitié libre où le contraire puisse être admis s'il en est besoin.

4621 Alexandre voyait la terre comme une belle place bien propre à y établir un grand empire ; Céladon ne la voyait que comme le séjour d'Astrée ; un philosophe la voit comme une grosse planète qui va par les cieux, toute couverte de fous.

cinquième soir

4622 Si les roses, qui ne durent qu'un jour, faisaient des histoires, et se laissaient des mémoires les unes aux autres, les premières auraient fait le portrait de leur jardinier d'une certaine façon [...] ; les autres, qui l'auraient encore laissé à celles qui devaient suivre, n'y auraient rien changé. Sur cela elles diraient : « Nous avons toujours vu le même jardinier ; de mémoire de rose on n'a vu que lui [...] ; assurément, il ne meurt point comme nous ; il ne change seulement pas. »

sixième soir

4623 Les vrais philosophes sont comme les éléphants, qui en marchant ne posent jamais le second pied à terre que le premier ne soit bien affermi.

Du bonheur

4624 N'ajoutons pas à tous les maux que la nature et la fortune peuvent nous envoyer, la ridicule et inutile vanité de nous croire invulnérables.

4625 Celui qui veut être heureux, se réduit et se resserre autant qu'il est possible. Il a ces deux caractères, il change peu de place et en tient peu.

Éloges des académiciens
Malebranche

4626 [...] Les idées métaphysiques seront toujours pour la plupart du monde comme la flamme de l'esprit de vin, qui est trop subtile pour brûler du bois.

4627 On est surpris et peut-être fâché de se voir conduit par la seule philosophie aux plus rigoureuses obligations du christianisme ; on croit communément pouvoir être philosophe à meilleur marché.

Leibniz

4628 Il pose des définitions exactes, qui le privent de l'agréable liberté d'abuser des termes dans les occasions.

4629 Leibniz ne s'était point marié ; il y avait pensé à l'âge de cinquante ans ; mais la personne qu'il avait en vue voulut avoir le temps de faire ses réflexions. Cela donna à Leibniz le loisir de faire aussi les siennes, et il ne se maria point.

Dialogues des morts anciens
Dialogue II, Callirhée et Pauline

4630 Le cœur est la source de toutes les erreurs dont nous avons besoin ; il ne nous refuse rien dans cette matière-là.

Dialogues des morts anciens avec des modernes
Dialogue II, Artémise et Raymond Lulle

4631 Le public est fait pour être la dupe de beaucoup de choses ; il faut profiter des dispositions où il est.

4632 Il est vrai qu'on ne peut trouver la pierre philosophale, mais il est bon qu'on la cherche : en la cherchant, on trouve de fort beaux secrets qu'on ne cherchait pas.

Vie de Corneille

4633 L'espèce d'esprit qui dépend de l'imagination ressemble à la beauté, et ne subsiste qu'avec la jeunesse.

4634 Ce livre [*l'Imitation de Jésus-Christ*], le plus beau qui soit parti de la main d'un homme, puisque l'Évangile n'en vient pas...

Digression sur les Anciens et les Modernes

4635 Tout ce qu'aurait pu faire Archimède dans l'enfance du monde, aurait été d'inventer la charrue.

4636 Il me semble que mon peu d'autorité, et le peu d'attention qu'on aura pour mes opinions, me mettent en liberté de dire tout ce que je veux.

Réflexions sur la poétique

4637 Nous ne sommes parfaits sur rien, non pas même sur le mal.

4638 Le cœur aime naturellement à être remué ; ainsi les objets tristes lui conviennent, et même les objets douloureux, pourvu que quelque chose les adoucissent.

4639 L'art est un tyran qui se plaît à gêner ses sujets, et qui ne veut pas qu'ils paraissent gênés.

Discours sur la nature de l'églogue

4640 La censure que l'on exerce sur les ouvrages d'autrui n'engage point à en faire de meilleurs...

4641 Pour être heureux, autant qu'on le peut être par les passions, il faut que toutes celles que l'on a s'accommodent les unes avec les autres.

Épigramme sur l'Académie française

4642 Sommes-nous trente-neuf, on est à nos genoux,
Et sommes-nous quarante, on se moque de nous.

DANCOURT 1661-1725

Les Fonds perdus, acte III, scène 1

4643 Il lui a déchiré ses gants pour lui baiser la main.

Le Chevalier à la mode
acte I, scène 4

4644 Je ne suis pas assez laide, ce me semble, pour avoir la réputation de n'avoir pu mettre un juge dans les intérêts des personnes que je protège.

acte III, scène 3

4645 Cela ne s'appelle point fourberie : en termes de cour, à ce que j'ai ouï dire, c'est gentillesse, tout au plus.

Les Bourgeoises à la mode, acte I, scène 3

4646 Est-ce que tu ne sais pas que pour épouser des filles de bourgeois, ce n'est pas aux pères que des jeunes gens de condition s'adressent à présent ? [...] on prend seulement l'aveu de la petite fille ; on tâche d'avoir l'agrément de la fille de chambre, et quand on ne peut plus cacher la chose, on en informe la famille.

Le Tueur, scène 6

4647 Eh ! allez, allez ! en fait de mariage, les honnêtes filles ont toujours plus d'impatience que les autres !

Charles ROLLIN 1661-1741

Le Traité des études

4648 Pour remédier au mauvais goût, pour réformer dans le style les expressions et les pensées, il faut purifier la source d'où elles partent. C'est l'esprit qu'il faut guérir. Quand il est sain et vigoureux, l'éloquence l'est aussi ; elle est faible quand l'esprit l'est devenu.

4649 Un style trop étudié et trop recherché est la marque d'un petit génie.

Catherine BERNARD 1662-1712

Riquet à la houppe

4650 [...] Défendre d'aimer à une jeune et jolie personne, ce serait défendre à un arbre de porter des feuilles au mois de mai.

4651 Avec de l'or et de l'esprit, qui peut être malheureux mérite de l'être.

4652 [...] Les amants à la longue deviennent des maris.

Mademoiselle DESHOULIÈRES 1662-1718

Stances irrégulières

4653 Les grands Hommes dans leurs ouvrages,
Ainsi que les héros, ne vieillissent jamais.

Jean-Baptiste MASSILLON 1663-1742

Sermons

pour la fête de tous les saints

4654 ...Ainsi parlerait le monde; mais, Sire, Jésus-Christ ne parle pas comme le monde.

4655 La source de nos chagrins est d'ordinaire dans nos erreurs ; et nous ne sommes malheureux, dit un Père, que parce que nous jugeons mal des biens et des maux véritables.

4656 Ne sortez pas de vous-même, et vous serez heureux.

sur le jugement universel

4657 C'est ici où le compte sera terrible. Jésus-Christ vous redemandera le prix de son sang.

sur les afflictions

4658 [...] Chacun dans son état, quelque heureuse qu'en paraisse la destinée, trouve des croix et des amertumes qui en balancent toujours les plaisirs.

4659 Ne pouvoir se soumettre à Dieu, ni se consoler de ses peines, ce n'est pas être tendre et sensible, c'est être farouche et désespéré.

sur la vérité de la religion

4660 La philosophie ne détruisait les vices que par le vice [...]: elle cherchait plus la gloire de la sagesse, que la sagesse elle-même.

(Sermons)
sur la vérité d'un avenir

4661 O Dieu ! que vous êtes terrible, lorsque vous livrez le pêcheur à son aveuglement.

4662 Si nous ne naissons que pour les plaisirs des sens, pourquoi ne peuvent-ils nous satisfaire, et laissent-ils toujours un fonds d'ennui et de tristesse dans notre cœur ?

sur le respect dans les temples

4663 L'univers entier est un temple que Dieu remplit de sa gloire et de sa présence. Quelque part que nous soyons, dit l'Apôtre, il est toujours près de nous [...] ; et il est le Dieu des îles éloignées où l'on ne le connaît pas, comme des royaumes et des régions qui l'invoquent.

sur la vocation

4664 De toutes les circonstances de la vie, le choix d'un état est celle où la méprise est le plus à craindre...

sur le petit nombre des élus

4665 [...] Tout ce que vous employez au-delà des besoins et des bienséances de votre état [...] est un vol que vous faites aux pauvres.

des doutes sur la religion

4666 La plupart de ces hommes qui se donnent pour incrédules, vivent pourtant dans des variations perpétuelles sur le point même de l'incrédulité.

sur la mort

4667 Les sentiments qu'une mort inopinée réveille dans nos cœurs, sont des sentiments d'une journée, comme si la mort elle-même devait être l'affaire d'un jour.

4668 Mourir, disparaître à tout ce qui nous environne ; entrer dans les abîmes de l'éternité ; devenir cadavre, la pâture des vers, l'horreur des hommes, le dépôt hideux d'un tombeau...

sur les tentations des grands

4669 Quiconque flatte ses maîtres, les trahit ; la perfidie qui les trompe est aussi criminelle que celle qui les détrône [...]

Oraisons funèbres, M. de Villars

4670 La gloire n'est qu'un nom qui se fait cependant acheter de tout notre repos.

Oraisons funèbres, Monseigneur Louis, Dauphin

4671 Nous disons sans cesse que le monde n'est rien, et nous ne vivons que pour le monde.

Oraisons funèbres, Louis-le-Grand

4672 Dieu seul est grand, mes Frères, et dans ces moments surtout, où il préside à la mort des rois de la terre [...]

4673 Tout ce qui fait la grandeur des rois sur la terre, en fait aussi le danger.

4674 Retournez donc dans le sein de Dieu d'où vous étiez sortie, âme héroïque et chrétienne!

Marie-Jeanne LHÉRITIER 1664-1734

Les Enchantements de l'éloquence

4675 Doux et courtois langage
Vaut mieux que riche héritage.

4676 [...] Et même l'on peut dire que pour les personnes bien jeunes, la lecture des romans est en quelque façon meilleure que celle de l'histoire même, parce que l'histoire, étant entièrement assujettie à la vérité, présente quelquefois des images bien choquantes pour les mœurs.

4677 Les choses brillantes qui sortaient de sa bouche attiraient encore plus de monde que celles qui sortent de la bouche de Mr de ******, toutes belles qu'elles sont. Ce peuple avait raison: n'était-il pas bien plus agréable de voir sortir des pierres précieuses d'une belle petite bouche comme celle de Blanche qu'il ne l'était de voir sortir des éclairs de la grande bouche de cet orateur tonnant qui était cependant si couru des Athéniens.

Le Curé MESLIER 1664?-1735?

Testament, avant-Propos

4678 Si j'ai embrassé une profession si directement opposée à mes sentiments, ce n'est point par cupidité; j'ai obéi à mes parents.

4679 J'ai évité avec soin de vous exhorter à la bigoterie; et je ne vous ai parlé qu'aussi rarement qu'il m'a été possible de nos malheureux dogmes. Il fallait bien que je m'acquittasse, comme Curé, de mon ministère.

4680 Je crois pouvoir dire que quand il n'y aurait, par exemple, que les fables d'Ésope, elles sont certainement beaucoup plus ingénieuses et plus instructives, que ne le sont toutes ces grotesques et basses paraboles, qui sont rapportées dans les Évangiles.

4681 Ils disent tous, *gardez-vous des faux Prophètes,* comme les vendeurs de Mithridate disent, *gardez-vous des Pilules contrefaites.*

chap. 6

4682 Je finirai par supplier Dieu si outragé par cette secte de daigner nous rappeler à la Religion Naturelle, dont le Christianisme est l'ennemi déclaré.

Henri François d'AGUESSEAU 1668-1751

Mercuriales

4683 Les distractions diminuent à un certain âge ; les plaisirs se retirent, les passions se taisent et semblent respecter la vieillesse. [...] L'homme commence alors à connaître le prix d'un temps qui n'est plus, et d'une vie toute prête à lui échapper. Mais à la vue d'une fin qui s'avance à grands pas, on dirait souvent qu'il pense plus à durer qu'à vivre, et à compter ses moments qu'à les peser.

4684 Est-il donc un autre poids pour apprécier les heures de la justice, et par quel charme secret changent-elles de nature selon que le magistrat en est le débiteur, ou qu'il croit en devenir le créancier ?

4685 Ce jour, cette heure que le magistrat croit quelquefois pouvoir perdre innocemment, sont peut-être pour le misérable le jour fatal, et comme la dernière heure de la justice. Nous croyons avoir toujours assez de temps pour la rendre, mais il n'y en aura plus pour la recevoir [...]

4686 [...] L'esprit le plus pénétrant a besoin du secours du temps pour s'assurer, par ses secondes pensées, de la justice des premières, et pour laisser à son jugement le loisir d'acquérir cette maturité que le temps seul donne aux productions de notre esprit comme à celles de la nature.

Alain René LESAGE 1668-1747

Crispin rival de son maître

scène 1

4687 Parbleu ! monsieur, je vous sers comme vous me payez. Il me semble que l'un n'a pas plus de sujet de se plaindre que l'autre.

scène 3

4688 [...] Il aime le jeu, le vin, les femmes ; c'est un homme universel : nous faisons ensemble toutes sortes de débauches ; cela m'amuse, cela me détourne de mal faire.

scène 9

4689 [...] La justice est une si belle chose, qu'on ne saurait trop cher l'acheter.

scène 13

4690 Damis est un plaisant homme, de vouloir avoir deux femmes, pendant que tant d'honnêtes gens sont si fâchés d'en avoir une!

Turcaret
acte I, scène 2

4691 [...] Elle a le teint si beau, que je pourrais m'y tromper d'une vingtaine d'années.

scène 5

4692 M. TURCARET
Tiens, je donne sans compter, moi.

MARINE
Et moi, je reçois de même, monsieur! Oh! nous sommes tous deux des gens de bonne foi!

scène 8

4693 Les soubrettes sont comme les bigotes; elles font des actions charitables pour se venger.

scène 10

4694 J'admire le train de la vie humaine! Nous plumons une coquette; la coquette mange un homme d'affaires; l'homme d'affaires en pille d'autres: cela fait un ricochet de fourberies le plus plaisant du monde.

acte II, scène 1

4695 [...] Un mari et une femme qui s'aiment, des gens extraordinaires; enfin c'est une maison triste.

scène 4

4696 Il ne dit pas quatre paroles dans un repas; mais il mange et pense beaucoup. Peste! c'est un homme bien agréable...

acte III, scène 4

4697 C'est l'usurier le plus juif: il vend son argent au poids de l'or.

scène 5

4698 Vouloir faire aux gens un crime de leur prêter sur gages!... Il vaut mieux prêter sur gages que prêter sur rien.

scène 10

4699 La plupart des femmes sont plus sensibles à la vanité d'avoir un équipage qu'au plaisir même de s'en servir.

(Turcaret)
(acte III) scène 11

4700 Il faut que l'air qu'on respire dans une maison fréquentée par un financier soit contraire à la modestie ; car depuis le peu de temps que j'y suis, il me vient des idées de grandeur que je n'ai jamais eues.

acte IV, scène 2

4701 Marquer tant d'empressement, c'est courir après une femme ; cela est bien bourgeois...

4702 [...] C'est une personne qui sait vivre, une femme revenue des préjugés de l'éducation.

scène 8

4703 Il vaut mieux sentir quelque jour des remords pour avoir ruiné un homme d'affaires, que le regret d'en avoir manqué l'occasion.

scène 10

4704 MADAME JACOB
J'ai un mari, à la vérité ; mais il ne sert qu'à faire grossir ma famille, sans m'aider à l'entretenir.

LISETTE
Il y a bien des maris qui font tout le contraire.

4705 Je fais des mariages, la bonne dame. Il est vrai que ce sont des mariages légitimes ; ils ne produisent pas tant que les autres...

Histoire de Gil Blas de Santillane
livre I, chap. 5

4706 Tous les hommes aiment à s'approprier le bien d'autrui. C'est un sentiment général. La manière seule de le faire en est différente.

chap. 15

4707 Je connais les grands : ils comptent pour rien le zèle et l'attachement d'un honnête homme ; ils ne se soucient que des personnes qui leur sont nécessaires.

4708 Si l'amour ruine des hommes qui ont du bien, il en fait souvent subsister d'autres qui n'en ont pas.

chap. 17

4709 [...] Parle-moi de l'emploi d'un laquais ; c'est un bénéfice simple qui n'engage à rien. Un maître a-t-il des vices, le génie supérieur qui le sert les flatte, et souvent même les fait tourner à son profit.

livre II, chap. 2

4710 [...] Ce docteur est si expéditif, qu'il ne donne pas le temps à ses malades d'appeler des notaires.

chap. 3

4711 Quoique de jour en jour je m'en sentisse plus incommodé, le préjugé l'emportait sur l'expérience. J'avais, comme on voit, une heureuse disposition à devenir médecin...

4712 « Tu es savant, Gil Blas, avant que d'être médecin ; au lieu que les autres sont longtemps médecins, et la plupart toute leur vie, avant que d'être savants. »

livre III, chap. 4

4713 Veux-tu briller ? tu n'as qu'à te livrer à ta vivacité et risquer indifféremment tout ce qui pourra te venir à la bouche. Ton étourderie passera pour une noble hardiesse. Quand tu débiterais cent impertinences, pourvu qu'avec cela il t'échappe seulement un bon mot, on oubliera les sottises, on retiendra le trait, et l'on concevra une haute opinion de ton mérite [...]. C'est ainsi qu'en doit user tout homme qui vise à la réputation d'un esprit distingué.

livre IV, chap. 1

4714 Don Vincent était un vieux seigneur fort riche, qui vivait heureux depuis plusieurs années sans procès et sans femme, les médecins lui ayant ôté la sienne, en voulant la défaire d'une toux qu'elle aurait encore pu conserver longtemps, si elle n'eût pas pris leurs remèdes...

chap. 8

4715 [...] Un de ces esprits sérieux qui veulent passer pour de grands génies, à la faveur de leur silence...

livre VII, chap. 2

4716 Malgré tout cela, je lui trouvais l'air d'un homme de qualité, sans doute parce que je savais qu'il en était un. Nous autres personnes du commun, nous regardons les grands seigneurs avec une prévention qui leur prête souvent un air de grandeur que la nature leur a refusé.

Le Diable boiteux, chap. 2

4717 Je vous dirai de plus que je suis dans son laboratoire comme un livre de droit dans la bibliothèque d'un financier : il ne pense point à moi.

chap. 3

4718 On nous réconcilia ; nous nous embrassâmes, et depuis ce temps-là nous sommes ennemis mortels.

(Le Diable boiteux, chap. 4)

4719 J'admire messieurs les hommes : leurs propres défauts leur paraissent des minuties ; au lieu qu'ils regardent ceux d'autrui avec un microscope.

4720 Il en est de même de toutes les coquettes. Les hommes ont beau se ruiner pour elles, ils n'en sont pas plus aimés ; au contraire, tout payeur est traité comme un mari.

chap. 4

4721 [Ils] rencontrèrent une vieille femme qui tenait à la main un des plus gros chapelets qu'ait fabriqués l'hypocrisie.

4722 S'il y a des gouvernantes fidèles, c'est que les galants ne sont pas assez riches ou assez libéraux.

4723 Une fille prévenue est à moitié séduite.

chap. 7

4724 Lorsqu'un fils aîné possède tout le bien d'une maison, je ne lui conseille pas de chasser avec son cadet.

chap. 8

4725 Je n'ai garde de me moquer d'un auteur si célèbre et si docte ; j'en fais un si grand cas, que je suis persuadée qu'en l'ouvrant seulement je me guérirai de mon insomnie.

chap. 16

4726 Je souhaiterais qu'un médecin se trouvât aux funérailles de son malade, comme un lieutenant criminel assiste en France au supplice d'un coupable qu'il a condamné.

Jean Antoine DU CERCEAU 1670-1730

À Monseigneur le duc du Maine

4727 Trop bien savez, prudents comme vous êtes,
Que dans ce temps, quoiqu'on cherche avec soin,
Est plus aisé de trouver au besoin
Bons Pâtissiers, que trouver bons Poètes.

À Monseigneur le Dauphin
Pour lui demander la permission de l'aller voir

4728 Quelques couleurs qu'on donne à vos portraits,
Il n'est rien tel que d'être vu de près.

Le Rat et le Raton

4729 Quel fils ne se croit plus sage que son père ?

Le Chirurgien

4730 Pour guérir une plaie il faut aller au fond,
Le plus cruel alors est le plus charitable.

Jean-Baptiste DUBOS 1670-1742

Réflexions critiques sur la Poésie et la Peinture

4731 L'ouvrage qui ne touche point et qui n'attache pas ne vaut rien.

4732 Le sentiment enseigne bien mieux si l'ouvrage touche que toutes les dissertations composées par les critiques.

Jean-Baptiste ROUSSEAU 1671-1741

Odes, livre I, III, sur l'aveuglement des hommes du siècle

4733 Qu'aux accents de ma voix la terre se réveille.
Rois, soyez attentifs ; peuples, ouvrez l'oreille :
Que l'Univers se taise, et m'écoute parler...

4734 Que deviendront alors, répondez, grands du monde,
Que deviendront ces biens où votre espoir se fonde... ?

4735 Nous avons beau vanter nos grandeurs passagères,
Il faut mêler sa cendre aux cendres de ses pères ;
Et c'est le même Dieu qui nous jugera tous.

Ode VI, à la Fortune

4736 Fortune dont la main couronne
Les forfaits les plus inouïs,
Du faux éclat qui t'environne
Serons-nous toujours éblouis ?

4737 Quoi ! Rome et l'Italie en cendre
Me feront honorer Sylla ?
J'admirerai dans Alexandre
Ce que j'abhorre en Attila ?

4738 Vous êtes les maîtres du monde,
Votre gloire nous éblouit ;
Mais au moindre revers funeste,
Le masque tombe, l'homme reste,
Et le héros s'évanouit.

4739 L'effort d'une vertu commune
Suffit pour faire un conquérant.
Celui qui dompte la fortune
Mérite seul le nom de grand.

Ode VII, à une veuve

4740 Andromaque en moins d'un lustre
Remplaça deux fois Hector.

Circé

4741 L'Amour est jaloux de ses droits;
[...]
Tout reconnaît sa loi suprême;
Lui seul ne connaît point de lois.

Cantates, II

4742 Que le soin de charmer
Soit votre unique affaire.
Songez que l'art d'aimer
N'est que celui de plaire.

Épîtres, III, à Clément Marot

4743 ...Tous ces vers qu'on admire
Ont un malheur: c'est qu'on ne peut les lire.
Et franchement, quoique plus censuré,
J'aime encor mieux être lu qu'admiré.

Épigrammes, XVIII

4744 Tu dis qu'il faut brûler mon livre:
Hélas! le pauvre enfant ne demandait qu'à vivre;
Les tiens auront un meilleur sort:
Ils mourront de leur belle mort.

XXII

4745 Ci-gît l'Auteur d'un gros livre
Plus embrouillé que savant.
Après sa mort il crut vivre
Et mourut de son vivant.

Antoine HOUDAR DE LA MOTTE 1672-1731

Ode IX, L'émulation

4746 L'orgueil m'enivre en ce moment;
Et je cède à l'instinct superbe
Qui me flatte qu'avec Malherbe
Je dois vivre éternellement.

Ode XIII, à Delius

4747 Du monarque du sombre bord
Tout ce qui vit sent la puissance,
Et l'instant de notre naissance
Fut pour nous un arrêt de mort.

Ode XV, à l'Académie française

4748 [...] Contemporains de tous les hommes,
Et citoyens de tous les lieux...

Fables (1719), La montre et le cadran solaire

4749 Je parle peu, mais je dis bien.
C'est le caractère du sage.

Fables (1719), Les amis trop d'accord

4750 C'est un grand agrément que la diversité:
Nous sommes bien comme nous sommes.
Donnez le même esprit aux hommes,
Vous ôtez tout le sel de la société.
L'ennui naquit un jour de l'uniformité.

Fables (1719), V

4751 Bien insensé qui se fiera
A tout ami qu'amène l'abondance!
Il ne vient qu'avec elle: avec elle il fuira.

Fables (1719), Les deux livres

4752 Du sage mal vêtu le grand seigneur rougit;
Et cependant l'un est un homme;
L'autre souvent n'est qu'un habit.

Madrigal

4753 Vivre loin du seul bien dont mon cœur soit jaloux,
Aux plus mortels ennuis ce sentiment nous livre;
Mais c'est toujours penser à vous,
Et penser à vous me fait vivre.

Inès de Castro (tragédie, 1723)

4754 Est-ce pour conquérir que le ciel fit les rois?

Paradoxes littéraires

4755 La prose peut dire plus exactement tout ce que disent les vers, et les vers ne peuvent pas dire tout ce que dit la prose.

Madame de CAYLUS 1673-1729

Souvenirs

4756 Les maris de ce temps-là, quelque galants qu'ils fussent, n'aimaient pas que leurs femmes en vissent d'autres dont la réputation eût été entamée.

4757 M. de Louvois se contentait de lui [le Roi] dire chaque jour : « Tant de gens se sont convertis, comme je l'avais dit à Votre Majesté, à la seule vue de ses troupes. »

4758 La timidité rend les hommes farouches, quand ils se font surtout un devoir de ne la pas surmonter.

Prosper Jolyot de CRÉBILLON 1674-1762

Idoménée
acte II, scène 1

4759 Je respire un amour que ma raison abhorre.

acte III, scène 7

4760 Nous touchons tout vivants à la rive infernale [...]

acte V, scène 5

4761 Hélas ! quand j'ai cru voir la fin de mes malheurs,
Vous avez craint de voir la fin de vos fureurs [...]

Atrée et Thyeste
acte II, scène 5

4762 Je le reconnaîtrais seulement à ma haine.

acte III, scène 3

4763 Fais couler tout le sang que j'exige de toi.

acte V, scène 4

4764 Je ne te l'ai rendu que pour te le reprendre,
Et ne te le ravis que pour mieux te le rendre.

4765 Ce n'est de ses forfaits se venger qu'à demi,
Que d'accabler de loin un perfide ennemi :
Il faut, pour bien jouir de son sort déplorable,
Le voir dans le moment qu'il devient misérable [...]

4766 Tu souhaites la mort, tu l'implores ; et moi,
Je te laisse le jour pour me venger de toi.

Rhadamiste et Zénobie, acte II, scène 2

4767 Ah ! doit-on hériter de ceux qu'on assassine ?

Le Triumvirat, acte III, scène 1

4768 Rome n'est plus qu'un spectre, une ombre en Italie,
Dont le corps tout entier est passé dans l'Asie.

Catilina, acte III, scène 4

4769 Le succès fut toujours un enfant de l'audace.

Xerxès, acte I, scène 1

4770 La crainte fit les dieux ; l'audace a fait les rois.

Électre, acte III, scène 5

4771 C'est à mes ennemis à trembler, non à moi.

François GAYOT DE PITAVAL 1675-1743

L'Art d'orner son esprit en l'amusant

4772 J'aimerais autant demander à un vieillard : « Quel jour mourrez-vous ? » que de demander à une jolie femme qui n'est pas trop jeune : « Quel jour êtes-vous née ? »

Le duc de SAINT-SIMON 1675-1755

Mémoires

tome I, avant-propos

4773 Fuyons la folie des extrémités qui n'ont d'issue que les abîmes [...]

4774 Ceux qui ont la confiance des généraux, des ministres, encore plus ceux qui ont celle des princes, ne doivent pas leur laisser ignorer les mœurs, la conduite, les actions des hommes.

4775 Écrire l'histoire de son pays et de son temps, [...] c'est se montrer à soi-même pied à pied le néant du monde, de ses craintes, de ses désirs, de ses espérances, de ses disgrâces, de ses fortunes, de ses travaux [...]

chap. 15

4776 La petite vérole l'avait éborgné [Phélypeaux], mais la fortune l'avait aveuglé.

chap. 17

4777 Il [Fénelon] la [Mme Guyon] vit : leur esprit se plut l'un à l'autre, leur sublime s'amalgama.

chap. 35

4778 Il arrive quelquefois aux plus gens de bien de diviniser certaines passions, et telle est la faiblesse de l'homme.

chap. 44

4779 Presque en même temps, on perdit le célèbre Racine, si connu par ses belles pièces de théâtre. Personne n'avait plus de fonds d'esprit, ni plus agréablement tourné ; rien du poète dans son commerce, et tout de l'honnête homme, de l'homme modeste, et, sur la fin, de l'homme de bien.

(Mémoires)
tome II, chap. 1

4780 Ainsi périssent en bref, et souvent avec honte, les familles de ces ministres [Sully] si puissants et si riches, qui semblent, dans leurs fortunes, les établir pour l'éternité.

chap. 4

4781 [...] L'autre [frère de Chamillart], méchant autant que sa sottise le lui pouvait permettre [...]

chap. 6

4782 Il [comte de Mélac] n'avait de patrie que l'armée et les frontières [...]

chap. 20

4783 Le vieux maréchal de Villeroy, grand routier de cour, disait plaisamment qu'il fallait tenir le pot de chambre aux ministres tant qu'ils étaient en puissance, et le leur renverser sur la tête sitôt qu'on s'apercevait que le pied commençait à leur glisser.

chap. 59

4784 [...] Le roi n'aimait et ne comptait que lui, et était à soi-même sa fin dernière.

chap. 62

4785 C'était [le baron de Lanjamet] de ces insectes de cour qu'on est toujours surpris d'y voir et d'y trouver partout, et dont le peu de conséquence fait toute la consistance.

tome III, chap. 5

4786 Je haïssais les châteaux en Espagne et les raisonnements qui ne pouvaient aboutir à rien.

tome IV, chap. 1

4787 Il mourut en ce même temps un homme de meilleure maison, mais d'un mérite qui se serait borné aux jambons, s'il fût né d'un père qui en eût vendu.

chap. 11

4788 Les jésuites, si adroits à reconnaître les faibles des monarques, et si habiles à saisir tout ce qui peut eux-mêmes les protéger et les conduire à leurs fins, montrèrent à quel point ils y étaient maîtres.

chap. 13

4789 La plupart des grandes maisons ont des chimères, et ces chimères leur font plus de mal que de bien.

chap. 17

4790 Elle avait un confesseur jésuite: elle fit comme Mme la Dauphine sa sœur: lorsqu'il fut question des derniers sacrements et de penser tout de bon à la mort, elle le remercia et prit un dominicain.

4791 Il [le roi d'Espagne] se trouva, en une de ces promenades, lors du transport du corps de la reine à l'Escurial, et à portée du convoi ; il le regarda, le suivit des yeux, et continua sa chasse. Ces princes sont-ils faits comme les autres hommes?

4792 Elle était franche héritière, c'est-à-dire riche, laide et maussade.

4793 Un mercredi des Cendres, elles s'en allèrent au sermon. Ce sermon, qui fut sur le jeûne et sur la nécessité de faire pénitence, les effraya. « Ma sœur, se dirent-elles au retour, mais c'est tout de bon, il n'y a point de raillerie: il faut faire pénitence, ou nous sommes perdues. Mais, ma sœur, que ferons-nous? » Après y avoir bien pensé: « Ma sœur, dit Mme d'Olonne, voici ce qu'il faut faire: faisons jeûner nos gens. »

4794 Ainsi, la robe ose tout, usurpe tout et domine tout. Les premiers magistrats prétendent ne plus céder qu'aux ducs et aux officiers de la couronne ; c'est encore une grande modestie, dont il leur faut être très obligé.

chap. 19

4795 Il [le duc de Berry] n'était pas sans fermeté, et haïssait la contrainte. C'est ce qui fit craindre qu'il ne fût pas aussi souple qu'on le désirait du troisième fils de France, qui ne pouvait entendre dans sa première jeunesse qu'il y eût aucune différence entre son aîné et lui.

chap. 23

4796 Pour peu qu'on examine ce groupe immense qui, du profond non-être des doubles adultérins les porte à la couronne, on sera moins frappé de l'imagination des poètes qui ont fait entasser des montagnes les unes sur les autres, à force de bras, par les Titans pour escalader les cieux.

4797 Que les rois soient les maîtres de donner, d'augmenter, de diminuer, d'intervertir les rangs, de prostituer à leur gré les plus grands honneurs, comme, à la fin, ils se sont approprié le droit d'envahir les biens de leurs sujets de toutes conditions, et d'attenter à leur liberté d'un trait de plume à leur volonté, plus souvent à celle de leurs ministres et de leurs favoris, c'est le malheur auquel la licence effrénée des sujets a ouvert la carrière, que le règne de Louis XIV a su courir sans obstacle jusqu'au dernier bout, devant l'autorité duquel le seul nom de loi, de droit, de privilège, était devenu un crime.

(Mémoires)
(tome IV) chap. 42

4798 Le serpent qui tenta Ève, qui renversa Adam par elle, et qui perdit le genre humain, est l'original dont le duc de Noailles est la copie la plus exacte, la plus fidèle, la plus parfaite, autant qu'un homme peut approcher des qualités d'un esprit de ce premier ordre, et du chef de tous les anges précipités du ciel.

4799 Nos rois payent le comble du pouvoir qu'ils exercent pendant leur vie, par l'impuissance entière qui les suit dans le tombeau.

chap. 50

4800 [Dernières paroles de Louis XIV au Dauphin].
« Mon enfant, vous allez être un grand roi. Ne m'imitez pas dans le goût que j'ai eu pour les bâtiments, ni dans celui que j'ai eu pour la guerre ; tâchez, au contraire, d'avoir la paix avec vos voisins. Rendez à Dieu ce que vous lui devez ; reconnaissez les obligations que vous lui avez ; faites-le honorer par vos sujets. Suivez toujours les bons conseils ; tâchez de soulager vos peuples, ce que je suis assez malheureux pour n'avoir pu faire. »

chap. 51

4801 Il voulait régner par lui-même ; sa jalousie là-dessus alla sans cesse jusqu'à la faiblesse. Il régna en effet dans le petit ; dans le grand il ne put y atteindre, et jusque dans le petit il fut souvent gouverné.

4802 La souplesse, la bassesse, l'air admirant, dépendant, rampant, plus que tout l'air de néant sinon par lui, étaient les uniques voies de lui plaire.

4803 [...] L'horreur d'une éducation uniquement dressée pour étouffer l'esprit et le cœur de ce prince, le poison abominable de la flatterie la plus insigne, qui le déifia dans le sein même du christianisme [...]

chap. 53

4804 Le Roi, craignait l'esprit, les talents, l'élévation des sentiments, jusque dans ses généraux et dans ses ministres.

4805 On l'a vu grand, riche, conquérant, arbitre de l'Europe, redouté, admiré, tant qu'ont duré les ministres et les capitaines qui ont véritablement mérité ce nom. A leur fin, la machine a roulé quelque temps encore, d'impulsion et sur leur compte. Mais, tôt après, le tuf s'est montré ; les fautes, les erreurs se sont multipliées ; la décadence est arrivée à grands pas, sans toutefois ouvrir les yeux à ce maître despotique [...]

tome V, chap. 25

4806 Arouet, fils d'un notaire qui l'a été de mon père et de moi jusqu'à sa mort, fut exilé et envoyé à Tulle, pour des vers fort satiriques et forts impudents. Je ne m'amuserais à marquer une si petite bagatelle, si ce même Arouet, devenu grand poète et académicien sous le nom de Voltaire, n'était devenu, à travers force aventures tragiques, une manière de personnage dans la république des lettres, et même une manière d'important parmi un certain monde.

chap. 46

4807 C'est elle qui, soupant avec M. le duc d'Orléans et ses roués, lui dit fort plaisamment que les princes et les laquais avaient été faits de la même pâte, que Dieu avait dans la création séparée de celle dont il avait tiré tous les autres hommes.

tome VI, chap. 29

4808 Qui pourrait, et qui en [le système de Law] voudrait raconter les effets, les transmutations de papiers, les marchés incroyables, les nombreuses fortunes dans leur immensité, et encore dans leur inconcevable rapidité, la chute prompte de la plupart de ces enrichis par leur luxe et leur démence, la ruine de tout le reste du royaume, et les plaies profondes qu'il en a reçues et qui ne guériront jamais, ferait sans doute la plus curieuse et la plus amusante histoire, mais la plus horrible en même temps, et la plus monstrueuse qui fut jamais.

tome VII, chap. 14

4809 Qu'aurais-je eu à dire ou à discuter avec un régent qui ne l'était plus, pas même de soi, bien loin de l'être du royaume, où je voyais tout en désordre ?

chap. 19

4810 Ces *Mémoires* ne respirent qu'ordre, règle, vérité, principes certains, et montrant à découvert tout ce qui y est contraire, qui règne de plus en plus avec le plus ignorant, mais le plus entier empire, la convulsion doit donc être générale contre ce miroir de vérité.

César Chesneau, sieur du MARSAIS 1676-1756

Des Tropes ou des différents sens dans lesquels on peut prendre
un même mot dans une même langue
première partie

4811 [...] Je suis persuadé qu'il se fait plus de Figures un jour de marché à la Halle, qu'il ne s'en fait en plusieurs jours d'assemblées académiques.

4812 Ce sont encore les façons de parler recherchées, les Figures déplacées, et tirées de loin, qui s'écartent *de la manière commune et simple de parler;* comme les parures affectées s'éloignent de la manière de s'habiller, qui est en usage parmi les honnêtes gens.

4813 Il ne faut point s'étonner si les Figures, quand elles sont employées à propos, donnent de la vivacité, de la force, ou de la grâce au discours ; car outre la propriété d'exprimer les pensées, comme tous les autres assemblages de mots, elles ont encore, si j'ose parler ainsi, l'avantage de leur habit, je veux dire de leur modification particulière, qui sert à réveiller l'attention, à plaire ou à toucher.

4814 Les Sciences et les Arts ne sont que des observations sur la pratique : l'usage et la pratique ont précédé toutes les sciences et tous les arts ; mais les sciences et les arts ont ensuite perfectionné la pratique.

4815 Quand nous sommes vivement frappés de quelque pensée, nous nous exprimons rarement avec simplicité ; l'objet qui nous occupe se présente à nous, avec les idées accessoires qui l'accompagnent, nous prononçons les noms de ces images qui nous frappent, ainsi nous avons naturellement recours aux tropes, d'où il arrive que nous faisons mieux sentir aux autres ce que nous sentons nous-mêmes.

4816 Les tropes sont d'un grand usage pour déguiser des idées dures, désagréables, tristes ou contraires à la modestie.

troisième partie

4817 On ne doit écrire que pour se faire entendre ; la netteté et la précision sont la fin et le fondement de l'art de parler et d'écrire.

4818 La vie est si courte, et il y a tant à apprendre à tout âge, que si l'on a le bonheur de surmonter la paresse et l'indolence naturelle de l'esprit, on ne doit pas le mettre à la torture sur des riens, ni l'appliquer en pure perte.

4819 Que les hommes pensent au soleil, ou qu'ils n'y pensent point, le soleil existe, ainsi le mot de soleil n'est point un terme abstrait.

4820 S'il y avait des synonymes parfaits, il y aurait deux langues dans une même langue.

François-Joseph, dit **LAGRANGE-CHANCEL** 1677-1758

Les Philippiques

4821 [...] De cette crainte imaginaire
Arouet ressent les effets :
On punit les vers qu'il veut faire,
Plutôt que les vers qu'il a faits.

Philippe Néricault dit **DESTOUCHES** 1680-1754

L'Obstacle imprévu, acte I, scène 6

4822 Les absents ont toujours tort.

L'Homme singulier, acte I, scène 4

4823 Sur les défauts d'autrui, l'homme a des yeux perçants.

acte III, scène 3

4824 Pour un amant bien tendre il n'est rien d'impossible.

Le Glorieux, acte II, scène 5

4825 LISETTE
Mais on dit qu'aux auteurs le critique est utile...

PHILINTE
La critique est aisée, et l'art est difficile.

acte III, scène 5

4826 Je ne vous dirai pas: Changez de caractère:
Car on n'en change point; je ne le sais que trop.
Chassez le naturel, il revient au galop.

Jean-Baptiste Joseph Willart de GRÉCOURT 1683-1743

Les Chaussons

4827 Femme habile en défaut surprise,
De peur d'être poussée à bout,
Doit plutôt dire une sottise
Que de ne rien dire du tout.

Le Rat et la Puce

4828 Laissez-moi donc en liberté
Sucer la peau des plus cruelles:
Sans un peu de témérité,
On meurt de faim auprès des belles.

Pierre-Charles ROY 1683-1764

4829 Sous un mince cristal l'hiver conduit leurs pas;
Le précipice est sous la glace;
Telle est de vos plaisirs la légère surface:
Glissez, mortels, n'appuyez pas[1].

Marguerite Jeanne Cordier, baronne de STAAL DE LAUNAY 1684-1750

Lettre à Madame la marquise du Deffand, 20 juillet 1747

4830 Il semble que la Providence prenne soin de construire pour les princes des corps à l'usage de leurs fantaisies, sans quoi ils ne pourraient attraper l'âge d'homme.

1. D'après le tableau de Lancret, *Le Patinage*.

Charles-Jean-François HÉNAULT 1685-1770

Marius à Cyrthe, acte I, scène 5

4831 Le roi n'a rien promis, j'ose tout espérer.

Lettre à Mme la duchesse du Maine

4832 Tout répond dans la nature ;
Du fond de sa grotte obscure,
Écho répond à la voix
De la moindre créature...

Réflexions

4833 Si on ôtait à de certaines gens leur ridicule, il ne leur resterait plus rien.

4834 La vie passe à user une passion et à en reprendre une autre.

Lettre à Madame la marquise du Deffand, 12 juillet 1742

4835 Quand on dit qu'une fille à marier joue bien du clavecin, cela veut dire qu'elle n'est point jolie.

Henri RICHER 1685-1748

Le Philosophe et l'Importun

4836 Soyez détrompé sur ce point :
Vous me forcez à vous le dire.
Si je suis seul ici, beau sire,
C'est depuis que vous m'avez joint.

Les Délices de l'Arcadie

4837 Quels étaient mes égarements !
Tous passent la fatale Barque,
Dit-il. Plus ces lieux sont charmants,
Plus on y doit craindre la Parque.

François-Auguste de Paradis de MONCRIF 1687-1770

Conseils à Thémire

4838 Qu'Amour séduit avec adresse !
Comme il sait déguiser son feu !
Jusqu'au mal qu'on dit de ce Dieu,
Tout est un piège qu'il nous dresse.

Pierre de Chamblain de MARIVAUX 1688-1763

Arlequin poli par l'amour, scène 1

4839 Quand une femme est fidèle, on l'admire ; mais il y a des femmes modestes qui n'ont pas la vanité de vouloir être admirées.

4840 Femme tentée et femme vaincue, c'est tout un.

Annibal
acte I, scène 1

4841 J'appelai vainement la raison à mon aide :
Elle irrite l'amour, loin d'y porter remède.
Quand sur ma folle ardeur elle m'ouvrit les yeux,
En rougissant d'aimer, je n'en aimais que mieux.

scène 2

4842 Se soustraire au bienfait d'une âme vertueuse,
C'est soi-même souvent l'avoir peu généreuse.

acte II, scène 3

4843 Le faible, s'il était le juge du plus fort,
Aurait toujours raison, et l'autre toujours tort.

4844 Les rois, dans le haut rang où le ciel les fait naître,
Ont souvent des vainqueurs et n'ont jamais de maître.

acte V, scène 4

4845 [...] la vertu, quand on l'aime,
Porte de nos bienfaits le salaire elle-même.

La Surprise de l'amour
acte I, scène 1

4846 [...] Un amant, c'est comme un homme qui a faim ; pû il a faim, et pû il a envie de manger ; pû un homme a de peine après une fille, et pû il l'aime.

scène 2

4847 Quand quelqu'un me vante une femme aimable, et l'amour qu'il a pour elle, je crois voir un frénétique qui me fait l'éloge d'une vipère, qui me dit qu'elle est charmante, et qu'il a le bonheur d'en être mordu.

4848 Il n'y a, mardi ! pas de livre qui ait tant d'esprit qu'une femme, quand elle est en corset et en petites pantoufles.

acte III, scène 5

4849 Vive l'amour, mon cher maître, et faites chorus, car il n'y a pas deux chemins : il faut passer par là, ou par la fenêtre.

scène 6

4850 ARLEQUIN
Colombine, pour nous, allons nous marier sans cérémonie.

COLOMBINE
Avant le mariage, il en faut un peu ; après le mariage, je t'en dispense.

La Surprise de l'amour, divertissement

4851 Si de chaque femme volage
L'amant allait planter des choux
Par la ventrebille! je gage
Que nous serions condamnés tous
A travailler au jardinage.

La Double Inconstance
acte I, scène 2

4852 Je connais mon sexe: il n'a rien de prodigieux que sa coquetterie.

scène 3

4853 [...] Tes yeux veulent être fripons, veulent attendrir, veulent frapper, font mille singeries; ta tête est légère [...] Oh! toutes ces petites impertinences-là sont très jolies dans une fille du monde; il est décidé que ce sont des grâces; le cœur des hommes s'est tourné comme cela.

scène 4

4854 [...] Il n'y aura que lui qui rira, et il n'y a point de plaisir à rire tout seul.

4855 TRIVELIN

Maison à la ville, maison à la campagne.

ARLEQUIN

Ah! que cela est beau! il n'y a qu'une chose qui m'embarrasse: qui est-ce qui habitera ma maison de ville, quand je serai à ma maison de campagne?

4856 Oh! mais je n'ai point de carrosse! Eh bien, je ne verserai point. *(En montrant ses jambes.)* Ne voilà-t-il pas un équipage que ma mère m'a donné? n'est-ce pas de bonnes jambes? Eh! morbleu, il n'y a pas de raison à vous d'avoir une autre voiture que la mienne. Alerte, alerte, paresseux; laissez vos chevaux à tant d'honnêtes laboureurs, qui n'en ont point; cela nous fera du pain; vous marcherez, et vous n'aurez pas les gouttes.

scène 8

4857 Quoi! Seigneur, Arlequin et Silvia me résisteraient! Je ne gouvernerais pas deux cœurs de cette espèce-là! moi qui l'ai entrepris, moi qui suis opiniâtre, moi qui suis femme! c'est tout dire.

scène 10

4858 Sur ce pied-là ce n'est pas grand-chose que d'être honoré, puisque cela ne signifie pas qu'on soit honorable.

acte II, scène 7

4859 Moi, j'ai l'air d'un innocent; vous, vous avez l'air d'un homme d'esprit; eh bien! à cause de cela, faut-il s'en fier à notre air?

4860 Quel trafic! C'est justement recevoir des coups de bâton d'un côté, pour avoir le privilège d'en donner d'un autre; voilà une drôle de vanité! A vous voir si humbles, vous autres, on ne croirait jamais que vous êtes si glorieux.

acte III, scène 4

4861 [...] Quand je respecte les gens, moi, et que je les crains, je ne les aime pas de si bon courage; je ne saurais faire tant de choses à la fois.

4862 [...] Comme les hommes sont quelquefois méchants, mettez-vous en état de faire du mal, seulement afin qu'on n'ose pas vous en faire.

4863 [...] Si je rends le bien pour le mal, je serai donc un homme sans honneur?

4864 Je vous rends votre paquet de noblesse; mon honneur n'est pas fait pour être noble; il est trop raisonnable pour cela.

scène 5

4865 Hélas! que les bonnes gens sont faibles!

scène 8

4866 Lorsque je l'ai aimé, c'était un amour qui m'était venu; à cette heure je ne l'aime plus, c'est un amour qui s'en est allé; il est venu sans mon avis, il s'en retourne de même; je ne crois pas être blâmable.

scène 10

4867 Qu'est-ce que vous me diriez? que je vous quitte. Qu'est-ce que je vous répondrais? que je le sais bien. Prenez que vous l'avez dit, prenez que j'ai répondu, laissez-moi après, et voilà qui sera fini.

Le Prince travesti

acte I, scène 2

4868 Lui parlez-vous, toutes ses réponses sont des monosyllabes, oui, non; car le dégoût est laconique.

scène 13

4869 Un homme qui se trouve bien assis, qu'a-t-il besoin de se mettre debout?

4870 Bon! quand on n'a point d'honneur, est-ce qu'il faut avoir de la réputation?

(Le Prince travesti)
acte II, scène 13

4871 Il n'y aura donc que moi qui resterai un fripon, faute de savoir faire une harangue.

La Fausse Suivante
acte I, scène 1

4872 Mes créanciers sont de deux espèces : les uns ne savent pas que je leur dois ; les autres le savent et le sauront longtemps.

scène 7

4873 Si elle n'est pas laide, elle le deviendra, puisqu'elle sera ma femme ; cela ne peut pas lui manquer.

acte III, scène 2

4874 De sexes, je n'en connais que deux : l'un qui se dit raisonnable, l'autre qui nous prouve que cela n'est pas vrai.

Le Dénouement imprévu
scène 1

4875 D'un sang noble ? Queu guiable d'invention d'avoir fait comme ça du sang de deux façons, pendant qu'il viant du même ruissiau !

scène 4

4876 On ne met rien dans son cœur ; on y prend ce qu'on y trouve.

scène 7

4877 Soit, vous êtes plus vieux que moi ; je ne chicane point là-dessus, j'aurai votre âge un jour ; car nous vieillissons tous dans notre famille.

scène 8

4878 Vertuchou ! Monsieur ! vous ne savez pas ce que c'est que l'oreille d'une femme. Cette oreille-là, voyez-vous, d'une demi-lieue entend ce qu'on dit, et d'un quart de lieue ce qu'on va dire.

L'Île des esclaves
scène 1

4879 [...] On va te faire esclave à ton tour ; on te dira aussi que cela est juste ; et nous verrons ce que tu penseras de cette justice-là ; tu m'en diras ton sentiment, je t'attends là. Quand tu auras souffert, tu seras plus raisonnable ; tu sauras mieux ce qu'il est permis de faire souffrir aux autres.

scène 3

4880 [...] Nous autres esclaves, nous sommes doués contre nos maîtres d'une pénétration !... Oh ! ce sont de pauvres gens pour nous.

scène 10

4881 Fi ! que cela est vilain, de n'avoir eu pour tout mérite que de l'or, de l'argent et des dignités ! C'était bien la peine de faire tant les glorieux ! [...] Il s'agit de vous pardonner, et pour avoir cette bonté-là, que faut-il être, s'il vous plaît ? Riche ? non ; noble ? non ; grand seigneur ? point du tout. Vous étiez tout cela ; en valiez-vous mieux ? Et que faut-il donc ? Ah ! nous y voici. Il faut avoir le cœur bon [...] Entendez-vous, Messieurs les honnêtes gens du monde ?

L'Île de la raison, prologue, scène 1

4882 Il faut avoir bien du jugement pour sentir que nous n'en avons point.

4883 [...] Tu badines de ta propre vanité : il n'y a peut-être que le Français au monde capable de cela.

acte II, scène 3

4884 Que deviendra l'amour, si c'est le sexe le moins fort que vous chargez du soin d'en surmonter les fougues ? Quoi ! vous mettrez la séduction du côté des hommes, et la nécessité de la vaincre du côté des femmes ! Et si elles y succombent, qu'avez-vous à leur dire ? C'est vous en ce cas qu'il faut déshonorer, et non pas elles. Quelles étranges lois que les vôtres en fait d'amour ! Allez, mes enfants, ce n'est pas la raison, c'est le vice qui les a faites ; il a bien entendu ses intérêts. Dans un pays où l'on a réglé que les femmes résisteraient aux hommes, on a voulu que la vertu n'y servît qu'à ragoûter les passions, et non pas à les soumettre.

divertissement

4885 Que tu semblais ardent,
Mari, quand tu pris femme !
De l'excès de ta flamme
Tu lui parlais à chaque instant :
Avant l'hymen, tu te croyais géant.
Six mois de mariage
De ce hardi langage
T'ont fait perdre l'usage.
Tu n'es plus, pauvre fanfaron,
Qu'un petit garçon.
Qu'un embryon,
Qu'un myrmidon.

La Seconde Surprise de l'amour
acte I, scène 11

4886 [...] On parlera de vous dans l'histoire, vous serez excellent à être cité, mais vous ne valez rien à être vu ; ayez donc la bonté de nous édifier de plus loin.

(La Seconde Surprise de l'amour)
acte II, scène 6

4887 [...] La gloire d'une femme, gloire sotte, ridicule, mais reçue, mais établie, qu'il faut soutenir, et qui nous pare ; les hommes pensent cela, il faut penser comme les hommes ou ne pas vivre avec eux.

scène 9

4888 LE CHEVALIER
Vous m'avez pourtant dit de cruelles choses.

LA MARQUISE
Eh ! à qui en dit-on, si ce n'est aux gens qu'on aime, et qui semblent n'y pas répondre ?

acte III, scène 2

4889 On a un cœur, on s'en sert, cela est naturel.

scène 6

4890 Parbleu, il faut quelques sentiments dans une femme. Vous hait-elle ? on combat sa haine ; ne lui déplaisez-vous pas ? on espère ; mais une femme qui ne répond rien, comment se conduire avec elle ? par où prendre son cœur ? un cœur qui ne se remue ni pour ni contre, qui n'est ni ami, ni ennemi, qui n'est rien, qui est mort, le ressuscite-t-on ?

La Colonie
scène 9

4891 Hé ! que voulez-vous ? On nous crie dès le berceau : « Vous n'êtes capables de rien, ne vous mêlez de rien, vous n'êtes bonnes à rien qu'à être sages. » On l'a dit à nos mères qui l'ont cru, qui nous le répètent ; on a les oreilles rebattues de ces mauvais propos ; nous sommes douces, la paresse s'en mêle, on nous mène comme des moutons.

4892 [...] C'est à régner dans la bagatelle, c'est à n'être nous-mêmes que la première de toutes les bagatelles ; voilà toutes les fonctions qu'ils nous laissent ici-bas.

scène 13

4893 [...] Il n'y a point de nation qui ne se plaigne des défauts de son gouvernement ; d'où viennent-ils, ces défauts ? C'est que notre esprit manque à la terre dans l'institution de ses lois, c'est que vous ne faites rien de la moitié de l'esprit humain que nous avons, et que vous n'employez jamais que la vôtre, qui est la plus faible.

4894 [...] Le mariage qui se fait entre les hommes et nous, devrait aussi se faire entre leurs pensées et les nôtres ; c'était l'intention des dieux, elle n'est pas remplie, et voilà la source de l'imperfection des lois.

scène 14

4895 Vous êtes mon mari, je suis votre femme ; vous êtes le maître, et moi la maîtresse ; à l'égard du chef de famille, allons bellement, il y a deux chefs ici, vous êtes l'un, et moi l'autre, partant quitte à quitte.

4896 Nous disons que le monde est une ferme, les dieux là-haut en sont les seigneurs, et vous autres hommes, depuis que la vie dure, en avez toujours été les fermiers tout seuls, et cela n'est pas juste, rendez-nous notre part de la ferme ; gouvernez, gouvernons ; obéissez, obéissons ; partageons le profit et la perte ; soyons maîtres et valets en commun ; faites ceci, ma femme ; faites ceci, mon homme ; voilà comme il faut dire, voilà le moule où il faut jeter les lois, nous le voulons, nous le prétendons, nous y sommes butées.

Le Jeu de l'amour et du hasard
acte I, scène 2

4897 Un mari porte un masque avec le monde, et une grimace avec sa femme.

4898 Dans ce monde, il faut être un peu trop bon pour l'être assez.

scène 8

4899 ARLEQUIN

Je viens pour épouser, et ils m'attendent pour être mariés ; cela est convenu ; il ne manque plus que la cérémonie, qui est une bagatelle.

SILVIA

C'est une bagatelle qui vaut bien la peine qu'on y pense.

ARLEQUIN

Oui ; mais quand on y a pensé, on n'y pense plus.

acte III, scène 3

4900 MARIO

Je ne saurais empêcher qu'il ne t'aime, belle Lisette ; mais je ne veux pas qu'il te le dise.

SILVIA

Il ne me le dit plus ; il ne fait que me le répéter.

scène 9

4901 Avant notre reconnaissance, votre dot valait mieux que vous ; à présent, vous valez mieux que votre dot. Allons, saute, Marquis !

Le Triomphe de l'amour, acte III, scène 3

4902 J'aurais cru que la gloire de pardonner à ses ennemis valait bien l'honneur de les haïr toujours [...]

L'École des mères
scène 2

4903 Je vous avertis que j'aime Lisette, et que je veux l'épouser tout seul.

4904 Honnête homme ou non, son honneur est de trop, dès qu'il récompense.

scène 5

4905 C'est une espèce de loi qu'on nous a imposée et qui dans le fond nous fait honneur ; car entre deux personnes qui vivent ensemble, c'est toujours la plus raisonnable qu'on charge d'être la plus docile.

scène 6

4906 Moi l'épouser ! Je t'assure que non ; c'est bien assez qu'il m'épouse.

divertissement

4907 Vous qui sans cesse à vos fillettes
Tenez de sévères discours, *(bis)*
Mamans, de l'erreur où vous êtes
Le dieu d'amour se rit et se rira toujours. *(bis)*
Vos avis sont prudents, vos maximes sont sages ;
Mais malgré tant de soins, malgré tant de rigueur,
Vous ne pouvez d'un jeune cœur
Si bien fermer tous les passages,
Qu'il n'en reste toujours quelqu'un pour le vainqueur.

Le Petit Maître corrigé, acte I, scène 3

4908 [...] La fidélité de Paris n'est point sauvage, c'est une fidélité galante, badine, qui entend raillerie, et qui se permet toutes les petites commodités du savoir-vivre...

4909 A Paris, ma chère enfant, les cœurs, on ne se les donne pas, on se les prête, on ne fait que des essais.

4910 [...] Les amourettes en passant sont amusantes ; mon maître passera, votre maîtresse de même ; je passerai, vous passerez, nous passerons tous.

acte II, scène 6

4911 Nous marier ? Des gens qui s'aiment ! Y songez-vous ? Que vous a fait l'amour pour le pousser à bout ?

La Mère confidente, acte I, scène 7

4912 Ils se sont vus en se rencontrant ; mais ils ne se rencontront pus, ils se treuvent.

4913 Quand une fille est riche, on ne la donne qu'à un homme qui a d'autres richesses, tout inutiles qu'elles sont ; c'est du moins l'usage.

acte III, scène 11

4914 Son époux, Monsieur ! Suffit-il d'en prendre le nom pour l'être ? Et de quel poids, s'il vous plaît, serait cette foi mutuelle dont vous parlez ? Vous vous croiriez donc mariés, parce que, dans l'étourderie d'un transport amoureux, il vous aurait plu de vous dire : « Nous le sommes ? » Les passions seraient bien à leur aise, si leur emportement rendait tout légitime.

Le Legs, scène 7

4915 Les domestiques sont haïssables : il n'y a pas jusqu'à leur zèle qui ne vous désoblige. C'est toujours de travers qu'ils vous servent.

scène 18

4916 Elle sera ma femme, mais en revanche je serai son mari, c'est ce qui me console.

scène 21

4917 Se fâche-t-on qu'une fourmi rampe ? La médiocrité de l'état fait que les pensées sont médiocres. Lisette n'a point de bien ; et c'est avec de petits sentiments qu'on en amasse.

Les Fausses Confidences
acte I, scène 2

4918 Point de bien ! votre bonne mine est un Pérou.

4919 Si vous lui plaisez, elle en sera si honteuse, elle se débattra tant, elle deviendra si faible, qu'elle ne pourra se soutenir qu'en épousant ; vous m'en direz des nouvelles.

4920 Fierté, raison et richesse, il faudra que tout se rende. Quand l'amour parle, il est le maître...

scène 3

4921 [...] Je puis me marier, je n'en ai point envie, mais cette envie-là vient tout d'un coup, il y a tant de minois qui vous la donnent.

scène 7

4922 Il est vrai que je suis toujours fâchée de voir d'honnêtes gens sans fortune, tandis qu'une infinité de gens de rien, et sans mérite, en ont une éclatante. C'est une chose qui me blesse [...]

(Les Fausses Confidences)
acte II, scène 4

4923 MARTON

C'est le garçon de France le plus désintéressé.

LE COMTE

Tant pis ; ces gens-là ne sont bons à rien.

acte III, scène 2

4924 Moi, un dissimulé ! moi, garder un secret ! Vous avez bien trouvé votre homme ! En fait de discrétion, je mériterais d'être femme.

scène 5

4925 MONSIEUR RÉMY

Comment donc ? m'imposer silence ! à moi, procureur ! Savez-vous bien qu'il y a cinquante ans que je parle, Madame Argante ?

MADAME ARGANTE

Il y a donc cinquante ans que vous ne savez ce que vous dites.

scène 12

4926 [...] Il est permis à un amant de chercher les moyens de plaire, et on doit lui pardonner, lorsqu'il a réussi.

L'Épreuve, scène 15

4927 La connaissance est si vite faite en mariage, c'est un pays où l'on va si vite...

L'Épreuve, divertissement, vaudeville

4928 Maris jaloux, tendres amants,
Dormez sur la foi des serments,
Qu'aucun soupçon ne vous émeuve ;
Croyez l'objet de vos amours,
Car on ne gagne pas toujours
A le mettre à l'épreuve.

Le Préjugé vaincu, scène 2

4929 Cette finesse-là a je ne sais quoi de mystérieux et d'obscur, où j'aperçois quelque chose... qui n'est pas clair.

La Vie de Marianne
première partie

4930 Nous autres jolies femmes, car j'ai été de ce nombre, personne n'a plus d'esprit que nous, quand nous en avons un peu : les hommes ne savent plus alors la valeur de ce que nous disons ; en nous écoutant parler, ils nous regardent, et ce que nous disons profite de ce qu'ils voient.

4931 [...]Il faut que la terre soit un séjour bien étranger pour la vertu, car elle ne fait qu'y souffrir.

4932 Faut-il qu'on ne soit sage que quand il n'y a point de mérite à l'être! Que veut-on dire en parlant de quelqu'un, quand on dit qu'il est en âge de raison? C'est mal parler: cet âge de raison est bien plutôt l'âge de la folie. Quand cette raison nous est venue, nous l'avons comme un bijou d'une grande beauté, que nous regardons souvent, que nous estimons beaucoup, mais que nous ne mettons jamais en œuvre.

4933 Je pense, pour moi, qu'il n'y a que le sentiment qui nous puisse donner des nouvelles un peu sûres de nous, et qu'il ne faut pas trop se fier à celles que notre esprit veut faire à sa guise, car je le crois un grand visionnaire.

4934 Comme je ne voyais plus personne qui prît part à moi ni à ma vie, je n'y en prenais plus moi-même; et cette manière de penser me mettait dans un état qui ressemblait à de la tranquillité: mais qu'on est à plaindre avec cette tranquillité-là! on est plus digne de pitié que dans le désespoir le plus emporté.

4935 [...] En général, personne ne marque tant de zèle pour adoucir vos peines, que les fourbes qui les ont causées et qui y gagnent.

4936 [...] Quand une fois l'imagination est en train, malheur à l'esprit qu'elle gouverne.

4937 Les bienfaits des hommes sont accompagnés d'une maladresse si humiliante pour les personnes qui les reçoivent!

4938 [...] Qu'est-ce qu'une charité qui n'a point de pudeur avec le misérable, et qui, avant que de le soulager, commence par écraser son amour-propre? La belle chose qu'une vertu qui fait le désespoir de celui sur qui elle tombe!

4939 [...] Il y a des âmes perçantes à qui il n'en faut pas beaucoup montrer pour les instruire, et qui, sur le peu qu'elles voient, soupçonnent tout d'un coup tout ce qu'elles pourraient voir.

4940 [...] Les vertus des hommes ne remplissent que bien précisément leur devoir, elles seraient plus volontiers mesquines que prodigues dans ce qu'elles font de bien: il n'y a que les vices qui n'ont point de ménage.

4941 [...] Tous les jours, en fait d'amour, on fait très délicatement des choses fort grossières.

4942 Mon Dieu, que les hommes ont de talents pour ne rien valoir!

(La Vie de Marianne)
(première partie)

4943 Promettre et tenir mène les gens bien loin.

4944 Dans le fond, ce n'est plus avoir de l'honneur que de laisser espérer aux gens qu'on en manquera.

4945 [...] Chez de certaines gens, un habit neuf, c'est presque un beau visage.

seconde partie, avertissement

4946 [...] Ceux qui sont un peu plus philosophes, [...] ne seront pas fâchés de voir ce que c'est que l'homme dans un cocher, et ce que c'est que la femme dans une petite marchande.

seconde partie

4947 Il y a des gens dont la vanité se mêle de tout ce qu'ils font, même de leurs lectures.

4948 Nous avons deux sortes d'esprits, nous autres femmes. Nous avons d'abord le nôtre, qui est celui que nous recevons de la nature. [...] Et puis nous en avons encore un autre, qui est à part du nôtre, et qui peut se trouver dans les femmes les plus sottes. C'est l'esprit que la vanité de plaire nous donne, et qu'on appelle, autrement dit, la coquetterie. Oh! celui-là, pour être instruit, n'attend pas le nombre des années: il est fin dès qu'il est venu [...]

4949 Fiez-vous aux personnes jalouses du soin de vous connaître, vous ne perdrez rien avec elles: la nécessité de bien voir est attachée à leur misérable passion, et elles vous trouvent toutes les qualités que vous avez, en vous cherchant tous les défauts que vous n'avez pas: voilà ce qu'elles essuient.

4950 [...] L'amour ne nous trompe point: dès qu'il se montre, il nous dit ce qu'il est, et de quoi il sera question; l'âme, avec lui, sent la présence d'un maître qui la flatte, mais avec une autorité déclarée qui ne la consulte pas, et qui lui laisse hardiment les soupçons de son esclavage futur.

4951 On croit souvent avoir la conscience délicate, non pas à cause des sacrifices qu'on lui fait, mais à cause de la peine qu'on prend avec elle pour s'exempter de lui en faire.

4952 Voilà l'inconvénient qu'il y a d'avoir un joli visage; c'est qu'il nous donne l'air d'avoir tort quand nous sommes un peu soupçonnées, et qu'en mille occasions il conclut contre nous.

4953 [...] Ne savez-vous pas que notre âme est encore plus superbe que vertueuse, plus glorieuse qu'honnête, et par conséquent plus délicate sur les intérêts de sa vanité que sur ceux de son véritable honneur?

4954 [...] Qu'importe que notre cœur souffre, pourvu que notre vanité soit servie ? Ne se passe-t-on pas de tout, et de repos, et de plaisirs, et d'honneur même, et quelquefois de la vie, pour avoir la paix avec elle ?

4955 Notre orgueil et nous, ce n'est qu'un, au lieu que nous et notre vertu, c'est deux.

4956 [...] Pour parvenir à être honorée, je saurai bien cesser d'être honorable ; et en effet, c'est assez là le chemin des honneurs : qui les mérite n'y arrive guère.

4957 Les femmes d'un certain état s'imaginent en avoir plus de dignité, quand elles ont un joli visage ; elles regardent cet avantage-là comme un rang. La vanité s'aide de tout, et remplace ce qui lui manque avec ce qu'elle peut.

4958 Le peuple, à Paris, n'est pas comme ailleurs : en d'autres endroits, vous le verrez quelquefois commencer par être méchant, et puis finir par être humain. Se querelle-t-on, il excite, il anime ; veut-on se battre, il sépare. En d'autres pays, il laisse faire, parce qu'il continue d'être méchant. Celui de Paris n'est pas de même ; il est moins canaille, et plus peuple que les autres peuples.

troisième partie

4959 [...] Notre vie, pour ainsi dire, nous est moins chère que nous, que nos passions. À voir quelquefois ce qui se passe dans notre instinct là-dessus, on dirait que, pour être, il n'est pas nécessaire de vivre ; que ce n'est que par accident que nous vivons, mais que c'est naturellement que nous sommes.

4960 [...] En général, il faut se redresser pour être grand : il n'y a qu'à rester comme on est pour être petit...

4961 Il est bon en pareille occasion de plaire un peu aux yeux, ils vous recommandent au cœur. Êtes-vous malheureux et mal vêtu ? ou vous échappez aux meilleurs cœurs du monde, ou ils ne prennent pour vous qu'un intérêt fort tiède [...]

4962 Nous autres filles, ou nous autres femmes, nous pleurons volontiers dès qu'on nous dit : Vous venez de pleurer.

quatrième partie

4963 À quelque chose nos défauts sont bons. On voudrait bien que nous ne les eussions pas, mais on les supporte, et on nous trouve plus aimables de nous en corriger quelquefois, que nous ne le paraîtrions avec les qualités contraires.

(La Vie de Marianne)
(quatrième partie)

4964 [...] Il me semble que mon âme, en mille occasions, en sait plus qu'elle n'en peut dire, et qu'elle a un esprit à part, qui est bien supérieur à l'esprit que j'ai d'ordinaire. Je crois aussi que les hommes sont bien au-dessus de tous les livres qu'ils font.

4965 Quand on a l'air si bon, on en paraît moins belle ; un air de franchise et de bonté si dominant est tout à fait contraire à la coquetterie [...]

4966 Combien un méchant qui vous craint est lui-même à craindre.

4967 C'est presque toujours le péché qui prêche la vertu dans nos chaires.

4968 La plupart des femmes qui ont beaucoup d'esprit ont une certaine façon d'en avoir qu'elles n'ont pas naturellement, mais qu'elles se donnent.

4969 Il est naturel de souhaiter qu'on nous rende justice ; la plus grande de toutes les âmes ne serait pas insensible au plaisir d'être connue pour telle.

cinquième partie

4970 C'est que la plupart des hommes, quand on les oblige, voudraient qu'on ne sentît presque pas, et le prix du service qu'on leur rend, et l'étendue de l'obligation qu'ils en ont ; ils voudraient qu'on fût bon sans être éclairé ; cela conviendrait mieux à leur ingrate délicatesse, et c'est ce qu'ils ne trouvent pas dans quiconque a beaucoup d'esprit.

4971 Une âme qui ne vous demande rien pour les services qu'elle vous a rendus, sinon que vous en preniez droit d'en exiger d'autres, qui ne veut rien que le plaisir de vous voir abuser de la coutume qu'elle a de vous obliger, en vérité, une âme de ce caractère a bien de la dignité.

4972 [...] Il me semble que la condition de ceux qui restent est toujours plus triste que celle des personnes qui s'en vont. S'en aller, c'est un mouvement qui dissipe, et rien ne distrait les personnes qui demeurent...

4973 [...] Il y a de certaines gens dont l'esprit n'est en mouvement que par pure disette d'idées ; c'est ce qui les rend si affamés d'objets étrangers, d'autant plus qu'il ne leur reste rien, que tout passe en eux, que tout en sort ; gens toujours regardants, toujours écoutants, jamais pensants.

sixième partie

4974 C'est que vous êtes belle, et que dans le monde, avec la beauté que vous avez, et quelque vertueuse qu'on soit, on est toujours exposée soi-même, à force d'exposer les autres...

huitième partie

4975 [...] Une tendresse aussi vive que subite (tendresse ordinairement de peu de durée ; il en est d'elle comme de ces fruits qui passent vite, à cause qu'ils ont été mûrs de trop bonne heure)...

4976 Quand un malheur, qu'on a cru extrême, et qui nous désespère, devient encore plus grand, il semble que notre âme renonce à s'en affliger ; l'excès qu'elle y voit la met à la raison, ce n'est plus la peine qu'elle s'en désole ; elle lui cède et se tait.

4977 Qu'un amant nous quitte et nous en préfère une autre, eh bien ! soit ; mais du moins qu'il ait tort de nous la préférer ; que ce soit la faute de son inconstance, et non pas de nos charmes ; enfin, que ce soit une injustice qu'il nous fasse ; c'est bien la moindre chose...

4978 C'est que la vengeance est douce à tous les cœurs offensés ; il leur en faut une, il n'y a que cela qui les soulage ; les uns l'aiment cruelle, les autres généreuse.

neuvième partie

4979 [...] Il n'y a point de condition qui mette à l'abri du malheur, ou qui ne puisse lui servir de matière ! Pour être le jouet des événements les plus terribles, il n'est seulement question que d'être au monde.

4980 [...] Rarement on sert bien ceux qu'on aime trop [...]

4981 [...] Les reproches durs ne réussissent point ; ce sont des affronts qui ne corrigent personne, et nos torts disparaissent dès qu'on nous offense.

4982 Nous qui sommes bornées en tout, comment le sommes-nous si peu quand il s'agit de souffrir ?

4983 On s'accoutume à tout dans l'abondance, il n'y a guère de dégoût dont elle ne console.

onzième partie

4984 [...] Des amis courageux et zélés, en a-t-on quand on n'a plus rien, qu'on ne fait plus de figure dans le monde, et que toute la considération qu'on y peut espérer est pour ainsi dire à la merci du bon ou du mauvais cœur de gens à qui l'on a tout donné, et dont la reconnaissance ou l'ingratitude sont désormais les arbitres de votre sort ?

4985 Notre orgueil nous met si vite au fait de celui des autres, et en général les finesses de l'orgueil sont toujours si grossières !

Le Cabinet du Philosophe

4986 Les cœurs ardents et sensibles [...] ne cessent bientôt d'aimer que parce qu'ils se hâtent trop et d'aimer, et de sentir qu'ils aiment. Ils ne se donnent pas le temps de faire un fonds, ils dissipent presque tout leur amour à mesure qu'il vient ; et comme il ne leur en vient pas toujours, non plus qu'à personne, il s'ensuit que bientôt ils ne s'en trouvent plus.

Le Paysan parvenu
première partie

4987 C'est une erreur, au reste, que de penser qu'une obscure naissance vous avilisse, quand c'est vous-même qui l'avouez, et que c'est de vous qu'on la sait. La malignité des hommes vous laisse là ; vous la frustrez de ses droits [...]

4988 C'est avoir de l'honneur en pure perte que de l'avoir à l'hôpital ; je crois qu'il n'y brille guère.

4989 [...] Le cerveau d'une dévote, et d'une dévote cuisinière, est naturellement sec et brûlé.

4990 Faire oraison pour se dire : Je la fais ; porter à l'église des livres de dévotion pour les manier, les ouvrir et les lire ; se retirer dans un coin, s'y tapir pour y jouir superbement d'une posture de méditatifs, s'exciter à des transports pieux, afin de croire qu'on a une âme bien distinguée [...]. Revenir de là tout gonflé de respect pour soi-même, et d'une orgueilleuse pitié pour les âmes ordinaires. S'imaginer ensuite qu'on a acquis le droit de se délasser de ses saints exercices par mille petites mollesses qui soutiennent une santé délicate. Tels sont ceux que j'appelle des dévots.

deuxième partie

4991 [...] Moi j'ai la tête près du bonnet, jamais le prêtres n'ont pu me guérir de cela, car je suis Picarde, cela vient du terroir.

4992 [...] Nous avons eu une grande mère qui était la fille d'un gentilhomme : il est vrai, pour n'en point mentir, que c'était du côté gauche ; mais le côté droit n'en est pas loin ; on arrive en ce monde du côté qu'on peut, et c'est toujours de la noblesse à gauche.

4993 Rien ne rend si aimable que de se croire aimé [...]

4994 Il faut bien se sentir de ce qu'on est : toute femme a du caquet, ou s'amuse avec plaisir de celui des autres ; l'amour du babil est un tribut qu'elle paye à son sexe. Il y a pourtant des femmes silencieuses, mais je crois que ce n'est point par caractère qu'elles le sont ; c'est l'expérience ou l'éducation qui leur ont appris à le devenir.

4995 [...] Toutes les dévotes [...] se dédommagent des péchés qu'elles ne font pas par le plaisir de savoir les péchés des autres ; c'est toujours autant de pris...

4996 Quand on aime, on a l'œil à tout, et son âme se partageait entre le souci de me voir si aimé et la satisfaction de me voir si aimable.

4997 [...] Quand on est une fois en train de se plaindre des gens, surtout en fait de tendresse, les reproches ont toujours une certaine durée ; et on se plaint encore d'eux, même après leur avoir pardonné ; c'est comme un mouvement qu'on a donné à quelque chose ; il ne cesse pas tout d'un coup, il diminue, et puis finit.

4998 Les âmes excessivement bonnes sont volontiers imprudentes par excès de bonté même, et d'un autre côté, les âmes prudentes sont assez rarement bonnes.

troisième partie

4999 Il y a dans le monde bien des gens de ce caractère-là, qui aiment mieux leurs amis dans la douleur que dans la joie ; ce n'est que par compliment qu'ils vous félicitent d'un bien, c'est avec goût qu'ils vous consolent d'un mal.

5000 On ne doit pas avoir faim quand on est affligé.

5001 Elle m'avait recommandé de prier Dieu, et je n'y manquai pas ; je le priai même plus qu'à l'ordinaire, car on aime tant Dieu, quand on a besoin de lui !

5002 En vérité il n'y a de mouvements violents que chez ces personnes-là, il n'appartient qu'à elles d'êtres passionnées ; peut-être qu'elles croient être assez bien avec Dieu pour pouvoir prendre ces licences-là sans conséquence. [...] Il est sûr que la colère des dévots est terrible.

5003 C'est bien un plaisir que d'être riche ; mais ce n'est pas une gloire hormis pour les sots.

5004 On se sent bien fort et bien à son aise, quand c'est par la figure qu'on plaît, car c'est un mérite qu'on n'a point de peine à soutenir ni à faire durer ; cette figure ne change point, elle est toujours là, vos agréments y tiennent ; et comme c'est à eux qu'on en veut, vous ne craignez point que les gens se détrompent sur votre chapitre, et cela vous donne de la confiance.

5005 En fait d'amour, tout engagé qu'on est déjà, la vanité de plaire ailleurs vous rend l'âme si infidèle, et vous donne en pareille occasion de si lâches complaisances !

(Le Paysan parvenu)
(troisième partie)

5006 Est-ce qu'on peut dire tout ce qu'on sent? Ceux qui le croient ne sentent guère, et ne voient apparemment que la moitié de ce qu'on peut voir.

5007 La retraite, surtout la chrétienne, ne sied bien qu'à ceux qui y demeurent, et jamais on n'en rapporta un visage à la mode, il en devient toujours ou ridicule ou scandaleux.

5008 C'est une chose admirable que la nourriture, lorsqu'on a du chagrin ; il est certain qu'elle met du calme dans l'esprit ; on ne saurait être bien triste pendant que l'estomac digère [...]

5009 [...] Les dévots prennent leur haine contre vous pour une preuve que vous ne valez rien.

5010 Pour aimer comme elle, il faut avoir été trente ans dévote, et pendant trente ans avoir eu besoin de courage pour l'être ; il faut pendant trente ans avoir résisté à la tentation de songer à l'amour, et trente ans s'être fait un scrupule d'écouter ou même de regarder les hommes qu'on ne haïssait pourtant pas.

quatrième partie

5011 Il n'y a point de plaisir qui ne perde à être connu.

5012 L'âme se raffine à mesure qu'elle se gâte.

5013 Mon amour-propre a toujours été sociable ; je n'ai jamais été plus doux ni plus traitable que lorsque j'ai eu lieu de m'estimer et d'être vain.

5014 On ne s'aperçoit presque pas qu'un homme ne dit mot, quand il écoute attentivement, du moins, s'imagine-t-on toujours qu'il va parler : et bien écouter c'est presque répondre.

5015 Je songeais à être honnête et respectueux ; c'était tout ce que cet aimable visage me permettait d'être ; on n'est pas ce qu'on veut avec de certaines mines, il y en a qui vous en imposent.

5016 Tout ce qui n'est que suffisant ne suffit jamais.

cinquième partie

5017 C'est nous le plus souvent qui nous rendons tendres, pour orner nos passions ; mais c'est la nature qui nous rend amoureux ; nous tenons d'elle l'utile que nous enjolivons de l'honnête [...]

5018 Jamais on ne prie mieux que quand l'esprit et la chair sont contents, et prient ensemble.

5019 Il y a de certains airs dans une femme qui vous annoncent ce que vous pourriez devenir avec elle ; vous y démêlez, quand elle vous regarde, s'il n'y a que de la coquetterie dans son fait, ou si elle aurait envie de lier connaissance.

5020 Quand on manque d'éducation, il n'y paraît jamais tant que lorsqu'on veut en montrer.

Charles de Secondat, baron de MONTESQUIEU 1689-1755

Lettres persanes
introduction

5021 [...] Si l'on vient à savoir mon nom, dès ce moment je me tais. Je connais une femme qui marche assez bien, mais qui boite dès qu'on la regarde.

5022 [...] Il est plus facile à un Asiatique de s'instruire des mœurs des Français dans un an, qu'il ne l'est à un Français de s'instruire des mœurs des Asiatiques dans quatre, parce que les uns se livrent autant que les autres se communiquent peu.

Lettre III, Zachi à Usbek

5023 C'est un malheur de n'être point aimée ; mais c'est un affront de ne l'être plus.

Lettre VI, Usbek à son ami Nessir

5024 Dans le nombreux sérail où j'ai vécu, j'ai prévenu l'amour et l'ai détruit par lui-même...

Lettre VII, Fatmé à Usbek

5025 Que ne puis-je t'exprimer ce que je sens si bien ! et comment sens-je si bien ce que je ne puis t'exprimer !

Lettre XI, Usbek à Mirza

5026 Il y a certaines vérités qu'il ne suffit pas de persuader, mais qu'il faut encore faire sentir.

Lettre XII, Usbek à Mirza

5027 [...] L'intérêt des particuliers se trouve dans l'intérêt commun ; [...] vouloir s'en séparer, c'est vouloir se perdre ; [...] la justice pour autrui est une charité pour nous.

Lettre XIV, Usbek à Mirza

5028 Dans l'état où vous êtes, n'ayant point de chef, il faut que vous soyez vertueux malgré vous : sans cela vous ne sauriez subsister, et vous tomberiez dans le malheur de vos premiers pères. Mais ce joug vous paraît trop dur ; vous aimez mieux être soumis à un prince et obéir à ses lois, moins rigides que vos mœurs.

(Lettres persannes)

Lettre XVI, Usbek au Mollak Méhémet-Hali

5029 [...] Distingue-moi des méchants, comme on distingue au lever de l'aurore le filet blanc d'avec le filet noir.

Lettre XVII, Usbek au même

5030 Il me semble que les choses ne sont en elles-mêmes ni pures ni impures [...]. La boue ne nous paraît sale que parce qu'elle blesse notre vue ou quelque autre de nos sens ; mais, en elle-même, elle ne l'est pas plus que l'or et les diamants.

5031 Si les corps de ceux qui ne se lavent point ne blessaient ni l'odorat ni la vue, comment aurait-on pu s'imaginer qu'ils fussent impurs ?

Lettre XXIV, Rica à Ibben

5032 Depuis un mois que je suis ici, je n'y ai encore vu marcher personne. Il n'y a point de gens au monde qui tirent mieux parti de leur machine que les Français : ils courent ; ils volent. Les voitures lentes d'Asie, le pas réglé de nos chameaux, les feraient tomber en syncope.

5033 Le roi de France est le plus puissant prince de l'Europe. Il n'a point de mines d'or comme le roi d'Espagne, son voisin ; mais il a plus de richesses que lui, parce qu'il les tire de la vanité de ses sujets, plus inépuisable que les mines.

5034 Ce roi est un grand magicien : il exerce son empire sur l'esprit même de ses sujets ; il les fait penser comme il veut. S'il n'a qu'un million d'écus dans son trésor, et qu'il en ait besoin de deux, il n'a qu'à leur persuader qu'un écu en vaut deux, et ils le croient.

Lettre XXVIII, Rica à ***

5035 On commence par des révérences : on continue par des embrassades. On dit que la connaissance la plus légère met un homme en droit d'en étouffer un autre. Il semble que le lieu inspire de la tendresse.

Lettre XXIX, Rica à Ibben

5036 Le Pape est le Chef des Chrétiens. C'est une vieille idole qu'on encense par habitude. [...] Il se dit successeur d'un des premiers Chrétiens, qu'on appelle *saint Pierre,* et c'est certainement une riche succession : car il a des trésors immenses et un grand pays sous sa domination.

5037 La religion chrétienne est chargée d'une infinité de pratiques très difficiles, et, comme on a jugé qu'il est moins aisé de remplir ses devoirs que d'avoir des évêques, qui en dispensent, on a pris ce dernier parti pour l'utilité publique.

5038 [...] Il n'y a jamais eu de royaume où il y ait tant de guerres civiles que dans celui du Christ.

5039 Ceux qui mettent au jour quelque proposition nouvelle sont d'abord appelés *hérétiques*.

Lettre XXX, Rica à Ibben

5040 « Ah ! ah ! Monsieur est Persan ? c'est une chose bien extraordinaire ! Comment peut-on être Persan ? »

Lettre XXXIII, Usbek à Rhédi

5041 L'esprit humain est la contradiction même : dans une débauche licencieuse, on se révolte avec fureur contre les préceptes, et la Loi, faite pour nous rendre plus justes, ne sert souvent qu'à nous rendre plus coupables.

5042 C'est se moquer de vouloir adoucir un mal par la considération que l'on est né misérable. Il vaut bien mieux enlever l'esprit hors de ses réflexions, et traiter l'homme comme sensible, au lieu de le traiter comme raisonnable.

Lettre XXXVIII, Rica à Ibben

5043 « Après tout, disent-ils, quand nous serions malheureux en qualité de maris, nous trouverions toujours moyen de nous dédommager en qualité d'amants. Pour qu'un homme pût se plaindre avec raison de l'infidélité de sa femme, il faudrait qu'il n'y eût que trois personnes dans le monde ; ils seront toujours à but quand il y en aura quatre ».

Lettre XL, Usbek à Ibben

5044 Dès qu'un grand est mort, on s'assemble dans une mosquée, et l'on fait une oraison funèbre, qui est un discours à sa louange, avec lequel on serait bien embarrassé de décider au juste du mérite du défunt.

5045 Je voudrais bannir les pompes funèbres : il faut pleurer les hommes à leur naissance, et non pas à leur mort [...]

5046 Nous sommes si aveugles que nous ne savons quand nous devons nous affliger ou nous réjouir : nous n'avons presque jamais que de fausses tristesses ou de fausses joies.

Lettre XLIV, Usbek à Rhédi

5047 Tel, par exemple, que l'on devrait mépriser parce qu'il est un sot, ne l'est souvent que parce qu'il est homme de robe.

Lettre XLVIII, Usbek à Rhédi

5048 Dites-moi qui est celui qui est vis-à-vis de nous, qui est si mal habillé ; qui fait quelquefois des grimaces et a un langage différent des autres ; qui n'a pas d'esprit pour parler, mais qui parle pour avoir de l'espri ?
— C'est, me répondit-il, un poète et le grotesque du Genre humain. Ces gens-là disent qu'ils sont nés ce qu'ils sont. Cela est vrai, et aussi ce qu'ils seront toute leur vie, c'est-à-dire presque toujours les plus ridicules de tous les hommes.

(Lettres persanes)

5049 [...] Les gens qu'on dit être de si bonne compagnie ne sont souvent que ceux dont les vices sont plus raffinés et peut-être en est-il comme des poisons, dont les plus subtils sont aussi les plus dangereux.

5050 Nous avons une maxime en France, me répondit-il : c'est de n'élever jamais les officiers dont la patience a langui dans les emplois subalternes. Nous les regardons comme des gens dont l'esprit s'est rétréci dans les détails, et qui, par l'habitude des petites choses, sont devenus incapables des plus grandes. Nous croyons qu'un homme qui n'a pas les qualités d'un général à trente ans ne les aura jamais [...]

Lettre L, Rica à ***

5051 Si la modestie est une vertu nécessaire à ceux à qui le Ciel a donné de grands talents, que peut-on dire de ces insectes qui osent faire paraître un orgueil qui déshonorerait les plus grands hommes ?

5052 Heureux celui qui a assez de vanité pour ne dire jamais de bien de lui, qui craint ceux qui l'écoutent, et ne compromet point son mérite avec l'orgueil des autres !

Lettre LII, Rica à Usbek

5053 [...] Ne sentirons-nous jamais que le ridicule des autres ?

Lettre LIV, Rica à Usbek

5054 On remarque en France que, dès qu'un homme entre dans une compagnie, il prend d'abord ce qu'on appelle *l'esprit du corps*.

Lettre LV, Rica à Ibben

5055 Les Français ne parlent presque jamais de leurs femmes ; c'est qu'ils ont peur d'en parler devant des gens qui les connaissent mieux qu'eux.

5056 Ici un mari qui aime sa femme est un homme qui n'a pas assez de mérite pour se faire aimer d'une autre [...]

5057 Ce n'est pas qu'il n'y ait des dames vertueuses, et on peut dire qu'elles sont distinguées : mon conducteur me les faisait toujours remarquer. Mais elles étaient toutes si laides qu'il faut être un saint pour ne pas haïr la vertu.

5058 Quand ils promettent à une femme qu'ils l'aimeront toujours, ils supposent qu'elle, de son côté, leur promet d'être toujours aimable, et, si elle manque à sa parole, ils ne se croient plus engagés à la leur.

Lettre LVII, Usbek à Rhédi

5059 [...] On dit que les héritiers s'accommodent mieux des médecins que des confesseurs.

Lettre LVIII, Rica à Rhédi

5060 [...] Il ne faut pas beaucoup d'esprit pour montrer ce qu'on sait ; mais il en faut infiniment pour enseigner ce qu'on ignore.

Lettre LIX, Rica à Usbek

5061 On a dit fort bien que, si les triangles faisaient un dieu, ils lui donneraient trois côtés.
Mon cher Usbek, quand je vois des hommes qui rampent sur un atome, c'est-à-dire la Terre, qui n'est qu'un point de l'Univers, se proposer directement pour modèles de la Providence, je ne sais comment accorder tant d'extravagance avec tant de petitesse.

Lettre LX, Usbek à Ibben

5062 Tu me demandes s'il y a des Juifs en France ? Sache que, partout où il y a de l'argent, il y a des Juifs. Tu me demandes ce qu'ils y font ? Précisément ce qu'ils font en Perse : rien ne ressemble plus à un Juif d'Asie qu'un Juif européen.

5063 [...] En fait de religion, les plus proches sont les plus grandes ennemies.

Lettre LXVI, Rica à ***

5064 La fureur de la plupart des Français, c'est d'avoir de l'esprit, et la fureur de ceux qui veulent avoir de l'esprit, c'est de faire des livres. Cependant il n'y a rien de si mal imaginé : la Nature semblait avoir sagement pourvu à ce que les sottises des hommes fussent passagères, et les livres les immortalisent.

Lettre LXVII, Ibben à Usbek

5065 En quelque pays que j'aie été, j'y ai vécu comme si j'avais dû y passer ma vie : j'ai eu le même empressement pour les gens vertueux, la même compassion ou plutôt la même tendresse pour les malheureux, la même estime pour ceux que la prospérité n'a point aveuglés [...] Partout où je trouverai des hommes, je me choisirai des amis.

Lettre LXIX, Usbek à Rhédi

5066 Souvent Dieu manque d'une perfection qui pourrait lui donner une grande imperfection ; mais il n'est jamais limité que par lui-même : il est lui-même sa nécessité. Ainsi, quoique Dieu soit tout-puissant, il nc peut pas violer ses promesses, ni tromper les hommes. Souvent même l'impuissance n'est pas dans lui, mais dans les choses relatives ; et c'est la raison pourquoi il ne peut pas changer l'essence des choses.

Lettre LXXIII, Rica à ***

5067 J'ai ouï parler d'une espèce de tribunal qu'on appelle l'*Académie française*. Il n'y en a point de moins respecté dans le Monde : car on dit qu'aussitôt qu'il a décidé, le Peuple casse ses arrêts et lui impose des lois qu'il est obligé de suivre.

(Lettres persannes)
Lettre LXXV, Usbek à Rhédi

5068 La religion est moins un sujet de sanctification qu'un sujet de disputes qui appartient à tout le monde.

5069 Un d'eux me disait un jour: « Je crois l'immortalité de l'âme par semestre ; mes opinions dépendent absolument de la constitution de mon corps: selon que j'ai plus ou moins d'esprits animaux, que mon estomac digère bien ou mal, que l'air que je respire est subtil ou grossier, que les viandes dont je me nourris sont légères ou solides, je suis spinosiste, socinien, catholique, impie ou dévot. Quand le médecin est auprès de mon lit, le confesseur me trouve à mon avantage.

5070 Vérité dans un temps, erreur dans un autre.

Lettre LXXVI, Usbek à son ami Ibben

5071 Les lois sont furieuses en Europe contre ceux qui se tuent eux-mêmes: on les fait mourir, pour ainsi dire, une seconde fois ; ils sont traînés indignement par les rues ; on les note d'infamie ; on confisque leurs biens.

Lettre LXXVIII, Rica à Usbek

5072 Les lunettes font voir démonstrativement que celui qui les porte est un homme consommé dans les sciences et enseveli dans de profondes lectures, à un tel point que sa vue en est affaiblie ; et tout nez qui en est orné ou chargé peut passer, sans contredit, pour le nez d'un savant.

5073 Celui qui reste assis dix heures par jour obtient précisément la moitié plus de considération qu'un autre qui n'en reste que cinq, parce que c'est sur les chaises que la noblesse s'acquiert [en Espagne].

5074 Ils sont les premiers hommes du monde pour mourir de langueur sous la fenêtre de leurs maîtresses, et tout Espagnol qui n'est pas enrhumé ne saurait passer pour galant.

5075 Les Espagnols qu'on ne brûle pas paraissent si attachés à l'Inquisition, qu'il y aurait de la mauvaise humeur de la leur ôter.

5076 Sans doute que les Français, extrêmement décriés chez leurs voisins, enferment quelques fous dans une maison, pour persuader que ceux qui sont dehors ne le sont pas.

Lettre LXXX, Usbek à Rhédi

5077 L'imagination se plie d'elle-même aux mœurs du pays où l'on est ; [...] le désespoir de l'infamie vient désoler un Français condamné à une peine qui n'ôterait pas un quart d'heure de sommeil à un Turc.

Lettre LXXXII, Rica à Ibben

5078 Quoique les Français parlent beaucoup, il y a cependant parmi eux une espèce de dervis taciturnes qu'on appelle *Chartreux*. On dit qu'ils se coupent la langue en entrant dans le couvent, et on souhaiterait fort que tous les autres dervis se retranchassent de même tout ce que leur profession leur rend inutile.

Lettre LXXXV, Usbek à Mirza

5079 On remarque que ceux qui vivent dans des religions tolérées se rendent ordinairement plus utiles à leur patrie que ceux qui vivent dans la religion dominante ; parce que, éloignés des honneurs, ne pouvant se distinguer que par leur opulence et leurs richesses, ils sont portés à acquérir par leur travail et à embrasser les emplois de la Société les plus pénibles.

5080 [...] Une secte nouvelle introduite dans un état [est] le moyen le plus sûr pour corriger tous les abus de l'ancienne.

Lettre LXXXVII, Rica à ***

5081 On dit que l'homme est un animal sociable. Sur ce pied-là, il me paraît qu'un Français est plus homme qu'un autre ; c'est l'homme par excellence, car il semble être fait uniquement pour la société.

Lettre LXXXVIII, Usbek à Rhédi

5082 Un grand seigneur est un homme qui voit le roi, qui parle aux ministres, qui a des ancêtres, des dettes et des pensions.

5083 La faveur est la grande divinité des Français. Le ministre est le grand-prêtre, qui lui offre bien des victimes. Ceux qui l'entourent ne sont point habillés de blanc ; tantôt sacrificateurs et tantôt sacrifiés, ils se dévouent eux-mêmes à leur idole avec tout le peuple.

Lettre LXXXIX, Usbek à Ibben

5084 Tout homme est capable de faire du bien à un homme ; mais c'est ressembler aux dieux que de contribuer au bonheur d'une société entière.

Lettre XCII, Usbek à Rhédi

5085 Les parlements ressemblent à ces ruines que l'on foule aux pieds, mais qui rappellent toujours l'idée de quelque temple fameux par l'ancienne religion des peuples. [...] Ces grands corps ont suivi le destin des choses humaines : ils ont cédé au temps, qui détruit tout, à la corruption des mœurs, qui a tout affaibli, à l'autorité suprême, qui a tout abattu.

(Lettres persannes)

Lettre XCIV, Usbek à Rhédi

5086 Ce droit, tel qu'il est aujourd'hui, est une science qui apprend aux princes jusqu'à quel point ils peuvent violer la justice sans choquer leurs intérêts. Quel dessein, Rhédi, de vouloir, pour endurcir leur conscience, mettre l'iniquité en système, d'en donner des règles, d'en former des principes et d'en tirer des conséquences !

Lettre XCV, Usbek à Rhédi

5087 [...] Une alliance faite entre deux nations pour en opprimer une troisième n'est pas légitime, et on peut la violer sans crime.
Il n'est pas même de l'honneur et de la dignité du prince de s'allier avec un tyran.

5088 La conquête ne donne point un droit par elle-même : lorsque le peuple subsiste, elle est un gage de la paix et de la réparation du tort ; et, si le peuple est détruit ou dispersé, elle est le monument d'une tyrannie.

5089 La Nature, qui a établi les différents degrés de force et de faiblesse parmi les hommes, a encore souvent égalé la faiblesse à la force par le désespoir.

Lettre XCVIII, Usbek à Ibben

5090 Le corps des laquais est plus respectable en France qu'ailleurs ; c'est un séminaire de grands seigneurs : il remplit le vide des autres états.

5091 Je trouve, Ibben, la Providence admirable dans la manière dont elle a distribué les richesses : si elle ne les avait accordées qu'aux gens de bien, on ne les aurait pas assez distinguées de la vertu, et on n'en aurait plus senti tout le néant. Mais, quand on examine qui sont les gens qui en sont les plus chargés, à force de mépriser les riches, on vient enfin à mépriser les richesses.

Lettre XCIX, Rica à Rhédi

5092 Quelquefois, les coiffures montent insensiblement, et une révolution les fait descendre tout à coup [...] Qui pourrait le croire ? Les architectes ont été souvent obligés de hausser, de baisser et d'élargir leurs portes, selon que les parures des femmes exigeaient d'eux ce changement, et les règles de leur art ont été asservies à ces caprices.

5093 Autrefois, les femmes avaient de la taille et des dents ; aujourd'hui, il n'en est pas question. Dans cette changeante nation, quoi qu'en disent les mauvais plaisants, les filles se trouvent autrement faites que leurs mères.

5094 Les Français changent de mœurs selon l'âge de leur roi. [...] Le Prince imprime le caractère de son esprit à la Cour ; la Cour, à la ville ; la Ville, aux provinces. L'âme du souverain est un moule qui donne la forme à toutes les autres.

Lettre CII, Usbek à Ibben

5095 La puissance ne peut jamais être également partagée entre le peuple et le prince ; l'équilibre est trop difficile à garder. Il faut que le pouvoir diminue d'un côté pendant qu'il augmente de l'autre ; mais l'avantage est ordinairement du côté du prince, qui est à la tête des armées.

Lettre CIII, Usbek à Ibben

5096 « Malheureux le roi qui n'a qu'une tête ! Il semble ne réunir sur elle toute sa puissance que pour indiquer au premier ambitieux l'endroit où il la trouvera tout entière. »

Lettre CV, Rhédi à Usbek

5097 Tu sais que, depuis l'invention de la poudre, il n'y a plus de places imprenables ; c'est-à-dire, Usbek, qu'il n'y a plus d'asile sur la terre contre l'injustice et la violence.

5098 Tu as lu les historiens ; fais-y bien attention : presque toutes les monarchies n'ont été fondées que sur l'ignorance des arts et n'ont été détruites que parce qu'on les a trop cultivés.

5099 Que nous a servi l'invention de la boussole et la découverte de tant de peuples, qu'à nous communiquer leurs maladies, plutôt que leurs richesses ?

Lettre CVI, Usbek à Rhédi

5100 Paris est peut-être la ville du monde la plus sensuelle et où l'on raffine le plus sur les plaisirs ; mais c'est peut-être celle où l'on mène une vie plus dure. Pour qu'un homme vive délicieusement, il faut que cent autres travaillent sans relâche.

5101 L'intérêt est le plus grand monarque de la terre. Cette ardeur pour le travail, cette passion de s'enrichir, passe de condition en condition, depuis les artisans jusques aux grands. Personne n'aime à être plus pauvre que celui qu'il vient de voir immédiatement au-dessous de lui. Vous voyez à Paris un homme qui a de quoi vivre jusqu'au jour du jugement, qui travaille sans cesse et court risque d'accourcir ses jours, pour amasser, dit-il, de quoi vivre.

Lettre CVII, Rica à Ibben

5102 On dit que l'on ne peut jamais connaître le caractère des rois d'Occident jusques à ce qu'ils aient passé par les deux grandes épreuves de leur maîtresse et de leur confesseur.

5103 Celui qui est à la Cour, à Paris, dans les provinces, qui voit agir des ministres, des magistrats, des prélats, s'il ne connaît les femmes qui les gouvernent, est comme un homme qui voit bien une machine qui joue, mais qui n'en connaît point les ressorts.

(Lettres persannes)
Lettre CVIII, Usbek à ***

5104 Le grand tort qu'ont les journalistes, c'est qu'ils ne parlent que des livres nouveaux ; comme si la vérité était jamais nouvelle. Il me semble que, jusqu'à ce qu'un homme ait lu tous les livres anciens, il n'a aucune raison de leur préférer les nouveaux.

Lettre CIX, Rica à ***

5105 L'université de Paris est la fille aînée des rois de France et très aînée : car elle a plus de neuf cents ans, aussi rêve-t-elle quelquefois.

5106 Il semble, mon cher ***, que les têtes des plus grands hommes s'étrécissent lorsqu'elles sont assemblées, et que, là où il y a plus de sages, il y ait aussi moins de sagesse. Les grands corps s'attachent toujours si fort aux minuties, aux vains usages, que l'essentiel ne va jamais qu'après.

Lettre CXVI, Usbek à Rhédi

5107 Rien ne contribuait plus à l'attachement mutuel que la faculté du divorce : un mari et une femme étaient portés à soutenir patiemment les peines domestiques, sachant qu'ils étaient maîtres de les faire finir, et ils gardaient souvent ce pouvoir en main toute leur vie sans en user, par cette seule considération qu'ils étaient libres de le faire.

5108 J'ose le dire : si, dans une république comme Lacédémone, où les citoyens étaient sans cesse gênés par des lois singulières et subtiles, et dans laquelle il n'y avait qu'une famille, qui était la République, il avait été établi que les maris changeassent de femmes tous les ans, il en serait né un peuple innombrable.

Lettre CXVIII, Usbek à Rhédi

5109 Il n'y a rien de si extravagant que de faire périr un nombre innombrable d'hommes pour tirer du fond de la terre l'or et l'argent : ces métaux d'eux-mêmes absolument inutiles, et qui ne sont des richesses que parce qu'on les a choisis pour en être les signes.

Lettre CXIX, Usbek à Rhédi

5110 La fécondité d'un peuple dépend quelquefois des plus petites circonstances du Monde ; de manière qu'il ne faut souvent qu'un nouveau tour dans son imagination pour le rendre beaucoup plus nombreux qu'il n'était.

Lettre CXXI, Usbek à Rhédi

5111 L'effet ordinaire des colonies est d'affaiblir les pays d'où on les tire, sans peupler ceux où on les envoie.

5112 On peut comparer les empires à un arbre dont les branches trop étendues ôtent tout le suc du tronc et ne servent qu'à faire de l'ombrage.

Lettre CXXII, Usbek à Rhédi

5113 Les hommes sont comme les plantes, qui ne croissent jamais heureusement si elles ne sont bien cultivées : chez les peuples misérables, l'Espèce perd et même quelquefois dégénère.

Lettre CXXIV, Usbek à Rhédi

5114 [...] S'ils acquièrent quelques-uns de leurs sujets en les achetant, il faut bien, par la même raison, qu'ils en perdent une infinité d'autres en les appauvrissant.

Lettre CXXV, Rica à ***

5115 On est bien embarrassé, dans toutes les religions, quand il s'agit de donner une idée des plaisirs qui sont destinés à ceux qui ont bien vécu [...] Il semble que la nature des plaisirs soit d'être d'une courte durée ; l'imagination a peine à en représenter d'autres.

Lettre CXXVII, Rica à Ibben

5116 Je ne sais comment il arrive qu'il n'y a presque jamais de prince si méchant que son ministre ne le soit encore davantage.

Lettre CXXIX, Usbek à Rhédi

5117 [...] Ils ont donné aux pères une grande autorité sur leurs enfants. Rien ne soulage plus les magistrats ; rien ne dégarnit plus les tribunaux ; rien, enfin, ne répand plus de tranquillité dans un état, où les mœurs font toujours de meilleurs citoyens que les lois.

Lettre CXLV, Usbek à R***

5118 Un homme d'esprit est ordinairement difficile dans les sociétés ; il choisit peu de personnes ; il s'ennuie avec tout ce grand nombre de gens qu'il lui plaît appeler mauvaise compagnie. [...] Sûr de plaire quand il voudra, il néglige très souvent de le faire.

5119 L'homme médiocre, au contraire, cherche à tirer parti de tout : il sent bien qu'il n'a rien à perdre en négligences. L'approbation universelle est plus ordinairement pour l'homme médiocre.

Le Temple de Gnide, Chant troisième

5120 Il n'y a point de pays dans l'univers, où une belle ne reçoive des hommages ; mais il n'y a que les plus grands hommages qui puissent apaiser l'ambition d'une belle.

Considérations sur les causes de la grandeur
des Romains et de leur décadence
chapitre 1

5121 Comme les hommes ont eu dans tous les temps les mêmes passions, les occasions qui produisent les grands changements sont différentes, mais les causes sont toujours les mêmes.

chap. 2

5122 [...] Du courage, c'est-à-dire, de cette vertu qui est le sentiment de ses propres forces.

chap. 4

5123 La tyrannie d'un prince ne met pas un État plus près de sa ruine, que l'indifférence pour le bien commun n'y met une république.

5124 L'or et l'argent s'épuisent ; mais la vertu, la constance, la force et la pauvreté ne s'épuisent jamais.

5125 Il n'y a rien de si puissant qu'une république où l'on observe les lois, non pas par crainte, non pas par raison, mais par passion, comme furent Rome et Lacédémone : car pour lors, il se joint à la sagesse d'un bon gouvernement toute la force que pourrait avoir une faction.

5126 Les conquêtes sont aisées à faire, parce qu'on les fait avec toutes ses forces ; elles sont difficiles à conserver, parce qu'on ne les défend qu'avec une partie de ses forces.

chap. 5

5127 Lorsqu'on voit deux grands peuples se faire une guerre longue et opiniâtre, c'est souvent une mauvaise politique de penser qu'on peut demeurer spectateur tranquille ; car celui des deux peuples qui est le vainqueur entreprend d'abord de nouvelles guerres ; et une nation de soldats va combattre contre des peuples qui ne sont que citoyens.

5128 Il y a de certaines bornes que la nature a données aux États, pour mortifier l'ambition des hommes.

5129 Il [Louis XIV] avait l'âme trop fière pour descendre plus bas que ses malheurs ne l'avaient mis ; et il savait bien que le courage peut raffermir une couronne, et que l'infamie ne le fait jamais.

chap. 6

5130 C'est la folie des conquérants de vouloir donner à tous les peuples leurs lois et leurs coutumes : cela n'est bon à rien ; car, dans toute sorte de gouvernement, on est capable d'obéir.

chap. 8

5131 Ceux qui obéissent à un roi sont moins tourmentés d'envie et de jalousie que ceux qui vivent dans une aristocratie héréditaire.

5132 Les républiques où la naissance ne donne aucune part au gouvernement, sont, à cet égard, les plus heureuses ; car le peuple peut moins envier une autorité qu'il donne à qui il veut, et qu'il reprend à sa fantaisie.

5133 Il y a de mauvais exemples qui sont pires que les crimes ; et plus d'États ont péri parce qu'on a violé les mœurs que parce qu'on a violé les lois.

5134 En un mot, un gouvernement libre, c'est-à-dire toujours agité, ne saurait se maintenir, s'il n'est, par ses propres lois, capable de correction.

chap. 9

5135 Ce qui fait que les États libres durent moins que les autres, c'est que les malheurs et les succès qui leur arrivent, leur font presque toujours perdre la liberté ; au lieu que les succès et les malheurs d'un État où le peuple est soumis, confirment également sa servitude.

5136 Demander, dans un État libre, des gens hardis dans la guerre, et timides dans la paix, c'est vouloir des choses impossibles : et, pour règle générale, toutes les fois qu'on verra tout le monde tranquille dans un État qui se donne le nom de république, on peut être assuré que la liberté n'y est pas.

5137 Ce qu'on appelle union dans un corps politique, est une chose très équivoque : la vraie est une union d'harmonie, qui fait que toutes les parties, quelque opposées qu'elles nous paraissent, concourent au bien général de la société ; comme des dissonances, dans la musique, concourent à l'accord total.

5138 C'est une chose qu'on a vue toujours, que de bonnes lois, qui ont fait qu'une petite république devient grande, lui deviennent à charge lorsqu'elle s'est agrandie.

chap. 11

5139 Quand on accorde des honneurs, on sait précisément ce que l'on donne ; mais, quand on y joint le pouvoir, on ne peut dire à quel point il pourra être porté.

5140 Des préférences excessives, données à un citoyen dans une république, ont toujours des effets nécessaires ; elles font naître l'envie du peuple, ou elles augmentent sans mesure son amour.

5141 On parle beaucoup de la fortune de César : mais cet homme extraordinaire avait tant de grandes qualités, sans pas un défaut, quoiqu'il eût bien des vices, qu'il eût été bien difficile que, quelque armée qu'il eût commandée, il n'eût été vainqueur ; et qu'en quelque république qu'il fût né, il ne l'eût gouvernée.

5142 Il n'y a point d'État qui menace si fort les autres d'une conquête que celui qui est dans les horreurs de la guerre civile. Tout le monde, noble, bourgeois, artisan, laboureur, y devient soldat : et, lorsque, par la paix, les forces sont réunies, cet État a de grands avantages sur les autres qui n'ont guère que des citoyens.

5143 [...] L'homme, toujours plus avide du pouvoir à mesure qu'il en a davantage, et qui ne désire tout que parce qu'il possède beaucoup.

De l'esprit des lois
préface

5144 Je me croirais le plus heureux des mortels, si je pouvais faire que les hommes pussent se guérir de leurs préjugés. J'appelle ici préjugés, non pas ce qui fait qu'on ignore de certaines choses, mais ce qui fait qu'on s'ignore soi-même.

première partie, livre I, chap. 1

5145 Les lois, dans la signification la plus étendue, sont les rapports nécessaires qui dérivent de la nature des choses et, dans ce sens, tous les êtres ont leurs lois ; la Divinité a ses lois ; le monde matériel a ses lois ; les intelligences supérieures à l'homme ont leurs lois ; les bêtes ont leurs lois ; l'homme a ses lois.

chap. 3

5146 Sitôt que les hommes sont en société, ils perdent le sentiment de leur faiblesse ; l'égalité, qui était entre eux, cesse, et l'état de guerre commence.

5147 Le droit des gens est naturellement fondé sur ce principe : que les diverses nations doivent se faire, dans la paix, le plus de bien, et, dans la guerre, le moins de mal qu'il est possible, sans nuire à leurs véritables intérêts.

5148 La loi, en général, est la raison humaine, en tant qu'elle gouverne tous les peuples de la terre.

livre II, chap. 2

5149 Le malheur d'une république, c'est lorsqu'il n'y a plus de brigues ; et cela arrive lorsqu'on a corrompu le peuple à prix d'argent : il devient de sang-froid, il s'affectionne à l'argent, mais il ne s'affectionne plus aux affaires : sans souci du gouvernement et de ce qu'on y propose, il attend tranquillement son salaire.

chap. 3

5150 Dans toute magistrature, il faut compenser la grandeur de la puissance par la brièveté de sa durée.

livre III, chap. 7

5151 L'ambition est pernicieuse dans une république. Elle a de bons effets dans la monarchie ; elle donne la vie à ce gouvernement ; et on y a cet avantage, qu'elle n'y est pas dangereuse, parce qu'elle y peut être sans cesse réprimée. Vous diriez qu'il en est comme du système de l'univers, où il y a une force qui éloigne sans cesse du centre tous les corps, et une force de pesanteur qui les y ramène.

livre IV, chap. 2

5152 Les hommes, nés pour vivre ensemble, sont nés aussi pour se plaire ; et celui qui n'observerait pas les bienséances, choquant tous ceux avec qui il vivrait, se décréditerait au point qu'il deviendrait incapable de faire aucun bien.

5153 C'est par orgueil que nous sommes polis : nous nous sentons flattés d'avoir des manières qui prouvent que nous ne sommes pas dans la bassesse, et que nous n'avons pas vécu avec cette sorte de gens que l'on a abandonnés dans tous les âges.

5154 L'air de la cour consiste à quitter sa grandeur propre, pour une grandeur empruntée. Celle-ci flatte plus un courtisan que la sienne même.

5155 L'honneur a donc ses règles suprêmes, et l'éducation est obligée de s'y conformer. Les principales sont, qu'il nous est bien permis de faire cas de notre fortune, mais qu'il nous est souverainement défendu d'en faire aucun de notre vie.

chap. 3

5156 Comme l'éducation dans les monarchies ne travaille qu'à élever le cœur, elle ne cherche qu'à l'abaisser dans les États despotiques. Il faut qu'elle y soit servile. Ce sera un bien, même dans le commandement, de l'avoir eue telle, personne n'y étant tyran sans être en même temps esclave.
L'extrême obéissance suppose de l'ignorance dans celui qui obéit ; elle en suppose même dans celui qui commande ; il n'a point à délibérer, à douter, ni à raisonner ; il n'a qu'à vouloir.

chap. 5

5157 [...] La vertu politique est un renoncement à soi-même, qui est toujours une chose très pénible.
On peut définir cette vertu, l'amour des lois et de la patrie. Cet amour, demandant une préférence continuelle de l'intérêt public au sien propre, donne toutes les vertus particulières ; elles ne sont que cette préférence.

5158 [...] Le gouvernement est comme toutes les choses du monde ; pour le conserver, il faut l'aimer.

5159 On est ordinairement le maître de donner à ses enfants ses connaissances ; on l'est encore plus de leur donner ses passions.

(De l'esprit des lois)
livre V, chap. 2

5160 Pourquoi les moines aiment-ils tant leur ordre ? C'est justement par l'endroit qui fait qu'il leur est insupportable. Leur règle les prive de toutes les choses sur lesquelles les passions ordinaires s'appuient : reste donc cette passion pour la règle même qui les afflige. Plus elle est austère, c'est-à-dire, plus elle retranche de leurs penchants, plus elle donne de force à ceux qu'elle leur laisse.

chap. 3

5161 L'amour de la démocratie est celui de l'égalité.

chap. 5

5162 Il est bon quelquefois que les lois ne paraissent pas aller si directement au but qu'elles se proposent.

chap. 7

5163 Rien ne maintient plus les mœurs qu'une extrême subordination des jeunes gens envers les vieillards. Les uns et les autres seront contenus, ceux-là par le respect qu'ils auront pour les vieillards, et ceux-ci par le respect qu'ils auront pour eux-mêmes.

chap. 8

5164 Les privilèges doivent être pour le sénat, et le simple respect pour les sénateurs.

chap. 13

5165 Quand les sauvages de la Louisiane veulent avoir du fruit, ils coupent l'arbre au pied, et cueillent le fruit. Voilà le gouvernement despotique.

chap. 18

5166 C'est une règle générale, que les grandes récompenses dans une monarchie et dans une république sont un signe de leur décadence, parce qu'elles prouvent que leurs principes sont corrompus ; que, d'un côté, l'idée de l'honneur n'y a plus tant de force ; que de l'autre, la qualité de citoyen s'est affaiblie.

chap. 19

5167 Dans les gouvernements despotiques, où l'on abuse également de l'honneur, des postes et des rangs, on fait indifféremment d'un prince un goujat, et d'un goujat un prince.

livre VI, chap. 9

5168 Les hommes extrêmement heureux, et les hommes extrêmement malheureux, sont également portés à la dureté ; témoin les moines et les conquérants. Il n'y a que la médiocrité et le mélange de la bonne et de la mauvaise fortune, qui donnent de la douceur et de la pitié.

livre VII, chap. 1

5169 Le luxe est toujours en proportion avec l'inégalité des fortunes. Si, dans un État, les richesses sont également partagées, il n'y aura point de luxe ; car il n'est fondé que sur les commodités qu'on se donne par le travail des autres.

chap. 4

5170 Les républiques finissent par le luxe ; les monarchies, par la pauvreté.

chap. 8

5171 Il y a tant d'imperfections attachées à la perte de la vertu dans les femmes, toute leur âme en est si fort dégradée, ce point principal ôté en fait tomber tant d'autres, que l'on peut regarder, dans un État populaire, l'incontinence publique comme le dernier des malheurs, et la certitude d'un changement dans la constitution.

livre VIII, chap. 3

5172 Autant que le ciel est éloigné de la terre, autant le véritable esprit d'égalité l'est-il de l'esprit d'égalité extrême. Le premier ne consiste point à faire en sorte que tout le monde commande, ou que personne ne soit commandé ; mais à obéir et à commander à ses égaux. Il ne cherche pas à n'avoir point de maître, mais à n'avoir que ses égaux pour maîtres.

chap. 17

5173 Les fleuves courent se mêler dans la mer : les monarchies vont se perdre dans le despotisme.

chap. 21

5174 Nos missionnaires nous parlent du vaste empire de la Chine, comme d'un gouvernement admirable, qui mêle ensemble dans son principe la crainte, l'honneur et la vertu. [...] J'ignore ce que c'est que cet honneur dont on parle chez des peuples à qui on ne fait rien faire qu'à coups de bâton.

seconde partie, livre IX, chap. 9

5175 Toute grandeur, toute force, toute puissance est relative. Il faut bien prendre garde qu'en cherchant à augmenter la grandeur réelle, on ne diminue la grandeur relative.

livre X, chap. 2

5176 [...] Les petites sociétés ont plus souvent le droit de faire la guerre que les grandes, parce qu'elles sont plus souvent dans le cas de craindre d'être détruites.

(De l'esprit des lois)
(livre X) chap. 4

5177 C'est à un conquérant à réparer une partie des maux qu'il a faits. Je définis ainsi le droit de conquête : un droit nécessaire, légitime et malheureux, qui laisse toujours à payer une dette immense, pour s'acquitter envers la nature humaine.

livre XI, chap. 3

5178 Dans un État, c'est-à-dire dans une société où il y a des lois, la liberté ne peut consister qu'à pouvoir faire ce que l'on doit vouloir, et à n'être point contraint de faire ce que l'on ne doit pas vouloir.

chap. 6

5179 [...] Moi qui crois que l'excès même de la raison n'est pas toujours désirable, et que les hommes s'accommodent presque toujours mieux des milieux que des extrémités...

livre XII, chap. 18

5180 Quand une république est parvenue à détruire ceux qui voulaient la renverser, il faut se hâter de mettre fin aux vengeance, aux peines et aux récompenses mêmes [...]. Sous prétexte de la vengeance de la république, on établirait la tyrannie des vengeurs [...]. Il faut rentrer le plus tôt que l'on peut dans ce train ordinaire du gouvernement, où les lois protègent tout et ne s'arment contre personne.

chap. 23

5181 L'espionnage serait peut-être tolérable s'il pouvait être exercé par d'honnêtes gens ; mais l'infamie nécessaire de la personne peut faire juger de l'infamie de la chose.

chap. 25

5182 Il y a une certaine facilité dans le commandement : il faut que le prince encourage, et que ce soient les lois qui menacent.

livre XIII, chap. 2

5183 L'effet des richesses d'un pays, c'est de mettre de l'ambition dans tous les cœurs. L'effet de la pauvreté est d'y faire naître le désespoir. La première s'irrite par le travail ; l'autre se console par la paresse.

chap. 15

5184 On n'appelle plus parmi nous un grand ministre celui qui est le sage dispensateur des revenus publics ; mais celui qui est homme d'industrie, et qui trouve ce qu'on appelle des expédients.

troisième partie, livre XV, chap. 5

5185 Le sucre serait trop cher, si l'on ne faisait travailler la plante qui le produit par des esclaves.
Ceux dont il s'agit sont noirs depuis les pieds jusqu'à la tête ; et ils ont le nez si écrasé qu'il est presque impossible de les plaindre.

5186 Une preuve que les nègres n'ont pas le sens commun, c'est qu'ils font plus de cas d'un collier de verre que de l'or, qui, chez des nations policées, est d'une si grande conséquence. Il est impossible que nous supposions que ces gens-là soient des hommes ; parce que, si nous les supposions des hommes, on commencerait à croire que nous ne sommes pas nous-mêmes chrétiens.

chap. 16

5187 L'humanité que l'on aura pour les esclaves pourra prévenir dans l'État modéré des dangers que l'on pourrait craindre de leur trop grand nombre. Les hommes s'accoutument à tout, et à la servitude même, pourvu que le maître ne soit pas plus dur que la servitude [...]

livre XVI, chap. 6

5188 Il en est de la luxure comme de l'avarice : elle augmente sa soif par l'acquisition des trésors.

chap. 8

5189 Il y a de tels climats où le physique a une telle force que la morale n'y peut presque rien. Laissez un homme avec une femme ; les tentations seront des chutes, l'attaque sûre, la résistance nulle. Dans ces pays, au lieu de préceptes, il faut des verrous.

chap. 11

5190 Il est heureux de vivre dans ces climats qui permettent qu'on se communique ; où le sexe qui a le plus d'agréments semble parer la société ; et où les femmes, se réservant aux plaisirs d'un seul, servent encore à l'amusement de tous.

chap. 15

5191 Le divorce a ordinairement une grande utilité politique ; et quant à l'utilité civile, il est établi pour le mari et pour la femme, et n'est pas toujours favorable aux enfants.

livre XVIII, chap. 7

5192 Ainsi, comme les nations destructives font des maux qui durent plus qu'elles, il y a des nations industrieuses qui font des biens qui ne finissent pas même avec elles.

livre XIX, chap. 3

5193 Il y a deux sortes de tyrannie : une réelle, qui consiste dans la violence du gouvernement ; et une d'opinion, qui se fait sentir lorsque ceux qui gouvernent établissent des choses qui choquent la manière de penser d'une nation.

chap. 9

5194 Examinez toutes les nations, et vous verrez que, dans la plupart, la gravité, l'orgueil et la paresse marchent du même pas.

(De l'esprit des lois, livre XIX) chap. 27

5195 L'empire de la mer a toujours donné aux peuples qui l'ont possédé, une fierté naturelle ; parce que, se sentant capables d'insulter partout, ils croient que leur pouvoir n'a pas plus de bornes que l'Océan.

5196 Dans une nation libre, il est très souvent indifférent que les particuliers raisonnent bien ou mal : il suffit qu'ils raisonnent : de là sort la liberté qui garantit des effets de ces mêmes raisonnements.
De même, dans un gouvernement despotique, il est également pernicieux qu'on raisonne bien ou mal ; il suffit qu'on raisonne pour que le principe du gouvernement soit choqué.

5197 Les nations libres sont superbes, les autres peuvent plus aisément être vaines.

quatrième partie, livre XX, chap. 1

5198 Le commerce guérit des préjugés destructeurs ; et c'est presque une règle générale, que partout où il y a des mœurs douces, il y a du commerce ; et que partout où il y a du commerce, il y a des mœurs douces.

chap. 4

5199 Dans une nation qui est dans la servitude, on travaille plus à conserver qu'à acquérir. Dans une nation libre, on travaille plus à acquérir qu'à conserver.

livre XXI, chap. 20

5200 Il est heureux pour les hommes d'être dans une situation où, pendant que leurs passions leur inspirent la pensée d'être méchants, ils ont pourtant intérêt de ne pas l'être.

livre XXIII, chap. 9

5201 Les filles, que l'on ne conduit que par le mariage aux plaisirs et à la liberté, qui ont un esprit qui n'ose penser, un cœur qui n'ose sentir, des yeux qui n'osent voir, des oreilles qui n'osent entendre, qui ne se présentent que pour se montrer stupides, condamnées sans relâche à des bagatelles et à des préceptes, sont assez portées au mariage : ce sont les garçons qu'il faut encourager.

chap. 11

5202 C'est la facilité de parler, et l'impuissance d'examiner, qui ont fait dire que plus les sujets étaient pauvres, plus les familles étaient nombreuses ; que plus on était chargé d'impôts, plus on se mettait en état de les payer : deux sophismes qui ont toujours perdu, et qui perdront à jamais les monarchies.

chap. 13

5203 Dans les ports de mer, où les hommes s'exposent à mille dangers, et vont mourir ou vivre dans des climats reculés, il y a moins d'hommes que de femmes; cependant on y voit plus d'enfants qu'ailleurs. Cela vient de la facilité de la subsistance. Peut-être même que les parties huileuses du poisson sont plus propres à fournir cette matière qui sert à la génération. Ce serait une des causes de ce nombre infini de peuple qui est au Japon et à la Chine où l'on ne vit presque que de poisson. Si cela était, de certaines règles monastiques, qui obligent de vivre de poisson, seraient contraires à l'esprit du législateur même.

chap. 17

5204 Le chevalier Petty a supposé, dans ses calculs, qu'un homme en Angleterre vaut ce qu'on le vendrait à Alger. Cela ne peut être bon que pour l'Angleterre: il y a des pays où un homme ne vaut rien; il y en a où il vaut moins que rien.

chap. 29

5205 L'ouvrier qui a donné à ses enfants son art pour héritage, leur a laissé un bien qui s'est multiplié à proportion de leur nombre. Il n'en est pas de même de celui qui a dix arpents de fonds pour vivre, et qui les partage à ses enfants.

cinquième partie, livre XXIV, chap. 2

5206 Un prince qui aime la religion et qui la craint est un lion qui cède à la main qui le flatte, ou à la voix qui l'apaise: celui qui craint la religion et qui la hait, est comme les bêtes sauvages qui mordent la chaîne qui les empêche de se jeter sur ceux qui passent: celui qui n'a point du tout de religion, est cet animal terrible qui ne sent sa liberté que lorsqu'il déchire et qu'il dévore.

chap. 7

5207 Les lois humaines faites pour parler à l'esprit doivent donner des préceptes et point de conseils: la religion, faite pour parler au cœur, doit donner beaucoup de conseils, et peu de préceptes.

livre XXV, chap. 1

5208 L'homme pieux et l'athée parlent toujours de religion; l'un parle de ce qu'il aime, et l'autre de ce qu'il craint.

chap. 2

5209 Pour qu'une religion attache, il faut qu'elle ait une morale pure. Les hommes, fripons en détail, sont en gros de très honnêtes gens; ils aiment la morale; et si je ne traitais pas un sujet si grave, je dirais que cela se voit admirablement bien sur les théâtres: on est sûr de plaire au peuple par les sentiments que la morale avoue, et on est sûr de le choquer par ceux qu'elle réprouve.

(De l'esprit des lois)
sixième partie, livre XXVIII, chap. 22

5210 Notre liaison avec les femmes est fondée sur le bonheur attaché au plaisir des sens, sur le charme d'aimer et d'être aimé, et encore sur le désir de leur plaire, parce que ce sont des juges très éclairés sur une partie des choses qui constituent le mérite personnel. Ce désir général de plaire produit la galanterie, qui n'est point l'amour, mais le délicat, mais le léger, mais le perpétuel mensonge de l'amour.

chap. 41

5211 L'âme goûte tant de délices à dominer les autres âmes ; ceux mêmes qui aiment le bien s'aiment si fort eux-mêmes, qu'il n'y a personne qui ne soit assez malheureux pour avoir encore à se défier de ses bonnes intentions : et, en vérité, nos actions tiennent à tant de choses, qu'il est mille fois plus aisé de faire le bien, que de le bien faire.

livre XXIX, chap. 16

5212 Il faut dans les lois une certaine candeur. Faites pour punir la méchanceté des hommes, elles doivent avoir elles-mêmes la plus grande innocence.

Réflexions sur la monarchie universelle en Europe
§ 1

5213 Autrefois on cherchait des Armées pour les mener combattre dans un pays. A présent on cherche des pays pour y mener combattre des Armées.

§ 2

5214 Quelque succès qu'un État Conquérant puisse avoir, il y a toujours une certaine réaction qui le fait rentrer dans l'état dont il était sorti.

§ 5

5215 Les desseins qui ont besoin de beaucoup de temps pour être exécutés ne réussissent presque jamais.

§ 8

5216 Il règne en Asie un esprit de servitude qui ne l'a jamais quittée ; et, dans toutes les Histoires de ce pays, il n'est pas possible de trouver un seul trait qui marque une âme libre.

§ 18

5217 L'Europe n'est plus qu'une Nation composée de plusieurs, la France et l'Angleterre ont besoin de l'opulence de la Pologne et de la Moscovie, comme une de leurs Provinces a besoin des autres : et l'État qui croit augmenter sa puissance, par la ruine de celui qui le touche, s'affaiblit ordinairement avec lui.

§ 24

5218 Chaque Monarque tient sur pied toutes les Armées qu'il pourrait avoir si les Peuples étaient en danger d'être exterminés, et on nomme Paix cet état d'effort de tous contre tous.

5219 [...] bientôt à force d'avoir des soldats, nous n'aurons plus que des soldats, et nous serons comme des Tartares.

Essai sur les causes qui peuvent affecter
les esprits et les caractères
première partie

5220 Les peuples du Nord n'auront pas cette pénétration subite, cette vivacité de conception, cette facilité de recevoir et de communiquer toutes sortes d'impressions qu'on a dans d'autres climats. Mais s'ils n'ont pas l'avantage de la promptitude, ils auront celui du sang-froid ; ils auront plus de constance dans leurs résolutions, et feront moins de fautes lorsqu'ils exécuteront.

5221 Dans un pays où l'amour est le plus grand intérêt, la jalousie est la plus grande passion.

5222 L'âme est, dans notre corps, comme une araignée dans sa toile. Celle-ci ne peut se remuer sans ébranler quelqu'un des fils qui sont étendus au loin, et, de même, on ne peut remuer un de ces fils qu'il n'en remue quelque autre, qui lui répond.

5223 La grande joie est un état aussi éloigné de la santé que la grande douleur. Le plaisir d'être est le seul plaisir de celui qui est actuellement en santé.

seconde partie

5224 Les hommes qui ont peu d'idées doivent se tromper dans presque tous leurs jugements. Les idées se tiennent les unes aux autres. La faculté principale de l'âme est de comparer, et elle ne peut l'exercer dans une pareille indigence.

5225 C'est sottise d'être frappé plus qu'il ne faut par un objet ; c'est sottise de ne l'être pas assez.

5226 Notre âme est très bornée, et elle ne peut pas répondre à plusieurs émotions à la fois. Il faut que, quand elle en a plusieurs, les moindres suivent la plus grande et soient déterminées vers elle, comme par un mouvement commun. Ainsi, dans la fureur de l'amour, toutes les autres idées prennent la teinture de cet amour, auquel seul l'âme est attentive.

5227 Nos maîtres ne nous communiquent les impressions que comme ils les ont eux-mêmes, et, si elles ne sont pas en proportion avec les objets, ils gâtent en nous la faculté de comparer, qui est la grande faculté de l'âme.

(Essai sur les causes qui peuvent affecter
les esprits et les caractères)

5228 L'éducation consiste à nous donner des idées, et la bonne éducation à les mettre en proportion.

5229 Un homme d'esprit sent ce que les autres ne font que savoir.

5230 Il y en a qui voient le visage des hommes ; d'autres, des physionomies ; les autres voient jusqu'à l'âme. On peut dire qu'un sot ne vit qu'avec les corps ; les gens d'esprit vivent avec les intelligences.

5231 Le Grec, qui n'a qu'une femme, goûte cette joie qui accompagne toujours les choses modérées. Le Turc, qui en a un grand nombre, tombe dans une tristesse habituelle et vit dans l'accablement de ses plaisirs.

5232 L'ignorance est la mère des traditions.

5233 Les premiers écrivains de toutes les nations, bons et mauvais, ont toujours eu une réputation infinie, par la raison qu'ils ont toujours été, pendant un temps, supérieurs à tous ceux qui les lisaient.

5234 Les machines humaines sont invisiblement liées ; les ressorts qui en font mouvoir une montent les autres.

5235 Les voyages donnent une très grande étendue à l'esprit : on sort du cercle des préjugés de son pays, et l'on n'est guère propre à se charger de ceux des étrangers.

5236 La bonne opinion que l'on prend de son esprit est encore moins ridicule que celle que l'on conçoit de soi sur sa figure.

5237 Ce n'est pas l'esprit qui fait les opinions, c'est le cœur.

5238 Si vous voyez l'habit d'un homme, vous voyez jusques à son âme. Si cet habit est gris, comptez que l'homme qui le porte a bien des entités dans la tête. Ne vous imaginez pas trouver le même cerveau lorsque l'habit est blanc et noir. Mais ce sera bien autre chose, si l'habit est tout noir.

5239 Un homme qui enseigne peut devenir aisément opiniâtre, parce qu'il fait le métier d'un homme qui n'a jamais tort.

5240 Les gens de robe peuvent devenir extrêmement vains, parce que, n'ayant jamais affaire qu'à des personnes qui ont besoin d'eux, ils s'imaginent que leur prudence règle tout.

5241 Moins on a à réfléchir, plus on parle. Penser, c'est parler à soi-même ; et, quand on parle à soi, on ne songe guère à parler aux autres.

5242 Généralement toutes les professions détruisent l'harmonie des idées.

Considérations sur les richesses de l'Espagne, article 9

5243 J'ai ouï bien des fois déplorer l'aveuglement du conseil de François Ier rebutant Christophe Colomb qui s'adressa d'abord à la France pour la rendre maîtresse de tous les trésors des Indes. En vérité on fait quelquefois par sottise des choses bien sages, et l'état actuel de l'Espagne doit bien nous consoler.

Cahiers (Grasset), Sur lui-même

5244 L'étude a été pour moi le souverain remède contre les dégoûts de la vie, n'ayant jamais eu de chagrin qu'une heure de lecture ne m'ait ôté.

5245 Dans le cours de ma vie, je n'ai trouvé de gens communément méprisés que ceux qui vivaient en mauvaise compagnie.

5246 Si je savais quelque chose utile à ma patrie, et qui fût préjudiciable à l'Europe, ou bien qui fût utile à l'Europe et préjudiciable au Genre humain, je la regarderais comme un crime.

5247 Dieu m'a donné du bien, et je me suis donné du superflu.

Sur l'homme

5248 [...] la plus mauvaise copie de l'homme est celle qui se trouve dans les livres...

5249 [...] un homme n'est pas malheureux parce qu'il a de l'ambition ; mais parce qu'il en est dévoré.

5250 Je vous défie de faire jeûner un anachorète sans donner, en même temps, un nouveau goût à ses légumes.

5251 L'avantage de l'amour sur la débauche, c'est la multiplication des plaisirs.

5252 Il y a autant de vices qui viennent de ce qu'on ne s'estime pas assez, que de ce qu'on s'estime trop.

5253 La gravité est le bouclier des sots.

5254 Il y a ordinairement si peu de différence d'homme à l'homme qu'il n'y a guère sujet d'avoir de la vanité.

5255 Nous louons les gens à proportion de l'estime qu'ils ont pour nous.

5256 Aimer à lire, c'est faire un échange des heures d'ennui que l'on doit avoir en sa vie, contre des heures délicieuses.

(Cahiers, Sur l'homme)

5257 La dévotion trouve pour faire une mauvaise action des raisons qu'un simple honnête homme ne saurait trouver.

5258 Ordinairement, ceux qui ont un grand esprit l'ont naïf.

5259 Quand on court après l'esprit, on attrape la sottise.

5260 Pour faire de grandes choses, il ne faut pas être un si grand génie ; il ne faut pas être au-dessus des hommes ; il faut être avec eux.

5261 Tous les maris sont laids.

5262 Il faut rompre brusquement avec les femmes : rien n'est si insupportable qu'une vieille affaire éreintée.

Sur les ouvrages de l'esprit

5263 Pour écrire bien, il faut sauter les idées intermédiaires, assez pour n'être pas ennuyeux ; pas trop, de peur de n'être pas entendu.

5264 On ne saurait croire jusques où a été, dans ce dernier siècle, la décadence de l'admiration.

Sur la chose publique

5265 Lorsqu'un Prince élève quelque malhonnête homme, il semble qu'il le montre au Peuple pour l'encourager à lui ressembler.

5266 Tous les hommes sont des bêtes ; les princes sont des bêtes qui ne sont pas attachées.

5267 Une chose devrait faire trembler tous les ministres dans la plupart des États d'Europe, c'est la facilité qu'il y aurait à les remplacer.

5268 La liberté, ce bien qui fait jouir des autres biens.

5269 La chaussure des Romains incommode fut cause des grands chemins de pierre carrée.

Croyances

5270 On ne veut pas mourir. Chaque homme est proprement une suite d'idées qu'on ne veut pas interrompre.

Sur les sciences

5271 Le souper tue la moitié de Paris ; le dîner, l'autre.

Préparations pour ses ouvrages
et notes prises après leur publication

5272 Pourquoi m'occuperais-je encore de quelques écrits frivoles ? Je cherche l'immortalité, et elle est dans moi-même. Mon âme, agrandissez-vous ! Précipitez-vous dans l'immensité ! Rentrez dans le grand Être !...

5273 Je n'ai point le temps de me mêler de mes ouvrages ; je m'en suis démis entre les mains du public.

5274 Celui-là a un bon ton, de qui on ne peut pas dire qui il est.

5275 Ce qui n'est point utile à l'essaim, n'est point utile à l'abeille.

Alexis PIRON 1689-1773

La Métromanie
acte I, scène 6

5276 Je réussis. J'épouse une femme savante.

acte III, scène 7

5277 Malheur aux écrivains qui viendront après moi.

5278 A tous nos successeurs ne laissons rien à dire.

5279 Je veux [dans mes écrits] que la vertu plus que l'esprit y brille.
La mère en prescrira la lecture à sa fille.

acte V, scène 6

5280 L'ouvrage est peu de chose et le seul nom fait tout.

Les Misères de l'amour

5281 Après bien des maux et du bruit,
Un baiser finit l'aventure :
Le feu s'éteint, le dégoût suit ;
Le pré valait-il la fauchure !

La Quenouille unique et merveilleuse

5282 Voici *celui que ne fut rien*
Pas même Académicien,
Pour avoir fait l'Ode à Priape...

Louis Petit de BACHAUMONT 1690-1711

Mémoires historiques, littéraires et critiques
13 avril 1779

5283 On sait combien les femmes ont besoin d'indulgence aujourd'hui, où les sociétés sont pleines d'arrangements particuliers, et où il n'y a pas de mari qui n'ait au moins un coadjuteur.

31 décembre 1781

5284 Les femmes de cour, infiniment au-dessus des scrupules d'une bourgeoise, craignent moins d'annoncer leurs faiblesses...

Pierre Claude Nivelle de LA CHAUSSÉE 1692-1754

Mélanide
acte I, scène 4

5285 On ne fait point d'amant sans s'en apercevoir.

acte III, scène 4

5286 Les amants sont entre eux un peuple bien bizarre.

L'École des mères, acte I, scène 5

5287 Un homme qui disserte est un homme à noyer.

Louis RACINE 1692-1763

La Religion, chant 1

5288 La raison dans mes vers conduit l'homme à la foi.

5289 Oui, c'est un Dieu caché que le Dieu qu'il faut croire.
Mais tout caché qu'il est, pour révéler sa gloire
Quels témoins éclatants devant moi rassemblés !

5290 Quel bras peut vous suspendre, innombrables étoiles ?
Nuit brillante, dis-nous qui t'a donné tes voiles ?

chant 5

5291 Sur la voûte des cieux notre histoire est écrite.

La Grâce, chant 2

5292 Charme qui sans effort brise tout autre charme ;
Vainqueur qui plaît encore au vaincu qu'il désarme.

Ode, L'ouvrage des six jours

5293 L'Éternel va sortir d'un éternel silence.
Il veut créer le monde. Il l'a voulu toujours.
Rien ne commence en lui : hors de lui tout commence,
Et le temps, et les jours.

5294 Grand Dieu, lorsque ton fils viendra t'offrir un jour
Cet univers lavé dans son sang adorable...

Les Larmes de la pénitence

5295 J'ai péché, mais je pleure : oppose à mes offenses,
Oppose à leur grandeur ; celle de tes bontés.

5296 Coupe, brûle ce corps, prends pitié de mon âme ;
Frappe, fais-moi payer tout ce que je te dois...

Louis de BOISSY 1694-1758

Les Dehors trompeurs, acte V, scène 10

5297 Soyez l'homme du jour, et vous serez charmant.

Charles François PANARD 1694-1765

Ce qu'on voit beaucoup et ce qu'on ne voit guère, vaudeville

5298 Qu'une ville que l'on veut prendre
Soit encor longtemps à se rendre
Lorsqu'on est maître des faubourgs,
C'est ce que l'on voit tous les jours:
Mais que, dans l'île de Cythère,
Un fort soit longtemps défendu
Quand le moindre poste est rendu,
C'est ce qu'on ne voit guère.

Vaudeville en écho

5299 Paris est un séjour charmant [...]
On y voit des commis
Mis
Comme des princes,
Après être venus
Nus
De leurs provinces.

Chanson à boire

5300 Que la treille aux amants offre un riant secours;
J'y veux mener souvent la belle que j'estime:
Son ombre cache nos amours.
Et son jus charmant les anime.

François QUESNAY 1694-1774

Maximes générales du gouvernement économique
d'un royaume agricole
maxime III

5301 Que le souverain et la nation ne perdent jamais de vue que la terre est l'unique source des richesses; et que c'est l'agriculture qui les multiplie.

maxime IX, note

5302 [...] le citadin, qui n'est qu'un mercenaire payé par les richesses de la campagne.

maxime XX, note

5303 Pauvres paysans, pauvre royaume.

Maximes du docteur Quesnay
ou Résumé de ses principes d'économie sociale

5304 Nul travail ne peut être effectué sans des *avances* préalables. L'enfant a reçu la nourriture de ses parents avant de la chercher.

5305 Acheter c'est vendre, et vendre c'est acheter.

François-Marie Arouet, dit **VOLTAIRE** 1694-1778

Lettres philosophiques
Quatrième lettre, sur les quakers

5306 Par tout pays, la religion dominante, quand elle ne persécute point, engloutit à la longue toutes les autres.

Cinquième lettre, sur la religion anglicane

5307 C'est ici le pays des sectes. Un Anglais, comme homme libre, va au Ciel par le chemin qui lui plaît.

5308 Le clergé anglican a retenu beaucoup des cérémonies catholiques, et surtout celle de recevoir les dîmes avec une attention très scrupuleuse.

5309 [...] le peu de commerce qu'on a ici avec les femmes font que d'ordinaire un évêque est forcé de se contenter de la sienne. Les prêtres vont quelquefois au cabaret, parce que l'usage le leur permet, et s'ils s'enivrent, c'est sérieusement et sans scandale.

Sixième lettre, sur les presbytériens

5310 Entrez dans la Bourse de Londres [...] Là, le juif, le mahométan et le chrétien traitent l'un avec l'autre comme s'ils étaient de la même religion, et ne donnent le nom d'infidèles qu'à ceux qui font banqueroute.

5311 S'il n'y avait en Angleterre qu'une religion, le despotisme serait à craindre ; s'il y en avait deux, elles se couperaient la gorge ; mais il y en a trente, et elles vivent en paix et heureuses.

Huitième lettre, sur le Parlement

5312 [...] le fruit des guerres civiles à Rome a été l'esclavage, et celui des troubles d'Angleterre, la liberté. La nation anglaise est la seule de la terre qui soit parvenue à régler le pouvoir des rois en leur résistant.

5313 Le plus grand défaut du gouvernement des Romains en fit des conquérants ; c'est parce qu'ils étaient malheureux chez eux qu'ils devinrent les maîtres du monde.

5314 Les Français pensent que le gouvernement de cette île est plus orageux que la mer qui l'environne, et cela est vrai.

Neuvième lettre, sur le gouvernement

5315 Il a fallu des siècles pour rendre justice à l'humanité, pour sentir qu'il est horrible que le grand nombre semât et que le petit nombre recueillît.

Dixième lettre, sur le commerce

5316 En France est marquis qui veut ; et quiconque arrive à Paris du fond d'une province avec de l'argent à dépenser et un nom en *Ac* ou en *Ille*, peut dire « un homme comme moi, un homme de ma qualité ».

5317 Je ne sais pourtant lequel est le plus utile à un État, ou un seigneur bien poudré qui sait précisément à quelle heure le Roi se lève, à quelle heure il se couche, et qui se donne des airs de grandeur en jouant le rôle d'esclave dans l'antichambre d'un ministre, ou un négociant qui enrichit son pays, donne de son cabinet des ordres à Surate et au Caire, et contribue au bonheur du monde.

Douzième lettre, sur le chancelier Bacon

5318 C'est à celui qui domine sur les esprits par la force de la vérité, non à ceux qui font des esclaves par la violence, c'est à celui qui connaît l'univers, non à ceux qui le défigurent, que nous devons nos respects.

5319 Les inventions les plus étonnantes et les plus utiles ne sont pas celles qui font le plus d'honneur à l'esprit humain.

5320 C'est à un instinct mécanique, qui est chez la plupart des hommes, que nous devons tous les arts, et nullement à la saine philosophie.

Treizième lettre, sur M. Locke

5321 Dans la Grèce, berceau des arts et des erreurs, et où l'on poussa si loin la grandeur et la sottise de l'esprit humain, on raisonnait comme chez nous sur l'âme.

5322 Notre Descartes, né pour découvrir les erreurs de l'antiquité, mais pour y substituer les siennes, et entraîné par cet esprit systématique qui aveugle les plus grands hommes [...]

5323 Les superstitieux sont dans la société ce que les poltrons sont dans une armée : ils ont, et donnent des terreurs paniques.

5324 La raison humaine est si peu capable de démontrer par elle-même l'immortalité de l'âme que le religion a été obligée de nous la révéler.

(Lettres philosophiques)

5325 Il me paraît presque démontré que les bêtes ne peuvent être de simples machines. Voici ma preuve : Dieu leur a fait précisément les mêmes organes de sentiment que les nôtres ; donc, s'ils ne sentent point, Dieu a fait un ouvrage inutile. Or Dieu, de votre aveu même, ne fait rien en vain ; donc il n'a point fabriqué tant d'organes de sentiment pour qu'il n'y eût point de sentiment ; donc les bêtes ne sont point de pures machines.

5326 [...] quelle philosophie plus religieuse que celle qui, n'affirmant que ce qu'elle conçoit clairement et sachant avouer sa faiblesse, vous dit qu'il faut recourir à Dieu dès qu'on examine les premiers principes ?

5327 Jamais les philosophes ne feront une secte de religion. Pourquoi ? C'est qu'ils n'écrivent point pour le peuple, et qu'ils sont sans enthousiasme.

5328 Parmi ceux qui lisent, il y en a vingt qui lisent des romans, contre un qui étudie la philosophie. Le nombre de ceux qui pensent est excessivement petit, et ceux-là ne s'avisent pas de troubler le monde.

5329 [...] tous les livres des philosophes modernes mis ensemble ne feront jamais dans le monde autant de bruit seulement qu'en a fait autrefois la dispute des cordeliers sur la forme de leur manche et de leur capuchon.

Quinzième lettre, sur le système de l'attraction

5330 [...] en philosophie, il faut se défier de ce qu'on croit entendre trop aisément, aussi bien que des choses qu'on n'entend pas.

Dix-huitième lettre, sur la tragédie

5331 Shakespeare, qui passait pour le Corneille des Anglais, fleurissait à peu près dans le temps de Lope de Véga. Il créa le théâtre. [...] Je vais vous dire une chose hasardée, mais vraie : c'est que le mérite de cet auteur a perdu le théâtre anglais.

5332 Le temps, qui seul fait la réputation des hommes, rend à la fin leurs défauts respectables.

5333 [...] je maintiendrai toujours, avec les gens de bon goût, qu'il y a plus à profiter dans douze vers d'Homère et de Virgile que dans toutes les critiques qu'on a faites de ces deux grands hommes.

5334 [...] malheur aux faiseurs de traductions littérales, qui en traduisant chaque parole énervent le sens ! C'est bien là qu'on peut dire que la lettre tue, et que l'esprit vivifie.

Vingt-cinquième lettre, sur les pensées de M. Pascal

5335 Il me paraît qu'en général l'esprit dans lequel M. Pascal écrivit ces *Pensées* était de montrer l'homme dans un jour odieux. Il s'acharne à nous peindre tous méchants et malheureux. Il écrit contre la nature humaine à peu près comme il écrivait contre les jésuites.

5336 J'ose prendre le parti de l'humanité contre ce misanthrope sublime [...]

5337 L'homme n'est point une énigme, comme vous vous le figurez, pour avoir le plaisir de la deviner.

5338 [...] l'intérêt que j'ai à croire une chose n'est pas une preuve de l'existence de cette chose.

5339 Quel est l'homme sage qui sera prêt à se pendre parce qu'il ne sait pas comme on voit Dieu face à face, et que sa raison ne peut débrouiller le mystère de la Trinité ? Il faudrait autant se désespérer de n'avoir pas quatre pieds et deux ailes.

5340 Il faut aimer, et très tendrement, les créatures ; il faut aimer sa patrie, sa femme, son père, ses enfants ; et il faut si bien les aimer que Dieu nous les fait aimer malgré nous. Les principes contraires ne sont propres qu'à faire de barbares raisonneurs.

5341 Il est aussi impossible qu'une société puisse se former et subsister sans amour-propre, qu'il serait impossible de faire des enfants sans concupiscence, de songer à se nourrir sans appétit, etc. C'est l'amour de nous-même qui assiste l'amour des autres ; c'est par nos besoins mutuels que nous sommes utiles au genre humain [...]

5342 La dispute sur l'amour de Dieu est une pure dispute de mots, comme la plupart des autres querelles scientifiques qui ont causé des haines si vives et des malheurs si affreux.

5343 Il n'y a que les arts de génie auxquels on se détermine de soi-même Mais, pour les métiers que tout le monde peut faire, il est très naturel et très raisonnable que la coutume en dispose.

5344 Si les hommes étaient assez malheureux pour ne s'occuper que du présent, on ne sèmerait point, on ne bâtirait point, on ne planterait point, on ne pourvoirait à rien : on manquerait de tout au milieu de cette fausse jouissance.

5345 L'homme est né pour l'action, comme le feu tend en haut et la pierre en bas. N'être point occupé et n'exister pas est la même chose pour l'homme.

5346 A ne raisonner qu'en philosophe, j'ose dire qu'il y a bien de l'orgueil et de la témérité à prétendre que par notre nature nous devons être mieux que nous ne sommes.

5347 On apprend aux hommes à être honnêtes gens, et, sans cela peu parviendraient à l'être.

(Lettres philosophiques)

5348 On apprend tout aux hommes, la vertu, la religion.

5349 En ouvrages de goût, en musique, en poésie, en peinture, c'est le goût qui tient lieu de montre ; et celui qui n'en juge que par règles en juge mal.

5350 Qui veut détruire les passions, au lieu de les régler, veut faire l'*ange*.

5351 Consolons-nous de ne pas savoir les rapports qui peuvent être entre une araignée et l'anneau de Saturne, et continuons à examiner ce qui est à notre portée.

Œdipe, avertissement sur l'Œdipe

5352 C'est ainsi que les grands hommes sont traités au commencement de leur carrière ; mais il ne faut pas que tous ceux que l'on traite de même s'imaginent pour cela être de grands hommes : la médiocrité insolente éprouve les mêmes obstacles que le génie ; et cela prouve seulement qu'il y a plusieurs manières de blesser l'amour-propre des hommes.

Œdipe, Lettres écrites en 1719 qui contiennent la critique de l'Œdipe de Sophocle, de celui de Corneille et de celui de l'auteur, lettre première

5353 On rougirait bientôt de ses décisions, si l'on voulait réfléchir sur les raisons par lesquelles on se détermine.

Œdipe, note

5354 On doit des égards aux vivants ; on ne doit aux morts que la vérité.

Œdipe
Lettre III, critique de l'Œdipe de Sophocle

5355 Nous sommes aussi touchés de l'ébauche la plus grossière dans les premières découvertes d'un art, que des beautés les plus achevées lorsque la perfection nous en est une fois connue.

Lettre IV, critique de l'Œdipe de Corneille

5356 Corneille ne connaissait guère la médiocrité, et il tombait dans le bas avec la même facilité qu'il s'élevait au sublime.

Lettre V, critique du nouvel Œdipe

5357 Donner aux auteurs de nouvelles rimes, ce serait leur donner de nouvelles pensées.

5358 Je préférerai toujours les choses aux mots, et la pensée à la rime.

préface de l'édition de 1730

5359 Tant de livres faits sur la peinture par des connaisseurs n'instruiront pas tant un élève que la seule vue d'une tête de Raphaël.

Œdipe, acte I, scène 1

5360 L'amitié d'un grand homme est un bienfait des dieux.

acte II, scène 4

5361 La vertu s'avilit à se justifier.

acte IV, scène 1

5362 Nos prêtres ne sont point ce qu'un vain peuple pense,
Notre crédulité fait toute leur science.

Artémire, acte I, scène 1

5363 Soldats sous Alexandre ; et rois après sa mort.

L'Indiscret, scène 1

5364 Le premier pas, mon fils, que l'on fait dans le monde
Est celui dont dépend le reste de nos jours :
Ridicule une fois, on vous le croit toujours.

5365 [...] A la cour, mon fils, l'art le plus nécessaire
N'est pas de bien parler, mais de savoir se taire.

5366 Le plus souvent ici l'on parle sans rien dire,
Et les plus ennuyeux savent s'y mieux conduire.

5367 Surtout de vos secrets, soyez toujours le maître :
Qui dit celui d'autrui doit passer pour un traître ;
Qui dit le sien, mon fils, passe ici pour un sot.

Brutus, acte V, scène 1

5368 Et qui pardonne au crime en devient le complice.

Eriphile, acte II, scène 1

5369 Les mortels sont égaux : ce n'est point la naissance,
C'est la seule vertu qui fait leur différence.
C'est elle qui met l'homme au rang des demi-dieux ;
Et qui sert son pays n'a pas besoin d'aïeux.

Eriphile, acte II, scène 5 et Sémiramis, acte II, scène 7

5370 Pour qui ne les craint point, il n'est point de prodiges :
Ils sont l'appât grossier des peuples ignorants,
L'invention du fourbe et le mépris des grands.

Eriphile, acte IV, scène I

5371 Qui croit toujours le crime, en paraît trop capable.

L'Enfant prodigue, préface

5372 Tous les genres sont bons, hors le genre ennuyeux.

Zaïre, épître dédicatoire

5373 De Polyeucte la belle âme
Aurait faiblement attendri,
Et les vers chrétiens qu'il déclame
Seraient tombés dans le décri,
N'eût été l'amour de sa femme
Pour ce païen son favori,
Qui méritait bien mieux sa flamme
Que son bon dévot de mari.

Zaïre
acte I, scène 1

5374 On ne peut désirer ce qu'on ne connaît pas.

5375 J'eusse été près du Gange esclave des faux dieux,
Chrétienne dans Paris, musulmane en ces lieux.

scène 5

5376 Quiconque est soupçonneux invite à le trahir.

acte II, scène 1

5377 Seigneur, il est bien dur, pour un cœur magnanime,
D'attendre des secours de ceux qu'on mésestime:
Leurs refus sont affreux, leurs bienfaits font rougir.

Alzire, acte V, scène 7

5378 Des dieux que nous servons connais la différence:
Les tiens t'ont commandé le meurtre et la vengeance;
Et le mien, quand ton bras vient de m'assassiner,
M'ordonne de te plaindre et de te pardonner.

Le Fanatisme, acte I, scène 2

5379 La patrie est aux lieux où l'âme est enchaînée.

acte II, scène 4

5380 Les préjugés, ami, sont les rois du vulgaire.

Mérope, acte I, scène 3

5381 Le premier qui fut roi, fut un soldat heureux;
Qui sert bien son pays n'a pas besoin d'aïeux.

acte II, scène 7

5382 Quand on a tout perdu, quand on n'a plus d'espoir,
La vie est un opprobre, et la mort un devoir.

Sémiramis, Dissertation sur la tragédie ancienne et moderne

5383 C'est assurément ne pas connaître le cœur humain, que de penser qu'on peut le remuer par des fictions.

5384 Quatre beaux vers valent mieux dans une pièce qu'un régiment de cavalerie.

5385 Je suis bien loin assurément de justifier en tout la tragédie d'Hamlet : c'est une pièce grossière et barbare, qui ne serait pas supportée par la plus vile populace de la France et de l'Italie. [...] On croirait que cet ouvrage est le fruit de l'imagination d'un sauvage ivre. [...] Il semble que la nature se soit plu à rassembler dans la tête de Shakespeare ce qu'on peut imaginer de plus fort et de plus grand, avec ce que la grossièreté sans esprit peut avoir de plus bas et de plus détestable.

5386 La véritable tragédie est l'école de la vertu.

Mérope, acte I, scène 5

5387 Plus les nœuds sont sacrés, plus les crimes sont grands.

acte II, scène 8

5388 Que de faibles ressorts font d'illustres destins !

acte V, scène 1

5389 La crainte suit le crime, et c'est son châtiment.

Nanine, préface

5390 Rien n'est plus ordinaire que des aventures qui affligent l'âme, et dont certaines circonstances inspirent ensuite une gaieté passagère. C'est ainsi malheureusement que le genre humain est fait.

5391 L'Amour règne par le délire
Sur ce ridicule univers :
Tantôt aux esprits de travers
Il fait rimer de mauvais vers ;
Tantôt il renverse un empire.

acte III, scène 8

5392 Non, il n'est rien que Nanine n'honore.

L'Orphelin de la Chine, acte II, scène 3

5393 Hélas ! grands et petits, et sujets, et monarques,
Distingués un moment par de frivoles marques,
Égaux par la nature, égaux par le malheur [...]

Tancrède, épître dédicatoire à Mme la marquise de Pompadour

5394 On calomniera toujours les gens de lettres comme les gens en place.

acte II, scène 6

5395 La vertu s'affermit par un remords heureux.

acte III, scène 1

5396 A tous les cœurs bien nés que la patrie est chère !

Observations sur le Jules César de Shakespeare

5397 Je nomme ici Iphigénie et Athalie, qui me paraissent être, de toutes les tragédies qu'on ait jamais faites, celles qui approchent le plus de la perfection. Corneille n'a aucune pièce parfaite [...]. Il était inégal comme Shakespeare, et plein de génie comme lui : mais le génie de Corneille était à celui de Shakespeare ce qu'un seigneur est à l'égard d'un homme du peuple né avec le même esprit que lui.

Le Triumvirat, acte I, scène 1

5398 Voilà donc les ressorts du destin de l'empire,
Les grands secrets d'État, que l'ignorance admire !
Ils étonnent de loin les vulgaires esprits,
Ils inspirent de près l'horreur et le mépris.

5399 Quoi ! les maîtres du monde en sont l'ignominie !

Charlot
acte I, scène 1

5400 Les vices de l'esprit peuvent se corriger ;
Quand le cœur est mauvais, rien ne peut le changer.

scène 5

5401 On ne réussit point sans un peu d'art flatteur :
Et la grossièreté ne gagne point un cœur.

scène 7

5402 Et voilà justement comme on écrit l'histoire.

acte II, scène 7

5403 On est gai le matin, on est pendu le soir.

Les Guèbres, acte V, scène 6

5404 Que chacun dans sa loi cherche en paix la lumière ;
Mais la loi de l'État est toujours la première.
Je pense en citoyen, j'agis en empereur :
Je hais le fanatique et le persécuteur.

Les Lois de Minos, acte III, scène 5

5405 Le monde avec lenteur marche vers la sagesse.

La Henriade, chant premier

5406 Tel brille au second rang qui s'éclipse au premier.

chant second

5407 Et périsse à jamais l'affreuse politique
Qui prétend sur les cœurs un pouvoir despotique.

chant troisième

5408 C'est un poids bien pesant qu'un nom trop tôt fameux !

chant neuvième

5409 La sombre Jalousie, au teint pâle et livide,
Suit d'un pied chancelant le Soupçon qui la guide.

chant dixième

5410 Souvent le désespoir a gagné des batailles.

Essai sur les guerres civiles de France

5411 Le maréchal de Tavannes [...] courait à cheval dans Paris, criant aux soldats : « Du sang, du sang ! La saignée est aussi salutaire dans le mois d'août que dans le mois de mai. »

Essai sur la poésie épique, chap. 1

5412 Il y a cent poétiques contre un poème.

5413 Chaque science, chaque étude, a son jargon inintelligible, qui semble n'être inventé que pour en défendre les approches.

5414 La voie par laquelle on a si longtemps enseigné l'art de penser est assurément bien opposée au don de penser.

5415 Il faut courir dans la carrière, et non pas s'y traîner avec des béquilles.

Poèmes, Le Pour et le Contre

5416 Entends, Dieu que j'implore [...]
Mon incrédulité ne doit pas te déplaire ;
[...]
L'insensé te blasphème, et moi, je te révère ;
Je ne suis pas chrétien ; mais c'est pour t'aimer mieux.

Poèmes, Apologie de la fable

5417 Nous ressemblons assez à l'abbé Pellegrin,
« Le matin catholique, et le soir idolâtre,
Déjeunant de l'autel, et soupant du théâtre. »

Discours en vers sur l'homme
Premier discours, de l'égalité des conditions

5418 Ce monde est un grand bal, où des fous déguisés,
Sous les risibles noms d'Eminence et d'Altesse,
Pensent enfler leur être et hausser leur bassesse.

5419 Nos cinq sens imparfaits, donnés par la nature,
De nos biens, de nos maux sont la seule mesure.

Deuxième discours, de la liberté

5420 Tes destins sont d'un homme, et tes vœux sont d'un Dieu.

5421 Aime la vérité, mais pardonne à l'erreur.

Quatrième discours, de la modération en tout

5422 Quittons les voluptés pour savoir les reprendre.
Le travail est souvent le père du plaisir:
Je plains l'homme accablé du poids de son loisir.
Le bonheur est un bien que nous vend la nature.

Cinquième discours, sur la nature du plaisir

5423 Tout mortel au plaisir a dû son existence;
Par lui le corps agit, le cœur sent, l'esprit pense.

Sixième discours, sur la nature de l'homme

5424 Le temps est assez long pour quiconque en profite;
Qui travaille et qui pense en étend la limite.

5425 Mais malheur à l'auteur qui veut toujours instruire!
Le secret d'ennuyer est celui de tout dire.

Septième discours, sur la vraie vertu

5426 C'est n'être bon à rien de n'être bon qu'à soi.

Poème sur la loi naturelle
préface

5427 La plupart des livres ressemblent à ces conversations générales et gênées dans lesquelles on dit rarement ce qu'on pense.

5428 Qu'on appelle la raison et les remords comme on voudra, ils existent, et ils sont les fondements de la loi naturelle.

exorde

5429 Si Dieu n'est pas dans nous, il n'exista jamais.

5430 Écartons ces romans qu'on appelle systèmes;
Et pour nous élever descendons dans nous-mêmes.

deuxième partie

5431 De nos désirs fougeux la tempête fatale,
Laisse au fond de nos cœurs la règle et la morale.

5432 Il est des sentiments que l'habitude inspire.
[...]
Tout mûrit par le temps, et s'accroît par l'usage.

5433 Sur ce vaste univers un grand voile est jeté;
Mais, dans les profondeurs de cette obscurité,
Si la raison nous luit, qu'avons-nous à nous plaindre?
Nous n'avons qu'un flambeau, gardons-nous de l'éteindre.

troisième partie

5434 Je crois voir des forçats dans un cachot funeste,
Se pouvant secourir, l'un sur l'autre acharnés,
Combattre avec les fers dont ils sont enchaînés.

quatrième partie

5435 Le premier des devoirs, sans doute, est d'être juste;
Et le premier des biens est la paix de nos cœurs.

5436 La paix enfin, la paix, que l'on trouble et qu'on aime,
Est d'un prix aussi grand que la vérité même.

Poème sur le désastre de Lisbonne
préface

5437 Il y a toujours un sens dans lequel on peut condamner un écrit et un sens dans lequel on peut l'approuver.

5438 C'est le propre des censures violentes d'accréditer les opinions qu'elles attaquent.

Poème sur le désastre de Lisbonne

5439 Il est toujours malheureusement nécessaire d'avertir qu'il faut distinguer les objections que se fait un auteur de ses réponses aux objections, et ne pas prendre ce qu'il réfute pour ce qu'il adopte.

5440 Quel crime, quelle faute ont commis ces enfants
Sur le sein maternel écrasés et sanglants?
Lisbonne, qui n'est plus, eut-elle plus de vices
Que Londres, que Paris, plongés dans les délices?

5441 Je respecte mon Dieu, mais j'aime l'univers.

5442 O rêves des savants! ô chimères profondes!
Dieu tient en main la chaîne, et n'est point enchaîné;
Par son choix bienfaisant tout est déterminé:
Il est libre, il est juste, il n'est point implacable.
Pourquoi donc souffrons-nous sous un maître équitable?

(Poème sur le désastre de Lisbonne)

5443 Quand la mort met le comble aux maux que j'ai soufferts,
Le beau soulagement d'être mangé des vers!

5444 Et vous composerez dans ce chaos fatal
Des malheurs de chaque être un bonheur général!

5445 Le trépas est un bien qui finit nos misères.
Mais quand nous sortirons de ce passage affreux,
Qui de nous prétendra mériter d'être heureux?

5446 Il rampe, il souffre, il meurt; tout ce qui naît expire;
De la destruction la nature est l'empire.

5447 J'abandonne Platon, je rejette Épicure.
Bayle en sait plus qu'eux tous; je vais le consulter:
La balance à la main, Bayle enseigne à douter.

5448 Que suis-je, où suis-je, où vais-je, et d'où suis-je tiré?
Atomes tourmentés sur cet amas de boue,
Que la mort engloutit et dont le sort se joue,
[...]
Au sein de l'infini nous élançons notre être,
Sans pouvoir un moment nous voir et nous connaître.

5449 Ce monde, ce théâtre et d'orgueil et d'erreur,
Est plein d'infortunés qui parlent de bonheur.

5450 Nul ne voudrait mourir, nul ne voudrait renaître.

Précis de l'Ecclésiaste

5451 Tous les malheurs de nos pères
Ne nous ont point détrompés;
Nous éprouvons les misères
Dont nos fils seront frappés.

Précis du Cantique des Cantiques, Lettre de M. Eratou

5452 Plus les mœurs sont dépravées, plus les expressions deviennent mesurées. On croit regagner en paroles ce qu'on a perdu en vertu. La pudeur s'est enfuie des cœurs, et s'est réfugiée sur les lèvres. Les hommes sont enfin parvenus à vivre ensemble sans se dire jamais un seul mot de ce qu'ils sentent et de ce qu'ils pensent: la nature est partout déguisée, tout est un commerce de tromperie.

Zadig ou la Destinée
Le borgne

5453 Il avait appris, dans le premier livre de Zoroastre, que l'amour-propre est un ballon gonflé de vent, dont il sort des tempêtes quand on lui a fait une piqûre [...]

(Zadig ou la Destinée)

Le chien et le cheval

5454 Zadig éprouva que le premier mois du mariage, comme il est écrit dans le livre du *Zend*, est la lune du miel, et que le second est la lune de l'absinthe.

L'envieux

5455 N'ayant jamais pu réussir dans le monde, il se vengeait par en médire [...]

5456 L'occasion de faire du mal se trouve cent fois par jour, et celle de faire du bien, une fois dans l'année comme dit Zoroastre.

Les disputes et les audiences

5457 Tout le monde fut pour lui, non pas parce qu'il était dans le bon chemin, non pas parce qu'il était raisonnable, non pas parce qu'il était aimable, mais parce qu'il était premier vizir.

La jalousie

5458 Une passion naissante et combattue éclate ; un amour satisfait sait se cacher.

5459 Si j'eusse été méchant comme tant d'autres, je serais heureux comme eux.

La femme battue

5460 Il se figurait alors les hommes tels qu'ils sont en effet, des insectes se dévorant les uns les autres sur un petit atome de boue.

Le brigand

5461 « Mon fils, ne désespérez pas ; il y avait autrefois un grain de sable qui se lamentait d'être un atome ignoré dans les déserts ; au bout de quelques années il devint diamant, et il est à présent le plus bel ornement de la couronne du roi des Indes. »

Le basilic

5462 [...] l'art de faire subsister ensemble l'intempérance et la santé est un art aussi chimérique que la pierre philosophale, l'astrologie judiciaire et la théologie des mages [...]

5463 Quand on est aimé d'une belle femme, dit le grand Zoroastre, on se tire toujours d'affaire dans ce monde.

L'ermite

5464 On parla des passions. « Ah ! qu'elles sont funestes ! disait Zadig. — Ce sont les vents qui enflent les voiles du vaisseau, repartit l'ermite : elles le submergent quelquefois ; mais sans elles il ne pourrait voguer. La bile rend colère et malade ; mais sans la bile l'homme ne saurait vivre. Tout est dangereux ici-bas, et tout est nécessaire. »

(Zadig ou la Destinée, L'ermite)

5465 On parla de plaisir, et l'ermite prouva que c'est un présent de la Divinité ; « car, dit-il, l'homme ne peut se donner ni sensation ni idées, il reçoit tout ; la peine et le plaisir lui viennent d'ailleurs comme son être ».

5466 Les méchants, répondit Jesrad, sont toujours malheureux : ils servent à éprouver un petit nombre de justes répandus sur la terre, et il n'y a point de mal dont il ne naisse un bien [...]

5467 [...] il n'y a point de hasard : tout est épreuve, ou punition, ou récompense, ou prévoyance.

Les énigmes

5468 [...] il fut l'ami du roi, et le roi fut alors le seul monarque de la terre qui eût un ami.

Les yeux bleus

5469 Les services rendus restent souvent dans l'antichambre, et les soupçons entrent dans le cabinet, selon la sentence de Zoroastre.

Le Monde comme il va

5470 « Inexplicables humains, s'écria-t-il, comment pouvez-vous réunir tant de bassesse et de grandeur, tant de vertus et de crimes ? »

5471 [...] malgré l'opiniâtreté des hommes à louer l'antique aux dépens du moderne, il faut avouer qu'en tout genre les premiers essais sont toujours grossiers.

5472 Ce mage divisa en plusieurs parties ce qui n'avait pas besoin d'être divisé ; il prouva méthodiquement tout ce qui était clair ; il enseigna tout ce qu'on savait. Il se passionna froidement, et sortit suant et hors d'haleine. Toute l'assemblée alors se réveilla, et crut avoir assisté à une instruction.

5473 [...] c'est la fantaisie des hommes qui met le prix à ces choses frivoles ; c'est cette fantaisie qui fait vivre cent ouvriers que j'emploie ; c'est elle qui me donne une belle maison, un char commode, des chevaux ; c'est elle qui excite l'industrie, qui entretient le goût, la circulation, et l'abondance. Je vends aux nations voisines les mêmes bagatelles plus chèrement qu'à vous et par là je suis utile à l'empire.

5474 [...] ils louaient deux sortes de personnes, les morts et eux-mêmes, et jamais leurs contemporains, excepté le maître de la maison.

5475 Chacun d'eux briguait une place de valet et une réputation de grand homme [...]

5476 Dans toutes les professions, ce qu'il y a de plus indigne de paraître est toujours ce qui se présente avec le plus d'impudence.

5477 Rien n'empêche qu'on ne soit un bon juge, un brave guerrier, un homme d'État habile, quand on a eu un père bon calculateur.

5478 [...] il résolut de ne pas même songer à corriger Persépolis, et de laisser aller *le monde comme il va* « car, dit-il, *si tout n'est pas bien, tout est passable* ».

5479 [...] quand on a été trois jours dans le corps d'une baleine, on n'est pas de si bonne humeur que quand on a été à l'opéra, à la comédie, et qu'on a soupé en bonne compagnie.

Memnon ou la Sagesse humaine

5480 Memnon conçut un jour le projet insensé d'être parfaitement sage. Il n'y a guère d'hommes à qui cette folie n'ait quelquefois passé par la tête.

Les Deux consolés

5481 Ils firent ériger une belle statue au Temps, avec cette inscription: A CELUI QUI CONSOLE.

Histoire des voyages de Scarmentado

5482 Il voulut m'apprendre les catégories d'Aristote, et fut sur le point de me mettre dans la catégorie de ses mignons.

5483 Je me mariai chez moi: je fus cocu, et je vis que c'était l'état le plus doux de la vie.

Micromégas
chap. 1

5484 Il devina, par la force de son esprit, plus de cinquante propositions d'Euclide. C'est dix-huit de plus que Blaise Pascal, lequel, après en avoir deviné trente-deux en se jouant, à ce que dit sa sœur, devint depuis un géomètre assez médiocre, et un fort mauvais métaphysicien.

5485 [...] comme le Sirien avait un bon esprit, il comprit bien vite qu'un être pensant peut fort bien n'être pas ridicule pour n'avoir que six mille pieds de haut...

5486 Il lia une étroite amitié avec le secrétaire de l'Académie de Saturne, homme de beaucoup d'esprit, qui n'avait à la vérité rien inventé, mais qui rendait un fort bon compte des inventions des autres, et qui faisait passablement de petits vers et de grands calculs [...]

chap. 2

5487 J'ai un peu voyagé ; j'ai vu des mortels fort au-dessous de nous ; j'en ai vu de fort supérieurs ; mais je n'en ai vu aucuns qui n'aient plus de désirs que de vrais besoins, et plus de besoins que de satisfaction.

(Micromégas)

5488 Vous savez trop bien que quand il faut rendre son corps aux éléments, et ranimer la nature sous une autre forme, ce qui s'appelle mourir ; quand ce moment de métamorphose est venu, avoir vécu une éternité, ou avoir vécu un jour, c'est précisément la même chose [...]

chap. 5

5489 Je ne doute pas que si quelque capitaine des grands grenadiers lit jamais cet ouvrage, il ne hausse de deux grands pieds au moins les bonnets de sa troupe ; mais je l'avertis qu'il aura beau faire, et que lui et les siens ne seront jamais que des infiniments petits.

chap. 7

5490 D'ailleurs, ce n'est pas eux qu'il faut punir, ce sont ces barbares sédentaires qui du fond de leur cabinet ordonnent, dans le temps de leur digestion, le massacre d'un million d'hommes, et qui ensuite en font remercier Dieu solennellement.

5491 Nous disséquons des mouches, dit le philosophe, nous mesurons des lignes, nous assemblons des nombres ; nous sommes d'accord sur deux ou trois points que nous entendons et nous disputons sur deux ou trois mille que nous n'entendons pas.

5492 « Pourquoi donc, [...] citez-vous un certain Aristote en grec ? — C'est, répliqua le savant, qu'il faut bien citer ce qu'on ne comprend point du tout dans la langue qu'on entend le moins. »

5493 « Qu'il y ait des substances immatérielles et intelligentes, c'est de quoi je ne doute pas ; mais qu'il soit impossible à Dieu de communiquer la pensée à la matière, c'est de quoi je doute fort. Je révère la puissance éternelle ; il ne m'appartient pas de la borner : je n'affirme rien ; je me contente de croire qu'il y a plus de choses possibles qu'on ne pense. »

Jeannot et Colin

5494 Moi, monsieur, du latin ! je n'en sais pas un mot, répondit le bel esprit, et bien m'en a pris ; il est clair qu'on parle beaucoup mieux sa langue quand on ne partage pas son application entre elle et les langues étrangères [...]

5495 Il n'y a certainement d'agréable et d'utile que l'histoire du jour. Toutes les histoires anciennes, comme le disait un de nos beaux esprits, ne sont que des fables convenues ; et, pour les modernes, c'est un chaos qu'on ne peut débrouiller.

5496 On étouffe l'esprit des enfants sous un amas de connaissances inutiles ; mais de toutes les sciences la plus absurde, à mon avis, et celle qui est la plus capable d'étouffer toute espèce de génie, c'est la géométrie. Cette science ridicule a pour objet des surfaces, des lignes, et des points, qui n'existent pas dans la nature. [...] La géométrie, en vérité, n'est qu'une mauvaise plaisanterie.

5497 Il suffit que monsieur le marquis ait du goût ; c'est aux artistes à travailler pour lui ; et c'est en quoi on a très grande raison de dire que les gens de qualité (j'entends ceux qui sont très riches) savent tout sans avoir rien appris, parce qu'en effet ils savent à la longue juger de toutes les choses qu'ils commandent et qu'ils payent.

5498 Toutes les grandeurs de ce monde ne valent pas un bon ami.

Candide ou l'Optimisme
chap. 1

5499 Sa physionomie annonçait son âme. Il avait le jugement assez droit, avec l'esprit le plus simple ; c'est, je crois, pour cette raison qu'on le nommait Candide.

5500 Il est démontré, disait-il, que les choses ne peuvent être autrement : car tout étant fait pour une fin, tout est nécessairement pour la meilleure fin. Remarquez bien que les nez ont été faits pour porter des lunettes ; aussi avons-nous des lunettes. Les jambes sont visiblement instituées pour être chaussées, et nous avons des chausses. Les pierres ont été formées pour être taillées et pour en faire des châteaux ; aussi monseigneur a un très beau château : le plus grand baron de la province doit être le mieux logé ; et les cochons étant faits pour être mangés, nous mangeons du porc toute l'année. Par conséquent, ceux qui ont avancé que tout est bien ont dit une sottise : il fallait dire que tout est au mieux.

chap. 2

5501 Les canons renversèrent d'abord à peu près six mille hommes de chaque côté ; ensuite la mousqueterie ôta du meilleur des mondes environ neuf à dix mille coquins qui en infectaient la surface.

5502 La femme de l'orateur ayant mis la tête à la fenêtre, et avisant un homme qui doutait que le pape fût antéchrist, lui répandit sur le chef un plein… O Ciel ! à quel excès se porte le zèle de la religion dans les dames !

chap. 4

5503 Si Colomb n'avait pas attrapé dans une île de l'Amérique cette maladie qui empoisonne la source de la génération, qui souvent même empêche la génération, et qui est évidemment l'opposé du grand but de la nature, nous n'aurions ni le chocolat ni la cochenille […]

5504 On peut assurer que, quand trente mille hommes combattent en bataille rangée contre des troupes égales en nombre, il y a environ vingt mille vérolés de chaque côté.

(Candide ou l'Optimisme)
chap. 5

5505 Pangloss les consola, en les assurant que les choses ne pouvaient être autrement : « Car, dit-il, tout ceci est ce qu'il y a de mieux ; car s'il y a un volcan à Lisbonne, il ne pouvait être ailleurs ; car il est impossible que les choses ne soient pas où elles sont ; car tout est bien. »

chap. 9

5506 « Comment avez-vous fait, vous qui êtes né si doux, pour tuer en deux minutes un juif et un prélat ? — Ma belle demoiselle, répondit Candide, quand on est amoureux, jaloux, et fouetté par l'Inquisition, on ne se connaît plus. »

chap. 10

5507 Les malheurs particuliers font le bien général ; de sorte que plus il y a de malheurs particuliers et plus tout est bien.

chap. 20

5508 Je n'ai guère vu de ville qui ne désirât la ruine de la ville voisine, point de famille qui ne voulût exterminer quelque autre famille. Partout les faibles ont en exécration les puissants devant lesquels ils rampent, et les puissants les traitent comme des troupeaux dont on vend la laine et la chair [...]

chap. 23

5509 Vous savez que ces deux nations sont en guerre pour quelques arpents de neige vers le Canada, et qu'elles dépensent pour cette belle guerre beaucoup plus que tout le Canada ne vaut [...]

5510 Dans ce pays-ci il est bon de tuer de temps en temps un amiral pour encourager les autres.

5511 Tout est bien, tout va bien, tout va le mieux qu'il soit possible.

chap. 24

5512 Le doge a ses chagrins, les gondoliers ont les leurs. Il est vrai qu'à tout prendre le sort d'un gondolier est préférable à celui d'un doge ; mais je crois la différence si médiocre que cela ne vaut pas la peine d'être examiné.

chap. 25

5513 « Les sots admirent tout dans un auteur estimé. Je ne lis que pour moi ; je n'aime que ce qui est à mon usage. »

5514 « Oh ! quel homme supérieur ! disait encore Candide entre ses dents, quel grand génie que ce Pococurante ! rien ne peut lui plaire. »

5515 « Mais, dit Candide, n'y a-t-il pas du plaisir à tout critiquer, à sentir des défauts où les autres hommes croient voir des beautés? — C'est-à-dire, reprit Martin, qu'il y a du plaisir à n'avoir pas de plaisir? »

chap. 28

5516 « Eh bien! mon cher Pangloss, lui dit Candide, quand vous avez été pendu, disséqué, roué de coups, et que vous avez ramé aux galères, avez-vous toujours pensé que tout allait le mieux du monde? — Je suis toujours de mon premier sentiment, répondit Pangloss; car enfin je suis philosophe: il ne me convient pas de me dédire. Leibnitz ne pouvant pas avoir tort, et l'harmonie préétablie étant d'ailleurs la plus belle chose du monde, aussi bien que le plein et la matière subtile. »

chap. 30

5517 « Travaillons sans raisonner, dit Martin; c'est le seul moyen de rendre la vie supportable. »

5518 « Tous les événements sont enchaînés dans le meilleur des mondes possibles: car enfin si vous n'aviez pas été chassé d'un beau château à grands coups de pied dans le derrière pour l'amour de mademoiselle Cunégonde, si vous n'aviez pas été mis à l'Inquisition, si vous n'aviez pas couru l'Amérique à pied, si vous n'aviez pas donné un bon coup d'épée au baron, si vous n'aviez pas perdu tous vos moutons du bon pays d'Eldorado, vous ne mangeriez pas ici des cédrats confits et des pistaches. — Cela est bien dit, répondit Candide, mais il faut cultiver notre jardin. »

L'Ingénu

chap. 5

5519 Il passa une partie de la nuit à faire des vers en langue huronne pour sa bien-aimée: car il faut savoir qu'il n'y a aucun pays de la terre où l'amour n'ait rendu les amants poètes.

chap. 6

5520 « Il faut, lui disait-il, des notaires, des prêtres, des témoins, des contrats, des dispenses. » L'Ingénu lui répondit par la réflexion que les sauvages ont toujours faite: « Vous êtes donc de bien malhonnêtes gens, puisqu'il faut entre vous tant de précautions. »

chap. 10

5521 « Votre Malebranche, lui dit un jour l'Ingénu, me paraît avoir écrit la moitié de son livre avec sa raison, et l'autre avec son imagination et ses préjugés. »

5522 « Mais, mon père, votre grâce efficace ferait Dieu auteur du péché aussi: car il est certain que tous ceux à qui cette grâce serait refusée pécheraient; et qui nous livre au mal n'est-il pas l'auteur du mal? »

(L'Ingénu)
chap. 11

5523 Ah ! s'il nous faut des fables, que ces fables soient du moins l'emblème de la vérité ! J'aime les fables des philosophes, je ris de celles des enfants, et je hais celles des imposteurs.

5524 Il tomba un jour sur une histoire de l'empereur Justinien. On y lisait que des apédeutes de Constantinople avaient donné, en très mauvais grec, un édit contre le plus grand capitaine du siècle, parce que ce héros avait prononcé ces paroles dans la chaleur de la conversation : « La vérité luit de sa propre lumière, et on n'éclaire pas les esprits avec les flammes des bûchers. » Les apédeutes assurèrent que cette proposition était hérétique, sentant l'hérésie, et que l'axiome contraire était catholique, universel, et grec : « On n'éclaire les esprits qu'avec la flamme des bûchers, et la vérité ne saurait luire de sa propre lumière. »

chap. 16

5525 « Soyez sûre, ma fille, que quand un jésuite vous cite saint Augustin, il faut que ce saint ait pleinement raison. »

chap. 20

5526 C'est donc ainsi qu'on traite les hommes comme des singes !
On les bat et on les fait danser.

5527 Il prit pour sa devise : *malheur est bon à quelque chose.* Combien d'honnêtes gens dans le monde ont pu dire : *malheur n'est bon à rien !*

L'Homme aux quarante écus

5528 Il parut plusieurs édits de quelques personnes qui, se trouvant de loisir, gouvernent l'État au coin de leur feu. Le préambule de ces édits était que la puissance *législatrice et exécutrice est née de droit divin copropriétaire de ma terre,* et que je lui dois au moins la moitié de ce que je mange. L'énormité de l'estomac de la puissance législatrice et exécutrice me fit faire un grand signe de croix. Que serait-ce si cette puissance, qui préside à l'*ordre essentiel des sociétés,* avait ma terre en entier ! L'un est encore plus divin que l'autre.

Le Siècle de Louis XIV
chap. 1

5529 Il faut, pour qu'un État soit puissant, ou que le peuple ait une liberté fondée sur les lois, ou que l'autorité souveraine soit affermie sans contradiction.

5530 Mille circonstances intéressantes pour les contemporains se perdent aux yeux de la postérité, et disparaissent pour ne laisser voir que les grands événements qui ont fixé la destinée des empires. Tout ce qui s'est fait ne mérite pas d'être écrit.

chap. 2

5531 La différence du gouvernement et du génie paraît rendre les Français plus propres pour l'attaque, et les Allemands pour la défense.

5532 La politique et les armes semblent malheureusement être les deux professions les plus naturelles à l'homme ; il faut toujours ou négocier ou se battre. Le plus heureux passe pour le plus grand, et le public attribue souvent au mérite tous les succès de la fortune.

chap. 3

5533 La plupart des grands capitaines sont devenus tels par degrés.

5534 Le cardinal de Retz se vante d'avoir armé tout Paris dans cette journée, qui fut nommée *des barricades,* et qui était la seconde de cette espèce. Cet homme singulier est le premier évêque en France qui ait fait une guerre civile sans avoir la religion pour prétexte.

5535 Les Français, au contraire, se précipitaient dans les séditions par caprice et en riant : les femmes étaient à la tête des factions ; l'amour faisait et rompait les cabales.

chap. 6

5536 Il faut toujours que ce qui est grand soit attaqué par les petits esprits.

5537 Le vulgaire suppose quelquefois une étendue d'esprit prodigieuse, et un génie presque divin, dans ceux qui ont gouverné des empires avec quelque succès. Ce n'est point une pénétration supérieure qui fait les hommes d'État, c'est leur caractère.

5538 Il arrive souvent parmi les hommes d'État ce qu'on voit tous les jours parmi les courtisans : celui qui a le plus d'esprit échoue, et celui qui a dans le caractère plus de patience, de force, de souplesse et de suite, réussit.

5539 Enfin, il est très vrai que, pour faire un puissant ministre, il ne faut souvent qu'un esprit médiocre, du bon sens et de la fortune ; mais, pour être un bon ministre, il faut avoir pour passion dominante l'amour du bien public. Le grand homme d'État est celui dont il reste de grands monuments utiles à la patrie.

chap. 10

5540 La plus petite intrigue fait dans un temps ce que les plus grands ressorts ne peuvent opérer dans un autre. Il y a toujours deux poids et deux mesures pour tous les droits des rois et des peuples.

chap. 11

5541 L'histoire des plus grands princes est souvent le récit des fautes des hommes.

(Le Siècle de Louis XIV)
chap. 12

5542 Il est très rare que, sous un gouvernement monarchique, où les hommes ne sont occupés que de leur intérêt particulier, ceux qui ont servi la patrie meurent regrettés du public. Cependant Turenne fut pleuré des soldats et des peuples.

chap. 13

5543 Car tel est le sort des rois et des généraux qu'on les blâme toujours de ce qu'ils font et de ce qu'ils ne font pas.

5544 Les titres ne servent de rien pour la postérité : le nom d'un homme qui a fait de grandes choses impose plus de respect que toutes les épithètes.

chap. 16

5545 [...] le marquis de Louvois, devenu plus inhumain par cet endurcissement de cœur que produit un long ministère [...]

5546 Paris, cette ville immense pleine d'un peuple oisif qui veut juger de tout, et qui a tant d'oreilles et tant de langues avec si peu d'yeux [...], un peuple si mauvais estimateur du mérite, et dont cependant on ambitionne les louanges.

chap. 18

5547 Le duc de Vendôme, petit-fils de Henri IV, [était] le seul général sous lequel le devoir du service, et cet instinct de fureur purement animal et mécanique qui obéit à la voix des officiers, ne menassent point les soldats au combat : ils combattaient pour le duc de Vendôme [...]

5548 [...] le maréchal de Villars dit un jour au roi devant toute la cour, lorsqu'il prenait congé pour aller commander l'armée : « Sire, je vais combattre les ennemis de Votre Majesté, et je vous laisse au milieu des miens. »

chap. 19

5549 Un général victorieux n'a point fait de fautes aux yeux du public, de même que le général battu a toujours tort, quelque sage conduite qu'il ait eue.

5550 On sait assez que notre tempérament fait toutes les qualités de notre âme.

5551 [...] le goût, qui n'est que la suite d'un sens droit, et le sentiment prompt d'un esprit bien fait [...]

5552 Il suffit d'ailleurs d'être novateur pour être austère. Les mêmes esprits qui bouleverseraient un État pour établir une opinion souvent absurde anathématisent les plaisirs innocents nécessaires à une grande ville, et des arts qui contribuent à la splendeur d'une nation.

5553 La chute de ce ministre [Fouquet], à qui on avait bien moins de reproches à faire qu'au cardinal Mazarin, fit voir qu'il n'appartient pas à tout le monde de faire les mêmes fautes.

5554 Je ne sais pourquoi la plupart des princes affectent d'ordinaire de tromper par de fausses bontés ceux de leurs sujets qu'ils veulent perdre. La dissimulation alors est l'opposé de la grandeur; elle n'est jamais une vertu, et ne peut devenir un talent estimable que quand elle est absolument nécessaire.

5555 [...] la patrie est où l'on vit heureux...

5556 Ce qu'on peut expliquer de plusieurs manières ne mérite d'être expliqué d'aucune.

chap. 26

5557 Le Roi, trompé dans ses choix, dit qu'il avait cherché des amis, et qu'il n'avait trouvé que des intrigants. Cette connaissance malheureuse des hommes, qu'on acquiert trop tard, lui faisait dire aussi: « Toutes les fois que je donne une place vacante, je fais cent mécontents et un ingrat. »

5558 Nous l'avons vu mourir [le duc de Lauzun] fort âgé et oublié, comme il arrive à tous ceux qui n'ont eu que de grands événements sans avoir fait de grandes choses.

Essai sur les mœurs, introduction
II, Des différentes races d'hommes

5559 Il n'est permis qu'à un aveugle de douter que les Blancs, les Nègres, les Albinos, les Hottentots, les Lapons, les Chinois, les Américains, soient des races entièrement différentes.

5560 Des Nègres et des Négresses, transportés dans les pays les plus froids, y produisent toujours des animaux de leur espèce [...]

introduction, IV, De la connaissance de l'âme

5561 L'idée d'un être purement immatériel n'a pu se présenter à des esprits qui ne connaissent que la matière. Il a fallu des forgerons, des charpentiers, des maçons, des laboureurs, avant qu'il se trouvât un homme qui eût assez de loisir pour méditer. Tous les arts de la main ont sans doute précédé la métaphysique de plusieurs siècles.

introduction, V, De la religion des premiers hommes

5562 La connaissance d'un dieu, formateur, rémunérateur et vengeur, est le fruit de la raison cultivée.

5563 Le gros du genre humain a été et sera très longtemps insensé et imbécile; et que peut-être les plus insensés de tous ont été ceux qui ont voulu trouver un sens à ces fables absurdes, et mettre de la raison dans la folie.

(Essais sur les mœurs, introduction)
VII, Des sauvages

5564 Entendez-vous par *sauvages* des rustres vivant dans des cabanes avec leurs femelles et quelques animaux, exposés sans cesse à toute l'intempérie des saisons ; ne connaissant que la terre qui les nourrit, et le marché où ils vont quelquefois vendre leurs denrées pour y acheter quelques habillements grossiers [...]? Il y a de ces sauvages-là dans toute l'Europe.

5565 Le paysan le plus ignorant sait partout remuer les plus gros fardeaux par le secours du levier, sans se douter que la puissance faisant équilibre est au poids comme la distance du point d'appui à ce poids est à la distance de ce même point d'appui à la puissance. S'il avait fallu que cette connaissance précédât l'usage des leviers, que de siècles se seraient écoulés avant qu'on eût pu déranger une grosse pierre de sa place !

5566 Dieu a donné un principe de raison universelle, comme il a donné des plumes aux oiseaux et la fourrure aux ours ; et ce principe est si constant qu'il subsiste malgré toutes les passions qui le combattent, malgré les tyrans qui veulent le noyer dans le sang, malgré les imposteurs qui veulent l'anéantir dans la superstition.

introduction, XXI, Des monuments des Égyptiens

5567 Des cadavres ont duré autant que des pyramides.

introduction, XXIV, Des Grecs

5568 Par quel excès de démence, par quelle opiniâtreté absurde, tant de compilateurs ont-ils voulu prouver, dans tant de volumes énormes, qu'une fête publique établie en mémoire d'un événement était une démonstration de la vérité de cet événement? Quoi! parce qu'on célébrait dans un temple le jeune Bacchus sortant de la cuisse de Jupiter, ce Jupiter avait en effet gardé ce Bacchus dans sa cuisse!

introduction, XXVIII, De Bacchus

5569 Dieu permit donc que l'esprit de mensonge divulguât les absurdités de la vie de Bacchus chez cent nations, avant que l'esprit de vérité fît connaître la vie de Moïse à aucun peuple, excepté aux Juifs.

(Essais sur les mœurs) avant-propos

5570 Que la nature humaine ait été plongée pendant une longue suite de siècles dans cet état si approchant de celui des brutes, et inférieur à plusieurs égards, c'est ce qui n'est que trop vrai. La raison en est, comme on l'a dit, qu'il n'est pas dans la nature de l'homme de *désirer ce qu'il ne connaît pas*. Il a fallu partout, non seulement un espace de temps prodigieux, mais des circonstances heureuses, pour que l'homme s'élevât au-dessus de la vie animale.

(Essais sur les mœurs)
chap. 1, De la Chine

5571 Jamais un grand État ne s'est formé que de plusieurs petits ; c'est l'ouvrage de la politique, du courage, et surtout du temps : il n'y a pas une plus grande preuve d'antiquité.

chap. 2, De la religion de la Chine

5572 Il semble en effet que la populace ne mérite pas une religion raisonnable.

chap. 3, Des Indes

5573 Les hommes, avec des lois sages, ont toujours eu des coutumes insensées.

5574 C'était, de temps immémorial, une maxime chez eux et chez les Chinois que le sage viendrait de l'Occident. L'Europe, au contraire, disait que le sage viendrait de l'Orient : toutes les nations ont toujours eu besoin d'un sage.

chap. 4, Des brahmanes

5575 Il faut du temps pour établir des lois arbitraires ; mais il n'en faut point pour apprendre aux hommes rassemblés à croire un Dieu, et à écouter la voix de leur propre cœur.

chap. 6, De l'Arabie et de Mahomet

5576 De quelque côté que nous nous tournions, il faut avouer que nous n'existions que d'hier. Nous allons plus loin que les autres peuples en plus d'un genre ; et c'est peut-être parce que nous sommes venus les derniers.

chap. 7, De l'Alcoran, et de la loi musulmane

5577 On voit évidemment que toutes les religions ont emprunté tous leurs dogmes et tous leurs rites les unes des autres.

5578 Bornons-nous toujours à cette vérité historique : le législateur des musulmans, homme puissant et terrible, établit ses dogmes par son courage et par ses armes ; cependant sa religion devint indulgente et tolérante. L'instituteur divin du christianisme, vivant dans l'humilité et dans la paix, prêcha le pardon des outrages ; et sa sainte et douce religion est devenue, par nos fureurs, la plus intolérante de toutes, et la plus barbare.

chap. 60, De l'Orient, et de Gengis-Kan

5579 Il n'y a point de grand conquérant qui ne soit grand politique. Un conquérant est un homme dont la tête se sert, avec une habileté heureuse, du bras d'autrui.

(Essais sur les mœurs), chap. 10

5580 S'il fallait donner à de tels hommes un être surnaturel pour père, il faudrait supposer que c'est un être malfaisant.

chap. 66
Du supplice des Templiers, et de l'extinction de cet ordre

5581 C'est mal connaître les hommes de croire qu'il y ait des sociétés qui se soutiennent par les mauvaises mœurs, et qui fassent une loi de l'impudicité : on veut toujours rendre sa société respectable à qui veut y entrer.

chap. 67, De la Suisse

5582 L'égalité, le partage naturel des hommes, subsiste encore en Suisse autant qu'il est possible. Vous n'entendez pas par ce mot cette égalité absurde et impossible par laquelle le serviteur et le maître, le manœuvre et le magistrat, le plaideur et le juge, seraient confondus ensemble ; mais cette égalité par laquelle le citoyen ne dépend que des lois, et qui maintient la liberté des faibles contre l'ambition du plus fort.

5583 Il y a bien peu de républiques dans le monde, et encore doivent-elles leur liberté à leurs rochers ou à la mer qui les défend. Les hommes sont très rarement dignes de se gouverner eux-mêmes.

chap. 68, De l'Italie

5584 Ce pape [Jean XXII] est encore un grand exemple de ce que peut le simple mérite dans l'Église : car il faut sans doute en avoir beaucoup pour parvenir de la profession de savetier au rang dans lequel on se fait baiser les pieds.

chap. 70, De l'empereur Charles IV

5585 Ce corps qui s'appelait et qui s'appelle encore le saint empire romain n'était en aucune manière ni saint, ni romain, ni empire.

conclusion

5586 Il faut donc, encore une fois, avouer qu'en général toute cette histoire est un ramas de crimes, de folies, et de malheurs, parmi lesquels nous avons eu quelques vertus, quelques temps heureux, comme on découvre des habitations répandues çà et là dans les déserts sauvages.

5587 Trois choses influent sans cesse sur l'esprit des hommes, le climat, le gouvernement, et la religion : c'est la seule manière d'expliquer l'énigme de ce monde.

5588 L'empire de la coutume est bien plus vaste que celui de la nature ; il s'étend sur les mœurs, sur tous les usages ; il répand la variété sur la scène de l'univers : la nature y répand l'unité ; elle établit partout un petit nombre de principes invariables : ainsi le fonds est partout le même, et la culture produit des fruits divers...

5589 Quand une nation connaît les arts, quand elle n'est point subjuguée et transportée par les étrangers, elle sort aisément de ses ruines et se rétablit toujours.

Les Honnêtetés littéraires, sixième honnêteté

5590 Plus un état exige de circonspection, plus les faiblesses sont remarquées ; et si les moines ont fait vœu de chasteté, d'humilité et de pauvreté, les gens de lettres semblent avoir fait vœu de raison.

treizième honnêteté

5591 Qui méprise Cotin n'estime point son roi,
Et n'a, selon Cotin, ni Dieu, ni foi, ni loi.

vingt-troisième honnêteté réflexion morale

5592 Le Jésuite chassé de son collège, le convulsionnaire échappé de l'hôpital, errant chacun de leur côté, et ne pouvant plus se mordre, se jettent sur les passants.
Cette manie ne leur est pas particulière : c'est une maladie des écoles ; c'est la vérole de la théologie.

Stances
VI, à Mme du Châtelet

5593 On meurt deux fois, je le vois bien :
Cesser d'aimer et d'être aimable,
C'est une mort insupportable ;
Cesser de vivre, ce n'est rien.

VIII, à Mme du Châtelet

5594 Qui n'a pas l'esprit de son âge
De son âge a tout le malheur.

XIX, au roi de Prusse

5595 Votre estomac débilité
N'est pas digne de votre tête.
Les rois sont hommes comme nous.
L'homme machine est bien fragile.
Grand roi, l'estomac est pour vous
Ce qu'est le talon pour Achille.

XXXIV, à Mme Lullin (1773)

5596 Un oiseau peut se faire entendre
Après la saison des beaux jours ;
Mais sa voix n'a plus rien de tendre,
Il ne chante plus ses amours.

(Stances)

XXXVIII, stances ou quatrains

5597 La politesse est à l'esprit
Ce que la grâce est au visage:
De la bonté du cœur elle est la douce image;
Et c'est la bonté qu'on chérit.

5598 De l'émulation distinguez bien l'envie:
L'une mène à la gloire, et l'autre au déshonneur;
L'une est l'aliment du génie,
Et l'autre le poison du cœur.

Épîtres, VII, à une Dame un peu mondaine et trop dévote

5599 Dans ta jeunesse fais l'amour,
Et ton salut dans ta vieillesse.

XIII, à Mᵐᵉ de G.

5600 Le plaisir est l'objet, le devoir et le but
De tous les êtres raisonnables.

XXXVI, à Mˡˡᵉ de Lubert qu'on appelait Muse et Grâce

5601 Si les neuf Muses sont pucelles,
Les trois Grâces ne le sont pas.

XLII, à Mᵐᵉ la marquise du Châtelet, sur la calomnie

5602 Quiconque en France avec éclat attire
L'œil du public, est sûr de la satire;
Un bon couplet, chez ce peuple falot,
De tout mérite est l'infaillible lot.

XCIX, à Mᵐᵉ Denis, sur l'agriculture

5603 Dieu veut que l'on travaille et que l'on s'évertue;
Et le sot mari d'Ève, au paradis d'Eden
Reçut un ordre exprès d'arranger son jardin.
C'est la première loi donnée au premier homme,
Avant qu'il eût mangé la moitié de sa pomme.

CXI, à l'auteur du livre des trois imposteurs

5604 Dieu ne doit point pâtir des sottises du prêtre.

5605 Si Dieu n'existait pas, il faudrait l'inventer.

CXV, au roi de la Chine
sur son recueil de vers qu'il a fait imprimer

5606 L'art de poésie à l'homme est nécessaire.
Qui n'aime point les vers a l'esprit sec et lourd ;
Je ne veux point chanter aux oreilles d'un sourd :
Les vers sont en effet la musiqué de l'âme.

5607 Les Français sont malins et sont grands chansonniers.

CXVIII, à l'impératrice de Russie Catherine II

5608 Quand Auguste buvait, la Pologne était ivre.

5609 A mon feu qui s'éteint rends sa clarté première :
C'est du Nord aujourd'hui que nous vient la lumière.

CXXI, à Horace

5610 Et du bord de mon lac à tes rives du Tibre,
Je te dis, mais tout bas : Heureux un peuple libre !

5611 J'ai fait un peu de bien ; c'est mon meilleur ouvrage.

Contes en vers, Le cadenas

5612 [...] Et quand on a le cœur
De femme honnête, on a bientôt le reste.

Contes en vers, Le cocuage

5613 A cocuage il faut que je m'adresse ;
C'est le seul dieu dans qui j'ai de la foi.

Satires, Le mondain

5614 J'aime le luxe, et même la mollesse,
Tous les plaisirs, les arts de toute espèce,
[...]
Tout honnête homme a de tels sentiments.

5615 Oh ! le bon temps que ce siècle de fer !
Le superflu, chose très nécessaire,
A réuni l'un et l'autre hémisphère.

5616 Le paradis terrestre est où je suis.

Satires, Défense du mondain ou l'Apologie du luxe

5617 Sachez surtout que le luxe enrichit
Un grand État, s'il en perd un petit.

5618 N'allez donc pas, avec simplicité,
Nommer vertu ce qui fut pauvreté.

Satires, Éloge de l'hypocrisie

5619 Tricher au jeu sans gagner est d'un sot.

Satires, Les systèmes

5620 Alors un petit Juif, au long nez, au teint blême[1]
Pauvre, mais satisfait, pensif et retiré,
Esprit subtil et creux, moins lu que célébré,
Caché sous le manteau de Descartes, son maître,
Marchant à pas comptés, s'approcha du grand Être :
« Pardonnez-moi, dit-il en lui parlant tout bas,
Mais je pense, entre nous, que vous n'existez pas. »

5621 Arnauld dit que de Dieu la bonté souveraine
Exprès pour nous damner forma la race humaine.

Satires, Les cabales

5622 L'univers m'embarrasse, et je ne puis songer
Que cette horloge existe, et n'ait point d'horloger.

Poésies mêlées
I, à M. Duché

5623 Ne compare point au Messie
Un pauvre diable comme moi :
Je n'ai de lui que sa misère,
Et suis bien éloigné, ma foi,
D'avoir une vierge pour mère.

XLIII, inscription pour une statue de l'Amour
dans les jardins de Maisons

5624 Qui que tu sois, voici ton maître ;
Il l'est, le fut, ou le doit être.

CCXLIX, épigramme imitée de l'anthologie

5625 L'autre jour, au fond d'un vallon,
Un serpent piqua Jean Fréron.
Que pensez-vous qu'il arriva ?
Ce fut le serpent qui creva.

Le Sottisier, Traits singuliers du règne de Louis XIV

5626 La politique a sa source dans la perversité plus que dans la grandeur de l'esprit humain.

5627 Ce qu'on lui [le doge] fait dire du roi et des ministres : « Le roi nous ôte la liberté par ses bontés et par ses vertus ; mais ses ministres nous la rendent. »

1. Spinoza.

5628 Turenne disait : « Quand un général prétend n'avoir jamais fait de fautes, il me persuade qu'il n'a jamais fait la guerre longtemps. »

5629 Le pape est une idole à qui on lie les mains et dont on baise les pieds.

Le Sottisier, Remarques diverses sur l'histoire de France

5630 Je ne crois pas que le succès dans le ministère fasse un grand homme. Le cardinal de Richelieu a été le maître ; mais est-on un grand homme pour être vindicatif, impérieux, sanguinaire, et pour avoir gouverné un roi faible ? Un grand génie écrit-il des sottises ?

Le Sottisier, Faits singuliers de l'histoire de France

5631 [...] les Français ne sont pas faits pour la liberté : ils en abuseraient.

5632 Les rois sont avec leurs ministres comme les cocus avec leurs femmes : ils ne savent jamais ce qui se passe.

Le Sottisier, Faits tirés de l'histoire de Turenne

5633 Je crois qu'on ne peut guère juger du génie et des vues d'un ministre que dans le calme des affaires, parce qu'alors, étant le maître, il est capable de tout le bien qu'il ne fait pas ; mais, dans la tempête, il n'est point responsable du vaisseau dont on lui arrache le gouvernail : c'est ce qui me fait mépriser Mazarin sans trop admirer Richelieu.

Le Sottisier, Politique

5634 Quand il plaît au roi de créer des charges, il plaît à Dieu de créer des fous pour les acheter.

5635 Les jésuites font commerce de diamants aux Indes ; ils les enferment dans les talons de leurs souliers, et écrivent qu'ils foulent aux pieds les richesses de l'Europe.

Le Sottisier, Mahométisme

5636 On baisse les yeux, on s'anéantit devant le prodigieux mérite de ceux qui gouvernent : on approche d'eux, on est étonné de leur médiocrité. On voit que les affaires de ce monde sont un jeu que tout le monde joue à peu près également.

Le Sottisier, Montaigne

5637 Dieu nous a donné le vivre ; c'est à nous de nous donner le bien vivre.

Le Sottisier, Philosophie

5638 Les hommes se trompent, les grands hommes avouent qu'ils se sont trompés. Il ne manque au révérend Père qu'un aveu pour être un grand homme.

Le Sottisier, Pensées détachées

5639 La religion juive, mère du christianisme, grand'mère du mahométisme, battue par son fils et par son petit-fils.

5640 Pour avoir quelque autorité sur les hommes, il faut être distingué d'eux. Voilà pourquoi les magistrats et les prêtres ont des bonnets carrés.

5641 L'Académie française est comme l'Université : l'une et l'autre étaient nécessaires dans un temps d'ignorance.

5642 Quand on ne voyage qu'en passant, on prend les abus pour les lois du pays.

5643 Les gueux et les voleurs ont un argot ; mais quel état n'a pas le sien ? Les théologiens et surtout les mystiques n'ont-ils pas leur argot ? [...] Est-il plus beau de dire *gueules* ou *sinople* au lieu de *rouge* et *vert*, que *pitancher du pivois* au lieu de dire *boire du vin ?*

5644 La science de la cour est comme la chirurgie, qui s'apprend par les blessures d'autrui.

5645 Les paroles sont aux pensées ce que l'or est aux diamants ; il est nécessaire pour les mettre en œuvre, mais il en faut peu.

5646 Un livre défendu est un feu sur lequel on veut marcher, et qui jette au nez des étincelles.

5647 Il n'y a que les ouvriers qui sachent le prix du temps ; ils se le font toujours payer.

Le Sottisier, Contradictions

5648 Le plaisir donne ce que la sagesse promet.

Le Sottisier, Faits détachés

5649 Si Dieu nous a faits à son image, nous le lui avons bien rendu.

5650 Le duc de Guise au siège de Rouen : « Votre religion vous enseigne à m'assassiner, et la mienne à vous pardonner. »

Le Sottisier, Naïvetés

5651 Il y avait trois dames de Paris assez laides à la cour ; on disait que c'étaient des ponts sans garde-fous, parce que personne ne voulait passer dessus.

5652 Newton disait qu'un Anglais avait converti sa première femme, mais n'avait pas pu venir à bout de la seconde, parce que ses arguments avaient plus de force autrefois.

Le Sottisier, Contradictions

5653 On a trouvé, en bonne politique, le secret de faire mourir de faim ceux qui, cultivant la terre, font vivre les autres.

5654 Les femmes ressemblent aux girouettes : elles se fixent quand elles se rouillent.

5655 Les hommes sont comme les animaux : les gros mangent les petits, et les petits les piquent.

Le Sottisier, Mœurs du temps

5656 Le peuple reçoit la religion, les lois, comme la monnaie, sans l'examiner.

5657 Dissimuler, vertu de roi et de femme de chambre.

Remarque sur le Contrat social de J.-J. Rousseau

5658 Tout dogme est ridicule, funeste ; toute contrainte sur le dogme est abominable. Ordonner de croire est absurde. Bornez-vous à ordonner de bien vivre.

Mémoires pour servir à la vie de M. de Voltaire
écrits par lui-même

5659 Je ne laissai pas de me sentir attaché à lui[1], car il avait de l'esprit, des grâces, et de plus, il était roi ; ce qui fait toujours une grande séduction, attendu la faiblesse humaine.

5660 [...] philosophe pour philosophe, j'aimais mieux une dame qu'un roi.

5661 Je conclus que, pour faire la plus petite fortune, il valait mieux faire quatre mots à la maîtresse d'un roi que d'écrire cent volumes.

5662 Laissez faire, lui dit le roi [de Prusse], on presse l'orange, et on la jette quand on a avalé le jus. [...] Je résolus dès lors de mettre en sûreté les pelures de l'orange.

5663 J'ai vu tant de gens de lettres pauvres et méprisés, que j'ai conclu dès longtemps que je ne devais pas en augmenter le nombre.

5664 Il faut être, en France, enclume ou marteau : j'étais né enclume.

5665 Rien n'est si doux que de faire sa fortune par soi-même : le premier pas coûte quelques peines ; les autres sont aisés. Il faut être économe dans sa jeunesse ; on se trouve dans sa vieillesse un fonds dont on est surpris.

1. Frédéric, futur roi de Prusse.

5666 Je n'ai jamais trop conçu comment on meurt de chagrin, et comment des ministres et de vieux cardinaux, qui ont l'âme si dure, ont pourtant assez de sensibilité pour être frappés à mort par un petit dégoût.

Correspondance
à Mme Denis, 26 décembre 1750

5667 Variété, c'est ma devise.

1er octobre 1752

5668 Quand une fois la calomnie est entrée dans l'esprit d'un roi, elle est comme la goutte chez un prélat: elle n'en déloge plus.

à Piron
(qui lui demandait s'il était réconcilié avec Dieu)

5669 « Nous nous saluons, mais nous ne nous parlons pas. »

à l'abbé Du Bos

5670 Malheur aux détails, la postérité les néglige tous. Ils sont la vermine qui tue les grands ouvrages.

à J.-J. Rousseau, 30 août 1755

5671 J'ai reçu, monsieur, votre nouveau livre contre le genre humain [...]. On n'a jamais employé tant d'esprit à vouloir nous rendre bêtes; il prend envie de marcher à quatre pattes, quand on lit votre ouvrage.

5672 Les lettres nourrissent l'âme, la rectifient, la consolent; elles vous servent, monsieur, dans le temps que vous écrivez contre elles: vous êtes comme Achille, qui s'emporte contre la gloire, et comme le P. Malebranche, dont l'imagination brillante écrivait contre l'imagination.

à Mme du Boccage, 2 février 1759

5673 Le génie français est perdu; il veut devenir anglais, hollandais, et allemand. Nous sommes des singes qui avons renoncé à nos jolies gambades, pour imiter mal les bœufs et les ours.

à M. le comte de Schowalow, 29 mai 1759

5674 Tout ce qui tend à nous faire trop valoir nous met toujours au-dessous de ce que nous sommes.

à Mme la marquise du Deffand, 13 octobre 1759

5675 Ce qui fait le grand mérite de la France, son seul mérite, son unique supériorité, c'est un petit nombre de génies sublimes ou aimables, qui font qu'on parle aujourd'hui français à Vienne, Stockholm, et Moscou. Vos ministres, vos intendants, et vos premiers commis, n'ont aucune part à cette gloire.

18 février 1760

5676 L'industrie de la nation répare les balourdises du ministère.

à M. Bettinelli, 24 mars 1760

5677 Pour nous autres Français, nous sommes écrasés sur terre, anéantis sur mer, sans vaisselle, sans espérance ; mais nous dansons fort joliment.

à Mme la marquise du Deffand, 12 avril 1760

5678 Si Horace est le premier des faiseurs de bonnes épîtres, Rabelais, quand il est bon, est le premier des bons bouffons. Il ne faut pas qu'il y ait deux hommes de ce métier dans une nation ; mais il faut qu'il y en ait un.

à M. Thiériot, 30 juin 1760

5679 Les beaux esprits se rencontrent.

à Mme la marquise du Deffand, 12 septembre 1760

5680 Si la nature ne nous avait faits un peu frivoles, nous serions très malheureux ; c'est parce qu'on est frivole que la plupart des gens ne se pendent pas.

22 juillet 1761

5681 Je joue avec la vie, madame ; elle n'est bonne qu'à cela. Il faut que chaque enfant, vieux ou jeune, fasse ses bouteilles de savon.

5682 Quand je vous aurai bien répété que la vie est un enfant qu'il faut bercer jusqu'à ce qu'il s'endorme, j'aurai dit tout ce que je sais.

à M. le comte de Schowalow, 24 octobre 1761

5683 Les vraies passions donnent des forces, en donnant du courage.

à Mme la comtesse de Bassewitz, 25 décembre 1761

5684 Les vérités sont des fruits qui ne doivent être cueillis que bien mûrs.

à M. Audibert, 9 juillet 1762

5685 On aurait beau rouer cent innocents, on ne parlera à Paris que d'une pièce nouvelle, et on ne songera qu'à un bon souper.

à M. Damilaville, 18 juillet 1762

5686 Est-il possible qu'il soit si aisé d'être roué, et si difficile d'obtenir la permission de s'en plaindre !

28 novembre 1762

5687 Il n'est pas mal de couper une tête de l'hydre de la calomnie dès qu'on en trouve une qui remue.

(Correspondance)

à M. le marquis de Chauvelin, 2 avril 1764

5688 Tout ce que je vois jette les semences d'une révolution qui arrivera immanquablement, et dont je n'aurai pas le plaisir d'être témoin. Les Français arrivent tard à tout, mais enfin ils arrivent. La lumière s'est tellement répandue de proche en proche, qu'on éclatera à la première occasion ; et alors ce sera un beau tapage. Les jeunes gens sont bien heureux ; ils verront de belles choses.

à M. Damilaville, 2 avril 1764

5689 Je voudrais aussi qu'on fît lit à part : un mari malsain et une femme malade ne se feront pas grand bien l'un à l'autre, attendu que mal sur mal n'est pas santé.

11 mai 1764

5690 Ce n'est pas l'amour qu'il fallait peindre aveugle, c'est l'amour-propre.

à Mme la marquise du Deffand, 1er juillet 1764

5691 Corneille a des éclairs dans une nuit profonde, et ces éclairs furent un beau jour pour une nation composée alors de petits-maîtres grossiers, et de pédants plus grossiers encore qui voulaient sortir de la barbarie.

à M. Damilaville, 1er avril 1766

5692 Il me paraît essentiel qu'il y ait des gueux ignorants. [...] Ce n'est pas le manœuvre qu'il faut instruire, c'est le bon bourgeois, c'est l'habitant des villes.

5693 Quand la populace se mêle de raisonner, tout est perdu.

à M. le comte d'Argental, 23 juillet 1766

5694 On dit que cet infortuné jeune homme [le chevalier de la Barre] est mort avec la fermeté de Socrate ; et Socrate a moins de mérite que lui : car ce n'est pas un grand effort, à soixante et dix ans, de boire tranquillement un gobelet de ciguë ; mais mourir dans les supplices horribles, à l'âge de vingt et un ans, cela demande assurément plus de courage. Cette barbarie m'occupe nuit et jour. Est-il possible que le peuple l'ait soufferte ? L'homme, en général, est un animal bien lâche ; il voit tranquillement dévorer son prochain, et semble content, pourvu qu'on ne le dévore pas : il regarde encore ces boucheries avec le plaisir de la curiosité.

à M. Damilaville, 25 juillet 1766

5695 Les grandes choses sont souvent plus faciles qu'on ne pense.

9 auguste 1766

5696 Je vous l'ai déjà dit : les plus petits liens arrêtent les plus grandes résolutions. Il y a des monstres qui n'ont subsisté que parce que les Hercules qui pouvaient les détruire n'ont pas voulu s'éloigner de leurs commères.

à M. de la Harpe, 11 auguste 1766

5697 Si l'on n'est pas sensible, on n'est jamais sublime.

à M. le maréchal duc de Richelieu
19 août, comme disent les Welches
car ailleurs on dit auguste, 1766

5698 Il semble que l'affaire des Calas n'ait inspiré que de la cruauté. Je ne m'accoutume point à ce mélange de frivolité et de barbarie : des singes devenus tigres affligent ma sensibilité, et révoltent mon esprit. Il est triste que les nations étrangères ne nous connaissent depuis quelques années que par les choses les plus avilissantes et les plus odieuses.

5699 [...] je n'ai jamais été gai que par emprunt. Quiconque fait des tragédies et écrit des histoires est naturellement sérieux, quelque Français qu'il puisse être.

à M. Damilaville, 25 auguste 1766

5700 Je vois que les philosophes seront toujours de malheureux êtres isolés qu'on dévorera les uns après les autres, sans qu'ils s'unissent pour se secourir. *Sauve qui peut!* sera la devise de ce commun naufrage. Les persécuteurs finiront par avoir raison, et la plus pure portion du genre humain sera à la fois sous le couteau et dans le mépris.

à M. Mariott, avocat général d'Angleterre, 26 février 1767

5701 [...] voilà comme les hommes sont ballottés par la fortune. Sa sacrée majesté le Hasard décide de tout.

5702 Ce n'est pas que le suicide soit toujours de la folie. [...] Mais, en général, ce n'est pas dans un accès de raison qu'on se tue.

à M. d'Etallonde de Morival, 26 mai 1767

5703 Nos vieux prêtres et nos vieux magistrats sont précisément ce qu'étaient les anciens druides, qui sacrifiaient des hommes : les mœurs ne changent point.

à M. Thierrot, 15 septembre 1768

5704 Tous les systèmes sur la manière dont nous venons au monde ont été détruits les uns par les autres ; il n'y a que la manière dont on fait l'amour qui n'a jamais changé.

à M. Horace Walpole, 15 juillet 1768

5705 J'avais dit, il y a très longtemps, que si Shakespeare était venu dans le siècle d'Addison, il aurait joint à son génie l'élégance et la pureté qui rendent Addison recommandable. J'avais dit *que son génie était à lui et que ses fautes étaient à son siècle.*

(Correspondance)

à Mme la marquise du Deffand, 30 juillet 1768

5706 Je suis un vieux polichinelle qui a besoin d'un compère.

5707 J'ai eu peine à en croire mes yeux. J'ai vu des limaçons à qui j'avais coupé le cou manger au bout de trois semaines. Saint Denis porta sa tête, comme vous savez, mais il ne mangea pas.

à M. le marquis de Villevielle, 26 auguste 1768

5708 [...] Deux Enéides ensemble n'en feront pas une troisième, au lieu que deux créatures animées font une troisième créature, laquelle en fait à son tour : ce qui augmente prodigieusement l'avantage du pari.

à M. de Saint-Lambert, 7 mars 1769

5709 Le nombre des vrais poètes et des vrais connaisseurs sera toujours extrêmement petit ; mais il faut qu'il le soit, c'est le petit nombre des élus. Moins il y a d'initiés, plus les mystères sont sacrés.

à Mme la duchesse de Choiseul, 20 auguste 1770

5710 La métaphysique n'est d'ordinaire que le roman de l'âme, et ce roman n'est pas si amusant que celui des *Mille et une nuits.*

à M. le marquis d'Argence de Dirac, 3 septembre 1770

5711 J'approche tout doucement du moment où les philosophes et les imbéciles ont la même destinée.

à M. le marquis de Voyer d'Argenson, 6 novembre 1770

5712 Il faudrait des volumes, non pas pour commencer à s'éclaircir, mais pour commencer à s'entendre. Il faudrait bien savoir quelle idée nette on attache à chaque mot qu'on prononce. Ce n'est pas encore assez : il faudrait savoir quelle idée ce mot fait passer dans la tête de votre adverse partie. Quand tout cela est fait, on peut disputer pendant toute sa vie sans convenir de rien.

5713 Il y a une chose peut-être consolante ; c'est que la nature nous a donné à peu près tout ce qu'il nous fallait ; et si nous ne comprenons pas certaines choses un peu délicates, c'est apparemment qu'il n'était pas nécessaire que nous le comprissions.
Si certaines choses étaient absolument nécessaires, tous les hommes les auraient, comme tous les chevaux ont des pieds.

à M. Saurin, 10 novembre 1770

5714 Si Dieu n'existait pas, il faudrait l'inventer. Je suis rarement content de mes vers, mais j'avoue que j'ai une tendresse de père pour celui-là.

Marie de Vichy-Chamrond, marquise du DEFFAND 1697-1780

Correspondance

à Mlle de Lespinasse, 13 février 1754

5715 [...] tous ceux en qui je crois de la finesse me deviennent suspects au point de ne pouvoir plus prendre aucune confiance en eux.

5716 [...] le vrai mérite rend tout égal.

à d'Alembert, 7 juillet 1763

5717 Il n'y a que le premier pas qui coûte.

à M. de Voltaire, 28 décembre 1765

5718 Mais, Monsieur de Voltaire, amant déclaré de la vérité, dites-moi de bonne foi, l'avez-vous trouvée ? Vous combattez et détruisez toutes les erreurs ; mais que mettez-vous à leur place ?

à M. de Voltaire, 14 janvier 1766

5719 Toute personne qui parvenue à l'âge de raison n'est pas choquée des absurdités et n'entrevoit pas la vérité ne se laissera jamais instruire ni persuader. Qu'est-ce que la foi ? C'est de croire fermement ce que l'on ne comprend pas. Il faut laisser le don du ciel à qui il l'a accordé.

5720 La recherche de la vérité est pour vous la médecine universelle ; elle l'est pour moi aussi, non dans le même sens, qu'elle est pour vous ; vous croyez l'avoir trouvée, et moi, je crois qu'elle est introuvable.

5721 Il n'y a qu'un malheur, celui d'être né.

à M. Horace Walpole, 27 octobre 1766

5722 Ceux qui paraissent modestes ne sont-ils pas doublement vains ?

5723 Le « je » et le « moi » sont à chaque ligne, mais quelles sont les connaissances qu'on peut avoir, si ce n'est par le « je » et le « moi » ? [...] Montaigne est le seul bon philosophe et le seul bon métaphysicien qu'il y ait jamais eu. Ce sont des rapsodies, si vous voulez, des contradictions perpétuelles ; mais il n'établit aucun système, il cherche, il observe, et reste dans le doute : il n'est utile à rien, j'en conviens, mais il détache de toute opinion, et détruit la présomption du savoir.

7 février 1773

5724 L'ennui est un mal dont on ne peut se délivrer, c'est une maladie de l'âme dont nous afflige la nature en nous donnant l'existence ; c'est le ver solitaire qui absorbe tout, et qui fait que rien ne nous profite.

Charles Gabriel de L'ATTAIGNANT 1697-1779

Union, à M. de Coiseau, sur son mariage

5725 Trois saints mots prononcés par un homme à soutane
Vont donc éteindre en toi toute flamme profane?

Antoine François Prévost dit l'abbé PRÉVOST 1697-1763

Histoire du chevalier Des Grieux et de Manon Lescaut
avis de l'auteur des Mémoires d'un homme de qualité

5726 On ne peut réfléchir sur les préceptes de la morale, sans être étonné de les voir tout à la fois estimés et négligés ; et l'on se demande la raison de cette bizarrerie du cœur humain, qui lui fait goûter des idées de bien et de perfection, dont il s'éloigne dans la pratique.

première partie

5727 On ne ferait pas une divinité de l'amour, s'il n'opérait souvent des prodiges.

5728 S'il est vrai que les secours célestes sont à tous moments d'une force égale à celle des passions, qu'on m'explique donc par quel funeste ascendant on se trouve emporté tout d'un coup loin de son devoir, sans se trouver capable de la moindre résistance et sans ressentir le moindre remords.

5729 La plupart des grands et des riches sont des sots : cela est clair à qui connaît un peu le monde. Or il y a là-dedans une justice admirable : s'ils joignaient l'esprit aux richesses, ils seraient trop heureux, et le reste des hommes trop misérable. Les qualités du corps et de l'âme sont accordées à ceux-ci, comme des moyens pour se tirer de la misère et de la pauvreté [...] et, de quelque façon qu'on le prenne, c'est un fonds excellent de revenu pour les petits, que la sottise des riches et des grands.

5730 Rien n'est plus admirable et ne fait plus d'honneur à la vertu, que la confiance avec laquelle on s'adresse aux personnes dont on connaît parfaitement la probité.

(lettre de Manon)

5731 Crois-tu qu'on puisse être bien tendre lorsqu'on manque de pain ? La faim me causerait quelque méprise fatale ; je rendrais quelque jour le dernier soupir, en croyant en pousser un d'amour.

5732 Le commun des hommes n'est sensible qu'à cinq ou six passions, dans le cercle desquelles leur vie se passe, et où toutes leurs agitations se réduisent. Otez-leur l'amour et la haine, le plaisir et la douleur, l'espérance et la crainte, ils ne sentent plus rien. Mais les personnes d'un caractère plus noble peuvent être remuées de mille façons différentes ; il semble qu'elles aient plus de cinq sens et qu'elles puissent recevoir des idées et des sensations qui passent les bornes ordinaires de la nature. [...] De là vient qu'elles souffrent si impatiemment le mépris et la risée, et que la honte est une de leurs plus violentes passions.

5733 Direz-vous comment font les Mystiques, que ce qui tourmente le corps est un bonheur pour l'âme ? Vous n'oseriez le dire ; c'est un paradoxe insoutenable. Ce bonheur, que vous relevez tant, est donc mêlé de mille peines, ou, pour parler plus juste, ce n'est qu'un tissu de malheurs au travers desquels on tend à la félicité.

5734 De la manière dont nous sommes faits, il est certain que notre félicité consiste dans le plaisir ; je défie qu'on s'en forme une autre idée ; or le cœur n'a pas besoin de se consulter longtemps pour sentir que de tous les plaisirs, les plus doux sont ceux de l'amour.

5735 L'amour est plus fort que l'abondance, plus fort que les trésors et les richesses, mais il a besoin de leur secours ; et rien n'est plus désespérant, pour un amant délicat, que de se voir ramené par là, malgré lui, à la grossièreté des âmes les plus basses.

deuxième partie

5736 Après tout l'amour est un bon maître ; la fortune ne saurait nous causer autant de peines qu'il nous fait goûter de plaisirs.

5737 Il faut compter ses richesse par les moyens qu'on a de satisfaire ses désirs.

5738 Un cœur de père est le chef-d'œuvre de la Nature ; elle y règne, pour ainsi parler, avec complaisance, et elle en règle elle-même tous les ressorts.

5739 J'ai éprouvé [...] que rien n'est plus capable d'inspirer du courage à une femme que l'intrépidité d'un homme qu'elle aime.

5740 L'expérience commençait à nous tenir lieu d'âge ; elle fit sur nous le même effet que les années.

Pierre Moreau de MAUPERTUIS 1698-1759

Essai de Cosmologie, avant-propos

5741 Ce n'est donc point dans les petits détails, dans ces parties de l'Univers dont nous connaissons trop peu les rapports qu'il faut chercher l'Être suprême : c'est dans les Phénomènes dont l'universalité ne souffre aucune exception, et que leur simplicité expose entièrement à notre vue.

Essai de Cosmologie, Les lois du mouvement et du repos

5742 Le plus grand Phénomène de la Nature, le plus merveilleux, est le Mouvement.

Essai de Cosmologie, Abrégé du Système du monde

5743 J'ai vu de ces nuits plus belles que les jours, qui faisaient oublier la douceur de l'Aurore, et l'éclat du midi.

Lettre sur la Comète qui paraissait en 1742

5744 Ce serait un spectacle curieux pour nous, que de voir quelque Comète venir fondre un jour sur Mars, ou Vénus, ou Mercure, et les briser à nos yeux, ou les emporter et s'en faire des satellites.

Relation d'un voyage fait dans la Laponie septentrionale

5745 Je n'ai point encore parlé de la figure, ni de la taille des Lapons, sur lesquels on a débité tant de fables. On a exagéré leur petitesse, mais on ne saurait avoir exagéré leur laideur.

Vénus physique, première partie, chap. 8

5746 Notre esprit ne paraît destiné qu'à raisonner sur les choses que nos sens découvrent. Les microscopes et les lunettes nous ont pour ainsi dire donné de nouveaux sens au-dessus de notre portée ; tels qu'ils appartiendraient à des intelligences supérieures, et qui mettent sans cesse la nôtre en défaut.

Essai de philosophie morale, chap. 2

5747 Dans l'Europe, l'Asie, l'Afrique et l'Amérique, tous les hommes, d'ailleurs si divers, ont cherché des remèdes au mal de vivre.

Lettre XIX, Utilité du supplice des criminels

5748 Peut-être ferait-on bien des découvertes sur cette merveilleuse union de l'âme et du corps, si l'on osait en aller chercher les liens dans le cerveau d'un homme vivant. Qu'on ne se laisse point émouvoir par l'air de cruauté qu'on pourrait croire ici ; un homme n'est rien, comparé à l'espèce humaine ; un criminel est encore moins que rien.

Paul DESFORGES-MAILLARD 1699-1772

Épitaphe d'un mari et de sa femme

5749 Passant, la rigueur des destins
A renfermé sous cette lame
Un tendre époux et sa Femme,
Et celle de tous ses voisins.

Le Juge timide

5750 Ce juge, si simple et si bonne âme,
Met les gens dos à dos dans tous ses jugements ;
S'il est de même avec Madame,
Je ne m'étonne plus s'il ne fait point d'enfants.

Jean-Baptiste Sauvé dit **LANOUE** 1701-1761

La Coquette corrigée, acte I, scène 2

5751 Le bruit est pour le fat, la plainte pour le sot,
L'honnête homme trompé s'éloigne et ne dit mot.

Charles Pinot DUCLOS 1704-1772

Considérations sur les mœurs de ce siècle
introduction

5752 Il y a d'ailleurs une grande différence entre la connaissance de l'homme et la connaissance des hommes. Pour connaître l'homme, il suffit de s'étudier soi-même ; pour connaître les hommes, il faut les pratiquer.

chap. 1

5753 Ceux qui vivent à cent lieues de la capitale en sont à un siècle pour les façons de penser et d'agir.

5754 Il règne à Paris une certaine indifférence générale qui multiplie les goûts passagers, qui tient lieu de liaison, qui fait que personne n'est de trop dans la société, que personne n'y est nécessaire : tout le monde se convient, personne ne se manque.

chap. 3

5755 Le mérite a sa pudeur comme la chasteté.

chap. 6

5756 *Grand seigneur* est un mot dont la réalité n'est plus que dans l'histoire.

(Considérations sur les mœurs de ce siècle) chap. 8

5757 De tous les peuples, le Français est celui dont le caractère a, dans tous les temps, éprouvé le moins d'altération ; on retrouve les Français d'aujourd'hui dans ceux des croisades, et, en remontant jusqu'aux Gaulois, on y remarque encore beaucoup de ressemblance. Cette nation a toujours été vive, gaie, généreuse, brave, sincère, présomptueuse, inconstante, avantageuse et inconsidérée. Ses vertus partent du cœur, ses vices ne tiennent qu'à l'esprit.

5758 L'homme aimable, du moins celui à qui l'on donne aujourd'hui ce titre, est fort indifférent sur le bien public : ardent à plaire à toutes les sociétés où son goût et le hasard le jettent, et prêt à en sacrifier chaque particulier. Il n'aime personne, n'est aimé de qui que ce soit, plaît à tous, et souvent est méprisé et recherché par les mêmes gens.

5759 L'homme sociable inspire le désir de vivre avec lui ; on n'aime qu'à rencontrer l'homme aimable. Tel est enfin, dans ce caractère, l'assemblage de vices, de frivolités et d'inconvénients, que l'homme *aimable* est souvent l'homme le moins digne d'être aimé.

chap. 11

5760 Les gens de lettres les plus recherchés sont ceux qu'on appelle communément beaux-esprits.

chap. 15

5761 Le meilleur des gouvernements, n'est pas celui qui fait les hommes les plus heureux, mais celui qui fait le plus grand nombre d'heureux.

Les Confessions du Comte de ***
première partie

5762 Le mal que l'on nous dit d'une maîtresse n'est pas si dangereux par les premières impressions, que par les prétextes qu'il fournit dans la suite aux dégoûts et à toutes les injustices des amants.

5763 Les femmes n'ont point de plus grands ennemis que les femmes.

5764 Il n'y a point de pays où la galanterie soit plus commune qu'en France ; mais les emportements de l'amour ne se trouvent qu'avec les Italiennes.

5765 Le mari d'une dévote est obligé à une sorte de respect pour elle, dont il ne peut s'écarter, quelque mécontentement qu'il éprouve, s'il ne veut avoir affaire à tout le parti.

5766 Un des grands avantages que les gens de robe retirent de leur profession est d'apprendre aux dépens des autres à fuir les procès.

5767 En général, la robe s'estime trop, et l'on ne l'estime pas assez.

5768 Paris est le centre de la dissipation, et les gens les plus oisifs par goût et par état y sont peut-être les plus occupés.

5769 On partage le ridicule de ce qu'on aime. [...] Il faut non seulement se marier au goût du public ; mais encore prendre une maîtresse qui lui convienne.

5770 C'est l'usage parmi les amants de profession d'éviter de rompre totalement avec celles qu'on cesse d'aimer. On en prend de nouvelles, et on tâche de conserver les anciennes, mais on doit surtout songer à augmenter la liste [...]. Ces femmes de réserve sont de celles que l'on a sans soin, qu'on perd sans se brouiller.

5771 On peut compter sur la constance des femmes, quand on n'en exige pas même l'apparence de la fidélité.

5772 L'opinion nous détermine presque aussi souvent que l'amour.

5773 Les grandes fortunes se commencent souvent en province ; mais ce n'est qu'à Paris qu'elles s'achèvent et qu'on en jouit.

deuxième partie

5774 Les préliminaires d'une intrigue ne languissent pas avec une femme consommée, les retardements auraient eu un air d'enfance [...]

5775 La femme la plus méprisable est celle dont l'empire est le plus sûr.

5776 Une femme n'a pas besoin d'être bien pénétrante pour soupçonner des rivales ; la multiplicité des devoirs d'un amant les empêche d'être bien vifs.

5777 Je rendis dans le jour même à la société Mme Derval, comme un effet qui devait être dans le commerce.

5778 On n'est point impunément un homme à la mode [...]. Aussitôt qu'un homme parvient à ce précieux titre, il est couru de toutes les femmes, qui sont plus jalouses d'être connues qu'estimées [...]. C'est par air qu'elles le préfèrent à un amant qui n'a d'autres torts que d'être un honnête homme ignoré.

5779 Les filles qui vivent de leurs attraits ont la même ambition que les femmes du monde ; non seulement la conquête d'un homme célèbre met un plus haut prix à leurs charmes ; mais cela les élève encore à une sorte de rivalité avec certaines femmes de condition qui n'ont que trop de ressemblance avec elles ; de sorte que vous entendez souvent citer les mêmes noms par des femmes qui ne seraient pas faites pour avoir les mêmes connaissances.

(Les Confessions du Comte de ***, deuxième partie)

5780 L'innocence est souvent plus hardie que le vice n'est entreprenant.

5781 L'auteur d'un bienfait est celui qui en recueille le fruit le plus doux.

5782 Il faut qu'il y ait dans le cœur un sens particulier et supérieur à tous les autres.

7583 Que les femmes ne se plaignent point des hommes, ils ne sont que ce qu'elles les ont faits.

5784 Voilà ce qu'il y a de commode avec ceux qui ne sont liés que par les plaisirs. Ils se rencontrent avec plus de vivacité qu'ils n'ont d'empressement à se rechercher ; ils se prennent sans se choisir, se perdent sans se quitter, jouissent du plaisir de se voir sans jamais se désirer, et s'oublient parfaitement dans l'absence.

5785 Une femme qui parle souvent des dangers de l'amour s'aguerrit sur les risques, et s'y familiarise avec la passion ; c'est toujours parler de l'amour, et l'on n'en parle guère impunément.

5786 Les amants seraient trop heureux que leurs désirs fussent entretenus par des obstacles continuels ; il n'est pas moins essentiel pour le bonheur de conserver des désirs que de les satisfaire.

5787 Il faut qu'il y ait en nous-mêmes un sentiment plus pénétrant que l'esprit même, et qui nous absout ou nous condamne avec l'équité la plus éclairée. Il y a, si j'ose dire, une sagacité du cœur qui est la mesure de notre sensibilité.

5788 [...] la constance n'est pas au pouvoir des hommes, et leur éducation leur rend l'infidélité nécessaire.

5789 [...] les sens n'exigent que ce qu'on a coutume de leur donner, et les hommes mêmes sont souvent plus occupés à les irriter qu'à les satisfaire.

5790 L'habitude, qui diminue le prix de la beauté, ajoute au caractère, et ne sert qu'à nous attacher.

Bernard Joseph SAURIN 1706-1781

Blanche et Guiscard

5791 Longtemps on aime encore en rougissant d'aimer.

Spartacus

5792 La loi de l'univers, c'est : « Malheur au vaincu ».

Épître sur la vieillesse

5793 Elle croit que tout change, et seule elle a changé.

Sur le buste de Molière
placé dans le foyer de la Comédie-Française

5794 Rien ne manque à sa gloire, il manquait à la nôtre.

Georges Louis Leclerc comte de BUFFON 1707-1788

Discours sur le style, prononcé à l'Académie française
le jour de sa réception, le 25 août 1753

5795 La gloire n'est un bien qu'autant qu'on en est digne.

5796 Ce n'est [...] que dans les siècles éclairés que l'on a bien écrit et bien parlé. La véritable éloquence suppose l'exercice du génie et la culture de l'esprit. Elle est bien différente de cette facilité naturelle de parler, qui n'est qu'un talent, une qualité accordée à tous ceux dont les passions sont fortes, les organes souples et l'imagination prompte.

5797 Le style n'est que l'ordre et le mouvement qu'on met dans ses pensées.

5798 Ceux qui écrivent comme ils parlent, quoiqu'ils parlent très bien, écrivent mal.

5799 Tout sujet est un ; et quelque vaste qu'il soit, il peut être renfermé dans un seul discours.

5800 Pourquoi les ouvrages de la nature sont-ils si parfaits ? C'est que chaque ouvrage est un tout, et qu'elle travaille sur un plan éternel dont elle ne s'écarte jamais ; elle prépare en silence les germes des ses productions ; elle ébauche par un acte unique la forme primitive de tout être vivant ; elle la développe, elle la perfectionne par un mouvement continu et dans un temps prescrit.

5801 L'esprit humain ne peut rien créer ; il ne produira qu'après avoir été fécondé par l'expérience et la méditation ; ses connaissances sont les germes de ses productions.

5802 Rien ne s'oppose plus à la chaleur que le désir de mettre partout des traits saillants ; rien n'est plus contraire à la lumière qui doit faire un corps et se répandre uniformément dans un écrit, que ces étincelles qu'on ne tire que par force en choquant les mots les uns contre les autres, et qui ne nous éblouissent pendant quelques instants, que pour nous laisser ensuite dans les ténèbres.

5803 Rien n'est plus opposé au beau naturel que la peine qu'on se donne pour exprimer des choses ordinaires ou communes d'une manière singulière ou pompeuse ; rien ne dégrade plus l'écrivain. Loin de l'admirer, on le plaint d'avoir passé tant de temps à faire de nouvelles combinaisons de syllabes, pour ne dire que ce que tout le monde dit.

(Discours sur le style)

5804 Le style doit graver des pensées, ils [les écrivains qui n'ont point de style] ne savent que tracer des paroles.

5805 Bien écrire, c'est tout à la fois bien penser, bien sentir et bien rendre ; c'est avoir en même temps de l'esprit, de l'âme et du goût.

5086 Les ouvrages bien écrits seront les seuls qui passeront à la postérité. La quantité des connaissances, la singularité des faits, la nouveauté même des découvertes, ne sont pas de sûrs garants de l'immortalité. [...] Ces choses sont hors de l'homme, le style est l'homme même.

5807 Il n'y a que la vérité qui soit durable, et même éternelle. Or un beau style n'est tel en effet que pour le nombre infini des vérités qu'il présente. Toutes les beautés intellectuelles qui s'y trouvent, tous les rapports dont il est composé sont autant de vérités aussi utiles, et peut-être plus précieuses pour l'esprit humain, que celles qui peuvent faire le fond du sujet.

5808 Le ton de l'orateur et du poète, dès que le sujet est grand, doit toujours être sublime [...]

Histoire naturelle, Premier discours
De la manière d'étudier et de traiter l'histoire naturelle

5809 Il y a une espèce de force de génie et de courage d'esprit à pouvoir envisager, sans s'étonner, la nature dans la multitude innombrable de ses productions, et à se croire capable de les comprendre et de les comparer ; [...] et l'on peut dire que l'amour de l'étude de la nature suppose dans l'esprit deux qualités qui paraissent opposées, les grandes vues d'un génie ardent qui embrasse tout d'un coup d'œil, et les petites attentions d'un instinct laborieux qui ne s'attache qu'à un seul point.

5810 Quelque nécessaire que l'attention soit à tout, ici on peut s'en dispenser d'abord: je veux parler de cette attention scrupuleuse, toujours utile lorsqu'on sait beaucoup, et souvent nuisible à ceux qui commencent à s'instruire.

5811 Si vous avez résolu de ne considérer les choses que dans une certaine vue, dans un certain ordre, dans un certain système, eussiez-vous pris le meilleur chemin, vous n'arriverez jamais à la même étendue de connaissances à laquelle vous pourrez prétendre si vous laissez dans les commencements votre esprit marcher de lui-même, se reconnaître, s'assurer sans secours, et former seul la première chaîne qui représente l'ordre de ses idées.

5812 Les enfants se lassent aisément des choses qu'ils ont déjà vues: [...] au lieu de leur répéter simplement ce qu'on leur a déjà dit, il vaut mieux y ajouter des circonstances, même étrangères ou inutiles: on perd moins à les tromper qu'à les dégoûter.

5813 Serait-il vrai qu'il faut un but imaginaire aux hommes pour les soutenir dans leurs travaux, et que, s'ils étaient bien persuadés qu'ils ne feront que ce qu'en effet ils peuvent faire, ils ne feraient rien du tout ?

5814 Il y a dans l'étude de l'histoire naturelle deux écueils également dangereux : le premier, de n'avoir aucune méthode ; et le second, de vouloir tout rapporter à un système particulier.

5815 Les choses par rapport à nous ne sont rien en elles-mêmes ; elles ne sont encore rien lorsqu'elles ont un nom ; mais elles commencent à exister pour nous lorsque nous leur connaissons des rapports, des propriétés.

5816 Dans les choses naturelles il n'y a rien de bien défini que ce qui est exactement décrit.

5817 Rien de si rare que de trouver de l'exactitude dans les descriptions, de la nouveauté dans les faits, de la finesse dans les observations.

5818 Toutes les idées des arts ont leurs modèles dans la production de la nature : Dieu a créé, et l'homme imite.

5819 Ne serait-il pas plus simple, plus naturel et plus vrai, de dire qu'un âne est un âne, et un chat un chat, que de vouloir, sans savoir pourquoi, qu'un âne soit un cheval, et un chat un loup-cervier ?

5820 Le mot de vérité ne fait naître qu'une idée vague, il n'a jamais eu de définition précise ; et la définition elle-même, prise dans un sens général et absolu, n'est qu'une abstraction qui n'existe qu'en vertu de quelque supposition. Au lieu de chercher à faire une définition de la vérité, cherchons donc à faire une énumération.

5821 On va de définitions en définitions dans les sciences abstraites ; on marche d'observations en observations dans les sciences réelles. Dans les premières on arrive à l'évidence ; dans les dernières, à la certitude.

Second discours, Histoire et théorie de la terre

5822 Il est plus aisé d'imaginer un système que de donner une théorie.

Histoire naturelle, Histoire des animaux, chap. 1

5823 Quoique les ouvrages du Créateur soient en eux-mêmes tous également parfaits, l'animal est, selon notre façon d'apercevoir, l'ouvrage le plus complet de la nature, et l'homme en est le chef-d'œuvre.

5824 [...] les espèces les plus viles, les plus abjectes, les plus petites à nos yeux, sont les plus abondantes en individus, tant dans les animaux que dans les plantes ; à mesure que les espèces d'animaux nous paraissent plus parfaites, nous les voyons réduites à un moindre nombre d'individus.

5825 Pourrait-on croire que de certaines formes de corps, comme celles des quadrupèdes et des oiseaux, de certains organes pour la perfection du sentiment, coûteraient plus à la nature que la production du vivant et de l'organisé qui nous paraît si difficile à concevoir ?

Histoire naturelle, Récapitulation

5826 Tant qu'il subsistera des individus l'espèce sera toujours toute neuve, elle l'est autant aujourd'hui qu'elle l'était il y a trois mille ans ; toutes subsisteront d'elles-mêmes tant qu'elles ne seront pas anéanties par la volonté du créateur.

Histoire naturelle, De l'homme
De la nature de l'homme

5827 Quelque intérêt que nous ayons à nous connaître nous-mêmes, je ne sais si nous ne connaissons pas mieux tout ce qui n'est pas nous. Pourvus par la nature d'organes uniquement destinés à notre conservation, nous ne les employons qu'à recevoir les impressions étrangères, nous ne cherchons qu'à nous répandre au-dehors et à exister hors de nous.

5828 Être et penser sont pour nous la même chose ; cette vérité est intime et plus qu'intuitive, elle est indépendante de nos sens, de notre imagination, de notre mémoire et de toutes nos autres facultés relatives. L'existence de notre corps et des autres objets extérieurs est douteuse pour quiconque raisonne sans préjugé.

5829 [...] la matière pourrait bien n'être qu'un mode de notre âme, une de ses façons de voir.

Histoire naturelle, De l'homme
De la vieillesse et de la mort

5830 Quelle raison a-t-on pour croire que la séparation de l'âme et du corps ne puisse se faire sans une douleur extrême ?

Histoire naturelle, Des animaux
Discours sur la nature des animaux

5831 Il s'en faut donc bien que tous les attachements viennent de l'âme, et que la faculté de pouvoir s'attacher suppose nécessairement la puissance de penser et de réfléchir, puisque c'est lorsqu'on pense et qu'on réfléchit le moins que naissent la plupart de nos attachements, que c'est encore faute de penser et de réfléchir qu'ils se confirment et se tournent en habitude, qu'il suffit que quelque chose flatte nos sens pour que nous l'aimions [...]

5832 L'amitié suppose [...] non seulement le principe de la connaissance, mais l'exercice actuel et réfléchi de ce principe.

5833 Ainsi l'amitié n'appartient qu'à l'homme, et l'attachement peut appartenir aux animaux.

Histoire naturelle, Des animaux
le cheval

5834 La plus noble conquête que l'homme ait jamais faite est celle de ce fier et fougueux animal, qui partage avec lui les fatigues de la guerre et la gloire des combats ; aussi intrépide que son maître, le cheval voit le péril et l'affronte...

le chien

5835 La perfection de l'animal dépend donc de la perfection du sentiment : plus il est étendu, plus l'animal a de facultés et de ressources, plus il existe, plus il a de rapports avec le reste de l'univers.

le chat

5836 Le chat est un domestique infidèle qu'on ne garde que par nécessité, pour l'opposer à un autre ennemi domestique encore plus incommode et qu'on ne peut chasser.

le cerf

5837 Quelque idée que nous voulions avoir de nous-mêmes, il est aisé de sentir que représenter n'est pas être, et aussi que nous sommes moins faits pour penser que pour agir, pour raisonner que pour jouir : nos vrais plaisirs consistent dans le libre usage de nous-mêmes ; nos vrais biens sont ceux de la nature.

Histoire naturelle, Des animaux
Discours sur la nature des oiseaux

5838 En général, la nature [a] donné plus de constance en amour aux oiseaux qu'aux quadrupèdes.

l'oiseau-mouche

5839 Les pierres et les métaux polis par notre art ne sont pas comparables à ce bijou de la nature ; elle l'a placé dans l'ordre des oiseaux au dernier degré de grandeur — *maxime miranda in minimis*. Son chef-d'œuvre est le petit oiseau-mouche.

les oiseaux aquatiques, le cygne

5840 Dans toute société, soit des animaux, soit des hommes, la violence fit les tyrans, la douce autorité fait les rois.

Les Époques de la nature

5841 Le passé est comme la distance ; notre vue y décroît, et s'y perdrait de même, si l'histoire et la chronologie n'eussent placé des fanaux, des flambeaux aux points les plus obscurs.

(Les Époques de la nature)

5842 La condition la plus méprisable de l'espèce humaine n'est pas celle du sauvage, mais celle de ces nations au quart policées, qui de tout temps ont été les vrais fléaux de la nature humaine, et que les peuples civilisés ont encore peine à contenir aujourd'hui : ils ont [...] ravagé la première terre heureuse, ils en ont arraché les germes du bonheur et détruit les fruits de la science.

5843 Combien n'a-t-on pas vu de ces débordements d'animaux à face humaine, toujours venant du nord, ravager les terres du midi ! Jetez les yeux sur les annales de tous les peuples, vous y compterez vingt siècles de désolation pour quelques années de paix et de repos.

5844 Assainir, défricher et peupler un pays, c'est lui rendre de la chaleur pour plusieurs milliers d'années.

5845 Le premier trait de l'homme qui commence à se civiliser est l'empire qu'il sait prendre sur les animaux ; et ce premier trait de son intelligence devient ensuite le plus grand caractère de sa puissance sur la nature.

5846 Le grain dont l'homme fait son pain n'est point un don de la nature, mais le grand, l'utile fruit de ses recherches et de son intelligence dans le premier des arts.

5847 Qui sait jusqu'à quel point l'homme pourrait perfectionner sa nature, soit au moral, soit au physique ? Y a-t-il une seule nation qui puisse se vanter d'être arrivée au meilleur gouvernement possible, qui serait de rendre tous les hommes, non pas également heureux, mais moins inégalement malheureux [...] ?

5848 Il semble que de tout temps l'homme ait fait moins de réflexion sur le bien que de recherches pour le mal.

5849 [...] enfin l'homme a reconnu que sa vraie gloire est la science, et la paix son vrai bonheur.

Sur la conservation et le rétablissement des forêts

5850 Il en est ici comme de tous les autres arts : le modèle qui réussit le mieux en petit souvent ne peut s'exécuter en grand.

Claude Prosper CRÉBILLON 1707-1777

Lettres de la Marquise de M*** au Comte de R***, lettre 31

5851 On s'ennuie quand on aime médiocrement.

L'Écumoire, livre premier, chap. 1

5852 Il est rare qu'on n'abuse pas d'un pouvoir sans bornes et quiconque peut faire tout ce qui lui plaît, ne détermine pas toujours ses volontés sur la justice.

chap. 3

5853 Un amant à qui l'on craint de déplaire et qui n'a pas la même peur est plus fort par votre faiblesse, que vous n'êtes faible par sa force.

5854 Plus on a, plus on veut avoir. Un désir satisfait en fait naître un autre dans le cœur d'un amant. Sur ce qu'on lui permet, il voit ce qu'on peut encore lui permettre.

livre second, chap. 11

5855 [Le] peuple [...], sot pour le moins autant que crédule, n'ajoute jamais plus de foi qu'à ce qui est le moins vraisemblable.

chap. 18

5856 Un peuple sans religion est bientôt sans obéissance.

Les Égarements du cœur et de l'esprit
première partie

5857 On s'attache souvent moins à la femme qui touche le plus, qu'à celle qu'on croit le plus facilement toucher...

5858 On disait trois fois à une femme qu'elle était jolie, car il n'en fallait pas plus : dès la première, assurément elle vous croyait, vous remerciait à la seconde, et assez communément vous en récompensait à la troisième [...]
Un homme, pour plaire, n'avait pas besoin d'être amoureux : dans les cas pressés, on le dispensait même d'être aimable.

5859 [...] avec quelque ardeur que les hommes poursuivent la victoire, ils aiment toujours à l'acheter.

5860 Une femme, quand elle est jeune, est plus sensible au plaisir d'inspirer des passions, qu'à celui d'en prendre.

5861 Une jolie femme dépend bien moins d'elle-même que des circonstances ; et par malheur il s'en trouve tant, de si peu prévues, de si pressantes, qu'il n'y a point à s'étonner si, après plusieurs aventures, elle n'a connu ni l'amour, ni son cœur.

5862 [...] ce qu'on croit la dernière fantaisie d'une femme est bien souvent sa première passion.

5863 Tout paraît passion à qui n'en a point éprouvé.

5864 Sans me répondre, elle me regarda en dessous : regard qui n'est pas le plus maladroit dont une femme puisse se servir, et qui en effet est décisif dans les occasions délicates.

(Les Égarements du cœur et de l'esprit, première partie)

5865 Les conquêtes les plus méprisables sont quelquefois celles qui coûtent le plus de soin ; et l'hypocrisie montre souvent plus de scrupules que la vertu même.

5866 [...] il est bien plus important pour les femmes de flatter notre vanité que de toucher notre cœur.

5867 Les femmes adorent souvent en nous nos plus grands ridicules, quand elles peuvent se flatter que c'est notre amour pour elles qui nous les donne.

5868 On commence toujours par médire, sauf après à examiner si l'on a eu de quoi le faire.

5869 [...] toute femme qui, en pareille occasion, parle de sa vertu, s'en pare moins pour vous ôter l'espoir du triomphe que pour vous le faire paraître plus grand.

5870 [...] il la surprit un jour avec D..., le lendemain avec un autre, et deux jours après avec un troisième, et enfin, ennuyé de toutes ces surprises qui ne finissaient pas, il mourut, pour ne pas avoir le déplaisir de retomber dans cet inconvénient.

5871 J'estime cent fois plus une femme galante qui l'est de bonne foi. Je lui trouve un vice de moins.

seconde partie

5872 Si l'on ne voyait que les gens qu'on estime, on ne verrait personne.

5873 [...] un ton nonchalant et traîné, paresse affectée qu'on prend quelquefois pour du naturel, et qui n'est à mon sens qu'une façon d'ennuyer plus lentement.

5874 L'esprit qu'on emploie ordinairement dans le monde est borné, quoi qu'on en dise, et ce ton charmant qu'on appelle le ton de la bonne compagnie, n'est le plus souvent que le ton de l'ignorance, du précieux et de l'affectation.

5875 Un mauvais choix marque un mauvais fonds.

5876 Nous vivons ordinairement plus avec les gens qui nous plaisent qu'avec ceux que nous estimons.

5877 Le ton de l'amour ne séduit qu'autant qu'il est employé sur quelqu'un qui aime, et devient ridicule partout où il n'attendrit pas.

troisième partie

5878 Une facilité continuelle et une vertu qui ne relâche jamais rien de sa sévérité, sont deux choses également à craindre pour une femme.

5879 Il est un âge où tout plaît, c'est un malheur. On prend quelqu'un sans savoir pourquoi, parce qu'il le veut, parce qu'on est trop jeune aussi pour savoir dire qu'on ne le veut pas: qu'on est pressé d'avoir une affaire, et que la plus promptement décidée paraît toujours la meilleure

5880 C'est une erreur de croire que l'on puisse conserver dans le monde cette innocence de mœurs que l'on a communément quand on y entre, et que l'on y puisse être toujours vertueux et toujours naturel, sans risquer sa réputation ou sa fortune. Le cœur et l'esprit sont forcés de s'y gâter [...]

5881 Tant qu'un ridicule plaît, il est grâce, agrément, esprit ; et ce n'est que quand pour l'avoir usé on s'en lasse, qu'on lui donne le nom qu'en effet il mérite.

5882 Un travers que l'on possède seul fait plus d'honneur qu'un mérite que l'on partage avec quelqu'un.

5883 Il vaut souvent mieux donner mauvaise opinion de son esprit, que de montrer tout ce qu'on en a ; cacher, sous un air inappliqué et étourdi, le penchant qui vous porte à la réflexion, et sacrifier votre vanité à vos intérêts.

5884 Nous ne nous déguisons jamais avec plus de soin que devant ceux à qui nous croyons l'esprit d'examen.

5885 Ce n'est qu'en paraissant se livrer soi-même à l'impertinence, qu'il n'échappe rien de celle d'autrui.

5886 On n'est jamais moins à portée de deviner ce que vous êtes que lorsque vous paraissez être tout ; et un génie supérieur sait embellir ce que les autres lui fournissent, et le rendre neuf à leurs yeux mêmes.

5887 Pour moi, je n'ai encore vu personne, quelque modestie qu'il affectât, qui ne trouvât toujours en fort peu de temps le secret de m'apprendre à quel point il s'estimait, et combien je devais l'estimer moi-même.

5888 De toutes les vertus, celle qui, dans le monde, m'a toujours paru réussir le moins à celui qui la pratique, c'est la modestie.

5889 Ne craignons point de dire et de répéter que nous avons un mérite supérieur. Il y a mille gens à qui l'on n'en croit que parce qu'ils ne cessent pas de dire qu'ils en ont.

5890 Tout homme qui vous blâme de trop parler de vous, ne le fait que parce que vous ne lui laissez pas toujours le temps de parler de lui.

(Les Égarements du cœur et de l'esprit, troisième partie)

5891 C'est avouer que nous croyons qu'un homme nous est supérieur, que d'être timide devant lui. Cette crainte de lui déplaire, même en le flattant, ne nous le gagne pas.

5892 La modestie anéantit les grâces et les talents ; en songeant à ce que l'on a à dire, on perd le temps de parler, et pour persuader, il faut étourdir.

5893 Quelqu'un qui veut avoir le ton de la bonne compagnie, doit éviter de dire souvent des choses pensées : quelque naturellement qu'il les exprime, quelque peu de vanité qu'il en tire, on y trouve une affectation marquée de parler autrement que tout le monde et l'on dit d'un homme qui a le malheur de tomber dans cet inconvénient, non qu'il a de l'esprit, mais qu'il s'en croit.

5894 Un sot qui se tourne vers la méchanceté est plus respecté qu'un homme d'esprit qui, trop supérieur à ces vils objets pour descendre jusqu'à eux, rit en secret des travers de son siècle et les méprise assez pour ne pas même les blâmer tout haut.

5895 Les gens du bon ton laissent au vulgaire, et le soin de penser, et la crainte de penser faux.

5896 Une profonde ignorance avec beaucoup de modestie serait à vérité fort incommode, mais, avec une extrême présomption, je puis vous assurer qu'elle n'a rien de gênant.

5897 Ignorer tout, et croire n'ignorer rien ; ne rien voir, quelque chose que ce puisse être, qu'on ne méprise ou ne loue à l'excès ; se croire également capable du sérieux et de la plaisanterie ; ne craindre jamais d'être ridicule, et l'être sans cesse ; mettre de la finesse dans ses tours et du péril dans ses idées ; prononcer des absurdités, les soutenir, les recommencer : voilà le ton de l'extrêmement bonne compagnie.

5898 Il n'y a personne qui ne puisse trouver dans sa vanité, ou dans la stérilité d'autrui, de quoi sentir moins le peu qu'il vaut, et se faire, en dépit de la nature même, une sorte de mérite qui le mette au niveau de tout le monde.

5899 Plus vous refuserez de vous prêter aux travers, plus on s'empressera à vous en donner. Je ne suis pas le seul qui ai senti que, pour ne point passer pour ridicule, il faut le devenir, ou le paraître du moins.

5900 Nous marquons trop nos désirs, ils agissent trop sensiblement sur nous, pour qu'ils puissent échapper à la femme même la moins habile.

5901 S'il est presque impossible de se corriger des vices du cœur, on revient des erreurs de l'esprit ; et la femme qui a été la plus galante, peut devenir, par ses seules réflexions, ou la femme la plus vertueuse, ou la maîtresse la plus fidèle.

Le Sopha
introduction

5902 [...] s'il est vrai qu'il y ait peu de héros pour les gens qui les voient de près, je puis dire aussi qu'il y a, pour leur sopha, bien peu de femmes vertueuses.

deuxième partie, chap. 16

5903 [...] et communément plus la femme est aimable, moins l'homme est généreux.

5904 [...] croyez-vous qu'une femme craigne jamais de sacrifier son honneur à sa réputation?

chap. 19

5905 Quand on porte un certain nom, qu'on est d'un certain rang, une affaire de plus ou moins n'est pas une chose à laquelle on doive regarder de si près: mais [...] il faut éviter de se faire des ennemis.

La Nuit et le Moment

5906 On sait aujourd'hui que le goût seul existe; et si l'on se dit encore qu'on s'aime, c'est bien moins parce qu'on le croit, que parce que c'est une façon plus polie de se demander réciproquement ce dont on sent qu'on a besoin.

5907 Je crois, à tout prendre, qu'il y a bien de la sagesse à sacrifier à tant de plaisirs quelques vieux préjugés qui rapportent assez peu d'estime, et beaucoup d'ennui à ceux qui en font encore la règle de leur conduite.

5908 Je lui montrais peu de sentiments, mais beaucoup d'ardeur, et il n'est que trop ordinaire que l'un remplace l'autre, et mène même beaucoup plus loin.

5909 Nous en nous en apercevons peut-être pas; mais à quelque point que ce qu'on appelle *mœurs* et *principes* soit discrédité, nous en voulons encore.

5910 Que les femmes disent plus vrai que nous ne croyons, quand elles affirment que les plaisirs les plus vifs ne font point oublier à une femme, qui pense avec une certaine délicatesse, l'objet dont elle a le cœur rempli, et que quand ce n'est pas lui qui les procure, il n'en est pas moins celui à qui elle voudrait toujours les devoir; ah! c'est une chose bien vraie que celle-là.

Le Sylphe

5911 On dit à une belle qu'elle a des agréments, parce qu'en le lui répétant souvent, c'est une façon polie de l'exhorter à en faire usage.

Carlo GOLDONI 1707-1793

Mémoires
préface

5912 On verra que l'humanité est la même partout, que la jalousie se rencontre partout, et que partout l'homme tranquille et de sang-froid vient à bout de se faire aimer du public, et de lasser la perfidie de ses ennemis.

5913 La vérité a toujours été ma vertu favorite, je me suis toujours bien trouvé avec elle ; elle m'a épargné la peine d'étudier le mensonge, et m'a évité le désagrément de rougir.

première partie, chap. 34

5914 La Providence se sert de différents moyens pour partager ses faveurs. Souvent elle se sert du méchant pour secourir l'honnête homme, et nous devons bénir l'auteur du bienfait, et en reconnaître l'intermédiaire.

deuxième partie, chap. 34

5915 [...] je tombai malade ; on me fit faire par force un opéra-comique ; l'ouvrage sentait la fièvre comme moi ; heureusement il n'y eut que l'opéra d'enterré.

troisième partie, chap. 4

5916 On disait que la nature avait cassé les moules de ces grands comédiens ; on se trompait. La nature fait le moule et le modèle et l'original tout à la fois et elle les renouvelle à son gré. C'est l'ordinaire de tous les temps : on regrette toujours le passé, on se plaint du présent ; c'est dans la nature.

chap. 5

5917 J'ai été toute ma vie au-devant de ceux qui avaient des raisons bonnes ou mauvaises pour m'éviter, et quand je parvenais à gagner l'estime d'un homme mal prévenu sur mon compte, je regardais ce jour-là comme un jour de triomphe pour moi.

chap. 19

5918 Il y a des plaisirs pour tous les états ; bornez vos désirs, mesurez vos forces, vous serez bien ici ou vous serez mal partout.

chap. 22

5919 J'ai été trompé plus d'une fois, il est vrai, mais les méchants ne m'ont jamais dégoûté du plaisir de me rendre utile.

chap. 30

5920 On a soin dans certains jours et dans certains moments de séparer le peuple d'avec le monde comme il faut ; s'il s'en mêle quelquefois mal à propos, les cotillons des bonnes ne salissent pas les robes des dames parées ; c'est en passant, on n'y prend pas garde ; c'est un endroit public, un endroit marchand, utile, commode, agréable : vive le Palais-Royal !

chap. 34

5921 On se plaint des femmes qui enchantent par leurs grâces, qui enchaînent les hommes par leurs agréments, qui les ruinent quelquefois par leurs caprices ; mais leurs charmes sont connus, et c'est l'homme lui-même qui leur prête les armes pour le soumettre.

chap. 37

5922 C'est le ton de la nation ; si les Français perdent une bataille, une épigramme les console ; si un nouvel impôt les charge, un vaudeville les dédommage [...]

Pierre Joseph Bernard dit **le GENTIL BERNARD** 1708-1775

L'Art d'aimer, chant 2

5923 J'aime une fleur lente à s'épanouir :
C'est par degrés qu'il faut plaire et jouir.

Madrigal

5924 Grands dieux ! ouvrez l'Olympe à mon âme immortelle,
Pour éterniser avec elle
Le souvenir de mon bonheur.

Épître à Claudine

5925 Doit-on rougir de chanter ce qu'on aime ?
Faut-il des noms et des titres divers ?
Que fait un nom, quand l'amour est extrême ?
Claudine est belle et suffit à mes vers.

Claude Henri de Fuzée de VOISENON 1708-1775

L'Heureuse Ressemblance, scène 8

5926 Et le cœur s'ennoblit souvent par ce qu'il aime.

Épître dédicatoire, L'école du monde

5927 Ah ! qu'il est doux de critiquer le monde
Et de s'y dérober dans les bras de l'Amour.

Le Coquette fixée, acte II, scène 11

5928 Cette offre-là, Monsieur, me conviendrait très fort,
Mais du moins attendez que mon mari soit mort.

Le Braconnage

5929 L'Amour est un vrai Braconnier
[...]
Il chasse de jour et de nuit:
Ses fusils ne font point de bruit.

Le Président de BROSSES 1709-1777

Lettres italiennes
à M. de Blancey, 15 juin 1739

5930 [...] à vous parlez net, la Provence n'est qu'une gueuse parfumée.

1er juillet 1739

5931 [...] qu'est-ce que l'indécence dans les usages, si ce n'est le défaut d'habitude de ces usages mêmes?

à M. l'abbé Cortois de Quincey, 1739

5932 Les gens qui donnent beaucoup sont sujets à prendre de même.

5933 Un voyage est comme un mariage; on se voit jour et nuit; on se pratique, on se contraint si peu qu'il en résulte souvent du malaise et quelquefois de l'humeur.

à MM. de Tournay et de Neuilly, 1739

5934 On connaît encore mieux la valeur des biens par la privation que par la jouissance. L'amour de la patrie, vertu dominante des grandes âmes, me saisit toujours à l'aspect d'une bouteille de vin de Bourgogne.

à M. de Maleteste, 1740

5935 Il n'arrive à personne d'entendre pour la première fois un chant étranger, quel qu'il soit, sans avoir envie d'en rire; peu à peu on s'y accoutume et l'on acquiert deux espèces de plaisir du même genre, au lieu d'un; c'est un gain véritable.

5936 [...] quiconque, à jour et à jamais, voudra connaître à fond la nation française du siècle passé n'aura qu'à lire Molière, pour la savoir sur le bout du doigt.

à M. l'abbé Cortois de Quincey mars 1740

5937 On aime toujours à trouver aux choses plus de finesse qu'il n'y en a.

Lettres

à Loppin de Gemeaux, 28 mai 1744

5938 Il y a de l'injustice à vous de vouloir supprimer le bruit qu'on fait aujourd'hui aux pièces de la chaussée, puisqu'elles ne feront jamais que celui-là.

à Voltaire, septembre 1758

5939 [...] je n'ai pas vu une république qui fût de mon goût. On y est désolé de piqûres d'épingles ; au lieu que chez nous on en est quitte pour un coup d'épée au travers du corps, et tout est dit. Le manteau de la liberté sert à couvrir nombre de petites chaînes.

à Loppin de Gemeaux, 4 janvier 1759

5940 Ce n'est pas seulement un esprit qu'il a [Voltaire], ce sont tous les esprits ensemble qui reviennent dans son crâne et y tiennent le Sabbat.

Charles COLLÉ 1709-1783

La Manière fait tout, vaudeville

5941 Pour faire un bouquet à Lucrèce,
Suffit-il de cueillir des fleurs ?
Il faut encore avoir l'adresse
D'en bien assortir les couleurs.
Tout consiste dans la manière
Et dans le goût ;
Et c'est la façon de faire
Qui fait tout.

Jean-Louis Baptiste GRESSET 1709-1777

Ver-Vert, chant 1

5942 J'ai lu qu'on perd à trop courir le monde ;
Très rarement en devient-on meilleur :
Un sort errant ne conduit qu'à l'erreur.

chant 2

5943 Ah ! qu'un grand nom est un bien dangereux !
Un sort caché fut toujours plus heureux.

Épître VI, à ma sœur, sur ma convalescence

5944 La douleur est un siècle, et la mort un moment.

Fragment du Chartreux

5945 Félicité trop peu durable !
Il passa, ce songe enchanteur ;
Et je n'aperçus le bonheur
Que pour être plus misérable.

Le Méchant
acte II, scène 1

5946 Les sots sont ici-bas pour nos menus plaisirs.

scène 7

5947 Mais Paris guérit tout et les absents ont tort.

acte III, scène 9

5948 On ne vit qu'à Paris, et l'on végète ailleurs.

acte IV, scène 4

5949 Quand le cœur est bon, tout peut se corriger.

scène 5

5950 [...] Elle a d'assez beaux yeux
Pour des yeux de province.

scène 7

5951 L'esprit qu'on veut avoir gâte celui qu'on a.

Abbé de MABLY 1709-1785

Doutes proposés aux philosophes économistes
sur l'ordre naturel et essentiel des sociétés politiques
lettre IV

5952 Je demanderai toujours pourquoi l'histoire de tous les pays du monde n'offre rien qui ne puisse s'expliquer aisément, tandis que celle de la Chine ne présente que des événements dont on ne peut découvrir les causes et qui paraissent contrarier la nature du cœur humain.

lettre V

5953 Les Chinois n'ayant qu'un cercle très borné d'idées, chacun se tient à la place où il se trouve, non pas parce qu'il est heureux, mais parce qu'il est assez stupide pour croire que c'est celle qu'il doit occuper ; et l'empereur lui-même abruti par l'abrutissement général de sa nation, végète sans crainte et sans désirs, parce que tous ses sujets tremblent à son nom seul.

De l'étude de l'histoire, à Monseigneur le prince de Parme
première partie, chap. 1

5954 Chaque nation a eu le sort qu'elle devait avoir : et quoique chaque État meure, chaque État peut et doit aspirer à l'immortalité.

Julien Offray de LA METTRIE 1709-1751

Discours préliminaire

5955 Puisque la morale tire son origine de la politique, comme les lois et les bourreaux, il s'ensuit qu'elle n'est point l'ouvrage de la nature.

5956 Qui vit en citoyen, peut écrire en philosophe — mais écrire en philosophe c'est enseigner le matérialisme!

5957 S'il est dans mes écrits quelques beautés neuves et hardies, un certain feu, quelque étincelle de génie, je dois tout à ce courage philosophique qui m'a fait concevoir la plus haute et la plus téméraire entreprise.

Traité de l'âme, chap. 14

5958 Les enfants sont des espèces d'oiseaux qui n'apprennent que peu de mots et d'idées à la fois parce qu'ils ont le cerveau mou.

5959 Défaut de sang et de mouvement, défaut de parents et d'amis, qu'on ne connaît plus, défaut de soi-même, qu'on ignore; tel est l'âge décrépit, la nouvelle enfance, la seconde végétation de l'homme, qui finit comme il a commencé.

chap. 15, Histoire IV, § 1

5960 Un célèbre abbé de mes amis, métaphysicien de la première force, croyait que tous les hommes étaient musiciens nés; parce qu'il ne se souvenait pas d'avoir appris les airs avec lesquels sa nourrice l'endormait.

L'Homme-machine

5961 Il est aussi impossible de donner une seule idée à un homme, privé de tous les sens, que de faire un enfant à une femme, à laquelle la nature aurait poussé la distraction jusqu'à oublier de faire une vulve, comme je l'ai vu dans une, qui n'avait ni fente, ni vagin, ni matrice, et qui pour cette raison fut démariée après dix ans de mariage.

L'Homme-plante

5962 On sait depuis longtemps que ce sont les vents, ces messagers de l'amour végétal, qui portent aux plantes femelles le sperme des mâles. Ce n'est point en plein vent que les nôtres courent ordinairement de pareils risques!

Traité des systèmes, VIII

5963 Tout le monde, dit plaisamment Pomponace, souhaite l'immortalité, comme un mulet désire la génération qu'il n'obtient pas.

Système d'Épicure
XXVIII

5964 La nature a fait, dans la machine de l'homme, une autre machine qui s'est trouvée propre à retenir les idées et à en faire de nouvelles, comme dans la femme, cette matrice, qui d'une goutte de liqueur fait un enfant.

(Système d'Épicure) XLVI

5965 Savez-vous pourquoi je fais encore quelque cas des hommes? C'est que je les crois sérieusement des *machines*.

LI

5966 Quelle vie fugitive! Les formes des corps brillent comme les vaudevilles se chantent. L'homme et la rose paraissent le matin, et ne sont plus le soir.

LXIX

5967 La mort et l'amour se consomment par les mêmes moyens, l'expiration. On se reproduit, quand c'est d'amour qu'on meurt: on s'anéantit, quand c'est par le ciseau d'Atropos.

L'Art de jouir

5968 Si j'ai perdu mes jours dans la volupté, *ah! rendez-les-moi, grands dieux*, pour les reperdre encore.

Jean-Jacques Lefranc marquis de POMPIGNAN 1709-1784

Les Tombeaux

5969 [...] Tu vois par là ce que nous sommes.
Le Poète fait des chansons,
Le Guerrier massacre des hommes
Et le Pêcheur prend des poissons.

Éloge de Clémence Isaure

5970 Les Empires, les Républiques,
Dans des mensonges magnifiques,
Cherchent leurs premiers Citoyens.
Respectons d'illustres chimères;
Jamais les Romains pour leurs pères
N'ont désavoué les Troyens.

Madame DUBOCAGE 1710-1802

La Colombiade, chant 3

5971 Colomb, quitte l'espoir de voir de nouveaux mondes:
Plus loin qu'aucun mortel tu sillonnes les ondes...

Charles FAVART 1710-1792

Les Trois sultanes

5972 Point d'esclaves chez nous; on ne respire en France
Que les plaisirs, la liberté, l'aisance.
Tout citoyen est roi sous un roi citoyen.

FRÉDÉRIC II 1712-1786

Anti-Machiavel ou Examen critique du Prince de Machiavel
avant-propos

5973 J'ose prendre la défense de l'humanité contre ce monstre [Machiavel] qui veut la détruire.

chap. 1

5974 Il n'y a donc que trois manières légitimes de devenir maître d'un pays, ou par succession, ou par l'élection des peuples qui en ont le pouvoir, ou lorsque par une guerre justement entreprise on fait la conquête de quelques provinces sur l'ennemi.

chap. 5

5975 Insensés que nous sommes, nous voulons tout conquérir, comme si nous avions le temps de tout posséder !

chap. 6

5976 Que César Borgia soit le modèle des machiavélistes, le mien est Marc Aurèle.

chap. 11

5977 Il me semble que de tous les peuples dont il nous est resté quelque faible connaissance, il n'y a que les Juifs qui aient eu une suite de pontifes despotiques. Il n'est pas étonnant que dans la plus superstitieuse et la plus ignorante de toutes les nations barbares, ceux qui étaient à la tête de la religion aient enfin usurpé le maniement des affaires ; mais partout ailleurs il me semble que les prêtres ne se mêlaient que de leurs fonctions.

chap. 14

5978 La chasse est un de ces plaisirs sensuels qui agitent beaucoup le corps et qui ne disent rien à l'esprit ; c'est un désir ardent de poursuivre quelque bête, et une satisfaction cruelle de la tuer ; c'est un amusement qui rend le corps robuste et dispos, et qui laisse l'esprit en friche et sans culture.

Dialogue de morale à l'usage de la jeune noblesse

5979 *Demande*. En servant les hommes, on n'oblige souvent que des ingrats ; que vous reviendra-t-il de vos peines ?
Réponse. Il est beau de faire des ingrats ; il est infâme de l'être.

De la littérature allemande, des défauts
qu'on peut lui reprocher, quelles en sont les causes,
et par quel moyens on peut les corriger

5980 Pour vous convaincre du peu de goût qui jusqu'à nos jours règne en Allemagne, vous n'avez qu'à vous rendre aux spectacles publics. Vous y verrez représenter les abominables pièces de Shakespeare traduites en notre langue, et tout l'auditoire se pâmer d'aise en entendant ces farces ridicules et dignes des sauvages du Canada.

5981 L'Allemagne produit des hommes à recherches laborieuses, des philosophes, des génies, et tout ce que l'on peut désirer ; il ne faut qu'un Prométhée qui dérobe le feu céleste pour les animer.

Éloge de La Mettrie

5982 Une maladie est pour un philosophe une école de physique.

5983 M. La Mettrie était né avec un fond de gaieté naturelle intarissable ; il avait l'esprit vif, et l'imagination si féconde, qu'elle faisait croître des fleurs dans le terrain aride de la médecine.

Éloge de Voltaire

5984 Un auteur d'autant de génie [que Voltaire], aussi varié que correct, n'échappa point à l'Académie Française.

5985 L'on peut dire, s'il m'est permis de m'exprimer ainsi, que M. de Voltaire valait seul toute une Académie.

Jean-Jacques **ROUSSEAU** 1712-1778

Discours sur les sciences et les arts
première partie

5986 Le besoin éleva les trônes, les sciences et les arts les ont affermis.

5987 L'homme de bien est un athlète qui se plaît à combattre nu.

5988 Les hommes sont pervers ; ils seraient pires encore s'ils avaient eu le malheur de naître savants.

seconde partie

5989 L'astronomie est née de la superstition ; l'éloquence, de l'ambition, de la haine, de la flatterie, du mensonge ; la géométrie, de l'avarice ; la physique, d'une vaine curiosité ; toutes, et la morale même, de l'orgueil humain. Les sciences et les arts doivent donc leur naissance à nos vices : nous serions moins en doute sur leurs avantages, s'il la devaient à nos vertus.

5990 [...] le faux est susceptible d'une infinité de combinaisons ; mais la vérité n'a qu'une manière d'être.

5991 En politique comme en morale, c'est un grand mal que de ne point faire de bien et tout citoyen inutile peut être regardé comme un homme pernicieux.

5992 Le luxe va rarement sans les sciences et les arts, jamais ils ne vont sans lui.

5993 Deux fameuses républiques se disputèrent l'empire du monde ; l'une était très riche, l'autre n'avait rien, et ce fut celle-ci qui détruisit l'autre.

5994 [...] on a de tout avec de l'argent, hormis des mœurs et des citoyens.

5995 Je sais qu'il faut occuper les enfants, et que l'oisiveté est pour eux le danger le plus à craindre. Que faut-il donc qu'ils apprennent ? Voilà certes une belle question ? Qu'ils apprennent ce qu'ils doivent faire étant hommes, et non ce qu'ils doivent oublier.

5996 On ne demande plus d'un homme s'il a de la probité, mais s'il a des talents ; ni d'un livre s'il est utile, mais s'il est bien écrit. Les récompenses sont prodiguées au bel esprit, et la vertu reste sans honneurs.

5997 Tel qui sera toute sa vie un mauvais versificateur, un géomètre subalterne, serait peut-être devenu un grand fabricateur d'étoffes.

5998 L'âme se proportionne insensiblement aux objets qui l'occupent, et ce sont les grandes occasions qui font les grands hommes.

Discours sur l'origine et les fondements de l'inégalité parmi les hommes (à la République de Genève)

5999 Il en est de la liberté comme de ces aliments solides et succulents, ou de ces vins généreux, propres à nourrir et fortifier les tempéraments robustes qui en ont l'habitude, mais qui accablent, ruinent et enivrent les faibles et délicats qui n'y sont point faits.

6000 Les peuples une fois accoutumés à des maîtres ne sont plus en état de s'en passer.

préface

6001 C'est en un sens à force d'étudier l'homme que nous nous sommes mis hors d'état de le connaître.

première partie

6002 J'ose presque assurer que l'état de réflexion est un état contre nature, et que l'homme qui médite est un animal dépravé.

6003 La volonté parle encore quand la nature se tait.

6004 Vous oubliez que les fruits sont à tous et que la terre n'est à personne.

Lettre à d'Alembert

6005 Mais, Monsieur, quand on veut honorer les gens, il faut que ce soit à leur manière, et non pas à la nôtre.

(Lettre à d'Alembert)

6006 Quand un homme ne peut croire ce qu'il trouve absurde, ce n'est pas sa faute, c'est celle de sa raison.

6007 L'on croit s'assembler au spectacle, et c'est là que chacun s'isole ; c'est là qu'on va oublier ses amis, ses voisins, ses proches, pour s'intéresser à des fables, pour pleurer les malheurs des morts, ou rire aux dépens des vivants.

6008 Il n'y a que la raison qui ne soit bonne à rien sur la scène.

6009 N'est-ce pas un effet nécessaire de la constitution des choses, que le méchant tire un double avantage, de son injustice, et de la probité d'autrui ?

Julie ou la Nouvelle Héloïse
préface

6010 Il faut des spectacles dans les grandes villes, et des romans aux peuples corrompus.

première partie, lettre 12

6011 Otez à nos savants le plaisir de se faire écouter, le savoir ne sera rien pour eux. Ils n'amassent dans le cabinet que pour répandre dans le public ; ils ne veulent être sages qu'aux yeux d'autrui ; et ils ne se soucieraient plus de l'étude s'ils n'avaient plus d'admirateurs.

6012 [...] quand on a une fois l'entendement ouvert par l'habitude de réfléchir, il vaut toujours mieux trouver de soi-même les choses qu'on trouverait dans les livres ; c'est le vrai secret de les bien mouler à sa tête, et de se les approprier : au lieu qu'en les recevant telles qu'on nous les donne, c'est presque toujours sous une forme qui n'est pas la nôtre.

6013 Proposons-nous de grands exemples à imiter, plutôt que de vains systèmes à suivre.

6014 J'ai toujours cru que le bon n'était que le beau mis en action, que l'un tenait intimement à l'autre, et qu'ils avaient tous deux une source commune dans la nature bien ordonnée.

6015 On s'exerce à voir comme à sentir, ou plutôt une vue exquise n'est qu'un sentiment délicat et fin.

6016 Le goût est en quelque manière le microscope du jugement ; c'est lui qui met les petits objets à sa portée, et ses opérations commencent où s'arrêtent celles du dernier.

6017 Il y a des peuples sans physionomie auxquels il ne faut point de peintres ; il y a des gouvernements sans caractère auxquels il ne faut point d'historiens, et où, sitôt qu'on sait quelle place un homme occupe, on sait d'avance tout ce qu'il y fera.

lettre 14

6018 Les sensations ne sont rien que ce que le cœur les fait être.

lettre 23

6019 J'ai toujours remarqué que les gens faux sont sobres, et la grande réserve de la table annonce assez souvent des mœurs feintes et des âmes doubles.

lettre 24

6020 L'amour est privé de son plus grand charme quand l'honnêteté l'abandonne. [...] Otez l'idée de la perfection, vous ôtez l'enthousiasme ; ôtez l'estime, et l'amour n'est plus rien.

lettre 25

6021 [...] l'âme résiste bien plus aisément aux vives douleurs qu'à la tristesse prolongée.

lettre 26

6022 Que c'est un fatal présent du ciel qu'une âme sensible ! Celui qui l'a reçu doit s'attendre à n'avoir que peine et douleur sur la terre.

lettre 30

6023 [...] je hais les mauvaises maximes encore plus que les mauvaises actions.

lettre 32

6024 [...] C'est le dernier degré de l'opprobre de perdre avec l'innocence le sentiment qui nous la fait aimer.

lettre 33

6025 Toutes les grandes passions se forment dans la solitude ; on n'en a point de semblables dans le monde, où nul objet n'a le temps de faire une profonde impression, et où la multitude des goûts énerve la force des sentiments.

lettre 46

6026 Une femme parfaite et un homme parfait ne doivent pas plus se ressembler d'âme que de visage. Ces vaines imitations de sexe sont le comble de la déraison ; elles font rire le sage et fuir les amours.

lettre 57

6027 Celui qui feint d'envisager la mort sans effroi ment. Tout homme craint de mourir, c'est la grande loi des êtres sensibles, sans laquelle tout espèce mortelle serait bientôt détruite.

(Julie ou la Nouvelle Héloïse)
(première partie) lettre 61

6028 Combien de grands noms retomberaient dans l'oubli, si l'on ne tenait compte que de ceux qui ont commencé par un homme estimable! [...] On voit, je l'avoue, beaucoup de malhonnêtes gens parmi les roturiers; mais il y a toujours vingt à parier contre un qu'un gentilhomme descend d'un fripon.

seconde partie, lettre 2

6029 [...] la sublime raison ne se soutient que par la même vigueur de l'âme qui fait les grandes passions, et l'on ne sert dignement la philosophie qu'avec le même feu qu'on sent pour une maîtresse.

6030 Que le rang se règle par le mérite, et l'union des cœurs par leur choix, voilà le véritable ordre social; ceux qui le règlent par la naissance ou par les richesses sont les vrais perturbateurs de cet ordre; ce sont ceux-là qu'il faut décrier ou punir.

lettre 6

6031 Il y a souvent plus de stupidité que de courage dans une constance apparente; le vulgaire ne connaît point de violentes douleurs, et les grandes passions ne germent guère chez les hommes faibles.

lettre 9, note

6032 Je trouve beau qu'ils ne soient qu'Anglais, puisqu'ils n'ont pas besoin d'être hommes.

lettre 14

6033 Il y a ainsi un petit nombre d'hommes et de femmes qui pensent pour tous les autres, et pour lesquels tous les autres parlent et agissent.

lettre 16

6034 [...] je soutiens qu'il n'y a qu'un géomètre et un sot qui puissent parler sans figures.

lettre 17

6035 On ne voit agir les autres qu'autant qu'on agit soi-même; dans l'école du monde comme dans celle de l'amour, il faut commencer par pratiquer ce qu'on veut apprendre.

6036 Au reste, hommes et femmes, tous, instruits par l'expérience du monde, et surtout par leur conscience, se réunissent pour penser de leur espèce aussi mal qu'il est possible, toujours philosophant tristement, toujours dégradant par vanité la nature humaine, toujours cherchant dans quelque vice la cause de tout ce qui se fait de bien, toujours d'après leur propre cœur médisant du cœur de l'homme.

6037 Voilà de quoi fut cause Molière lui-même ; il corrigea la cour en infectant la ville : et ses ridicules marquis furent le premier modèle des petits-maîtres bourgeois qui leur succédèrent.

lettre 18

6038 Si la France n'est pas le pays des hommes libres, elle est celui des hommes vrais ; et cette liberté vaut bien l'autre aux yeux du sage.

lettre 21

6039 Depuis le faubourg Saint-Germain jusqu'aux halles, il y a peu de femmes à Paris dont l'abord, le regard, ne soit d'une hardiesse à déconcerter quiconque n'a rien vu de semblable en son pays ; et de la surprise où jettent ces nouvelles manières naît cet air gauche qu'on reproche aux étrangers. C'est encore pis sitôt qu'elles ouvrent la bouche.

6040 Paris est plein d'aventuriers et de célibataires qui passent leur vie à courir de maison en maison ; et les hommes semblent, comme les espèces, se multiplier par la circulation.

lettre 23

6041 Pour moi, je suis persuadé qu'on applaudit les cris d'une actrice à l'Opéra commes les tours de force d'un bateleur à la foire : la sensation en est déplaisante et pénible, on souffre tandis qu'ils durent ; mais on est si aise de les voir finir sans accident qu'on en marque volontiers sa joie.

6042 Tous les talents ne sont pas donnés aux mêmes hommes ; et en général le Français paraît être de tous les peuples de l'Europe celui qui a le moins d'aptitude à la musique.

troisième partie, lettre 7

6043 L'image de l'amour éteint effraye plus un cœur tendre que celle de l'amour malheureux, et le dégoût de ce qu'on possède est un état cent fois pire que le regret de ce qu'on a perdu.

lettre 20

6044 [...] vouloir le bonheur de sa femme, n'est-ce pas l'avoir obtenu ?

note

6045 Il n'y a pas d'association plus commune que celle du faste et de la lésine. On prend sur la nature, sur les vrais plaisirs, sur le besoin même, tout ce qu'on donne à l'opinion.

lettre 20

6046 Depuis que le monde existe on n'a jamais vu deux amants en cheveux blancs soupirer l'un pour l'autre.

(Julie ou la Nouvelle Héloïse)
(troisième partie) lettre 22

6047 Philosophe d'un jour! Ignores-tu que tu ne saurais faire un pas sur la terre sans y trouver quelque devoir à remplir, et que tout homme est utile à l'humanité par cela seul qu'il existe?

quatrième partie, lettre 1

6048 À mesure qu'on avance en âge, tous les sentiments se concentrent. On perd tous les jours quelque chose de ce qui nous fut cher, et l'on ne le remplace plus. On meurt ainsi par degrés, jusqu'à ce que, n'aimant enfin que soi-même, on ait cessé de sentir et de vivre avant de cesser d'exister. Mais un cœur sensible se défend de toute sa force contre cette mort anticipée: quand le froid commence aux extrémités, il rassemble autour de lui toute sa chaleur naturelle; plus il perd, plus il s'attache à ce qui lui reste, et il tient pour ainsi dire au dernier objet par les liens de tous les autres.

lettre 6

6049 Le premier pas vers le vice est de mettre du mystère aux actions innocentes; et quiconque aime à se cacher a tôt ou tard raison de se cacher.

lettre 10

6050 Il n'y a que l'intention qui oblige; et celui qui profite d'un bien que je ne veux faire qu'à moi ne me doit aucune reconnaissance.

lettre 11

6051 L'erreur des prétendus gens de goût est de vouloir de l'art partout, et de n'être jamais contents que l'art ne paraisse; au lieu que c'est à le cacher que consiste le véritable goût, surtout quand il est question des ouvrages de la nature.

lettre 12

6052 Il n'y a que des âmes de feu qui sachent combattre et vaincre; tous les grands efforts, toutes les actions sublimes sont leur ouvrage: la froide raison n'a jamais rien fait d'illustre, et l'on ne triomphe des passions qu'en les opposant l'une à l'autre.

lettre 13

6053 [...] ce sont les petites précautions qui conservent les grandes vertus.

cinquième partie, lettre 2

6054 Le grand défaut des maisons bien réglées est d'avoir un air triste et contraint. L'extrême sollicitude des chefs sent toujours un peu l'avarice. Tout respire la gêne autour d'eux; la rigueur de l'ordre a quelque chose de servile qu'on ne supporte point sans peine.

6055 Comme le premier pas vers le bien est de ne point faire de mal, le premier pas vers le bonheur est de ne point souffrir.

6056 N'est pas toujours bienfaisant qui veut ; et souvent tel croit rendre de grands services, qui fait de grands maux qu'il ne voit pas, pour un petit bien qu'il aperçoit.

note

6057 L'homme sorti de sa première simplicité devient si stupide qu'il ne sait pas même désirer. Ses souhaits exaucés le mèneraient tous à la fortune, jamais à la félicité.

6058 [...] les hommes ne sont pas faits pour les places, mais les places sont faites pour eux.

6059 Il n'est jamais permis de détériorer une âme humaine pour l'avantage des autres, ni de faire un scélérat pour le service des honnêtes gens.

6060 Rien n'est plus équivoque que les signes d'inclination qu'on donne dès l'enfance ; l'esprit imitateur y a souvent plus de part que le talent ; ils dépendront plutôt d'une rencontre fortuite que d'un penchant décidé et le penchant même n'annonce pas toujours la disposition. Le vrai talent, le vrai génie a une certaine simplicité qui le rend moins inquiet, moins remuant, moins prompt à se montrer, qu'un apparent et faux talent, qu'on prend pour véritable, et qui n'est qu'une vaine ardeur de briller, sans moyens pour y réussir.

6061 Si le grand nombre des mendiants est onéreux à l'État, de combien d'autres professions qu'on encourage et qu'on tolère n'en peut-on pas dire autant !

6062 [...] prévenir toujours les désirs n'est pas l'art de les contenter, mais de les éteindre.

6063 [...] on ne jouit sans inquiétude que de ce qu'on peut perdre sans peine ; et si le vrai bonheur appartient au sage, c'est parce qu'il est de tous les hommes celui à qui la fortune peut le moins ôter.

6064 [...] l'art d'assaisonner les plaisirs n'est que celui d'en être avare.

6065 Quand je vois qu'on a voulu faire un grand palais, je me demande aussitôt pourquoi ce palais n'est pas plus grand. [...]
O homme petit et vain ! montre-moi ton pouvoir, je te montrerai ta misère.

6066 Si jamais la vanité fit quelque heureux sur la terre, à coup sûr cet heureux-là n'était qu'un sot.

(Julie ou la Nouvelle Héloïse)
(cinquième partie, lettre 2, note)

6067 L'art d'interroger n'est pas si facile qu'on pense. C'est bien plus l'art des maîtres que des disciples ; il faut avoir déjà beaucoup appris de choses pour savoir demander ce qu'on ne sait pas.

sixième partie, lettre 3

6068 L'obligation de se marier n'est pas commune à tous ; elle dépend pour chaque homme de l'état où le sort l'a placé : c'est pour le peuple, pour l'artisan, pour le villageois, pour les hommes vraiment utiles, que le célibat est illicite ; pour les ordres qui dominent les autres, auxquels tout tend sans cesse, et qui ne sont toujours que trop remplis, il est permis et même convenable.

lettre 7

6069 Une grande passion malheureuse est un grand moyen de sagesse.

6070 [...] si c'est un devoir de se marier, un devoir plus indispensable encore est de ne faire le malheur de personne.

Du contrat social, livre 1

6071 Je veux chercher si dans l'ordre civil il peut y avoir quelque règle d'administration légitime et sûre, en prenant les hommes tels qu'ils sont, et les lois telles qu'elles peuvent être.

6072 Si j'étais prince ou législateur, je ne perdrais pas mon temps à dire ce qu'il faut faire ; je le ferais, ou je me tairais.

chap. 1

6073 L'homme est né libre, et partout il est dans les fers. Tel se croit le maître des autres, qui ne laisse pas d'être plus esclave qu'eux.

6074 Tant qu'un peuple est contraint d'obéir et qu'il obéit, il fait bien ; sitôt qu'il peut secouer le joug et qu'il le secoue, il fait encore mieux ; car, recouvrant sa liberté par le même droit qui la lui a ravie, ou il est fondé à la reprendre, ou l'on ne l'était point à la lui ôter. Mais l'ordre social est un droit sacré, qui sert de base à tous les autres.

chap. 2

6075 Le chef est l'image du père, le peuple est l'image des enfants, et tous étant nés égaux et libres n'aliènent leur liberté que pour leur utilité. Toute la différence est que dans la famille l'amour du père pour ses enfants le paye des soins qu'il leur rend, et que dans l'État le plaisir de commander supplée à cet amour que le chef n'a pas pour ses peuples.

6076 Tout homme né dans l'esclavage naît pour l'esclavage, rien n'est plus certain. Les esclaves perdent tout dans leurs fers, jusqu'au désir d'en sortir ; ils aiment leur servitude comme les compagnons d'Ulysse aimaient leur abrutissement. S'il y a donc des esclaves par nature, c'est parce qu'il y a eu des esclaves contre nature. La force a fait les premiers esclaves, leur lâcheté les a perpétués.

chap. 3

6077 S'il faut obéir par force on n'a pas besoin d'obéir par devoir et si l'on n'est plus forcé d'obéir on n'y est plus obligé.

chap. 4

6078 Bien loin qu'un roi fournisse à ses sujets leur subsistance il ne tire la sienne que d'eux, et selon Rabelais un roi ne vit pas de peu. Les sujets donnent donc leur personne à condition qu'on prendra aussi leur bien? Je ne vois pas ce qu'il leur reste à conserver.

6079 Dire qu'un homme se donne gratuitement, c'est dire une chose absurde et inconcevable; un tel acte est illégitime et nul, par cela seul que celui qui le fait n'est pas dans son bon sens.

6080 Renoncer à sa liberté c'est renoncer à sa qualité d'homme, aux droits de l'humanité, même à ses devoirs. [...] Une telle renonciation est incompatible avec la nature de l'homme, et c'est ôter toute moralité à ses actions que d'ôter toute liberté à sa volonté.

6081 [...] la guerre ne donne aucun droit qui ne soit nécessaire à sa fin.

6082 [...] je dis qu'un esclave fait à la guerre ou un peuple conquis n'est tenu à rien du tout envers son maître, qu'à lui obéir autant qu'il y est forcé.

chap. 6

6083 Si donc on écarte du pacte social ce qui n'est pas de son essence, on trouvera qu'il se réduit aux termes suivants: chacun de nous met en commun sa personne et toute sa puissance sous la suprême direction de la volonté générale; et nous recevons en corps chaque membre comme partie indivisible du tout.

chap. 7

6084 [...] quiconque refusera d'obéir à la volonté générale y sera contraint par tout le corps: ce qui ne signifie autre chose sinon qu'on le forcera d'être libre; car telle est la condition qui donnant chaque citoyen à la Patrie le garantit de toute dépendance personnelle; condition qui fait l'artifice et le jeu de la machine politique, et qui seule rend légitimes les engagements civils, lesquels sans cela seraient absurdes, tyranniques, et sujets aux plus énormes abus.

chap. 8

6085 Ce que l'homme perd par le contrat social, c'est sa liberté naturelle et un droit illimité à tout ce qui le tente et qu'il peut atteindre; ce qu'il gagne, c'est la liberté civile et la propriété de tout ce qu'il possède.

(Du contrat social, livre I) chap. 9

6086 Tout homme a naturellement droit à tout ce qui lui est nécessaire; mais l'acte positif qui le rend propriétaire de quelque bien l'exclut de tout le reste. Sa part étant faite il doit s'y borner, et n'a plus aucun droit à la communauté. Voilà pourquoi le droit de premier occupant, si faible dans l'état de nature, est respectable à tout homme civil. On respecte moins dans ce droit ce qui est à autrui que ce qui n'est pas à soi.

livre II, chap. 1

6087 Je dis donc que la souveraineté n'étant que l'exercice de la volonté générale ne peut jamais s'aliéner, et que le souverain, qui n'est qu'un être collectif, ne peut être représenté que par lui-même; le pouvoir peut bien se transmettre, mais non pas la volonté.

chap. 3

6088 On veut toujours son bien, mais on ne le voit pas toujours. Jamais on ne corrompt le peuple, mais souvent on le trompe, et c'est alors seulement qu'il paraît vouloir ce qui est mal.

chap. 5

6089 Qui veut conserver sa vie aux dépens des autres doit la donner aussi pour eux quand il faut.

6090 La peine de mort infligée aux criminels peut être envisagée à peu près sous le même point de vue: c'est pour n'être pas la victime d'un assassin que l'on consent à mourir si on le devient.

6091 [...] la fréquence des supplices est toujours un signe de faiblesse ou de paresse dans le gouvernement. Il n'y a point de méchant qu'on ne pût rendre bon à quelque chose. On n'a droit de faire mourir, même pour l'exemple, que celui qu'on ne peut conserver sans danger.

chap. 6

6092 J'appelle donc République tout État régi par des lois, sous quelque forme d'administration que ce puisse être. [...] Tout gouvernement légitime est républicain.

6093 La volonté générale est toujours droite, mais le jugement qui la guide n'est pas toujours éclairé.

chap. 7

6094 Les sages qui veulent parler au vulgaire leur langage au lieu du sien n'en sauraient être entendus. Or il y a mille sortes d'idées qu'il est impossible de traduire dans la langue du peuple. Les vues trop générales et les objets trop éloignés sont également hors de sa portée.

chap. 8

6095 Les peuples ainsi que les hommes ne sont dociles que dans leur jeunesse, ils deviennent incorrigibles en vieillissant ; quand une fois les coutumes sont établies et les préjugés enracinés, c'est une entreprise dangereuse et vaine de vouloir les réformer ; le peuple ne peut pas même souffrir qu'on touche à ses maux pour les détruire, semblable à ces malades stupides et sans courage qui frémissent à l'aspect du médecin.

6096 [...] des époques violentes où les révolutions font sur les peuples ce que certaines crises font sur les individus, où l'horreur du passé tient lieu d'oubli, et où l'État, embrasé par les guerres civiles, renaît pour ainsi dire de sa cendre et reprend la vigueur de la jeunesse en sortant des bras de la mort [...]

6097 Peuples libres, souvenez-vous de cette maxime : On peut acquérir la liberté ; mais on ne la recouvre jamais.

chap. 9

6098 [...] tous les peuples ont une espèce de force centrifuge, par laquelle ils agissent continuellement les uns contre les autres et tendent à s'agrandir aux dépens de leurs voisins, comme les tourbillons de Descartes. Ainsi les faibles risquent d'être bientôt engloutis, et nul ne peut guère se conserver qu'en se mettant avec tous dans une espèce d'équilibre, qui rende la compression partout à peu près égale.

chap. 10

6099 Tout peuple qui n'a par sa position que l'alternative entre le commerce ou la guerre est faible en lui-même ; il dépend de ses voisins, il dépend des événements ; il n'a jamais qu'une existence incertaine et courte. Il subjugue et change de situation, ou il est subjugué et n'est rien. Il ne peut se conserver libre qu'à force de petitesse ou de grandeur.

6100 Il est encore en Europe un pays capable de législation ; c'est l'île de Corse. La valeur et la constance avec laquelle ce brave peuple a su recouvrer et défendre sa liberté mériterait bien que quelque homme sage lui apprît à la conserver. J'ai quelque pressentiment qu'un jour cette petite île étonnera l'Europe.

chap. 11

6101 Si l'on recherche en quoi consiste précisément le plus grand bien de tous, qui doit être la fin de tout système de législation, on trouvera qu'il se réduit à ces deux objets principaux, la *liberté* et l'*égalité*. La liberté, parce que toute dépendance particulière est autant de force ôtée au corps de l'État ; l'égalité, parce que la liberté ne peut subsister sans elle.

(Du contrat social) livre III, chap. 4

6102 A prendre le terme dans la rigueur de l'acception, il n'a jamais existé de véritable démocratie, et il n'en existera jamais. Il est contre l'ordre naturel que le grand nombre gouverne et que le petit soit gouverné.

6103 Ou le luxe est l'effet des richesses, ou il les rend nécessaires ; il corrompt à la fois le riche et le pauvre, l'un par la possession, l'autre par la convoitise ; il vend la patrie à la mollesse, à la vanité ; il ôte à l'État tous ses citoyens pour les asservir les uns aux autres, et tous à l'opinion.

6104 S'il y avait un peuple de dieux, il se gouvernerait démocratiquement. Un gouvernement si parfait ne convient pas à des hommes.

chap. 6

6105 En feignant de donner des leçons aux rois il en a donné de grandes aux peuples. *Le Prince* de Machiavel est le livre des républicains.

6106 Un défaut essentiel et inévitable, qui mettra toujours le gouvernement monarchique au-dessous du républicain, est que dans celui-ci la voix publique n'élève presque jamais aux premières places que des hommes éclairés et capables, qui les remplissent avec honneur : au lieu que ceux qui parviennent dans les monarchies ne sont le plus souvent que de petits brouillons, de petits fripons, de petits intrigants, à qui les petits talents, qui font dans les cours parvenir aux grandes places, ne servent qu'à montrer au public leur ineptie aussitôt qu'ils y sont parvenus. [...] Le mérite est presque aussi rare dans le ministère qu'un sot à la tête d'un gouvernement républicain.

chap. 12

6107 Les bornes du possible dans les choses morales sont moins étroites que nous ne pensons. Ce sont nos faiblesses, nos vices, nos préjugés qui les rétrécissent. Les âmes basses ne croient point aux grands hommes : de vils esclaves sourient d'un air moqueur à ce mot de liberté.

chap. 13

6108 Souvenez-vous que les murs des villes ne se forment que du débris des maisons des champs.

chap. 15

6109 Donnez de l'argent, et bientôt vous aurez des fers. Ce mot de *Finance* est un mot d'esclave.

6110 Je suis bien loin des idées communes ; je crois les corvées moins contraires à la liberté que les taxes.

livre IV, chap. 2

6111 Plus le concert règne dans les assemblées, c'est-à-dire plus les avis approchent de l'unanimité, plus aussi la volonté générale est dominante ; mais les longs débats, les dissensions, le tumulte, annoncent l'ascendant des intérêts particuliers et le déclin de l'État.

chap. 7

6112 Redressez les opinions des hommes et leurs mœurs s'épureront d'elles-mêmes. On aime toujours ce qui est beau ou ce qu'on trouve tel, mais c'est sur ce jugement qu'on se trompe ; c'est donc ce jugement qu'il s'agit de régler. Qui juge des mœurs juge de l'honneur, et qui juge de l'honneur prend sa loi de l'opinion.

6113 [...] quoique la loi ne règle pas les mœurs, c'est la législation qui les fait naître ; quand la législation s'affaiblit les mœurs dégénèrent, mais alors le jugement des censeurs ne fera pas ce que la force des lois n'aura pas fait.

chap. 8

6114 [...] quiconque ose dire : *Hors de l'Église point de salut*, doit être chassé de l'État ; à moins que l'État ne soit l'Église, et que le prince ne soit le pontife. Un tel dogme n'est bon que dans un gouvernement théocratique, dans tout autre il est pernicieux. La raison sur laquelle on dit qu'Henri IV embrassa la religion romaine la devrait faire quitter à tout honnête homme, et surtout à tout prince qui saurait raisonner.

Émile ou De l'éducation, livre I

6115 Tout est bien sortant des mains de l'Auteur des choses, tout dégénère entre les mains de l'homme.

6116 [...] la race humaine eût péri, si l'homme n'eût commencé par être enfant.

6117 Forcé de combattre la nature ou les institutions sociales, il faut opter entre faire un homme ou un citoyen : car on ne peut faire à la fois l'un et l'autre.

6118 Défiez-vous de ces cosmopolites qui vont chercher loin dans leurs livres des devoirs qu'ils dédaignent de remplir autour d'eux. Tel philosophe aime les Tartares, pour être dispensé d'aimer ses voisins.

6119 Les bonnes institutions sociales sont celles qui savent le mieux dénaturer l'homme, lui ôter son existence absolue pour lui en donner une relative, et transporter le *moi* dans l'unité commune ; en sorte que chaque particulier ne se croie plus un, mais partie de l'unité, et ne soit plus sensible que dans le tout.

(Émile ou De l'éducation, livre I)

6120 Ces deux mots *patrie* et *citoyen* doivent être effacés des langues modernes.

6121 L'homme qui a le plus vécu n'est pas celui qui a compté le plus d'années, mais celui qui a la plus senti la vie.

6122 Toute notre sagesse consiste en préjugés serviles ; tous nos usages ne sont qu'assujettissement, gêne et contrainte. L'homme civil naît, vit et meurt dans l'esclavage : à sa naissance on le coud dans un maillot ; à sa mort on le cloue dans une bière ; tant qu'il garde la figure humaine, il est enchaîné par nos institutions.

6123 Un père, quand il engendre et nourrit des enfants, ne fait en cela que le tiers de sa tâche. Il doit des hommes à son espèce, il doit à la société des hommes sociables ; il doit des citoyens à l'État. Tout homme qui peut payer cette triple dette et ne le fait pas est coupable, et plus coupable peut-être quand il la paye à demi.

6124 Les enfants flattent quelquefois les vieillards, mais ils ne les aiment jamais.

6125 On n'a besoin d'élever que les hommes vulgaires ; leur éducation doit seule servir d'exemple à celle de leurs semblables. Les autres s'élèvent malgré qu'on en ait.

6126 Plus le corps est faible, plus il commande ; plus il est fort, plus il obéit. Toutes les passions sensuelles logent dans des corps efféminés ; ils s'en irritent d'autant plus qu'ils peuvent moins les satisfaire.

6127 Je ne dispute donc pas que la médecine ne soit utile à quelques hommes, mais je dis qu'elle est funeste au genre humain.

6128 Une des misères des gens riches est d'être trompés en tout.

6129 [...] l'éducation de l'homme commence à sa naissance ; avant de parler, avant que d'entendre, il s'instruit déjà.

6130 La seule habitude qu'on doit laisser prendre à l'enfant est de n'en contracter aucune.

6131 Toutes nos langues sont des ouvrages de l'art. On a longtemps cherché s'il y avait une langue naturelle et commune à tous les hommes ; sans doute, il y en a une ; et c'est celle que les enfants parlent avant de savoir parler. Cette langue n'est pas articulée, mais elle est accentuée, sonore, intelligible.

6132 Toute méchanceté vient de faiblesse ; l'enfant n'est méchant que parce qu'il est faible ; rendez-le fort, il sera bon : celui qui pourrait tout ne ferait jamais de mal.

6133 [...] il ne faut pas une longue expérience pour sentir combien il est agréable d'agir par les mains d'autrui, et de n'avoir besoin que de remuer la langue pour faire mouvoir l'univers.

6134 Resserrez donc le plus qu'il est possible le vocabulaire de l'enfant. C'est un très grand inconvénient qu'il ait plus de mots que d'idées, et qu'il sache dire plus de choses qu'il n'en peut penser. Je crois qu'une des raisons pourquoi les paysans ont généralement l'esprit plus juste que les gens de la ville, est que leur dictionnaire est moins étendu. Ils ont peu d'idées, mais ils les comparent très bien.

livre II

6135 [...] la misère ne consiste pas dans la privation des choses, mais dans le besoin qui s'en fait sentir.
Le monde réel a ses bornes, le monde imaginaire est infini ; ne pouvant élargir l'un, rétrécissons l'autre ; car c'est de leur seule différence que naissent toutes les peines qui nous rendent vraiment malheureux.

6136 La domination même est servile, quand elle tient à l'opinion ; car tu dépends des préjugés de ceux que tu gouvernes par les préjugés.

6137 Le seul qui fait sa volonté est celui qui n'a pas besoin, pour le faire, de mettre les bras d'un autre au bout des siens : d'où il suit que le premier de tous les biens n'est pas l'autorité, mais la liberté. L'homme vraiment libre ne veut que ce qu'il peut, et fait ce qu'il lui plaît.

6138 Il est bien étrange que, depuis qu'on se mêle d'élever des enfants, on n'ait imaginé d'autre instrument pour les conduire que l'émulation, la jalousie, l'envie, la vanité, l'avidité, la vile crainte, toutes les passions les plus dangereuses, les plus promptes à fermenter, et les plus propres à corrompre l'âme, même avant que le corps soit formé.

6139 Oserais-je exposer ici la plus grande, la plus importante, la plus utile règle de toute l'éducation ? ce n'est pas de gagner du temps, c'est d'en perdre.

6140 [...] j'aime mieux être homme à paradoxes qu'homme à préjugés.

6141 Cessez de vous en prendre aux autres de vos propres fautes : le mal que les enfants voient les corrompt moins que celui que vous leur apprenez.

6142 Il suit de là que les mensonges des enfants sont tous l'ouvrage des maîtres, et que vouloir leur apprendre à dire la vérité n'est autre chose que leur apprendre à mentir.

(Émile ou De l'éducation, livre II)

6143 Quiconque veut trouver quelques bons mots n'a qu'à dire beaucoup de sottises. Dieu garde de mal les gens à la mode, qui n'ont pas d'autre mérite pour être fêtés !

6144 Respectez l'enfance, et ne vous pressez point de la juger, soit en bien, soit en mal. Laissez les exceptions s'indiquer, se prouver, se confirmer longtemps avant d'adopter pour elles des méthodes particulières. Laissez longtemps agir la nature, avant de vous mêler d'agir à sa place, de peur de contrarier ses opérations.

6145 Les têtes se forment sur les langages, les pensées prennent la teinte des idiomes. La raison seule est commune, l'esprit en chaque langue a sa forme particulière ; différence qui pourrait bien être en partie la cause ou l'effet des caractères nationaux ; et, ce qui paraît confirmer cette conjecture est que, chez toutes les nations du monde, la langue suit les vicissitudes des mœurs, et se conserve ou s'altère comme elles.

6146 On fait apprendre les fables de la Fontaine à tous les enfants, et il n'y en a pas un seul qui les entende. Quand ils les entendraient, ce serait encore pis ; car la morale en est tellement mêlée et si disproportionnée à leur âge, qu'elle les porterait plus au vice qu'à la vertu.

6147 C'est une erreur bien pitoyable d'imaginer que l'exercice du corps nuise aux opérations de l'esprit ; comme si ces deux actions ne devaient pas marcher de concert, et que l'une ne dût pas toujours diriger l'autre !

6148 Vous ne parviendrez jamais à faire des sages si vous ne faites d'abord des polissons.

6149 Il n'y a point d'assujettissement si parfait que celui qui garde l'apparence de la liberté ; on captive ainsi la volonté même.

6150 Nos premiers maîtres de philosophie sont nos pieds, nos mains, nos yeux. Substituer des livres à tout cela, ce n'est pas nous apprendre à raisonner, c'est nous apprendre à nous servir de la raison d'autrui ; c'est nous apprendre à beaucoup croire, et à ne jamais rien savoir.

6151 Il importe de s'accoutumer d'abord à être mal couché ; c'est le moyen de ne plus trouver de mauvais lit.

6152 Je n'imagine rien dont, avec un peu d'adresse, on ne pût inspirer le goût, même la fureur, aux enfants, sans vanité, sans émulation, sans jalousie. Leur vivacité, leur esprit imitateur, suffisent ; surtout leur gaieté naturelle, instrument dont la prise est sûre, et dont jamais précepteur ne sut s'aviser.

6153 J'ai dit que la géométrie n'était pas à la portée des enfants ; mais c'est notre faute. Nous ne sentons pas que leur méthode n'est point la nôtre, et que ce qui devient pour nous l'art de raisonner ne doit être pour eux que l'art de voir. Au lieu de leur donner notre méthode, nous ferions mieux de prendre la leur ; car notre manière d'apprendre la géométrie est bien autant une affaire d'imagination que de raisonnement.

livre III

6154 D'où vient la faiblesse de l'homme ? De l'inégalité qui se trouve entre sa force et ses désirs. Ce sont nos passions qui nous rendent faibles, parce qu'il faudrait pour les contenter plus de forces que ne nous en donna la nature. Diminuez donc les désirs, c'est comme si vous augmentiez les forces : celui qui peut plus qu'il ne désire en a de reste ; il est certainement un être très fort.

6155 Rendez votre élève attentif aux phénomènes de la nature, bientôt vous le rendrez curieux ; mais, pour nourrir sa curiosité, ne vous pressez jamais de la satisfaire. Mettez les questions à sa portée, et laissez-les lui résoudre. [...] Si jamais vous substituez dans son esprit l'autorité à la raison, il ne raisonnera plus ; il ne sera plus que le jouet de l'opinion des autres.

6156 C'est dans le cœur de l'homme qu'est la vie du spectacle de la nature ; pour le voir, il faut le sentir.

6157 [...] l'esprit de mon institution n'est pas d'enseigner à l'enfant beaucoup de choses, mais de ne laisser jamais entrer dans son cerveau que des idées justes et claires. Quand il ne saurait rien, peu m'importe, pourvu qu'il ne se trompe pas, et je ne mets des vérités dans sa tête que pour le garantir des erreurs qu'il apprendrait à leur place.

6158 Du reste, jamais de comparaisons avec d'autres enfants, point de rivaux, point de concurrents, même à la course, aussitôt qu'il commence à raisonner ; j'aime cent fois mieux qu'il n'apprenne point ce qu'il n'apprendrait que par jalousie ou par vanité.

6159 Je hais les livres ; ils n'apprennent qu'à parler de ce qu'on ne sait pas.

6160 Le plus sûr moyen de s'élever au-dessus des préjugés et d'ordonner ses jugements sur les vrais rapports des choses, est de se mettre à la place d'un homme isolé, et de juger de tout comme cet homme en doit juger lui-même, eu égard à sa propre utilité.

6161 Vous vous fiez à l'ordre actuel de la société sans songer que cet ordre est sujet à des révolutions inévitables, et qu'il vous est impossible de prévoir ni de prévenir celle qui peut regarder vos enfants. Le grand devient petit, le riche devient pauvre, le monarque devient sujet : les coups du sort sont-ils si rares que vous puissiez compter d'en être exempt ? Nous approchons de l'état de crise et du siècle des révolutions.

(Émile ou De l'éducation)
(livre III) note

6162 Je tiens pour impossible que les grandes monarchies de l'Europe aient encore longtemps à durer : toutes ont brillé, et tout État qui brille est sur son déclin. J'ai de mon opinion des raisons plus particulières que cette maxime ; mais il n'est pas à propos de les dire, et chacun ne les voit que trop.

livre IV

6163 Nos passions sont les principaux instruments de notre conservation : c'est donc une entreprise aussi vaine que ridicule de vouloir les détruire.

6164 Ce qui nous sert, on le cherche ; mais ce qui nous veut servir, on l'aime. Ce qui nous nuit, on le fuit ; mais ce qui nous veut nuire, on le hait.

6165 Loin que l'amour vienne de la nature, il est la règle et le frein de ses penchants : c'est par lui qu'excepté l'objet aimé, un sexe n'est plus rien pour l'autre.

6166 Quiconque rougit est déjà coupable ; la vraie innocence n'a honte de rien.

6167 C'est la faiblesse de l'homme qui le rend sociable ; ce sont nos misères communes qui portent nos cœurs à l'humanité : nous ne lui devrions rien si nous n'étions pas hommes. Tout attachement est un signe d'insuffisance : si chacun de nous n'avait nul besoin des autres, il ne songerait guère à s'unir à eux. Ainsi de notre infirmité même naît notre frêle bonheur.

6168 Un homme vraiment heureux ne parle guère et ne rit guère ; il resserre pour ainsi dire le bonheur autour de son cœur.

6169 Toujours la multitude sera sacrifiée au petit nombre, et l'intérêt public à l'intérêt particulier ; toujours ces noms spécieux de justice et de subordination serviront d'instruments à la violence et d'armes à l'iniquité.

livre V

6170 La femme a tout contre elle, nos défauts, sa timidité, sa faiblesse ; elle n'a pour elle que son art et sa beauté. N'est-il pas juste qu'elle cultive l'un et l'autre ? Mais la beauté n'est pas générale ; elle périt par mille accidents, elle passe avec les années ; l'habitude en détruit l'effet. L'esprit seul est la véritable ressource du sexe.

6171 L'homme dit ce qu'il sait, la femme dit ce qui plaît.

6172 Dans la société, les manières qu'on prend avec tous les hommes ne laissent pas de plaire à chacun ; pourvu qu'on soit bien traité, l'on n'y regarde pas de si près sur les préférences ; mais en amour, une faveur qui n'est pas exclusive est une injure.

6173 L'essentiel est d'être ce que nous fit la nature ; on n'est toujours que trop ce que les hommes veulent que l'on soit.

6174 Tout n'est qu'illusion dans l'amour, je l'avoue ; mais ce qui est réel, ce sont les sentiments dont il nous anime pour le vrai beau qu'il nous fait aimer. Ce beau n'est point dans l'objet qu'on aime, il est l'ouvrage de nos erreurs. Eh ! qu'importe ? En sacrifie-t-on moins tous ses sentiments bas à ce modèle imaginaire ?

6175 Naturellement l'homme ne pense guère. Penser est un art qu'il apprend comme tous les autres, et même plus difficilement. Je ne connais pour les deux sexes que deux classes réellement distinguées : l'une des gens qui pensent, l'autre des gens qui ne pensent point ; et cette différence vient presque uniquement de l'éducation.

6176 La femme du monde la plus honnête sait peut-être le moins ce que c'est qu'honnêteté.

6177 Toute fille lettrée restera fille toute sa vie, quand il n'y aura que des hommes sensés sur la terre.

6178 A moins qu'une belle femme ne soit un ange, son mari est le plus malheureux des hommes.

6179 Les hommes disent que la vie est courte, et je vois qu'ils s'efforcent de la rendre telle.

6180 Je ne conçois qu'une manière de voyager plus agréable que d'aller à cheval ; c'est d'aller à pied.

6181 On ne voit pas qu'une première impression, aussi vive que celle de l'amour ou du penchant qui tient sa place, a de longs effets dont on n'aperçoit point la chaîne dans le progrès des ans, mais qui ne cessent d'agir jusqu'à la mort.

6182 Sophie sait bien qu'une parure plus recherchée est une déclaration ; mais elle ne sait pas qu'une parure plus négligée en est une autre.

6183 Quiconque revient de courir le monde est à son retour ce qu'il sera toute sa vie : il en revient plus de méchants que de bons, parce qu'il en part plus d'enclins au mal qu'au bien.

6184 Le droit politique est encore à naître, et il est à présumer qu'il ne naîtra jamais.

Les Rêveries du promeneur solitaire
première promenade

6185 Me voici donc seul sur la terre, n'ayant plus de frère, de prochain, d'ami, de société que moi-même. Le plus sociable et le plus aimant des humains en a été proscrit par un accord unanime. [...] J'aurais aimé les hommes en dépit d'eux-mêmes.

6186 Tout est fini pour moi sur la terre. On ne peut plus m'y faire ni bien ni mal. Il ne me reste plus rien à espérer ni à craindre en ce monde, et m'y voilà tranquille au fond de l'abîme, pauvre mortel infortuné, mais impassible comme Dieu même.

seconde promenade

6187 L'habitude de rentrer en moi-même me fit perdre enfin le sentiment et presque le souvenir de mes maux, j'appris ainsi par ma propre expérience que la source du vrai bonheur est en nous, et qu'il ne dépend pas des hommes de rendre vraiment misérable celui qui sait vouloir être heureux.

troisième promenade

6188 La jeunesse est le temps d'étudier la sagesse ; la vieillesse est le temps de la pratiquer. L'expérience instruit toujours, je l'avoue ; mais elle ne profite que pour l'espace qu'on a devant soi. Est-il temps au moment qu'il faut mourir d'apprendre comment on aurait dû vivre ?

6189 Je n'ai appris à mieux connaître les hommes que pour mieux sentir la misère où ils m'ont plongé, sans que cette connaissance, en me découvrant tous leurs pièges, m'en ait pu faire éviter aucun.

6190 Tous les vieillards tiennent plus à la vie que les enfants et en sortent de plus mauvaise grâce que les jeunes gens. C'est que tous leurs travaux ayant été pour cette même vie, ils voient à sa fin qu'ils ont perdu leurs peines.

6191 Jeté dès mon enfance dans le tourbillon du monde, j'appris de bonne heure par l'expérience que je n'étais pas fait pour y vivre, et que je n'y parviendrais jamais à l'état dont mon cœur sentait le besoin.

6192 Ce qu'on doit faire dépend beaucoup de ce qu'on doit croire, et dans tout ce qui ne tient pas aux premiers besoins de la nature nos opinions sont la règle de nos actions. Dans ce principe, qui fut toujours le mien, j'ai cherché souvent et longtemps, pour diriger l'emploi de ma vie, à connaître sa véritable fin, et je me suis bientôt consolé de mon peu d'aptitude à me conduire habilement dans ce monde, en sentant qu'il n'y fallait pas chercher cette fin.

quatrième promenade

6193 La vérité générale et abstraite est le plus précieux de tous les biens. Sans elle l'homme est aveugle ; elle est l'œil de la raison. C'est par elle que l'homme apprend à se conduire, à être ce qu'il doit être, à faire ce qu'il doit faire, à tendre à sa véritable fin. La vérité particulière et individuelle n'est pas toujours un bien, elle est quelquefois un mal, très souvent une chose indifférente.

6194 [...] puisque la propriété n'est fondée que sur l'utilité, où il n'y a point d'utilité possible il ne peut y avoir de propriété.

6195 Dans l'ordre morale rien n'est inutile non plus que dans l'ordre physique. Rien ne peut être dû de ce qui n'est bon à rien ; pour qu'une chose soit due, il faut qu'elle soit ou puisse être utile.

6196 [...] en fait de vérités inutiles, l'erreur n'a rien de pire que l'ignorance.

6197 [...] suffit-il de n'être jamais injuste pour être toujours innocent?

6198 S'il faut être juste pour autrui, il faut être vrai pour soi, c'est un hommage que l'honnête homme doit rendre à sa propre dignité.

6199 Jamais la fausseté ne dicta mes mensonges, ils sont tous venus de faiblesse, mais cela m'excuse très mal. Avec une âme faible on peut tout au plus se garantir du vice, mais c'est être arrogant et téméraire d'oser professer de grandes vertus.

cinquième promenade

6200 [...] m'étendant tout de mon long dans le bateau les yeux tournés vers le ciel, je me laissais aller et dériver lentement au gré de l'eau, quelquefois pendant plusieurs heures, plongé dans mille rêveries confuses mais délicieuses, et qui sans avoir aucun objet bien déterminé ni constant ne laissaient pas d'être à mon gré cent fois préférables à tout ce que j'avais trouvé de plus doux dans ce qu'on appelle les plaisirs de la vie.

6201 Le flux et le reflux de cette eau, son bruit continu mais renflé par intervalles frappant sans relâche mon oreille et mes yeux, suppléaient aux mouvements internes que la rêverie éteignait en moi et suffisaient pour me faire sentir avec plaisir mon existence, sans prendre la peine de penser.

6202 [...] le bonheur que mon cœur regrette n'est point composé d'instants fugitifs mais un état simple et permanent, qui n'a rien de vif en lui-même, mais dont la durée accroît le charme au point d'y trouver enfin la suprême félicité.

(Les Rêveries du promeneur solitaire)

6203 Tout est dans un flux continuel sur la terre. Rien n'y garde une forme constante et arrêtée, et nos affections qui s'attachent aux choses extérieures passent et changent nécessairement comme elles. Toujours en avant ou en arrière de nous, elles rappellent le passé qui n'est plus ou préviennent l'avenir qui souvent ne doit point être.

6204 Le sentiment de l'existence dépouillé de toute autre affection est par lui-même un sentiment précieux de contentement et de paix, qui suffirait seul pour rendre cette existence chère et douce [...]

sixième promenade

6205 Né sensible et bon, portant la pitié jusqu'à la faiblesse, et me sentant exalter l'âme par tout ce qui tient à la générosité, je fus humain, bienfaisant, secourable, par goût, par passion même, tant qu'on n'intéressa que mon cœur ; j'eusse été le meilleur et le plus clément des hommes si j'en avais été le plus puissant, et pour éteindre en moi tout désir de vengeance il m'eût suffi de pouvoir me venger.

6206 Quand je paye une dette c'est un devoir que je remplis ; quand je fais un don c'est un plaisir que je me donne. Or le plaisir de remplir ses devoirs est de ceux que la seule habitude de la vertu fait naître : ceux qui nous viennent immédiatement de la nature ne s'élèvent pas si haut que cela.

6207 [...] je m'aime trop moi-même pour pouvoir haïr qui que ce soit. Ce serait resserrer, comprimer mon existence, et je voudrais plutôt l'étendre sur tout l'univers.

6208 [...] après ma propre histoire il faudrait que je fusse insensé pour adopter sur quoi que ce fût le jugement des hommes, et pour croire aucune chose sur la foi d'autrui.

6209 C'est la force et la liberté qui font les excellents hommes. La faiblesse et l'esclavage n'ont fait jamais que des méchants.

6210 Celui que sa puissance met au-dessus de l'homme doit être au-dessus des faiblesses de l'humanité, sans quoi cet excès de force ne servira qu'à le mettre en effet au-dessous des autres et de ce qu'il eût été lui-même s'il fût resté leur égal.

6211 Lorsqu'il faut faire le contraire de ma volonté, je ne le fais point, quoi qu'il arrive ; je ne fais pas non plus ma volonté même, parce que je suis faible. Je m'abstiens d'agir : car toute ma faiblesse est pour l'action, toute ma force est négative, et tous mes péchés sont d'omission, rarement de commission.

septième promenade

6212 Plus un contemplateur a l'âme sensible plus il se livre aux extases qu'excite en lui cet accord. Une rêverie douce et profonde s'empare alors de ses sens, et il se perd avec une délicieuse ivresse dans l'immensité de ce beau système avec lequel il se sent identifié.

huitième promenade

6213 [...] les règles sur lesquelles les hommes fondent leurs opinions ne sont tirées que de leurs passions ou de leurs préjugés qui en sont l'ouvrage, et [...] lors même qu'ils jugent bien, souvent encore ces bons jugements naissent d'un mauvais principe, comme lorsqu'ils feignent d'honorer en quelque succès le mérite d'un homme non par esprit de justice mais pour se donner un air impartial en calomniant tout à leur aise le même homme sur d'autres points.

6214 Dans tous les maux qui nous arrivent, nous regardons plus à l'intention qu'à l'effet. Une tuile qui tombe d'un toit peut nous blesser davantage mais ne nous navre pas tant qu'une pierre lancée à dessein par une main malveillante. Le coup porte à faux quelquefois mais l'intention ne manque jamais son atteinte.

6215 Un innocent persécuté prend longtemps pour un pur amour de la justice l'orgueil de son petit individu.

6216 Je cède à toutes les impulsions présentes, tout choc me donne un mouvement vif et court ; sitôt qu'il n'y a plus de choc, le mouvement cesse, rien de communiqué ne peut se prolonger en moi.

neuvième promenade

6217 Le bonheur est un état permanent qui ne semble pas fait ici-bas pour l'homme. Tout est sur la terre dans un flux continuel qui ne permet à rien d'y prendre une forme constante. Tout change autour de nous. Nous changeons nous-mêmes et nul ne peut s'assurer qu'il aimera demain ce qu'il aime aujourd'hui.

6218 J'ai remarqué qu'il n'y a que l'Europe seule où l'on vende l'hospitalité. Dans toute l'Asie on vous loge gratuitement, je comprends qu'on n'y trouve pas si bien toutes ses aises. Mais n'est-ce rien que de se dire : je suis homme et reçu chez des humains. C'est l'humanité pure qui me donne le couvert.

dixième promenade

6219 Dans la simplicité de mœurs que l'éducation m'avait donnée je vis longtemps prolonger pour moi cet état délicieux mais rapide où l'amour et l'innocence habitent le même cœur.

Les Confessions

première partie, livre I

6220 Je forme une entreprise qui n'eut jamais d'exemple et dont l'exécution n'aura point d'imitateur. Je veux montrer à mes semblables un homme dans toute la vérité de la nature ; et cet homme ce sera moi.

6221 [...] je coûtai la vie à ma mère, et ma naissance fut le premier de mes malheurs.

(Les Confessions, première partie, livre I)

6222 Je sentis avant de penser: c'est le sort commun de l'humanité. Je l'éprouvai plus qu'un autre.

6223 Ce sont presque toujours de bons sentiments mal dirigés qui font faire aux enfants le premier pas vers le mal.

6224 J'aime les seuls biens qui ne sont à personne qu'au premier qui sait les goûter.

6225 L'argent qu'on possède est l'instrument de la liberté; celui qu'on pourchasse est celui de la servitude.

livre II

6226 On sent, je crois, qu'avoir de la religion, pour un enfant, et même pour un homme, c'est suivre celle où il est né. Quelquefois on en ôte; rarement on y ajoute.

6227 Un homme qu'on interroge commence par cela seul à se mettre en garde, et s'il croit que, sans prendre à lui un véritable intérêt, on ne veut que le faire jaser, il ment, ou se tait, ou redouble d'attention sur lui-même, et aime encore mieux passer pour un sot que d'être dupe de votre curiosité. Enfin c'est toujours un mauvais moyen de lire dans le cœur des autres que d'affecter de cacher le sien.

6228 [...] le remords s'endort durant un destin prospère, et s'aigrit dans l'adversité.

livre III

6229 Quoique cette sensibilité de cœur, qui nous fait vraiment jouir de nous, soit l'ouvrage de la nature et peut-ête un produit de l'organisation, elle a besoin de situations qui la développent. Sans ces causes occasionnelles, un homme né très sensible ne sentirait rien, et mourrait sans avoir connu son être.

6230 On dirait que mon cœur et mon esprit n'appartiennent pas au même individu. Le sentiment, plus prompt que l'éclair, vient remplir mon âme, mais au lieu de m'éclairer, il me brûle et m'éblouit. Je sens tout et je ne vois rien. Je suis emporté, mais stupide; il faut que je sois de sang-froid pour penser.

6231 [...] je ne sais rien voir de ce que je vois; je ne vois bien que ce que je me rappelle, et je n'ai de l'esprit que dans mes souvenirs.

livre IV

6232 Ce n'est pas quand une vilaine action vient d'être faite qu'elle nous tourmente, c'est quand longtemps après on se la rappelle; car le souvenir ne s'en éteint point.

6233 L'innocence des mœurs a sa volupté, qui vaut bien l'autre, parce qu'elle n'a point d'intervalle et qu'elle agit continuellement.

6234 J'ai toujours trouvé dans le sexe une grande vertu consolatrice, et rien n'adoucit plus mes afflictions dans mes disgrâces que de sentir qu'une personne aimable y prend intérêt.

6235 Plus j'ai vu le monde, moins j'ai pu me faire à son ton.

6236 [...] il est impossible aux hommes et difficile à la nature elle-même de passer en richesse mon imagination.

livre V

6237 On dit que chez les mahométans un homme passe au point du jour dans les rues pour ordonner aux maris de rendre le devoir à leurs femmes. Je serais un mauvais Turc à ces heures-là.

6238 [...] jamais toute la morale d'un pédagogue ne vaudra le bavardage affectueux et tendre d'une femme sensée pour qui l'on a de l'attachement.

6239 [...] si je retournais dans le monde, j'aurais toujours dans ma poche un bilboquet, et j'en jouerais toute la journée pour me dispenser de parler quand je n'aurais rien à dire [...] Enfin, que les plaisants rient, s'ils veulent, mais je soutiens que la seule morale à la portée du présent siècle est la morale du bilboquet.

6240 L'épée use le fourreau, dit-on quelquefois. Voilà mon histoire. Mes passions m'ont fait vivre, et mes passions m'ont tué.

6241 Ah! si jamais une seule fois dans ma vie j'avais goûté dans leur plénitude toutes les délices de l'amour, je n'imagine pas que ma frêle existence y eût pu suffire; je serais mort sur le fait.

livre VI

6242 En général, les croyants font Dieu comme ils sont eux-mêmes; les bons le font bon, les méchants le font méchant; les dévots, haineux et bilieux, ne voient que l'enfer, parce qu'ils voudraient damner tout le monde; les âmes aimantes et douces n'y croient guère; et l'un des étonnements dont je ne reviens point est de voir le bon Fénelon en parler dans son *Télémaque* comme s'il croyait tout de bon: mais j'espère qu'il mentait alors; car enfin, quelque véridique qu'on soit, il faut bien mentir quelquefois quand on est évêque.

6243 [...] il faut avouer qu'en effet, et dans ce monde et dans l'autre, les méchants sont toujours bien embarrassants.

(Les Confessions)
deuxième partie, livre VII

6244 Auprès des personnes qu'on aime, le sentiment nourrit l'esprit ainsi que le cœur, et l'on a peu besoin de chercher ailleurs des idées.

livre VIII

6245 C'est à moi d'être vrai, c'est au lecteur d'être juste. Je ne lui demanderai jamais rien de plus.

6246 Mon plus grand malheur fut toujours de ne pouvoir résister aux caresses. Je ne me suis jamais bien trouvé d'y avoir cédé.

6247 Du faible au fort, ce serait voler ; du fort au faible, c'est seulement s'approprier le bien d'autrui.

6248 Insensés qui vous plaignez sans cesse de la nature, apprenez que tous vos maux vous viennent de vous.

livre IX

6249 Non, non : j'ai toujours senti que l'état d'auteur n'était, ne pouvait être illustre et respectable qu'autant qu'il n'était pas un métier. Il est trop difficile de penser noblement quand on ne pense que pour vivre. Pour pouvoir, pour oser dire de grandes vérités, il ne faut pas dépendre de son succès.

6250 Les climats, les saisons, les sons, les couleurs, l'obscurité, la lumière, les éléments, les aliments, le bruit, le silence, le mouvement, le repos, tout agit sur notre machine, et sur notre âme ; par conséquent tout nous offre mille prises presque assurées, pour gouverner dans leur origine les sentiments dont nous nous laissons dominer.

6251 [...] jamais mon cœur ni mes sens n'ont su voir une femme dans quelqu'un qui n'eût pas des tétons.

6252 Quand je ne vis plus les hommes, je cessai de les mépriser ; quand je ne vis plus les méchants, je cessai de les haïr.

6253 C'est surtout dans la solitude qu'on sent l'avantage de vivre avec quelqu'un qui sait penser.

6254 L'impossibilité d'atteindre aux êtres réels me jeta dans le pays des chimères, et ne voyant rien d'existant qui fût digne de mon délire, je le nourris dans un monde idéal, que mon imagination créatrice eut bientôt peuplé d'êtres selon mon cœur. [...] Dans mes continuelles extases, je m'enivrais à torrents des plus délicieux sentiments qui jamais soient entrés dans un cœur d'homme.

6255 Voltaire, en paraissant toujours croire en Dieu, n'a réellement jamais cru qu'au Diable, puisque son Dieu prétendu n'est qu'un être malfaisant qui, selon lui, ne prend de plaisir qu'à nuire.

6256 Grande leçon pour les âmes honnêtes, que le vice n'attaque jamais à découvert, mais qu'il trouve le moyen de surprendre, en se masquant toujours de quelque sophisme, et souvent de quelque vertu.

6257 J'ai dit quelque part qu'il ne faut rien accorder aux sens quand on veut leur refuser quelque chose.

6258 Les femmes ont toutes l'art de cacher leur fureur, surtout quand elle est vive.

livre XI

6259 Contre ce qui est fait, il n'y a plus de précautions à prendre, et il est inutile de s'en occuper. J'épuise en quelque façon mon malheur d'avance ; plus j'ai souffert à le prévoir, plus j'ai de facilité à l'oublier ; tandis qu'au contraire, sans cesse occupé de mon bonheur passé, je le rappelle et le rumine, pour ainsi dire, au point d'en jouir derechef quand je veux [...]

livre XII

6260 Seul je n'ai jamais connu l'ennui, même dans le plus parfait désœuvrement : mon imagination, remplissant tous les vides, suffit seule pour m'occuper. Il n'y a que le bavardage inactif de chambre, assis les uns vis-à-vis des autres à ne mouvoir que la langue, que jamais je n'ai pu supporter.

Correspondance

à M. de Saint-Lambert, 4 septembre 1757

6261 Mais, dites-moi, qui est-ce qui sait aimer, si ce n'est un cœur sensible ? Les cœurs sensibles ne le sont-ils pas à toutes les sortes d'affections ? et peut-il y naître un seul sentiment qui ne tourne au profit de celui qui les domine ?

à M. Grimm, 19 octobre 1757

6262 Oh ! que je connais bien tous les sens de ce mot d'amitié ! C'est un beau nom, qui sert souvent de gage à la servitude. J'aimerai toujours à servir mon ami, pourvu qu'il soit aussi pauvre que moi. S'il est plus riche, soyons libres tous deux, ou qu'il me serve lui-même ; car son pain est tout gagné, et il a plus de temps à donner à ses plaisirs.

à M. Diderot, 2 mars 1758

6263 Quoi que vous en disiez, on ne fuit point les hommes quand on cherche à leur nuire ; le méchant peut méditer ses coups dans la solitude, mais c'est dans la société qu'il les porte.

à Sophie, 13 juillet 1758

6264 Quiconque a le courage de paraître toujours ce qu'il est deviendra tôt ou tard ce qu'il doit être ; mais il n'y a plus rien à espérer de ceux qui se font un caractère de parade.

(Correspondance)
à M. le chevalier de Lorenzy, 21 mai 1759

6265 L'on n'est jamais bien quand on n'est pas à sa place ; et, dès qu'on en sort, on ne sait plus comment y rentrer.

troisième lettre à Malesherbes

6266 Quand tous mes rêves se seraient tournés en réalités, ils ne m'auraient pas suffi : j'aurais imaginé, rêvé, désiré encore. Je trouvais en moi un vide inexplicable que rien n'aurait pu remplir, un certain élancement de cœur vers une autre sorte de jouissance. [...]

6267 [...] l'esprit perdu dans cette immensité, je ne pensais pas, je ne raisonnais pas, je ne philosophais pas : je me sentais, avec une sorte de volupté, accablé du poids de cet univers, je me livrais avec ravissement à la confusion de ces grandes idées, j'aimais à me perdre en imagination dans l'espace ; mon cœur, resserré dans les bornes des êtres, s'y trouvait trop à l'étroit, j'étouffais dans l'univers, j'aurais voulu m'élancer dans l'infini.

Correspondance
à M. d'Offreville, 4 octobre 1761

6268 La loi de bien faire est tirée de la raison même ; et le chrétien n'a besoin que de logique pour avoir de la vertu.

6269 La vertu ne donne pas le bonheur, mais elle seule apprend à en jouir quand on l'a : la vertu ne garantit pas des maux de cette vie et n'en procure pas les biens ; c'est ce que ne fait pas non plus le vice avec toutes ses ruses ; mais la vertu fait porter plus patiemment les uns et goûter plus délicieusement les autres.

à Mme la comtesse de Boufflers, août 1762

6270 L'amour-propre m'a souvent égaré par mon aversion même pour le mensonge ; j'ai haï le despotisme en républicain, et l'intolérance en théiste.

à M. Pictet, 23 septembre 1762

6271 Je connais trop les hommes pour ignorer que souvent l'offensé pardonne, mais que l'offenseur ne pardonne jamais.

à M. le maréchal de Luxembourg, 20 janvier 1763

6272 Ce ton que la décence et l'honnêteté même rendent séducteur, ce ton que les Françaises savent si bien prendre quand elles veulent, qui montre du sentiment, de l'âme, et qui promet des héroïnes de roman.

au prince Louis-Eugène de Wirtemberg, 10 novembre 1763

6273 Je ne connais rien de si difficile quand on est riche que de faire usage de sa richesse pour aller à ses fins. L'argent est un ressort dans la mécanique morale, mais il repousse toujours la main qui le fait agir.

à M. Le Nieps, 8 février 1765

6274 Je ris toujours de vos Parisiens, de ces esprits si subtils, de ces jolis faiseurs d'épigrammes, que leur Voltaire mène incessamment avec des contes de vieilles, qu'on ne ferait pas croire aux enfants.

à M. Hume, 22 mars 1766

6275 Faire un homme heureux, c'est mériter de l'être.

à Mme la marquise de Verdelin, août 1766

6276 Ah ! madame, les races de gens de bien sont si rares sur la terre ! [...] A la place des simples et vrais sentiments de la nature, qu'on étouffe, on a fourré dans la société je ne sais quels raffinements de délicatesse que je ne saurais souffrir.

6277 Ayez un petit nombre d'amis sûrs, et tenez-vous-en à leur commerce : ayez-en, si vous voulez, qui aient de la littérature, cela jette de l'agrément dans la société ; mais point de gens de lettres de profession, sur toute chose ; jamais aucun auteur, quel qu'il soit.

à Mme***, 27 septembre 1766

6278 [...] le sang d'un seul homme est d'un plus grand prix que la liberté de tout le genre humain.

6279 [...] quiconque veut être libre l'est en effet.

à M. le marquis de Mirabeau, 26 juillet 1767

6280 [...] l'entendement humain n'a toujours qu'une même mesure et très étroite, [...] il perd d'un côté tout autant qu'il gagne de l'autre, et [...] des préjugés toujours renaissants nous ôtent autant de lumières acquises que la raison cultivée en peut remplacer.

6281 Il me semble que l'évidence ne peut jamais être dans les lois naturelles et politiques qu'en les considérant par abstraction.

6282 Presque tous les hommes connaissent leurs vrais intérêts, et ne les suivent pas mieux pour cela. Le prodigue qui mange ses capitaux sait parfaitement qu'il se ruine, et n'en va pas moins son train : de quoi sert que la raison nous éclaire quand la passion nous conduit ?

6283 Voici, dans mes vieilles idées, le grand problème en politique, que je compare à celui de la quadrature du cercle en géométrie et à celui des longitudes en astronomie : Trouver une forme de gouvernement qui mette la loi au-dessus de l'homme. [...] Si malheureusement cette forme n'est pas trouvable, et j'avoue ingénument que je crois qu'elle ne l'est pas, mon avis est qu'il faut passer à l'autre extrémité, et mettre tout d'un coup l'homme autant au-dessus de la loi qu'il peut l'être, par conséquent établir le despotisme arbitraire et le plus arbitraire qu'il est possible : je voudrais que le despote pût être dieu.

(Correspondance)
à une dame de Lyon, 3 septembre 1768

6284 Le peuple, qui fut mon idole, ne voit en moi qu'une perruque mal peignée et un homme crotté.

6285 Les chefs du peuple, élevés sur mes épaules, voudraient me cacher si bien que l'on ne vît qu'eux.

à M. Moultou, 5 novembre 1768

6286 Je meurs en détail dans tous ceux qui m'aiment.

à M. Dupeyrou, 21 novembre 1768

6287 Que seule [la paix de l'âme] tienne lieu de tout et rende seule heureux les infortunés, voilà ce que j'avoue ne pouvoir admettre, ne pouvant, tant que je suis homme, compter totalement pour rien la voix de la nature pâtissante et le cri de l'innocence avilie.

à Mme Rousseau, 12 août 1769

6288 La bonté de cœur et l'équité d'un honnête homme vaut cent fois mieux que l'amitié d'un coquin.

à M. de Saint-Germain, 26 février 1770

6289 Les scélérats endurcis au crime ont des fronts d'airain, mais l'innocence rougit et pleure en se voyant couvrir de fange. Une âme noble et fière a beau se raidir et s'élever, un tempérament timide ne peut se refondre [...]

6290 J'espère qu'un jour on jugera de ce que je fus par ce que j'ai su souffrir.

à M. l'A.M., 14 mars 1770

6291 On ne déshonore point un homme qui sait mourir.

Denis DIDEROT 1713-1784

Les Bijoux indiscrets
chap. 2

6292 Erguebzed [...] pressé par des sentiments de religion, pronostics certains de la mort prochaine [...] descendit du trône pour y placer son fils.

chap. 6

6293 [...] Alcine lui jura que ces calomnies étaient les discours de quelques fats qui se seraient tus, s'ils avaient eu des raisons de parler [...]

chap. 12

6294 La passion du jeu est une des moins dissimulées ; elle se manifeste, soit dans le gain, soit dans la perte, par des symptômes frappants.

6295 L'on sait que les dettes du jeu sont les seules qu'on paye dans le monde.

chap. 16

6296 [...] quoi de plus commun que de se croire deux nez au visage, et de se moquer de celui qui se croit deux trous au cul ?

chap. 17

6297 Les grandes villes fourmillent de gens que la misère rend industrieux. Ils ne volent ni ne filoutent ; mais ils sont aux filoux, ce que les filous sont aux fripons.

chap. 18

6298 [...] dans notre monde rien n'est plus conforme aux lois qu'un mariage ; et rien n'est souvent plus contraire au bonheur et à la raison.

6299 Je voudrais bien que vous me disiez à quoi sert cette hypocrisie qui vous est commune à toutes, sages ou libertines. Sont-ce les choses qui vous effarouchent ? Non ; car vous les savez. Sont-ce les mots ? en vérité, cela n'en vaut pas la peine. S'il est ridicule de rougir de l'action, ne l'est-il pas infiniment davantage de rougir de l'expression ?

chap. 19

6300 Il faut une terrible passion pour tenir contre une humiliation qui ne finit point.

6301 En fait de modes, ce sont les fous qui donnent la loi aux sages, les courtisanes qui la donnent aux honnêtes femmes [...] Nous rions en voyant les portraits de nos aïeux, sans penser que nos neveux riront en voyant les nôtres.

chap. 23

6302 C'est un air à une femme que d'avoir des vapeurs. Sans amants et sans vapeurs, on n'a aucun usage du monde ; et il n'y a pas une bourgeoise à Banza qui ne s'en donne.

chap. 25

6303 J'ai remarqué dans plus d'une occasion, que telle qui croyait suivre sa tête, obéissait à son bijou. Un grand philosophe plaçait l'âme, la nôtre s'entend, dans la glande pinéale. Si j'en accordais une aux femmes, je sais bien, moi, où je la placerais.

chap. 29

6304 Je ne me pique pas d'argumenter. Je parle sentiment : c'est notre philosophie à nous autres femmes [...]

(Les Bijoux indiscrets, chap. 29)

6305 A quoi ne fût-il point parvenu, s'il eût été bel esprit? Une place à l'Académie était la moindre récompense qu'il pouvait espérer; mais malheureusement il ne savait que deux ou trois cents mots, et n'avait jamais pu parvenir à en composer deux ritournelles.

chap. 30

6306 On n'est point toujours une bête pour l'avoir été quelquefois.

chap. 31

6307 Un homme de cœur ne doit point entrer chez la plupart des grands, ou doit laisser ses sentiments à la porte.

chap. 37

6308 Il n'a jamais pensé; et s'il n'eût point appris de rôles, peut-être ne parlerait-il pas...

chap. 38

6309 Les princes et les rois marchent-ils autrement qu'un homme qui marche bien? Ont-ils jamais gesticulé comme des possédés ou des furieux? Les princesses poussent-elles, en parlant, des sifflements aigus?

chap. 39

6310 De la façon dont elle est tournée, elle a dû sortir du sein de la nature comme un boulet de la bouche d'un canon.

chap. 42

6311 Il n'est pas nécessaire d'entendre une langue pour la traduire, puisque l'on ne traduit que pour des gens qui ne l'entendent point.

chap. 43

6312 Pour de l'esprit, on lui en reconnaît tout ce que la galanterie en peut communiquer, et il faut qu'une femme soit née bien imbécile pour n'avoir pas au moins du jargon, après une vingtaine d'intrigues.

6313 Si l'estime n'enivre pas, elle ajoute du moins beaucoup à l'ivresse.

6314 Tout bien calculé, je conclus qu'il vaut encore mieux aimer comme on aime à présent; en prendre à son aise; tenir tant qu'on s'amuse; quitter dès qu'on s'ennuie, ou que la fantaisie parle pour un autre. L'inconstance offre une variété de plaisirs inconnus à vous autres transis.

chap. 46

6315 Une des occupations de ces dames, c'est de se procurer des amants [...] Elles possèdent je ne sais combien de petites finesses pour attirer celui qu'elles ont en vue et cent tracasseries en réserve pour se débarrasser de celui qu'elles ont.

chap. 49

6316 L'amant soupçonneux est un chat à qui l'oreille démange dans un temps nébuleux : les animaux et les amants ont encore ceci de commun, que les animaux domestiques perdent cet instinct, et qu'il s'émousse dans les amants lorsqu'ils sont devenus époux.

chap. 53

6317 Nos vertus ne sont pas plus désintéressées que nos vices. Le brave poursuit la gloire en s'exposant à des dangers ; le lâche aime le repos et la vie ; et l'amant veut jouir.

La Religieuse

6318 Ceux qui m'ont consolée, m'ont souvent dit de mes pensées, les uns que c'étaient autant d'instigations de Satan, et les autres, autant d'inspirations de Dieu. Le même mal vient, ou de Dieu qui nous éprouve, ou du diable qui nous tente.

6319 On n'invoque presque jamais la voix du ciel, que quand on ne sait à quoi se résoudre ; et il est rare qu'alors elle ne nous conseille pas d'obéir.

6320 Les favorites du règne antérieur ne sont jamais les favorites du règne qui suit.

6321 Quand on s'ôte la vie, peut-être cherche-t-on à désespérer les autres, et la garde-t-on quand on croit les satisfaire ; ce sont des mouvements qui se passent bien subtilement en nous.

6322 La bonne religieuse est celle qui apporte dans le cloître quelque grande faute à expier.

6323 Il y a dans les communautés des têtes faibles ; c'est même le grand nombre.

6324 [...] juste, mais peu sensible, il était du nombre de ceux qui sont assez malheureusement nés pour pratiquer la vertu, sans en éprouver la douceur ; ils font le bien par esprit d'ordre, comme ils raisonnent.

6325 On s'occupe à nous décourager et à nous résigner toutes à notre sort par le désespoir de le changer. Il me semble pourtant que, dans un État bien gouverné, ce devrait être le contraire : entrer difficilement en religion, et en sortir facilement.

(La Religieuse)

6326 L'homme est né pour la société ; séparez-le, isolez-le, ses idées se désuniront, son caractère se tournera, mille affections ridicules s'élèveront dans son cœur ; des pensées extravagantes germeront dans son esprit, comme les ronces dans une terre sauvage. Placez un homme dans une forêt, il y deviendra féroce ; dans un cloître, où l'idée de nécessité se joint à celle de servitude, c'est pis encore. On sort d'une forêt, on ne sort plus d'un cloître ; on est libre dans la forêt, on est esclave dans le cloître. Il faut peut-être plus de force d'âme encore pour résister à la solitude qu'à la misère ; la misère avilit, la retraite déprave.

6327 [...] est-ce qu'il est permis aux avocats de calomnier tant qu'il leur plaît ? Est-ce qu'il n'y a point de justice contre eux ?

6328 Serait-ce que nous croyons les hommes moins sensibles à la peinture de nos peines qu'à l'image de nos charmes ? et nous promettrions-nous encore plus de facilité à les séduire qu'à les toucher.

Le Neveu de Rameau

6329 [...] maigre et hâve comme un malade au dernier degré de la consomption ; on compterait ses dents à travers ses joues.

6330 Personne n'a autant d'humeur, pas même une jolie femme qui se lève avec un bouton sur le nez, qu'un auteur menacé de survivre à sa réputation [...]

6331 Dans les plus petites choses, la sottise est si commune et si puissante qu'on ne la réforme pas sans charivari. [...] La sagesse du moine de Rabelais est la vraie sagesse pour son repos et pour celui des autres : faire son devoir tellement quellement, toujours dire du bien de monsieur le prieur et laisser aller le monde à sa fantaisie.

6332 Un sot sera plus souvent un méchant qu'un homme d'esprit.

6333 Si vous jetez de l'eau froide sur la tête de Greuze, vous éteindrez peut-être son talent avec sa vanité. Si vous rendez De Voltaire moins sensible à la critique, il ne saura plus descendre dans l'âme de Mérope, il ne vous touchera plus.

6334 Si tout ici-bas était excellent, il n'y aurait rien d'excellent [...]

6335 Il est dur d'être gueux, tandis qu'il y a tant de sots opulents aux dépens desquels on peut vivre.

6336 Dans la nature, toutes les espèces se dévorent ; toutes les conditions se dévorent dans la société. Nous faisons justice les uns des autres sans que la loi s'en mêle.

6337 Il n'y a plus de patrie : je ne vois d'un pôle à l'autre que des tyrans et des esclaves.

6338 Quoi qu'on fasse, on ne peut se déshonorer quand on est riche.

6339 On loue la vertu, mais on la hait, mais on la fuit, mais elle gèle de froid, et dans ce monde, il faut avoir les pieds chauds.

6340 C'est une lâcheté bien commune que celle d'immoler un bon homme à l'amusement des autres.

6341 On tire parti de la mauvaise compagnie comme du libertinage. On est dédommagé de la perte de son innocence par celle de ses préjugés.

6342 Le vice ne blesse les hommes que par intervalle ; les caractères apparents du vice les blessent du matin au soir. Peut-être vaudrait-il mieux être un isolent que d'en avoir la physionomie : l'insolent de caractère n'insulte que de temps en temps, l'insolent de physionomie insulte toujours.

6343 Celui qui serait sage n'aurait point de fou ; celui donc qui a un fou n'est pas sage ; s'il n'est pas sage il est fou et peut être, fût-il le roi, le fou de son fou.

6344 [...] ceux qui s'attendent à des procédés honnêtes de la part de gens nés vicieux, de caractères vils et bas, sont-ils sages ? Tout a son vrai loyer dans ce monde. Il y a deux procureurs généraux, l'un à votre porte, qui châtie les délits contre la société ; la nature est l'autre. Celle-ci connaît de tous les vices qui échappent aux lois.

6345 S'il importe d'être sublime en quelque genre, c'est surtout en mal. On crache sur un petit filou, mais on ne peut refuser une sorte de considération à un grand criminel : son courage vous étonne, son atrocité vous fait frémir. On prise en tout l'unité de caractère.

6346 Nous comptons tellement sur nos bienfaits, qu'il est rare que nous cachions notre secret à celui que nous avons comblé de nos bontés ; le moyen qu'il n'y ait pas des ingrats, quand nous exposons l'homme à la tentation de l'être impunément ?

6347 Savez-vous qu'il serait peut-être plus aisé de trouver un enfant propre à gouverner un royaume, à faire un grand roi, qu'un grand violon !

6348 Madame une telle est accouchée de deux enfants à la fois ; chaque père aura le sien [...]

6349 Rameau ! s'appeler Rameau, cela est gênant. Il n'en est pas des talents comme de la noblesse qui se transmet et dont l'illustration s'accroît en passant du grand-père au père et du père au fils, du fils à son petit-fils, sans que l'aïeul impose quelque mérite à son descendant. La vieille souche se ramifie en une énorme tige de sots, mais qu'importe ? Il n'en est pas ainsi du talent. Pour n'obtenir que la renommée de son père, il faut être plus habile que lui.

(Le Neveu de Rameau)

6350 L'homme nécessiteux ne marche pas comme un autre, il saute, il rampe, il se tortille, il se traîne, il passe sa vie à prendre et à exécuter des positions.

6351 Je vois Pantalon dans un prélat, un satyre dans un président, un pourceau dans un cénobite, une autruche dans un ministre, une oie dans son premier commis.

6352 Quiconque a besoin d'un autre est indigent et prend une position. Le roi prend une position devant sa maîtresse et devant Dieu ; il fait son pas de pantomime. Le ministre fait le pas courtisan, de flatteur, de valet ou de gueux devant son roi. La foule des ambitieux danse vos positions, en cent manières plus viles les unes que les autres, devant le ministre. [...] Ma foi, ce que vous appelez la pantomime des gueux est le grand branle de la terre [...]

Les Deux amis de Bourbonne

6353 Si les bienfaits réciproques cimentent les amitiés réfléchies, peut-être ne font-ils rien à celles que j'appellerais volontiers des amitiés amicales et domestiques.

6354 Tel meurt obscur, à qui il n'a manqué qu'un autre théâtre.

6355 [...] en général il ne peut guère y avoir d'amitiés entières et solides qu'entre des hommes qui n'ont rien. Un homme alors est toute la fortune de son ami, et son ami est toute la sienne. De là la vérité de l'expérience, que le malheur resserre les liens.

Ceci n'est pas un conte

6356 Plaignons beaucoup les hommes, blâmons-les sobrement ; regardons nos années passées comme autant de moments dérobés à la méchanceté qui nous suit [...]

Jacques le Fataliste et son maître

6357 Comment s'étaient-ils rencontrés ? Par hasard, comme tout le monde. Comment s'appelaient-ils ? Que vous importe ? D'où venaient-ils ? Du lieu le plus prochain. Où allaient-ils ? Est-ce qu'on sait où l'on va ? Que disaient-ils ? Le maître ne disait rien ; et Jacques disait que son capitaine disait que tout ce qui nous arrive de bien et de mal ici-bas était écrit là-haut.

6358 Et quand je serais devenu amoureux d'elle, qu'est-ce qu'il y aurait à dire ? Est-ce qu'on est maître de devenir ou de ne pas devenir amoureux ? Et quand on l'est, est-on maître d'agir comme si on ne l'était pas ?

6359 Vous concevez, lecteur, jusqu'où je pourrais pousser cette conversation sur un sujet dont on a tant parlé, tant écrit depuis deux mille ans, sans en être d'un pas plus avancé. Si vous me savez peu de gré de ce que je vous dis, sachez-m'en beaucoup de ce que je ne vous dis pas.

6360 Nos deux théologiens disputaient sans s'entendre, comme il peut arriver en théologie.

6361 Mon maître, mon maître, vous n'y avez pas bien regardé ; croyez que nous ne plaignons jamais que nous.

6362 Il cherchait à faire concevoir à son maître que le mot douleur était sans idée, et qu'il ne commençait à signifier quelque chose qu'au moment où il rappelait à notre mémoire une sensation que nous avions éprouvée. Son maître lui demanda s'il avait déjà accouché.

6363 JACQUES
On ne fait jamais tant d'enfants que dans les temps de misère.

LE MAÎTRE
Rien ne peuple comme les gueux.

6364 Et que firent-ils là ? — Jacques disait ce qui était écrit là-haut ; son maître, ce qu'il voulut : et ils avaient tous deux raison. — Quelle compagnie y trouvèrent-ils ? — Mêlée. — Qu'y disait-on ? — Quelques vérités, et beaucoup de mensonges. — Y avait-il des gens d'esprit ? — Où n'y en a-t-il pas ?

6365 Ce qui reste de tabac le soir dans ma tabatière est en raison directe de l'amusement, ou inverse de l'ennui de ma journée.

6366 Tous les jours on couche avec des femmes qu'on n'aime pas, et l'on ne couche pas avec des femmes qu'on aime...

6367 En terme de l'art, boire un coup c'est vider au moins une bouteille [...]

6368 S'il faut être vrai, c'est comme Molière, Regnard, Richardson, Sedaine ; la vérité a ses côtés piquants, qu'on saisit quand on a du génie. — Oui, quand on a du génie ; mais quand on en manque ? — Quand on en manque, il ne faut pas écrire.

6369 Ni les dieux, ni les hommes, ni les colonnes, n'ont pardonné la médiocrité aux poètes : c'est Horace qui l'a dit.

6370 Je veux que votre plainte soit libre pour être moins douloureuse, je la veux violente pour être moins longue.

6371 Ce n'est pas le linceul qui fait le mort.

6372 Je n'aime pas à parler des vivants, parce qu'on est de temps en temps exposé à rougir du bien et du mal qu'on en a dit ; du bien qu'ils gâtent, du mal qu'ils réparent.

(Jacques le Fataliste et son maître)

6373 Dis la chose comme elle est !... Cela n'arrive peut-être pas deux fois en un jour dans toute une grande ville. Et celui qui vous écoute est-il mieux disposé que celui qui parle ? Non. D'où il doit arriver que deux fois à peine en un jour, dans toute une grande ville, on soit entendu comme on dit.

6374 Si l'on ne dit presque rien dans ce monde, qui soit entendu comme on le dit, il y a bien pis, c'est qu'on n'y fait presque rien, qui soit jugé comme on l'a fait.

6375 La joue de tous les hommes d'honneur est la même.

6376 Chacun apprécie l'injure et le bienfait à sa manière ; et peut-être n'en portons-nous pas le même jugement dans deux instants de notre vie.

6377 Pourquoi sous cet habit, qui est très propre, une chemise sale ?
— C'est que je n'en ai qu'une.
— Et pourquoi n'en avez-vous qu'une ?
— C'est que je n'ai qu'un corps à la fois.

6378 — Et vos enfants ?
— A merveille !
— Et celui qui a de si beaux yeux, un si bel embonpoint, une si belle peau ?
— Beaucoup mieux que les autres ; il est mort.

6379 C'est qu'on ne m'a rien appris, et que je n'en suis pas plus ignorant. S'ils ont de l'esprit, ils feront comme moi ; s'ils sont sots, ce que je leur apprendrais ne les rendrait que plus sots...

6380 Le capitaine de Jacques et son camarade pouvaient être tourmentés d'une jalousie violente et secrète : c'est un sentiment que l'amitié n'éteint pas toujours. Rien de si difficile à pardonner que le mérite.

6381 Les duels se répètent dans la société sous toutes sortes de formes, entre des prêtres, entre des magistrats, entres des littérateurs, entre des philosophes ; chaque état a sa lance et ses chevaliers, et nos assemblées les plus respectables, les plus amusantes, ne sont que de petits tournois où quelquefois on porte des livrées de l'amour dans le fond de son cœur, sinon sur l'épaule. Plus il y a d'assistants, plus la joute est vive.

6382 Il y a longtemps que le rôle de sage est dangereux parmi les fous.

6383 Pas de gens qui aiment plus à parler que les bègues, pas de gens qui aiment plus à marcher que les boiteux.

6384 Mon maître, on ne sait de quoi se réjouir, ni de quoi s'affliger dans la vie. Le bien amène le mal, le mal amène le bien.

6385 Gousse avait une servante jolie, et qui lui servait de moitié plus souvent que la sienne.

6386 On ne sait jamais ce que le ciel veut ou ne veut pas, et il n'en sait peut-être rien lui-même.

Encyclopédie
article Autorité politique

6387 Aucun homme n'a reçu de la nature le droit de commander aux autres. La liberté est un présent du ciel, et chaque individu de la même espèce a le droit d'en jouir aussitôt qu'il jouit de la raison.

6388 La puissance qui s'acquiert par la violence n'est qu'une usurpation, et ne dure qu'autant que la force de celui qui commande l'emporte sur celle de ceux qui obéissent ; en sorte que si ces dernier deviennent à leur tour les plus forts et qu'ils secouent le joug, ils le font avec autant de droit et de justice que l'autre qui le leur avait imposé.

6389 La puissance qui vient du consentement des peuples suppose nécessairement des conditions qui en rendent l'usage légitime, utile à la société, avantageux à la république, et qui la fixent et la restreignent entre des limites.

6390 Le prince tient de ses sujets mêmes l'*autorité* qu'il a sur eux ; et cette *autorité* est bornée par les lois de la nature et de l'État. Les lois de la nature et de l'État sont les conditions sous lesquelles ils se sont soumis, ou sont censés s'être soumis à son gouvernement. L'une de ces conditions est que n'ayant de pouvoir et d'*autorité* sur eux que par leur choix et de leur consentement, il ne peut jamais employer cette *autorité* pour casser l'acte ou le contrat par lequel elle lui a été déférée : il agirait, dès lors, contre lui-même, puisque son *autorité* ne peut subsister que par le titre qui l'a établie. Qui annule l'un détruit l'autre.

6391 L'observation des lois, la conservation de la liberté et l'amour de la patrie sont les sources fécondes de toutes grandes choses et de toutes belles actions. Là, se trouvent le bonheur des peuples, et la véritable illustration des princes qui les gouvernent. Là, l'obéissance est glorieuse, et le commandement a guste.

article Droit naturel, § 6

6392 Les volontés particulières sont suspectes ; elles peuvent être bonnes ou méchantes, mais la volonté générale est toujours bonne ; elle n'a jamais trompé, elle ne trompera jamais.

(Encyclopédie, article Droit naturel)

§ 7

6393 Vous avez le *droit naturel* le plus sacré à tout ce qui ne vous est point contesté par l'espèce entière [...]. C'est cette conformité de vous à eux tous et d'eux tous à vous qui vous marquera quand vous sortirez de votre espèce, et quand vous y resterez.

§ 9

6394 La soumission à la volonté générale est le lien de toutes les sociétés, sans en excepter celle qui sont formées par le crime. Hélas ! la vertu est si belle, que les voleurs en respectent l'image dans le fond même de leurs cavernes !

6395 [...] puisque des deux volontés, l'une générale et l'autre particulière, la volonté générale n'erre jamais, il n'est pas difficile de voir à laquelle il faudrait, pour le bonheur du genre humain, que la puissance législative appartînt.

article Pouvoir

6396 Le consentement des hommes réunis en société est le fondement du *pouvoir*. Celui qui ne s'est établi que par la force ne peut subsister que par la force.

article Souverains

6397 L'homme dans l'état de nature ne connaît point de *souverain ;* chaque individu est égal à un autre, et jouit de la plus parfaite indépendance ; il n'est dans cet état d'autre subordination que celle des enfants à leur père.

Apologie de l'abbé Galiani

6398 L'abbé Morellet [est] un homme qui s'aime, qui s'embrasse sans cesse mais qui s'étouffe à force de s'embrasser [...]

6399 [...] je pense qu'il y a un point que le sage soupçonne d'instinct, que l'homme en fonction aperçoit avec le temps et dont l'écrivain ne se doute jamais.

6400 Rien n'est si bête qu'un chien de chasse, jamais un docteur ne saura éventer aussi bien que lui ; mon cher abbé, en tout, rien n'est tel que de chasser de race.

6401 La société est partagée en deux classes d'hommes : les unes savent mal et parlent de tout ; c'est le grand nombre [...] les autres ignorent et cherchent à s'instruire ; c'est le petit nombre.

6402 On commence par des cas particuliers ; à force de cas particuliers, examinés en eux-mêmes et comparés à d'autres, on aperçoit des ressemblances et des différences, et l'on se forme des notions plus ou moins générales, des théories plus ou moins étendues. Ce sont les faits, les phénomènes subsistants qui servent d'échelons pour s'élever, et non les spéculations abstraites de marches pour descendre. Avant que d'avoir des phénomènes dans sa tête, on n'y a rien.

6403 La folle philosophie est celle qui veut s'assujettir les lois de la nature et le train du monde ; la bonne philosophie est celle qui reconnaît ces lois et qui s'assujettit à ce train nécessaire. Le train du monde ne changera pas ; à moins que vous n'ayez un secret pour le ramener et fixer un âge où tout soit dans un ordre renversé de celui-ci, où l'on soit sûr de quarante-neuf bons rois pour un mauvais, au lieu de quarante-neuf mauvais pour un bon.

6404 Le joueur heureux et le joueur malheureux ont tous les deux le caractère du joueur. C'est cette incertitude qui se promène sur toutes les provinces, qui affecte la nation agricole et qui l'assimile si bien au joueur.

6405 Le dialogue permet des repos et des écarts. Le dialogue est la vraie manière instructive ; car que font le maître et le disciple ? Ils dialoguent sans cesse.

6406 Je mange mal quand je n'ai que du pain possible.

Pages contre un tyran

6407 Les erreurs passent, mais il n'y a que le vrai qui reste. L'homme est donc fait pour la vérité ; la vérité est donc faite pour l'homme puisqu'il court sans cesse après elle ; qu'il l'embrasse quand il la trouve ; qu'il ne veut ni ne peut s'en séparer quand il la trouve. Il ne faut pas juger les hommes par leurs actions.

6408 Si le monde est plein d'erreurs, c'est qu'il est plein de scélérats prédicateurs du mensonge ; mais en prêchant le mensonge ils font à leurs dupes l'éloge de la vérité, mais leurs dupes n'embrassent le mensonge qui leur est prêché que sous le nom de la vérité.

6409 Quelle est la vérité utile à l'homme qui ne soit pas découverte un jour ?

6410 [...] il n'y a aucun exemple que la vérité ait été nuisible ni pour le présent ni pour l'avenir.

6411 Le paradoxe n'est point une opinion contraire à une vérité d'expérience, car le paradoxe serait toujours faux : or il arrive assez souvent que c'est une vérité. Le paradoxe n'est donc qu'une proposition contraire à l'opinion commune ; or l'opinion commune pouvant être fausse, le paradoxe peut être vrai.

(Pages contre un tyran)

6412 C'est qu'un roi de France peut laisser à son clergé la prérogative royale de haranguer le peuple, *concio ad populum*. C'est qu'il peut, sans trembler, se dire le dimanche matin, entre dix et onze : « Il y a à l'heure qu'il est, cinquante mille fripons qui disent ce qu'il leur plaît à dix-huit millions d'imbéciles ; mais grâce à ma petite poignée de philosophes, la plupart de ces imbéciles-là ou ne croiront pas ce qu'on leur dira, ou s'ils le croient ce sera sans le moindre péril pour moi. »

6413 Entendez-vous qu'il faut se soumettre aux lois de la société dont on est membre ? il n'y a pas de difficulté à cela ; prétendez-vous que si ces lois sont mauvaises il faille garder le silence ? ce sera peut-être votre avis, mais comment le législateur reconnaîtra-t-il le vice de son administration, le défaut de ses lois, si personne n'ose élever la voix ? Et si par hasard une des détestables lois de cette société décernait la peine de mort contre celui qui osera attaquer les lois, faudrait-il se courber sous le joug de cette loi ?

6414 Je vois tant d'illustres fainéants se déshonorer sur les lauriers de leurs ancêtres, que je fais un peu plus de cas du bourgeois ou du roturier ignoré qui ne se gonfle point du mérite d'autrui.

6415 [...] nous ne serions pas embarrassés de lui citer des exemples de guerres où la justice n'était d'aucuns côtés [...]

6416 Un guerrier juste suppose au moins un adversaire injuste [...]

Principes de politique des souverains

II

6417 Regardez comme vos ennemis-nés tous les ambitieux. [...] Les plus dangereux sont des grands, pauvres et obérés, qui ont tout à gagner et rien à perdre à une révolution.

V

6418 Lorsque les haines ont éclaté, toutes les réconciliations sont fausses.

XV

6419 [...] il est certain qu'il y a des circonstances où l'on est forcé de suppléer à l'ongle du lion, qui nous manque, par la queue du renard.

XXV

6420 Donner de belles raisons. Il serait beaucoup mieux de n'en point donner du tout, ou d'en donner de bonnes.

XXVIII

6421 Ne lever jamais la main sans frapper. Il faut rarement lever la main, peut-être ne faut-il jamais frapper ; mais il n'en est pas moins vrai qu'il y a des circonstances, où le geste est aussi dangereux que le coup. De là, la vérité de la maxime suivante.

XXIX

6422 Frapper juste.

XLVI

6423 Affranchir les esclaves lorsqu'on a besoin de leur témoignage contre un maître qu'on veut perdre.

LI

6424 Ne point commander de crime, sans avoir pourvu à la discrétion, c'est-à-dire à la mort de celui qui l'exécute.

LIV

6425 Quand on ne veut pas être faible, il faut souvent être ingrat.

LVI

6426 Rugir quelquefois, cela est essentiel ; sans cette précaution le souverain est souvent exposé à une familiarité injurieuse.

LVII

6427 Toute dispense est une infraction de la loi ; et tout privilège est une atteinte à la liberté générale.

LXI

6428 Se presser d'ordonner ce qu'on ferait sans notre consentement ; on masque au moins sa faiblesse par cette politique.

LXII

6429 Un État chancelle quand on en ménage les mécontents. Il touche à sa ruine quand on les élève aux premières dignités.

LXV

6430 Celui qui n'est pas maître du soldat, n'est maître de rien.

LXVI

6431 Celui qui est maître du soldat, est maître de la finance.

LXVIII

6432 Il n'y a de bonnes remontrances que celles qui se feraient la baïonnette au bout du fusil.

LXXIV

6433 Ébranler la nation pour raffermir le trône ; savoir susciter une guerre ; ce fut le conseil d'Alcibiade à Périclès.

(Principes de politique des souverains)

LXXVII

6434 Dans les sociétés les plus corrompues, on élève la jeunesse pour être honnête ; sous les gouvernements les plus tyranniques, on l'élève pour être libre. Les principes de la scélératesse sont si hideux, et ceux de l'esclavage si vils, que les pères qui les pratiquent rougissent de les prêcher à leurs enfants. Il est vrai que, dans l'un et l'autre cas, l'exemple remédie à tout.

LXXX

6435 Dans les émeutes populaires on dirait que chacun est souverain, et s'arroge le droit de vie et de mort.

LXXXIV

6436 Il faut que le peuple vive, mais il faut que sa vie soit pauvre et frugale : plus il est occupé, moins il est factieux ; et il est d'autant plus occupé, qu'il a plus de peine à pourvoir à ses besoins.

LXXXVI

6437 Il faut lui permettre la satire et la plainte : la haine renfermée est plus dangereuse que la haine ouverte.

XCIII

6438 Ne former des alliances que pour semer des haines.

XCVII

6439 Point de ministres au loin, mais des espions.

XCVIII

6440 Point de ministres chez moi, mais des commis.

XCIX

6441 Il n'y a qu'une personne dans l'Empire, c'est moi.

CVII

6442 Tenir constamment pour ennemi celui qu'on ne peut compter pour ami, et ne compter pour ami que celui qui a intérêt à l'être.

CVIII

6443 Être neutre, ou profiter de l'embarras des autres pour arranger ses affaires, c'est la même chose.

CXVIII

6444 L'habitant indigent doit spolier le voyageur.

CXX

6445 Le besoin satisfait, le reste appartient au fisc.

CXXV

6446 Quand on sert les grands, toujours avoir moins d'esprit qu'eux.

LXXVI

6447 Malheur à celui dont on parlera trop.

CXXVII

6448 Malheur à celui qui s'illustrera par ses services.

CXXXIX

6449 Lorsque le prêtre favorise une innovation, elle est mauvaise ; lorsqu'il s'y oppose, elle est bonne. J'en appelle à l'histoire. C'est le contraire du peuple.

CXLVI

6450 Que le peuple ne voie jamais couler le sang royal pour quelque cause que ce soit. Le supplice public d'un roi change l'esprit d'une nation pour jamais.

CXLVIII

6451 Une guerre interminable, c'est celle du peuple qui veut être libre, et du roi qui veut commander. Le prêtre est, selon son intérêt, ou pour le roi contre le peuple, ou pour le peuple contre le roi. Lorsqu'il s'en tient à prier les dieux, c'est qu'il se soucie fort peu de la chose.

CL

6452 Savoir dire *non*, pour un souverain ; pouvoir dire *non* pour un particulier.

CLIII

6453 Les femmes ne sont, nulle part, aussi avilies que dans une nation où le souverain peut faire asseoir sur le trône, à côté de lui, la femme qui lui plaît le plus : là, elles ne sont rien qu'un sexe dont on a besoin.

CLXIII

6454 Le soldat qui n'est pas en état de soutenir l'éclair des yeux de son général, ne soutiendra pas aisément l'éclat des armes de l'ennemi.

CLXVI

6455 Le droit de la nature est restreint par le droit civil ; le droit civil, par le droit des gens, qui cesse au moment de la guerre, dont tout le code est renfermé dans un mot : *Sois le plus fort.*

CLXXV

6456 Il ne faut de la morale et de la vertu qu'à ceux qui obéissent.

(Principes de politique des souverains)
CLXXXIII

6457 L'ennemi le plus dangereux d'un souverain, c'est sa femme, si elle sait faire autre chose que des enfants.

CC

6458 Un souverain, qui aurait quelque confiance dans ces pactes si solennellement jurés, ne serait ni plus ni moins imbécile que celui qui, étranger à nos usages, mettrait quelque valeur à ces très humbles protestations qui terminent nos lettres.

CCVIII

6459 Celui qui préfère une belle ligne dans l'histoire à l'invasion d'une province, pourrait bien n'avoir ni la belle ligne ni la province.

CCXVII

6460 La liberté d'écrire et de parler impunément, marque ou l'extrême bonté du principe, ou le profond esclavage du peuple ; on ne permet de dire qu'à celui qui ne peut rien.

Entretiens avec Catherine II

6461 Déposer entre les mains d'un roi toute la puissance publique, ce n'est pas seulement lui conférer le pouvoir de faire exécuter les lois ou de les ramener à leur pureté, à leur activité première, quand elles l'ont perdue, c'est lui accorder bien davantage, ainsi que le temps ne manque jamais de le prouver.

6462 Des usages suppléent pendant des siècles aux lois oubliées, c'est-à-dire qu'on en usa ainsi, parce qu'on a continué d'en user ainsi ; quelle singulière base de police et de tranquillité publique !

6463 Je pense qu'il faut faire un grand mal d'un moment pour un grand bien qui dure.

6464 Il y a des circonstances où l'extrême du mal est un bien et où un palliatif qui invétère le mal est plus funeste que tous les remèdes.

6465 Qu'un peuple est heureux, lorsqu'il n'y a rien de fait chez lui ! Les mauvaises et surtout les vieilles institutions sont un obstacle presque invincible aux bonnes.

6466 Il est bien grand, bien courageux, bien humain dans une souveraine de former elle-même une digue à la souveraineté.

6467 Je ne regrette pas les hommes, les hommes se refont ; je ne regrette pas l'or de ses trésors, les trésors se remplissent ; mais qui rendra à ces peuples les années qui s'écoulent ?

6468 Quel homme ç'aurait été que ce saint Louis ! Je lui passerais, je crois, son esprit intolérant s'il eût fait par politique ce qu'il fit par sottise pieuse.

6469 Point de souverain plus en sûreté sur son trône que celui qui doit à tous ses sujets, s'il paie bien sa dette.
Ces emprunts sont autant de chaînes qui partent du pied du trône et qui s'étendent jusqu'aux dernières limites de l'Empire.

6470 Quand un peuple n'est pas libre, c'est encore une chose précieuse que l'opinion qu'il a de sa liberté ; il avait cette opinion, il fallait la lui laisser ; à présent il est esclave, et il le sent et il le voit ; aussi n'en attendez plus rien de grand ni à la guerre, ni dans les sciences, ni dans les lettres, ni dans les arts.

6471 Abolir le délit, c'est abolir la loi.

Entretiens
chap. 2

6472 [...] jamais les dernières années d'un long règne d'un roi ordinaire, pour ne rien dire de pis, n'ont réparé les désastres des années précédentes.

6473 On a défini l'ambassadeur ou le ministre un homme rusé, instruit et faux, envoyé aux nations étrangères pour mentir en faveur de la chose publique [...]

chap. 3

6474 La moindre affectation se pressentirait et augmenterait le mal, quoi qu'en ait dit la marquise de Tencin en mourant, que les hommes étaient si bêtes qu'elle regrettait les trois quarts de la finesse qu'elle avait employée à les mener.

chap. 4

6475 Tout gouvernement arbitraire est mauvais ; je n'en excepte pas le gouvernement arbitraire d'un maître bon, ferme, juste et éclairé.

6476 Un despote, fût-il le meilleur des hommes, en gouvernant selon son bon plaisir, commet un forfait. C'est un bon pâtre qui réduit ses sujets à la condition des animaux ; en leur faisant oublier le sentiment de la liberté, sentiment si difficile à recouvrer quand on l'a perdu, il leur procure un bonheur de dix ans qu'ils payeront de vingt siècles de misère.

6477 Malheur au peuple en qui il ne reste aucun ombrage, même mal fondé, sur la liberté !
Cette nation tombe dans un sommeil doux, mais c'est un sommeil de mort.

(Entretiens, chap. 4)

6478 Qu'où il n'y a point de propriété il n'y a point de sujets ; qu'où il n'y a point de sujets l'empire est pauvre, et qu'où la puissance souveraine est illimitée, il n'y a point de propriété.

6479 [...] on ne peut jamais emmailloter l'enfant qui naît avec quatre cent mille bras.

chap. 5

6480 Cependant l'histoire du luxe est écrite sur toutes les portes des maisons de la capitale, et en si gros caractères que je ne conçois pas comment, avec d'aussi bons yeux, ces écrivains ne l'ont pas lue tout courant.

6481 L'or mène à tout. L'or qui mène à tout est devenu le Dieu de la nation. Il n'y a qu'un vice, c'est la pauvreté. Il n'y a qu'une vertu, c'est la richesse. Il faut être riche ou méprisé.

6482 Les mœurs sont perdues dans tous les états, au centre de la richesse par la richesse même, mère des vices ; dans l'état supérieur à ce centre, par la bassesse ; dans les états inférieurs, par la prostitution et la mauvaise foi : dans tous, par l'indifférence sur le choix des moyens ou d'acquérir plus qu'on n'a, ou de masquer son indigence.

6483 Toute la société est pleine d'avares fastueux. On loue une première loge à l'Opéra et l'on emprunte le livret.

6484 [...] quand on est riche, si l'on a tout, quel intérêt à avoir du mérite et de la vertu ?

chap. 6

6485 Une révolution différée d'un jour ne se fait peut-être jamais.

chap. 7, de la morale des rois

6486 Il n'y a qu'une seule vertu, la justice ; un seul devoir, de se rendre heureux ; un seul corollaire, mépriser quelquefois la vie.

6487 Je doute que la justice des rois, et par conséquent leur morale, puisse être la même que celle des particuliers, parce que la morale d'un particulier dépend de lui et que la morale d'un souverain dépend souvent d'un autre.

6488 Il est impossible que la justice, et par conséquent la morale de l'homme public et de l'homme privé, soit la même, [...] ce droit des gens dont on parle tant n'a jamais été et ne sera jamais qu'une chimère.

6489 Il n'y a qu'un devoir, c'est d'être heureux. Puisque ma pente naturelle, invincible, inaliénable, est d'être heureux, c'est la source et la source unique de mes vrais devoirs, et la seule base de toute bonne législation.

Réfutation d'Helvétius

6490 Toutes les sortes de travaux soulagent également de l'ennui, mais tous ne sont pas égaux. Je n'aime point ceux qui amènent rapidement la vieillesse, et ce ne sont ni les moins utiles, ni les moins communs, ni les mieux récompensés.

Discours d'un philosophe à un roi

6491 Sire, si vous voulez des prêtres, vous ne voulez point de philosophes, et si vous voulez des philosophes, vous ne voulez point des prêtres [...]

Encyclopédie
article Génie

6492 L'étendue de l'esprit, la force de l'imagination et l'activité de l'âme, voilà le *génie*.

6493 L'homme de *génie* est celui dont l'âme plus étendue, frappée par les sensations de tous les êtres, intéressée à tout ce qui est dans la nature, ne reçoit pas une idée qu'elle n'éveille un sentiment ; tout l'anime et tout s'y conserve.

6494 L'imagination gaie d'un *génie* étendu agrandit le champ du ridicule ; et tandis que le vulgaire le voit et le sent dans ce qui choque les usages établis, le *génie* le découvre et le sent dans ce qui blesse l'ordre universel.

6495 Le goût est souvent séparé du *génie*. Le *génie* est un pur don de la nature ; ce qu'il produit est l'ouvrage d'un moment ; le goût est l'ouvrage de l'étude et du temps.

6496 [...] la force et l'abondance, je ne sais quelle rudesse, l'irrégularité, le sublime, le pathétique, voilà dans les arts le caractère du *génie ;* il ne touche pas faiblement, il ne plaît pas sans étonner, il étonne encore par ses fautes.

6497 Le sang-froid, cette qualité si nécessaire à ceux qui gouvernent, sans lequel on ferait rarement une application juste des moyens aux circonstances, sans lequel on serait sujet aux inconséquences, sans lequel on manquerait de la présence d'esprit ; le sang-froid qui soumet l'activité de l'âme à la raison, et qui préserve, dans tous les événements, de la crainte, de l'ivresse, de la précipitation, n'est-il pas une qualité qui ne peut exister dans les hommes que l'imagination maîtrise ? cette qualité n'est-elle pas absolument opposée au *génie ?*

6498 Les systèmes sont plus dangereux en politique qu'en philosophie ; l'imagination qui égare le philosophe ne lui fait faire que des erreurs ; l'imagination qui égare l'homme d'État lui fait faire des fautes et le malheur des hommes.

Sur le génie

6499 L'esprit dit de jolies choses et n'en fait que de petites. Est-ce la chaleur, la vivacité, la fougue même? Non. Les gens chauds se démènent beaucoup pour ne rien faire qui vaille.

6500 Le goût efface les défauts plutôt qu'il ne produit les beautés ; c'est un dons qu'on acquiert plus ou moins, ce n'est pas un ressort de nature.

Éloge de Richardson

6501 Qu'est-ce que la vertu? C'est, sous quelque face qu'on la considère, un sacrifice de soi-même. Le sacrifice que l'on fait de soi-même en idée est une disposition préconçue à s'immoler en réalité.

6502 Un bien présent peut être dans l'avenir la source d'un grand mal ; un mal, la source d'un grand bien.

Éloge de Térence

6503 L'idée d'une multitude d'hommes de notre petite stature nous importune moins que l'idée d'un colosse.

6504 S'il n'est point d'homme de lettres qui ne fût très vain d'avoir gagné une bataille, y a-t-il un bon général d'armé qui ne fût aussi vain d'avoir un beau poème?

6505 Il est glorieux de s'exposer pour la patrie ; mais il est glorieux aussi, et il est plus rare de savoir célébrer dignement ceux qui sont morts pour elle.

6506 [...] la verve se laisse rarement maîtriser par le goût, mais ne l'exclut pas.

6507 Le goût timide et circonspect tourne sans cesse les yeux autour de lui ; il ne hasarde rien ; il veut plaire à tous ; il est le fruit des siècles et des travaux successifs des hommes.

6508 il n'y a donc qu'un moyen de rendre fidèlement un auteur, d'une langue étrangère dans la nôtre: c'est d'avoir l'âme bien pénétrée des impressions qu'on en a reçues, et de n'être satisfait de sa traduction que quand elle réveillera les mêmes impressions dans l'âme du lecteur. Alors l'effet de l'original et celui de la copie sont les mêmes ; mais cela se peut-il toujours?

Entretiens sur le fils naturel
second entretien

6509 [...] Il ne faut point donner d'esprit à ses personnages ; mais savoir les placer dans des circonstances qui leur en donnent...

6510 Les poètes, les acteurs, les musiciens, les peintres, les chanteurs de premier ordre, les grands danseurs, les amants tendres, les vrais dévots, toute cette troupe enthousiaste et passionnée sent vivement, et réfléchit peu.

6511 Un grand goût suppose un grand sens, une longue expérience, une âme honnête et sensible, un esprit élevé, un tempérament un peu mélancolique, et des organes délicats...

6512 Ne vaut-il pas mieux encore, me disait-elle[1], faire des ingrats, que de manquer à faire le bien ?

6513 Les parents ont pour leurs enfants un amour inquiet et pusillanime qui les gâte. Il en est un autre attentif et tranquille, qui les rend honnêtes ; et c'est celui-ci, qui est le véritable amour de père.

6514 L'ennui de tout ce qui amuse la multitude, est la suite du goût réel pour la vertu.

6515 Il y a un tact moral qui s'étend à tout, et que le méchant n'a point.

6516 L'homme le plus heureux est celui qui fait le bonheur d'un plus grand nombre d'autres.

6517 Je voudrais être mort, est un souhait fréquent qui prouve, du moins quelquefois, qu'il y a des choses plus précieuses que la vie.

6518 Un honnête homme est respecté de ceux même qui ne le sont pas, fût-il dans une autre planète.

6519 Les passions détruisent plus de préjugés que la philosophie. Et comment le mensonge leur résisterait-il ? Elles ébranlent quelquefois la vérité.

6520 Si la langue de la vertu s'appauvrit à mesure que celle du vice s'étend, bientôt on en sera réduit à ne pouvoir parler sans dire une sottise. Pour moi, je pense qu'il y a mille occasions où un homme ferait honneur à son goût et à ses mœurs, en méprisant cette espèce d'invasion du libertinage.

troisième entretien

6521 Il me semble qu'il y a bien de l'avantage à rendre les hommes tels qu'ils sont. Ce qu'ils devraient être est une chose trop systématique et trop vague pour servir de base à un art d'imitation. Il n'y a rien de si rare qu'un homme tout à fait méchant, si ce n'est peut-être un homme tout à fait bon.

1. Mlle Clairon.

(Entretiens sur le fils naturel)

6522 Les beautés ont, dans les arts, le même fondement que les vérités dans la philosophie. Qu'est-ce que la vérité? La conformité de nos jugements avec les êtres. Qu'est-ce que la beauté d'imitation? La conformité de l'image avec la chose.

6523 Des hommes de génie ont ramené, de nos jours, la philosophie du monde intelligible dans le monde réel. Ne s'en trouvera-t-il point un qui rende le même service à la poésie lyrique et qui la fasse descendre, des régions enchantées, sur la terre que nous habitons?

6524 Un sage était autrefois un philosophe, un poète, un musicien. Ces talents ont dégénéré en se séparant: la sphère de la philosophie s'est resserrée; les idées ont manqué à la poésie; la force et l'énergie, aux chants; et la sagesse, privée de ces organes, ne s'est plus fait entendre aux peuples avec le même charme. Un grand musicien et un grand poète lyrique répareraient tout le mal.

6525 Une danse est un poème.

6526 Les sens ne sont tous qu'un toucher; tous les arts, qu'une imitation. Mais chaque sens touche, et chaque art imite d'une manière qui lui est propre.

Discours sur la poésie dramatique

6527 [...] rien ne prévaut contre le vrai. Le mauvais passe, malgré l'éloge de l'imbécillité; et le bon reste, malgré l'indécision de l'ignorance et la clameur de l'envie.

6528 Malheur à celui qui s'occupe, si son travail n'est pas la source de ses instants les plus doux, et s'il ne sait pas se contenter de peu de suffrages! Le nombre des bons juges est borné.

6529 Les gens de bien sont rares; mais il y en a. Celui qui pense autrement s'accuse lui-même, et montre combien il est malheureux dans sa femme, dans ses parents, dans ses amis, dans ses connaissances.

6530 L'eau, l'air, la terre, le feu, tout est bon dans la nature; et l'ouragan, qui s'élève sur la fin de l'automne, secoue les forêts, et frappant les arbres les uns contre les autres, en brise et sépare les branches mortes [...]

6531 Qu'il est doux d'avoir bien vécu, lorsqu'on est sur le point de mourir!

6532 Moins un genre est vraisemblable, plus il est facile d'y être rapide et chaud. On a de la chaleur aux dépens de la vérité et des bienséances.

6533 Il n'est pas donné à tout le monde d'estropier. Si l'on croit qu'il y ait beaucoup plus d'hommes capables de faire *Pourceaugnac* que *le Misanthrope,* on se trompe.

6534 Qu'est-ce qu'Aristophane? Un farceur original. Un auteur de cette espèce doit être précieux pour le gouvernement, s'il sait l'employer. C'est à lui qu'il faut abandonner tous les enthousiastes qui troublent de temps en temps la société. Si on les expose à la foire, on n'en remplira pas les prisons.

6535 [...] en général il y a plus de pièces bien dialoguées que de pièces bien conduites. Le génie qui dispose les incidents, paraît plus rare que celui qui trouve les vrais discours. Combien de belles scènes dans Molière! On compte ses dénouements heureux.

6536 Écouter les hommes, et s'entretenir souvent avec soi : voilà les moyens de se former au dialogue.

6537 [...] le poète comique est le poète par excellence. C'est lui qui fait. Il est, dans sa sphère, ce que l'Être tout-puissant est dans la nature. C'est lui qui crée, qui tire du néant [...]

6538 Il faut que les hommes fassent, dans la comédie, le rôle que font les dieux dans la tragédie. La fatalité et la méchanceté, voilà, dans l'un et l'autre genre, les bases de l'intérêt dramatique.

6539 O combien l'homme qui pense le plus est encore automate!

6540 Comment s'oublier lorsque l'ennui nous rappelle à notre existence? Comment échauffer, éclairer les autres, lorsque la lampe de l'enthousiasme est éteinte, et que la flamme du génie ne luit plus sur le front?

6541 Le génie se sent; mais il ne s'imite point.

6542 Qu'un auteur intelligent fasse entrer dans son ouvrage des traits que le spectateur s'applique, j'y consens; qu'il y rappelle des ridicules en vogue, des vices dominants, des événements publics; qu'il instruise et qu'il plaise, mais que ce soit sans y penser. Si l'on remarque son but, il le manque; il cesse de dialoguer, il prêche.

6543 [...] quelque génie qu'ait un poète, il lui faut un censeur.

6544 [...] un drame est fait pour le peuple, et [...] il ne faut supposer au peuple ni trop d'imbécillité, ni trop de finesse.

6545 Il y a de la différence entre la plaisanterie de théâtre et la plaisanterie de société. Celle-ci serait trop faible sur la scène, et n'y ferait aucun effet. L'autre serait trop dure dans le monde, et elle offenserait. Le cynisme, si odieux, si incommode dans la société, est excellent sur la scène.

(Discours sur la poésie dramatique)

6546 Autre chose est la vérité en poésie ; autre chose, en philosophie. Pour être vrai, le philosophe doit conformer son discours à la nature des objets ; le poète à la nature de ses caractères.

6547 Pourquoi chercher l'auteur dans ses personnages ? Qu'a de commun Racine avec *Athalie*, Molière avec *le Tartuffe ?* Ce sont des hommes de génie qui ont su fouiller au fond de nos entrailles, et en arracher le trait qui nous frappe. Jugeons les poèmes, et laissons là les personnes.

6548 [...] telle est la différence de l'esprit et du génie, que l'un est presque toujours présent, et que souvent l'autre s'absente.

6549 Je conçois comment, à force de travail, on réussit à faire une scène de Corneille, sans être né Corneille : je n'ai jamais conçu comment on réussissait à faire une scène de Racine, sans être né Racine.

6550 Un peuple n'est pas légalement propre à exceller dans tous les genres de drame. La tragédie me semble plus du génie républicain ; et la comédie, gaie surtout, plus du caractère monarchique.

6551 En général, plus un peuple est civilisé, poli, moins ses mœurs sont poétiques ; tout s'affaiblit en s'adoucissant.

6552 La poésie veut quelque chose d'énorme, de barbare et de sauvage. C'est lorsque la fureur de la guerre civile ou du fanatisme arme les hommes de poignards, et que le sang coule à grands flots sur la terre, que le laurier d'Apollon s'agite et verdit. Il en veut être arrosé. Il se flétrit dans les temps de la paix et du loisir.

6553 Celui qui est frappé des diamants qui déparent une belle femme, n'est pas digne de voir une belle femme.

6554 Le public ne sait pas toujours désirer le vrai. Quand il est dans le faux, il peut y rester des siècles entiers ; mais il est sensible aux choses naturelles ; et lorsqu'il en a reçu l'impression, il ne la perd jamais entièrement.

6555 La nature, la nature ! on ne lui résiste pas. Il faut ou la chasser ou lui obéir.

6556 Il est facile de critiquer juste ; et difficile d'exécuter médiocrement.

6557 Les voyageurs parlent d'une espèce d'hommes sauvages, qui soufflent au passant des aiguilles empoisonnées. C'est l'image de nos critiques.

6558 Le rôle d'un auteur est un rôle assez vain ; c'est celui d'un homme qui se croit en état de donner des leçons au public. Et le rôle du critique ? Il est bien plus vain encore ; c'est celui d'un homme qui se croit en état de donner des leçons à celui qui se croit en état d'en donner au public.

6559 La vérité et la vertu sont les amies des beaux-arts. Voulez-vous être auteur ? voulez-vous être critique ? commencez par être homme de bien. Qu'attendre de celui qui ne peut s'affecter profondément ?

6560 Si l'on m'assure qu'un homme est avare, j'aura peine à croire qu'il produise quelque chose de grand. Ce vice rapetisse l'esprit et rétrécit le cœur. Les malheurs publics ne sont rien pour l'avare. Quelquefois il s'en réjouit. Il est dur. Comment s'élèvera-t-il à quelque chose de sublime ? il est sans cesse courbé sur un coffre-fort. Il ignore la vitesse du temps et la brièveté de la vie.

6561 Ce n'est que par la mémoire que nous sommes un même individu pour les autres et pour nous-mêmes. Il ne me reste peut-être pas, à l'âge que j'ai, une seule molécule du corps que j'apportai en naissant.

Paradoxe sur le comédien

6562 La sensibilité n'est guère la qualité d'un grand génie.

6563 La larme qui s'échappe de l'homme vraiment homme nous touche plus que tous les pleurs d'une femme.

6564 « C'est l'extrême sensibilité qui fait les acteurs médiocres ; c'est la sensibilité médiocre qui fait la multitude des mauvais acteurs ; et c'est le manque absolu de sensibilité qui prépare les acteurs sublimes. » Les larmes du comédien descendent de son cerveau ; celles de l'homme sensible montent de son cœur.

6565 Ce n'est pas que la pure nature n'ait ses moments sublimes ; mais je pense que s'il est quelqu'un sûr de saisir et de conserver leur sublimité, c'est celui qui les aura pressentis d'imagination ou de génie, et qui les rendra de sang-froid.

6566 Il en est au théâtre comme dans la société, où l'on ne reproche la galanterie à une femme que quand elle n'a ni assez de talents, ni assez d'autres vertus pour couvrir un vice.

6567 On a dit que l'amour, qui ôtait l'esprit à ceux qui en avaient, en donnait à ceux qui n'en avaient pas ; c'est-à-dire, en autre français, qu'il rendait les uns sensibles et sots, et les autres froids et entreprenants.

6568 Un moyen sûr de jouer petitement, mesquinement, c'est d'avoir à jouer son propre caractère. Vous êtes un tartuffe, un avare, un misanthrope, vous le jouerez bien ; mais vous ne ferez rien de ce que le poète a fait ; car il a fait, lui, le Tartuffe, l'Avare et le Misanthrope.

Recherches philosophiques sur l'origine et la nature du beau

6569 Les choses dont on parle le plus parmi les hommes sont assez ordinairement celles qu'on connaît le moins.

6570 Comment se fait-il que presque tous les hommes soient d'accord qu'il y a un *beau;* qu'il y en ait tant entre eux qui le sentent vivement où il est, et que si peu sachent ce que c'est?

Les Salons, salon de 1761, Boucher

6571 Cet homme a tout, excepté la vérité.

Les Salons, salon de 1763, Boucher: une bergerie

6572 Quand on écrit, faut-il tout écrire? Quand on peint, faut-il tout peindre? De grâce, laissez quelque chose à suppléer par mon imagination.

Essai sur la peinture, chap. 2

6573 On ne manque pas d'excellents dessinateurs; il y a peu de grands coloristes. Il en est de même en littérature: cent froids logiciens pour un grand orateur; dix grands orateurs pour un poète sublime. Un grand intérêt fait éclore subitement un homme éloquent; quoi qu'en dise Helvétius, on ne ferait pas dix bons vers, même sous peine de mort.

chap. 4

6574 Un comédien qui ne se connaît pas en peinture est pauvre comédien; un peintre qui n'est pas physionomiste est un pauvre peintre.

Pensées détachées sur la peinture, la sculpture et la poésie
Du goût

6575 On retrouve les poètes dans les peintres, et les peintres dans les poètes. La vue des tableaux des grands maîtres est aussi utile à un auteur, que la lecture des grands ouvrages à un artiste.

6576 Le goût a prononcé longtemps avant que de connaître le motif de son jugement; il le cherche quelquefois sans le trouver, et cependant il persiste.

6577 Les règles ont fait de l'art une routine; et je ne sais si elles n'ont pas été plus nuisibles qu'utiles. Entendons-nous: elles ont servi à l'homme ordinaire; elles ont nui à l'homme de génie.

6578 On ne retient presque rien sans le secours des mots, et les mots ne suffisent presque jamais pour rendre précisément ce que l'on sent.

6579 Un mauvais mot, une expression bizarre m'en a quelquefois plus appris que dix belles phrases.

6580 La sotte occupation que celle de nous empêcher sans cesse de prendre du plaisir, ou de nous faire rougir de celui que nous avons pris!... C'est celle du critique.

Pensées philosophiques

6581 Si ces pensées ne plaisent à personne, elles pourront n'être que mauvaises ; mais je les tiens pour détestables si elles plaisent à tout le monde.

II

6582 Les passions sobres font les hommes communs. Si j'attends l'ennemi, quand il s'agit du salut de ma patrie, je ne suis qu'un citoyen ordinaire. Mon amitié n'est que circonspecte, si le péril d'un ami me laisse les yeux ouverts sur le mien. La vie m'est-elle plus chère que ma maîtresse, je ne suis qu'un amant comme un autre.

V

6583 Le beau projet que celui d'un dévot qui se tourmente comme un forcené pour ne rien désirer, ne rien aimer, ne rien sentir, et qui finirait par devenir un vrai monstre s'il réussissait !

VIII

6584 Il y a des gens dont il ne faut pas dire qu'ils craignent Dieu, mais bien qu'ils en ont peur.

XII

6585 Oui, je le soutiens, la superstition est plus injurieuse à Dieu que l'athéisme.

XIV

6586 Pascal avait de la droiture ; mais il était peureux et crédule. Élégant écrivain et raisonneur profond, il eût sans doute éclairé l'univers, si la Providence ne l'eût abandonné à des gens qui sacrifièrent ses talents à leurs haines. [...] On pourrait bien lui appliquer ce que l'ingénieux La Mothe disait de La Fontaine : Qu'il fut assez bête pour croire qu'Arnaud, de Sacy et Nicole valaient mieux que lui.

XV

6587 On n'a recours aux invectives que quand on manque de preuves. Entre deux controversistes, il y a cent à parier contre un que celui qui aura tort se fâchera.

XVI

6588 On demandait un jour à quelqu'un s'il y avait de vrais athées. Croyez-vous, répondit-il, qu'il y ait de vrais chrétiens ?

XX

6589 L'intelligence d'un premier être ne m'est-elle pas mieux démontrée dans la nature par ses ouvrages, que la faculté de penser dans un philosophe par ses écrits ? [...] C'est sur ce raisonnement, et quelques autres de la même simplicité, que j'admets l'existence d'un Dieu, et non sur ces tissus d'idées sèches et métaphysiques, moins propres à dévoiler la vérité qu'à lui donner l'air du mensonge.

(Pensées philosophiques)

XXIV

6590 Qu'on apporte cent preuves de la même vérité, aucune ne manquera de partisans. Chaque esprit a son téléscope. C'est un colosse à mes yeux que cette objection qui disparaît aux vôtres: vous trouvez légère une raison qui m'écrase.

XXVI

6591 Les hommes ont banni la Divinité d'entre eux ; ils l'ont reléguée dans un sanctuaire ; les murs d'un temple bornent sa vue ; elle n'existe point au-delà.

XXVII

6592 L'ignorance et l'*incuriosité* sont deux oreillers fort doux ; mais pour les trouver tels, il fut avoir *la tête aussi bien faite* que Montaigne.

XXIX

6593 Damner un homme pour de mauvais raisonnements, c'est oublier qu'il est un sot pour le traiter comme un méchant.

XXXII

6594 L'incrédulité est quelquefois le vice d'un sot, et la crédulité le défaut d'un homme d'esprit. L'homme d'esprit voit loin dans l'immensité des possibles ; le sot ne voit guère de possible que ce qui est. C'est là peut-être ce qui rend l'un pusillanime, et l'autre téméraire.

XLVIII

6595 Tous les peuples ont de ces faits, à qui, pour être merveilleux, il ne manque que d'être vrais ; avec lesquels on démontre tout, mais qu'on ne prouve point ; qu'on n'ose nier sans être impie, et qu'on ne peut croire sans être imbécile.

L

6596 Une seule démonstration me frappe plus que cinquante faits.

6597 Je suis plus sûr de mon jugement que de mes yeux.

6598 Pourquoi me harceler par des prodiges, quand tu n'as besoin, pour me terrasser, que d'un syllogisme ? Quoi donc ! te serait-il plus facile de redresser un boiteux que de m'éclairer ?

LVI

6599 Les lumières des ministres ne sont point une preuve de la vérité d'une religion. Quel culte plus absurde que celui des Égyptiens, et quels ministres plus éclairés ?...

6600 L'exemple, les prodiges, et l'autorité peuvent faire des dupes ou des hypocrites : la raison seule fait des croyants.

LVII

6601 Dévots, je vous en avertis ; je ne suis pas chrétien parce que saint Augustin l'était ; mais je le suis, parce qu'il est raisonnable de l'être.

Addition aux Pensées phil sophiques

V

6602 Si la raison est un don du ciel, et que l'on en puisse dire autant de la foi, le ciel nous a fait deux présents incompatibles et contradictoires.

XVI

6603 Le Dieu des chrétiens est un père qui fait grand cas de ses pommes, et fort peu de ses enfants.

XVII

6604 Otez la crainte de l'enfer à un chrétien, et vous lui ôterez sa croyance.

XXXI

6605 La religion de Jésus-Christ, annoncée par des ignorants, a fait les premiers chrétiens. La même religion, prêchée par des savants et des docteurs, ne fait aujourd'hui que des incrédules.

XLI

6606 Dire que l'homme est un composé de force et de faiblesse, de lumière et d'aveuglement, de petitesse et de grandeur, ce n'est pas lui faire son procès, c'est le définir.

XLIII

6607 Ce que nous appelons le péché originel, Ninon de l'Enclos l'appelait le péché *original.*

LVII

6608 A entendre un théologien exagérer l'action d'un homme que Dieu fit paillard, et qui a couché avec sa voisine, que Dieu fit complaisante et jolie, ne dirait-on pas que le feu ait été mis aux quatre coins de l'univers ? Eh ! mon ami, écoute Marc-Aurèle, et tu verras que tu courrouces ton Dieu pour le frottement illicite et voluptueux de deux intestins.

Essai sur les préjugés

6609 Qu'est-ce qu'un paradoxe, sinon une vérité opposée aux préjugés du vulgaire, ignorée du commun des hommes, et que l'inexpérience actuelle les empêche de sentir ? Ce qui est aujourd'hui un paradoxe pour nous sera pour la postériorité une vérité démontrée.

Lettre sur les aveugles à l'usage de ceux qui voient

6610 Les grands services sont comme de grosses pièces d'or ou d'argent qu'on a rarement occasion d'employer ; mais les petites attentions sont une monnaie courante qu'on a toujours à la main.

(Lettres sur les aveugles à l'usage de ceux qui voient)

6611 [...] tous les animaux, nous accordant volontiers une raison avec laquelle nous aurions grand besoin de leur instinct, se prétendront doués d'un instinct avec lequel ils se passent fort bien de notre raison. Nous avons un si violent penchant à surfaire nos qualités et à diminuer nos défauts, qu'il semblerait presque que c'est à l'homme à faire le traité de la force, et à l'animal celui de la raison.

6612 Je ne doute point que, sans la crainte du châtiment, bien des gens n'eussent moins de peine à tuer un homme à une distance où ils ne le verraient gros que comme une hirondelle, qu'à égorger un bœuf de leurs mains.

6613 Un moyen presque sûr de se tromper en métaphysique, c'est de ne pas simplifier assez les objets dont on s'occupe; et un secret infaillible pour arriver en physico-mathématique à des résultats défectueux, c'est de les supposer moins composés qu'ils ne le sont.

6614 [...] toute langue en général étant pauvre de mots propres pour les écrivains qui ont l'imagination vive, ils sont dans le même cas que des étrangers qui ont beaucoup d'esprit; les situations qu'ils inventent, les nuances délicates qu'ils aperçoivent dans les caractères, la naïveté des peintures qu'ils ont à faire, les écartent à tout moment des façons de parler ordinaires [...]

6615 On appelle *idéalistes* ces philosophes qui, n'ayant conscience que de leur existence et des sensations qui se succèdent au dedans d'eux-mêmes, n'admettent pas autre chose: système extravagant qui ne pouvait, ce me semble, devoir sa naissance qu'à des aveugles; système qui, à la honte de l'esprit humain et de la philosophie, est le plus difficile à combattre, quoique le plus absurde de tous.

6616 Si la nature nous offre un nœud difficile à délier, laissons-le pour ce qu'il est; et n'employons pas à le couper la main d'un être qui devient ensuite pour nous un nouveau nœud plus indissoluble que le premier.

6617 Nous ne savons donc presque rien; cependant combien d'écrits dont les auteurs ont tous prétendu savoir quelque chose! Je ne devine pas pourquoi le monde ne s'ennuie point de lire et de ne rien apprendre.

De l'interprétation de la nature

§ 6

6618 Quand on vient à comparer la multitude infinie des phénomènes de la nature avec les bornes de notre entendement et la faiblesse de nos organes, peut-on jamais attendre autre chose de la lenteur de nos travaux, de leurs longues et fréquentes interruptions et de la rareté des génies créateurs, que quelques pièces rompues et séparées de la grande chaîne qui lie toutes choses?

§ 9

6619 Les hommes en sont à peine à sentir combien les lois de l'investigation de la vérité sont sévères, et combien le nombre de nos moyens est borné. Tout se réduit à revenir des sens à la réflexion, et de la réflexion aux sens : rentrer en soi et en sortir sans cesse. C'est le travail de l'abeille. On a battu bien du terrain en vain, si on ne rentre pas dans la ruche chargée de cire. On a fait bien des amas de cire inutile, si on ne sait pas en former des rayons.

§ 10

6620 Celui qui confesse librement qu'il ne sait pas ce qu'il ignore, me dispose à croire ce dont il entreprend de me rendre raison.

§ 12

6621 [...] il est évident que la nature n'a pu conserver tant de ressemblance dans les parties, et affecter tant de variété dans les formes, sans avoir souvent rendu sensible dans un être organisé ce qu'elle a dérobé dans un autre. C'est une femme qui aime à se travestir, et dont les différents déguisements, laissant échapper tantôt une partie, tantôt une autre, donnent quelque espérance à ceux qui la suivent avec assiduité de connaître un jour toute sa personne.

§ 22

6622 L'entendement a ses préjugés ; le sens, son incertitude ; la mémoire, ses limites ; l'imagination, ses lueurs ; les instruments, leur imperfection. Les phénomènes sont infinis ; les causes, cachées ; les formes, peut-être transitoires. Nous n'avons contre tant d'obstacles que nous trouvons en nous, et que la nature nous oppose au dehors, qu'une expérience lente, qu'une réflexion bornée. Voilà les leviers avec lesquels la philosophie s'est proposé de remuer le monde.

§ 40

6623 Hâtons-nous de rendre la philosophie populaire. Si nous voulons que les philosophes marchent en avant, approchons le peuple du point où en sont les philosophes.

§ 57

6624 L'homme fait un mérite à l'Éternel de ses petites vues ; et l'Éternel qui l'entend du haut de son trône, et qui connaît son intention, accepte sa louange imbécile, et sourit de sa vanité.

Entretien d'un père avec ses enfants

6625 C'est qu'il y a tant de méchants dans ce monde, qu'il n'y faut pas retenir ceux à qui il prend envie d'en sortir.

6626 Est-ce que l'homme n'est pas antérieur à l'homme de loi ? Est-ce que la raison de l'espèce humaine n'est pas tout autrement sacrée que la raison d'un législateur ? Nous nous appelons civilisés, et nous sommes pires que des sauvages. Il semble qu'il nous faille encore tournoyer pendant des siècles, d'extravagances en extravagances et d'erreurs en erreurs, pour arriver où la première étincelle de jugement, l'instinct seul, nous eût menés tout droit.

Correspondance, lettre à Landois, 29 juin 1756

6627 Regardez-y de près et vous verrez que le mot liberté est un mot vide de sens, qu'il n'y a point et qu'il ne peut y avoir d'êtres libres, que nous ne sommes que ce qui convient à l'ordre général, à l'organisation, à l'éducation et à la chaîne des événements... Ce qui nous trompe, c'est la prodigieuse variété de nos actions, jointe à l'habitude que nous avons prise tout en naissant de confondre le volontaire avec le libre.

Lettres à Sophie Volland, 10 août 1759

6628 Un tout est beau lorsqu'il est un ; en ce sens Cromwell est beau, et Scipion aussi, et Médée, et Arria, et César, et Brutus.

20 septembre 1760

6629 Ah ! Sophie, la vie est bien mauvaise chose pour les âmes sensibles ; elles sont entourées de cailloux qui les choquent et les froissent sans cesse.

30 septembre 1760

6630 A propos de ces Chinois, savez-vous que l'illustration remonte chez eux et ne descend jamais ? Ce sont les enfants qui illustrent et anoblissent leurs aïeux et non pas les aïeux leurs enfants. Ma foi, cela est encore bien sage.

Lettre à Grimm, 14 septembre 1769

6631 Je prétends que c'est la sensibilité qui fait les comédiens médiocres ; l'extrême sensibilité les comédiens bornés ; le sens froid et la tête, les comédiens sublimes.

Le cardinal de BERNIS 1715-1794

Discours sur la poésie

6632 Il suffit de penser pour être homme d'esprit ; mais il faut imaginer pour être poète.

6633 Un profond géomètre traite les vers de bagatelle : cependant il y a à parier que le grand Newton ne vivra pas aussi longtemps que le vieux Homère.

Épîtres

I, sur le goût

6634 Le naturel est le sceau du génie,
L'appui du goût, l'âme de l'harmonie.

6635 A force d'art, l'art lui-même est banni.

6636 Trop de finesse affadit la saillie.

II, sur les mœurs

6637 Le ton du monde est une amorce
Qui nous en cache le danger:
Le savoir, un vain étalage
De mémoire et de vanité:
Notre raison, un badinage
Où succombe la vérité.

6638 Français, connaissez votre image;
Des modes vous êtes l'ouvrage...

III, contre le libertinage

6639 Le monde a de son sein exilé la science;
Mais il sait par l'usage ennoblir l'ignorance;
Il prête à nos discours ce vernis animé,
Ce ton enfin, ce ton plus senti qu'exprimé.

IV, sur l'indépendance

6640 Outrager est d'un fou, flatter est d'un esclave.

V, sur l'amour de la patrie

6641 Aimerait-on autrui, si l'on ne s'aimait pas?

VII, à mes dieux pénates

6642 Je reconnais tous les travers
De ce rien qu'on nomme science:
Je vois que la sombre ignorance
Obscurcit les pâles éclairs
De notre faible intelligence.

VIII, à M. Duclos

6643 Le sentiment qu'on alambique
N'a guère de solidité:
Par un seul mot l'amour s'explique;
L'art du cœur est la vérité.

X, sur la paresse

6644 Car enfin, que sert-il d'écrire?
N'est-ce pas assez de penser?

(Épîtres) XII, aux Grâces

6645 Rien ne dure que ce qui plaît,
L'utile doit être agréable ;
Un auteur n'est jamais parfait
Quand il néglige d'être aimable.

XIII, à M. de Fontenelle

6646 Qu'un autre exalte le courage
D'Achille mort dans son printemps :
Il faut plus de vertus pour vivre plus longtemps,
Et le Nestor des Grecs fut encor le plus sage.

Poésies diverses, sur la Cour

6647 Où se forge la foudre, il ne tonne jamais.

Poésies diverses, sur la mode

6648 La mode est un tyran, des mortels respecté,
Digne enfant du dégoût et de la nouveauté.
[...]
La suivre est un devoir, la fuir un ridicule.

Poésies diverses
Réponse à une Dame qui demandait qu'on corrigeât ses vers

6649 Trop de culture épuise un champ fertile.

6650 L'ouvrage a toujours l'air facile,
Quand le travail est un plaisir.

Réflexions sur les passions

6651 Les amants véritables ressemblent aux fontaines abondantes ; elles sont vives ; mais elles sont douces.

6652 Il n'est rien de si commun que de parler d'amour ; il n'est rien de si rare que d'en bien parler.

6653 La coquetterie sauve ordinairement les femmes des grandes passions, et le libertinage en garantit presque toujours les hommes. Il faut penser modestement de soi-même pour aimer sincèrement ; il faut être sage pour aimer longtemps.

6654 Un amour ordinaire est la plus faible de toutes les passions. L'espérance du plaisir le soutient, son approche l'affaiblit, son arrivée l'anéantit absolument.

6655 L'eau retient la figure du vase qu'elle remplit : nos maîtresses nous rendent tout ce que nous sommes.

6656 C'est jouir de trois personnes en une seule, que d'avoir une maîtresse qui rassemble les agréments, l'esprit et les caprices.

6657 Dans les amants vulgaires, c'est toujours le cœur qui se lasse le premier ; mais parmi ceux qui pensent, le cœur est toujours touché, tant que l'esprit s'amuse. Il suffit d'être curieux, et d'avoir en soi-même de quoi exciter la curiosité d'autrui, pour plaire longtemps à une maîtresse aimable, et pour l'aimer longtemps soi-même.

6658 Heureusement que toutes les espèces de grâces sont passagères ; ainsi le beau sexe se console de la perte de ses charmes, par l'espérance de voir bientôt flétrir ceux qui font le plus de bruit.

6659 La confiance d'être aimé est le seul bonheur de la vie ; mais c'est un bonheur appuyé sur une colonne de sable ; en sonder l'intérieur, c'est s'exposer à la renverser absolument. Contentons-nous de savoir en général qu'il est peu de vrais amis.

6660 J'étends ces réflexions jusqu'au plaisir même : le définir, c'est le détruire ; il s'est couvert d'un voile brillant qui s'obscurcit dès qu'on cherche à le lever.

6661 Que je plains ces philosophes malheureux, qui ne trouvent de réel que ce qui est durable, et qui laissent échapper un plaisir avec autant de facilité qu'un autre aurait d'ardeur en évitant une peine !

Étienne Bonnot, abbé de CONDILLAC 1715-1780

Essai sur l'origine des connaissances humaines
seconde partie, première section, chap. 1, § 12

6662 Le défaut des Français, c'est de borner les arts à force de vouloir les rendre simples. Par là ils se privent quelquefois du meilleur, pour ne conserver que le bon.

chap. 15, § 147

6663 Le Français a été, pendant longtemps, si peu favorable aux progrès de l'esprit, que si l'on pouvait se représenter Corneille successivement dans les différents âges de la monarchie, on lui trouverait moins de génie, et l'on arriverait enfin à un Corneille qui ne pourrait donner aucune preuve de talent.

seconde section, chap. 4, § 52

6664 Nous avons quatre métaphysiciens célèbres, Descartes, Malebranche, Leibniz et Locke. Le dernier est le seul qui ne fut pas géomètre, et de combien n'est-il pas supérieur aux trois autres !

Traité des systèmes, chap. 4

6665 Les philosophes doivent leur réputation à l'importance des sujets dont ils s'occupent plutôt qu'à la manière dont ils les traitent.

chap. 18

6666 Voulez-vous apprendre les sciences avec facilité? Commencez par apprendre votre langue.

Traité des sensations, Dessein de cet ouvrage

6667 Nous ne saurions nous rappeler l'ignorance dans laquelle nous sommes nés: c'est un état qui ne laisse point de traces après lui.

première partie, chap. 1, § 2

6668 Si nous lui présentons une rose, elle sera par rapport à nous une statue qui sent une rose; mais par rapport à elle, elle ne sera que l'odeur même de cette fleur.
Elle sera donc odeur de rose, d'œillet, de jasmin, de violette, suivant les objets qui agiront sur son organe.

Traité des animaux

6669 Si quelques jolies phrases, qu'un écrivain pourrait ne pas se permettre, ne font pas lire un livre, elles le font feuilleter, et l'on en parle.

Discours de réception à l'Académie française

6670 Pour nous former le goût, il ne suffit pas d'étudier les langues mortes, il faut encore cultiver celle qui nous est devenue naturelle, parce que c'est dans cette langue que nous pensons.

Cours d'étude pour l'instruction du prince de Parme
II, Grammaire

6671 Je regarde la grammaire comme la première partie de l'art de penser.

VI, Histoire moderne, livre XX, chap. 1

6672 Les langues n'ont d'élégance qu'autant qu'il y en a dans l'esprit de ceux qui les parlent.

Le Commerce et le gouvernement
considérés relativement l'un à l'autre

6673 L'art de bien traiter une science se réduit à l'art d'en bien faire la langue.

6674 Les ville sont, en dernière analyse, les grands réservoirs où l'argent entre, et d'où il sort par un mouvement qui se soutient, ou qui se renouvelle continuellement.

Lettre au comte Potocki, 23 janvier 1779

6675 Le grand défaut de la synthèse est de commencer par des principes généraux et par des définitions, ce que je crois tout à fait contraire à la génération des idées.

Claude Adrien HELVÉTIUS 1715-1771

De l'esprit, II, XV

6676 La morale est une science frivole si l'on ne la confond avec la politique et la législation.

Notes, maximes et pensées

6677 Il y a dans l'esprit des maladies épidémiques auxquelles peu de gens échappent.

6678 La vérité est un flambeau qui luit dans un brouillard sans le dissiper.

6679 On n'est imposteur que lorsqu'on l'est à demi.

6680 Il y a des gens que l'on mène par la crainte même où ils sont d'être menés.

6681 L'art du politique est de faire en sorte qu'il soit de l'intérêt de chacun d'être vertueux.

Luc de Clapiers, marquis de VAUVENARGUES 1715-1747

Réflexions

6682 Il est plus aisé de dire des choses nouvelles que de concilier celles qui ont été dites.

6683 La clarté orne les pensées profondes.

6684 C'est un grand signe de médiocrité de louer toujours modérément.

6685 La servitude abaisse les hommes jusqu'à s'en faire aimer.

6686 On ne peut être juste, si on n'est humain.

6687 Il n'y a peut-être point de vérité qui ne soit à quelque esprit faux matière d'erreur.

6688 Quand on sent qu'on n'a pas de quoi se faire estimer de quelqu'un, on est bien près de le haïr.

(Réflexions)

6689 Le trafic de l'honneur n'enrichit pas.

6690 Il n'y a guère de gens plus aigres que ceux qui sont doux par intérêt.

6691 La modération des grands hommes ne borne que leurs vices.

6692 C'est être médiocrement habile, que de faire des dupes.

6693 On dit peu de choses solides, lorsqu'on cherche à en dire d'extraordinaires.

6694 La raison nous trompe plus souvent que la nature.

6695 Les grandes pensées viennent du cœur.

6696 Personne n'est sujet à plus de fautes que ceux qui n'agissent que par réflexion.

6697 On ne peut juger de la vie par une plus fausse règle que la mort.

6698 Pour exécuter de grandes choses, il faut vivre comme si on ne devait jamais mourir.

6699 La pensée de la mort nous trompe ; car elle nous fait oublier de vivre.

6700 L'esprit est l'œil de l'âme, non sa force. Sa force est dans le cœur, c'est-à-dire dans les passions.

6701 Suffit-il d'avoir la vue bonne pour marcher ? Ne faut-il pas encore avoir des pieds, et la volonté avec la puissance de les remuer ?

6702 Nous querellons les malheureux pour nous dispenser de les plaindre.

6703 On n'est pas né pour la gloire lorsqu'on ne connaît pas le prix du temps.

6704 Celui qui serait né pour obéir, obéirait jusque sur le trône.

6705 Qui sait tout souffrir peut tout oser.

6706 Lorsque les plaisirs nous ont épuisés, nous croyons avoir épuisé les plaisirs ; et nous disons que rien ne peut remplir le cœur de l'homme.

6707 Le feu, l'air, l'esprit, la lumière, tout vit par l'action. De là la communication et l'alliance de tous les êtres ; de là l'unité et l'harmonie dans l'univers. Cependant cette loi de la nature, si féconde, nous trouvons que c'est un vice dans l'homme : et parce qu'il est obligé d'y obéir, ne pouvant subsister dans le repos, nous concluons qu'il est hors de sa place.

6708 Quand on a beaucoup de lumière, on admire peu ; lorsque l'on en manque, de même. L'admiration marque le terme de nos connaissances, et prouve moins, souvent, la perfection des choses, que l'imperfection de notre esprit.

6709 Ceux qui se moquent des goûts sérieux aiment sérieusement les bagatelles.

6710 De tout temps on a vu des hommes qui savaient beaucoup avec un esprit très médiocre ; et au contraire, des esprits très vastes qui savaient fort peu. Ni l'ignorance n'est défaut d'esprit, ni le savoir n'est preuve de génie.

6711 Les grands hommes, en apprenant aux faibles à réfléchir, les ont mis sur la route de l'erreur.

6712 Il est faux que l'égalité soit une loi de la nature. La nature n'a rien fait d'égal. Sa loi souveraine est la subordination et la dépendance.

6713 Nous aimons quelquefois jusqu'aux louanges que nous ne croyons pas sincères.

6714 Nous nous consolons rarement des grandes humiliations ; nous les oublions.

6715 La patience est l'art d'espérer.

6716 Les biens et les maux extrêmes ne se font pas sentir aux âmes médiocres.

6717 Il s'en faut de beaucoup que notre goût soit toujours aussi difficile à contenter que notre esprit.

6718 L'erreur ajoutée à la vérité ne l'augmente point.

6719 Ceux qui ont abusé les peuples sur quelque intérêt général étaient fidèles aux particuliers.

6720 Ceux qui sont nés éloquents parlent quelquefois avec tant de clarté et de brièveté des grandes choses, que la plupart des hommes n'imaginent pas qu'ils en parlent avec profondeur.

6721 C'est un malheur que les hommes ne puissent d'ordinaire posséder aucun talent sans avoir quelque envie d'abaisser les autres.

6722 Il y a des semences de bonté et de justice dans le cœur de l'homme, si l'intérêt propre y domine.

(Réflexions)

6723 Le corps a ses grâces, l'esprit ses talents. Le cœur n'aurait-il que des vices? Et l'homme capable de raison serait-il incapable de vertu?

6724 La médiocrité d'esprit et la paresse font plus de philosophes que la réflexion.

6725 Celui qui a besoin des autres, les avertit de se défier de lui ; un homme inutile a bien de la peine à leurrer personne.

6726 L'art de plaire est l'art de tromper.

6727 On fait un ridicule à un homme du monde du talent et du goût d'écrire. Je demande aux gens raisonnables: que font ceux qui n'écrivent pas?

6728 La plupart des grandes affaires se traitent par écrit ; il ne suffit donc pas de savoir parler : tous les intérêts subalternes, les engagements, les plaisirs, les devoirs de la vie civile, demandent qu'on sache parler ; c'est donc peu de savoir écrire.

Pensées diverses

6729 Comptez rarement sur l'estime et sur la confiance d'un homme qui entre dans tous vos intérêts, s'il ne vous parle aussitôt des siens.

6730 Je n'ai jamais vu de préface ennuyeuse à la tête d'un bon livre.

6731 Les femmes ne peuvent comprendre qu'il y ait des hommes désintéressés à leur égard.

6732 Il n'est pas libre à un homme qui vit dans le monde de n'être pas galant.

6733 Quels que soient ordinairement les avantages de la jeunesse, un jeune homme n'est pas bienvenu auprès des femmes jusqu'à ce qu'elles en aient fait un fat.

6734 La clarté est la bonne foi des philosophes.

6735 La netteté est le vernis des maîtres.

6736 Pour savoir si une pensée est nouvelle, il n'y a qu'à l'exprimer bien simplement.

6737 Il y a peu de pensées synonymes, mais beaucoup d'approchantes.

6738 La constance est la chimère de l'amour.

6739 Ceux qui ne sont plus en état de plaire aux femmes s'en corrigent.

6740 Le plus grand de tous les projets est celui de prendre un parti.

6741 On promet beaucoup pour se dispenser de donner peu.

6742 On tourne une pensée comme un habit, pour s'en servir plusieurs fois.

6743 C'est faute de pénétration que nous concilions si peu de choses.

6744 L'incrédulité a ses enthousiastes, ainsi que la superstition.

6745 Personne ne peut se vanter de n'avoir jamais été méprisé.

6746 Il ne faut pas autant d'acquis pour être habile que pour le paraître.

6747 Il n'y a point de perte que l'on sente si vivement et si peu de temps que celle d'une femme aimée.

6748 La vérité est le soleil des intelligences.

6749 Les hommes ne se comprennent pas les uns les autres. Il y a moins de fous qu'on ne croit.

6750 Ceux qui méprisent l'homme ne sont pas de grands hommes.

Jugements

6751 Le plus grand et le plus ordinaire défaut des poètes est de ne pouvoir conserver le génie de leur langue et la naïveté du sentiment.

6752 Le public n'est pas obligé de tenir compte aux gens sans talent de la très grande peine qu'ils ont à écrire.

6753 Les grandes et les premières règles sont trop fortes pour les écrivains médiocres, car elles les réduiraient à ne point écrire.

Conseils à un jeune homme

6754 C'est dans l'oisiveté et la petitesse que la vertu souffre, lorsqu'une prudence timide l'empêche de prendre l'essor et la fait ramper dans ses liens ; mais le malheur même a ses charmes dans les grandes extrémités ; car cette opposition de la fortune élève un esprit courageux et lui fait ramasser toutes ses forces qu'il n'employait pas.

Lettre au marquis de Mirabeau, 22 mars 1740

6755 La liberté découvre, jusque dans l'excès du crime, la vraie grandeur de notre âme.

Lettre à Voltaire, avril 1743

6756 Corneille n'avait point de goût, parce que le bon goût n'étant qu'un sentiment vif et fidèle de la belle nature, ceux qui n'ont pas un esprit naturel ne peuvent l'avoir que mauvais.

Abbé Jean-Jacques BARTHÉLEMY 1716-1795

Lettre à Madame la marquise du Deffand, 7 juin 1770

6757 Nous lançâmes un chevreuil et tuâmes un loup, à peu près comme les généraux gagnent des batailles, c'est-à-dire que nous entendîmes le coup, que nous courûmes au bruit, que nous vîmes l'ennemi étendu sur le carreau, que nous en eûmes peur, et que nous nous retirâmes en bon ordre.

Dom DESCHAMPS 1716-1774

Observations métaphysiques, première partie

6758 Le passé et le futur rentrent continuellement l'un dans l'autre et ne donnent jamais que le présent ou, ce qui est égal, que le temps, toujours le même au fond, mais toujours nuancé différemment. Ce sont ces nuances qui sont le passé et le futur, qui sont tous les objets qui se succèdent les uns aux autres.

Le Vrai Système ou le Mot de l'énigme métaphysique et morale
La vérité métaphysique, I, IV

6759 Il n'a jamais vraisemblablement été écrit, ni dit, ni pensé jusqu'à moi que *tout et rien fût la même chose.*

La vérité morale, I, II

6760 Ce n'est pas la morale du prince qu'il faut réprouver, puisqu'il ne peut en avoir une autre, c'est le prince.

La vérité, II, II

6761 Nos livres, pour le dire ici, demandent un livre qui prouvât qu'ils sont de trop et qu'il serait de trop lui-même, une fois les hommes éclairés par lui.

Jean François de SAINT-LAMBERT 1716-1803

Les Saisons, Le printemps

6762 Amour, charmant Amour, la campagne est ton temple...

6763 Souvent j'écoute encor quand le chant a cessé.

Les Saisons, L'automne

6764 La campagne et mes chants ne sont pas faits pour vous.
Il faut avoir nos mœurs pour partager nos goûts.

Épitaphe

6765 Ci-gît un vieil atrabilaire:
Après l'avoir fait enterrer,
Sa veuve, n'ayant rien à faire,
Prit le parti de le pleurer.

Romance

6766 Par tes rigueurs ou ton absence
Cesse de déchirer mon cœur;
Je t'aimerais sans inconstance
Quand tu m'aimerais sans humeur.

Jean Le Rond d'ALEMBERT 1717-1783

Encyclopédie
Discours préliminaire, première partie

6767 La nature de l'homme, dont l'étude est si nécessaire, est un mystère impénétrable à l'homme même, quand il n'est éclairé que par la raison seule; et les plus grands génies à force de réflexions sur une matière si importante, ne parviennent que trop souvent à en savoir un peu moins que le reste des hommes.

6768 Celui qui dit que deux et deux font quatre, a-t-il une connaissance de plus que celui qui se contenterait de dire que deux et deux font deux et deux?

6769 L'univers, pour qui saurait l'embrasser d'un seul point de vue, ne serait, s'il est permis de le dire, qu'un fait unique et une grande vérité.

6770 Toute musique qui ne peint rien n'est que du bruit.

deuxième partie

6771 L'esprit qui invente est toujours mécontent de ses progrès, parce qu'il voit au-delà; et les plus grands génies trouvent souvent dans leur amour-propre même un juge secret, mais sévère, que l'approbation des autres fait taire pour quelques instants, mais qu'elle ne parvient jamais à corrompre.

6772 Que ne coûtent point les premiers pas en tout genre? Le mérite de les faire dispense de celui d'en faire de grands.

6773 Pour avoir le droit d'admirer les erreurs d'un grand homme, il faut savoir les reconnaître, quand le temps les a mises au grand jour.

6774 Avant la fin du XVIIIe siècle, un philosophe qui voudra s'instruire à fond des découvertes de ses prédécesseurs, sera contraint de charger sa mémoire de sept à huit langues différentes ; et après avoir consumé à les apprendre le temps le plus précieux de sa vie, il mourra avant de commencer à s'instruire.

6775 On nuit plus aux progrès de l'esprit en plaçant mal les récompenses qu'en les supprimant.

Encyclopédie
article Collège

6776 Au reste, si l'éducation de la jeunesse est négligée, ne nous en prenons qu'à nous-mêmes, et au peu de considération que nous témoignons à ceux qui s'en chargent.

article Expérimental

6777 Démocrite fou ! Lui qui, pour le dire ici en passant, avait trouvé la manière la plus philosophique de jouir de la nature et des hommes ; savoir, d'étudier l'une et rire des autres.

article Fortune

6778 Pour l'ordinaire, ceux qui ont causé la misère du peuple, croient s'acquitter en la plaignant.

Antoine BRET 1717-1792

L'École amoureuse

6779 Le premier soupir de l'amour
Est le dernier de la sagesse.

Claude-Henri WATELET 1718-1786

L'Art de peindre, chant 1

6780 Sur la nature même établir le vrai Beau
Et de l'Anatomie emprunter le flambeau...

Réflexion sur les différentes parties de la Peinture

6781 [...] la réserve doit être aux Arts, ce que la pudeur est à l'Amour.

Jacques CAZOTTE 1719-1792

Le Diable amoureux

6782 Dans toutes les occasions où nous avons besoin de secours extraordinaires pour régler notre conduite, si nous les demandons avec force, dussions-nous n'être pas exaucés, au moins, en nous recueillant pour les recevoir, nous nous mettons dans le cas d'user de toutes les ressources de notre propre prudence.

Michel-Jean SEDAINE 1719-1797

Recueil de poésies, au lecteur

6783 Un Livre sans Préface est une femme de condition sans rouge ; cela n'annonce point.

6784 Faites-nous des volumes, Monsieur, des volumes. On ne vous demande pas des chefs-d'œuvre ; mais que cela supporte une reliure.

Épître, à mon habit

6785 Ce que je décidai fut le *nec plus ultra.*
On applaudit à tout, j'avais tant de génie !
Ah ! mon habit, que je vous remercie !
C'est vous qui me valez cela !

6786 Ici l'habit fait valoir l'homme,
Là l'homme fait valoir l'habit.

6787 L'arbre n'est point jugé sur ses fleurs, sur son fruit,
On le juge sur son écorce.

À Monsieur de S.A.

6788 Nais, produis ton semblable, et meurs.
L'homme ainsi que le Dromadaire,
Les arbres ainsi que les fleurs,
Dans leur passage sur la terre
N'ont pas un autre itinéraire.

Épître, À mon premier recueil

6789 Un sot n'est pas moins sot, sous l'or que sous la bure.

Portrait d'Églé

6790 Ignorez-vous que l'art est un devoir ;
Qu'une femme sans art ne peut être jolie ;
Qu'il faut que ses regards dictés par le miroir,
Soient l'effet de l'étude, et le fruit du génie ?

L'Écritoire

6791 Il m'a toujours paru aussi juste que clair
Que femme à Procureur eût du goût pour son clerc...

La Gageure imprévue, scène 18

6792 Tu ne sais donc pas comme les maîtres sont aises quand nous leur donnons occasion de dire : « Ah ! que ces gens-là sont bêtes [...] ». C'est comme s'ils se disaient à eux-mêmes : « Ah ! que j'ai d'esprit ! »

6793 Il faut qu'un domestique soit bien sot, lorsqu'au bout de sept ans il ne gouverne pas son maître.

Richard Cœur de Lion, acte I, scène 1

6794 O Richard ! ô mon roi !
L'univers t'abandonne ;
Sur la terre il n'est que moi
Qui s'intéresse à ta personne.

Jean-Joseph VADÉ 1719-1757

Les Quatre bouquets poissards

6795 Qui mal veut, mal lui tourne, on l'a dit avant moi,
D'autres viendront après qui le diront encore.

Chansons, I

6796 Je ne vois rien de si charmant
Que d'obtenir un brevet de veuvage,
Quand il n'en coûte seulement
Que les frais de l'enterrement.

Amphigouris, VI

6797 On peut dire,
Sans médire,
Qu'une femme vaste
N'est point chaste.

Charles BONNET 1720-1793

Analyse abrégée de l'Essai analytique, chap. 14

6798 Mon livre forme une chaîne et cette chaîne est longue. Il ne serait pas bien de vouloir juger de toute la chaîne par quelques chaînons pris au hasard.

chap. 15

6799 L'âme humaine placée dans le cerveau de l'huître, y acquerrait-elle jamais des notions de morale et de métaphysique ?

Palingénésie philosophique ou Idées sur l'état passé
et l'état futur des êtres vivants
quatrième partie, chap. 6

6800 Nous connaissons des espèces qui subissent un assez bon nombre de métamorphoses qui font revêtir à chaque individu des formes si variées qu'elles paraissent en faire autant d'espèces différentes. Notre Monde a été apparemment sous la forme de ver ou de chenille : il est à présent sous celle de chrysalide : la dernière révolution lui fera revêtir celle de papillon.

treizième partie, chap. 7

6801 Ces divers mondes sont autant de livres qui servent à l'explication les uns des autres, et qui font partie de cette immense Bibliothèque de l'Univers que le premier des Chérubins ne se flatte pas d'épuiser.

dix-septième partie, chap. 4

6802 Je suis un être sentant et intelligent : il est dans la nature de tout être sentant et intelligent de vouloir sentir ou exister agréablement, et vouloir c'est cela s'aimer soi-même.

Aimé Ambroise Joseph FEUTRY 1720-1789

Les Tombeaux

6803 Tout n'est qu'illusion d'illusions suivie,
Et ce n'est qu'à la mort où commence la vie.

Joseph François Édouard de Corsembleu de DESMAHIS 1722-1761

Épître à Madame de...

6804 Le jour n'est favorable aux belles,
Que quand la nuit l'est aux amants.

Épître à M. de Voltaire

6805 Le temps n'est qu'une immensité
Dont l'usage fait la mesure,
Et vingt ans de plaisir, voilà l'éternité.

Julie, L'Impertinent, scène 18

6806 Si les femmes voulaient s'entendre,
Les hommes les plus fins ne seraient que des sots.

Le Valet maître

6807 Ah ! Qu'on a bien raison de dire
Qu'à l'œuvre seule on connaît l'ouvrier !

Frédéric Melchior GRIMM 1723-1807

Gazette littéraire
juillet 1753

6808 Comme on faisait valoir sa mauvaise santé comme une raison de le mettre de l'Académie, parce qu'il n'en jouirait pas longtemps, M. Duclos dit plaisamment à ce sujet que *l'Académie n'est pas une extrême-onction.*

novembre 1753

6809 On dit que le roi d'Angleterre a demandé la tête de l'évêque de Montauban. On lui a répondu qu'il n'en avait point ; au moyen de quoi le roi ne demande plus rien.

février 1757

6810 Il [Fontenelle] a conservé la justesse et la finesse de son esprit jusqu'à sa mort [...] Il disait, il n'y a pas longtemps, à une jeune femme, pour lui faire sentir l'impression que sa beauté faisait sur lui : Ah ! si je n'avais que quatre-vingts ans. Dans le cours de la maladie qui a terminé sa vie, il disait à quelqu'un qui lui demandait quel mal il sentait : Aucun, si ce n'est celui d'exister. Je sens une grande difficulté d'être. C'était mieux parler qu'il ne lui appartenait.

février 1763

6811 Il [Marivaux] a eu parmi nous la destinée d'une jolie femme, et qui n'est que cela ; c'est-à-dire un printemps fort brillant, un automne et un hiver des plus durs et des plus tristes. Le souffle vigoureux de la philosophie a renversé depuis une quinzaine d'années toutes ces réputations étayées sur des roseaux.

mai 1774

6812 Il n'en est pas des reliques d'un philosophe comme de celles d'un saint ; on les garde sans profit.

juin 1778

6813 M. le docteur Franklin parle peu ; et au commencement de son séjour à Paris, lorsque la France refusait encore de se déclarer ouvertement en faveur des colonies, il parlait encore moins. A un dîner de beaux-esprits, un de ces messieurs, pour engager la conversation, s'avisa de lui dire : « Il faut avouer, Monsieur, que c'est un grand et superbe spectacle que l'Amérique nous offre aujourd'hui. » — *Oui*, répondit modestement le docteur de Philadelphie, *mais les spectateurs ne paient point...*

Paul Henri Thiry, baron d'HOLBACH 1723-1789

Le Christianisme dévoilé, conclusion

6814 La religion est l'art d'enivrer les hommes de l'enthousiasme, pour les empêcher de s'occuper des maux dont ceux qui les gouvernent les accablent ici-bas. A l'aide des puissances invisibles dont on les menace, on les force de souffrir en silence les misères dont ils sont affligés par les puissances visibles.

Histoire critique de Jésus-Christ, préface

6815 L'Évangile n'est qu'un roman oriental, dégoûtant pour tout homme de bon sens et qui ne semble s'adresser qu'à des ignorants, des stupides, des gens de la lie du peuple, les seuls qu'il puisse séduire.

Système de la nature, II, chap. 11

6816 Au seul nom d'un *athée*, le superstitieux frissonne ; le déiste lui-même s'alarme, le prêtre entre en fureur, la tyrannie prépare ses bûchers ; le vulgaire applaudit aux châtiments que des lois insensées décernent contre le véritable ami du genre humain.

I, chap. 1

6817 L'homme est un être purement physique.

chap. 12

6818 L'homme de bien est une machine dont les ressorts sont adaptés de manière à remplir leur fonction d'une manière qui doit plaire.

Le Bon Sens
chap. 27

6819 La religion met les hommes à genoux devant un être sans étendue, et qui pourtant est infini et remplit tout de son immensité ; devant un être tout-puissant, qui n'exécute jamais ce qu'il désire ; devant un être souverainement bon, et qui ne fait que des mécontents ; devant un être ami de l'ordre, et dans le gouvernement duquel tout est dans le désordre.

chap. 110

6820 Toute religion n'est qu'un système imaginé pour concilier des contradictions à l'aide des mystères.

chap. 155

6821 La crainte ne fait que des esclaves ; et des esclaves sont lâches, bas, cruels, et se croient tout permis quand il s'agit, ou de captiver la bienveillance, ou de se soustraire aux châtiments du maître qu'ils redoutent. La liberté de penser peut seule donner aux hommes de la grandeur d'âme et de l'humanité.

chap. 161

6822 La religion, par son essence, est l'ennemie de la joie et du bien-être des hommes. *Bienheureux sont les pauvres! Bienheureux sont ceux qui pleurent! Bienheureux sont ceux qui souffrent!* Malheur à ceux qui sont dans l'abondance et dans la joie ! Telles sont les rares découvertes que le christianisme annonce !

chap. 162

6823 Il est évident que la pratique littérale et rigoureuse de la morale divine des chrétiens entraînerait infailliblement la ruine des nations.

chap. 167

6824 Femmes ! vous quittez, dites-vous, votre amant pour votre Dieu ! c'est que votre amant n'est plus le même à vos yeux, ou c'est que votre amant vous quitte, et qu'il faut remplir le vide qui s'est fait dans votre cœur.

chap. 189

6825 Nous respecterons les prêtres quand ils deviendront citoyens.

La Politique naturelle, Discours VI, § 18

6826 Il faut répondre à un livre par un livre et non par des prisons et des supplices qui détruisent l'homme, sans détruire ses raisons.

Système social, II, chap. 7

6827 La Chine est le seul pays connu où la Politique se trouve, par la Constitution même, intimement liée avec la morale.

L'Éthocratie, chap. 8

6828 Le luxe est une sorte d'imposture, par laquelle les hommes sont convenus de se tromper les uns les autres et parviennent souvent à se tromper eux-mêmes.

Essai sur les préjugés, chap. 8

6829 *Vérité, sagesse, raison, vertu, nature,* sont des termes équivalents pour désigner ce qui est utile au genre humain.

chap. 14

6830 La vérité, comme le soleil, ne peut pas rétrograder.

6831 Un livre qui renferme des vérités utiles ne périt plus: la tyrannie la plus acharnée ne peut plus étouffer les productions de la science: la typographie rend indestructibles les mouvements de l'esprit humain.

Antoine-Marin LEMIERRE 1723-1793

Fragments du Poème des Fastes, chant I, Invocation à la variété

6832 Même quand l'oiseau marche on sent qu'il a des ailes.

Ode, L'accord des armes et des lettres

6833 Malheur au peuple altier qui ne suit que Bellone!
Avec tous ses lauriers lui-même il se moissonne.

À M. Dorat, à l'occasion du poème de la Peinture

6834 Contre les clameurs passagères
Le vrai talent est aguerri;
Par les vampires littéraires
Le sage n'est point amaigri.

À Julie

6835 Tous ces Narcisses demi-chauves,
Qui n'ont vécu qu'en des alcôves,
Si l'on en croit à leurs écrits...

Le Commerce

6836 La puissance dépend de l'empire de l'onde;
Le trident de Neptune est le sceptre du monde.

Jean-François MARMONTEL 1723-1799

Discours sur la force et la faiblesse de l'esprit humain

6837 Pour son plaisir un Dieu m'a fait; eh bien,
Je tâche aussi qu'il m'ait fait pour le mien.

Réponse à une épigramme de Piron

6838 Rassure-toi: le bon Dieu ne condamne
Que des vers doux, faciles, arrondis
Et faits pour plaire à ce monde profane.
Ce qui séduit, voilà ce qui nous damne.
Les rimeurs durs vont tous en Paradis.

Épître à l'abbé C. de Bernis
Sur la conduite respective de la France et de l'Angleterre

6839 Anglais, vous fûtes grands dans vos malheurs passés.
De notre estime enfin vous êtes-vous lassés?

Denis le tyran, épître à M. de Voltaire

6840 Du commerce des cœurs les esprits s'enrichissent.

Denis le tyran, acte I, scène 7

6841 Le premier ennemi d'un héros, c'est lui-même.

acte II, scène 3

6842 [...] Sous le règne du crime
La place de l'honneur est dans l'obscurité.

Aristomène, acte I, scène 1

6843 [...] Et tel, de sa patrie, est devenu l'appui,
Qui ne fit rien pour elle, et qui fit tout pour lui.

acte II, scène 11

6844 Dans le cœur des ingrats tout se change en poison.
Loin que par les bienfaits leur noir chagrin s'apaise,
La générosité les aigrit et leur pèse.

Réflexions sur la tragédie

6845 J'ai toujours cru, fondé sur le témoignage et sur l'exemple de nos maîtres, qu'il n'était que très peu de règles générales en poésie; et qu'une soumission trop scrupuleuse à celles qu'on nous a prescrites, refroidissait l'imagination, et resserrait le talent.

des mœurs

6846 Le grand art d'être utile aux hommes, c'est de tourner les plaisirs au profit des mœurs.

note

6847 Tout ce qui émeut l'âme, la change à la longue, et ce principe, puisé dans la nature, a été, pour toutes les nations, une règle de politique.

6848 L'esprit parle à l'esprit, le cœur seul peut parler au cœur. Qu'un poète est éloquent, lorsque dans ses écrits, c'est le cœur qui pense et qui s'exprime !

des caractères

6849 La passion porte avec elle le principe de son activité. C'est ce qui la distingue du sentiment, qui ne devient actif que lorsqu'il est remué par des causes étrangères. L'amour, l'ambition, la vengeance sont des passions : l'âme qui les éprouve en est sans cesse agitée. L'amitié, l'amour paternel, l'amour de la vertu, l'amour de la patrie sont des sentiments : le calme est leur état naturel ; mais dès qu'ils sont mis en mouvement, on doit les compter au rang des passions.

de l'intérêt

6850 Les hommes compatissent avec plaisir : mais ils n'admirent qu'à regret.

du style et des détails

6851 Dans les querelles du bas peuple, il s'échappe souvent des traits de force qui surprendraient même dans la bouche d'un poète, et ces traits sont plus vifs et plus fréquents chez les nations à qui la nature du climat donne des passions plus fougueuses et une imagination plus ardente.

6852 L'usage est le tyran des mots, non des images. Nous n'avons point de bon écrivain qui n'en ait risqué, et c'est à ces hardiesses que toutes les langues ont dû leur embellissement.

Cléopâtre, acte II, scène 1

6853 L'amour faible avilit, l'amour extrême honore.
Un cœur timide et lent ne sent point ces accès,
Et peu sont assez forts pour aimer à l'excès.

La Bergère des Alpes, acte I, scène 6

6854 Et qu'on nous dise après cela
Que le goût est le fruit d'une lente culture.
Non, c'est l'instinct de la nature,
Et l'art ne va point au delà.

Le Huron, acte I, scène 2

6855 Ne croyez pas qu'on aime
Du soir au lendemain.
Il faut avoir le cœur pour obtenir la main.

L'Ami de la maison, scène 2

6856 L'éclair devient un orage
C'est tout de même en amour ;
Et, de l'éclair au ravage,
L'intervalle n'est qu'un jour.

La Fausse Magie, acte I, scène 5

6857 Aimer n'est pas un projet ;
C'est l'instant qui nous éclaire.

Bélisaire, chap. 15

6858 Dans les espaces immenses de l'erreur, la vérité n'est qu'un point. Qui l'a saisi, ce point unique? Chacun prétend que c'est lui ; mais sur quelle preuve? Et l'évidence même le met-elle en droit d'exiger, d'exiger le fer à la main, qu'un autre en soit persuadé?

Pierre Laurent Buirette, dit **Dormont de BELLOY** 1727-1775

Pierre le Cruel, acte II, scène 1

6859 Le ciel, en divisant la France et l'Angleterre,
Sauve la liberté du reste de la terre.

Gaston et Bayard, acte I, scène 2

6860 Mourir pour ce qu'on aime en servant la patrie,
C'est la plus digne mort de la plus belle vie.

Le Siège de Calais, acte II, scène 3

6861 Plus je vis d'Étrangers, plus j'aimai ma Patrie.

Anne Robert Jacques TURGOT baron de l'Eaulne 1727-1781

Valeurs et monnaies

6862 On ne peut *évaluer* une *monnaie* qu'en une autre *monnaie:* de même qu'on ne peut interpréter les sons d'une langue que par d'autres sons.

Mémoire sur les prêts d'argent, chap. 32

6863 Les seuls usuriers qui soient vraiment nuisibles à la société sont donc, comme je l'ai déjà dit, ceux qui font métier de prêter aux jeunes gens dérangés.

Encyclopédie
article Fondation

6864 Si tous les hommes qui ont vécu avaient eu un tombeau, il aurait bien fallu, pour trouver des terres à cultiver, renverser ces monuments stériles et remuer les cendres des morts pour nourrir les vivants.

Plan d'un discours sur l'histoire universelle

6865 Le despotisme est comme une masse énorme qui, pesant sur des piliers de bois, affaiblit leur résistance et les affaisse ou les enfonce de jour en jour.

Pensées et fragments

6866 Un des plus grands malheurs pour les princes, est de conserver des prétentions anciennes qu'ils ne peuvent plus faire valoir.

Remarques critiques sur l'origine des langues

6867 Des hommes grossiers ne font rien de simple ; il faut des hommes perfectionnés pour y arriver.

Réflexions sur les langues

6868 L'étude des langues bien faites serait peut-être la meilleure des logiques.

Étienne Louis BOULLÉE 1728-1799

Considérations sur l'importance et l'utilité de l'architecture

6869 L'architecte doit se rendre le metteur en œuvre de la nature.

Architecture, Essai sur l'art, introduction

6870 Il faut concevoir pour effectuer. Nos premiers pères n'ont bâti leurs cabanes qu'après en avoir conçu l'image. C'est cette production de l'esprit, c'est cette création qui constitue l'architecture [...] L'art de bâtir n'est donc qu'un art secondaire, qu'il nous paraît convenable de nommer la partie scientifique de l'architecture.

Architecture, De l'essence des corps

6871 L'image du grand nous plaît sous tous les rapports, parce que notre âme, avide d'étendre ses jouissances, voudrait embrasser l'univers.

Considérations particulières sur l'architecture

6872 C'est un axiome reconnu qu'il n'y a pas de beauté morte.

Ponce Denis Écouchard Lebrun, dit **LEBRUN-PINDARE** 1729-1807

Odes
Livre 3, Brumaire an II

6873 Rien n'est plus dangereux qu'un despote clément.

Livre 4
Qu'une pauvreté mâle est l'aiguillon de la gloire et du génie

6874 Plutus, un jour, trouvant une lyre égarée,
Une corde rompit sous l'effort de ses doigts :
Il en mit une d'or ; riche et déshonorée,
Cette lyre perdit la voix !

Livre 6, À Chloé, qui voulait traduire en vers français quelques morceaux de l'Iliade

6875 Voulez-vous, sexe aimable, éviter ces disgrâces ?
Ne chantez point l'amour : ses jeux vous sont connus.
Mais ne doit point toucher la guitare des Grâces ;
La trompette sied mal dans la main de Vénus.

Élégies, livre I, 7

6876 L'Amour ne dit point *vous* à sa tendre Psyché...

Épîtres, I, à M. Chénier l'aîné

6877 Le langage des dieux n'est point fait pour les sots.
L'art qui rend immortel ne plaît qu'à des héros.

Épigrammes
II, Sur une dame poète

6878 Chloé, belle et poète, a deux petits travers :
Elle fait son visage et ne fait pas ses vers.

XX, Dialogue entre un pauvre poète et l'auteur

6879 On vient de me voler. – Que je plains ton malheur !
Tous mes vers manuscrits. – Que je plains le voleur !

LXXX, Gasconade

6880 Nous avons de si riches plaines
Et de si fertiles coteaux,
Disait un gascon de Bordeaux,
Que si l'on y plantait des gaines,
Il y pousserait des couteaux.

Odes aux belles qui veulent écrire

6881 Voulez-vous ressembler aux Muses ?
Inspirez, mais n'écrivez pas !

Gaétan VESTRIS 1729-1808

Lettres sur la danse et sur les ballets

6882 Quand mon fils touche le sol, c'est seulement par fraternité avec les autres danseurs.

Jean-Baptiste BEAUVAIS 1731-1790

Oraison funèbre de Louis XV

6883 Le silence des peuples est la leçon des rois.

Jean-François GUICHARD 1731-1811

Fables, livre I, 4

6884 L'indigent veut qu'on l'aide, et non qu'on le raisonne.

Le Véridique

6885 Nulle femme ne m'a quitté,
Dit Cléon à qui veut l'entendre ;
Et Cléon dit la vérité :
Quelle femme eût daigné le prendre ?

À un alchimiste

6886 L'argent s'en va ; l'or ne vient point.

Pour un dessin représentant l'Amour entraînant l'Amitié

6887 Joins-toi, volage Amour, à l'Amitié naïve !
Tu deviendras constant, elle en sera plus vive.

À un cocu qui ne s'embarrassait point de l'être

6888 Quel est l'heureux époux qui n'ait pas un adjoint ?
Je suis cocu, dit-on, cela peut fort bien être,
Peu m'importe, pourvu que je ne trouve point
L'outil du compagnon dans l'atelier du maître.

Insuffisance du mot aimer

6889 Je l'aime... Ah ! de mon cœur la passion est telle
Qu'AIMER n'exprime pas ce que je sens pour elle.

Pierre Augustin Caron de BEAUMARCHAIS 1732-1799

Le Barbier de Séville
Lettre modérée sur la chute et la critique
du Barbier de Séville

6890 Monsieur,
J'ai l'honneur de vous offrir un nouvel opuscule de ma façon. Je souhaite vous rencontrer dans un de ces moments heureux où, dégagé de soins, content de votre santé, de vos affaires, de votre maîtresse, de votre dîner, de votre estomac, vous puissiez vous plaire un moment à la lecture de mon *Barbier de Séville*, car il faut tout cela pour être homme amusable et lecteur indulgent.

6891 On ne s'intéresse guère aux affaires des autres que lorsqu'on est sans inquiétude sur les siennes.

6892 [...] par état, les gens de feuilles sont souvent ennemis des gens de lettres.

6893 Après le bonheur de commander aux hommes, le plus grand honneur [...] n'est-il pas de les juger ?

6894 [...] dans un siècle d'ergotisme où l'on calcule tout jusqu'au rire, où la plus légère diversité d'opinions fait germer des haines éternelles, où tous les jeux tournent en guerre, où l'injure qui repousse l'injure est à son tour payée par l'injure, jusqu'à ce qu'une autre effaçant cette dernière en enfante une nouvelle, auteur de plusieurs autres, et propage ainsi l'aigreur à l'infini, depuis le rire jusqu'à la satiété, jusqu'au dégoût, à l'indignation même du lecteur le plus caustique.

6895 Au moindre échec, ô mes amis, souvenez-vous qu'il n'est plus d'amis.

6896 [...] si la déclamation est déjà un abus de la narration au théâtre, le chant, qui est un abus de la déclamation, n'est donc, comme on voit, que l'abus de l'abus.

6897 [...] le défaut reproché trop justement à nos Français, de toujours faire de petites chansons sur les grandes affaires, et de grandes dissertations sur les petites.

Le Barbier de Séville, acte I, scène 1

6898 Je suis las des conquêtes que l'intérêt, la convenance ou la vanité nous présentent sans cesse. Il est si doux d'être aimé pour soi-même.

scène 2

6899 Aujourd'hui, ce qui ne vaut pas la peine d'être dit, on le chante.

6900 [...] un grand nous fait assez de bien quand il ne nous fait pas de mal.

6901 Aux vertus qu'on exige dans un domestique, Votre Excellence connaît-elle beaucoup de maîtres qui fussent dignes d'être valets ?

6902 Sais-tu qu'on n'a que vingt-quatre heures au Palais pour maudire ses juges ?

6903 Accueilli dans une ville, emprisonné dans l'autre, et partout supérieur aux événements ; loué par ceux-ci, blâmé par ceux-là ; aidant au bon temps, supportant le mauvais ; me moquant des sots, bravant les méchants ; riant de ma misère et faisant la barbe à tout le monde [...]

(Le Barbier de Séville, acte I, scène 2)

6904 Je me presse de rire de tout, de peur d'être obligé d'en pleurer.

scène 4

6905 En occupant les gens de leur propre intérêt, on les empêche de nuire à l'intérêt d'autrui.

scène 6

6906 [...] en amour, le cœur n'est pas difficile sur les productions de l'esprit...

6907 De l'or, mon Dieu, de l'or, c'est le nerf de l'intrigue.

acte II, scène 2

6908 [...] quand on cède à la peur du mal, on ressent déjà le mal de la peur.

scène 9

6909 Il faut un état, une famille, un nom, un rang, de la consistance enfin, pour faire sensation dans le monde en calomniant.

scène 10

6910 ROSINE

Et vous les avez écoutés, Monsieur Figaro ? Mais savez-vous que c'est fort mal ?

FIGARO

D'écouter ? C'est pourtant tout ce qu'il y a de mieux pour bien entendre.

scène 13

6911 Votre savoir, mon camarade,
Est d'un succès plus général ;
Car, s'il n'emporte point le mal,
Il emporte au moins le malade.

acte III, scène 5

6912 Doutez-vous de ma probité, Monsieur ? Vos cent écus ! j'aimerais mieux vous les devoir toute ma vie que de les nier un seul instant.

6913 BARTHOLO

Vous le prenez bien haut, Monsieur ! Sachez que quand je dispute avec un fat, je ne lui cède jamais.

FIGARO *lui tournant le dos*

Nous différons en cela, Monsieur ! moi je lui cède toujours.

acte IV, scène 1

6914 La calomnie, docteur, la calomnie! Il faut toujours en venir là.

Le Mariage de Figaro
préface

6915 Il y a souvent très loin du mal que l'on dit d'un ouvrage à celui qu'on en pense. Le trait qui nous poursuit, le mot qui importune reste enseveli dans le cœur, pendant que la bouche se venge en blâmant presque tout le reste. De sorte qu'on peut regarder comme un point établi au théâtre, qu'en fait de reproche à l'auteur ce qui nous affecte le plus est ce dont on parle le moins.

6916 La fable est une comédie légère, et toute comédie n'est qu'un long apologue: leur différence est, que dans la fable les animaux ont de l'esprit, et que dans notre comédie les hommes sont souvent des bêtes, et, qui pis est, des bêtes méchantes.

6917 Que poursuivrait-on au théâtre? les travers et les ridicules? cela vaut bien la peine d'écrire! ils sont chez nous comme les modes; on ne s'en corrige point, on en change.
Les vices, les abus, voilà ce qui ne change point, mais se déguise en mille formes sous le masque des mœurs dominantes: leur arracher ce masque et les montrer à découvert, telle est la noble tâche de l'homme qui se voue au théâtre.

6918 On ne peut corriger les hommes qu'en les faisant voir tels qu'ils sont.

6919 Nos jugements sur les mœurs se rapportent toujours aux femmes; on n'estime pas assez les hommes pour tant exiger d'eux sur ce point délicat.

6920 Il est même tellement reçu de déchirer sans pitié les absents, que moi, qui les défends toujours, j'entends murmurer très souvent: Quel diable d'homme, et qu'il est contrariant! il dit du bien de tout le monde!

6921 [...] ne devez-vous pas me passer un peu de morale en faveur de ma gaieté, comme on passe aux Français un peu de folie en faveur de leur raison?

6922 [...] dans une monarchie, si l'on ôtait les rangs intermédiaires il y aurait trop loin du monarque aux sujets; bientôt on n'y verrait qu'un despote et des esclaves: le maintien d'une échelle graduée du laboureur au potentat intéresse également les hommes de tous les rangs, et peut-être est le plus ferme appui de la constitution monarchique.

6923 Ce qui multiplie les libelles est la faiblesse de les craindre; ce qui fait vendre les sottises est la sottise de les défendre.

(Le Mariage de Figaro, préface)

6924 C'est pendant le règne d'un bon prince qu'on écrit sans danger l'histoire des méchants rois ; et, plus le gouvernement est sage, est éclairé, moins la liberté de dire est en presse ; chacun y faisant son devoir, on n'y craint pas les allusions.

6925 De mon style, Monsieur ? Si par malheur j'en avais un, je m'efforcerais de l'oublier quand je fais une comédie, ne connaissant rien d'insipide au théâtre comme ces fades camaïeux où tout est bleu, où tout est rose, où tout est l'auteur, quel qu'il soit.

6926 [...] du soldat au colonel, au général exclusivement, quel imbécile homme de guerre a jamais eu la prétention qu'il dût pénétrer les secrets du cabinet pour lesquels il fait la campagne ?

acte I, scène 1

6927 Prouver que j'ai raison serait accorder que je puis avoir tort.

6928 Que les gens d'esprit sont bêtes !

scène 4

6929 Mon sexe est ardent, mais timide : un certain charme a beau nous attirer vers le plaisir, la femme la plus aventurée sent en elle une voix qui lui dit : « Sois belle si tu peux, sage si tu veux ; mais sois considérée, il le faut. »

scène 9

6930 De toutes les choses sérieuses, le mariage étant la plus bouffonne [...]

acte II, scène 2

6931 FIGARO

J'étais né pour être courtisan.

SUZANNE

On dit que c'est un métier si difficile !

FIGARO

Recevoir, prendre, et demander, voilà le secret en trois mots.

scène 20

6932 LE COMTE

Ta physionomie qui t'accuse me prouverait déjà que tu mens.

FIGARO

S'il est ainsi, ce n'est pas moi qui mens, c'est ma physionomie.

scène 21

6933 Boire sans soif et faire l'amour en tout temps, Madame, il n'y a que ça qui nous distingue des autres bêtes.

acte III, scène 5

6934 Les Anglais, à la vérité, ajoutent par ci, par là quelques autres mots en conversant ; mais il est bien aisé de voir que *God-dam* est le fond de la langue.

6935 N'humilions pas l'homme qui nous sert bien, crainte d'en faire un mauvais valet.

6936 LE COMTE

Une réputation détestable !

FIGARO

Et si je vaux mieux qu'elle ? y a-t-il beaucoup de seigneurs qui puissent en dire autant ?

6937 Médiocre et rampant, et l'on arrive à tout.

scène 9

6938 Est-ce que les femmes de mon état ont des vapeurs, donc ? c'est un mal de condition, qu'on ne prend que dans les boudoirs.

scène 14

6939 [...] la-a forme, voyez-vous, la-a forme ! Tel rit d'un juge en habit court, qui-i tremble au seul aspect d'un procureur en robe. La-a forme, la-a forme !

scène 15

6940 [...] le client un peu instruit sait toujours mieux sa cause que certains avocats qui, suant à froid, criant à tue-tête, et connaissant tout, hors le fait, s'embarrassent aussi peu de ruiner le plaideur, que d'ennuyer l'auditoire, et d'endormir Messieurs.

scène 16

6941 Les plus coupables sont les moins généreux ; c'est la règle.

(Le Mariage de Figaro)
acte IV, scène 1

6942 FIGARO
Ma vérité la plus vraie !

SUZANNE
Fi donc, vilain ! en a-t-on plusieurs ?

FIGARO
Oh ! que oui. Depuis qu'on a remarqué qu'avec le temps vieilles folies deviennent sagesse, et qu'anciens petits mensonges assez mal plantés ont produit de grosses, grosses vérités, on en a de mille espèces ! et celles qu'on sait, sans oser les divulguer : car toute vérité n'est pas bonne à dire ; et celles qu'on vante, sans y ajouter foi : car toute vérité n'est pas bonne à croire ; et les serments passionnés, les menaces des mères, les protestations des buveurs, les promesses des gens en place, le dernier mot de nos marchands ; cela ne finit pas.

6943 FIGARO
En fait d'amour, vois-tu, trop n'est pas même assez.

SUZANNE
Je n'entends pas toutes ces finesses ; mais je n'aimerai que mon mari.

FIGARO
Tiens parole, et tu feras une belle exception à l'usage.

acte V, scène 3

6944 Parce que vous êtes un grand seigneur, vous vous croyez un grand génie !... noblesse, fortune, un rang, des places ; tout cela rend si fier ! Qu'avez-vous fait pour tant de biens ! vous vous êtes donné la peine de naître, et rien de plus [...]. Tandis que moi, morbleu ! perdu dans la foule obscure, il m'a fallu déployer plus de science et de calculs pour subsister seulement, qu'on n'en a mis depuis cent ans à gouverner toutes les Espagnes.

6945 Ne pouvant avilir l'esprit, on se venge en le maltraitant.

6946 [...] les sottises imprimées n'ont d'importance, qu'aux lieux où l'on en gêne le cours ; que sans liberté de blâmer, il n'est point d'éloge flatteur ; et qu'il n'y a que les petits hommes qui redoutent les petits écrits.

6947 [...] pourvu que je ne parle en mes écrits, ni de l'autorité, ni du culte, ni de la politique, ni de la morale, ni des gens en place, ni des corps en crédit, ni de l'opéra, ni des autres spectacles, ni de personne qui tienne à quelque chose ; je puis tout imprimer librement, sous l'inspection de deux ou trois censeurs.

6948 On pense à moi pour une place, mais par malheur j'y étais propre : il fallait un calculateur, ce fut un danseur qui l'obtint.

6949 [...] pour gagner du bien, le savoir-faire vaut mieux que le savoir.

scène 7

6950 L'amour... n'est que le roman du cœur : c'est le plaisir qui en est l'histoire.

6951 [...] trois ans d'union rendent l'hymen si respectable !

scène 19, vaudeville

6952 Or, Messieurs, la co-omédie
Que l'on juge en cè-et instant
Sauf erreur, nous pein-eint la vie
Du bon peuple qui l'entend.
Qu'on l'opprime, il peste, il crie,
Il s'agit en cent fa-açons ;
Tout finit-it par des chansons...

La Mère coupable, Un mot sur la Mère coupable

6953 On est meilleur quand on se sent pleurer. On se trouve si bon après la compassion !

La Mère coupable, acte II, scène 8

6954 Un sot est un falot ; la lumière passe à travers.

acte IV, scène 4

6955 SUZANNE
Quant à la politique ?...

BÉGEARSS
Ah ! c'est l'art de créer des faits ; de dominer, en se jouant, les événements et les hommes ; l'intérêt est son but ; l'intrigue son moyen : toujours sobre de vérités, ses vastes et riches conceptions sont un prisme qui éblouit. Aussi profonde que l'Etna, elle brûle et gronde longtemps avant d'éclater au dehors ; mais alors rien ne lui résiste : elle exige de hauts talents : le scrupule seul peut lui nuire ; c'est le secret des négociateurs.

scène 18

6956 [...] la colère chez les bons cœurs, n'est qu'un besoin pressant de pardonner !

Correspondance
à M. Dubucq, 30 avril 1766

6957 S'il est vrai que tous les hommes à couleur brune qui sont en France doivent être vendus aux marchés publics, je vous supplie que ce malheureux qui n'est que jaunâtre, soit excepté de la proscription générale.

à M. Dupaty, 10 mai 1784

6958 J'ai donné ma pièce au public, pour l'amuser et pour l'instruire, non pour offrir à des bégueules mitigées le plaisir d'aller en penser du bien en petite loge, à condition d'en dire du mal en société. Les plaisirs du vice et les honneurs de la vertu, telle est la pruderie du siècle.

à la comtesse d'Albany, 5 février 1791

6959 Quand je veux rire, c'est aux éclats ; s'il faut pleurer, c'est aux sanglots. Je n'y connais de milieu que l'ennui [...] Écartez les cœurs usés, les âmes desséchées qui prennent en pitié ces douleurs que nous trouvons si délicieuses. Ces gens-là ne sont bons qu'à parler révolution.

Charles-Pierre COLARDEAU 1732-1776

Lettre amoureuse d'Héloïse à Abailard

6960 L'art d'écrire, Abailard, fut sans doute inventé
Par l'amante captive et l'amant agité.

Fragment d'une réponse d'Abailard à Héloïse

6961 J'existe pour sentir que je n'existe plus.

Épître à M. Duhamel de Denainvilliers

6962 Le philosophe observe et l'homme seul a peur.

Étrennes à toi

6963 Si tu veux, nous irons à Cythère
Passer bail, par-devant l'Amour [...]
Viens, si le dieu nous demande un salaire,
(Le bail signé par nous, et signé sans retour)
Par un baiser tu paieras le notaire.

Julie de LESPINASSE 1732-1776

Lettre à M. de Guibert
23 mai 1773

6964 Quand on ne peut que régner dans un cœur, on ne règne point dans l'opinion. Il y a des noms faits pour l'histoire [...]

30 mai 1773

6965 [...] je ne fais qu'aimer, je ne sais qu'aimer. Avec des moyens médiocres, vous savez qu'on peut beaucoup quand on les réunit tous à un seul objet.

20 juin 1773

6966 [...] je veux souffrir par mes amis, pour mes amis ; et je chéris mille fois plus les maux qui me viennent par eux, que tout le bonheur qui est sur la terre, et qui ne tient pas à eux.

21 juin 1773

6967 Le silence est si doux, lorsqu'il peut consoler l'amour-propre !

1er juillet 1773

6968 Ce qui est grand mérite bien rarement d'être aimé.

Lettre à Condorcet, 8 octobre 1774

6969 On a beau se dire qu'on doit mourir, on ne veut pas en être averti ni prévoir de quelle manière on sortira de cette triste vie. Pour moi je n'y trouve de fâcheux que le vague où cela me laisse ; la lenteur, la durée, voilà ce qui lasse ma pensée et effraie mon âme.

6970 L'excès de frivolité des uns et la stupidité des autres composent une espèce de calmant qui engourdit et préserve la multitude de cette sorte de douleur qui consume les âmes sensibles et qui sont assez malheureuses pour ne pouvoir être enlevées à leurs maux ni par la sottise, ni par l'occupation.

Lettre à M. de Guibert, 22 octobre 1774

6971 Presque tout ce qui existe n'aime que parce qu'il est aimé.

6972 On aime à se trouver sensible, et les maux des autres ont cette juste mesure qui fait compatir sans souffrir.

6973 Je ne puis pas vous exprimer le dégoût, le redoublement de dégoût que je me sens, je ne dis pas seulement pour les sots, mais pour ces gens qui sont si bien à ma mesure que je prévois tout ce qu'ils vont dire lorsqu'ils ouvrent la bouche !

23 octobre 1774

6974 Le mariage est un véritable éteignoir de tout ce qui est grand et qui peut avoir de l'éclat.

Jacques Charles Louis de Clinchamp MALFILÂTRE 1732-1767

Épître à Sophie Arnould

6975 Dans le tableau de ces femelles
Tout nous présente des dégoûts,
Je n'ai que des cyprès pour elles,
Je n'ai que des roses pour vous.

Antoine-Léonard THOMAS 1732-1785

Le Czar Pierre 1er, chant deuxième

6976 Pour le soir de la vie il n'est plus de flambeau,
Et nos longs préjugés nous suivent au tombeau.

Ode sur le Temps

6977 O Temps! être inconnu, que l'âme seule embrasse;
Invisible torrent des siècles et des jours [...]

6978 Dieu, telle est ton absence. Oui, l'océan des âges
Roule au-dessous de toi, sur tes frêles ouvrages [...]

6979 Siècles qui n'êtes plus, et vous qui devez naître,
J'ose vous appeler; hâtez-vous de paraître [...]

6980 O Temps! suspends ton vol, respecte ma jeunesse [...]

Jean-François DUCIS 1733-1816

La Jeune Immortelle

6981 Le désir, quand il l'implore,
Offense-t-il la beauté?

Le Monde

6982 Mais je le vois, ce vieux Caron...
Je m'en vais souper chez Pluton.

À mes pénates

6983 Mais qu'un sot vienne à m'apparaître,
Exaucez ma prière, ô dieux:
Fermez vite et porte et fenêtre!
Après m'avoir sauvé du traître,
Défendez-moi de l'ennuyeux.

Lettre à Bernardin de Saint-Pierre, 1er nivôse an VIII

6984 Il m'est impossible de m'occuper d'affaires: elles me répugnent; j'en ai horreur. Le mot de « devoir » me fait frémir. Si j'étais chargé de grandes et hautaines fonctions, je ne dormirais pas.

6985 En me mettant en vue, je me mettrais en prise. Les serpents lettrés se joindraient aux serpents politiques; les calomnies pleuvraient sur mes cheveux blancs.

6986 Je ne vis plus, j'assiste à la vie.

mot rapporté par Sainte-Beuve

6987 Notre bonheur n'est qu'un malheur plus ou moins consolé.

Nicolas-Thomas BARTHE 1734-1785

Les Fausses Infidélités

6988 De l'Amour, s'il se peut, n'ayons que les douceurs...

6989 Il est quitté? La chose est-elle si cruelle?
Une belle bientôt vous venge d'une belle.

6990 Expliquera, morbleu, les femmes qui pourra...
L'Amour me les ravit, l'Hymen me les rendra.

Épître à un amant trahi

6991 Heureux [l'Amour] qui vole comme lui!
On a besoin d'ailes en France.
La triste chose que l'ennui!
Et que d'ennui dans la constance...

Épître, sur l'influence des femmes sur les mœurs

6992 Immoler les mœurs aux manières,
Et le bon sens à des bons mots;
Dire gravement des misères,
Et plaisanter sur des fléaux...
[...]
Tel est ce monde tant fêté,
Telle est la bonne compagnie.

Claude-Joseph DORAT 1734-1780

Les Baisers, Réflexions préliminaires

6993 Aimer est le métier des femmes. Pourquoi leur cacher si longtemps ce qu'elles ne savent jamais trop tôt.

Les Baisers, L'abeille justifiée

6994 Si je parviens à te fléchir,
Un second baiser peut guérir
Le mal qu'un premier t'a pu faire.

Les Baisers, La fausse pudeur

6995 Ce zèle, où votre cœur se livre,
N'est que le masque du moment:
Ce que vous fuyez dans un livre,
Vous le cherchez dans un Amant.

Fables nouvelles, livre I, fable 1, La fable et la vérité

6996 La Vérité dit un jour à la Fable:
De quel front soutiens-tu que nos droits sont égaux,
J'existe avant les temps: toujours brillante et stable,
J'ai vu les éléments s'élancer du chaos.

Contes et nouvelles

6997 L'amour est nu, mais il n'est pas crotté.

Nicolas-Edmée RESTIF DE LA BRETONNE 1734-1806

Le Pornographe

6998 La dépravation suit le progrès des lumières. Chose très naturelle, que les hommes ne puissent s'éclairer sans se corrompre.

Le Nouvel Émile ou l'Éducation pratique

6999 Princes, régnez sur des hommes; vous serez plus grands qu'en commandant des esclaves.

Le Paysan perverti ou les Dangers de la ville
Lettre LXXVII

7000 Une éducation, pour être bonne, ne doit tendre qu'à régler les passions [...] elles sont le résultat de la sensibilité, la perfection de l'ouvrage de Dieu; chercher à les détruire, serait aller contre les vues de l'Être suprême; ce serait tenter l'impossible [...] Soyons hommes, et ne soyons que cela; aussi bien c'est une entreprise absurde que de vouloir être davantage.

7001 Une jeune personne entêtée de sa fausse prééminence, gâtée par les fades adulations des galants [...], épouse enfin un homme: c'est-à-dire un être fort imparfait; l'illusion où elle a toujours vécu se soutient huit jours environ; le mari prend ensuite assez brusquement la route de tous les maris [...]

7002 Ce sexe [les femmes] est fait pour être assujetti; et je prédis aux peuples de l'Europe qu'ils n'auront des mœurs et de la tranquillité, que lorsqu'ils l'auront remis à sa place.

7003 Ce sexe est toujours extrême, et ne sait pas assez s'arrêter pour garder un juste milieu: le laisser notre égal, c'est lui donner l'empire. Eh! s'il se contentait de cet empire!... Mais non, la femme ne sent son pouvoir qu'autant qu'elle en abuse.

Lettre LXXXVI

7004 La plus vertueuse des femmes n'est qu'une coquette plus raffinée, qui veut que ses victimes se consument devant elle [...]. Maudite soit la vertu [...]; le vice est cent fois plus aimable.

La Paysanne pervertie, Lettre XCVIII

7005 Le plus grand mal, quoi qu'en disent les moralistes, c'est l'obscurité, la bassesse ; c'est la vie de ces plantes mouvantes qui végètent autour de vous, qui vivent et qui meurent sans que personne se soit aperçu de leur existence.

7006 Je préfère le sort d'Érostrate, de Cartouche ou de Mandrin, à celui de quelque honnête homme obscur, mort avant d'avoir cessé de vivre et parfaitement nul aujourd'hui.

7007 Plus un être est heureux, plus il remplit le but de sa formation ; car dieu l'a fait principalement pour le bonheur ; le bien-être épanouit l'âme, la pénètre et la rend plus reconnaissante envers l'Être suprême [...]. Jouissez donc.

Les Parisiennes

7008 Le bonheur n'est pas une plante sauvage, qui vient spontanément, comme les mauvaises herbes des jardins : c'est un fruit délicieux, qu'on ne rend tel, qu'à force de culture.

7009 [...] faire l'amour tendrement, mais vertueusement, serait très favorable aux personnes disposées à devenir poitrinaires.

Les Nuits de Paris ou le Spectateur nocturne
33e Nuit, Les bals

7010 Dans tout pays, où les femmes ne seront pas honorées en public, comme des objets sacrés, plus que les prêtres même, il n'y aura pas de mœurs...

111e Nuit, La place Louis-XV

7011 A Paris, le citadin et les étrangers naturalisés ont une façon de penser dure, égoïste [...] ; les hommes, les femmes sont pour eux des masses inanimées qu'ils terrassent, qu'ils foulent aux pieds, et plus ils font de mal, plus ils ont de gloire et de plaisir : c'est une prouesse dont ils parlent le lendemain.

Philosophie de Monsieur Nicolas, 1796

7012 Je pense que, les hommes étant originaires des différents points du globe, ils ne sont pas tous sortis d'un seul homme, mais qu'ils n'en sont pas moins frères, n'ayant qu'un seul auteur, qui est le soleil, et une même mère qui est la terre.

Monsieur Nicolas ou le Cœur humain dévoilé
1re époque

7013 Partout où se trouvent des hommes et des femmes, il y a fermentation et corruption.

7014 Je crois que les hommes les plus violemment portés pour les femmes, ont tous, dans leur jeunesse impubère, la même timidité, la même pudeur, les mêmes goûts factices : c'est qu'ils sentent déjà ce que les autres ne sentent pas encore.

6e époque

7015 Ne désespérons jamais des êtres actifs, fussent-ils vicieux ; ils ont de l'étoffe : l'être nul et sans passions est le seul qui ne soit bon à rien.

7016 Je m'aperçus bientôt que l'amour ressemble à la soif : une goutte d'eau l'augmente.

Le Palais-Royal, tome I

7017 Les belles du Palais-Royal sont très jolies ! surtout les jeunes ; quant aux vieilles, c'est comme partout ; une vieille bête n'est jamais belle.

7018 [...] il n'y a vraiment que les actions moralement bonnes qui donnent une gloire solide. L'enthousiasme et la bravoure aveugle ne sont une vertu qu'à l'armée, devant l'ennemi, et dans le soldat ; car dans les chefs, ce serait imprudence le plus souvent.

Jean-Marie ROLAND 1734-1793

Lettre à Louis XVI, 10 juin 1792

7019 La patrie n'est point un mot que l'imagination se soit complu d'embellir ; c'est un être auquel on a fait des sacrifices, à qui l'on s'attache chaque jour davantage par les sollicitudes qu'il cause ; qu'on a créé par de grands efforts, qui s'élève au milieu des inquiétudes, et qu'on aime autant par ce qu'il coûte que par ce qu'on espère.

Claude de RULHIÈRE 1734-1791

Discours en vers, sur les disputes

7020 Vingt têtes, vingt avis : nouvel an, nouveau goût :
Autre ville, autres mœurs : tout change, on détruit tout.

7021 Le monde est plein d'erreurs ; mais de là je conclus
Que prêcher la raison n'est qu'une erreur de plus.

Épître à M. de Cha... sur le renversement de ma fortune

7022 Un jour une actrice fameuse
Me contait les fureurs de son premier amant ;
Moitié riant, moitié rêveuse,
Elle ajouta ce mot charmant :
« Oh ! c'était le bon temps, j'étais bien malheureuse ! »

Le prince de LIGNE 1735-1814

Relation de ma campagne de 1788-1789 contre les Turcs
lettre IV, 1er septembre 1788

7023 Les Turcs sont tout à la fois l'ennemi le plus dangereux et le plus méprisable qu'il y ait au monde : dangereux, si on le laisse attaquer, méprisable, si on le prévient.

lettre VIII

7024 Observateurs, voyageurs, spectateurs, au lieu de faire des réflexions triviales, sur les nations de l'Europe, qui se ressemblent toutes, à peu de chose près, méditez sur tout ce qui tient à l'Asie, si vous voulez trouver du neuf, du beau, du grand, du noble, et très souvent du raisonnable.

Fantaisies militaires, Campement

7025 Je n'aime point les citadelles, j'aime encore mieux être battu qu'être pris [...]

De l'armée française pendant la Révolution

7026 Il n'y a malheureusement plus d'étourdis en France.

Mélanges militaires, littéraires, sentimentaires
lettre à la marquise de Coigny

7027 Assez gai pour moi, il faut que je me fatigue à l'être pour ceux qui ne le sont pas. Si je suis un instant occupé de cent choses qui me passent par la tête, ils me disent : *vous êtes triste*, c'est de quoi le devenir ; ou bien : *vous vous ennuyez*, c'est de quoi me rendre ennuyeux.

Mémoire sur les Juifs

7028 Si Dieu avait permis à Moïse d'être un conquérant, comme Mahomet a pris sur lui de l'être, les deux tiers du monde seraient juifs, au lieu d'être mahométans.

Diverses remarques sur les femmes

7029 Telle vertueuse que soit une femme, c'est sur sa vertu qu'un compliment lui fait le moins de plaisir. Quand on la loue sur sa fidélité à son mari, elle est toujours prête à vous dire : « Quelle preuve en avez-vous ? ».

Ma Napoléonide, Annales du prince de Ligne, tome I

7030 Napoléon est l'exemple, la terreur, le soutien, et le fléau des rois.

7031 La destruction est son véritable élément. Ce goût lui sert même pour embellir Paris. Il renverse les édifices qui cachaient la beauté des autres, comme il renverse les constitutions. Il détruit jusqu'à la Seine, qu'il couvre de ponts qui portent les noms de ses victoires.

tome VIII, à Mme de R.

7032 Continuez à n'avoir ni chiens, ni enfants, ni talents, qui sont des éteignoirs de société : il est ennuyeux d'entendre parler aux premiers comme aux seconds, ou de voir les troisièmes, par un petit air de clavecin, interrompre la conversation.

Fragments inédits de l'Histoire de ma vie
Lettre à M. de La Borde

7033 La postérité est à présent une ouvreuse de lettres ; il n'y en a plus de confidentielles.

7034 Mon père ne m'aimait pas. Je ne sais pourquoi, car nous ne nous connaissions pas. Ce n'était pas la mode d'être alors bon père ni bon mari.

7035 J'ai toujours eu assez d'imagination pour être dévot de temps en temps, à l'article près des devoirs à en remplir.

Mes écarts ou Ma tête en liberté

7036 Que je déteste les gens qui cherchent toujours une raison d'intérêt à une belle action, et qui ont de la peine à la croire ! Qu'il est admirable, selon moi, d'admirer ! Si je trouve quelque chose qui mérite de l'être, je m'empresse d'autant plus, qu'il paraît par là que je relève mon existence. Je suis glorieux de ce qu'un de mes semblables a fait une grande chose.

7037 Il y a deux espèces de sots : ceux qui ne doutent de rien et ceux qui doutent de tout.

Mes écarts posthumes

7038 La popularité [...] est un rasoir entre les mains d'un enfant.

7039 A mesure qu'on est plus éclairé, on a moins de lumière.

7040 La police doit être une mère et non pas une commère.

La duchesse de CHOISEUL 1736-1801

Lettre à Voltaire, 24 janvier 1771

7041 J'ai toujours eu la vanité des gens que j'aime ; c'est ma façon d'aimer.

Lettre à Mme du Deffand, 15 juin 1775

7042 [...] les jouissances de l'amitié, je l'avoue, sont la véritable béatitude ; mais on ne peut pas toujours être dans les cieux. Je rampe donc tout comme un autre, et je m'en tire tout comme un autre. En fait de bonheur, il ne faut pas rechercher le « pourquoi », ni regarder au « comment ». Le meilleur et le plus sûr est de le prendre comme il vient.

Gabriel SÉNAC DE MEILHAN 1736-1803

L'Émigré, préface

7043 Tout est vraisemblable, et tout est romanesque dans la révolution de la France.

7044 Un joueur, homme d'un grand sang-froid, se contentait de dire à l'aspect des coups les plus piquants : « cela est dans les dés » ; on peut dire de même au récit des plus singulières ou tragiques aventures : « cela est dans une révolution ».

L'Émigré, lettre VIII

7045 On n'a peut-être jamais mis l'économie au nombre des avantages que procure la sensibilité, rien n'est cependant plus vrai ; plus on est capable d'aimer, plus le cœur est rempli d'un sentiment profond, et plus il est facile de se suffire à soi-même.

lettre IX

7046 Une révolution est une fatale lumière qui découvre la hideuse nudité de la majeure partie des hommes.

Histoire du marquis de Saint-Alban

7047 Les hommes sont modifiés par l'état qu'ils embrassent, au point, en quelque sorte, d'être entre eux comme des êtres distincts.

7048 Le peuple français est aimable, léger, facile ; mais emporté, mais barbare dans ses emportements.

7049 Les Allemands tiennent table pour faire bonne chère, et les Français pour réunir des personnes qui se conviennent.

Histoire du marquis de Saint-Alban
lettre XI

7050 L'or est le dieu de l'univers, il donne l'intelligence aux plus bornés.

lettre LVII

7051 Il n'est point de puissance humaine qui puisse soutenir un papier monnaie.

lettre LX

7052 Combien de jeunes filles, peut-être, auraient besoin de perdre leur innocence pour conserver leur sagesse !

lettre LXXV

7053 On peut dire de cette histoire [de la Révolution], bien plus justement que de celle de l'Angleterre, qu'elle devrait être écrite par le Bourreau.

(Histoire du marquis de Saint-Alban)
lettre LXXXVI

7054 La peine de mort sera un jour abolie, et n'est-il pas étonnant que ce soit en faisant couler des flots de sang, que ce soit, assis sur des monceaux de cadavres, que le Français aura enseigné aux nations à respecter la vie de l'homme?

7055 Le théâtre, chez toutes les nations, porte l'empreinte du gouvernement.

7056 Que contiennent [...] les bibliothèques, si ce n'est des romans? Il y en a sur la Divinité, sur l'Ame, sur les gouvernements, sur la nature de l'homme [...]

7057 A mesure que l'esprit avance, une multitude d'ouvrages disparaît.

Histoire de la vicomtesse de Vassy

7058 Hélas! telle est la triste condition des hommes que leur bonheur consiste dans la plus prompte consommation de la vie; tous ne tendent qu'à abréger le sentiment de sa durée: qu'est-ce donc qu'un trésor qu'il faut promptement dépenser pour en jouir, qui nous accable de son poids si l'on ne s'empresse de le diminuer, et dont on regrette vivement la diminution.

Histoire de la vicomtesse de Vassy
lettre XCVIII

7059 Il serait bien imprudent de faire connaître à la plupart des hommes qu'ils peuvent être dangereux.

lettre CI

7060 Qu'importe aux hommes que l'on souffre si c'est pour eux, si c'est par eux; si les maux qu'on éprouve sont la preuve de leur domination dans un cœur.

lettre CVII

7061 La beauté est moins pour la plupart des hommes une harmonie sublime de proportion, qu'une réunion de traits qui leur présagent la volupté qu'ils cherchent.

lettre CXIX

7062 Des nœuds indissolubles m'ont toujours paru contraires non seulement au bonheur, mais à la nature humaine, et la faculté du divorce peut seule les rendre supportables.

lettre CXXIV

7063 Il n'est point de vérité absolue, et les hommes se trompent bien moins, faute d'entrevoir la vérité, que faute d'en apercevoir les limites.

7064 Combien on s'éloignerait de l'humanité en voulant rapprocher les hommes de ce que l'on appelle l'état de nature.

7065 Toutes [les religions] sont fondées sur le danger d'éclairer les hommes.

7066 Il faut avant tout se garantir de la misère ; tout autre malheur doit peu affecter un homme jeune et bien portant ; mais le besoin, la dépendance, et le mépris des autres empoisonnent la vie, flétrissent l'âme, abâtardissent le génie.

7067 Ce qui doit dégoûter de la science, c'est que jamais elle ne nous apprendra ni l'origine du monde, ni le premier principe des êtres, ni leur destination.

7068 Deux penchants opposés attirent l'homme en sens contraire ; l'horreur de l'ennui et l'amour du repos : le grand art est d'échapper à l'un sans troubler trop violemment l'autre, de trouver un état mitoyen entre la léthargie et la convulsion.

7069 Il est bon d'exercer son esprit pour se procurer des plaisirs à tous les âges ; il est bon de se former des plaisirs intellectuels, qui servent d'entr'actes aux plaisirs des sens, qui sont les seuls réels [...]

7070 Le plus grand plaisir en amitié est de parler de soi, et cet épanchement provient d'une faiblesse mêlée d'amour-propre.

7071 Ce qu'il y a de plus rare parmi les hommes, c'est le secret ; les grands y manquent envers leurs inférieurs par une sorte de mépris de leurs intérêts, et on y manque envers ses égaux par le même principe qui leur fait confier leur secret. Il ne faut jamais perdre de vue le proverbe italien : un et un font deux.

7072 A mesure que l'on vieillit, il faut se concentrer davantage dans soi-même, se réduire au bonheur sensuel, et restreindre ses rapports avec les autres, parce qu'on n'en peut attendre que des marques du mépris inné dans le cœur de l'homme pour tout ce qui décèle l'impuissance, et que la vieillesse est la plus grande des impuissances.

lettre CXL

7073 Nous croyons être affligés de la mort d'une personne, quand c'est la mort seule qui fait impression sur nous.

lettre CLIII

7074 Il est trois sortes de gens qui parlent peu, ce sont les savants et les gens fort heureux ou fort malheureux ; ainsi l'on peut dire que le savoir, la douleur et le bonheur sont muets.

(Histoire de la vicomtesse de Vassy, lettre CLIII)

7075 Il ne faut pas chercher les femmes sensibles, ou celles qui ont du penchant pour les plaisirs de l'amour, parmi celles qui sont les plus vives, les plus gaies, les plus folâtres, mais parmi les femmes sérieuses et composées.

lettre CLVII

7076 Les grands hommes sont comme les athlètes qui perdent à être vus couverts des plus beaux habits ; c'est nus qu'il faut les voir pour juger leurs belles proportions. C'est dans l'adversité qu'il faut juger les hommes que le sort a mis au-dessus des autres.

Jacques Henri BERNARDIN DE SAINT-PIERRE 1737-1814

Paul et Virginie

7077 Les hommes ne veulent connaître que l'histoire des grands et des rois, qui ne sert à personne.

7078 C'est un instinct commun à tous les êtres sensibles et souffrants de se réfugier dans les lieux les plus sauvages et les plus déserts ; comme si des rochers étaient des remparts contre l'infortune, et comme si le calme de la nature pouvait apaiser les troubles malheureux de l'âme.

7079 Le pain du méchant remplit la bouche de gravier.

7080 La nécessité donne de l'industrie, et souvent les inventions les plus utiles ont été dues aux hommes les plus misérables.

7081 [...] il est impossible de ne pas haïr les hommes si on les croit méchants, et de vivre avec les méchants si on ne leur cache sa haine sous de fausses apparences de bienveillance. Ainsi la médisance nous oblige d'être mal avec les autres ou avec nous-mêmes.

7082 Quelque plaisir que j'ai eu dans mes voyages à voir une statue ou un monument de l'antiquité, j'en ai encore davantage à lire une inscription bien faite ; il me semble alors qu'une voix humaine sorte de la pierre, se fasse entendre à travers les siècles, et s'adressant à l'homme au milieu des déserts, lui dise qu'il n'est pas seul [...]

7083 Je tiens pour principes certains du bonheur qu'il faut préférer les avantages de la nature à tous ceux de la fortune, et que nous ne devons point aller chercher hors de nous ce que nous pouvons trouver chez nous. J'étends ces maximes à tout, sans exception.

7084 Il n'y a jamais qu'un côté agréable à connaître dans la vie humaine. Semblable au globe sur lequel nous tournons, notre révolution rapide n'est que d'un jour, et une partie de ce jour ne peut recevoir la lumière que l'autre ne soit livrée aux ténèbres.

7085 Sans doute c'est aux jouissances que se propose cette passion ardente et inquiète que les hommes doivent la plupart des sciences et des arts, et c'est de ses privations qu'est née la philosophie, qui apprend à se consoler de tout. Ainsi la nature ayant fait l'amour le lien de tous les êtres, l'a rendu le premier mobile de nos sociétés, et l'instigateur de nos lumières et de nos plaisirs.

7086 Après le rare bonheur de trouver une compagne qui nous soit bien assortie, l'état le moins malheureux de la vie est sans doute de vivre seul.

7087 La solitude rétablit aussi bien les harmonies du corps que celles de l'âme.

7088 Toute opinion est indifférente aux ambitieux, pourvu qu'ils gouvernent.

7089 Mais pourquoi voulez-vous être distingué du reste des hommes ? C'est un sentiment qui n'est pas naturel, puisque, si chacun l'avait, chacun serait en état de guerre avec son voisin.

7090 Le meilleur des livres, qui ne prêche que l'égalité, l'amitié, l'humanité, et la concorde, l'Evangile, a servi pendant des siècles de prétexte aux fureurs des Européens. Combien de tyrannies publiques et particulières s'exercent encore en son nom sur la terre ! Après cela, qui se flattera d'être utile aux hommes par un livre ?

7091 Les femmes sont fausses dans les pays où les hommes sont tyrans. Partout la violence produit la ruse.

7092 L'État est semblable à un jardin, où les petits arbres ne peuvent venir s'il y en a de trop grands qui les ombragent ; mais il y a cette différence que la beauté d'un jardin peut résulter d'un petit nombre de grands arbres, et que la prospérité d'un État dépend toujours de la multitude et de l'égalité des sujets, et non pas d'un petit nombre de riches.

7093 On se fait une idée précise de l'ordre, mais non pas du désordre. La beauté, la vertu, le bonheur, ont des proportions ; la laideur, le vice, et le malheur, n'en ont point.

7094 Le parfum de mille roses ne plaît qu'un instant ; mais la douleur que cause une seule de leurs épines dure longtemps après la piqûre.

7095 Les sages qui ont écrit avant nous sont des voyageurs qui nous ont précédés dans les sentiers de l'infortune, qui nous tendent la main, et nous invitent à nous joindre à leur compagnie lorsque tout nous abandonne. Un bon livre est un bon ami.

(Paul et Virginie)

7096 Il y a des maux si terribles et si peu mérités que l'espérance même du sage en est ébranlée.

7097 Les projets de plaisirs, de repos, de délices, d'abondance, de gloire, ne sont point faits pour l'homme faible, voyageur et passager.

7098 La mort, mon fils, est un bien pour tous les hommes ; elle est la nuit de ce jour inquiet qu'on appelle la vie.

Fragments de l'Amazone

7099 C'est une chose digne de remarque, que ce qui fait les réputations, est l'intérêt que d'autres trouvent à vous louer ou à vous blâmer.

7100 La femme est faite pour tempérer ce que les hommes ont de trop violent dans le caractère ; c'est la moitié naturelle de l'homme. Aussi la plupart des célibataires sont-ils portés à la cruauté.

Harmonies de la nature, livre premier

7101 [...] l'organisation [de la nature] se forma de la pensée du Tout-Puissant, et la vie sortit de sa parole.

7102 La plus petite mousse, par ses harmonies, élève notre intelligence jusqu'à l'Intelligence qui veille aux destins de toute la terre [...]

7103 Nous formons notre logique, et souvent notre morale, des premières notions que nous donne la nature. Ce sont elles, et non les raisonnements de la métaphysique, qui développent l'entendement humain.

7104 Les femmes atteignent en bien et en mal les deux extrêmes, et les inspirent alors aux hommes ; les jouissances et les douleurs exquises leur appartiennent.

livre troisième

7105 Les sociétés des hommes ne seraient guère plus savantes que celles des fourmis, si elles étaient isolées comme elles.

livre sixième

7106 Je ne parle ici que des sciences humaines ; car quant aux sciences véritables, elles ne sont connues que de Dieu : lui seul a le secret de son intelligence [...]

Stanislas de BOUFFLERS 1738-1815

Couplet

7107 Sans diamants vous paraîtrez
Toujours assez brillante,
Et sans épingles vous serez
Toujours assez piquante.

Sur un bel esprit

7108 De tout ce qu'il a dit je sens que je suis ivre,
Jusqu'à présent personne à tel point ne m'a plu ;
Vous-même, convenez qu'il parle comme un livre.
— Oui, comme un livre qu'on a lu.

Vers à une dame

7109 Tu me peignais la tendresse,
Hélas ! c'est moi qui la sens ;
Tu jurais d'aimer sans cesse,
Et je tiens tous tes serments.

Le Bon Avis

7110 Faisons l'amour, faisons la guerre,
Ces deux métiers sont pleins d'attraits :
La guerre au monde est un peu chère,
L'amour en rembourse les frais.

7111 Eh ! mes amis, peut-on mieux faire,
Quand on a dépeuplé la terre,
Que de la repeupler après ?

Épitaphe faite par lui-même

7112 Ci-gît un chevalier, qui sans cesse courut ;
Qui sur les grands chemins naquit, vécut, mourut,
Pour prouver ce qu'a dit le sage,
Que notre vie est un voyage.

Lettre en monosyllabes

7113 Que ce Dieu est bon ! il a fait le ciel pour nous tous, y va qui peut ; mais peu y vont, c'est un peu haut...

L'abbé DELILLE 1738-1813

Les Jardins, chant 4

7114 Telle jadis Carthage
Vit sur ses murs détruits Marius malheureux ;
Et ces deux grands débris se consolaient entre eux.

L'Homme des champs, chant 4

7115 Vivre pour mes amis, mes livres, et moi-même !

L'Imagination, chant 3

7116 L'homme aux regards de l'homme est le premier miracle.

(L'Imagination) chant 5

7117 Ce que Dieu seul a fait, Newton seul l'imagine.

Charles-François DUMOURIEZ 1739-1823

Discours à la Convention, octobre 1792

7118 Les défilés de l'Argonne ont été les Thermopyles où cette poignée de soldats de la liberté a présenté pendant quinze jours à une formidable armée une résistance importante.

Jacques ROUX 1752-1794

Discours sur le jugement de Louis-le-Dernier
(section de l'Observatoire) décembre 1792

7119 Le courage et la vertu vengent l'homme libre des poursuites des méchants. L'estime de l'homme de bien, la calomnie des traîtres, seront, en tout temps, ma liste civile.

7120 Les rois sont dignes de mort, du moment qu'ils voient le jour.

Pierre-Samuel Dupont dit DUPONT DE NEMOURS 1739-1817

De l'origine et des progrès d'une science nouvelle
§ V

7121 Point de propriété, sans liberté ; point de liberté, sans sûreté.

§ XV

7122 Impositions indirectes ; pauvres paysans. Pauvres paysans ; pauvre royaume. Pauvre royaume ; pauvre souvrain.

Discours à l'Assemblée Nationale, le 13 mai 1791

7123 Périssent les colonies plutôt qu'un principe !

Jean-François LA HARPE 1739-1803

Conseils à un jeune poète

7124 Ainsi toujours sensible aux charmes des Neuf Sœurs,
Puissé-je encore goûter leurs dons consolateurs...

Réponse d'Horace à Voltaire

7125 Que tes vers ont flatté le bon goût de Virgile !
Souvent avec Homère il parle de ton style.

7126 Heureux le bon bourgeois qui, loin de ces travers,
Hors les Commandements, n'a jamais lu de vers...

Warwick, acte V, scène 3

7127 Un bienfait n'avilit que les cœurs nés ingrats.

La Prophétie de Cazotte

7128 On en était alors venu, dans le monde, au point où tout est permis pour faire rire. Chamfort nous avait lu de ses contes impies et libertins, et les grandes dames avaient écouté, sans avoir même recours à l'éventail.

7129 « Savez-vous ce qui arrivera de cette révolution, ce qui en arrivera pour vous tous tant que vous êtes ici, et ce qui en sera la suite immédiate, l'effet bien prouvé, la conséquence bien reconnue ? — Ah ! voyons, dit Condorcet, avec son air et son rire sournois et niais, un philosophe n'est pas fâché de rencontrer un prophète. — Vous, Monsieur de Condorcet, vous expirerez étendu sur le pavé d'un cachot ; vous mourrez du poison que vous aurez pris pour vous dérober au bourreau, du poison que le *bonheur* de ce temps-là vous forcera de porter toujours sur vous. »

7130 « Vous serez alors gouvernés par la seule philosophie, par la seule raison. Ceux qui vous traiteront ainsi seront tous des philosophes, auront à tout moment dans la bouche les mêmes phrases que vous débitez depuis une heure, répéteront toutes vos maximes [...] »

Louis-Sébastien MERCIER 1740-1814

Tableau de Paris
tome II, chap. 44, Bastille

7131 Mais comment écrira-t-on l'histoire de Louis XIII, de Louis XIV, et de Louis XV, si l'on ne sait pas l'histoire de la Bastille ?

7132 Les Parisiens aiment mieux acheter du pain pour vivre que le plus beau discours où l'on prouverait qu'ils ont droit à une vie aisée.

7133 On a laissé l'opinion de la veille s'effacer par celle du lendemain, et l'on a compris que lorsqu'on avait la force physique ; il fallait peu s'inquiéter des idées politiques et morales, versatiles et changeantes par leur nature.

chap. 56, mariage, adultère

7134 Voyez dans toutes nos comédies si l'on ne rit pas toujours aux dépens des maris [...]. Ces gentillesses ne sont qu'une apologie perpétuelle de l'adultère : on dirait qu'on a peur que les femmes ne comprennent pas assez tôt que leurs charmes ne sont pas faits pour n'appartenir qu'à un seul.

(Tableau de Paris, tome II)
chap. 59, de la langue du monde

7135 Le monde polit plus qu'il n'instruit. Il ne faut point être dans son tourbillon, pour bien le connaître et surtout pour l'apprécier.

chap. 63, légères observations

7136 Il y a des amis de table, qui enlèvent leurs promesses avec la nappe ; quand ils vous ont régalé, ils se croient dispensés d'acquitter leurs paroles.

7137 L'honneur d'une fille est à elle ; elle y regarde à deux fois : l'honneur d'une femme est à son mari ; elle y regarde moins.

7138 Nos pensées deviennent si subtiles, qu'elles s'exhalent de manière qu'il ne reste rien.

tome III, chap. 85, toilette

7139 On peut tromper les femmes ; mais on ne doit jamais les surprendre.

chap. 92, promenades publiques

7140 Comme c'est l'âme qui fait le regard et que les belles âmes sont en petit nombre, les beaux yeux sont assez rares.

chap. 104, couvents, religieuses

7141 Une loi timide est ordinairement une mauvaise loi.

tome IV, chap. 348

7142 Les extrêmes se touchent.

Nicolas MASSON DE MORVILLIERS 1740-1789

Épître à une femme de quarante ans

7143 Es-tu chagrine ? je suis triste ;
Dévote ? je lis Augustin ;
Philosophe ? Bayle ou Voltaire ;
Un peu friponne ? l'Arétin ;
Bavarde enfin ? je sais me taire.

L'Embarras du choix, ode anacréontique

7144 Daphné semble en tout mon affaire ;
Un mois au moins j'aurai son cœur :
C'est toujours un beau rêve à faire,
Que de croire un mois au bonheur.

Le marquis de SADE 1740-1814

Dialogue entre un prêtre et un moribond

7145 Prouve-moi l'inertie de la matière et je t'accorderai le créateur.

Les Cent vingt journées de Sodome

7146 Le nom de Dieu ne sera jamais prononcé qu'accompagné d'invectives et d'imprécations, et on le répétera le plus souvent possible.

Justine ou les Malheurs de la vertu

7147 Si la nature se meut elle-même, enfin, à quoi sert le moteur ? Et si le moteur agit sur la matière, en la mouvant, comment n'est-il pas matière lui-même ? Pouvez-vous concevoir l'effet de l'esprit sur la matière et la matière recevant le mouvement de l'esprit qui lui-même n'a point de mouvement ?

7148 Eh quoi ! Les hommes ne comprendront jamais qu'il n'est aucune sorte de goûts, quelque bizarres, quelque criminels même qu'on puisse les supposer, qui ne dépende de la sorte d'organisation que nous avons reçue de la Nature !

7149 Les passions de l'homme ne sont que les moyens que la nature emploie pour parvenir à ses desseins.

7150 Ces écrivains pervers, dont la corruption est si dangereuse, si active qu'ils n'ont pour but, en imprimant leurs affreux systèmes, que d'étendre au-delà de leur vie la somme de leurs crimes ; ils n'en peuvent plus faire, mais leurs maudits écrits en feront commettre, et cette douce idée, qu'ils emportent au tombeau, les console de l'obligation où les met la mort de renoncer au mal.

La Philosophie dans le boudoir

7151 Une jolie fille ne doit s'occuper que de foutre et jamais d'engendrer.

7152 Ne divisons pas cette portion de sensibilité que nous avons reçue de la nature. C'est l'anéantir que de l'éteindre [...] Que le foyer de notre sensibilité n'allume jamais que nos plaisirs ! Soyons sensibles à tout ce qui les flatte, absolument inflexibles sur tout le reste. Il résulte de cet état de l'âme une sorte de cruauté qui n'est quelquefois pas sans délices.

7153 [...] dès l'instant où il n'y a plus de Dieu, à quoi sert d'insulter son nom ? Mais c'est qu'il est essentiel de prononcer des mots forts ou sales dans l'ivresse du plaisir, et que ceux du blasphème servent bien l'imagination ; il faut orner ces mots du plus grand luxe d'expression ; il faut qu'ils scandalisent le plus possible ; car il est très doux de scandaliser : il existe là un petit triomphe pour l'orgueil qui n'est nullement à dédaigner.

7154 La cruauté, bien loin d'être un vice, est le premier sentiment qu'imprime en nous la nature ; l'enfant brise son hochet, mord le téton de sa nourrice, étrangle son oiseau, bien avant que d'avoir l'âge de raison.

(La Philosophie dans le boudoir)

7155 Je ne m'adresse qu'à des gens capables de m'entendre, et ceux-là me liront sans danger.

7156 Nous ne devons certainement pas douter un moment que tout ce qui s'appelle crimes moraux, c'est-à-dire toutes les actions de l'espèce de celles que nous venons de citer, ne soit parfaitement indifférent dans un gouvernement dont le seul devoir consiste à conserver, par tel moyen que ce puisse être, les formes essentielles de son maintien: voilà l'unique morale d'un gouvernement républicain.

7157 L'insurrection n'est point un état moral ; elle doit être pourtant l'état permanent d'une République.

7158 Il est aussi injuste de posséder exclusivement une femme que de posséder des esclaves.

7159 Une nation qui commence à se gouverner en république ne se soutiendra que par des vertus, parce que pour arriver au plus il faut toujours débuter par le moins ; mais une nation déjà vieille et corrompue qui, courageusement, secouera le joug de son gouvernement monarchique pour en adopter un républicain, ne se maintiendra que par beaucoup de crimes ; car elle est déjà dans le crime, et si elle voulait passer du crime à la vertu, c'est-à-dire d'un état violent dans un état doux, elle tomberait dans une inertie dont sa ruine certaine serait bientôt le résultat.

7160 Le sot orgueil de l'homme qui croit que tout est fait pour lui serait bien étonné, après la destruction totale de l'espèce humaine, s'il voyait que rien ne varie dans la nature, et que le cours des astres n'est pas seulement retardé.

La Nouvelle Justine

7161 Tout est bon quand il est excessif.

7162 Quand l'athéisme voudra des martyrs, qu'il le dise et mon sang est tout prêt.

7163 — Aussi, le meurtre est un plaisir.
— Je dis plus ; il est un devoir ; il est un des moyens dont la nature se sert pour parvenir aux fins qu'elle se propose sur nous.

7164 Je suis l'homme de la nature avant que d'être celui de la société.

7165 L'impossibilité d'outrager la nature est, selon moi, le plus grand supplice de l'homme.

7166 Le bonheur n'est que dans ce qui agite, et il n'y a que le crime qui agite: la vertu, qui n'est qu'un état d'inaction et de repos, ne peut jamais conduire au bonheur.

7167 La tolérance est la vertu du faible.

7168 Un de vos philosophes modernes se disait l'amant de la nature ; eh bien, mon ami, je m'en déclare le bourreau.

7169 Il n'est pas le seul homme qui voulût recommencer à vivre, si on le lui offrait le jour de sa mort.

7170 L'homme serait le plus heureux des êtres si du seul besoin qu'il a d'une illusion quelconque en naissait aussitôt la réalité.

7171 Je souffre peut-être encore plus que vous de la médiocrité des crimes dont la nature me laisse le pouvoir. Il n'y a, dans tout ce que nous faisons, que des idoles et des créatures offensées ; mais la nature ne l'est pas, et c'est elle que je voudrais pouvoir outrager. Je voudrais déranger ses plans, contrecarrer sa marche, arrêter le cours des astres, bouleverser les globes qui flottent dans l'espace, détruire ce qui la sert, protéger ce qui lui nuit, édifier ce qui l'irrite, l'insulter en un mot dans ses œuvres, suspendre tous ses grands effets ; mais je ne puis y réussir.

L'Histoire de Juliette

7172 L'idée de Dieu est, je l'avoue, le seul tort que je ne puisse pardonner à l'homme.

7173 N'admettons jamais comme cause de ce que nous ne comprenons pas quelque chose que nous comprenons moins encore.

7174 Un laurier perpétuel croît sur le tombeau de Virgile. Cette transmigration glorieuse n'est-elle pas, sots déistes, aussi douce que l'alternative de l'enfer ou du paradis ? Qui osera soutenir d'après cela que l'opinion qui débarrasse de ces craintes ne soit mille fois plus agréable que l'incertitude où nous laisse l'admission d'un Dieu qui, maître de ses grâces, ne les donne qu'à ses favoris et qui permet que tous les autres se rendent dignes des supplices éternels ?

7175 La première loi que m'indique la nature est de me délecter n'importe aux dépens de qui.

7176 C'est par un mélange absolument égal de ce que nous appelons crime et vertu que [les] lois [de la nature] se soutiennent ; c'est par des destructions qu'elle renaît ; c'est par des crimes qu'elle subsiste ; c'est, en un mot, par la mort qu'elle vit.

7177 Le crime n'a donc rien de réel, il n'y a donc véritablement aucun crime, aucune manière d'outrager une nature toujours agissante, toujours trop au-dessus de nous pour nous redouter en quoi que ce puisse être.

(L'Histoire de Juliette)

7178 C'est dans le silence des lois que naissent les grandes actions.

7179 Tous les hommes tendent au despotisme ; c'est le premier désir que nous inspire la nature.

7180 Il n'y a d'autre enfer pour l'homme que la bêtise ou la méchanceté de ses semblables.

7181 Ce qui caractériserait vraiment un crime serait la résistance que l'homme apporterait à se livrer à toutes les inspirations de la nature, de telles espèces qu'elles puissent être.

7182 En raidissant notre âme contre tout ce qui peut l'émouvoir, en la familiarisant au crime par le libertinage, en ne lui laissant de la volupté que la physique, en lui refusant opiniâtrement la délicatesse, on l'énerve ; et de cet état dans lequel son activité naturelle ne lui permet pas de rester longtemps, elle passe à une espèce d'apathie qui se métamorphose bientôt en plaisirs mille fois plus divins que ceux que lui procuraient des faiblesses.

7183 Le prétendu Dieu des hommes n'est que l'assemblage de tous les êtres, de toutes les propriétés, de toutes les puissances ; il est la cause immanente et non distincte de tous les effets de la nature ; c'est parce qu'on s'est abusé sur les qualités de cet être chimérique, c'est parce qu'on l'a vu tour à tour bon, méchant, jaloux, vindicatif, qu'on a supposé de là qu'il devait punir ou récompenser. Mais Dieu n'est que la nature et tout égal à la nature : tous les êtres qu'elle produit sont indifférents à ses yeux, puisqu'ils ne lui coûtent pas plus à créer l'un que l'autre.

7184 L'échafaud même serait pour moi le trône de mes voluptés, j'y braverais la mort en jouissant du plaisir d'expirer victime de mes forfaits.

7185 C'est sans aucune terreur que j'aperçois la désunion des molécules de mon existence.

7186 Le principe de la vie de tous les êtres n'est autre que celui de la mort. Nous les recevons et les nourrissons dans nous tous les deux à la fois.

7187 Depuis l'âge de quinze ans, ma tête ne s'est embrasée qu'à l'idée de périr victime des passions cruelles du libertinage.

7188 Celui que servirait le mieux la nature serait incontestablement celui dont la multiplicité des crimes ou leur atrocité détruirait jusqu'à la possibilité d'une régénération.

7189 Le flambeau des passions allume à la fois dans les âmes fortes celui de Minerve et celui de Vénus.

7190 La frivolité n'est point mon vice.

7191 Respectons éternellement le vice et ne frappons que la vertu.

7192 Mon plus grand chagrin est qu'il n'existe réellement pas de Dieu, et de me voir privé, par là, du plaisir de l'insulter plus positivement.

Correspondance

7193 Ma façon de penser est le fruit de mes réflexions ; elle tient à mon existence, à mon organisation, je ne suis pas le maître de la changer ; je le serais que je ne le ferais pas. Cette façon de penser que vous blâmez fait l'unique consolation de ma vie ; elle allège toutes mes peines en prison, elle compose tous mes plaisirs dans le monde et j'y tiens plus que ma vie. Ce n'est point ma façon de penser qui fait mon malheur, c'est celle des autres.

Pensées

7194 Dieu est absolument pour l'homme ce que sont les couleurs pour un aveugle de naissance, il lui est impossible de se les figurer.

7195 Comme nos lois, nos vertus, nos vices, nos divinités seraient méprisables aux yeux d'une société qui aurait deux ou trois sens de plus que nous, et une sensibilité double de la nôtre !

Les Infortunes de la vertu

7196 Nos passions n'ont vraiment de charme que quand elles transgressent le mieux l'intention [du ciel], ou du moins ce que les sots nous assurent être tel, mais qui n'est dans le fond que la chaîne illusoire dont l'imposture a voulu captiver le plus fort.

Testament

7197 La fosse une fois recouverte, il sera semé dessus des glands, afin que, par la suite, le terrain de ladite fosse se trouvant regarni et le taillis se retrouvant fourré comme il l'était auparavant, les traces de ma tombe disparaissent de dessus la surface de la terre comme je me flatte que ma mémoire s'effacera de la mémoire des hommes.

Sébastien Roch Nicolas, dit **CHAMFORT** 1741-1794

Maximes et pensées

7198 [...] presque tous les livres sont des corrupteurs, les meilleurs font presque autant de mal que de bien.

(Maximes et pensées)

7199 La pensée console de tout et remédie à tout. Si quelquefois elle vous fait du mal, demandez-lui le remède du mal qu'elle vous a fait, et elle vous le donnera.

7200 La meilleure Philosophie, relativement au monde, est d'allier, à son égard, le sarcasme de la gaieté avec l'indulgence du mépris.

7201 On souhaite la paresse d'un méchant et le silence d'un sot.

7202 Il y a des sottises bien habillées, comme il y a des sots très bien vêtus.

7203 Les trois quarts des folies ne sont que des sottises.

7204 L'Opinion est la Reine du Monde, parce que la Sottise est la Reine des Sots.

7205 Il faut savoir faire les sottises que nous demande notre caractère.

7206 Quelqu'un disait que la Providence était le nom de baptême du Hasard; quelque dévot dira que le Hasard est le sobriquet de la Providence.

7207 De nos jours, ceux qui aiment la Nature sont accusés d'être romanesques.

7208 La plus perdue de toutes les journées est celle où l'on n'a pas ri.

7209 Il y a des siècles où l'opinion publique est la plus mauvaise des opinions.

7210 On croit communément que l'art de plaire est un grand moyen de faire fortune: savoir s'ennuyer est un art qui réussit bien davantage.

7211 Vivre est une maladie dont le sommeil nous soulage toutes les seize heures. C'est un palliatif. La mort est le remède.

7212 Il y a deux choses auxquelles il faut se faire, sous peine de trouver la vie insupportable: ce sont les injures du temps et les injustices des hommes.

7213 Il faut convenir que, pour être heureux en vivant dans le monde, il y a des côtés de son âme qu'il faut entièrement *paralyser*.

7214 Célébrité: l'avantage d'être connu de ceux qui ne vous connaissent pas.

7215 Il y a plus de fous que de sages, et dans le sage même, il y a plus de folie que de sagesse.

7216 Il faut être juste avant d'être généreux, comme on a des chemises avant d'avoir des dentelles.

7217 Le changement de modes est l'impôt que l'industrie du pauvre met sur la vanité du riche.

7218 Quand on a été bien tourmenté, bien fatigué par sa propre sensibilité, on s'aperçoit qu'il faut vivre au jour le jour, oublier beaucoup, enfin, *éponger la vie* à mesure qu'elle s'écoule.

7219 Les gens du monde ne sont pas plutôt attroupés, qu'ils se croient en Société.

7220 La société est composée de deux grandes classes : ceux qui ont plus de dîners que d'appétit, et ceux qui ont plus d'appétit que de dîners.

7221 On n'imagine pas combien il faut d'esprit pour n'être jamais ridicule.

7222 Les bourgeois, par une vanité ridicule, font de leurs filles un fumier pour les terres des gens de qualité.

7223 L'art de la parenthèse est un des grands secrets de l'éloquence dans la société.

7224 J'ai entendu dire à un homme d'esprit : « Otez à la plaisanterie son empire, et je quitte demain la Société. »

7225 Les courtisans sont des pauvres enrichis par la mendicité.

7226 Quand on veut plaire dans le monde, il faut se résoudre à se laisser apprendre beaucoup de choses qu'on sait par des gens qui les ignorent.

7227 Dans un pays où tout le monde cherche à *paraître,* beaucoup de gens doivent croire, et croient en effet, qu'il vaut mieux être banqueroutier que de n'être rien.

7228 Un homme d'esprit est perdu s'il ne joint pas à l'esprit l'énergie de caractère. Quand on a la lanterne de Diogène, il faut avoir son bâton.

7229 La Nature ne m'a point dit : « Ne sois point pauvre » ; encore moins : « Sois riche » ; mais elle me crie : « Sois indépendant. »

7230 Quiconque n'a pas de caractère n'est pas un homme, c'est une chose.

Pensées morales

7231 Tout bienfait qui n'est pas cher au cœur est odieux. C'est une relique, ou un os de mort. Il faut l'enchâsser ou le fouler aux pieds.

(Pensées morales)

7232 L'amitié extrême et délicate est souvent blessée du repli d'une rose.

7233 La générosité n'est que la pitié des âmes nobles.

7234 Si l'on doit aimer son prochain comme soi-même, il est au moins aussi juste de s'aimer comme son prochain.

7235 Les premiers sujets de chagrin m'ont servi de cuirasse contre les autres.

7236 Quand j'ai fait quelque bien et qu'on vient à le savoir, je me crois puni, au lieu de me croire récompensé.

7237 Ce que j'ai appris, je ne le sais plus. Le peu que je sais encore, je l'ai deviné.

7238 En fait de sentiments, ce qui peut être évalué n'a pas de valeur.

7239 L'amour est comme les maladies épidémiques. Plus on les craint, plus on y est exposé.

7240 Un homme amoureux est un homme qui veut être plus aimable qu'il ne peut ; et voilà pourquoi presque tous les amoureux sont ridicules.

7241 La société, qui rapetisse beaucoup les hommes, réduit les femmes à rien.

7242 L'amour, tel qu'il existe dans la société, n'est que l'échange de deux fantaisies et le contact de deux épidermes.

7243 Les femmes font avec les hommes une guerre où ceux-ci ont un grand avantage, parce qu'ils ont les filles de leur côté.

7244 Il y a telle fille qui trouve à se vendre, et ne trouverait pas à se donner.

7245 Le commerce des hommes avec les femmes ressemble à celui que les Européens font dans l'Inde : c'est un commerce guerrier.

7246 Pour qu'une liaison d'homme à femme soit vraiment intéressante, il faut qu'il y ait entre eux jouissance, mémoire ou désir.

7247 Je me souviens d'avoir vu un homme quitter les filles d'Opéra, parce qu'il y avait vu, disait-il, autant de fausseté que dans les honnêtes femmes.

7248 Il y a des redites pour l'oreille et pour l'esprit ; il n'y en a point pour le cœur.

7249 Le mariage et le célibat ont tous deux des inconvénients ; il faut préférer celui dont les inconvénients ne sont pas sans remède.

7250 L'amour plaît plus que le mariage, par la raison que les romans sont plus amusants que l'Histoire.

7251 L'état de mari a cela de fâcheux que le mari qui a le plus d'esprit peut être de trop partout, même chez lui, ennuyeux sans ouvrir la bouche, et ridicule en disant la chose la plus simple.

7252 La pire de toutes les mésalliances est celle du cœur.

7253 Une des meilleures raisons qu'on puisse avoir de ne se marier jamais, c'est qu'on n'est pas tout à fait la dupe d'une femme, tant qu'elle n'est point la vôtre.

7254 Quelque mal qu'un homme puisse penser des femmes, il n'y a pas de femme qui n'en pense encore plus mal que lui.

7255 La plupart des livres d'à présent ont l'air d'avoir été faits en un jour avec des livres lus de la veille.

7256 Peu de philosophie mène à mépriser l'érudition ; beaucoup de philosophie mène à l'estimer.

7257 Ce qui fait le succès de quantité d'ouvrages est le rapport qui se trouve entre la médiocrité des idées de l'auteur et la médiocrité des idées du public.

7258 On n'est point un homme d'esprit pour avoir beaucoup d'idées, comme on n'est pas un bon général pour avoir beaucoup de soldats.

7259 Plusieurs gens de Lettres croient aimer la gloire et n'aiment que la vanité. Ce sont deux choses bien différentes et même opposées ; car l'une est une petite passion, l'autre en est une grande. Il y a, entre la vanité et la gloire, la différence qu'il y a entre un fat et un amant.

7260 Le titre le plus respectable de la noblesse française c'est de descendre immédiatement de quelques-uns de ces trente mille hommes casqués, cuirassés, brassardés, cuissardés, qui, sur de grands chevaux bardés de fer, foulaient aux pieds huit ou neuf millions d'hommes nus, qui sont les ancêtres de la nation actuelle. Voilà un droit bien avéré à l'amour et au respect de leurs descendants ! Et, pour achever de rendre cette noblesse respectable, elle se recrute et se régénère par l'adoption de ces hommes qui ont accru leur fortune en dépouillant la cabane du pauvre hors d'état de payer les impositions. Misérables institutions humaines qui, faites pour inspirer le mépris et l'horreur, exigent qu'on les respecte et qu'on les révère !

(Pensées morales)

7261 En France, on laisse en repos ceux qui mettent le feu, et on persécute ceux qui sonnent le tocsin.

7262 En France, il n'y a plus de public ni de nation, par la raison que de la charpie n'est pas du linge.

7263 On gouverne les hommes avec la tête. On ne joue pas aux échecs avec un bon cœur.

7264 Un homme, attaquant une femme sans être prêt, lui dit : « Madame, s'il vous était égal d'avoir encore un quart d'heure de vertu ? »

7265 La laide veut qu'on demande quelle est la plus riche.

7266 Il y a une mélancolie qui tient à la grandeur de l'esprit.

7267 M..., vieux célibataire, disait plaisamment que le mariage est un état trop parfait pour l'imperfection de l'homme.

Caractères et anecdotes

7268 M... disait : « Les femmes n'ont de bon que ce qu'elles ont de meilleur. »

7269 « Il a fait semblant d'être malhonnête, afin que les femmes ne le rebutent pas. »

7270 [...] en vivant et en voyant les hommes, il faut que le cœur se brise ou se bronze.

7271 M..., pour peindre d'un seul mot la rareté des honnêtes gens, me disait que, dans la société, l'honnête homme est une variété de l'espèce humaine.

7272 M. de Brissac, ivre de Gentilhommerie, désignait souvent Dieu par cette phrase : « Le Gentilhomme d'en haut. »

7273 M... disait que le grand monde est un mauvais lieu que l'on avoue.

7274 Un homme d'esprit me disait un jour : que le Gouvernement de France était une Monarchie absolue tempérée par des chansons.

7275 Je ne sais quel homme disait : « Je voudrais voir le dernier des Rois étranglé avec le boyau du dernier des Prêtres. »

7276 On demandait à M. de Fontenelle mourant : « Comment cela va-t-il ? — Cela ne va pas, dit-il ; cela s'en va. »

7277 Madame de C... disait à M. B... : « J'aime en vous... — Ah, Madame, dit-il avec feu : si vous savez quoi, je suis perdu. »

7278 « Dans le monde, disait M..., vous avez trois sortes d'amis : vos amis qui vous aiment ; vos amis qui ne se soucient pas de vous, et vos amis qui vous haïssent. »

7279 D..., misanthrope plaisant, me disait, à propos de la méchanceté des hommes : « Il n'y a que l'inutilité du premier déluge qui empêche Dieu d'en envoyer un second. »

7280 « En fait d'inutilités, il ne faut que le nécessaire. »

7281 M... me dit un jour plaisamment, à propos des femmes et de leurs défauts : « Il faut choisir d'aimer les femmes ou de les connaître : il n'y a pas de milieu. »

7282 « Si je n'étais pas incorrigible, il y a bien longtemps que je serais corrompu. »

7283 Quelqu'un disait d'un homme très personnel : « Il brûlerait votre maison pour se faire cuire deux œufs. »

7284 M... avait, pour exprimer le mépris, une formule favorite : « C'est l'avant-dernier des hommes ! — Pourquoi l'avant-dernier ? lui demandait-on. — Pour ne décourager personne, car il y a presse. »

7285 M... disait d'un sot sur lequel il n'y a pas de prise : « C'est une cruche sans anse. »

7286 Marivaux disait que le style a un sexe et qu'on reconnaissait les femmes à une phrase.

7287 On demandait à un homme qui faisait profession d'estimer beaucoup les femmes, s'il en avait eu beaucoup. Il répondit : « Pas autant que si je les méprisais. »

7288 Les grands vendent toujours leur société à la vanité des petits.

7289 M. Dubuc disait que les femmes sont si décriées qu'il n'y a même plus d'hommes à bonnes fortunes.

Pierre Choderlos de LACLOS 1741-1803

Les Liaisons dangereuses
préface

7290 [...] le succès, qui ne prouve pas toujours le mérite, tient souvent davantage au choix du sujet qu'à son exécution, à l'ensemble des objets qu'il présente, qu'à la manière dont ils sont traités.

(Les Liaisons dangereuses, préface)

7291 Il me semble au moins que c'est rendre un service aux mœurs, que de dévoiler les moyens qu'emploient ceux qui en ont de mauvaises pour corrompre ceux qui en ont de bonnes, et je crois que ces lettres pourront concourir efficacement à ce but.

première partie, lettre IV
le vicomte de Valmont à la marquise de Merteuil

7292 *Et si de l'obtenir je n'emporte le prix,*
J'aurai du moins l'honneur de l'avoir entrepris.
On peut citer de mauvais vers, quand ils sont d'un grand poète[1].

7293 Que nous sommes heureux que les femmes se défendent si mal! nous ne serions auprès d'elles que de timides esclaves.

lettre V
la marquise de Merteuil au vicomte de Valmont

7294 Quel rival avez-vous à combattre? un mari! Ne vous sentez-vous pas humilié à ce seul mot? Quelle honte si vous échouez! et même combien peu de gloire dans le succès!

7295 Réservées au sein même du plaisir, [les prudes] ne vous offrent que des demi-jouissances. Cet entier abandon de soi-même, ce délire de la volupté où le plaisir s'épure par son excès, ces biens de l'amour, ne sont pas connus d'elles.

7296 [...] ce mot de perfide m'a toujours fait plaisir; c'est, après celui de cruelle, le plus doux à l'oreille d'une femme, et il est moins pénible à mériter.

lettre VI
le vicomte de Valmont à la marquise de Merteuil

7297 Au nom de l'amitié, attendez que j'aie eu cette femme, si vous voulez en médire. Ne savez-vous pas que la seule volupté a le droit de détacher le bandeau de l'amour?

lettre X
la marquise de Merteuil au vicomte de Valmont

7298 Ne vous souvient-il plus que l'amour est, comme la médecine, *seulement l'art d'aider la nature?*

7299 [...] nos deux passions favorites, la gloire de la défense et le plaisir de la défaite.

7300 Il ne faut se permettre d'excès qu'avec les gens qu'on veut quitter bientôt.

1. La Fontaine.

lettre XXI

le vicomte de Valmont à la marquise de Merteuil

7301 J'ai été étonné du plaisir qu'on éprouve en faisant le bien ; et je serais tenté de croire que ce que nous appelons les gens vertueux, n'ont pas tant de mérite qu'on se plaît à nous le dire.

lettre XXIII

le vicomte de Valmont à la marquise de Merteuil

7302 Quel Dieu osait-elle invoquer? en est-il d'assez puissant contre l'amour?

lettre XXXII

madame de Volanges à la présidente de Tourvel

7303 L'humanité n'est parfaite dans aucun genre, pas plus dans le mal que dans le bien. Le scélérat a ses vertus, comme l'honnête homme a ses faiblesses.

lettre XXXIII

la marquise de Merteuil au vicomte de Valmont

7304 [...] je sais assez, quoi qu'on en dise, qu'une occasion manquée se retrouve, tandis qu'on ne revient jamais d'une démarche précipitée.

7305 A force de chercher de bonnes raisons, on en trouve ; on les dit ; et après on y tient, non pas tant parce qu'elles sont bonnes que pour ne pas se démentir.

7306 [...] il n'y a rien de si difficile en amour, que d'écrire ce qu'on ne sent pas. Je dis écrire d'une façon vraisemblable : ce n'est pas qu'on ne se serve des mêmes mots ; mais on ne les arrange pas de même, ou plutôt on les arrange, et cela suffit.

lettre XXXIV

le vicomte de Valmont à la marquise de Merteuil

7307 Pour aller vite en amour, il vaut mieux parler qu'écrire. [...] ce sont les plus simples éléments de l'art de séduire.

lettre XL

le vicomte de Valmont à la marquise de Merteuil

7308 [...] l'autorité illusoire que nous avons l'air de laisser prendre aux femmes, est un des pièges qu'elles évitent le plus difficilement.

lettre XLIV

le vicomte de Valmont à la marquise de Merteuil

7309 [...] coucher avec une fille, ce n'est que lui faire ce qui lui plaît : de là, à lui faire faire ce que nous voulons, il y a souvent bien loin.

(Les Liaisons dangereuses)
(lettre XLIV, le vicomte de Valmont à la marquise de Merteuil)

7310 [...] le plus beau moment d'une femme, le seul où elle puisse produire cette ivresse de l'âme, dont on parle toujours, et qu'on éprouve si rarement, est celui où, assurés de son amour, nous ne le sommes pas de ses faveurs [...]

seconde partie, lettre LI
la marquise de Merteuil au vicomte de Valmont

7311 [...] il ne faut pas fâcher les vieilles femmes ; ce sont elles qui font la réputation des jeunes.

7312 [...] un sentiment involontaire ne peut pas être un crime : comme s'il ne cessait pas d'être involontaire, du moment qu'on cesse de le combattre !

7313 [...] la vraie façon de vaincre les scrupules est de ne laisser rien à perdre à ceux qui en ont.

lettre LVII
le vicomte de Valmont à la marquise de Merteuil

7314 [...] si les premiers amours paraissent, en général, plus honnêtes, et comme on dit plus purs ; s'ils sont au moins plus lents dans leur marche, ce n'est pas, comme on le pense, délicatesse ou timidité, c'est que le cœur, étonné par un sentiment inconnu, s'arrête pour ainsi dire à chaque pas [...]. Cela est si vrai, qu'un libertin amoureux, si un libertin peut l'être, devient de ce moment même moins pressé de jouir.

lettre LIX
le vicomte de Valmont à la marquise de Merteuil

7315 Les complaintes amoureuses ne sont bonnes à entendre qu'en récitatifs obligés, ou en grandes ariettes.

lettre LXIII
la marquise de Merteuil au vicomte de Valmont

7316 Il est bon, d'ailleurs, d'accoutumer aux grands événements, quelqu'un qu'on destine aux grandes aventures.

7317 Vous ne sauriez croire combien la douleur l'embellit ! Pour peu qu'elle prenne de coquetterie, je vous garantis qu'elle pleurera souvent.

lettre LXVI
le vicomte de Valmont à la marquise de Merteuil

7318 Voilà bien les hommes ! tous également scélérats dans leurs projets, ce qu'ils mettent de faiblesse dans l'exécution, ils l'appellent probité.

lettre LXX
le vicomte de Valmont à la marquise de Merteuil

7319 [Sans] déraisonnement, point de tendresse ; et, c'est, je crois, par cette raison que les femmes nous sont si supérieures dans les lettres d'amour.

lettre LXXVI
le vicomte de Valmont à la marquise de Merteuil

7320 [...] femme qui consent à parler d'amour, finit bientôt par en prendre, ou au moins par se conduire comme si elle en avait.

7321 [...] pour l'effet public, avoir un homme ou recevoir ses soins, est absolument la même chose, à moins que cet homme ne soit un sot.

lettre LXXIX
le vicomte de Valmont à la marquise de Merteuil

7322 [...] on a toujours assez vécu, quand on a eu le temps d'acquérir l'amour des femmes et l'estime des hommes.

lettre LXXXI
la marquise de Merteuil au vicomte de Valmont

7323 Pour vous autres hommes, les défaites ne sont que des succès de moins. Dans cette partie si inégale, notre fortune est de ne pas perdre, et votre malheur de ne pas gagner. Quand je vous accorderais autant de talents qu'à nous, de combien encore ne devrions-nous pas vous surpasser, par la nécessité, où nous sommes d'en faire un continuel usage !

7324 Ah ! gardez vos conseils et vos craintes pour ces femmes à délire, et qui disent *à sentiment ;* dont l'imagination exaltée ferait croire que la nature a placé leurs sens dans leur tête ; qui, n'ayant jamais réfléchi, confondent sans cesse l'amour et l'amant ; qui, dans leur folle illusion, croient que celui-là seul avec qui elles ont cherché le plaisir, en est l'unique dépositaire ; et vraies superstitieuses, ont pour le prêtre, le respect et la foi qui n'est dû qu'à la divinité.

7325 Descendue dans mon cœur, j'y ai étudié celui des autres. J'y ai vu qu'il n'est personne qui n'y conserve un secret qu'il lui importe qui ne soit point dévoilé.

lettre LXXXIV
le vicomte de Valmont à Cécile Volanges

7326 Ce sont ces petits détails qui donnent la vraisemblance, et la vraisemblance rend les mensonges sans conséquence, en ôtant le désir de les vérifier.

troisième partie
lettre XCVI
le vicomte de Valmont à la marquise de Merteuil

7327 [...] j'ai toujours pensé que quand il n'y avait plus que des louanges à donner à une femme, on pouvait s'en reposer sur elle, et s'occuper d'autre chose.

(Les Liaisons dangereuses)

lettre CIV

la marquise de Merteuil à madame de Volanges

7328 Nous ne sommes plus au temps de madame de Sévigné. Le luxe absorbe tout : on le blâme, mais il faut l'imiter ; et le superflu finit par priver du nécessaire.

7329 Les illusions de l'amour peuvent être plus douces ; mais qui ne sait aussi qu'elles sont moins durables ? et quels dangers n'amène pas le moment qui les détruit ! C'est alors que les moindres défauts paraissent choquants et insupportables, par le contraste qu'ils forment avec l'idée de perfection qui nous avait séduits. Chacun des deux époux croit cependant que l'autre seul a changé [...]

lettre CV

la marquise de Merteuil à Cécile Volanges

7330 La honte que cause l'amour est comme sa douleur : on ne l'éprouve qu'une fois. On peut encore la feindre après ; mais on ne la sent plus. Cependant le plaisir reste, et c'est bien quelque chose.

7331 Pour ce qu'on fait d'un mari, l'un vaut toujours bien l'autre ; et le plus incommode est encore moins gênant qu'une mère.

7332 [...] ne craignez pas de lui faire quelques avances ; aussi bien apprendrez-vous bientôt, que si les hommes nous font les premières, nous sommes presque toujours obligées de faire les secondes.

lettre CVI

la marquise de Merteuil au vicomte de Valmont

7333 [...] je ne connais rien de si plat que cette facilité de bêtise, qui se rend sans savoir ni comment ni pourquoi, uniquement parce qu'on l'attaque et qu'elle ne sait pas résister. Ces sortes de femmes ne sont absolument que des machines à plaisir.

7334 Il est si commode d'être rigoriste dans ses discours ! cela ne nuit jamais qu'aux autres, et ne nous gêne aucunement...

lettre CXIII

la marquise de Merteuil au vicomte de Valmont

7335 La haine est toujours plus clairvoyante et plus ingénieuse que l'amitié.

7336 Je remarque surtout l'insultante confiance qu'il prend en moi, et la sécurité avec laquelle il me regarde comme à lui pour toujours. J'en suis vraiment humiliée. Il me prise donc bien peu, s'il croit valoir assez pour me fixer !

lettre CXV

le vicomte de Valmont à la marquise de Merteuil

7337 C'est une chose inconcevable, ma belle amie, comme aussitôt qu'on s'éloigne, on cesse facilement à s'entendre.

7338 Nous voilà donc à la campagne, ennuyeuse comme le sentiment, et triste comme la fidélité!

7339 Laissez les écoliers se former auprès des *bonnes,* ou jouer avec les pensionnaires *à de petits jeux innocents.*

lettre CXVII
Cécile Volanges au chevalier Danceny

7340 [...] les hommes même n'aiment plus tant leurs femmes, quand elles les ont trop aimés avant de l'être.

lettre CXXI
la marquise de Merteuil au chevalier Danceny

7341 La longue défense est le seul mérite qui reste à celles qui ne résistent pas toujours...

lettre CXXV
le vicomte de Valmont à la marquise de Merteuil

7342 Serait-il donc vrai que la vertu augmentât le prix d'une femme, jusque dans le moment même de sa faiblesse?

7343 [...] en amour rien ne se finit que de très près.

lettre CXXX
madame de Rosemonde à la présidente de Tourvel

7344 O ma jeune amie! je vous le dis avec douleur; mais vous êtes bien trop digne d'être aimée, pour que jamais l'amour vous rende heureuse. Hé! quelle femme vraiment délicate et sensible, n'a pas trouvé l'infortune dans ce même sentiment qui lui promettait tant de bonheur! Les hommes savent-ils apprécier la femme qu'ils possèdent!

7345 L'homme jouit du bonheur qu'il ressent, et la femme de celui qu'elle procure.

7346 Le plaisir de l'un est de satisfaire des désirs, celui de l'autre est surtout de les faire naître. Plaire n'est pour lui qu'un moyen de succès; tandis que pour elle, c'est le succès lui-même.

7347 [...] ce goût exclusif, qui caractérise particulièrement l'amour, n'est dans l'homme qu'une préférence, qui sert, au plus, à augmenter un plaisir, qu'un autre objet affaiblirait peut-être, mais ne détruirait pas; tandis que dans les femmes, c'est un sentiment profond, qui non seulement anéantit tout désir étranger, mais qui, plus fort que la nature, et soustrait à son empire, ne leur laisse éprouver que répugnance et dégoût, là même où semble devoir naître la volupté.

(Les Liaisons dangereuses)
lettre CXXXI
la marquise de Merteuil au vicomte de Valmont

7348 N'avez-vous pas encore remarqué que le plaisir, qui est bien en effet l'unique mobile de la réunion des deux sexes, ne suffit pourtant pas pour former une liaison entre eux? et que, s'il est précédé du désir qui rapproche, il n'est pas moins suivi du dégoût qui repousse? C'est une loi de la nature, que l'amour seul peut changer; et de l'amour, en a-t-on quand on veut? Il en faut pourtant toujours: et cela serait vraiment fort embarrassant, si on ne s'était pas aperçu qu'heureusement il suffisait qu'il en existât d'un côté. La difficulté est devenue par là de moitié moindre, et même sans qu'il y ait eu beaucoup à perdre; en effet, l'un jouit du bonheur d'aimer, l'autre de celui de plaire, un peu moins vif à la vérité, mais auquel je joins le plaisir de tromper, ce qui fait équilibre; et tout s'arrange.

lettre CXXXIII
le vicomte de Valmont à la marquise de Merteuil

7349 [...] pour beaucoup de femmes, le plaisir est toujours le plaisir, et n'est jamais que cela; et auprès de celles-là, de quelque titre qu'on nous décore, nous ne sommes jamais que des facteurs, de simples commissionnaires, dont l'activité fait toujours le mérite, et parmi lesquels celui qui fait le plus, est toujours celui qui fait le mieux.

7350 [...] qu'on dise que l'amour rend ingénieux! il abrutit au contraire ceux qu'il domine.

lettre CXXXIV
la marquise de Merteuil au vicomte de Valmont

7351 [...] le charme qu'on croit trouver dans les autres, c'est en nous qu'il existe; et c'est l'amour seul qui embellit tant l'objet aimé.

lettre CXXXIX
la présidente de Tourvel à madame de Rosemonde

7352 Pour les hommes, l'infidélité n'est pas l'inconstance.

lettre CXLI
la marquise de Merteuil au vicomte de Valmont

7353 [...] le ridicule qu'on a, augmente toujours en proportion qu'on s'en défend.

7354 [...] la Nature n'a accordé aux hommes que la constance, tandis qu'elle donnait aux femmes l'obstination.

lettre CXLIII
la présidente de Tourvel à madame de Rosemonde

7355 Il est un terme dans le malheur, où l'amitié même augmente nos souffrances et ne peut les guérir. Quand les blessures sont mortelles, tout secours devient inhumain.

lettre CXLV
la marquise de Merteuil au vicomte de Valmont

7356 [...] quand une femme frappe dans le cœur d'une autre, elle manque rarement de trouver l'endroit sensible, et la blessure est incurable.

lettre CLXXIV
le chevalier Danceny à madame de Rosemonde

7357 [...] pour être indulgent, il suffit de réfléchir à combien de circonstances indépendantes de nous, tient l'alternative effrayante de la délicatesse, ou de la dépravation de nos sentiments.

lettre CLXXV
madame de Volanges à madame de Rosemonde

7358 [...] notre raison, déjà si insuffisante pour prévenir nos malheurs, l'est encore davantage pour nous en consoler.

Antoine Caritat, marquis de CONDORCET 1743-1794

Introduction à l'édition des Œuvres de Voltaire

7359 La corruption des mœurs naît de l'inégalité d'état et de fortune et non point du luxe ; elle n'existe que parce qu'un individu de l'espèce humaine peut acheter ou soumettre un autre.

Réflexions sur l'esclavage des nègres
Épître dédicatoire aux nègres esclaves

7360 Rien n'est plus commun que les maximes de l'humanité et de la justice ; rien n'est plus chimérique que de proposer aux hommes d'y conformer leur conduite.

7361 Le raisonnement des politiques qui croient les nègres esclaves nécessaires, se réduit à dire : *les blancs sont avares, ivrognes, crapuleux ; donc les noirs doivent être esclaves.*

De l'influence de la révolution d'Amérique sur l'Europe
chap. 3

7362 Il y a donc lieu d'espérer que l'Amérique, d'ici à quelques générations, en produisant presque autant d'hommes occupés d'ajouter à la masse des connaissances que l'Europe entière, en doublera au moins les progrès, les rendra au moins deux fois plus rapides.

Discours de réception à l'Académie française

7363 En méditant sur la nature des sciences morales, on ne peut, en effet, s'empêcher de voir qu'appuyées comme les sciences physiques sur l'observation des faits, elles doivent suivre la même méthode, acquérir une langue également exacte et précise, atteindre au même degré de certitude.

Sur l'impôt progressif

7364 Conservons par la sagesse ce que nous avons acquis par l'enthousiasme, et sachons faire aimer notre liberté républicaine à ceux mêmes qui sont assez malheureux pour ne pas en connaître le sentiment.

Premier Mémoire sur l'instruction publique

7365 Il n'est pas aussi chimérique qu'il le paraît au premier coup d'œil de croire que la culture peut améliorer des générations elles-mêmes, et que le perfectionnement dans les facultés des individus est transmissible à leurs descendants.

Esquisse d'un tableau des progrès de l'esprit humain

7366 L'instruction bien dirigée corrige l'inégalité naturelle des facultés, au lieu de la fortifier, comme les bonnes lois remédient à l'inégalité naturelle de subsistance ; comme dans les sociétés où les institutions auront amené cette égalité, la liberté, quoique soumise à une constitution régulière, sera plus étendue, plus entière que dans l'indépendance de la vie sauvage. Alors, l'art social a rempli son but, celui d'assurer et d'étendre pour tous la jouissance des droits communs, auxquels ils sont appelés par la nature.

7367 Et combien ce tableau de l'espèce humaine, affranchie de toutes ses chaînes, soustraite à l'emprise du hasard, comme à celle des ennemis du progrès, et marchant d'un pas ferme et sûr dans la route de la vérité, de la vertu et du bonheur, présente au philosophe un spectacle qui le console des erreurs, des crimes, des injustices, dont la terre est encore souillée, et dont il est souvent la victime.

Antoine-Laurent de LAVOISIER 1743-1794

Traité élémentaire de chimie, Discours préliminaire

7368 [...] ce sont les mots qui conservent les idées et qui les transmettent, il en résulte qu'on ne peut perfectionner le langage sans perfectionner la science, ni la science sans le langage.

Réflexions sur l'instruction publique
présentées à la Convention nationale
par le Bureau de consultation des Arts et Métiers

7369 L'homme naît avec des sens et des facultés ; mais il n'apporte avec lui en naissant aucune idée : son cerveau est une table rase qui n'a reçu aucune impression, mais qui est préparée pour en recevoir.

7370 Que partout, dans les livres qui seront mis entre les mains de l'enfant, l'idée principale qu'on se propose de graver dans son esprit soit rendue sensible par des gravures et par des images ; que la langue écrite soit pour lui, autant qu'il sera possible, la langue des hiéroglyphes, de manière que l'idée ne soit jamais séparée du mot.

7371 On ne doit pas exiger de cette classe d'hommes [les chercheurs] qu'ils professent et qu'ils enseignent, mais qu'ils inventent et qu'ils publient: car les découvertes sont rares; elles sont le fruit d'un long travail, de pénibles méditations; elles ne se commandent pas, et ne sont pas susceptibles d'être assujetties aux heures périodiques d'un cours public.

Jean-Paul MARAT 1743-1793

Les Chaînes de l'esclavage

7372 Il semble que ce soit le sort inévitable de l'homme de ne pouvoir être libre nulle part: partout les princes marchent au despotisme, et les peuples à la servitude.

L'Ami du peuple, 13 août 1792

7373 O Français! Serez-vous donc toujours des enfants?...

L'Ami du peuple, avril 1793

7374 C'est par la violence qu'on doit établir la liberté, et le moment est venu d'organiser momentanément le despotisme de la liberté pour écraser le despotisme des rois.

Claude de SAINT-MARTIN 1743-1803

Des erreurs et de la vérité

7375 L'on doit apprendre combien la vraie connaissance de la musique pourrait le préserver [l'homme] de la crainte de la mort, puisque cette mort n'est que le trille qui termine son état de confusion, et le ramène à ses quatre consonances.

Tableau naturel des rapports qui existent entre Dieu
l'Homme et l'Univers

7376 L'homme perd à la mort tous les objets, tous les moyens, tous les organes qui servaient d'aliment et de canal au crime: et si, pendant sa vie corporelle il a nourri en lui des penchants faux et des habitudes d'erreur, il ne lui reste, lorsqu'il est séparé de son enveloppe, que le désordre de ses goûts et de ses désirs corrompus, avec l'horreur de ne pouvoir plus les accomplir.

7377 Ne négligez pas les secours de la terre sur laquelle vous marchez.

L'Homme de désir

7378 Savants, oubliez vos sciences, elles ont mis le bandeau sur vos yeux!

Ecce homo

7379 Nous avons reçu le caractère de signes et de témoins de la divinité dans l'univers.

Lettre à un ami sur la Révolution française

7380 Si l'on ne commence pas par apprendre à l'homme à lire ces vérités dans son être, dans sa situation ténébreuse en opposition avec la soif de son cœur pour la lumière, enfin dans le mouvement et le jeu de ses propres facultés, il les saisit mal dans les livres.

Le Crocodile, Discours du juif Éléazar

7381 Ceux qui ont voulu regarder l'homme comme une table rase, se sont peut-être trop pressés ; ils auraient pu, ce me semble, se contenter de le regarder comme une table *rasée*, mais dont les racines restent encore, et n'attendent que la réaction convenable pour germer.

De l'esprit des choses

7382 La mesure d'une erreur est en même temps la mesure de la vérité correspondante.

Le Ministère de l'Homme-Esprit

7383 Si les doctes anciens et modernes, depuis les Platon, les Aristote, jusqu'aux Newton et aux Spinoza, avaient su faire attention que la manière n'est qu'une représentation et une image de ce qui n'est pas elle, ils ne se seraient pas tant tourmentés, ni tant égarés pour vouloir nous dire ce qu'elle était.
Elle est comme le portrait d'une personne absente.

7384 Il nous est bien plus facile d'atteindre aux lumières et aux certitudes qui brillent dans le monde où nous ne sommes pas que de nous naturaliser avec les obscurités et les ténèbres qui embrassent le monde où nous sommes ; [...] enfin, puisqu'il faut le dire, nous sommes bien plus près de ce que nous appelons l'autre monde, que nous ne le sommes de celui-ci.

7385 Car quel peut être le but de l'action, si ce n'est de faire que ceux qui s'y livrent puissent se lier à l'action universelle ? Aussi, c'est en agissant que nous nous unissons enfin à l'action, et que nous finissons par n'être plus que les organes de l'action constante et continue.

7386 Nous n'ignorons pas que le corps de l'homme est tout entier comme une plaie toujours en suppuration, et que ses vêtements sont un appareil chirurgical qu'il faut lever et réappliquer continuellement, si l'on ne veut pas que la plaie prenne un caractère pestilentiel.

7387 Les mots sont devenus dans les langues humaines ce que la pensée est devenue dans l'esprit des hommes. Ces mots sont devenus comme autant de morts qui enterrent des morts, et qui souvent même enterrent des vivants, ou ceux qui auraient le désir de l'être. Aussi l'homme s'enterre-t-il lui-même journellement avec ses propres mots altérés qui ont perdu tous leurs sens. Aussi enterre-t-il journellement et continuellement la parole.

7388 Le catholicisme, auquel appartient proprement le titre de religion, est la voie d'épreuves et de travail pour arriver au christianisme.
Le christianisme est la région de l'affranchissement et de la liberté : le catholicisme n'est que le séminaire du christianisme ; il est la région des règles et de la discipline du néophyte.

7389 L'homme est un être chargé de continuer Dieu là où Dieu ne se fait plus connaître par lui-même.

7390 Dans la graine, la vie est cachée dans la mort ; dans le fruit, la mort est cachée dans la vie.

7391 La porte par où Dieu sort de lui-même, est la porte par où il entre dans l'âme humaine.
La porte par où l'âme humaine sort d'elle-même, est la porte par où elle entre dans l'intelligence.
La porte par où l'intelligence sort d'elle-même, est la porte par où elle entre dans l'esprit de l'univers.
La porte par où l'esprit de l'univers sort de lui-même, est celle par où il entre dans les éléments de la matière.

Bernard de BONNARD 1744-1784

Épître à M. le chevalier de Boufflers

7392 Sois plus amoureux que jamais ;
Peins en courant toutes les belles,
Et sois payé de tes portraits
Entre les bras de tes modèles.

Épître à Zéphirine

7393 Après cinq ou six mois d'absence,
Je puis sans doute me flatter
Que tu voudras bien me traiter
Comme nouvelle connaissance.

Poésies diverses, Moralité

7394 Le silence est l'esprit des sots,
Et l'une des vertus du sage.

Jean-Baptiste de Monet, chevalier de LAMARCK 1744-1829

Philosophie zoologique, chap. 1

7395 On peut assurer que parmi ses productions, la nature n'a réellement formé ni classes, ni ordres, ni familles, ni genres, ni espèces constantes, mais seulement des individus qui se succèdent les uns aux autres et qui ressemblent à ceux qui les ont produits.

chap. 3

7396 J'espère prouver que la nature possède les moyens et les facultés qui lui sont nécessaires pour produire elle-même ce que nous admirons en elle.

7397 Dans tout ce que la nature opère, elle ne fait rien brusquement.

chap. 4

7398 On peut dire qu'il se trouve entre les matières brutes et les corps vivants, un *hiatus* immense qui ne permet pas de ranger sur une même ligne ces deux sortes de corps, ni d'entreprendre de les lier par aucune nuance, ce qu'on a vainement tenté de faire.

7399 L'homme seul, considéré séparément de tout ce qui lui est particulier, semble pouvoir se multiplier indéfiniment, car son intelligence et ses moyens le mettent à l'abri de voir sa multiplication arrêtée par la voracité d'aucun des animaux.

Nicolas-Germain LÉONARD 1744-1793

Le Temple de Gnide, chant 2

7400 L'âme froide au bonheur est de feu pour les maux ;
La plus légère peine et l'éveille et l'agite :
Une rose pliée au lit d'un Sybarite
Pendant toute une nuit le priva de repos.

chant 3

7401 Tremblant de me trahir par un mot indiscret,
J'aurais voulu moi-même ignorer mon secret.

Jean-Antoine ROUCHER 1745-1794

Les Mois, Poème liminaire

7402 O soleil ! c'est toi seul qu'implore mon génie.
Sois l'astre de ma muse, et préside à mes vers :
Comme toi, mon sujet embrasse l'univers.

Les Mois, Novembre

7403 Je mourrai : cependant les germes de mon être
D'une éternelle mort ne seront point frappés...

Arnaud BERQUIN 1747-1791

Idylle XXIII

7404 La vertu de l'amour ennoblit le délire :
L'amour, sans la vertu, perdrait tout son bonheur.

Dominique Vivant, baron DENON 1747-1825

Point de lendemain

7405 Il en est des baisers comme des confidences : ils s'attirent, ils s'accélèrent, ils s'échauffent les uns par les autres.

Barthélemy IMBERT 1747-1790

Épigramme
Contre un mauvais prédicateur qui prêchait la passion

7406 O prêcheur éternel, moraliste ignorant !
[...]
Tu prêches à la fois, dans ta morgue oratoire,
La passion de Dieu mourant
Et celle de ton auditoire.

Épître à M. de ***

7407 Bien fou l'homme qui veut régner
Sur un cœur dont il fait emplette !
Ce cœur, qu'il aurait pu gagner,
N'est plus à lui, dès qu'il l'achète.

Fable, La plume d'un bel esprit

7408 Un livre parut, et la France
Le trouve bon. L'était-il ? je ne sais.
Il est souvent un intervalle immense
Entre la gloire et le succès.

Le Jaloux sans amour, acte II, scène 5

7409 Le mariage en soi n'est rien, mademoiselle ;
C'est l'époux, non l'hymen, qui plaît ou qui déplaît :
Quand on hait le mari, le mariage est laid.

Louis DAVID 1748-1825

Préface à l'Exposition des Sabines

7410 De tous les arts que professe le génie, la peinture est incontestablement celui qui exige le plus de sacrifice. [...] Ces difficultés, n'en doutons pas, ont rebuté beaucoup d'artistes ; et peut-être avons-nous perdu bien des chefs-d'œuvre que le génie de plusieurs d'entre eux avait conçus, et que leur pauvreté les a empêchés d'exécuter.

Pierre-Louis GUINGUENÉ 1748-1816

La Satire des satires

7411 A moins que sous le poids de quatre-vingts hivers
Ma tête dégradée à la fin ne succombe,
Mes vers persécuteurs vous suivront vers la tombe,
Et ne vous laisseront de repos qu'aux enfers.

Ode sur les États généraux

7412 Odieuse et funeste armée,
Du Fisc affreuse légion,
Dont l'ardeur, de gain affamée,
A dévoré la Nation !

Emmanuel-Joseph SIEYÈS 1748-1836

Qu'est-ce que le Tiers-État ?

7413 Qu'est-ce que le Tiers-État ? Tout.
Qu'a-t-il été jusqu'à présent dans l'ordre politique ? Rien.
Que demande-t-il ? A y devenir quelque chose.

Pierre Simon, marquis de LAPLACE 1749-1827

Introduction à la théorie analytique des probabilités

7414 Une intelligence qui, pour un instant donné, connaîtrait toutes les forces dont la nature est animée et la situation respective des êtres qui la composent, si d'ailleurs elle était assez vaste pour soumettre ces données à l'Analyse, embrasserait dans la même formule les mouvements des plus grands corps de l'univers et ceux du plus léger atome : rien ne serait incertain pour elle, et l'avenir, comme le passé, serait présent à ses yeux.

Honoré-Gabriel MIRABEAU 1749-1791

La Monarchie prussienne

7415 Je traiterai enfin du système militaire, genre d'industrie vraiment prussien, et jusqu'ici l'une des plus solides bases de la puissance à laquelle s'est élevée la maison de Brandebourg.

Lettres originales du donjon de Vincennes
à M. le maréchal duc de Noailles, 17 octobre 1777

7416 J'aurais bientôt vingt-huit ans. C'est un âge où avec de l'émulation et quelques connaissances, on peut n'être pas tout à fait inutile ; mais c'est aussi celui où l'on n'a plus de temps à perdre.

À M. de Brézé, à l'Assemblée constituante
séance royale du 23 juin 1789

7417 Allez dire à votre maître que nous sommes ici par la volonté du peuple et qu'on ne nous en arrachera que par la puissance des baïonnettes.

Discours à l'Assemblée constituante, 15 juillet 1789

7418 Le silence des peuples est la leçon des rois

Discours à l'Assemblée constituante sur le projet Necker
26 septembre 1789

7419 Deux siècles de déprédations et de brigandages ont creusé le gouffre où le royaume est prêt de s'engloutir. Il faut le combler, ce gouffre effroyable.

7420 Contemplateurs stoïques des maux incalculables que cette catastrophe vomira sur la France, impassibles égoïstes qui pensez que ces convulsions du désespoir et de la misère passeront comme tant d'autres, et d'autant plus rapidement qu'elles seront plus violentes, êtes-vous bien sûrs que tant d'hommes sans pain vous laisseront tranquillement savourer les mets dont vous n'aurez voulu diminuer ni le nombre ni la délicatesse.

7421 Gardez-vous de demander du temps ; le malheur n'en accorde jamais.

7422 Vous avez entendu naguère ces mots forcenés: « Catilina est aux portes de Rome et l'on délibère ! » Et certes, il n'y avait autour de nous ni Catilina, ni périls, ni factions, ni Rome... Mais aujourd'hui la banqueroute, la hideuse banqueroute est là ; elle menace de consumer, vous, vos propriétés, votre honneur, et vous délibérez !...

Pensées diverses

7423 Il serait temps que, dans cette révolution qui fait éclore tant de sentiments justes et généreux, l'on abjurât les préjugés d'ignorance orgueilleuse qui font dédaigner les mots *salaires* et *salariés*. Je ne connais que trois manières d'exister dans la société: il faut y être *mendiant, voleur, ou salarié.*

Philippe François Nazaire FABRE d'ÉGLANTINE 1755-1794

Romance

7424 C'est peu d'aimer, il faut aimer toujours:
On n'est heureux qu'à force de constance.

Hymne à la mélancolie

7425 Ce n'est que par l'amour qu'on sait vivre et jouir:
Pour les indifférents la vie est un mensonge [...]

Le Berger Martin, poème sirvente

7426 Le beau plaisir d'avoir de reste
Deux bras pendant à ses côtés!

7427 Grâce aux faveurs de la fortune,
Maîtresses ne vous manquent point;
Vous en avez mille pour une;
Les contenter c'est là le point.

L'Hospitalité, romance

7428 Il pleut, il pleut, bergère...

L'Amateur chagrin

7429 C'est lorsqu'il ne sent rien, qu'au théâtre, au barreau,
L'acteur ou l'avocat se transforme en taureau.

À un jeune poète

7430 L'esprit, souviens-t'en bien, est la mort du génie.

Le Quiproquo

7431 Au demeurant, homme de bien,
J'entends de ceux qu'en bon chrétien,
Peine d'autrui ne touche guère.

L'Intrigue épistolaire, acte IV, scène 2

7432 L'occasion, je sais, fait souvent le larron.

Les Précepteurs, acte IV, scène 3

7433 La raison n'est raison qu'autant qu'elle nous touche.

Sylvain MARÉCHAL 1750-1803

Manifeste des égaux

7434 Périssent s'il le faut tous les arts,
Pourvu qu'il nous reste l'égalité réelle!

Nicolas-Joseph-Laurent GILBERT 1751-1780

Satire I

7435 Un vers coûte à polir, et le travail nous pèse;
Mais en prose du moins on est sot à son aise.

Ode IX

7436 J'ai révélé mon cœur au Dieu de l'innocence;
Il a vu mes pleurs pénitents;
Il guérit mes remords, il m'arme de constance:
Les malheureux sont ses enfants.

7437 Au banquet de la vie, infortuné convive,
J'apparus un jour, et je meurs :
Je meurs, et sur ma tombe, où lentement j'arrive,
Nul ne viendra verser des pleurs.

Quarts d'heure de misanthropie (Poésies diverses)

7438 Ainsi, par les sentiers de la misanthropie,
Quand au bord du tombeau je serai parvenu,
Avec ces tristes mots j'exhalerai ma vie :
« J'eusse aimé les humains s'ils aimaient la vertu. »

Antoine de BERTIN 1752-1790

À une femme que je ne nommerai point

7439 Quand Vulcain venait à paraître,
On sait que des bras de Vénus,
Mars, en chemise et les pieds nus,
Sautait gaiement par la fenêtre.

Joseph de MAISTRE 1753-1821

Considérations sur la France, chap. 1

7440 Voyez ce Mirabeau qui a tant marqué dans la révolution : au fond, c'était le *roi de la halle.*

7441 On ne saurait trop le répéter, ce ne sont point les hommes qui mènent la révolution, c'est la révolution qui emploie les hommes. On dit fort bien quand on dit *qu'elle va toute seule.*

7442 Or, ce qui distingue la Révolution française, et ce qui en fait un événement unique dans l'histoire, c'est qu'elle est *mauvaise* radicalement ; aucun élément de bien n'y soulage l'œil de l'observateur : c'est le plus haut degré de corruption connu ; c'est la pure impureté.

chap. 5

7443 Le Christianisme a été prêché par des ignorants et cru par des savants, et c'est en quoi il ne ressemble à rien de connu.

chap. 6

7444 La constitution de 1795 [...] est faite pour l'homme. Or, il n'y a point d'*homme* dans le monde [...]. S'il existe, c'est bien à mon insu.

Fragments sur la France

7445 Les deux productions les plus informes de l'esprit humain sont l'Encyclopédie et la Constitution française.

(Fragments sur la France)

7446 Semblable à l'acier, le plus intraitable des métaux, mais celui de tous qui reçoit le plus beau poli lorsque l'art est parvenu à le dompter, la langue française, traitée et dominée par les véritables artistes, reçoit entre leurs mains les formes les plus durables et les plus brillantes. Ce qu'on appelle précisément l'art de la parole est éminemment le talent des Français, et c'est par l'art de la parole qu'on règne sur les hommes.

Lettre

7447 Le Français est un ressort qui ne se laisse comprimer que jusqu'à un certain point ; pour peu qu'on passe ce point, le ressort réagit avec une force surprenante.

Étude sur la souveraineté

7448 Quand je serais forcé de convenir qu'on a droit de massacrer Néron, jamais je ne conviendrai qu'on ait celui de le juger.

7449 En général, tous les gouvernements démocratiques ne sont que des météores passagers, dont le brillant exclut la durée.

Réflexions sur le protestantisme
dans ses rapports avec la souveraineté

7450 Le grand ennemi de l'Europe qu'il importe d'étouffer par tous les moyens qui ne sont pas des crimes, l'ulcère funeste qui s'attache à toutes les souverainetés et qui les ronge sans relâche, le fils de l'orgueil, le père de l'anarchie, le dissolvant universel, c'est le protestantisme.

Du Pape, livre III, chap. 2

7451 *Le gouvernement seul ne peut gouverner.* C'est une maxime qui paraîtra d'autant plus incontestable qu'on la méditera davantage. Il a donc besoin, comme d'un ministre indispensable, ou de l'esclavage qui diminue le nombre des volontés agissantes dans l'État, ou de la force divine qui, par une espèce de *greffe* spirituelle, détruit l'âpreté naturelle de ces volontés, et les met en état d'agir ensemble sans se nuire.

De l'Église gallicane, livre 1

7452 L'Église ne doit rien à Pascal pour ses ouvrages, dont elle se passerait fort aisément. Nulle puissance n'a besoin de révoltés ; plus leur nom est grand, plus ils sont dangereux.

7453 Tout Français, ami des jansénistes, est un sot ou un janséniste.

Les Soirées de Saint-Pétersbourg, premier entretien

7454 *Tout homme, en qualité d'homme, est sujet à tous les malheurs de l'humanité:* la loi est générale ; donc elle n'est pas injuste.

7455 Le glaive de la justice n'a pas de fourreau.

quatrième entretien

7456 D'autres cyniques étonnèrent la vertu, Voltaire étonne le vice. Il se plonge dans la fange, il s'y roule, il s'en abreuve ; il livre son imagination à l'enthousiasme de l'enfer qui lui prête toutes ses forces pour le traîner jusqu'aux limites du mal. Il invente des prodiges, des monstres qui font pâlir. Paris le couronna, Sodome l'eût banni.

septième entretien

7457 Pourquoi ce qu'il y a de plus honorable dans le monde, au jugement de tout le genre humain sans exception, est le droit de verser innocemment le sang innocent ?

7458 Jamais le Christianisme, si vous y regardez de près, ne vous paraîtra plus sublime, plus digne de Dieu, et plus fait pour l'homme qu'à la guerre.

7459 Au-dessus de ces nombreuses races d'animaux est placé l'homme, dont la main destructive n'épargne rien de ce qui vit ; il tue pour se nourrir, il tue pour se vêtir, il tue pour se parer, il tue pour attaquer, il tue pour se défendre, il tue pour s'instruire, il tue pour s'amuser, il tue pour tuer.

7460 La terre entière, continuellement imbibée de sang, n'est qu'un autel immense où tout ce qui vit doit être immolé sans fin, sans mesure, sans relâche, jusqu'à la consommation des choses, jusqu'à l'extinction du mal, jusqu'à la mort de la mort.

7461 La guerre est divine dans la gloire mystérieuse qui l'environne, et dans l'attrait non moins inexplicable qui nous y porte.

7462 C'est l'imagination qui perd les batailles.

Examen de la philosophie de Bacon, chap. 14

7463 Le *Contrat social* s'adressait à la foule, et les laquais même pouvaient l'entendre ; c'était un grand mal sans doute ; mais enfin leurs maîtres nous restaient : le livre de Montesquieu les perdit.

Lettres à un gentilhomme russe sur l'Inquisition espagnole

7464 En premier lieu, il n'y a rien de si juste, de si docte, de si incorruptible que les grands tribunaux espagnols, et si, à ce caractère général, on ajoute encore celui du sacerdoce catholique, on se convaincra, avant toute expérience, qu'il ne peut y avoir dans l'univers rien de plus calme, de plus circonspect, de plus humain par nature que le tribunal de l'Inquisition.

Quatre chapitres sur la Russie

7465 Si l'on pouvait enfermer un désir russe sous une citadelle, il la ferait sauter.

7466 On rampe vers la science, on n'y *vole* pas.

Cinq paradoxes à Madame la marquise Nav...

7467 Or je dis que l'effet principal du jeu, et qui le met au rang des institutions les plus précieuses, *c'est qu'il force les hommes à se regarder.*

Lettre à M. le chevalier de ***, août 1811

7468 Toute nation a le gouvernement qu'elle mérite.

Lettre au chevalier de Saint-Réal

7469 Je ne sais ce qu'est la vie d'un coquin, je ne l'ai jamais été ; mais celle d'un honnête homme est abominable.

Évariste-Désiré de Forges vicomte de PARNY 1753-1814

Plan d'études

7470 Vous possédez le talent de charmer ;
Vous saurez tout, quand vous saurez aimer.

La Rechute

7471 La bouche sourit mal quand les yeux sont en pleurs.

Sur la mort d'une jeune fille

7472 Ainsi le sourire s'efface,
Ainsi meurt, sans laisser de trace,
Le chant d'un oiseau dans les bois.

Antoine de RIVAROL 1753-1801

Lettre critique sur le poème des Jardins
suivi du Chou et du Navet
(à propos de l'abbé Delille)

7473 Sa gloire passera, les navets resteront.

De l'universalité de la langue française

7474 C'est avec les sujets de l'Afrique que nous cultivons l'Amérique, et c'est avec les richesses de l'Amérique que nous trafiquons en Asie.

7475 Le genre humain est comme un fleuve qui coule du nord au midi : rien ne peut le faire rebrousser contre sa source.

7476 Tout le monde a besoin de la France, quand l'Angleterre a besoin de tout le monde.

7477 Chez les peuples perfectionnés et corrompus, la pensée a toujours un voile, et la modération, exilée des mœurs, se réfugie dans le langage, ce qui le rend plus fin et plus piquant.

7478 Les langues sont les vraies médailles de l'histoire.

7479 CE QUI N'EST PAS CLAIR N'EST PAS FRANÇAIS ; ce qui n'est pas clair est encore anglais, italien, grec ou latin.

7480 La prose accuse le nu de la pensée ; il n'est pas permis d'être faible avec elle.

7481 Sûre, sociale, raisonnable, ce n'est plus la langue française, c'est la langue humaine.

7482 Ils veulent être neufs et ne sont que bizarres ; ils tourmentent leur langue pour que l'expression leur donne la pensée, et c'est pourtant celle-ci qui doit toujours amener l'autre.

De l'universalité de la langue française, notes

7483 Les écrivains qui savent le plus de langues sont ceux qui commettent le plus d'impropriétés.

7484 EST, verbe unique dans toutes les langues, parce qu'il représente une opération unique de l'esprit ; verbe simple et primitif, parce que tous les autres ne sont que des déguisements de celui-là. Il se modifie pour se plier aux différents besoins de l'homme, suivant les temps, les personnes et les circonstances.

Le Petit Almanach de nos grands hommes, année 1788, préface

7485 C'est sans doute un terrible avantage que de n'avoir rien fait, mais il ne faut pas en abuser.

Journal politique national, 1re série, n° 13

7486 Il y a deux vérités qu'il ne faut jamais séparer, en ce monde : 1° que la souveraineté réside dans le peuple ; 2° que le peuple ne doit jamais l'exercer.

Actes des Apôtres, n° 5, Robespierre

7487 M. de Robespierre est cité dans tout l'Artois comme un auteur *classique*.

Vers pour être mis au bas du portrait du feu roi de Prusse

7488 Poète conquérant, sage voluptueux,
Après avoir instruit et ravagé la terre,
Il se lassa des rois, des vers et de la guerre,
Méprisa ses sujets et les rendit heureux.

Petit Dictionnaire des grands hommes de la Révolution par un citoyen actif, ci-devant rien, préface

7489 Que de miracles n'opère point le patriotisme ! Les plus lourds esprits de la littérature se sont bien montrés les plus profonds de l'assemblée ; les plus illustres ignorants de la jeunesse française n'ont paru ni embarrassés, ni déplacés dans la tribune parisienne : en un mot, les ennemis de la langue sont devenus tout à coup les défenseurs de la nation.

7490 Mirabeau (le comte de). — Ce grand homme a senti de bonne heure que la moindre vertu pouvait l'arrêter sur le chemin de la gloire, et jusqu'à ce jour, il ne s'en est permis aucune.

Discours sur l'homme intellectuel et moral

7491 La parole est en effet la physique expérimentale de l'esprit.

7492 L'homme ne travaille qu'en dehors ; le fond lui échappe sans cesse ; il ne voit et ne touche que des formes.

7493 Tous les pas d'un voyageur, en périssant tour à tour, ne laissent pas de le conduire à son but.

Discours sur l'homme intellectuel et moral, Des passions

7494 Toute passion est une vraie conjuration dont le sentiment est à la fois le chef, le dénonciateur et l'objet.

7495 Quand la fortune nous exempte du travail, la nature nous accable du temps.

7496 Ainsi, du vice à la vertu, comme d'un pôle à l'autre, comme du ciel aux enfers, la distance est infinie, et les passions sont les vents qui nous y poussent.

7497 La jeunesse, comme la verdure, pare la terre ; mais l'éducation la couvre de moissons.

7498 Il est plus facile à l'imagination de se composer un enfer avec la douleur qu'un paradis avec le plaisir.

7499 Les moyens qui rendent un homme propre à faire fortune sont les mêmes qui l'empêchent d'en jouir.

7500 [Les philosophes ont dit] « Périssent nos colonies, périsse le monde, plutôt qu'un seul de nos principes ! Guerre aux châteaux ! c'est-à-dire à *l'or ;* paix aux chaumières ! c'est-à-dire *oubli.* »

Rivaroliana

7501 La dévote croit aux dévots, l'indévote aux philosophes ; mais toutes deux sont également crédules.

7502 L'homme est le seul animal qui fasse du feu, ce qui lui a donné l'empire du monde.

7503 Les sots, les paysans et les sauvages se croient bien plus loin des bêtes que le philosophe.

7504 Un homme habitué à écrire écrit aussi sans idées, comme un vieux médecin nommé Bouvard, qui tâtait le pouls à son fauteuil en mourant.

7505 Mirabeau est capable de tout pour de l'argent, même d'une bonne action.

7506 La nature n'ayant plus rien de nouveau à offrir à l'homme qui pense et qui vieillit, et la société encore moins, il ne doit demander que l'air et l'eau, le silence et l'absence, quatre éléments de la vie, quatre choses sans goût et sans reproche.

7507 Il faut de si bonnes raisons pour vivre, qu'il n'en faut pas pour mourir.

7508 L'or est le souverain des souverains.

7509 Il n'est point de siècle de lumière pour la populace: elle n'est ni française, ni anglaise, ni espagnole. La populace est, toujours et en tout pays, la même: toujours cannibale, toujours anthropophage, et, quand elle se venge de ses magistrats, elle punit des crimes qui ne sont pas avérés par des crimes qui sont toujours certains.

7510 A prince dévot confesseur homme d'État.

7511 Nous sommes le premier de tous les Français qui écrivîmes contre la Révolution avant la prise de la Bastille.

7512 Les Anglaises ont deux bras gauches.

7513 Paris, avec ses accroissements périodiques, ressemble à une fille de joie, qui ne s'agrandit que par la ceinture.

7514 Ma besogne du *Dictionnaire de la langue française* me fait penser à celle d'un amant médecin obligé de disséquer sa maîtresse.

7515 Les coups d'autorité des rois sont comme les coups de la foudre, qui ne durent qu'un moment; mais les révolutions des peuples sont comme ces tremblements de terre dont les secousses se communiquent à des distances incommensurables.

7516 Mon épitaphe:
LA PARESSE NOUS L'AVAIT RAVI AVANT LA MORT.

Réponse à quelqu'un qui lui demandait son avis sur un distique

7517 C'est bien, mais il y a des longueurs.

Louis-Philippe, comte de SÉGUR 1753-1830

Chanson morale

7518 Tout les méchants sont buveurs d'eau ;
C'est bien prouvé par le déluge.

Pierre-Victurnien VERGNIAUD 1753-1793

Discours prononcé à l'Assemblée législative
16 septembre 1792

7519 Ce qui afflige surtout, c'est de voir que les bêches ne sont maniées que par des mains salariées, et point par des mains que dirige l'intérêt commun.

7520 [...] il faut bien qu'il se cache, l'homme vertueux, quand le crime triomphe ! Il n'en a pas l'horrible sentiment ; il se tait, il s'éloigne ; il attend pour paraître des temps plus heureux.

7521 Il est des hommes, au contraire, à la fois hypocrites et féroces, qui ne se montrent que dans les calamités publiques, comme il est des insectes malfaisants que la terre ne produit que dans les orages. Ces hommes répandent sans cesse les soupçons, les méfiances, les jalousies, les haines, les vengeances ; ils sont avides de sang ; dans leurs propos séditieux, ils aristocratisent la vertu même, pour acquérir le droit de la fouler aux pieds ; ils démocratisent le crime pour pouvoir s'en rassasier, sans avoir à redouter le glaive de la justice.

7522 N'avez-vous pas d'autre manière de prouver votre zèle qu'en demandant sans cesse, comme les Athéniens : « Qu'y a-t-il aujourd'hui de nouveau ? »

Convention nationale, 10 avril 1793

7523 On a cherché à consommer la révolution par la terreur, j'aurais voulu la consommer par l'amour.

Louis VIGÉE 1753-1820

Épître à Ducis

7524 Je suis riche des biens dont je sais me passer.

Sur lui-même

7525 Ci-gît qui fit des vers, les fit mal et ne put,
Quoiqu'il fût sans esprit, être de l'Institut.

Louis XVI 1754-1793

Réflexions sur les entretiens avec le duc de La Vauguyon (gouverneur du futur Louis XVI)

7526 C'est une maxime bien essentielle dans le gouvernement, de prévenir que les peuples ne tombent dans une sorte d'indifférence qui leur fasse penser qu'il est égal de vivre sous une domination ou sous une autre.

7527 La bienfaisance presse de donner, et la justice avertit du moment où le don est légitime ; c'est l'accord de la bienfaisance et de la justice qui forme le caractère d'un homme vraiment digne de commander.

7528 [Les Français] savent gagner des batailles, mais ils ne savent pas les perdre, et le moindre échec est pour eux une entière déroute et un malheur presque irréparable.

7529 Les Français sont inquiets et murmurateurs, les rênes du gouvernement ne sont jamais conduites à leur gré ; ils crient, ils se plaignent, ils murmurent éternellement ; on dirait que la plainte et le murmure entrent dans l'essence de leur caractère [...]

Lettre à M. de Malesherbes, 17 avril 1776

7530 La nature vous avait donné une âme citoyenne [...]

Cité dans une lettre de Condorcet à Voltaire, du 23 avril 1776

7531 Je vois qu'il n'y a que M. Turgot et moi qui aimions le peuple.

Notes de Louis XVI en marge du Mémoire de Turgot relatif à l'Administration, 1776

7532 Voilà le grand grief de M. Turgot. Il faut, aux amateurs de nouveautés, une France plus qu'anglaise !

Maximes et pensées

7533 Un souverain ne saurait rien faire de plus utile que d'inspirer à sa nation une grande idée d'elle-même. Il faut qu'un peuple s'attache à sa patrie, même par orgueil.

7534 Il n'est pas douteux qu'une prudence sagacité, qui voit de loin les malheurs de l'État, ne puisse aisément les empêcher d'éclore ; mais du moment que, n'ayant point été aperçus, ils viennent à éclater, et qu'on n'en peut démêler la cause et la nature, il n'est presque plus possible d'en arrêter le cours.

7535 Il en est des monarchies comme des machines dont la simplicité fait la perfection. Plus de ressorts et de mouvements paraîtraient leur donner plus de jeu et ne serviraient qu'à en diminuer la justesse et la force.

Lettre à M. de Malesherbes, 13 décembre 1786

7536 Prenons-y garde, nous aurons peut-être un jour à nous reprocher un peu trop d'indulgence pour les philosophes et pour leurs opinions [...] La philosophie trop audacieuse du siècle a une arrière-pensée [...]

Lettre à M. de Bouillé, 3 juillet 1791

7537 [...] il faut une âme atroce pour verser le sang de ses sujets, pour opposer une résistance et amener une guerre civile en France [...] Il me fallait le cœur de Néron et l'âme de Caligula [...]

INDEX

A

B

C

D

E

F

G

H

I

J

L

M

N

O

P

Q

R

S

T

U

V

Y

Z

INDEX DES AUTEURS ET DES ŒUVRES

Ouvrages édités par les DICTIONNAIRES LE ROBERT
27, rue de la Glacière, 75013 PARIS

DICTIONNAIRE HISTORIQUE DE LA LANGUE FRANÇAISE
sous la direction d'Alain Rey
(2 vol., 2 400 pages, 40 000 entrées)

■ Petit Robert ■

LE NOUVEAU PETIT ROBERT 1
Dictionnaire alphabétique et analogique de la langue française
(1 vol., 2 540 pages, 59 000 articles).
Le classique pour la langue française : 8 dictionnaires en 1.

LE PETIT ROBERT 2
Dictionnaire des noms propres
(1 vol., 2 000 pages, 36 000 articles, 2 200 illustrations couleurs et noir, 200 cartes).
Le complément, pour les noms propres, du *Nouveau Petit Robert 1*.

■ dictionnaires pédagogiques ■

ROBERT MÉTHODIQUE
Dictionnaire méthodique du français actuel
(1 vol., 1 650 pages, 34 300 mots et 1 730 éléments).
Le seul dictionnaire alphabétique de la langue française qui analyse les mots et les regroupe par familles en décrivant leurs éléments.

LE ROBERT MICRO
Dictionnaire d'apprentissage de la langue française
Nouvelle édition entièrement revue et augmentée (1 vol., 1 470 pages, 35 000 articles).

LE ROBERT D'AUJOURD'HUI
Langue française, noms propres, chronologie, cartes.
(1 vol., 1 700 pages, 46 000 articles, 108 pages de chronologie, 70 cartes en couleurs).

LE ROBERT DES JEUNES
Dictionnaire de la langue française
(1 vol., 1 220 pages, 16 500 mots, 80 planches encyclopédiques en couleurs).
Le premier Robert à l'école.

LE ROBERT JUNIOR
Un nouveau dictionnaire pour les enfants de 8-12 ans, en petit format
(1 100 pages, 20 000 entrées, 1 000 illustrations, 18 pages d'atlas).

LE ROBERT ORAL-ÉCRIT
L'orthographe par la phonétique
(1 vol., 1 400 pages, 17 000 mots et formes).
Le premier dictionnaire d'orthographe et d'homonymes, fondé sur l'oral.

■ dictionnaires bilingues ■

LE ROBERT ET COLLINS SENIOR
Dictionnaire français-anglais/anglais-français
(1 vol., 1 730 pages, 225 000 « unités de traduction »).

LE ROBERT ET COLLINS COMPACT
Dictionnaire français-anglais/anglais-français
(1 vol., 1 250 pages, 115 000 « unités de traduction »).

LE ROBERT ET COLLINS PRATIQUE
70 000 mots et expressions, plus de 100 000 traductions.

LE ROBERT ET COLLINS CADET
Dictionnaire français-anglais/anglais-français
(1 vol., 832 pages, 65 000 « unités de traduction »).

LE ROBERT ET COLLINS DU MANAGEMENT
Commercial - Financier - Économique - Juridique
(L'anglais des affaires, 75 000 mots, 100 000 traductions).

LE ROBERT ET COLLINS MINI
60 000 mots et expressions.

LE ROBERT ET COLLINS GEM :
ANGLAIS, ITALIEN, ALLEMAND, ESPAGNOL.

LE ROBERT ET SIGNORELLI
Dictionnaire français-italien/italien-français
(1 vol., 3 040 pages, 339 000 « unités de traduction »).

LE ROBERT ET VAN DALE
Dictionnaire français-néerlandais/néerlandais-français
(1 vol., 1 400 pages, 200 000 « unités de traduction »).

GRAND DICTIONNAIRE FRANÇAIS-JAPONAIS
SHOGAKUKAN-LE ROBERT
(1 vol., 1 600 pages, 100 000 entrées).

■ hors collection ■

LE ROBERT DES SPORTS
Dictionnaire de la langue des sports
(1 vol., 580 pages, 2 780 articles, 78 illustrations et plans cotés),
par Georges Petiot.